DIE TOTEN SIND IMMER DIE ANDEREN

RUDOLF KREIS im Herbst 2008

Rudolf Kreis

DIE TOTEN SIND IMMER DIE ANDEREN

SPÄTES ERINNERN
AN EINE JUGEND ZWISCHEN DEN KRIEGEN

Lebenserzählung

LANDTVERLAG

Das »Kontinuum der Geschichte« ist nicht »aufgesprengt«. »Jeder Augenblick ist das Jüngste Gericht für das, was in einem früheren geschehen ist.« »Es ist niemals ein Dokument der Kultur, ohne zugleich ein solches der Barbarei zu sein« – das schrieb Walter Benjamin (»Geschichtsphilosophische Thesen«) inmitten des »unterirdischen Rollens der Revolution«, an das die Welt, wie sie ist, uns als Kinder ahnungslos auslieferte.

Die absolute Ungesichertheit des menschlichen Existierens führt ... fast überall zum völligen Verzicht auf jeden Gedanken an die Zukunft, was wiederum eine stark apokalyptische Haltung zur Folge hat. Unter dem Eindruck der Nähe des Jüngsten Tages geht der Blick für die geschichtliche Zukunft verloren.

Dietrich Bonhoeffer im Herbst 1941
über die Seelenlage der Deutschen

INHALTSVERZEICHNIS

9	I. Die guten und die bösen Toten
15	II. »Rauens Schwelles«
23	III. Nächtliche Heimsuchungen
35	IV. Die neidischen Damen von Reckstraße 11
51	V. Bündnis zwischen Motor und Auge
87	VI. Mutters Dreibibelhoch
107	VII. Die Barackenkinder von Neuwied
135	VIII. Schweißerblitz und Nietendonner
169	IX. Brasiljisch Marie, die Ank und der Weinberg
213	X. Inge, Walther und viel böses Blut
235	XI. Treue bis ins Grab
289	XII. »Wir haben einen Weg gefunden!«
321	XIII. Dr. Feuerwasser
341	XIV. »Bis zur Vergasung«
367	XV. »Nur tierischer als jedes Tier zu sein«
383	XVI. D-Day
425	XVII. In Lager und Höhle

455 Epilog
Elysia, Trümmerfrau der Dichter und
Denker S. 457
Itzig, der Neue S. 473
Der Moderne mit Goethe entkommen S. 480
Nietzsche, mein Entnazifizierer S. 489
Zwischen allen Stühlen S. 500
Die Wurzel trägt euch! S. 514
Ein Brief an Ernst Nolte S. 523
60 Jahre Dooms-Day S. 530
Um die europäische Einheit der Toten S. 547
Wiederkehr der Gott-mit-uns-Kriege? S. 554

461 Anhang
Kurzbiographie des Autors S. 562
Die Frühbucher S. 563

I. DIE GUTEN UND DIE BÖSEN TOTEN

I. DIE GUTEN UND DIE BÖSEN TOTEN

Wer im Alter von 77 Jahren beginnt, sein Leben aufzuschreiben, der trifft seine Toten wieder, auch die, die er tötete im Krieg, und alle leben, lachen, leiden und sterben sie in ihm weiter, sucht er sie auf in ihrer Welt. Ich gehe über die großen Gräberfelder der Normandie vorbei an den Legionen weißer Grabsteine, die meisten in der Form von Kreuzen, einige in der des Davidsterns. Dort, wo ich vor sechzig Jahren als ganz junger Richtschütze in der SS-Panzerdivision »Hitlerjugend« gekämpft habe, von den Alliierten spöttisch »Babydivision« genannt, liegen vereint in der einen Erde und doch getrennt immer noch die guten Toten neben den bösen Toten, letztere kollektiv verurteilt und geächtet, obwohl die Jungen alle, fast Kinder noch, sich keines Verbrechens schuldig gemacht haben. Ich war einer von ihnen. Ich zahlte dafür, dass ich sie überlebte.

Der unwiderstehliche Sog, mit dem der Erste Weltkrieg den Zweiten nach sich zog, und der auch mich, geboren am 21. Juli 1926, noch erfasste, muss aus den Tiefen eines zur Selbstauflösung gereiften Zeitalters gekommen sein. Ein Zeitalter, das noch uns Heranwachsende innerlich ergriff als ein zwingendes Schuldigsein für die Zukunft unseres Volkes, eine ihm damals verwehrte Zukunft, die wir nicht erleben, sondern uns in einem ekstatischen Entwurf über uns selbst hinaus buchstäblich *er*sterben wollten. Viel Chaos war in uns und ein selbstmörderischer Mut, der das Recht auf seiner Seite sah und es dann doch verspielte.

1945 fanden wir uns durch den Verlauf der Geschichte vor einem ganz unerwarteten Abgrund wieder – aufgerufen, für ein Verbrechen geradezustehen, das noch in keinem Wörterbuch der Welt vermerkt war und für das es weder den strafrechtlichen Begriff des Völkermords gab noch ein ausgebildetes Weltgewissen wie heute, das aber, als Ruf zur Umkehr, eine andere Zeit gebar, die auch das mir geschenkte Leben in ein

Vorher und ein Nachher teilte. Zum Dreh- und Angelpunkt wurde für mich und meine Generation der »D-Day«, »Day of Doom«, Tag des Gerichts, den die Invasion der Westalliierten 1944 inmitten der blühenden Gärten der Normandie über uns brachte. Stalingrad war in militärischer Hinsicht kriegsentscheidend, nicht aber weltethisch. Denn das Europa von heute, das damals aus der Asche des in Brand gesteckten alten Kontinents aufzusteigen begann, hatte seinen ersten Brückenkopf in der Normandie – ein Kampfplatz, der wie keiner zuvor zum Ort des Urteils über die vorausgegangene Geschichte wurde.

Aber, so fragte ich mich immer wieder: Warum zwangen ausgerechnet wir Deutschen diesen Doomsday herbei? Warum fiel das Los auf das Volk der Dichter, Denker und Musiker, »Herz der Völker ... reifste Frucht der Zeit«, wie es bei Hölderlin heißt? Warum mussten gerade wir die Wut aller Weltmächte dermaßen gegen uns aufbringen und sie in diesen gegenseitigen Vernichtungskrieg hineinhetzen? Das hat mich vor die Frage gestellt, ob sich im Geschehen auf Erden ein nichtiger oder erhabener Zusammenhang kundtut und ob der Eine Gott, wenn es ihn gab, uns schon als Kinder die dunkle Seite der schaffenden Zeit zugewiesen hatte. Die alles überbordende Wucht und Leidenschaft des Kämpfens und verbissenen Durchhaltens bis zuletzt, da wir, im Verein mit allen herbeigerufenen Racheengeln, Europa in Schutt und Asche legten – wo hatte das seinen verborgenen Grund? Eines war mir im Verlauf dieses Krieges in seiner Eigenartigkeit bewusst geworden: Ohne Hitler, dem erst die Überlegenheit seiner Gegenspieler dieses Gewicht gab, hätte die Welt, hätte auch mein Leben einen völlig anderen Verlauf genommen. Vor allem hätte es die Shoah nicht gegeben.

Die konzertierte Ausrichtung aller Groß- und Weltmächte auf eine einzige Person, noch dazu mit diesen Folgen, ist heute schwer vorstellbar. Wie überhaupt nach diesem Krieg nichts mehr so war, wie es vorher war. Der Bann der Wiederholungen, der uns, die letzten überschüssigen Söhne, zu Wiedergängern unserer Väter machte, war gebrochen. Für sie hatten wir die letzte Schlacht geschlagen in einem vierhundertjährigen Krieg der Europäer um den ersten Rang auf Erden. Und da dies das Signum meiner Generation ist, ist ihre wirkliche Geschichte noch nicht geschrieben.

Erich Maria Remarque wertete 1929 seinen Roman *Im Westen nichts Neues* als den Bericht über eine Generation, die vom Krieg zerstört wurde – auch wenn sie seinen Granaten entkam. Mit meiner Generation, der Generation zwischen den Weltkriegsvätern und den 68ern, ereignete sich genau das Gegenteil. Sofern sie dem erneuten Krieg und seinen Granaten entkam, ging sie nicht zerstört daraus hervor, sondern als erste aufgestört und sich frei machend von den selbstzerstörerischen Mächten in der Geschichte des Westens, von denen sich Remarques Generation, zerstört oder nicht, 1939 dann noch einmal und weit schlimmer als zuvor ins Verhängnis ziehen ließ – uns mit hineinreißend.

II. »RAUENS SCHWELLES«

II. »RAUENS SCHWELLES«

Ein Baum kann sich seine Vögel nicht aussuchen – und ein Kind nicht seine Eltern, sein Volk und seine Führer, die sich seines Leibes bemächtigen und ihn früh an ihre Ziele binden. Allerdings können sich umgekehrt auch Eltern ihre Kinder nicht aussuchen. Über meiner Wiege, die ein weiß lackiertes Gitterbettchen war, hing dank meiner frommen Mutter groß der Gekreuzigte. Die zwölf Stunden währende Zerstörung seines Leibes, die er mit aller Härte gegen sich selbst ertrug, war das beherrschende Thema meiner Kindertage. Sie erleidend hatte er vor zweitausend Jahren, so hieß es, das Gewebe der Zeit zerrissen und, die alte hinter sich lassend, eine neue Zeit gezeugt, meine Zeit, die Zeit der weißen und herrschenden Völker von den Römern und später dem Heiligen Römischen Reich deutscher Nation über die Spanier, Portugiesen, Holländer und Franzosen bis hin zu den Engländern, allesamt zur Unterwerfung der Welt erwählte Völker mit dem Neuen Testament im Herzen und dem Kreuz und der Jungfrau Maria auf ihren Segeln und Fahnen. Als ich 1926 geboren wurde als Angehöriger des Jahrgangs, der ab 1943 in Hitlers Krieg zog, war es Grunderfahrung meiner Eltern und Lehrer, dass die Erde nur den starken Völkern gehöre und also in der Erziehung nur das gelobt sein dürfe, was hart macht: »Right or wrong, my country!« An diesem Leitfaden bewegte sich die Politik des Westens und die von Rudyard Kipling heroisierte Bürde des weißen Mannes, die damals noch als die Schreckensbürde der Kolonialherren auf den versklavten Völkern Indiens, Asiens und Afrikas lastete. Mit den Großen des Deutschen Geistes wie Fichte und Hegel konnte man mich als hineingeboren betrachten in das letzte Stadium der Weltgeschichte, in dem sich endgültig entscheiden sollte, dass wir Deutschen ihr endzeitliches Volk waren. In einer solchen Epoche das Licht der Welt zu erblicken, erlegte mir als Kind andere Lasten auf und zauberte aus meinem Innern andere Mächte hervor als aus den

Kindern von heute, ausgenommen vielleicht die, die in ein – Gott bewahre – wiederum erwähltes Volk hineinwachsen. Ich war zwar das einzige Kind meiner Eltern, aber rings um mich herum sahen sich zu viele andere immer noch reich gesegnet mit Söhnen und Töchtern, die satt zu bekommen oder später in Arbeit und Brot zu bringen in diesen dunklen Zeiten immer schwieriger, wenn nicht aussichtslos wurde.

Denn meine Heimat, das Rhein-Mosel-Land, beugte sich bei meiner Geburt noch unter das Besatzungsunrecht der Siegermächte von 1918. Sie hatten, wie wir schon in der Grundschule lernten, unser Volk in Versailles einem Frieden unterworfen, der, während er ihre eigenen imperialen Privilegien bestätigte, sie uns Deutschen wegnahm, und der sie mittels der uns auferlegten Alleinschuld am Kriege mit guten Gründen versorgte, unser Land territorial rundum zu beschneiden, zu entwaffnen, zu bevormunden und zu erdrückenden Reparationen verpflichtet zu halten. Der Kellogg-Pakt von 1928, der den Krieg als Mittel der nationalen Politik untersagte, schloss Deutschland in ein Trugbild von Weltfrieden ein, das seine völkerrechtlich abnorme und demütigende Lage festschrieb und ihm eine Zukunft zumutete, die nicht sehr weit entfernt war von der, in der die Sieger weiterhin ihre unterworfenen Völker in Übersee hielten. Mit alldem war die damalige Atmosphäre aufgeladen, die ich zusammen mit denen, die mit mir aufwuchsen, in mich aufnahm, aufgeladen vor allem mit dem Schrecken der Weltrevolution, die in Russland schon viele Millionen Opfer gekostet hatte und weiterhin kostete.

Die ersten drei Jahre meines Lebens liegen naturgemäß im Dunkeln, aber sie wandelten meinen winzigen Leib doch schon zu einem Textcorpus, in den sich einiges dauerhaft einschrieb. Meine Eltern waren jung verheiratet von Bullay an der Mosel nach Horhausen auf den Westerwald gezogen, das an der neu eröffneten Postautostrecke zwischen Neuwied und

Flammersfeld lag, die mein Vater täglich befuhr. Dort brachte mich meine junge und unerfahrene Mutter per Hausgeburt zur Welt, und dies dank meines besonders dicken Kopfes mit nachhaltigen, die Dorfärztin überfordernden Komplikationen, für die meine Mutter mich Unschuldigen dennoch irgendwie schuldig sprach, so dass mein Kopf mir immer wieder zu schaffen machte, nicht zuletzt bei meiner Einkleidung als Rekrut in Frankreich 1943. Die vielen Stahlhelme waren mir sämtlich zu klein und ein passender musste aus dem fernen Berlin herbeigeschafft werden, was mich einzig Unbehelmten in der Zwischenzeit zum sonderbehandelten Abhärtungsobjekt meiner Unterführer machte. Meine Mutter hatte mich nicht ohne Stolz sehr lange selbst gestillt, aber nicht gemerkt, dass nach etwa acht Monaten ihre nicht allzu üppigen Brüste versiegten. Ich schrie alle Welt zusammen. Das warf die in Familie und Nachbarschaft damals gängigen Fragen auf: Ob sich da frühkindliche Bosheit austobe, der man entsprechend begegnen müsse, oder ob, weil Schreien die Lungen stärke, es stoisch hinzunehmen sei. Mit den Nerven fertig und der Verzweiflung nahe schoben mich meine armen Eltern zur Sicherung wenigstens ihrer Nachtruhe in die hinterste Abstellkammer, wo der Hunger in mir weiterbrannte, der ein innerlich aufzehrendes Feuer sein kann, wie ich achtzehn Jahre später als Kriegsgefangener bewusst an mir erlebte, als ich in den Lagern von Bad Kreuznach und Bretzenheim in Erdhöhlen meinen entsprechenden Delirien nachging. Die wegen meiner vermasselten Geburt reichlich spät und widerwillig konsultierte Dorfärztin stellte an mir das Augenscheinliche fest, nämlich eine fortgeschrittene Rachitis infolge von Unterernährung. Sie wies meine Mutter auf die schon deutlich gekrümmten Beine hin sowie auf den bereits bedenklich abgeflachten Hinterkopf und meinte, auch bei Umstellung auf Kuhmilch und Brei würde sich die Verformung vorerst noch steigern. Mein Gott, das war ja furchtbar! Meine

Lieblingstante Traudchen, einzige Schwester meiner Mutter, erzählte mir später, sie sehe sie immer noch in Tränen aufgelöst im Sessel sitzen und meinen Kopf mit der Zunge lecken wie eine Tiermutter ihr Junges.
Natürlich wurde ich umgehend auf Kuh- und Ziegenmilch umgestellt und aufgepäppelt. Dennoch wölbte sich mein deutlich in Richtung Scheibe abgeflachter Schädel so wenig wie meine Sichelbeine sich streckten. Auch mein Vater sah es mit Grausen, muss aber wohl, wie er mir später erzählte, im Scherz gesagt haben: »Aus dem wird ein prima Kosak.« Meine Mutter war tief beleidigt. Denn in ihr rief dies das Horrorbild von den krummbeinigen Reiterhorden Budjonys und den mordenden Bolschewiken auf den Plan, wo ihr Erster und Einziger nicht hingehörte, und es führte augenblicklich zu einem Aufbegehren besonderer Art. Meinen Missbildungen rückte sie korrigierend zu Leibe, indem sie, wie ich später erfuhr, Kopf und Beine mehrmals täglich einölte, um sie mittels Druck- und Pressmassage in den Urzustand zurückzuformen. Wann ihr dies gelang und was ich bei diesem Aufgewalktwerden mitmachte, ist mir naturgemäß entfallen. Ich erinnere mich aber, dass sie, als ich schon sechs oder sieben war, mitunter meinen dicken und wieder rund gepressten Schädel zwischen beide Hände einspannte, dass es schmerzte, und dass sie dann in einer Mischung aus Grimm und Zartgefühl und immer in Verbindung mit einem Kuss »Du lieber, böser Dickschädel!« zu mir sagte, wozu sie weiß Gott Grund hatte. Denn diese brachial zurechtgepresste Äußerlichkeit hatte sich zu diesem Zeitpunkt bei mir schon so verinnerlicht, dass ich ein schwieriges Kind geworden war, kaum zu bändigen in seinem unermüdlichen Drang nach Ausbruch und Taten. Hätte meine arme Mutter nur gewusst, dass die Wissenschaft zu jener Zeit noch allen Ernstes von dem Volumen des Schädels auf das des Gehirns und seine entsprechende Geisteskraft schloss, es wäre ihr ein Trost gewesen bei

allem, was sie Großes mit mir vorhatte. Gemäß der Prophetie von Heideggers *Sein und Zeit*, mit der sich später mein Schädel füllte, führten Mutter und Sohn schon damals, ohne dass sie es wussten oder so hätten ausdrücken können, ein auf Großes hin vorlaufendes Dasein, »das, statt den Tod zu fliehen, ausersehen war, frei für ihn die eigene Geworfenheit zu übernehmen.« Zeitgleich mit der Reformation meines Kopfes hatte der Denker von Todtnauberg weit weg von uns und doch wie nebenan auch mein Vorlaufen auf einen Tod vorweggedacht, das dann ganz woanders ankommen sollte.

Die Wiederherstellung meines schwer beschädigten Leibes erschöpfte sich aber nicht in Massagen. Irgendwer gab meiner Mutter den durchaus vernünftigen Rat, meinen Rachitisbefall mit Sonnenlicht zu bekämpfen, es gehe in diesem Falle nichts über Sonne. Also setzte meine Mutter mich eines besonders heiß glühenden Tages im Garten nackt der prallen Sonne aus. Sie meinte es sicher gut mit mir. Was dann passierte, weiß ich nur vom Hörensagen. Man fand mich irgendwann ohnmächtig und krebsrot verbrannt da liegen, so dass meine Mutter, genannt Käthchen, und mein Vater Joseph, genannt Jupp, ernstlich um mein Leben bangten. Der Schock muss so groß gewesen sein, dass beide mir später immer wieder strikt verboten, in der Mittagssonne zu baden oder überhaupt den Körper der Sonne längere Zeit auszusetzen, was doch all die anderen Kinder durften. Begründet wurde das Verbot stereotyp mit meiner angeblich besonders empfindlichen Haut, eine Begründung, die ich hasste und die mich dennoch verfolgte, selbst dann, als ich der elterlichen Aufsicht längst entzogen war. Ihre intensive Ängstlichkeit hatte sich natürlich auf mich übertragen. Noch in Gefangenschaft ließ mich meine »besonders empfindliche Haut« nicht los, so dass ich sorgsam darauf achtete, mein vom Fleisch gefallenes Gerippe nie länger als zehn Minuten der Sonne auszusetzen.

Eines ist an alldem festzuhalten: Meiner Mutter gelang die nachträgliche Korrektur der frühkindlichen Beschädigung. Ihre jahrelangen Massagen bescherten mir wieder gerade Beine und einen kantigen, gleichwohl runden Schädel. Bei der rassenbiologischen Untersuchung 1941, vorgenommen an uns Obertertianern von Dr. Pache, dem Biologielehrer der Copernicus-Oberschule zu Thorn an der Weichsel im eroberten Polen, wurde dieser Schädel zusammen mit den übrigen Gliedmaßen und der blonden Behaarung als nordisch-ostisch eingestuft. Ich weiß noch, wie sehr mir diese Einstufung missfiel, weil das Urteil »ostisch« von der nicht restlos ausgebügelten rachitischen Verkürzung meines nordischen Langschädels herrührte. Immerhin war ich dankbar, dass meine Mutter mich mit Ausdauer und Härte dem Leibesideal meines wieder erstarkten Volkes angenähert hatte, das in jenen Tagen mit vielem anderen so chancenlos das Werturteil der Geschichte herausforderte. Dazu stand in merkwürdigem Gegensatz, dass meine Mutter, eine geborene Rauen, meinen Dickschädel »Rauens Schwelles« und mich dazu mit dem Bild ihres Vaters vorbildlich verband, dem Gastwirt und Bierverleger Johann Rauen, Sohn eines Schmieds aus der Vulkaneifel, der als Chefkellner im »Riesenfürstenhof« zu Koblenz noch den Kaiser und seine Gemahlin bedient hatte und seither immer nur von der »Steißverrenkerei« vor den hohen Herrschaften sprach, aus der er sich in die Selbständigkeit gerettet hatte. Ihm wurde der Spruch nachgesagt, der preußische Militarismus gehöre mit Stumpf und Stiel ausgerottet. Diese im Ersten Weltkrieg erworbene undeutsche Gesinnung hatte er 1920 mit ins Grab genommen. Und so bekam er nicht mehr mit, wie der eigenwillige Lauf der Welt mich, seinen Enkel, der unter Hitler zum neuerlichen Adepten dieses Militarismus wurde, dahingehend hin- und herdrehte, dass ich zu seiner historischen Selbstausrottung nicht ohne Tapferkeit mit beitrug.

III. NÄCHTLICHE HEIMSUCHUNGEN

III. NÄCHTLICHE HEIMSUCHUNGEN

Es gab etwas, das meine Mutter in gewissen Nächten verfolgte – und mich mit – und das zu eigentümlichen Erlkönigsritten führte, wie ich sie später nannte, in denen nicht, wie bei Goethe, der Vater die Hauptrolle spielte, sondern die Mutter, und die auch nicht zu Pferde erfolgten, sondern baren Fußes. Sie müssen sehr früh eingesetzt haben und über viele Jahre meiner frühen Kindheit wiedergekehrt sein. Den letzten habe ich mit sechs noch bewusst erlebt, ehe sie dann mit dem Anbruch des Dritten Reiches ebenso plötzlich aufhörten wie mein Vater 1933 von einem Tag auf den anderen das Trinken sein ließ. Bis dahin hatte er, der Abkömmling tüchtiger Moselwinzer, sich einem mitunter allzu ausgiebigen Weinverzehr hingegeben. Doch obwohl meine Mutter wusste, worauf sie sich mit ihm einließ, war ihre Liebe so groß, dass sie es auf sich nahm – wenngleich sie nicht davon absehen konnte, die strengen Maßstäbe ihres Vaters anzulegen und sich damit unglücklich zu machen und ihn mit, wenn er betrunken heimkam oder von Kollegen heimgebracht werden musste. Einmal weckte mich in der Nacht ein seltsames Stimmengewirr, das aus der Küche bis ins Schlafzimmer drang, und aus dem ich einzig und allein, dies aber deutlich, ein verzweifeltes Weinen heraushörte. Klopfenden Herzens stand ich auf, schlich über den Flur, und als ich die Küchentür einen Spalt öffnete, sah ich etwas, was ich besser nicht gesehen hätte, ich sah meinen Vater weinend zu Füßen meiner Mutter knien und viel Unverständliches daherstammeln, von dem ich nur behalten habe, dass er ihr hoch und heilig versprach, mit dem Saufen aufzuhören. Die Szene ergriff mich ganz und gar, denn Väter weinten nicht. Ohne es zu wollen, war ich Zeuge eines Unerhörten geworden. Ich habe auch niemals gewagt, es irgendjemandem anzuvertrauen. Das wäre mir wie Verrat, aber vielleicht auch schon wie eine Degradation meiner selbst vorgekommen. Ich liebte meinen Vater, wohl mehr noch als meine Mutter.

Niemals war die Weise seines Trinkens gierig oder gemein. Niemals hatte sein Rausch etwas unberechenbar Gewalttätiges. Im Gegenteil. Er brachte alle Anlagen zum rechten Zecher mit, war dann die sanftmütigste Heiterkeit und sprühte in geselliger Runde vor ansteckendem Mutterwitz. Die Sucht übermannte ihn auch nur periodisch und dann so, als habe er für etwas, das er sich als Schuld anrechnete, ewig die Zeche zu zahlen. Das Trinken war niemals ruinös für seine Nächsten. Da hatte er sich in der Gewalt, er konnte sich nur nicht mäßigen, wenn er erst einmal dabei war. »Das verstehst du nicht«, war alles, was er mir mit einem seltsam schmerzlichen Lächeln einmal zur Antwort gab. Ich habe ihn als Kind nur mit weißen Schläfen gekannt, und mit vierzig war er ganz weiß, als sei er dem Tode schon ein gutes Stück entgegengekommen. Von ferne beurteilt hätte man ihn einen schwachen Menschen nennen können. Zwar war er im Unterschied zu meiner Mutter obrigkeitsängstlich in einem Maße, dass er, wie er mir als Vierzehnjährigem gestand, nervöses Magendrücken bekam, wenn er eine Behörde aufsuchte. Er brachte es auch niemals fertig, mich zu verprügeln. Mich auf die Härte des Daseins vorzubereiten blieb meiner Mutter vorbehalten. Und da Elternliebe und Prügel zu meiner Zeit noch mit biblischer Autorität zusammengingen, prügelte sie, wenn sie nervös der Zorn ergriff, mich mit einer Gnadenlosigkeit, vor der ich Angst hatte. Ich verfiel aber frühzeitig auf den Trick, jedesmal so unverhältnismäßig laut zu brüllen, dass umgekehrt sie die Angst packte, sie könnte mich ernstlich beschädigt haben.

Zu den nächtlichen Heimsuchungen muss ich noch sagen, dass, als ich die letzte davon mitbekam, wir bereits seit knapp vier Jahren in Neuwied am Rhein wohnten und ich, inzwischen sechs Jahre alt, immer noch in meinem weißen Gitterbett im Schlafzimmer der Eltern schlief. Irgendwann in der Nacht passierte es. Mit einem durchdringenden Schrei, der mich aus dem Schlaf riss, kam meine Mutter aus ihrem Bett zu meinem gehastet, stieß dabei in panischer Angst die Schreie »Feuer! Feuer!« und »Mein Kind tot, tot!« aus, wühlte mich aus meinem Bettzeug und rannte, ungewöhnliche Kräfte entwickelnd, mit mir im Arm zum Fenster, wo sie wie wild die beiden Flügel aufriss, um sich, wie es schien, mit mir zusammen aus dem ersten Stock zu stürzen, wenn mein Vater sie in diesem Augenblick nicht laut bei ihrem Namen gerufen hätte und zu uns hingesprungen wäre, was sie sofort aus ihrem Alp weckte. Er befreite mich als starrstummes Bündel aus ihren Armen, und während er mich an sich drückte, hörten wir beide dann nur noch, wie sie, sich über die Betten werfend, »Was mach ich bloß!«, heulte. So ging das jahrelang. Wie sich diese nächtlichen Attacken in mich eingeprägt haben, kann ich nicht sagen. Auch nicht, in welchen Abständen sie sich ereigneten. Denn gesprochen wurde darüber nie. Einen Psychologen oder Psychiater aufzusuchen wäre nicht in Frage gekommen. Das galt als anstößig, man war doch nicht irre. Ich habe mich später jedenfalls gewundert, warum sich die Überfälle offenbar immer nur dann ereignet hatten, wenn mein Vater nachts zuhause war. Alle vierzehn Tage hatte er turnusmäßig Außendienst. Dann musste er die letzte Tour nach Horhausen fahren und dort übernachten. Dafür hatte er mittags frei und kam von zwölf bis vier nach Hause. Die Erlkönigsritte mit meiner Mutter waren daher für mich niemals wirklich gefährlich, ich überlebte sie ja auch, offenbar war ich aber ihr totes Kind, mit dem sie sich in ihrem Wahn zu Tode stürzen wollte. Oder war mir ein totes Geschwister vorausgegangen, dem sie hinterherspringen wollte?

Merkwürdig war es schon. Immer dann, wenn mein Vater Außendienst hatte, durfte ich bei meiner Mutter im Bett schlafen, worauf ich mich jedesmal freute. Wir lagen dann gern »löffelches«, wie sie es nannte, ganz so, wie sie es als Kind mit ihrer Schwester gehalten hatte. Sie musste mir dann Märchen erzählen, viele Märchen, die sie alle auswendig wusste, besonders aber mein Lieblingsmärchen »Schneeweißchen und Rosenrot«. Nicht weniger gern lauschte ich auch den Geschichten aus ihrer Kindheit, obwohl die meisten davon furchtbar traurig waren. Dennoch zogen sie mich besonders an, denn meine Mutter erzählte sehr plastisch. So sehe und höre ich bis heute, wie das Hochwasser der Mosel steigt und steigt, wie es wild aufgewühlt die Dorfstraße überschwemmt, Möbel, Fässer, eine tote Kuh mit sich reißend, und wenig später auch den Steg, auf dem ihre Mutter Susanna, meine Großmutter, gerade die Fluten überqueren will. Ich sehe, wie sie kopfüber stürzt und wie ein milchig brauner Strudel sie um sich selbst dreht und hinabzieht wie auf Nimmerwiedersehen, und ich höre die Entsetzensschreie meiner Mutter, ein Kind noch wie ich, das dies alles hilflos mit ansehen muss.

Nach Stunden finden der Vater und sein Knecht Rickes zusammen mit hilfsbereiten Männern des Dorfes die Großmutter weit abgetrieben und wie leblos am Ufer zwischen Weidenbüschen angeschwemmt daliegen. Doch sie lebt, Gott sei dank! Aber nach Hause und ins Bett gebracht, befällt sie hohes Fieber, und am nächsten Tag verliert sie das Augenlicht und ist mit einem Male blind. Die herbeigerufenen Ärzte wissen keinen Rat, und die drei Kinder drängen sich weinend um das Bett und halten die nach ihnen tastenden Hände. Vater Rauen erinnert sich schließlich seiner Koblenzer Tage und lässt von dort einen Facharzt kommen. Der empfiehlt die Überführung der Großmutter in die Neuwieder Blindenanstalt. Fast ein Jahr lang bleibt sie dort. Es gelingt dem Doktor Ahron, sie wieder sehend zu machen. Die Not der langen Trennung der Kinder von ihrer Mutter muss groß gewesen sein. Ich spürte sie immer an der Weise, wie meine Mutter davon erzählte. Aber einen für sie bösen Begleitumstand dieser Not erwähnte sie mir gegenüber nie. Den erfuhr ich erst Jahrzehnte später durch ihre Schwester, meine Tante Traudchen.

Vater Rauen war für Gasthof, Bierverlag, Gärten und Weinberge während der Abwesenheit seiner erblindeten Frau auf eine tüchtige Platzhalterin angewiesen. Die fand er in deren jüngerer Schwester Luzie, seiner hübschen, schwarzhaarigen Schwägerin, die aus der öden Eifel nur zu gern herbeieilte. Tüchtig war sie, groß geworden in kinderreicher Armut und Not, aber auch – oder deshalb – auf ihren Vorteil bedacht. Es hieß, sie sei ein Mannsluder. Als Kind bekam ich wohl mit, dass, wenn die Rede auf Tante Luzie kam, meine Mutter immer mit ungewöhnlichem Abscheu reagierte, so dass ich etwas sehr Böses mit dem Namen verband. Luzie wurde im Unterschied zu all meinen anderen Tanten auch niemals zu uns eingeladen, obwohl meine Mutter in Sachen Familiensinn und Gastfreundschaft die Großmut selbst war. Ich erinnere mich aber, wir wohnten damals schon in der Scharnhorststraße, in die wir im Dezember 1932 gezogen waren, dass es eines Nachmittags schellte und ich wie immer die Treppe zur Haustür hinunterrannte. Als ich öffnete, stand eine schlanke, schwarzhaarige Schönheit in Pelz vor mir, und hinter ihr sah ich einen bulligen Mann mit wettergerötetem Gesicht, der in seinem eleganten Mantel mit Homburger wie verkleidet wirkte. Vor mir stand, obwohl ich sie nicht kannte, aber erahnte, jene sagenhafte Tante Luzie zusammen mit ihrem reichen Piter aus Düren, der, wie wir von Onkel Mätthes, Luzies und meiner Großmutter Bruder, wussten, dort der Herr war über Ländereien, stattliche Häuser und 4 000 Schafe – Reichtümer, die er, wie Onkel Mätthes uns immer wieder schelmisch lächelnd erzählte, angeblich auf durchtriebene, nicht ganz koschere Weise an sich gebracht hatte. Auch von einem Säckchen mit Rohdiamanten aus seinen holländischen Beziehungen war, wie ich mich gut erinnere, einmal die Rede, so dass sich Tante Luzies Piter in mir zu dem Konterfei eines linksrheinischen Al Capone zusammenfügte im Kreise seiner zwölf Gauner, wie Onkel Mätthes seine zwölf

Schäfer nannte. Diese Tante Luzie, die genauer gesagt meine Großtante war, sehe ich immer noch lächelnd mit Piter vor mir stehen: »Du bist sicher der kleine Rudi.« Als ich die mir hingestreckte Hand ergreifen will, höre ich meine Mutter dicht hinter mir mit mühsam beherrschter Wut in der Stimme sagen: »Den Weg hättest du dir sparen können!«, und schon wurde ich am Arm gepackt und von der Tür weggezogen, die laut ins Schloss knallte.

Kurz zuvor hatte ich noch einen bewundernden Blick auf den am Straßenrand geparkten amerikanischen Luxuswagen werfen können, ein rassiges Ungetüm, das Luzies Piter dem Rennfahrer Caracciola für die Summe von 18 000 Reichsmark abgekauft hatte. Als ich das Auto erwähnte, sagte meine Mutter: »Die ist doch nur gekommen, um damit zu prahlen.« Worauf ich meinte: »Mutti, wir haben doch auch viel Geld. Warum haben wir nicht auch so ein Auto?« Ihre Antwort war nur: »Bist du verrückt!?« Tatsächlich waren wir nicht gerade arm. Denn nach dem Tod des alten Rauen und seiner Susanna hatten meine Mutti und ihre beiden Geschwister den Gasthof mit Bierverlag und allem Land gut verkauft und jeder etwa 36 000 Reichsmark dabei herausgeschlagen, was damals, kurz nach der Inflation und in den Jahren der Weltwirtschaftskrise, nicht nur für kleine Leute eine große Summe war, die noch viel größer ausgefallen wäre, hätte die Inflation nicht Vater Rauens Goldmarkkonto in Makulatur verwandelt. Während die beiden Schwestern das Geld zusammenhielten, verspielte und versoff der Bruder, mein Onkel Joseph, der darin nicht der Sohn seines tüchtigen Vaters war, sein Erbe binnen weniger Jahre, indem er alle Welt freihielt nach dem Motto: »Spare in der Not, dann hast du Zeit dazu.«

Dass es zwischen der intensiven Abscheu meiner Mutter gegenüber Tante Luzie und den nächtlichen Heimsuchungen einen Zusammenhang geben könnte, zog ich erst viele Jahre später in Betracht, als ich von Tante Traudchen den Hintergrund erfuhr. Meine Mutter hatte ihren Vater, während die Mutter blind in Neuwied weilte, heimlich mit Luzie beim Beischlaf beobachtet und mit allen Schocksignalen kindlichen Widerwillens ihre Zeugenschaft verraten, woraufhin der alte Rauen sie furchtbar verprügelt und mit dem Schlimmsten bedroht haben muss, falls sie irgendjemandem auch nur ein Sterbenswörtchen sage. Das hat ihr den Mund offenbar dermaßen fest versiegelt, dass sie das Ereignis erst Jahre nach dem Tod des Vaters ihrer Schwester anvertraute. Da war irgendwie herausgekommen, dass das heimliche Verhältnis des Vaters mit seiner Schwägerin Folgen gehabt hatte, die nie das Licht der Welt erblickten. Dieser Vater Rauen muss ein Mann von furchteinflößender Ausstrahlung gewesen sein, der seine beiden Töchter selbst sonntags – und wenn es sein musste, mit der Peitsche – an die Abfüllmaschinen in den Bierkeller trieb, wo sie in ihren Gummischürzen die gespülten Flaschen zu füllen und in Kästen zu packen hatten, während die befreundeten Dorfmädchen mit ihren Jungen aufgeputzt draußen vorbeispazierten. Noch mehr als zwei Jahrzehnte nach seinem Tod erzählten mir Männer aus dem Dorf, sie alle hätten als Jugendliche vor dem alten Rauen einen Heidenrespekt, wenn nicht Angst gehabt. In welchem Maße das der Fall gewesen sein muss, merkte ich an meinem Vater, der, wenn die Rede auf meinen Großvater kam, immer sagte: »Deine Mutter hätte ich nie bekommen, wenn er noch gelebt hätte. Der hätte mich eher erschlagen.« Als Wirt und Gastgeber aber muss der alte Rauen sich verbindlich und weltmännisch gegeben haben, geradezu als Grandseigneur. Sonntags befahl er Rickes, dem Knecht, die Kutscherlivree anzulegen und die Pferde vor den eleganten Landauer zu spannen. Mit der Familie ging es dann, fein angezogen, über die Mosel nach Alf und weiter unter der Lindenallee das Alfbachtal entlang in das vor dem Ersten Weltkrieg noch noble Bad Bertrich, wo man Kaffee und Kuchen zu sich nahm und anschließend dem Kurkonzert lauschte. Zur Jagd ging der Großvater auch, mit seinen Gästen von Rhein und Ruhr, meist und am liebsten aber mit dem Herrn von Hohenlohe zu Öhringen, sofern der in seiner Villa oberhalb des Gasthofs weilte und nicht auf Großwildjagd in Afrika war. Dieser Umgang war abgestimmt auf Vater Rauens Grundsatz: »Geh mit den Großen nur pissen, wenn du das Bein hoch genug kriegst.« Die dazu nötigen Umgangsformen hatte er sich in Koblenz antrainiert und ebenso zäh und zielstrebig war er zu seinem Wohlstand gekommen. Damit war er wenigstens nach außen hin der erdrückenden Armut und Härte seiner Eifeler Herkunft entronnen, nicht aber den zwangsläufig damit verbundenen seelischen Verletzungen und Verhärtungen.

Der ältere Bruder erbte die Schmiede mit allem drum herum, hatte dafür allerdings die Alten auf dem Hals, er selbst und sein jüngerer Bruder gingen leer aus. So war es Gesetz. Und da er nicht wie die anderen seines Schlages als Tagelöhner verkommen, sondern die Welt sehen wollte, wählte er das damals aufblühende Hotelgewerbe und fing mit vierzehn tief unten als Laufbursche im Hotel Theißen zu Alf an, damals eine gute Adresse, wo man ihn ausnutzte, ohrfeigte und demütigte, aber auch von Tag zu Tag entschlossener machte, die Rollen zu vertauschen und es so weit wie möglich zu bringen. Seinem Milieu scheint er dennoch niemals wirklich entronnen zu sein. Er war und blieb das Resultat seiner Vorfahren und damit auch, in die Tiefe der Zeit gedacht, das Resultat ihrer Leidenschaften, Irrtümer und Verfehlungen. Denn was mein Onkel Mätthes, der als sein Schwager mit ihm in der armen Eifeler Hinterwelt groß geworden war, mir über die heimliche Sterbehilfe an siechen Alten erzählte oder über die Abtreibung unerwünschter Kinder, ging mir ziemlich unter die Haut, weniger, weil wo kein Kläger, auch kein Richter zu finden war, sondern weil mich die Frage beschäftigte, ob oder wie sie das Verbrechen,

III. NÄCHTLICHE HEIMSUCHUNGEN

das sie sicherlich beichteten und büßten, dennoch wegsteckten. Und vor allem: Wie stark war das Seelenleben meiner Mutter noch von dieser Geschichte überschattet?

Eine wichtige Antwort auf diese Frage erhielt ich schon 1932, als wir eine Autoreise nach Immerath machten, dem Geburtsort des alten Rauen, und nach Schalkenmehren nahe dem Totenmaar, in dessen damals noch düster bedrückender Umwelt auch meine Großmutter Susanna groß geworden war. Vielleicht hing meine Mutter (ich rief sie »Mutti«) deshalb so sehr an dem geerbten Geld, weil es, wie sie sagte, uns die beruhigende Möglichkeit gab, trotz des geringen Postbeamtengehalts meines Vaters und der Massenarmut nach dem Schwarzen Freitag von 1929 das Leben der sehr viel besser Verdienenden zu leben. Der Mittags- und Abendtisch war immer reich und mit Damast gedeckt. Dazu gab es Wein. Und ich lernte im Alter von vier Jahren, mit dem Tafelsilber wie ein Herr zu essen, das Weinglas am unteren Ende des Stiels zu halten und mit angewinkeltem Arm prostend zum Mund zu führen. Dazu sah ich mir vor allem von meinem Vater Jupp das rechte Trinken ab: das Kauen und das sanfte Ziehen der Kostbarkeit über die Zunge, diese verzaubernde Kupplerin der Sinne. Dabei war mein Glas zwar symbolisch immer nur mäßig gefüllt, aber das Geschenk der Götter, wie er es nannte, lernte ich früh zu achten. Erst mit vierzehn erlaubte mir meine Mutter das erste volle Glas. So saß im Geiste der alte Rauen bei meiner Mutter immer mit am Tisch, denn das war seine Schule, in die sie gegangen war und in die auch ich sowie mein Vater, der Sohn verarmter Winzer, gehen musste, wenn er wieder einmal vergaß, die Serviette aus dem Silberring zu nehmen, oder wenn meine Mutter ihn mild ermahnte: »Jupp, schlürf nicht so!«, was er dann scherzend und mit einem Augenzwinkern in meine Richtung mit: »Halten zu Gnade, Gnädigste!« und einer Verbeugung quittierte. Dann mussten wir lachen, und für eine Weile lief alles *comme il faut*.

Hinter dieser Idylle aber weste unverweslich das Erbe der Ahnen: Zum einen die nächtlichen Überfälle des unheimlichen Verfolgers auf mich und meine Mutter, zum andern ihre schwer auf mir lastenden Erzählungen über die eigene Kindheit, und wohl auch mein frühkindlicher Hunger mit Rachitis und Sonnenstich und dem Makel der »besonders empfindlichen Haut«, die mich Sonnen- und Badefreuden kosteten lange vor dem Ozonloch im Himmel. Der Schatten des Vergangenen blieb mächtig. Wenn aus dem Radio das Lied »O Susanna, wie ist das Leben doch so schön«, erklang, dann stürzte meine Mutter hin und drehte es aus. Wer aber das tote Kind in ihren Armen war, mit dem sie sich in so panischer Angst immer wieder aus dem Fenster stürzen wollte und das ich zu spielen hatte, ist eine Frage, die mir auferlegt war und deren Antwort offen blieb. Nur soviel scheint sicher. Es muss mir ein totes Kind vorausgegangen sein und zusammen mit ihm die Traum-Macht einer verfolgenden Schuld. Hatte sie deshalb nicht nur aus Liebe, sondern auch aus Buße meinen Vater geheiratet, der doch so gar nicht dem muskulösen Vorbild ihres Vaters entsprach?

IV. DIE NEIDISCHEN DAMEN VON RECKSTRASSE II

IV. DIE NEIDISCHEN DAMEN VON RECKSTRASSE II

Als wir 1929 von Horhausen nach Neuwied übersiedelten, bezogen wir die einzige Dachgeschosswohnung neben dem Speicher in einem vierstöckigen Neubau, der, für damalige Verhältnisse selten, im aufwendigen Stil der 20er-Jahre mit Parkettböden, Badezimmer und WC ausgestattet war. Meine Mutter hatte die Wahl zwischen einer noch freien Parterre- und der Dachgeschosswohnung. Da sie sparsam war und die Mansardenzimmer mit den schrägen Decken gemütlich fand, wählte sie die Dachwohnung, zumal sie sehr geräumig war, was sie aber, auch mir zuliebe, schon bald bereute. »Ach, hätte ich doch die Parterrewohnung genommen!«, hieß es. Die aber war an Schulrat Klein mit Frau gegangen.

Der späte Seufzer meiner Mutter die entgangene Parterrewohnung betreffend hing mit einem sozialen Phänomen zusammen, das uns Heutigen in demselben Maße fremd geworden ist, in dem es damals insbesondere den kleinbürgerlichen Alltag prägte. Ich meine den albernen Standesdünkel, der als Relikt des wilhelminischen Spätfeudalismus und seiner antidemokratischen Gesinnung größten Wert auf Rangdifferenzen legte. Verstärkt wurde er zum einen durch die Verarmung der bürgerlichen Schichten als Folge des verlorenen Krieges und der Inflation, zum anderen durch die Mobilisierung der proletarischen Massen mit sozialistischem und kommunistischem Gleichheitsdenken. Das alles war Ausfluss der Tatsache, dass das Leben der meisten Menschen dürftig ist und sie es als dürftig empfinden. Ist doch die Welt immer wieder voll von denen, die vergeblich reich, tapfer, edel und stark, vielleicht sogar verrucht sein wollen oder für irgendetwas berühmt, Menschen, die keine Spuren in der Geschichte hinterlassen und doch immer wieder einen Machtfaktor abgeben, der, mobilisiert, Geschichte macht. Das war wohl auch ein wesentlicher Grund dafür, dass sich so viele aus diesen Schichten zusammen mit den verarmten Bürgern 1933 Hitlers Massenbewegung anschlossen, deren weitgefächertes und tief gestaffeltes Führerprinzip ihnen ungeahnte Aufstiegschancen in Partei, SA, SS sowie in der neuen Wehrmacht öffnete und für den Kleinsten und Gemeinsten noch einen Titel bereithielt, und sei es den des HJ-Horden- oder SS-Rottenführers. Ganz oben in der Dachwohnung zu wohnen, hieß, auf der sozialen Leiter zuunterst angesiedelt und entsprechend schlecht angesehen zu sein. Das traf meine Mutter gänzlich unvorbereitet. Denn was ihr Elternhaus betraf, gehörten die Rauens zu den Angesehensten noch über das Dorf hinaus. Besaß doch gleich nach dem Ersten Weltkrieg im ganzen Landkreis Zell neben dem Landrat von Stein nur der Vater einen Personenkraftwagen, den Ford Tin Lizzie, und zeitweise dazu einen Brennabor-Lastwagen, um zwischen Kochem und Bernkastel den Mittelmoselraum schneller mit Königsbacher Bier zu beliefern.

Wenn ich mittags aus dem Kindergarten kam und das breite Treppenhaus hinaufstieg, dann ging es sozial also abwärts – vorbei an Studienrat Schönborn links und Schulrat Klein rechts im Parterre. Zwanzig Stufen höher waren Steuerdirektor Halle mit Sohn Egon und Tochter Hildegard rechts zu passieren und Kaufmann Vollmöller links. Weitere zwanzig Stufen hinauf zur zweiten Etage musste ich vorbei an Gerichtsassessor Söll mit Frau Edeltraut zur Linken und der ledigen Studienrätin Stöpler mit Hausgehilfin Emmy zur Rechten, ehe ich nach weiteren zwanzig und damit insgesamt sechzig Stufen endlich vor unserer Dachwohnungstür stand und die silbern geflügelte Drehklingel bediente. Ich erwähne das deshalb, weil sich diese Sechzigstufengänge insbesondere an den beiden wöchentlichen Treppenhausputztagen für mich zum Spießrutenlauf entwickelten. Das kam zunächst daher, dass die Frau des Vormieters – der Mann war arbeitslos geworden und sie hatten ausziehen müssen – sich erboten hatte, gegen ein bescheidenes Trinkgeld das Treppenhaus sauberzuhalten. Kurz nach unserem Einzug sprach Frau Assessor Söll im Namen aller Damen von Reckstraße 11 meine

Mutter von oben herab auf diesen Putzfrauendienst an. Ich war nicht dabei, erinnere mich nur ihrer äußerst amüsierten Entrüstung, mit der sie es meinem Vater oder Tante Traudchen, aber auch Studienrätin Stöplers Hausgehilfin Emmy erzählte, mit der sie sich bald anfreundete. Die Art und Weise, wie meine Mutter die Söll hatte abblitzen lassen, muss von bleibender Wirkung gewesen sein. Denn Frau Assessor grüßte betont knapp und noch mehr von oben herab. Und wenn sie die Treppe putzte und ich, aus dem Kindergarten oder aus dem Sandkasten kommend, an ihr vorbei wollte, dann giftete sie mich jedesmal an und ließ mich in einer Weise widerwillig durch, dass ich immer Angst hatte und froh war, wenn ich sie nicht sah. Nur um Nuancen erging es mir mit den übrigen Damen besser. Da auch sie nun selber putzen mussten, war ich ihrem Terror ähnlich ausgesetzt. Frau Studienrat Schönborn knallte mir den Putzlappen vor die Füße und kommandierte: »Abputzen oder raus!« Und Frau Schulrat Klein herrschte mich kurz nach unserem Einzug, als ich ihren frisch geputzten Flur betreten wollte, an wie ein wildfremdes Kind: »Was suchst du denn hier?« Mein eingeschüchtertes: »Ich wohne doch hier«, quittierte sie mit: »Dann warte gefälligst draußen, bis ich fertig bin!« Ich bekam aber mit, dass sie Halles Egon und Halles Hildegard freundlich passieren ließ.

Nicht einmal hoch oben in unserer Dachwohnung war ich vor Verfolgungen sicher. Meine Mutter hatte mir einen Holländer gekauft, ein hochrädriges Vierrad mit Selbstbewegungsapparatur, das damals sehr in Mode war, ehe es von dem Wipproller abgelöst wurde. Mit ihm fuhr ich Auto spielend durch die Wohnung. Aber der Spaß währte nicht lange. Denn die Flopp-flopp-Geräusche, wenn ich über die Teppichränder fuhr, müssen Frau Assessor Söll dermaßen aufgeregt haben, dass sie jedesmal ein Besenstielgetrommel gegen die Decke losließ. Jedenfalls wurde der Name Söll für mich zum kindlichen Inbegriff alles hexenhaft Bösen und Verabscheuungswürdigen. Anfangs revanchierte sich meine Mutter für das Geklopfe dergestalt, dass sie mit ihren Absätzen heftig Antwort gab. »Gell, die ist böse!«, war ich mir dann immer mit ihr einig. »Ja, ja«, sagte sie, »Die Söll kommt in die Höll'.« Der Spruch schlug freudig bei mir ein und hatte Ventilwirkung. Als die Frau Assessor wieder einmal mit dem Besen klopfte, hüpfte und stampfte ich im Kreis genau über der Stelle, gegen die sie von unten ihr Besentrommelfeuer losließ, und sang: »Die Söll kommt in die Höll'! Die Söll, die Söll, die Söll!« Eine Weile ließ meine Mutter das zu, dann legte sie, wenn ich Auto spielen wollte, um des lieben Friedens willen die Teppiche so dicht aneinander, dass kein Floppflopp mehr zu hören war und wir Ruhe hatten, wenn auch keineswegs Frieden. Nicht nur die Söll strafte meine Mutter und mich weiterhin mit Herablassung, auch die übrigen Damen behandelten uns von oben herab, so dass eine atmosphärische Daueranspannung entstand, gegen die sich meine Eltern viel wirksamer zu wehren wussten als ich.

Den tiefer sitzenden Grund für die Herablassung der Reckstraße 11 hatte meine Mutter schnell begriffen: Es war vor allem ihr selbstsicheres Auftreten in Einheit mit der geschmackvollen Eleganz ihrer Kleidung, die sie mit der Gewissheit trug, dass die Damen Söll bis Klein sich derartiges trotz der weit höheren Gehaltsklasse ihrer Männer nicht leisten konnten. Und da meine Mutter mit den Damen nicht intim wurde und sie also nicht wussten, woher das Geld kam für die sündhaft teuren Sachen, muss das für viel giftigen Klatsch und Tratsch gesorgt haben. Dazu kam, dass meine Mutter sich als einzige im Haus den Luxus leistete, sich an den Markttagen – die Reckstraße lag weit weg vom Stadtkern – im Taxi vor die Haustür bringen zu lassen, wobei der Fahrer ihr gegen ein gutes Trinkgeld die prall gefüllten Einkaufstaschen auch noch die sechzig Stufen nach oben trug.

Selbstverständlich war sie sehr darauf bedacht, dass auch mein Vater, wenn er frei hatte und wir ausgingen oder, was oft geschah, nach Koblenz fuhren, nicht weniger gut gekleidet war. Der Spruch »Kleider machen Leute«, galt anders als heute damals wirklich noch. Ich besitze Photographien, aufgenommen im Schlosspark zu Koblenz, meine Mutter in der aufmüpfigen Mode der 20er-Jahre mit Topfhut, Pelz und kurzem Rock, der im Silberglanz der Seidenstrümpfe und hohen Stöckelschuhe sehr viel Bein sehen ließ. Was das Bild nicht so recht wiedergibt, ist, dass sie schlank war mit großen, tiefdunklen Augen unter üppig gekraustem schwarzem Haar, ein eher romanischer Frauentyp, den man an der Mosel oder in der Eifel des öfteren findet. Nur war sie als Kind einmal mit dem Schlitten so auf die Nase gefallen, dass sie brach und fortan unschön breit war. Neben ihr, auf einen Spazierstock gestützt, mein Vater, sehr glaubhaft wie ein Lord gekleidet in maßgeschneidertem Anzug aus englischem Stoff und mit den teuersten Schuhen, wie sie nur exquisite Läden zu bieten hatten. Von diesem Aufwand habe ich noch während der Krieges und ganz besonders in den schlimmen Jahren danach profitiert, als es nichts zu kaufen gab und ich in meines Vaters teure Anzüge, Seidenkrawatten und Hemden aus feiner Rohseide hineingewachsen war und ebenso in die Schuhe, ein Paar schöner und gediegener als das andere und noch wie neu. »Ja, ich war schon ein Schuhnarr«, sagte mein Vater erinnerungsschwer, wenn er mich in seinem alten Glanz dastehen sah. Das Heiligste aber, das er mir von seinen Kleidern vermachte, als ich im Sommer 1945 aus der Gefangenschaft heimkam, war ein echter englischer Trenchcoat, den meine Mutter 1930 in einem Modejournal entdeckt hatte, mit Breecheshosen und Wickelgamaschen zu einem Militarylook kombiniert. Und da mein Vater diesen Gipfel des damaligen Herrengeschmacks schon in einem Bildband des Ersten Weltkriegs entdeckt hatte an den Mänteln einer Gruppe englischer

Offiziere in den flandrischen Schützengräben, den *trenches* vor Ypern und Langemarck, und meine Rudyard Kipling lesende Mutter dem Gentleman-Ideal zugetan war, wurde beschlossen, nach Köln zu fahren, wo es die Sachen als Konfektionsware in größerer Auswahl gab. Dort wurde man auch fündig.

Als dann, wie man mir später erzählte, mein Vater, angetan in Breeches und Wickelgamaschen, aus der Anprobe kam und sich vor den Spiegel begab, war die Ernüchterung groß. Denn er war ein asthenisch schlanker Typ mit, wie er selbstkritisch vermerkte, zu wenig Arsch in der Hose und mit Beinen, die an den Waden einfach zu dünn waren und gamaschenumwickelt unter den breiten Breeches wie Stengel hervorstachen. Der Verkäufer setzte gerade an zu einem beflissenen: »Kleidet sie vorzüglich, mein Herr, wie angegossen«, oder so ähnlich, als meine Mutter auch schon auflachte und ihn mit: »Meinen Sie nicht auch wie der Storch im Salat?«, in Verlegenheit brachte, womit sie gegenüber meinem Vater aber nur das aussprach, was er selbst gerade in Anbetracht seines Spiegelbildes dachte. Aufschwatzen ließ sich meine Mutter nichts, wie sie auch, anders als mein Vater, nicht die geringste Schwellenangst hatte, wenn sie teure Geschäfte betrat. Im Gegenteil. Das übliche geschäftstüchtige Hinweglügen leiblicher Mängel oder der noch wenig ausdifferenzierten Konfektionsgrößen war ihr verhasst. Weshalb sie auch den Salon von Fräulein Thür in Neuwied so schätzte. Die traf den Ton und bemühte sich ganz und gar um den Geschmack meiner Mutter, die ihre große Schwäche genau kannte. Was mein Vater zuwenig in der Hose hatte, hatte sie, wie sie glaubte, zuviel, aber eigentlich nur ein ganz klein wenig. Ihr geradezu idealer Apfel-Po stippte etwas nach hinten. Aber das kam eigentlich nur daher, dass sie stets die höchsten Stöckelabsätze trug, die zu kriegen waren, um ihre einsfünfundsechzig nach oben zu korrigieren. Sie übertrieb also oder machte schlecht, was eigentlich attraktiv war. Wenn sie sich dann vor dem Spiegel drehte, strich sie sich mit beiden Händen seufzend über Hüften und Hinterteil und sagte: »Der verdammte Rauens-Hintern.«

Trenchcoat und Militarylook mit Wickelgamaschen wurden in Köln trotz der anatomischen Mängel meines Vaters gekauft. Denn meine Mutter wusste sich zu helfen. Das Vakuum in der Hose wurde mit einer Leibbinde kompensiert, die Vater Jupp immer in drei Lagen um sich schlug, und die fehlenden Waden mit Wadenwickeln, die sie für ihn nähte. Wenn wir auf den Westerwald fuhren, um Tante Traudchen, die inzwischen den Onkel Max geheiratet hatte, in Epgert zu besuchen und also ein sportliches Kleid angesagt war, dann umspannten die Wickelgamaschen Vaters pralle Waden und unter dem Trenchcoat wölbte sich knackig sein nicht vorhandener Hintern. Dennoch war das alles keineswegs mehr Schein als Sein. Mein Vater war zwar überschlank, aber alles andere als ein Schwächling. Er war zäh und drahtig und in seiner Jugendzeit Vorturner im Sportverein gewesen, der den Riesen am Reck ohne weiteres schaffte und der für den Verein viele Preise gewann. Er sah also keineswegs verkleidet aus, sondern so, wie es seinen angeborenen und erworbenen Qualitäten entsprach, von denen noch die Rede sein wird. Etwas anderes hätte meine Mutter auch nicht zugelassen. Ich erinnere mich, dass er weintrunken fröhlich noch mit sechzig und mehr Jahren immer wieder mal einen kerzengeraden Handstand auf dem Stuhl machte, den er dann liebevoll darauf anspielend, dass ich ihn nicht konnte, mit der Aufforderung beendete: »Mach nach, du Scheißkerl!«

Und mein Vater war musikalisch. Er hatte nicht nur wegen seiner schönen Stimme als Junge in der Kirche vorsingen müssen, er spielte auch ausgezeichnet Gitarre, wozu er gerne sang, allein oder im Duett mit meiner Mutter. Meist waren es Volkslieder oder Schlager, aber auch lustige Lieder wie das »Vom Herrn Pastor sin Kauh«. Wenn Besuch kam von Onkel, Tante oder den Kollegen von der Post mit ihren Frauen, dann holte Vater Jupp eine Flasche Wein aus dem Eisschrank, so hieß das hölzerne Ungetüm, das wöchentlich mit einem neuen Eisbarren aufgefüllt werden musste, und bald war die Stimmung gut. Meine Mutter hatte als Schulkind zwei Jahre lang Klavierunterricht bekommen, aber nach dem Tod der Eltern damit aufgehört. Dafür sang sie gern, und wenn nicht um die Wette mit dem Radio Baujahr 1928, dann legte sie eine Platte auf. Sie schwärmte für Mozart, aber, welch ein Gegensatz, auch für Wagner. Im Wohnzimmer stand ein gewaltiges Schrankmöbel von Grammophon, in dessen Unterteil sich die Platten häuften mit schwerer Musik, vielen neuen Tanzplatten, Schlagern und noch viel mehr Richard Tauber. Hatte meine Mutter die Tauber-Tour, dann lief die Nadel heiß mit: »Dein ist mein ganzes Herz«, »Gern hab ich die Frauen geküsst« oder: »O Mädchen, mein Mädchen, wie lieb ich dich«. Es waren Ohrwürmer, die sich so unwiderstehlich ins Gedächtnis bohrten, dass nicht nur meine Mutter sie bei jeder Gelegenheit singen konnte, sondern ich als Knirps gleich mit. Wir beide müssen damals so vertaubert worden sein, dass sich die Lieder bis heute manchmal lustvoll in mir rühren und ich sie einfach singen muss. Ein Jahr nach dem Tod meiner Mutter, es war im Herbst 1942, als der Jude Tauber in Deutschland längst tabu war, legte ich, der Hitlerjunge und Fähnleinführer, seine geliebten Platten noch einmal auf, ehe ich mich endgültig von ihnen trennte.

Von den Kindern, mit denen ich damals spielte, sind mir zwei besonders in Erinnerung geblieben: der gute Jochen, der zwei Häuser weiter wohnte, und der böse Richard von der Reihenhaussiedlung gegenüber, der uns zu Spielen zwang, die ein Alptraum waren. Mit Jochen spielte ich am liebsten im Sandkasten hinter unserem Haus, wo wir immer zuerst mit Schippe und Eimer hohe Bergkegel auftürmten, die wir dann, ich von der einen, Jochen von der anderen Seite, ganz unten durchbohrten, bis sich unsere Hände in der Mitte trafen. Durch den Tunnel und um den Berg herum bauten wir dann Straßen, über die wir selbstvergessen brummend und hupend unsere Spielautos aus buntem Blech schoben. Das Automobil, damals noch in der Pionierphase, war die große Faszination meiner Kindertage. Was dieses heute so gewöhnliche gewordene Verkehrsmittel damals an Hochgefühlen des schnellen und freien Dahinfahrens in uns auslöste, ist kaum beschreibbar. Jochens Vater, der Versicherungsvertreter, besaß einen Dixi, damals der kleinste der Kleinwagen, für Erwachsene eine Zwangsjacke, für uns Knirpse von geräumigem Komfort, wenn wir zum Kundenbesuch im Fond mitfahren durften. Überall, wo wir anhielten, löste der kleine Dixi große Neugier aus, besonders bei den Kindern, die mit Nasen gegen die Scheiben gedrückt ins Innere guckten, eine Geste, die wir dann von innen erwiderten und zu herausgestreckten Zungen eskalieren ließen. Durch Jochen lernte ich auch Bobby Lohr kennen, der etwas älter war und auf der Engerser Landstraße wohnte. Sein Vater war erst kürzlich an den Folgen seiner schweren Kriegsverwundung gestorben und als kaiserlicher Oberleutnant besonders feierlich auf dem Ehrenfriedhof bestattet worden. Frau Lohr trug tiefschwarze Trauer und tupfte ihr rotgeweintes Gesicht stets mit einem weißen Spitzentaschentuch ab. Zu uns Kindern war sie sehr lieb und schenkte uns jedesmal Bonbons oder Bahlsen-Kekse.

Bobby hatte einen Bruder, den Paul-Heinz, der zwar älter war als wir, weshalb er ausdrücklich nicht mehr mit uns spielte, aber man sah auch nie, dass er mit seinesgleichen zusammengewesen wäre. Er war schmächtig für sein Alter und auffallend bleich im Gesicht. Eines Tages aber ging eine große Veränderung in ihm vor. Es war Nachmittag, als der Stahlhelm in einer langen Marschkolonne über die Engerser Landstraße anmarschiert kam, der 1918 gegründete Wehrverband von Soldaten des Ersten Weltkriegs, nunmehr ein einziges Aufbegehren gegen die Demütigungen von Versailles und Platzhalter eines neuen wiedererstarkten Deutschland. Ich sehe sie noch heute heranmarschieren, die Gesichter tiefernst von Helmen überschattet, und höre den herben Gesang und das rhythmische Aufstoßen der Stiefel auf dem blauen Basalt. Ein Anblick zum Fürchten. Aber überall gingen auf beiden Seiten der Straße die Fenster auf, und die Leute lehnten sich heraus. Weit auf ging auch das Fenster von Frau Lohr über uns, aus dem sie sich zusammen mit Paul-Heinz vorbeugte. Aufgeregt gestikulierend rief sie Bobby und mir etwas zu, was aber im Lärm des Marschtritts unterging. Während mir das Spektakel eher Angst machte, muss es bei Paul-Heinz ganz entgegengesetzte Gefühle ausgelöst haben.

Denn schon am nächsten Tag sollten wir auf seine Anweisung hin die Holländer und das Dreirad parken, um mit ihm Stahlhelm zu spielen. Dabei erwies er sich als ein wahres Führungs- und Organisationstalent. Er hatte nämlich einen Packen Zeitungen und drei gleichlange Latten bei sich, um, ehe er uns rekrutierte, auszurüsten. Als erstes brachte er uns bei, aus einem Doppelbogen Zeitung einen soliden Spitzhelm zu falten. Nachdem wir das kapiert und vollbracht hatten, ging es um die Frage, ob wir die Helme längs tragen sollten oder quer wie Napoleon. Paul-Heinz entschied sich für Napoleon, ein Name, der mir von meinem Vater her ein Begriff war. Dann erhielt jeder eine Latte als Gewehr. So ausgerüstet lehrte Bobbys großer Bruder uns das Antreten, das Rechts-Um und Links-Um, das Gewehr-Über und das Marschieren im Gleichschritt, was mit uns Vier- bis Fünfjährigen gar nicht so einfach war, zumal wir mit den weit ausladenden Ecken unserer Napoleonhüte immer wieder aneinanderstießen, so dass sie verrutschten. Am schnellsten hatten wir noch die vorschriftsmäßige Grußgeste kapiert, mit der wir, gestreckte Hand und angewinkelter Arm, an Paul-Heinz, der natürlich der Hauptmann war, vorbeidefilierten. Als Krönung des Ganzen aber lernten wir zusätzlich zum Marschieren das Singen. Den Text mussten wir abschnittweise nachsprechen. Paul-Heinz sang ihn vor und wir ihn nach. Das alles lief todernst ab. An jenem denkwürdigen Tag im Jahre 1931 lernte ich mein erstes nationales Kampflied, dem später noch viele folgen sollten. Es lautete: »Hakenkreuz am Stahlhelm, schwarzweißrotes Band, Bund der Frontsoldaten werden wir genannt«. Ob Paul-Heinz den sehr viel längeren Text des Liedes selbst nicht wusste oder bei uns Knirpsen die Kurzfassung für ausreichend hielt, ist nicht mehr zu klären. Jedenfalls weiß ich noch, dass wir, mit Helm und Gewehr immer wieder diese eine Zeile singend, um das Blumenrondell vor Lohrs Haus marschierten und marschierten, bis plötzlich wie aus dem Nichts der böse Richard vor uns stand, genauer vor Paul-Heinz an unserer Spitze, »Aus! Aus!« brüllend ihm den Papierhelm vom Kopf riss und zu einer Kugel zusammengeknüllt auf die Erde warf. Ehe wir, vor Schreck erstarrt, so recht begriffen, was geschah, vollzog sich vor unseren Augen die Rückverwandlung unseres Hauptmanns in den schmächtig bleichen Paul-Heinz, gefallen zu Beginn des Krieges. Der böse Richard dominierte damals die Kinderwelt des ganzen Karrees. Stahlhelm spielten wir nie wieder.

Erst viele Jahre später wurde mir klar, was passiert war. Frau Lohr gehörte den Deutsch-Nationalen an und hatte 1925 nach Eberts Tod Hindenburg gewählt, wie sie meiner Mutter erzählte, bei welcher Gelegenheit durch deren »Ach, Sie auch!« herauskam, dass meine Eltern ebenfalls Anhänger des gefeierten kaiserlichen Feldmarschalls waren. Des bösen Richard Vater hingegen war damals ein kleiner, aber strammer Funktionär bei den Sozis, wie die Sozialdemokraten genannt wurden. Dass wir ihn dann ein paar Jahre später ebenso bei der NSDAP mitmarschieren sahen wie er 1950 als Mitglied der Neuwieder CDU gegen den Vorsitzenden und Tüten-Fabrikanten Dr. Reuther (laut Volksmund »Tutte-Reuther«) für ein Wohnblock- statt Einfamilienhaus-Programm plädierte, gehört zu jener Gesinnungsakrobatik, mit der sich nicht nur die Eliten, sondern auch die kleinen Kacker, wie Vater Jupp sich selbst einbeziehend sagte, über die nationalen Abgründe hinwegretteten. Ich erinnere mich, wie sich des bösen Richard Vater auf der CDU-Versammlung zum Thema Wiederaufbauprogramm gegen seinen Widersacher, ebenfalls ein ehemaliger Parteigenosse, verbissen ins Zeug legte. Als er sein Plädoyer für den Wohnblock zum dritten Mal mit demselben Satz beendete: »Ja, Herr Doktor, da streiten sich die Geister!«, entgegnete dieser mit der Arroganz des Überlegenen: »Vom Wohnblock ist der Blockwart nicht weit, und damit scheiden sich die Geister, um sich nicht zu streiten.« Womit er die Lacher auf seiner Seite hatte und das Scharmützel ein Ende fand, wobei die Masse der Bedürftigen ohnehin nur die Wohnblocklösung zuließ.

Mit dem besagten bösen Richard begegnete ich damals zum ersten Mal dem Phänomen, dass es Kinder gibt, deren Habitus schon etwas Überwältigendes ausstrahlt, das in unwiderstehlicher Weise Macht ausübt und wehrlos macht. Dieses Früherlebnis lähmender Ohnmacht verstärkte sich dadurch, dass ich meine damals für mich so übermächtigen Eltern als Teil dieser Ohnmacht erlebte. In diese Kinderwelt reichte ihre führende und schützende Hand nicht. Denn Richard wurde für mich zum Medium der dunklen und damals noch über die Maßen tabuisierten Macht des Sexuellen, deren verfügende Gewalt ich Fünfjähriger noch gar nicht als solche begriff.

Eines Tages, als ich in den Garten kam, saß Richard wieder einmal zusammen mit Hildegard und Egon auf der Einfassung unseres Sandkastens. Nichts Gutes ahnend, wollte ich schon kehrt machen, als Hildegard und er mich aufforderten, mit ihnen zu spielen. Also diesmal nicht der übliche Spott über meine abstehenden Ohren. Nein, diesmal nicht. Ich sollte vielmehr mit ihnen Doktor spielen und damit ging es ihnen nur um meine Genitalien, was mich Ahnungslosen in lähmende Angst und Schrecken versetzte.

Sie rührten damit an etwas Furchtbares, das mir wenige Wochen zuvor widerfahren war. Ich war an irgendetwas erkrankt, und meine besorgte Mutter rief die Ärztin aus der Nachbarschaft herbei. Ich sehe sie noch in ihrem Hosenrock aus Loden – sie ging auf die Jagd – ins Schlafzimmer kommen und über die auf Halbmast gerutschte Brille blicken, als sie mich von oben bis unten untersuchte und zu meinem Unglück eine Phimose feststellte, die unbedingt behandelt werden müsse und zwar möglichst sofort. Was dann mit Assistenz meiner Mutter an mir verübt wurde, kann ich im Nachhinein nur als ein Procedere bezeichnen, das der Folter nicht sehr fern war. Die Beseitigung der Verengung ging ohne jede Betäubung vor sich. Von meiner Mutter flach liegend festgehalten, sah ich nicht, was ich dann um so grausamer fühlte: zuerst einen stechenden, dann brennenden Schmerz, der von Händen rührte, die nicht aufhören wollten, meine Vorhaut über die Eichel zurückzuziehen, zu einem Wulst zu rollen und zu befestigen. Mir wurde schlecht und alles begann sich zu drehen. Als der Hosenrock endlich fertig war und meine Mutti mich losließ, sah ich und vergaß es nie mehr, wie die zurückgerollte und mit Heftpflaster fixierte Vorhaut als ein feuerroter Reifen um das nicht minder feuerrote Rund der Eichel rotierte und rotierte. Ich erkannte mich nicht wieder, fiel zurück in die Kissen und lag da wie im Fieber. Am nächsten Tag war die Schwellung schon etwas abgeklungen. Um so tiefer grub sich das Erlebte ein, nicht als Phimose, sondern mit einem Namen, den ich eines Tages im Einführungs-Kapitel unserer Martins-Bibel unter den Erdplaneten entdeckte. Es war der Saturn mit dem Reifen. In meinem unpässlichen Zustand war mir mein gepeinigter Penis als dieser Wandelstern erschienen, von dem ich erst viel später lernte, dass er den Namen des Fruchtbarkeitsgottes trug, der seine Kinder fraß. Ob ich während der Operation geheult oder aus lauter Angst tapfer standgehalten habe, weiß ich nicht mehr. Nur, dass ich auf mein nicht enden wollendes: »Mutti, das tut so weh!« von ihr getröstet wurde mit dem Versprechen, ich bekäme ganz gewiss die große Märklin-Eisenbahn, die ich in der Stadt bei Ellenbergers gesehen hatte.

Die rabiate Beseitigung meiner Phimose dämpfte und verzögerte mein Sexualleben nachhaltig. Erst im siebzehnten Lebensjahr entdeckte ich, dass ich meine ganz besonderen Saturnalien in der Reckstraße 11 entweder völlig umsonst gelitten oder die fatale Verengung meiner Vorhaut sich neu gebildet hatte. Einen Vorteil aber, wenn es denn einer war, hatte das Trauma doch: Es hüllte mich sexuell in einen Kokon, der mich in den folgenden Jahren vor Übergriffen zwar nicht bewahrte, aber Verderbendes nicht wirklich durchließ. Wenn der böse Richard und die Hildegard mich immer wieder zwangen, mit ihnen Doktor zu spielen, stieß mich das nur ab. Das wurde zum ersten Mal in meinen Kinderjahren anders mit Elfriede, einem Mädchen aus den Baracken, dem Neuwieder Armenviertel – meine erste Kinderliebe.

V. BÜNDNIS ZWISCHEN MOTOR UND AUGE

V. BÜNDNIS ZWISCHEN MOTOR UND AUGE

In der Reckstraße und auch später besuchte uns immer wieder Onkel Köbes, der treueste Jugendfreund meiner Eltern und die erste große Liebe von Tante Traudchen. Vernarrt in Autos, hatte er zusammen mit meinem Vater bei Schönecker in Bullay eine Kfz-Lehre gemacht und war dann, von zuhause aus arm, Taxifahrer geworden. Als sein versoffener Brotgeber pleite ging und er die einmalige Gelegenheit hatte, das Taxi, ein Adler Sechssitzer Cabrio, preiswert zu ersteigern und sich selbständig zu machen, fehlte ihm das nötige Geld. Da half ihm meine Mutter aus und lieh ihm die drei- oder viertausend Reichsmark. »Ich hab noch nie einen Menschen so glücklich gesehen«, sagte sie immer, wenn sie es erzählte. Da das Taxi-Geschäft gut lief, zahlte Köbes ihr das Geliehene nicht nur pünktlich und mit Zinsen zurück, er war auch dankbar und bewies Anhänglichkeit, die sich darin äußerte, dass er, wann immer möglich, uns in Neuwied besuchte, wo er uns zuerst ins »Alt-Holland« oder ins teure »Museumsstübchen« einlud und dann mit uns nach Koblenz ins Kino fuhr. Hinterher kehrten wir jedesmal noch irgendwo ein, ehe Köbes mit seinem Adler zurück nach Bullay fuhr und wir mit dem letzten Triebwagen nach Neuwied.

In jenen Tagen ließ der Tonfilm als große Sensation den Stummfilm hinter sich, was auch meine Eltern geradezu süchtig in seinen Bann zog. So oft wie möglich gingen sie ins Kino, am liebsten in Koblenz. Und da es damals noch kein Jugendverbot gab, schleppten sie mich jedesmal mit. Immerhin gab es für mich im Vorspann die herrlichen Micky-Maus-Filme oder Chaplin-Streifen. Und so sah ich denn mit fünf Henny Porten in *Königin Luise*, sah *Der Kongreß tanzt* mit dem unvergesslichen Lied: »Das gibt's nur einmal, das kommt nie wieder, das ist zu schön, um wahr zu sein«, sah *Mädchen in Uniform*, Hans Albers in *Der Sieger*, und ich bekam, abgesehen von den einprägsamen Melodien, von alldem kaum mehr mit als den flimmernden Sog der Bilder, der mich angenehm mit sich forttrug, sitzend auf dem Schoß meiner ebenfalls mitgenommenen Mutter, die ich hinter mir, je nachdem, lachen oder ergriffen schluchzen hörte. Ich sah auch Marlene Dietrich und Emil Jannings in *Der blaue Engel*, aber aus bösen Gründen nur den halben Film. Denn als der Mann neben uns plötzlich ganz schnell raus musste, so dass ich beim Aufstehen meiner Mutter vom Schoß rutschte, trat er mir zentnerschwer auf meine kleinen Lackschuhe. Ich schrie laut auf und hörte mit dem Schreien nicht mehr auf, was rundherum Proteste auslöste und meine Eltern fluchtartig aus dem Kino trieb. Im Foyer machte sich bei Vater Jupp und Mutter Kätchen zuerst die tiefste Enttäuschung Luft über das mittendrin abgebrochene Filmvergnügen: »Brüll doch nicht so!« Damit brachten sie mich aber nur dazu, auf Wimmern umzuschalten. Was sie dann doch stutzig machte. Und als sie mir Schuh und Strumpf auszogen und ein blutunterlaufener, dick angeschwollener Zeh zum Vorschein kam, war das Erschrecken und Erbarmen groß, und ich wurde ausgiebig getröstet. Da ich nicht gehen konnte, landete ich auf den Schultern meines Vaters, und ab ging es in das Stammcafé in der Löhrstraße, wo erst ein Mohrenkopf und dann noch einer meine Laune wieder herstellten.

Meine Eltern gingen dann noch einmal und ohne mich in *Der blaue Engel*, von dem mir zu meinem blauen Zeh wenigstens die Melodie blieb: »Ich bin von Kopf bis Fuß auf Liebe eingestellt«, und »Die Männer umschwirren mich wie Motten das Licht …«. So klang hinterher der Dietrich silbrighellen Song wochenlang aus unserem Grammophon und wurde, wenn die Platte durch war, von meiner Mutter etwas dunkler nachgesungen und das immer wieder und von mir mit. Irgendwann lief in Koblenz auch *Das blaue Licht* mit Leni Riefenstahl. Wir fuhren mit Onkel Köbes' Adler hin. Hinterher saßen wir zusammen im Weindorf. Ich erinnere mich, zumal in späteren Jahren immer mal wieder die Rede darauf kam, dass meine Mutter vom *Blauen Engel* zum *Blauen Licht* wechselte und sich ereiferte, die Dietrich habe sich ihre Beine für eine horrende Summe versichern lassen. Und überhaupt, die Riefenstahl gefalle ihr weit besser. Da waren Vater Jupp und wohl auch Onkel Köbes entschieden anderer Meinung. Obwohl ich das Gespräch im Weindorf vergessen habe, schließe ich das aus einem sehr viel späteren Streit zwischen Vater Jupp und Mutti Kätchen, als die Riefenstahl nach 1933 mit ihren Nazi-Filmen *Der Sieg des Glaubens* und *Triumph des Willens* so groß von sich reden machte und man die Diva nicht selten mit Hitler sah.

Eines Tages saßen wir alle zusammen über dem neuen Bildband zum deutschen Tonfilm, den meine Mutter gerade gekauft hatte, und abermals entzündete sich der Rangstreit an den beiden so gegensätzlich dargestellten Filmköniginnen. Während die Riefenstahl züchtig gebannt ins *Blaue Licht* blickte, zeigte die Dietrich des *Blauen Engel* für damalige Zeiten frivol viel nacktes Bein, so dass meine Mutter, da mein Vater immer noch für die Dietrich schwärmte, ausrief: »Jaja, weil sie dich bis ins Allerheiligste gucken lässt.« Mein Vater lachte. Und wie es so seine Art war, spielte er plötzlich mit dem Namen Riefenstahl herum. Zuerst noch tastend über: »Leni, Reni rief und stahl ...«, bis er es dann hatte: »Leni rief 'n Stalin / nimm mich zur Gemahlin.« Der zeitweise als Hitlers Favoritin oder gar First Lady des Reiches gehandelten Diva einen Flirt mit dem Bluthund Stalin anzudichten, war ein Sakrileg. »Du bist geschmacklos!«, knallte meine Mutter den Bildband zu und war beleidigt, sicher auch, weil sie den Führer mit beleidigt fand. Wobei ich mir sicher bin, dass meinem Vater der Rollentausch aus reiner Lust am Herumspielen mit der Sprache unterlaufen war, denn er hatte nichts gegen die Nazis.

Ich erinnere mich noch an einen anderen Anlass, der meinen Vater in jenen Tagen zum Reimebasteln animierte. Damals ging die Route des Luftschiffs *Graf Zeppelin* über Neuwied und es war jedesmal eine Sensation, die alle Köpfe Richtung Himmel drehte und so auch die von uns dreien, eng aneinander gedrückt am Dachfenster der Reckstraße 11. Nachdem das gewaltige Ding über uns weg hinter dem Westerwald verschwunden war, brütete mein Vater eine Weile auf dem Sofa vor sich hin und rückte irgendwann mit den Versen heraus: »Ein Kolibri, in sich entzwei / Hielt den Graf Zeppelin für sein Ei. / Man musste ihn in Pflege geben. / Kein seltener Fall im Vogelleben.« Von derartigen Ergüssen war meine Mutter entzückt, und ihr Jupp, der Dichter, bekam dafür einen liebevollen Kuss. Sie schrieb die Verse sogar auf, und ich durfte sie auswendig lernen.

Das war aber erst 1932. Im Jahr zuvor hatte sich etwas ereignet, das erheblichen Einfluss auf mein Leben haben sollte. Eines Morgens, ich weiß es noch wie heute – ich stierte gelangweilt aus dem Dachfenster auf die Reckstraße –, sah ich plötzlich und unerwartet den Adler von Onkel Köbes mit regennassem Verdeck vorfahren. Ich sprang vom Stuhl, rannte in die Küche und jubelte meiner Mutter die Nachricht zu. Sie war selbst erstaunt, denn um diese Uhrzeit kam der Köbes nie. Es ist doch hoffentlich nichts passiert? Nein, passiert war nichts, dennoch war sein Besuch diesmal ein Ereignis. Als wir die Wohnungstür öffneten, stand er da mit einer Zehnerkiste Wein auf dem Arm und einem Karton für mich, der das Neueste auf dem Spielzeugmarkt enthielt: ein Schuko-Auto mit einem Mechanismus, der es über den Tisch flitzen und an allen vier Kanten umkehren ließ. Ein ausdauerndes Federwerk sorgte dafür, dass der Spaß des immer wieder knapp verhinderten Absturzes lange anhielt. Ich war glücklich. Doch was jenen verregneten Maitag 1931 unvergesslich machte, war etwas viel Aufregenderes. Onkel Köbes hatte viel auf dem Herzen. Er hatte inzwischen zu dem Adler einen offenen 19-Sitzer-Bus mit Faltverdeck erstanden und zusammen mit seinem Bruder Hein eine Kraftverkehrsgesellschaft gegründet, die Vergnügungsfahrten nach

Trier und Luxemburg organisierte sowie durch die Vulkaneifel oder über den Hunsrück an den Rhein zwischen Bingen und Koblenz. Die Geschäfte liefen so gut, dass er unbedingt einen weiteren Pkw brauchte. Nun sei ihm eine Sechszylinder Hansa Cabrio-Limousine günstig angeboten worden, eine einmalige Gelegenheit, aber mit dem Haken, dass er sich mit dem Bus finanziell etwas übernommen habe. Kurz und gut, Onkel Köbes machte meiner Mutter den Vorschlag, stille Teilhaberin seiner Verkehrsgesellschaft zu werden mit einer guten Rendite. Auch ich saß damals bei dieser denkwürdigen Unterredung am Tisch, bekam aber nur mit, was ein Fünfjähriger so mitbekommt: die angenehm aufregende Atmosphäre. Anschließend fuhren wir zu meinem Vater aufs Postamt, wohl, um ihn zu unterrichten und in das Geschäft mit einzubeziehen, obwohl mein Vater Geldangelegenheiten ganz meiner Mutter überließ. Der Geschäftsabschluss wurde im »Alt-Holland« mit einer Flasche Wein gefeiert, während ich meinen üblichen Mohrenkopf aß. Noch am selben Tag fuhr meine Mutter mit Onkel Köbes an die Mosel, um die Formalitäten zu erledigen. So wurde sie Gesellschafterin mit einem Anteil von 20 000 Reichsmark, womit sie, da 1934 schon ein zweiter größerer Bus hinzukam, bis zu Beginn des Zweiten Weltkrieges ein gutes Geschäft machte.

Für mein kindliches Seelenheil aber war sehr viel wichtiger, was sie Onkel Köbes bei Abschluss des Vertrages als Sonderleistung abhandelte. Der Hansa sollte uns ein oder zweimal im Jahr für einige Wochen zu eigenen Urlaubsfahrten zur Verfügung stehen. So kam es denn, dass im Mai 1931 die als Taxi unkenntlich gemachte Hansa Cabrio-Limousine glänzend poliert zum erstenmal vor der Reckstraße 11 parkte, gebracht von Köbes' Bruder Hein, der mit dem Zug zurück nach Bullay fuhr. Unsere erste Reise ging in den Harz. Unsere zweite im Herbst über die Bergstraße nach Heidelberg und in den Schwarzwald. Daran habe ich aber merkwürdigerweise keine tiefergehenden

Erinnerungen. Ganz anders ein Jahr später, im Herbst 1932. Da wollte meine Mutti unbedingt ihre Verwandtschaft in der Eifel wiedersehen. Wo wir hinterher noch hinführen, würde sich dann finden.

Es ist kaum noch vorstellbar, was das heute zur Massenware gewordene Automobil in jenen Jahren bedeutete. Es war das von allen begehrte und für die allermeisten unerschwingliche Instrument einer neuen Besessenheit: der freien Selbstbewegung und Selbstausdehnung in immer fernere Räume. Sie war eng liiert mit der magischen Anziehungskraft des Kinos, der bewegten und bewegenden Welt der Bilder, die diese Besessenheit ebenfalls anheizte, wenn auch nur ersatzweise befriedigte. Wo immer ein Auto auftauchte, wurde es von Kindern und Erwachsenen gleichermaßen umringt und mit begehrlichen Blicken bestaunt. Nicht anders an jenem sonnigen Herbsttag, als der Hansa blaumetallen mit offenem Verdeck wieder einmal in seiner stattlich gestreckten Länge vor der Reckstraße 11 parkte. Was er da sollte und zu wem er gehörte, wusste man inzwischen und man hatte es ausgiebig kommentiert. Ich guckte immer wieder aus dem Fenster und als ich Halles Hildegard und Egon, aber auch meinen Freund Jochen inmitten anderer Kinder am Auto stehen sah, wäre ich am liebsten hinuntergerannt. Aber meine Mutter wollte das nicht. Mir wurde die Zeit lang, bis mein Vater heimkam und es losgehen sollte. Ich erinnere mich, dass Tante Emmy noch heraufkam und meiner Mutter beim Packen der Koffer half. Gern wäre sie mitgefahren. Als endlich mein Vater hereinkam und wir die hellen Hauben zum Schutz gegen den Fahrtwind, die er noch in der Stadt gekauft hatte, anprobierten, bekam ich meine – es war die einzige kleine, die er hatte kriegen können – nicht über den Kopf. »O Gott, der Rauens Schwelles«, sagte meine Mutter und lachte. Ich aber kämpfte mit den Tränen. Denn die Haube machte den Schick der schnellen Fahrt erst vollkommen. Tröstlich nur, dass es endlich losging. Meine Mutter im stahlblauen Sportkostüm mit hellem Staubmantel, und mein Vater im geliebten Trenchcoat mit Wickelgamaschen. So stiegen wir die sechzig Stufen abwärts vorbei an Söll, Halle & Co. durch die Haustür hin zu unserem Hansa, der nun einsam dastand. Mein Vater schnallte die Koffer hinten fest und hob mich über das Trittbrett ins Auto. Die Tür durfte ich selbst von innen zuziehen. Während meine Mutter vorn neben dem Fahrersitz einstieg, erhaschte ich durch das hintere Seitenfenster einen Augenblick lang den bösen Richard, wie er mit seiner Mutter in der Haustür stand und herüberguckte. Aber nicht nur von ihnen wurde unser Aufbruch registriert. Als wir von der Reise zurückgekehrt waren, erzählte uns Tante Emmy, dass die erneute automobile Abfahrt derer von unter dem Dach auch bei den Damen der Reckstraße 11 für Gesprächsstoff gesorgt hatte.

Als mein Vater den Sechszylinder endlich anließ, kurz Gas gab und der Motor gleichmäßig zu laufen begann, ging auch schon das Vibrieren der Karosserie wohlig erwartungsvoll in mich über. Ein leichtes Aufheulen unter der langgestreckten Motorhaube, und der Hansa fuhr an. Mein Leib ruckte mit beim sanften Gangwechsel, damals noch mit Zwischengas, und dann trug mich die Beschleunigung davon. Schon waren wir links um die Ecke, vor mir die Engerser Landstraße, in die wir im Nu nach rechts in Richtung Ehrenbreitstein-Koblenz einbogen. Ich war so aufgeregt, dass ich mich gar nicht erst setzte, sondern in die Lücke zwischen die beiden Vordersitze klemmte, um durch die Windschutzscheibe hindurch über die Kühlerspitze hinweg jede Bewegung des Autos im Visier zu haben mit allem, was es da draußen so wunderbar in Gang setzte. Vater Jupp fuhr zügig auf Engers zu. Der Tacho zeigte zwischen 80 und 90, das war damals unerhört schnell. Bald hatten wir die Ausläufer von Neuwied hinter uns, und der beschleunigte Wechsel der Bilder im Verein mit dem satten Brummen des Motors gab mir ein Glücksgefühl ohnegleichen. Die Landschaft, die uns von vielen Fußmärschen her so festgefügt bekannt war, flitzte rechts und links nur so weg und löste sich auf wie im Film. Es war herrlich! Ich Filmkind ergab mich ganz der raum- und zeitraffenden Zugkraft und genoss zum erstenmal so richtig die technische Revolution des 20. Jahrhunderts: das Bündnis von Motor und Auge. Im schnellen Wechsel der Bilder wurde mir die Windschutzscheibe des Hansa zur flimmernden Leinwand, die mich zu Träumen hinriss, in denen ich selbst das Steuer ergriff und davonflog. In diesen Zuständen der Absence löste sich der Alp der Reckstraße 11 wie in nichts auf. Ich war hingerissen von einem doppelten Zeit- und Raumerleben. Denn als ich mich einmal umdrehte und nach hinten blickte, stand die Welt, in der ich eben noch davonflog, abrupt still, und doch fühlte ich, wie das Auto mich unentwegt weitertrug. Als wir Engers und Vallendar hinter uns hatten, war ich eins mit der Zugkraft der sechs Zylinder, eins mit der Magie des Vorlaufens in ein Irgendwo, in dem die Uhren anders gingen.

In Koblenz machten wir die erste Rast. Mein Vater parkte den Hansa in der Löhrstraße direkt vor unserem Stammcafé (sein Name ist mir entfallen), wo ich meinen soundsovielten Mohrenkopf verdrückte. Er beschloss, über Andernach nach Mayen und weiter in die Eifel zu fahren, weil dort die Straßen besser seien. Es war noch früh am Nachmittag, als wir Mayen hinter uns hatten und damit die letzte glatte Basaltpflasterstraße. Was wir dann unter die Räder kriegten, ist mir nur dunkel in Erinnerung geblieben als eine öde Holperstrecke, die eine Folge armselig verkommener Dörfer miteinander verband, die selbst die goldene Herbstsonne nicht verklären konnte. Vater Jupp lotste den Hansa mit mäßigem Tempo über gefährlich tiefe Schlaglöcher, denen er nicht immer ausweichen konnte. »Das reinste Schlachtfeld!«, fluchte er immer wieder, was in mir die Trichterfelder vor Verdun und Ypern aus unserem Bildband über den Ersten Weltkrieg wachrief. Kurz hinter dem Dorf Lirstal wurde es meiner Mutter von dem dauernden Schlingern des Autos schlecht. Wir hielten an, weil sie sich übergeben musste. Erst in der Nähe von Daun wurden die Straßen endlich besser und wir konnten wieder schneller fahren. Erneut stellte sich das wohlige Gefühl der Beschleunigung ein. Vor uns ein Dorf, das rasch näher kam. Die Hauptstraße führte zunächst geradeaus vorbei an hässlichen Häusern und Misthaufen. Mein Vater beschleunigte und merkte etwas spät, dass eine scharfe Linkskurve kam. Der Hansa legte sich schief, ich hielt mich fest, und da sah ich auch schon, wie sich urplötzlich vor das Sichtfeld der Windschutzscheibe ein staubiges Durcheinander wild aufflatternder Hühner schob, untermalt vom Bremskonzert der blockierenden Reifen und dem Aufschrei meiner Mutter. Noch bevor wir uns gefasst hatten und meine Eltern ausgestiegen waren, rannte ein Junge dicht vor den Kühler, bückte sich und packte das wohl nur angefahrene Federvieh, ein Hähnchen, bei den Füßen und lief damit, es mit kreisendem Arm durch die Luft schleudernd, hinter das Bauernhaus. Erst viel später, als ich einmal beim Hühnerschlachten dabei war, sah ich, wie das Herumschleudern die Tiere so benommen macht, dass sie sich völlig still auf dem Hauklotz köpfen lassen. Während der Junge vermutlich genau das mit dem von uns angefahrenen Hähnchen tat, standen auch schon einige Kinder um uns herum, alle barfuß, und, wie ich durch das heruntergekurbelte Fenster sehen konnte, mit Füßen, die sich vom Staub und Kot der Straße kaum abhoben. Mein Vater stieg wieder ein, während meine Mutter auf das Haus zuging und die in der Tür stehende Frau ansprach. Sie hielt die Hände unter ihrer Schürze, holte sie aber hervor, als meine Mutter ihr etwas in die Hand gab. Es waren fünf Mark, wie wir beim Weiterfahren erfuhren. Viel zu viel für ein Hähnchen. Aber das war ihr wohl egal. »Hoffentlich bringt das kein Unglück«, seufzte sie.

Schnell ließen wir das Dorf hinter uns. Und wieder durchschnitt ich mit dem Kühler das rechts und links dahinfliegende Land, das in seiner wilden Kargheit ebenso fremd wie Neugier weckend in mir ankam und ich in ungeahnter Weise in ihm. Als wir Gillenfeld passiert hatten, sagte meine Mutter: »Nun ist es nicht mehr weit bis Immerath.« Da das Pulvermaar am Wege lag, machten wir zuvor dort halt. Von meiner Mutter, die die Maare als Kind schon in sich aufgenommen hatte, war kraft ihres Erzählens in mir ein Bild entstanden, das sie zu einem Ort düsterer Geheimnisse machte. Das bestätigte sich, als wir die Böschung hinunterstiegen an den Rand des dunklen Kratersees. Hier vor Ort, wie ich mich gut erinnere, war es Vater Jupp, der mich den mächtigen Berg sehen machte, der sich dort vor Urzeiten erhoben hatte, eines Tages aber plötzlich explodiert war, so dass die Gesteinsmassen bis zum Himmel flogen und Menschen, Tiere und Pflanzen unter ihrer glühenden Asche begruben. Dort hatte ich erstmals die Erde als einen explosiven Feuerball vor Augen, den nur eine dünne Kruste zusammenhielt, die jeden Tag irgendwo aufbrechen konnte, auch da, wo ich gerade stand. Mein Vater erzählte das alles so plastisch, dass ich mich in meiner aufgewühlten Phantasie mitten in jene Katastrophe versetzt erlebte, von der das Pulvermaar so düster Zeugnis gab. Hinterher habe ich eine zeitlang immer wieder malen müssen, wie die Erde aufbricht und alles zum Himmel sprüht. Dieses Weltzerstörungsbild holte mich ein, als ich mit zwölf Ernst von Salomons *Die Geächteten* las. Aber nunmehr erfasste es mich nicht als natur-, sondern als menschengemachtes Inferno. In welchem Maße meine Welt damals schon durchdrungen war von Verfolgungsängsten, aus denen die furchtbarsten Massenvernichtungen hervorgehen würden, das alles ahnte ich nicht einmal.

Wir stiegen wieder ins Auto, setzten die Fahrt fort und es verstärkte sich dieses Empfinden in mir, als wir von der Hauptstraße nach rechts abbogen und ich sah, dass auch Immerath tief unten in einem Vulkanloch lag gleich neben einem Maar. Als wir die ersten Häuser erreichten, stellte ich mir plötzlich vor, wie es wäre, wenn jetzt die Erde aufginge und das Dorf in tausend Stücken in den Himmel explodierte. Aber es blieb alles, wie es war. Die meist ärmlichen alten Häuser aus Bruchstein und Lehmfachwerk lagen still in der Nachmittagssonne. Ein von zwei mageren Kühen gezogenes Fuhrwerk kam uns entgegen auf der stark gewölbten Dorfstraße, so dass sich unser Hansa ziemlich schief legte, als wir uns im Schrittempo daran vorbeizwängten. Nun war es erst einmal aus mit dem befreienden Aufbruch in bewegende Weiten. Es stellte sich heraus, dass die Uhren dieser Eifelwelt nachgingen und meine Reise in die weite Welt in die Zeit meiner Ahnen geführt hatte, die mich nun einholte.

Wir hielten vor einem einstöckigen Haus mit steilem Satteldach, das Wohnung, Stall und Scheune unter sich vereinte. Es lag quer zur Straße, aber einiges unter ihrem Niveau, so dass es noch geduckter wirkte. Vom Stall her blickte ein Junge, wenig älter als ich, mit einem unter das Kinn geklemmten Stapel Holz kurz zu uns herüber und rannte dann mit nackten, schmutzigen Füßen ins Haus. Noch ehe meine Mutter ausgestiegen war, erschien an der Tür eine kleine, rundlich dicke Frau, die Tante Marije, und winkte, ehe sie ihrer Nichte entgegenlief, zu meinem Vater und mir herüber. Mir fiel gleich auf, dass sie sich merkwürdig breitbeinig bewegte. Ich hörte ein »Marju Kätchen!«, als sie sich umarmten, wobei »Marju« die mundartliche Abkürzung für die fromme Anrufung von Maria und Josef war, ein Ausdruck, der Freude und Überraschung, aber auch Bestürzung ausdrücken konnte. Ein zweites »Marju!« galt dem Jupp und mir, dem kleinen Rudi, der sich, vom Trittbrett heruntergehoben, heftig herzlich in das weiche Stoffgewölbe ihres Bauches gedrückt erlebte. Übrigens ein Gebaren, das ihr eigentümlich war und sich in den nächsten Tagen wiederholte.

Als ich wieder freie Sicht hatte, stand hoch über mir ein hagerer Mann mit grauschwarzem Bart, der Onkel Joseph. Er hatte meine Eltern bereits begrüßt, und als er sich mit der ausgestreckten Rechten zu mir herunterbeugte, lag meine weiche Kinderhand zum erstenmal in einer Bauernhand und fühlte nichts als schwielig hölzerne Härte, als berührte sie etwas Totes. Der Onkel lächelte, aber das wirkte seltsam starr und wenig anheimelnd unter den strengen Stirnfalten. Von ihm, der eigentlich mein Großonkel war, ging vom ersten Augenblick an etwas Bedrückendes aus. Nicht dass er brutal gewirkt hätte. Aus seinem Gesicht sprachen eher chronischer Kummer und Ärger, die er ständig herunterzuschlucken schien. Er konnte angsterregend explodieren, wie sich bald zeigte. Damals war mir noch nicht bewusst, dass dieser Onkel Joseph der Bruder meines Großvaters war, des Gastwirts und Bierverlegers Johann Rauen. Wo das, was ich damals so bedrückend erlebte, zumindest teilweise herrührte, erfuhr ich erst Jahre später von Tante Traudchen. Damals aber brachte ich es in meiner kindlichen Phantasie in eine eher mythische Verbindung mit der kargen und mir unheimlichen Vulkanlandschaft.

Als wir durch die niedrige Haustür eine Stufe tiefer in den Flur traten, der mit groben Steinplatten ausgelegt war, umfing mich ein eigenartiger Geruch, der sich überall im Haus festgesetzt hatte. Geradeaus ging es in die Küche und dann nach links durch eine weitere Tür in die Stube, deren Rückwand mit Geweihen aller Kaliber behängt war. Onkel Joseph war Jagdhüter und ging mit dem Jagdherrn, einem Düsseldorfer Fabrikanten, auf die Jagd. Wir setzten uns um den Tisch, der eine ungewöhnlich dicke Platte hatte. Ich bekam von der Tante ein Glas frische Kuhmilch hingestellt. Als sie mich dabei anlächelte, sah ich, dass sie nur noch wenige Zähne im Mund hatte. Während der Onkel einen Kornbrand einschenkte und in der Eifeler Mundart, von der ich zunächst kaum etwas verstand, lebhaft gesprochen wurde, teilte meine Mutter die Geschenke aus. Für Onkel Joseph eine Bruyèreholz-Pfeife mit zwei Packungen Kiepenkerl Diamant Tabak, den auch mein Vater rauchte, und für Tante Marije zu einem Satz Solinger Messer heimlich ein Kuvert mit 50 Reichsmark, damals der Monatslohn eines Arbeiters. Onkel Joseph durfte von dem Geld nichts wissen, weil es, wie meine Mutter berücksichtigte, seinen Stolz verletzt hätte. Als dann der Junge von eben, der mit dem Holzstapel ins Haus gerannt war, verlegen in die Stube schaute, sagte die Tante Marije, »Komm rein, Franz!«, und stellte ihn vor als ihr neues Pflegekind, seit einigen Wochen erst im Haus, ein durch die Kirche vermitteltes Waisenkind aus dem Ruhrgebiet, von dem sie meiner Mutter nichts geschrieben hatte. Da sie dem Franz nun auch etwas schenken wollte, holte Mutti ihm eine Tafel Schokolade aus dem Koffer. Unter dem »Ho! Ho!« der Tante hielt er sie fassungslos überrascht in der Hand und blickte fragend auf zu Tante und Onkel. »Sie gehört dir!«, bekräftigte meine Mutter. Es war die erste Tafel Schokolade seines Lebens, in jenen Jahren, da die Massenarmut millionenfaches Kinderschicksal war. Ich erinnere mich, dass er sich auch nur ein Eckchen davon abbrechen ließ und die Tafel dann die Tante – er sagte Mutter zu ihr – zur Verwahrung an sich nahm. Als sie zum Schrank ging, fiel mir wieder auf, weil es einfach nicht zu übersehen war, dass sie sich merkwürdig breitbeinig bewegte, nicht plattfüßig wie Charly Chaplin, über den ich im Kino so lachen musste, sondern als klemme sie einen Ball zwischen die Knie, wie wir Kinder es beim Spielen manchmal taten. Dass es ein Gebrechen sein musste, sah ich wohl. Auf dem Land waren besonders die Frauen durchweg früh gealtert und krumm gearbeitet, oft nur noch mit wenigen Zähnen im Mund. Doch mit Tante Marije war es etwas anderes.

Mit Franz freundete ich mich gleich an. Er war älter als ich, sieben oder acht, er ging schon länger in die Schule und er hatte gerade Ferien. Wir durften vors Haus und natürlich hin zum Hansa, staunend umstanden von einigen Dorfkindern aus der Nachbarschaft, die nun ihre ganze stumme Neugier auf mich lenkten. Franz kannte die Kinder bereits gut und unterschied sich äußerlich nicht von ihnen in seiner geflickten und befleckten Hose und mit den abgetragenen Hosenträgern. Ich verwöhntes Stadtkind begegnete erstmals bewusst dem Landkind. Der Kontrast konnte nicht größer sein: Ich im weinroten Samtanzug, das Oberteil im Stil des modischen Russenkittels, besetzt mit goldbestickter Borte, dazu schwarze Lackschuhe und weiße Söckchen. So stand ich fein gekämmt und sauber da fast wie der Prinz aus meinem Märchenbuch, und um mich lauter arme Hänsel und Gretel. Damals machten Kleider noch Leute, wiewohl man bei vielen dieser Dorfkinder selbst mit Samt und Seide die Sprach- und Bildungsarmut schwerlich hätte verdecken können.

Als wir ins Haus zurückgekehrt waren und ich wieder in der Stube saß – der Franz musste im Stall helfen –, stürmte ein junger Mann herein, dem eine schwarze Tolle verwegen ins Gesicht hing, die er mit der nervös gespreizten Rechten reflexartig immer wieder zurückkämmte. Er lief als erstes auf meine Mutter zu: »Kätchen!« – »Philipp!« Sie umarmten und begutachteten sich. Er nannte sie jung und schön wie eh und je. Und sie: »Bist ein hübscher Kerl geworden!« Mit der Aufforderung, »Schick mir mal ein Bild von dir!«, schenkte sie ihm einen Photoapparat, von dem sie durch die Tante wusste, wie sehr er ihn sich wünschte. Philipp war der einzige Sohn von Onkel und Tante und der Vetter meiner Mutter. Sie hatten sich zuletzt bei der Beerdigung meiner Großmutter Susanna 1920 in Bullay gesehen. Da war er zehn gewesen und meine Mutter achtzehn. Nun aber war Philipp 22 Jahre alt und hatte, wie sich herausstellte, Großes vor und war die Ungeduld selbst. Noch vor und nach dem Abendessen breitete er vor meinen Eltern die Idee vom Erbhof aus und erläuterte ihnen in allen Einzelheiten das Höferecht. Den Hof der Eltern wollte er dazu machen. Die Idee hatte er von den Nazis, und er war so von ihr begeistert, dass er in die SA eingetreten war und alle Parteiversammlungen in Daun und sonstwo besuchte.

Ich war noch zu klein, um von den Gesprächen mehr in mich aufzunehmen als das immer wieder beschworene Wort »Erbhof«. Erst vier Jahre später, als wir den Philipp beerdigten, war ich alt genug zu verstehen, worin sein großes Lebensziel bestanden hatte. Der Erbhofgedanke verfolgte den Zweck, auf dem Lande wirtschaftlich gesunde Betriebe zu erhalten oder zurückzugewinnen. Im Erbfall sollte nur einer den Hof übernehmen, statt ihn unter alle Erben aufzuteilen und zu zerstückeln. Was den Philipp aber damals ebenso bedrückte wie antrieb, war der Umstand, dass der Hof, den die Mutter Marije mit in die Ehe gebracht hatte, schon das Resultat etlicher Erbteilungen war und viel zu klein, um als Erbhof anerkannt zu werden. Es fehlten dem Philipp zu seinem Glück dreißig Morgen gutes Land. Sein naheliegender Gedanke war, sie durch passende Heirat zu beschaffen. Aber Mädchen mit viel an den Füßen gab es nicht. Deshalb hatte der Philipp seine ganze Hoffnung auf den baldigen Sieg Hitlers gesetzt. Gleich 1933 war er in die NSDAP eingetreten und bald Ortsbauernführer geworden. Erst viel spätere Erzählungen meines Vater zur Zeit des Krieges erhellten mir das Schicksal dieses umtriebigen Philipp Rauen, dem ich damals zum ersten und einzigen Mal begegnete. Hinter seinem Erbhof-Enthusiasmus stand sein kindliches Erlebnis des großen Hungers, den die Seeblockade der Briten während des Krieges über die Deutschen gebracht hatte: Eine solche Ernährungsschlacht müsse beim nächsten Mal gewonnen werden. In merkwürdigem Zusammenhang damit mochte er die Juden nicht. Gleich 1933 hatte er in Wittlich vor der Synagoge mit der SA gegen sie demonstriert. Sie waren für ihn an allem schuld.

Insbesondere an den Bolschewisten, die in Russland Priester und Bauern zu Millionen umgebracht hätten und immer noch umbrächten. Er ging in einer auch mir als Kind damals vertrauten Weise innerlich auf in der Vorstellung von einem Weltumsturz, der ihm den Urgrund seiner Übel einleuchtend erklärte. Diese Vorstellung lag zudem auf der Linie seiner streng katholischen Hinterwelt der Diözese Trier, wo die Blutschuld an Christi Tod den Juden ebenso unverweslich anhing wie Ritualmorde oder Sozialismus oder überhaupt die sittliche Verderbnis der Zeit. Das hörte man von der Kanzel, während es in den Bistumspublikationen schwarz auf weiß zu lesen war.

Philipp Rauen suchte und betrieb mit aller Energie den Ausbruch aus dieser immer noch zyklisch kreisenden Eifeler Bauernwelt, deren innere Uhren nach den Dorfglocken gingen, und die seit Jahrhunderten im Rhythmus der nahezu gleich gebliebenen Kirchenjahres- und Tagesabläufe dahinlebte, wie ich insbesondere an Onkel Joseph wahrnahm, der mit geradezu protokollarischer Strenge daran festhielt. Ich erlebte das als Sechsjähriger auf meine Weise, als das Abendessen, eine Bohnensuppe mit Schweinefleisch, heiß dampfend aufgetragen wurde. Ich muss gleich hinzufügen, dass das Fleisch nur zur Feier unseres Besuches mitgekocht worden war. In dieser Welt gab es Fleisch höchstens einmal in der Woche und dann in mageren Portionen. Onkel Joseph, am oberen Tischende unter der Geweihwand sitzend, blickte, indem er die Hände faltete, mit einem auffordernden Nicken in die Runde und begann, laut zu beten. Zuhause beteten wir auch vor und nach dem Essen, aber immer nur kurz. Was uns nunmehr einholte, war die Gepflogenheit eines immerwährenden Gebets. Das Vaterunser und das »Gegrüßet seist du, Maria« war noch hinzunehmen, aber dabei blieb es nicht. Der Onkel nahm das Gebetbuch zur Hand und verlas eine Litanei, in die die Großtante und der Philipp, aber zu meiner Überraschung auch meine Mutter, respondierend einstimmten und die einfach kein Ende nehmen wollte. Wäre es wenigstens dabei geblieben! Aber nein, es kam eine zweite Litanei hinzu und dann noch einmal das Vaterunser und das Gegrüßet seist du Maria. Mir kam es vor wie eine Ewigkeit, und als ich einmal zu meinem Vater hinüberschielte, stierte auch der widerwillig ergeben auf den Teller. Die Suppe vor mir dampfte nicht mehr heiß. Ich hielt sie für längst erkaltet, aber das war sie nicht. Nur vom stets schon etwas kühleren Rand her löffeln musste ich sie nicht mehr, als es dann endlich mit dem Essen losging.

Das Dankgebet danach fiel nur um ein Geringes kürzer aus. Der Onkel blieb unerbittlich bei dem, was für mich Tortur war, für ihn aber, wie ich heute weiß, ein zwingendes Bedürfnis, ja ein geradezu verzweifeltes Herbeibeten-Müssen von irgendetwas, so wie er mit Tante Marije nicht nur jeden Sonntag zur Messe in die Dorfkirche ging, sondern fast täglich in der Frühe. Darin war der Onkel, wie ich von meiner Mutter wusste, ganz das Gegenteil seines Bruders Johann, meines Großvaters, der die geistlichen Herren verächtlich »die Pfaffen« genannt hatte und nur noch einmal im Jahr an Ostern zur Messe gegangen war. Hier in Immerath aber, wie in der ganzen Eifelregion, war die Weltmacht Kirche ungebrochen und ihre Priester waren die unumschränkten Herrscher über Brauch und Sitte.

Nach dem Abendessen saßen wir nicht mehr lange zusammen. Onkel und Tante waren müde von der Tagesarbeit und gingen immer früh schlafen. Während mein Vater im Dorfgasthaus untergebracht war, wohin er auch das Auto mitnahm, schlief ich mit meiner Mutter im Haus unter dem Dach in einer engen, fensterlosen und dennoch zugigen Kammer, in der nur ein sehr hohes, schmales Bett stand, rotkariert überzogen, und gegenüber eine Truhe und ein Stuhl. Das Bett, vom Holzwurm mit feinen runden Einstichen rundherum tätowiert, hatte vielen Generationen als Geburts-, Schlaf- und Sterbelager gedient. Vom Speicher nebenan kam ein intensiver Geruch von Saatgetreide. Ich schlief zum ersten Mal auf Stroh. Nachts wurde ich wach von dem Getrippel der Mäuse, das mich schlechter schlafen ließ als meine Mutter, die schon als Kind, wenn sie in Immerath zu Besuch weilte, immer mit ihrer Schwester Traudchen beim Konzert der Mäuse in dem hohen, rotkarierten Bett geschlafen hatte.

Als ich meinen Vater am nächsten Morgen vorfahren hörte, lief ich zu ihm hinaus und sah dann Franz vom Scheunentor zu uns herüberblicken und winken. Ich winkte freudig zurück und rief ihn zu uns, um ihm, wie am Vorabend versprochen, den Hansa von innen zu zeigen. Als er angelaufen kam, fiel mir auf, dass er ängstlich zur Haustür schaute, obwohl da niemand zu sehen war. Mein Vater ließ uns einsteigen und ermahnte uns nur, nicht an den Knöpfen zu spielen. Franz wollte gleich ans Steuer. Ich war kaum auf den Nebensitz gerutscht, da machte er sich auch schon laut brummend zum Motor und fuhr im Geiste los. Ich brummte natürlich mit. Der Motor habe sechs Zylinder, gab ich fachmännisch weiter, was Vater Jupp mir erzählt hatte, und fünfzig PS: »Der ist so stark wie fünfzig Pferde.« Aber statt zu staunen, fing der Franz an zu lachen. Er hob die Hand und tat so, als setzte er sich sechs Zylinderhüte übereinander auf den Kopf. Da musste ich mitlachen, zumal auch ich nicht wusste, warum man beim Motor von Zylindern sprach. Fröhlich ausgelassen stiegen wir um in den Fond, probierten die Zwischensitze und hüpften und balgten uns dann auf der weich gepolsterten Rückbank. Ich erinnere mich gut, wie der Franz mitten in der Rauferei plötzlich unter meinen Händen jäh erstarrte und aufhorchte. Im selben Augenblick hörte auch ich die durchdringende Stimme »Franz!« und noch einmal »Franz!« brüllen. Als ich mich zum Fenster hinaufreckte und hinaussah, blickte ich in die zornentflammten Augen des Onkels, deren aggressive Wut mich wie ein Schlag durchfuhr, obwohl sie nicht mir galt, sondern Franz hinter mir, der sich an mich drückte. Als ich zaghaft die Tür öffnete und auf das Trittbrett hinunterstieg, quetschte sich der Franz an mir vorbei und lief dann im Bogen um den Onkel herum zur Scheune. Ich hatte den Franz von seiner Arbeit weggelockt. Vom Onkel war ihm nach dem Frühstück aufgetragen worden, das gespaltene Holz in der Scheune aufzuschichten, dann eine Ladung Heu und Stroh vom oberen Boden herunterzuschaffen und in den Stall zu bringen. Anschließend sollte er der Tante im Garten helfen. Dem Franz war es anscheinend verboten zu spielen, selbst mit mir, dem Besuch. Ein Gefühl der Fremdheit und der Schuld kam in mir auf, ausgelöst durch die mich tief erschreckende Wut des Onkels, die eine Beklemmung in mir hinterließ, die ich nicht wieder loswurde: Augenblicklich mochte ich ihn nicht mehr. Er wurde für mich zu einem Teil dieser Eifelwelt, die immer mehr das Odium des Unheimlichen annahm. Am liebsten wäre ich gleich auf Nimmerwiedersehen davongefahren. Damals fühlte ich schmerzlich, ohne dass es mir bewusst war, dass ich Stadt- und Spielkind den Franz, das Arbeitskind, in meine Welt verführt hatte. Die heute längst verbotene Kinderarbeit schon der Fünf- und Sechsjährigen war damals auf dem Land noch die Norm und traf besonders hart die Jungen und Mädchen in den amtlich deklarierten Notstandsgebieten des Reiches, zu denen die Eifel in besonderem Maße zählte.

Am späten Nachmittag musste Franz die Kühe von der Weide holen. Ich dachte, wenn er schon nicht mit mir spielen darf, dann will ich ihm bei seiner Arbeit helfen. Ohne meinen Eltern etwas zu sagen, ging ich mit. Die Weide war dicht am Maar. Wir streiften durch die Ginstergebüsche, turnten über die steinigen Abhänge und stapften durch den matschigen Uferrand des Maars. Schließlich kamen wir bei den drei Kühen des Onkels an, die wiederkäuend dalagen. Als der Franz sich gemütlich der einen Kuh auf den Bausch setzte und zu wippen begann, ohne dass sie sich muckste, setzte ich mich auf den Bauch der anderen. Die weich auf- und abatmende Wärme durchdrang wohlig meinen Hosenboden. Aber zu wippen wagte ich nicht. Als dann der Franz das schmierige Maul seiner Kuh zu streicheln begann, tat ich das gleiche mit meiner Kuh, die mit ihrer gruselig rauhen Zunge abwechselnd die Nasenlöcher putzte und meine Hände leckte. Was auch ich liebend gern getan hätte, aber aus Angst unterließ: Franz ging an die Zitzen seiner Kuh und bespritzte mich mit Milch. War das ein Spaß! Das täten die Dorfkinder alle, sagte er beinahe entschuldigend, als wir die Kühe mit Stöcken heimtrieben. Die düstere Stimmung vom Vormittag war aufgehellt. Der Franz hatte doch ein schönes Leben, dachte ich. Ich begann, ihn zu beneiden. Doch als wir uns dem Haus des Onkels näherten und ich meine besorgte Mutter mit Ärger und dem Vorwurf: »Wo warst du?« im Gesicht auf uns zukommen sah, durchfuhr mich plötzlich ein Schreck. Mein weinroter Samtanzug! Meine Lackschuhe! Die hatte ich völlig vergessen.

»Wie siehst du denn aus!«, nahm sie mich beim Arm und drehte mich einmal um die eigene Achse. Hinten war mein kostbarer Anzug mit Kuhmist besprenkelt und stellenweise davon durchweicht, vorn war er mit Milchspritzern gemustert. Meine Hände und die Goldborten am Ärmel meines Russenkittels zierten die Rückstände von Speichel und Rotz der gestreichelten Kuh. Ich stank. Meine neuen Lackschuhe waren nicht nur eingefärbt wie Franz' Füße, sondern vom Geäst der Ginsterhecken und den Steinen, über die wir gestiegen waren, kreuz und quer zerkratzt. Sie waren hin. Ich bekam ein paar hinter die Ohren, wurde aber vor Schlimmerem bewahrt von Tante Marije, die angelaufen kam und in einer Weise meine Partei ergriff, der sich meine Mutter, ihre Nichte, respektvoll ergab. Die Tante war, wie ich damals am eigenen Leib erlebte, eine herzensgute Frau, die sich auch schützend vor den Franz stellte, wenn der Onkel ihm zuviel auflud oder ihn schlug, und ihm eine wahre Mutter war. Aber dass sich dieses Waisenkind sein tägliches Brot hart verdienen musste und man fest auf seine mit den Jahren wachsende Arbeitskraft baute, erschien auch der Tante selbstverständlich. Eigentlich hatte Franz den Status eines Leibeigenen oder des mit Naturalien bezahlten Knechts im Spätfeudalismus.

Die Ohrfeige meiner Mutter vertiefte die Solidarität zwischen Franz und mir. Auch Vater Jupp stand mir bei. »Du mit deinem Samt- und Seide-Spleen«, zog er meine Mutter auf: »Wozu hat er denn die Seppelhose und die Bundschuhe!« Damit war ich zwar immer noch sehr stadtfein angezogen, aber ein Lederhosenboden hätte den Spaß mit den Kühen pflegeleicht überstanden. Ich weiß noch, dass ich nun jeden Tag mit dem Franz mitging, in die Scheune, in den Kuhstall oder auf die Weide und ihm half. Eines Tages nahm uns der Philipp mit. Mit zwei Kühen vor den langen Leiterwagen gespannt ging es los zum Frischfutter Holen, das er morgens gemäht hatte. Franz und ich saßen hinten am Ende des Bretterbodens und ließen die Beine über den Bremsbalken herabhängen. Wir fuhren durchs Dorf aus dem Krater hinaus zur Landstraße nach Gillenfeld und bogen irgendwann links ab in die Felder und Wiesen zum Kraterrand über dem Maar. Als wir kurz davor waren und die Kühe plötzlich stockten, schlug der Philipp mit der Peitsche heftig auf sie ein. Ich sah, wie die Tiere scheuten und die Köpfe kettenrasselnd gegeneinander schlugen, als wollte jedes in eine andere Richtung laufen. Dann rasten sie mit einem Mal wie gestochen auf den Abhang zu. Der Franz sprang vom Wagen. Ich aber in meiner Angst blieb, an irgendetwas mich klammernd, sitzen und sah nur, wie der Philipp die Kühe im letzten Augenblick noch an den Zügeln rechts herum riss und zum Stehen brachte. Ich atmete auf. Doch nicht der Philipp. Der sprang wie ein Berserker vom Wagen, packte die Kühe vorn an der Kette, die sie zusammenhielt, und drosch mit einer so ausufernden Wut unablässig auf sie ein, dass sie rückwärts gingen. Als ich dann sah, wie nur noch das weiße Entsetzen in ihren Augen aufblitzte, ergriff mich die Panik: »Nicht! Nicht!«, schrie ich und heulte los, als würde ich selbst geschlagen. Ich liebte Kühe wie ich vor Pferden Angst hatte. Aber das allein war es nicht, was das Ereignis für mich unvergesslich machte. Es war diese so jenseitig düstere Welt, in die es sich einfügte und die mich immer heftiger erfasste und zugleich abstieß. Mochte ich schon den Onkel nicht mehr, so war mir der Philipp mit einem Mal vollends zuwider, auch als er sich dann beruhigt hatte und mir übers Haar strich. Ich sah stumm und bedrückt zu, wie er und der Franz, der die Raserei regungslos hingenommen hatte, den Klee aufluden, und ich blieb in dieser Verstimmung, als wir nach Immerath zurückfuhren. Wie die ganze Reckstraße 11, die ich auf der Fahrt hierher in meinen automobilen Träumen nicht wirklich hinter mir gelassen hatte, klebte nun auch diese Eifelwelt an mir wie an einem Fliegenfänger.

Für den kommenden Sonntag, den letzten Tag unseres Aufenthalts in Immerath, war eine Fahrt zu den Maaren vorgesehen, insbesondere zum Totenmaar. Der Onkel bestand darauf, dass wir zur ersten Messe pünktlich in der Kirche waren. Wir fuhren früh los. Es war ein herbstlich kühler, klarer Morgen. Wir hatten das Verdeck zu. Philipp zog seine Mutter mühsam ins Auto und bugsierte sie auf den Rücksitz. Und Onkel Joseph, merkwürdig linkisch, stieß beim Einsteigen mit dem Kopf an den Türrahmen, dass ihm der Hut auf die Straße fiel und er noch einmal aussteigen musste, ehe er neben seiner Frau Platz nahm. Als die Türen zu waren und ich neben Philipp, der den Franz auf dem Schoß hielt, auf dem Zwischensitz saß, war etwas von dem Eigengeruch des Hauses mit im Auto. Auf der Straße durch Gillenfeld und dann an Schalkenmehren vorbei überholten wir Scharen meist schwarz gekleideter Männer und Frauen mit ihren Kindern, die aussahen wie verkleinerte Erwachsene. Als Stadtkind fiel mir auf, wie alt und früh verbraucht selbst die jungen Frauen wirkten in ihrer nach vorn gebeugten Art zu gehen. Auf einer Anhöhe hielten wir und stiegen aus. Links oben über dem Abhang sah ich die Kirche liegen. Als wir ein Stück des ansteigenden Weges darauf zugegangen waren, öffnete sich der dunkle Grund des Kraters und der Nebel lag wie Schlieren auf dem Wasser des Totenmaars. Die Abhänge waren damals anders als heute nicht mit Buschwerk dicht bewachsen, sondern abgeholzt und kahl. Schon von dem Namen »Totenmaar« ging etwas düster Beklemmendes aus, das sich bei seinem Anblick verstärkte. Als wir das graue Gemäuer der Kirche erreichten, die inmitten des Friedhofs lag, standen oder knieten an einigen der Gräber betende Gestalten. Meine Mutter zog mich an der Hand hin zu einem Doppelgrab direkt an der Kirchenmauer. Dort lagen meine Urgroßeltern mütterlicherseits. Der Urgroßvater Theodor Freis war 1908 mit 61 Jahren in Schalkenmehren gestorben, die Urgroßmutter Anna Katharina Freis, geborene Schäfer, 1911 mit 59 Jahren. Sie waren die Eltern meiner Großmutter Susanna sowie von Onkel Mätthes und Onkel Jakob, dem Lieblingsonkel meiner Mutter, der 1916 in Frankreich gefallen war, aber auch von der verabscheuten Tante Luzie, der Ehebrecherin, der ich zu dieser Zeit noch nicht begegnet war. Der Name Freis reimte sich so lustig auf Kreis, meinen Nachnamen. Dass »freis« oder »freislich« im Mittelalter die Bedeutung von »böse« und »schrecklich« gehabt hatte, wusste ich damals noch nicht. Aber vielleicht war das Nomen Freis ein Omen für dieses Land und die Lebensbedingungen seiner Leute.

Nach dem Grabbesuch stiegen wir die Basaltstufen hoch in die Kirche, ich im blauen Matrosenanzug mit Matrosenmütze, »Kreuzer Emden« in Gold auf schwarzer Seide, und der Franz in seinem schon etwas engen Sonntagskleid noch aus dem Waisenhaus. Mein Vater, von dem ich wusste, dass er am liebsten draußen geblieben wäre, schob mich und den Franz zur Männerseite hinter Onkel Joseph und den Philipp. Meine Mutter aber musste notgedrungen mit ihrer Tante Marije auf die Frauenseite, was sie sonst, wenn sie irgendeine Kirche auf dem Land besuchte, immer peinlich vermied. Wenn wir in jenen Jahren Tante Traudchen in Epgert besuchten und sonntags nach Horhausen in die Kirche gingen, bevorzugten wir immer die Männerseite, weil es dort weniger roch als bei den Frauen. Meiner Mutti war es als junges Mädchen dort immer schlecht geworden. Die Körperhygiene war in jenen Jahren auf dem Lande so unterentwickelt wie in den Armenvierteln der Städte. Männer und Frauen wuschen sich wenig. Und da ihr Sonntagskleid nicht selten ein Leben lang getragen wurde bis in den Sarg hinein, konservierte sein Gewebe alle Dünste des Lebens.

Nach der Messe, als wir wieder am Totenmaar vorbei zum Auto hinuntergingen, machten wir einen Abstecher zu den fast völlig abgetragenen Ruinen eines Dorfes. Ich erinnere mich gut, wie der Philipp erzählte, vor vielen Jahrhunderten habe am Totenmaar die Pest gewütet und alle Bewohner dieses Dorfes über Nacht ausgerottet bis auf ein kleines Mädchen. Das sei in Schalkenmehren aufgewachsen und habe dort auch geheiratet und Kinder bekommen. Als Vater Jupp sich dann den Scherz erlaubte, sie zu meiner und meiner Mutter Urururururgroßmutter zu machen, die man einst auch da oben über dem Totenmaar begraben habe, ahnte er nicht, was er mir antat. Er setzte Tagträume in Gang, die mich tief hineinführten in die Unterwelten immer ärmerer und immer krummer gearbeiteter Mütter von Müttern von Müttern bis hin zu dem Mädchen inmitten der Pest, und ich wurde die Geschichte lange nicht los.

Zu Mittag lud meine Mutter uns alle zum Essen ins Gasthaus »Michels« nach Schalkenmehren ein. Mit den Besitzern war sie von ihrer Mutter Seite her verwandt, und der Onkel Nikolaus, genannt Nikela, ihr Vetter, war der Wirt, der uns persönlich auftrug und guten Appetit wünschte zum Suppenrindfleisch als erstem und den Rouladen als zweitem Gang. Hinterher gab es Schokoladenpudding. Während Tante Marije und Onkel Joseph im Gasthaus warteten, spazierten wir noch um das Maar, das, da es in einem flachen Krater lag, nur wenig von der Düsternis des Totenmaars an sich hatte. Zurück im Ort, hielten wir vor einem alten Fachwerkhaus, an dem unter der verwitterten weißen Tünche überall der braune Lehm hervorstach. Es war das Haus meiner Ururgroßeltern Freis, deren Grab wir an der Kirchmauer über dem Totenmaar besucht hatten. Sie müssen furchtbar arm gewesen sein. Nie sei Geld da gewesen, erzählte meine Mutter und heulte auch schon los, als sie sich erinnerte, wie sehr sich ihre Mutter als Kind geschämt hatte, wenn sie nicht mit Geld, sondern mit Eiern, versteckt in der Schürze, in den Krämerladen zum Kaufen von Zucker und Salz geschickt wurde. Ursache zu weinen fand meine Mutter immer wieder, so auch, als wir in den kleinen Ort Strotzbüsch fuhren, in dessen alter Kirche genau 31 Jahre zuvor, am 4. Oktober 1900, der Erste Kellner im »Riesenfürstenhof«, Johann Rauen aus Immerath, die arme, aber hübsche Susanna Freis aus Schalkenmehren geheiratet hatte, er 30, sie 24 Jahre alt. Als wir alle in der Kirche standen, schreckte uns in der angenehmen Stille das laute Losheulen meiner Mutti auf, und ich erinnere mich, wie die Tante sich hastig umdrehte und fragte: »Marju, Käthche, wat hoste?« Ja, was hatte sie?, durchfuhr es uns alle in diesem Augenblick. Sie hatte ausgerechnet, dass ihre Eltern 20 Jahre nach ihrer Trauung in dieser Kirche schon gestorben waren, und alles Leid von Gestern hatte sich in ihr aufgerührt. Sie heulte dann auch weiter still vor sich hin, bis wir in Immerath vorm Haus hielten. Mein Vater und ich waren an diese Gedächtnistränen gewöhnt, aber hier vor Ort, wo sie buchstäblich ihre Gründe hatten, habe ich sie wohl zum ersten Mal wirklich nachfühlen können.

Am nächsten Tag, dem Montag, war es dann soweit. Wir packten und nahmen Abschied von Onkel, Tante, Philipp, Franz, von den Mäusen und dem durchdringenden Geruch des Hauses. Tante Marije schenkte uns zum Abschied ein schweres, rundes Bauernbrot mit dem stattlichen Durchmesser eines Schweizer Käselaibs. Die Immerather Bauern stellten es damals noch in dem gemeinsamen Backhaus, dem Backes, her, in einer Stückzahl, die für Monate reichen musste. Die dunkelbraun gebrannte Kruste war zentimeterdick und hart. In feuchte Tücher eingepackt lagerten die mit Sauerteig gebackenen Laibe dann in irgendwelchen Abstellkammern oder Kellern. Jedes Jahr zu Weihnachten schickte uns die Tante ein solches Brot, das mir die Entscheidung abnötigte, es mir meiner Mutter zuliebe als das ach so gesunde Eifeler Bauernbrot anzutun oder es mit Vater Jupp als Immerather Karrenrad zu verschmähen. Die Tante weinte beim Abschied, meine Mutter weinte und der Franz weinte auch. Aus dem abfahrenden Auto winkten wir noch einmal und sie winkten uns hinterher, der Onkel hager und starr hinter der Tante, die den weinenden Franz an den Bauch gedrückt hielt, und etwas abseits der Philipp, den neuen Photoapparat in der Hand, mit dem er zum Abschied von uns allen vor dem Hansa stehend noch eine Aufnahme gemacht hatte.

Den Philipp sollten wir nicht mehr lebend wiedersehen, sondern fünf Jahre später tot aufgebahrt in der Stube unter den Geweihen, umweht von dem alten Geruch, gegen den auch das herb duftende Grünzeug rund um den Sarg nicht ankam. Viel bedrückender noch war das nicht aufhören wollende Weinen und Jammern der Tante und seiner jungen Frau und das trockene Schluchzen des Onkels, das auch mich, als die Tränen meiner Mutter hinzukamen, mit ansteckte. Nebenan in der Küche in einer Wiege lag die gerade drei Monate alte Tochter des Philipp und weinte ab und zu auch. Dabei wäre sein Tod medizinisch ohne weiteres zu vermeiden gewesen. Er hatte sich mit einer Haarnadel einen Eiterpickel über der Lippe aufgestochen und eine Blutvergiftung ausgelöst, die in Selbstbehandlung, um das Geld für den Arzt zu sparen, innerhalb von drei Tagen zu einem qualvollen Tod geführt hatte. Seine Beerdigung an jenem trüben Märzmorgen des Jahres 1936 war die bedrückendste meines Lebens, obwohl es eine große Beerdigung war. Partei und SA hatten einschließlich der Musikkapelle alles aufgeboten, ihren lieben Genossen und Kameraden Rauen würdig zu begraben. Im Trauermarsch mit wehenden Fahnen rückten sie an von der einen Seite, der Priester mit den Ministranten und den Kommunionskindern von der anderen. Zuerst waltete der Pfarrer seines Amtes und erzeugte schwenkend Wolken von Weihrauch. Anschließend sprach der Kreisleiter, und der Schullehrer würdigte seinen besten Schüler von einst. Als sich dann im verwehenden Weihrauch die Hakenkreuzfahnen feierlich über den abgesenkten Sarg neigten, trat der Franz in HJ-Uniform an den Rand des Grabes und sagte, von Onkel Joseph angehalten, einen Spruch auf. Es war derselbe, der auch auf dem Totenzettel stand: »Du Guter, du hast ausgelitten; / Zu früh sankst du ins kühle Grab. / Der Heiland ließ sich nicht erbitten; / Er dir ein besseres Leben gab.«

Philipps Tod machte das ganze Dorf mobil. Für den Leichenschmaus wurden von den Frauen allein 140 Kuchen gebacken, die mit einem Fuhrwerk zum Saal des Dorfgasthauses gebracht werden mussten, um die von überall herkommenden Menschenmassen für den oft sehr weiten Heimweg zu beköstigen. Onkel Joseph brauchte für die Beerdigung seines einzigen Sohnes dennoch das ganze gesparte Geld der letzten Jahre. Philipps Tod war die große Idee vom Erbhof vorweggestorben, von der er, als wir an jenem herbstlichen Montagmorgen des Jahres 1932 abfuhren, noch so heiß erfüllt war. Im August 1934 hatte er Susanna, ein Immerather Mädchen, geheiratet, das nur wenige Äcker und Wiesen mit in die Ehe brachte, und mit ihr die Tochter Maria gezeugt. Damit hatte er sich zu derselben kleinbäuerlichen Existenz seiner Väter verurteilt mit all der Plackerei, die unweigerlich dazugehörte.

Unser Ziel an jenem Montag war Trier. Über Wittlich und an dem Wallfahrtsort Klausen vorbei erreichten wir die einstige römische Metropole am späten Vormittag. Zwei Tage lang wohnten wir in einem Hotel an der Straße, die zur Porta Nigra führt. Das gewaltige Bauwerk war auch unser erstes Ziel. Wir gingen nicht zu Fuß, sondern fuhren. Wir stiegen die dunklen Steinstufen hinauf und blickten von oben über die Stadt. Meine Mutter und mich aber zog es mehr zum Dom, der mir zwei Jahre später noch tiefer in die Erinnerung einging, als man den Heiligen Rock, der im Domschatz verwahrt wurde, groß ausstellte. Wie meine Mutter mir so eindringlich erzählt und vorgelesen hatte, hatte ihn Jesus auf dem Weg ins Haus des Hohenpriesters Kaiphas getragen, wo man ihn ihm auszog, um den Entblößten die ganze Nacht hindurch zu schlagen, zu stechen und zu verspeien. Wieder angezogen war er am nächsten Tag zu der Säule gebracht worden, wo die Henker ihm den an den Wunden festgeklebten Rock wieder vom Leib rissen und ihn mit Geißeln so zerfleischten, dass man die Knochen sehen konnte, und der Rock, hinterher wieder angelegt, von Blut nur so triefte, wie ich es aus unserer gemeinsamen Lieblingslektüre, der bebilderten Bibel des Martin von Kochem, nur zu gut wusste. Dieses Rockes wegen fuhren wir 1934 zusammen mit Onkel Köbes von Bullay mit dem Auto nach Trier, wo damals die katholische Welt zusammenströmte und in stundenlangen Warteschlangen dem ausgestellten Rock entgegenfieberte. Doch nicht der Rock war das Hauptziel meiner kindlichen Begierde, sondern der lange Nagel, den die Henker dem armen Christus durch die Füße (oder war es eine der Hände?) getrieben hatten und der ebenfalls nahe bei dem Rock in einem gläsernen Schrein ausgestellt war. Eingezwängt auf Gürtelhöhe zwischen den Erwachsenen und vorwärtsgeschoben und gedrängelt unter dem ständigen »Weitergehen! Weitergehen!« der Wärter sah ich dann zwei geizige Sekunden lang den Heiligen Rock und auch nur, weil er hoch oben hing. Was ich aber dann nicht sah und doch so brennend gern gesehen hätte, war der Nagel. Wo war der Nagel? Ich sah nur kurz hinter Glas etwas Goldenes aufblinken, das aber nichts von einem Nagel hatte, als ich auch schon weitergeschoben wurde. Ich war dem Heulen nah, abgrundtief enttäuscht, als hätte ich die Chance meines Lebens verpasst, und ich blieb es wochenlang und länger. Innerlich aufgeladen mit den blutrünstigen Bildern der Passion war ich geradezu verrückt nach dem echten und blutigen Nagel, an dessen Wahrheit ich felsenfest glaubte, wie meine Mutter, die ihn ganz genau gesehen hatte: »So groß!«, wie sie mit den Händen demonstrierte. Dass Onkel Köbes und mein Vater damals an der Echtheit des Nagels und des Rockes zweifelten, hörte ich zwar, weil es darüber zum Streit mit meiner Mutter kam. Ich blieb aber mit ihr unerschütterlich in meinem Glauben, auch dann, als mein Vater einmal scherzhaft von dem »großen Geschäft mit den heiligen Knochen und Lumpen« sprach.

Vom Dom fuhren wir zu den Kaiserthermen. Mein Vater, der sie 1918 als junger Soldat zum ersten Mal besichtigt hatte, kündigte sie mir ganz groß an. Als wir dann davorstanden, hielt das ruinöse Gemäuer nicht, was der so glänzend klingende Name mir in meiner Phantasie versprochen hatte. Erst viele Jahre später, als mir bewusst wurde, wieviel sauber konstruiertes Latein für den Geist und wie wenig römische Hygiene für den Leib sich die Christenheit ein Millennium oder dreiunddreißig Mütter lang angetan hatte, galt den Thermen wie überhaupt der Wasserwirtschaft der alten Römer all meine Bewunderung. Wie anders hätte sich das Schicksal des abendländischen Körpers entwickeln können!

Nach den zwei Tagen Trier ging es die Mosel abwärts über Bernkastel nach Zell und weiter über den Zeller Berg durch Kirchberg und Simmern nach Bingen. Dort blieben wir über Nacht und fuhren am nächsten Morgen über die Drususbrücke durch Bingerbrück rheinabwärts in Richtung Koblenz. Der Mäuseturm zu Rechten mitten im Rhein rief damals in mir noch nicht die Sage vom bösen Mainzer Bischof wach, aber an die Immerather Mäuse werde ich wohl gedacht haben. Als wir die bunte Fachwerkpracht von Bacharach durchquert hatten und hinter Oberwesel Kaub auf der anderen Rheinseite auftauchte mit der mächtigen Burg mitten im Strom, der Pfalz, hielten wir an und stiegen aus. Mein Vater nahm mich bei der Hand und die Gelegenheit wahr, mir, wahrscheinlich zum ersten Mal, die Geschichte von Marschall Blücher zu erzählen, der hier in der Neujahrsnacht 1813/14 mit seinen Preußen den Rhein auf einer Pontonbrücke überquert hatte, bevor er Kaiser Napoleon bei Waterloo besiegte. Mein Vater war Napoleon-Fan, und er erzählte mir damals immer wieder, was er in den beiden Biographien, die er über den Korsen besaß, gelesen hatte. Den bei weitem tiefsten Eindruck machte auf mich die Erzählung vom Rückzug der Großen Armee aus Russland im Winter 1812, immer wieder überfallen und aufgerieben von den wilden Kosaken, und dann der mörderische Übergang über die Beresina, in deren eisigem Wasser so viele Soldaten den Tod fanden.

Das Rheintal erstrahlte in einem sonnig warmen Herbstmorgen. Die Straße, auf der wir dahinfuhren, war streckenweise asphaltiert und sonst glatt gepflastert. Entsprechend schnell kamen wir voran. Der Tacho ging gegen 100, damals eine berauschende Geschwindigkeit. Über das offene Verdeck heulte der Fahrtwind. Meine Eltern hatten ihre Lederkappen übergezogen und mir die Matrosenmütze »Kreuzer Emden« tief in die Stirn gedrückt. Wieder stand ich eingeklemmt zwischen den Vordersitzen und nahm über die langgestreckte Motorhaube hinweg den Film vom schönsten Teil des Rheins in mich auf mit immer neuen Ritterburgen und dem Felsen der Loreley, der mir in der weiten Kurve des Stroms lange zur Rechten im Bild blieb. Und wieder wurde ich entrückt von der stimulierenden Macht der Beschleunigung, der großen Korruption der Zeit, die das Vorlaufen Europas in Blitzkrieg und Tod betrieb und meines kleinen Lebens mit. Gefangen genommen von den Amerikanern im Sommer 1945, sollte ich noch einmal und mindestens ebenso schnell diesen Weg fahren.

In Koblenz gab es Streit. Vater Jupp zog es ins Weindorf, meine Mutter in den »Riesenfürstenhof«. Sie wollte mal wieder sehen, wo ihr Vater einst den Kaiser bedient hatte. »Ach Gott, das geht natürlich vor!«, ergab sich mein Vater. Schon als wir vorfuhren, wurden wir von einem Portier in Livree empfangen. In einem Prachtsaal aßen wir zu Mittag, bedient von zwei jüngeren Kellnern unter Anweisung eines einschüchternd vornehmen Herrn im Frack, der meine Mutter mit »Gnä' Frau« hofierte und den man niemals zu rufen brauchte, weil er vorab alle Wünsche von den Augen ablas, so dass es in seinem Reich auch nicht das: »Ober, zahlen!« gab, sondern die mit der Serviette zugedeckte Rechnung auf einem Teller zwecks diskreter Hinterlegung der Rechnungssumme plus Trinkgeld. Beides fürstlich. Aber das waren wir wohl dem Erbe und Andenken des alten Rauen schuldig.

Als wir in unser Auto stiegen, war das Mittelstück der Schiffbrücke über den Rhein ausgefahren, um einen Schlepper mit Lastkähnen durchzulassen. Der Portier öffnete wie beim Empfang die Türen und schloss sie hinter uns. Wir fuhren am Schloss vorbei über die Pfaffendorfer Brücke und links ab durch Ehrenbreitstein. Von der anderen Rheinseite strahlte das »Deutsche Eck« herüber mit Kaiser Wilhelm I. hoch zu Ross. Bald lag dann auch schon Vallendar hinter uns. Und als schließlich Engers vor uns auftauchte, fühlte ich mit wachsender Bedrückung, dass die Reise zu Ende ging. Der Zeit und Raum raffende Film meiner Fahrt ins Weite spulte sich rückwärts auf. Als wir die Ausläufer von Neuwied erreichten, war ich dem Heulen nahe. Denn gleich hinter der Blücherstraße die erste Abfahrt links und dann um die Ecke rechts hatte mich die Reckstraße 11 wieder.

Von allen Autoreisen, die wir machten, setzte sich keine wie die nach Immerath und zu den Maaren in mir fest. Weder die Reise in den Harz, wo mein Vater 1918/19 mit der Reichswehr stationiert gewesen war, noch die Reise nach Heidelberg und in den Schwarzwald. Alles, was mich in der Welt meiner mütterlichen Vorfahren ergriffen und bedrückt hatte, verdichtete sich in meiner kindlichen Vorstellung in dem Bild der kleinen, dicken Tante Marije. Sie war mir die Liebste von allen. Von ihrem ewigen »Marju«, ihrem eigenartigen Gang und der Angewohnheit, mich und den Franz bei jeder Gelegenheit eng und heftig an sich zu drücken, ging etwas aus, das sich einprägte und wohlig nachwirkte. Wohl deshalb fragte ich viele Jahre später Tante Traudchen über Tante Marije aus. Sie mit ihrer Frohnatur hatte ihr offensichtlich nähergestanden als meine melancholische Mutter, so dass sie bei einem Besuch in Immerath und im Gespräch unter Frauen erfahren hatte, dass der Tante Marije von der Geburt des Philipp 1915 ein Totalvorfall des Uterus zurückgeblieben war. Sie hatte sich sogar dazu überwunden, ihrer Nichte das Gebrechen zu zeigen. Ein schrecklicher Anblick. Doch statt sich operieren zu lassen, war es wie eine Schande vertuscht und zugleich wie auferlegt ertragen worden. Die Folge waren Rückenschmerzen und Blasenbeschwerden mit unvermeidlichem Harnabgang bei Niesen, Husten und schwerem Heben. Nicht nur das. Von Stund an hatte die Tante auch keinen sexuellen Verkehr mehr mit dem Onkel Joseph. Sie habe sich so geschämt, gestand sie. Und da sie schon einmal beim Bekennen war, verriet sie ihrer Nichte auch, sie und der Joseph hätten sich ohnehin niemals im Leben nackt gesehen, auch nicht in dem schmalen Bett, in dem sie all die Jahre beieinander gelegen hatten. Erst als alte Frau hatte die Tante den Mut zu bekennen, was in den vier Wänden dieser Eifelwelt an sexueller Not geherrscht hatte, insbesondere bei den Frauen. Niemals in ihrem ganzen Leben hatten sie und ihr Leib ihr selbst gehört. Was die Tante Marije und der Onkel Joseph an Selbstkasteiung übten, war die Ausnahme, die die Regel bestätigte. 23 Jahre lang ertrug die Tante ihr Gebrechen wie einen angeborenen Makel, und ebenso lang war nicht nur die Scham mächtiger gewesen als der Wunsch nach Gesundsein. Leiden war Gottesdienst. Dann hatte die Schwiegertochter Susanna es nicht länger mit ansehen können. Gegen den Widerstand des Onkels setzte sie 1938 die Operation in Trier durch, die mit dem Verkauf einer der drei Kühe bezahlt werden musste. Eine Krankenversicherung hatte man noch nicht. Die Knutschbauern, wie man sie nannte, hatten für so etwas kein Geld. Im Jahr darauf starb der Onkel.

Die Tante aber überlebte den Krieg zusammen mit ihrer Schwiegertochter und ihrer Enkelin Maria, die dann anders als Mutter und Großmutter dem harten Dasein durch Heirat entkam, zumal der Kalte Krieg inzwischen die Militärbasen und die reichen Amerikaner ins Land gebracht hatte, gegen deren von Kanzel und Katheder verteufelte Liberalität und Demokratie wir erst zwei Weltkriege führen mussten, ehe sie mit Bad, Dusche, WC, Lippenstift und Antibabypille auch in die vier Wände dieser Hinterwelt ihren Einzug hielt. Heute gehen die Frauen nicht länger schwarz und gebeugt, sondern sehen noch mit über siebzig Jahren jünger aus als ihre Urgroßmütter mit dreißig. Und wie ganz anders würde sich mir heute als Sechsjährigem die Hinterwelt meiner Vorfahren offenbaren in ihrem automobilen, aber auch flur- und geruchsbereinigten Glanz des digitalen Kapitalismus.

VI. MUTTERS DREIBIBELHOCH

VI. MUTTERS DREIBIBELHOCH

Es muss das Jahr 1930 oder 1931 sein. Jedenfalls bin ich noch keine fünf, als ich eines Tages im Bücherregal den mächtigen schwarzen Wälzer entdecke. Warum das Monstrum, fast halb so groß wie ich, auf einmal mein Interesse auf sich lenkt, weiß ich nicht mehr. Wohl aber erinnere ich mich an die Mühe, die ich damit habe, das dicke Ding hochzuheben und auf den Teppich des Wohnzimmers zu schleppen. Das dicke Ding ist eine Bibel. Was eine Bibel ist, weiß ich noch nicht. Aber beim Durchblättern sehe ich die vielen bunten Bilder und dazwischen immer wieder welche in schwarzweiß, deren geheimnisvoll düstere Dynamik mich unmittelbar packt, obwohl ich ihre Bedeutung nicht kenne. Da sind aber insbesondere zwei Bilder, die sich mir einprägen, zum einen das Bild vom Paradies, eine bunte Waldlandschaft mit dem abgesonderten Baum in der Mitte, noch ganz Gottes eigenes Land, zum anderen dieses düstere Gegenbild, das ebenfalls über die volle Seite geht und thematisch eng mit dem ersten verbunden ist. Ich sehe eine mächtige, geflügelte Gestalt im Strahlenglanz einer unsichtbaren Sonne dastehen mit dem feurigen Schwert in der Linken, während sie mit der ausgestreckten Rechten einen Mann und eine Frau, beide nackt, aus einer üppig blühenden Waldwelt hinwegjagt in eine dunkle Wüste aus Dornen- und Distelgestrüpp, dessen Äste sich wie Fangarme wilder Tiere nach ihnen ausstrecken.

Es ist eben dieses dramatische Bildnis der verjagten Nackten, auf das sich damals der literarische Teil meiner Existenz gründete. Dass dieses Vertriebenenelend des Zurückgeworfenwerdens auf das nackte Leben – und Sterben – noch in meinen jungen Jahren zum millionenfachen Schicksal werden sollte, das auch mich ein Stück mit sich reißen würde, ahnte ich damals nicht, sowenig wie ich wissen konnte, dass dieses zum Fürchten fromme Bildnis genau das zugleich vorzeigte und vor mir verbarg, was es in unvordenklichen Zeiten welthistorisch in Gang gesetzt hatte: eine Kette immer neuer Vertreibungen von Menschen bis in meine Tage, einhergehend mit dem Brudermord an den Eingeborenen und dem Verschwinden ihrer letzten Paradiese in Übersee. Wie ich erst viele Jahre später begriff und am eigenen Leib erlebte, war es diese geflügelte Schreckensgestalt mit dem Schwert, die auch mich und meine Mutter wie uns alle jenem anderen Engel zutrieb, den das Bild nicht zeigte und den es dennoch gegenbildlich in sich trug, dem Engel der Geschichte, von dem ich später bei Walter Benjamin dies las: »Er hat das Antlitz der Vergangenheit zugewendet. Wo eine Kette von Begebenheiten vor uns erscheint, da sieht er eine einzige Katastrophe, die unablässig Trümmer auf Trümmer häuft und sie ihm vor die Füße schleudert. Er möchte wohl verweilen, die Toten wecken und das Zerschlagene zusammenfügen. Aber ein Sturm weht vom Paradiese her, der sich in seinen Flügeln verfangen hat. ... Dieser Sturm treibt ihn unaufhaltsam in die Zukunft, der er den Rücken kehrt, während der Trümmerhaufen vor ihm zum Himmel wächst. Das, was wir Fortschritt nennen, ist dieser Sturm.« Von diesem Sturm des Fortschritts, einem apokalyptischen Sturm, der die irdischen Trümmer zum Himmel hoch auftürmt, wird meine kindliche Phantasie sieben Jahre später mit Haut und Haaren erfasst. Nicht so, wie der Engel von ihm erfasst wird, der, von der Vergangenheit festgehalten, unaufhaltsam in die Zukunft zurückweicht, sondern vorwärts stürmend und träumend von einem Sprengstoff, der uns von all dem, was den Engel ausmacht, in einer gigantischen Explosion erlösen würde.

Aber nun, sieben Jahre zuvor, als ich meine erste Bibelstunde erlebe, weiß ich noch nichts von Engeln. Ich habe nur die Gestalt mit dem Flammenschwert und die beiden Nackten vor Augen und ich will, mit dem Finger darauf zeigend, von meiner Mutter endlich wissen, was das da ist. Und ich weiß noch gut, welche Freude ich ihr mit meiner Wissbegierde bereitet habe.

Denn sie legte sich gleich bäuchlings zu mir auf den Teppich, schlang liebevoll ihren Arm um mich und sagte dann: »Also, das ist die Vertreibung von Adam und Eva aus dem Paradies, und das ist der Erzengel Michael.« Gründlich wie sie in Glaubensdingen war, hat sie mir sicher auch von dem Grund der Vertreibung erzählt, der Erbsünde der ersten Menschen und dass sie sich schämten, dies aber nicht wegen ihrer wahren Sünde, die der Engel der Geschichte sichtbar macht, sondern wegen dieser fatalen augustinischen Sünden-Erfindung, die unser sexuelles Sein für alles schuldig sprach. Das bekam ich wenige Jahre später als Schulkind beim Kapitel Unschamhaftes bis ins Mark zu spüren, als die verbotene Frucht vom Baum der Erkenntnis nicht das Defizit in unseren Köpfen war sondern zwischen den Beinen saß – eine Verengung des Sündenbegriffs, die mir den Blick auf die wirklichen Sünden meiner Lebenswelt nahezu total verstellte.

Was an jenem Tag als Lese-Idylle beginnt, wird zur stehenden Einrichtung unter dem Dach der Reckstraße 11: Wir beide umschlungen auf dem Teppich liegend, meine Mutter lesend und erläuternd, während ich die Seiten weiterblättern darf. Die Bibel, die ich damals entdeckte, ist die des Martin von Kochem, nach Rachitis, Sonnenstich und Phimose eine weitere Katastrophe meines jungen Lebens. 1912, zum 200. Todestag des einst berühmten Kapuzineroberen und Volksmissionars, war sie neu herausgegeben worden unter dem Obertitel *Das Buch von der Schöpfung bis zum Himmelreich*. Sein Herzstück bildete die über tausend Seiten lange »Ganz vollkommene Beschreibung des allerheiligsten Lebens und bitteren Leidens unseres Herrn Jesu Christi und seiner glorwürdigsten lieben Mutter Mariae«. Diese Martinsbibel, ein in zwei Jahrhunderten immer wieder aufgelegter Bestseller, hatte der Großvater Rauen meiner Mutter auf Bitten ihrer Mutter Susanna 1912 geschenkt, als sie aufs Lyzeum kam. Es war ihr Lieblingsbuch geworden, so wie es nun auch meines wird. Denn die Bibel ist reich bebildert mit den Reproduktionen fast aller Großen der Malkunst von Lochner bis zu den Nazarenern, von Fra Angelico über Raffael, Tizian, Dürer, Memling und van Dyk bis Murillo. Es sind immer wieder ergreifend erzählende Bilder, voll erweckender Dynamik wie die von Doré über den Tempelbau und den vom Sinai herabsteigenden Moses mit der Gesetzestafel in der Rechten, aber auch tief erschreckende Bilder von umschlungenen, panischen Menschenknäueln, erfasst von der steigenden Sintflut, oder vom Massenhöllensturz der gepeinigten Nackten beim Jüngsten Gericht.

Als Vater Jupp eines Tages zufällig sieht, wie ich mein geliebtes Bibelmonstrum mühsam zum Teppich schleppe, habe ich meinen ersten Spitznamen weg: »Dreibibelhoch«. Auch meine Mutter ruft mich nun so, wenn die Bibelstunde schlägt und wir beide daliegen und sie mir vorliest, was auf den mit Initialen und zwei Textsäulen so kostbar bedruckten Seiten steht. Was sie damals immer wieder an Glaubenswut in mich einflößt, kann ich mir nur noch indirekt erschließen, einmal aus der grenzenlosen Enttäuschung über den versäumten Nagel in Trier 1934 bei der Besichtigung des Heiligen Rockes, die schon an Obsession grenzte, zum anderen aus der Erstlektüre dieses explosiven biblischen Erbstücks mit siebzig, dessen minutiös ausgemalte Sadismen der Passion Christi mich erschrecken ließen, weil der Judenhass hier seine historischen Wurzeln hatte. Da las ich auf Seite 634 in den Kapiteln: »Von der Annagelung der Füße Christi« und »Zu Ehren der Wunde des linken Fußes«: »Als die Henkersknechte die Hände Christi angenagelt hatten, kamen sie an seine Füße und wollten sie in das vorgebohrte Loch annageln. Aber die grausame Ausstreckung der Arme hatte den Leib dermaßen zusammengezogen, daß die Füße das Loch bei weitem nicht erreichen konnten, weshalb auf das vorige Recken noch ein greulicheres Strecken und Anspannen erfolgte. Damit aber beide Hände an ihrem Ort blieben und nicht mitten entzweirissen, legten die Peiniger dem geduldigen Lämmlein einen starken Strick über die Brust und um die Achseln herum und banden diesen an den Querbalken des Kreuzes so fest, daß sich die Arme Christi weder bewegen noch herabsinken konnten. Danach legten sie ihm einen Strick um die Füße und zogen alle vier mit aller Gewalt an diesem Seil, daß alle Sehnen zersprangen, die Rippen voneinander gingen, der zarte Leib samt den Eingeweiden sich zusammenzog, und endlich die ganze Haut, die sonst am menschlichen Leib nicht so fest anliegt, ganz straff gespannt wurde. Dadurch wurden dann alle Wunden erneuert, alle Gelenke der Glieder gingen auseinander, und das Brustblatt krachte und zerriß.«

Was mir demnach als Kind von meiner Mutter so liebevoll eingebleut wurde, war die Passion Christi als Horrorstreifen mit Bildfolgen, die sie mir hautnah unter die Lupe legten. Denn dieser Martin von Kochem hatte sie mit den Erleuchtungen der mystischen Frauen »ganz vollkommen gemacht«, wie er sagte, das heißt, mit all dem, was Christus oder seine Mutter Maria der Heiligen Katharina von Siena erzählt hatte oder der Heiligen Mechthildis oder der Heiligen Brigitta. Als etwa Mechthildis Christum einmal fragte; welches sein größter Schmerz gewesen sei, habe er gesagt: »Dieser, dass ich am Kreuze so ausgespannt wurde.« Und die Gottesmutter war der Heiligen Brigitta höchstselbst erschienen und hatte ihr berichtet: »Seine Füße waren zu ihren Löchern so weit hinuntergezogen, dass sie an den Schienbeinen auseinandergerissen wurden und alle Flechsen voneinander gingen und zerbrachen.«

Meine Mutter, die mir das alles vorlas und erläuterte, hatte, wie sie selbst sagte, den Ehrgeiz, mich noch vor Eintritt in die Grundschule, die damals noch Volksschule hieß, so bibelfest zu machen, dass ich in Religion möglichst ein Sehrgut erhielt, so wie sie es selbst stets bekommen hatte. Ich gehe daher davon aus, dass sie mir, was die Annagelung Christi betraf, auch dies damals vorgelesen hat: »Als der rechte Fuß angenagelt war, nahm der Henker den linken Fuß und legte ihn über den rechten hinüber. Während die anderen drei mit dem Strick an dem Fuß zogen, setzte er mit der linken Hand den Nagel darauf und schlug mit der rechten gewaltig zu. Also wurde auch dieser linke Fuß mit höchsten Schmerzen angenagelt, und durch den stumpfen Nagel wurden Haut und Fleisch in das Nagelloch getrieben.«

Im Nachhinein liest sich dieser geheiligte Sadismus wie die Vollzugsmeldung zu einer Anleitung für besonders grausames Quälen. Muss das alles selbst für hartgesottene Erwachsene eine seelische Last gewesen sein, wieviel mehr für ein Kind. Aber meine Mutter hat das alles, wie es scheint, eher furchtbar fromm auf sich genommen als furchtbar gefunden. Denn sie las mir mit heller und klarer Stimme vor und machte mich so zu einem bis ins Detail informierten Augen- und Ohrenzeugen der Passion Christi und seiner Mutter Maria. Das hatte zur Folge, dass ich später, als mir der Beichtvater zur Buße für meine Sünden einmal den Kreuzweg zu beten auftrug, ich sehr enttäuscht war über das, was der Maler alles ausgelassen hatte. Ich wusste es viel genauer. Denn hautnah hatte ich mitbekommen, wie der vom Blutschweiß noch nasse Jesus von den Judenoberen am Ölberg verhaftet wird. Mit genau 500 Bewaffneten ihres Volkes und nicht bloß zwei oder drei wie auf dem Kreuzweg sind sie gekommen, um Jesus zu fesseln und den Hohenpriestern Hannas und Kaiphas zuzuführen. Ich erlebe im Detail, wie der Heiland über Stock und Stein in das Tal des Cedron hinuntergeprügelt wird, dass das Blut spritzt, und ich sehe weiter, wie die Juden ihn nur so zum Spaß in das eiskalte Wasser des Flusses stoßen und dann den Berg Zion hinauftreiben. Ich bin dabei, wie Hannas den Gefesselten eigenhändig aus giftigem Herzen mit der Faust ins Gesicht schlägt, dass er zu Boden geht, die Zähne im Mund sich lockern und Blut aus Mund und Nase strömt. Zu meiner Genugtuung werde ich von Martin darüber informiert, im Schweißtuch der Heiligen Veronika sei der Abdruck dieses Faustschlags auf ewig festgehalten bis zum Jüngsten Gericht. Auf Dürers Veronika-Bild in der Martinsbibel werde ich den Abdruck allerdings vergeblich gesucht haben. Schongauers Christus vor Hannas kam mit den ›jüdischen‹ Henkervisagen dem Verismus der Martinsbibel schon sehr viel näher.

Noch ärger als bei Hannas ergeht es Christus im Hause des Kaiphas. Ich steige mit ihm hinab in einen Folterkeller und sehe mit an, wie er im Beisein aller Judenoberen erneut geschlagen, gestoßen, gezogen, getreten, geschmäht und verlacht wird, wie sie ihm büschelweise Haupt- und Barthaare ausreißen und wie er verspieen wird, bis Antlitz, Haar und Kleid voll des »unflätigen« jüdischen Speichels sind. Ich werde Zeuge, wie sich die Foltergrade der blutdürstigen Rotte bis zum orgiastischen Höhepunkt steigern. Wie die Korybanten umtanzen sie den Gepeinigten, stechen ihn mit Nadeln und speien sogar in seinen heiligen Mund.

Erst im Nachhinein frage ich mich, was sich meine Mutter dabei gedacht haben mag, wenn sie mich wissen ließ – oder hat sie dies überschlagen? –, die Juden hätten in dieser Karfreitagsnacht mit Jesus viele schändliche Ungebührlichkeiten angestellt, aber wegen ihrer Unanständigkeit hätten die Evangelisten sie nicht beschreiben wollen. Das käme erst beim Jüngsten Gericht zur Sprache. Martin selbst wusste auch diese Details von den mystisch erleuchteten Frauen und Männern. Ganz sicher aber bin ich damals, bevor wir nach Trier fuhren, über die Bedeutung des Heiligen Rocks unterrichtet worden: »O du kostbarer Rock, du bist vortrefflicher als aller Könige Purpur und aller Kaiser goldene Schätze. Du bist wertvoller als aller Samt und alle Seide und ehrwürdiger als alle Reliquien der Heiligen;

denn du bist durch die Berührung des Leibes Christi geheiligt und durch die Besprengung von seinem rosenfarbenen Blut. Alle Augen begehren dich anzuschauen und verlangen deiner Kraft und Wirkung teilhaft zu werden. Ich armer Sünder begehre dich zu küssen und zu berühren und durch deine Kraft wahre Reue und Leid über meine Sünden zu erlangen.«

Der Rock am blutigen Leib und der Nagel im Fuß müssen das beherrschende Thema meines Lebens als Fünf- bis Achtjähriger gewesen sein. Zwar hatte ich an dem Trierer Rock kein Blut mehr sehen können, aber dass er damit zwei Jahrtausende zuvor in Jerusalem getränkt worden war, das war mir bis in alle Einzelheiten gegenwärtig. Gehört und gesehen habe ich dies: Ein großer Marktplatz mit gaffendem Heiden- und Judenpöbel. In der Mitte eine Säule, davor Jesus, wie er von den Henkern schmählich entblößt wird, er, der allerkeuscheste Sohn der allerkeuschesten Jungfrau nackt vor aller unverschämten Augen. Ich sehe ihn die Säule küssen, sehe, wie die Henker ihn so fest daran binden, dass die Haut an den Nägeln springt und das rosenfarbene Blut herausspritzt, dann, in Großaufnahme, wie sie ihn bis auf die Rippen bloßschlagen und das Blut in Strömen auf die Erde fließt. Die Juden haben die Henker mit Geld bestochen, dass sie ihr Handwerk gründlich betreiben. Jesus wird nicht, wie Dürer malt, von oben abwärts, sondern von unter den Fußsohlen aufwärts zergeißelt, Zentimeter für Zentimeter, bis er bis auf die Gebeine zerfleischt ist. Bei einem umgekehrten Verfahren, wie Martin weiß, hätte das herabfließende Blut die Henker heile Stellen übersehen lassen. Ganz aus der Nähe bekomme ich dann mit, wie das Blut Christi in Strömen abfließt und auf dem Boden einen Ring bildet. Nah dabei sehe ich Maria stehen, wie sie alles miterlebt. Als sie ihren allerkeuschesten Sohn entblößt und zergeißelt an die Martersäule gebunden sieht, dringt ihr dies wie ein Speer mitten ins Herz. Aber nicht nur dieser Speer, sondern auch Schwert, Dolch oder

VI. MUTTERS DREIBIBELHOCH

Pfeil des giftigen Judenhasses lässt Martin immer wieder ihr Herz durchdringen. Ich stehe dabei, wie Marias Leib ohnmächtig zu Boden sinkt und zugleich mit jedem Geißelhieb wieder aufzuckt, wie mir auch nicht erspart bleibt, den von der Säule losgebundenen Jesus in sein eigenes Blut sinken zu sehen, wo die Juden und Heiden ihn mit Füßen treten. Wie von wilden Tieren zerfleischt, gleicht er keines Menschen Antlitz mehr. Dennoch vermag er es laut Martin, sich seinen Rock über den Leib zu ziehen, der ihm aber sogleich wieder abgenommen wird, um Jesum mit Dornen zu krönen und erneut zu verspotten und zu quälen.

Nicht nur meine Mutter brachte mir die Passion auf so blutrünstige Weise nahe, auch ich selbst rückte immer wieder mit der dicken Bibel an und wollte von ihr daraus vorgelesen bekommen. Sie war ja das furiose Volksgut von Jahrhunderten, gehütet von den Frauen noch mehr als von den Männern. Was war es, was meine Mutter und all ihre Mütter vor ihr die Leiden Christi und Marias immer wieder reumütig anbeten ließ? Diese Frage stellte sich mir als Kind zwar nicht direkt, dafür stand ich aber vor dem Problem, dass Christus auf so entsetzliche Weise alle Sünden der Welt auf sich genommen hatte. Wohl kannte ich die in den ländlichen Kirchen aufgehängten Tafeln und Täfelchen mit der Inschrift: »Maria hat geholfen«, Maria, die Mutter, Braut und Mittlerin des Gekreuzigten. So auch in der Kirche über dem Totenmaar mit den Gräbern meiner mütterlichen Vorfahren, wo ich sie vor einigen Jahren noch habe hängen sehen. Merkwürdig auch, dass Frauen nicht nur bei Martin die bevorzugten Augenzeugen der Passion sind, sondern auch bei den Großen der bildenden Kunst wie Dürer, Giorgio oder El Greco, die sie bei allen Sadismen zusehen lassen, selbst bei der Entblößung Christi. Frauen scheinen ihn für die Grausamkeiten des Kreuzwegs stets bereitwilliger bemitleidet zu haben, vermutlich, weil sie als die ewig Abhängigen empfänglicher waren für die Anklage, unter die die Kirche die ganze Menschheit gestellt hatte: Ihr alle seid Mörder Gottes, wenn ihr sündigt, wenn die große Begierlichkeit des Leibes über euch kommt wie sie über Eva kam. Dann, so Martin, müsst ihr beten: »Meinen Gott habe ich ermordet und bin an Christus zum Gottesmörder geworden. So will ich die Rache selbst an mir nehmen und meinem Leib, der die Ursache deines Todes ist, will ihn so behandeln, wie ein solcher Gottesmörder behandelt zu werden verdient.«

An diese, selbst an ihrem Leib genommene Rache muss meine Mutter noch geglaubt haben, und zwar auf eine so heftige Weise, als hätte sie selbst eine besonders große Schuld mit sich zu tragen gehabt. Sie blieb eingespannt in das Ritual von Reue, Beichte und Kommunion und ging mindestens jeden Sonntag in die Kirche. Später erfuhr ich von ihrer Schwester Traudchen, dass sie beide, da jede nur ein Kind hatte, sich immer vor der nächsten Beichte ängstigten, weil ihnen der Beichtvater jedes Mal die Leviten las, ihr sündiges Eheleben müsse ein Ende haben. In der langen Reihe ihrer von Arbeitslast und Armut früh verbrauchten Vormütter erscheint meine Mutter mir im Nachhinein wie die letzte Leibeigene des Gekreuzigten, die noch büßend sich selbst kasteite und all dies auf mich zu übertragen suchte. Denn als zwei Jahre später mein geistlicher Lehrer im Religionsunterricht über die Erbsünde sprach und diese in Zusammenhang mit dem Unschamhaften brachte, ging mir ein Stich durch den Magen, obwohl ich mir sicher bin, dass ich die Logik vom Sünder als Christusmörder noch gar nicht verstand. Aber zur inneren Einfühlung in diese Logik hatte meine fromme Mutter ihren Dreibibelhoch gut präpariert. Dazu trug neben meiner Phimose-Reparatur ganz entscheidend ein Ereignis bei, das sich im Frühjahr 1932 kurz vor meiner Einschulung zutrug.

Meine Mutter hatte mich vom Dachfenster aus zufällig mit dem bösen Richard und den Halles-Kindern zu den Doktorspielen ins gegenüberliegende Feld verschwinden sehen und war uns nachgegangen. Ich sehe sie noch, wie sie plötzlich mit Erzengelaugen dasteht, deren Glut mir durch und durch geht, sehe, wie sie auf mich zuläuft, mir hastig die Kleider richtet, während ich hinter mir den Richard und die Halles-Kinder weglaufen höre. Das Strafgericht, das sie dann an mir vollzog, habe ich nie vergessen. Schon die sechzig Stufen zur Wohnung hinauf legten sich mir wie eine immer schwerer drückende Last auf die Seele. Kaum war die Tür zu, schlug sie mit einer so erbarmungslosen Wut auf mich ein, dass ich zum ersten Mal Todesangst hatte. Als sie endlich von mir abließ, hatte mein Verhältnis zu ihr einen unheilbaren Riss. Es half auch nichts, dass sie hinterher selbst zu weinen anfing und mich mit ihr zu versöhnen suchte. Im Gegenteil. Gerade das muss mich in dem bestärkt haben, was mir in den folgenden Jahren zum diebischen Vergnügen wurde. Ich entwickelte ihr gegenüber eine Strategie der Geheimhaltung, mit der ich alles, was mich und meinen Leib betraf, für mich behielt, vor allem das, was ich an Verbotenem tat oder an mir geschehen ließ.

Doch 1931 war ich noch nicht so weit. Da vertiefte ich mich immer wieder in die erschreckenden Bilder von den Bösen am Jüngsten Tag und beim Jüngsten Gericht, in den Höllensturz von Doré, wo nackte Leiber wie Müll zusammengeklumpt in einen Krater geschoben und gestoßen werden, und ich lauschte den Worten, die meine Mutti mir dazu vorlas von den Verdammten, denen der Endzeit-Christus der Rache Feuer und Würmer in ihr Fleisch geben werde. Ganz besonders und immer wieder ergriffen mich Martins Passagen über die Auferstehung der Toten: »Da der Posaunenschall der Engel in aller Welt erklingt, wird die allgemeine Auferstehung des Fleisches geschehen. Jeder Mensch wird denselben Leib wiederbekommen, dasselbe Blut, dieselbe Gestalt wie er im Leben gehabt. Die Leiber der Frommen werden lieblich, schön und wohlriechend, die Leiber der Verdammten aber werden stinken und abscheulich aussehen. Die Seele aber wird rufen: ›O du verfluchter Leib, ich habe schon viele hundert oder tausend Jahre in der Hölle gebrannt und werde nun, mit dir vereint, wieder dort hinuntermüssen.‹ Auf diese Weise werden die Leiber der Verdammten auf allen Kirchhöfen der Welt wieder lebendig werden und aus ihren Gräbern auferstehen. Jesus Christus, der erzürnte Richter, wird ihnen sein ergrimmtes Angesicht in solch schrecklicher Gestalt zeigen, dass sie vor übermäßiger Angst zu Boden stürzen und wie tot liegenbleiben werden. Ach, wie wird es den Juden ergehen, die Christum verspottet, angespieen und mit Füßen getreten haben.«

Als Kind, aber auch als Erwachsener habe ich lange nicht begriffen, wo die schreckliche Selbstverurteilung des Sünders und seines Fleisches ihren Ursprung hatte: »Ich will die Rache sehr an mir nehmen und meinem Leib, der die Ursache des Todes Jesu Christi ist.« Ich musste erst siebzig und noch älter werden, bis mir darüber hinaus aufging, dass zusammen mit dieser Rache an mir und meinem Leib auch die Rache wider den jüdischen Leib besiegelt wurde. Eines Tages fielen mir zufällig die Dekrete des Gratian von 1140 in die Hände. Dieser Bologneser Mönch und Vater des Kanonischen Rechts der Weltmacht Kirche schuf damals mit Abstand das einflussreichste und in seiner historischen Wirkung fataleste Gesetzeswerk, das je ein Mann der Kirche geschaffen hat. Ausgehend von der Erbsünde der Ersten Menschen, die uns alle auf den Platz des Mörders Christi und damit des Verdammten stellt, öffnet Gratian im Akt der heiligen Kommunion oder Eucharistie den einzig möglichen Ausweg zum ewigen Heil: Den Leib Christi essen und sein Blut trinken in Gestalt von Brot und Wein bewirkt das Mysterium der unsichtbaren Verwandlung des Sünders und seines Leibes, denn: Ihm, dem Sohn der Verdammnis, wird nichts geringeres als die Adoption zum Sohn Gottes zuteil. Für die Töchter gilt das gleiche. Es ist die Weihegewalt des Priesters, der sich dieses völlig neue Dasein verdankt. Da das beim letzten Abendmahl Christi begründete Sakrament ein Ereignis ist, das das Gesetz der Juden ablöst, diese aber weiterhin daran festhalten, identifiziert sie das im Unterschied zu den Adoptierten Gottes auf ewig als die Söhne der Verdammnis, die in den Sünden des Fleisches weiterhin abartig dahinleben. Fortan riechen für die Christenheit deren Leiber nicht nur krank, von ihnen gehen auch alle Seuchen aus von der Pest bis zu Syphilis. Dafür malte die Kirchenkunst das Fleisch der Frommen lange vor ihrer Auferstehung immer schon lieblich, schön und wohlriechend.

Dreißig Generationen lang wurde den Seelen im Abendland dieser Gegensatz von Gut und Böse eingeflößt, so selbstverständlich wie das Amen in der Kirche. Er saß tiefer als die naturgegebene Fremdenangst und hatte sein Tückisches darin, dass er weder der Norm noch der herrschenden Vernunft widersprach. Vor allem nicht da, wo der Mörder irgendeines geschändeten Kindes nur ein Ritualmörder sein konnte und wie aus dem Nichts Lynchgelüste hochstiegen. Ich dachte mir nichts dabei, mit Judenkindern zu spielen wie mit meinesgleichen. Wo ich als Kind Zeuge von antijüdischen Abwehrgefühlen wurde, wie einmal bei meinen Eltern, hielt ich sie für zufällig. Und erst viel später wurde mir bewusst, dass sie wie ein Implantat im Leib festsaßen und ganz selbstverständlich schon bei Kindern Sprüche provozierten wie: »Da liegt 'n Jud begraben!«, wenn einer über einen Stein stolperte. Ich erinnere mich an einen gemeinsamen Spaziergang mit Onkel Julius und Tante Ida auf die Marienburg in Bullay/Alf. Sie wohnten im Haus meiner Großeltern. Hitler war gerade an die Macht gekommen, und Onkel Julius, Freund meiner Eltern seit Kindertagen, warnte vor Hitler, weil er Krieg bringe. Mein Vater sah das natürlich anders, und so kam es zu einem heftigen Disput. Wortwörtlich kann ich ihn nicht wiedergeben, aber ich habe nicht vergessen, wie mein Vater damals dachte. Versailles war für ihn nichts als »die Fortsetzung des Krieges gegen uns«. Und Hitler war der Mann, der dem Einhalt gebieten wollte. Möglicherweise kam auch der Kommunismus zur Sprache, den für ihn vor allem »die Juden auf dem Kerbholz hatten«. Aber erst zu Hause ließ er Luft ab: »Hast du den Julius reden hören?«, sagte er zu meiner Mutter, und dann rutschte es ihm heraus: »Der Stinkjud!« Dabei war dieser wohlhabende Fellgroßhändler nicht weniger gepflegt und wohlriechend als mein Vater.

Nun verfolgte mich zu meinem Glück damals nicht nur die Angst vor der Erbsünde. Denn die Martinsbibel war ein seltsames Zweierlei aus Nachtmahr und Neuzeit, was sich ihrem derzeitigen Herausgeber verdankte und seiner Konzession an die veränderte Welt. Die Einleitung enthielt im dritten Hauptteil, »Von der Sonne und den Planeten«, eine bebilderte Darstellung des wissenschaftlichen Weltbildes, gegen das sich die Kirche so lange gewehrt hatte. Ihm vorangestellt war die Schöpfungsgeschichte, ergreifend illustriert durch die Deckengemälde von Raffael in den Loggien des Vatikan, deren erhabene Dynamik mich als Kind immer wieder faszinierte. Meine Mutter interessierten wohl diese Bilder und der dazugehörige Text der Genesis, nicht aber die astronomischen Details, die sich daran anschlossen. Und ich wäre ihr darin gefolgt, wenn ich beim Durchblättern nicht zufällig auf die beiden Abbildungen des Saturn gestoßen wäre, jenes Wandelsterns, der mir seinen Namen lieh für das, was die rabiate Beseitigung meiner Phimose an und in mir angerichtet hatte.

Die Einzelheiten habe ich vergessen, ich weiß aber, dass meine Mutter mir den Namen des Saturn verriet und ich ihr verschwieg, warum er mir so wichtig war. Derart allein gelassen mit den astronomischen Hieroglyphen muss ich zunächst sehr intensiv über den Raffael-Gemälden gebrütet haben, wo Gott der Vater mit dem schlohweiß flatternden Haar wie ein dem

Raumschiff entstiegener Astronaut hoch über den Erdball dahinfliegt, um zum einen nach Mose 1,9 die Elemente zu schaffen, zum andern Sonne und Mond. Diese beiden gewaltigen Bilder des schaffend dahinschwebenden Gottes hatten es mir angetan. Insbesondere der prachtvoll schöne, mächtige Leib, dessen muskulöse Gestalt von dem herrlich flatternden Gewand noch betont wurde. Dazu die zum Flug weit ausgebreiteten Arme und Hände, mit denen er die flammende Scheibe der Sonne links und die silbergraue des Mondes rechts an den Himmel heftete. Das alles unterschrieben mit den Worten des Allmächtigen: »Es sollen Lichter werden an der Feste des Himmels, zu scheiden Tag und Nacht und erleuchten die Erde.«

Der Faszination des Erhabenen in diesen Raffael-Gemälden war es wohl zu verdanken, dass ich meinen Vater eines Tages bat, mir die Zeichnung des Sonnensystems zu erklären, die neben den anderen Planeten auch die des Saturn enthielt. Wann das geschah, weiß ich auf die Stunde genau: Es war der erste Weihnachtstag des Jahres 1931 morgens nach dem Frühstück in der Küche. Es ist die erste Weihnacht meiner Kindheit, an die ich mich genau und gern erinnere. Denn zum Trost für die Schmerzen meiner Phimosebeseitigung hatte ich die versprochene Märklin-Eisenbahn bekommen. Und nicht nur das. Mein Vater hatte heimlich eine Tischplatte anfertigen lassen und darauf eine Eisenbahnlandschaft gebaut mit Bahnhof, Tunnel, Brücken, Signalen, Schranken, Weichen und Büschen, eine Laubsägearbeit mehrerer Wochen, liebevoll zusammengeleimt und mit Farbe bestrichen. Ich glaubte noch fest ans Christkind und war glücklich. Unvergesslich, wie das mit einem großen Schlüssel aufgezogene Märklin-Federwerk der Lokomotive die Wagen ausdauernd über die Schienen zog und ich den D-Zug per Weichenstellung immer wieder vom äußeren Oval ins innere umleiten konnte und zurück. Währenddessen saß Vater Jupp – damals trank er noch – im Sessel bei einer Flasche Riesling, den uns Opa und Oma, seine Eltern, aus Bullay in einer 25er-Kiste zum Fest geschickt hatten, und hielt wie immer das grüngolden perlende Glas prüfend ins Lampenlicht, ehe er es an die Lippen setzte und den ersten Schluck auf der Zunge verweilen ließ. Unterdessen zog meine Mutter mit Ausdauer die silberne Spieluhr auf, Erbstück ihres Vaters, was den in die Fassung eingeschraubten Weihnachtsbaum in eine Drehbewegung versetzte zu den Melodien von »O Tannebaum« und »O du Fröhliche«. Hinterher sangen wir dann auch »O du Fröhliche«, das Lieblingsweihnachtslied meiner Mutter, wobei ich statt »Welt ging verloren, Christ ist geboren«, immer »Geld ging verloren« hörte, was nur die Folge von dem dauernden Reden meiner Mutter über die Inflation und das viele verlorene Geld sein konnte. Unter dem Gabentisch lag wie alle Jahre wieder auch Tante Marijes Eifeler Brot aus Immerath.

Von den Geschenken, die damals zwischen Vater Jupp und Mutter Kätchen hin- und hergingen, steht mir nur noch eines höchst lebhaft vor Augen: Zwei Schlafanzüge im Partnerlook aus giftiggrüner Seide und goldverschnürt wie bei den Husaren von den Epauletten abwärts über die ganze Brust. Es war die einzige, aber grandioser nicht denkbare Geschmacksverirrung meiner sonst so treffsicheren Mutter. Jedenfalls sehe ich noch heute, wie sie beide am Weihnachtsabend in diesem Aufzug, mein Vater angeheitert, gegen zwölf ins Bett steigen. Etwas später als sonst und ganz wider ihre Gewohnheit nahmen sie am nächsten Morgen ebenso giftgrün angezogen am Frühstückstisch Platz. Mein Vater hatte ungewöhnlich dickes und dichtes weißes Haar. Und damit es ihm nicht morgens beim Aufstehen wie ein Drahtbesen abstand, trug er nachts ein schwarzes Haarnetz, seinen Feuerwehrhelm, wie er sagte, weil er ihm hinten, wenn er ihn zusammenband, wie ein Nackenschutz herabhing. Dieser Kopfputz war »das Tipfelchen auf dem I« der goldverschnürten Seidenpacht und als Kombination die absolute Umkehrung des väterlich Erhabenen. Die mir aber gar nicht aufgefallen und gewiss nicht so tief in die Erinnerung eingegangen wäre, hätte mir nicht Raffaels kraftstrotzender himmlischer Vater mit seiner knackigen Muskulatur so lebhaft vor Augen gestanden. Denn als mein hagerer und magerer Erzeuger sich am denkwürdigen ersten Weihnachtsmorgen 1931 aufmachte, mir in dieser Kostümierung das Sonnensystem und den Saturn zu erklären, schlüpfte er ja in die Rolle der gewaltigen Gottheit und spielte mir ihren zweiten Schöpfungstag vor.

Als das Frühstück beendet und alles abgeräumt war, stieg mein Vater über den Stuhl auf den Tisch, in der Rechten meinen Gummifußball, die Erde, die er nun, immer wieder auf mich herabsehend, in weitem Bogen um die brennende Küchenlampe, die Sonne, kreisen ließ, wobei er völlig hingegeben an die Sache sagte: »Siehst du, so fliegt die Erde um die Sonne und dreht sich dabei zugleich um sich selbst! Deshalb Tag und Nacht! Sieh hier die Schattenseite auf dem Erdball! Und so fliegt auch der Saturn um die Sonne, fliegen der Jupiter, der Uranus, der Merkur, die Venus, der Mars und der Neptun.« Das alles und noch mehr, vielleicht sogar die Schwerkraft, hat er mir erläutert und habe ich mit Andacht und tiefer Bewunderung in mich aufgenommen, vor allem den leuchtenden Staubring um den Saturn, diesen meinen erinnerungsschweren Planeten, und alles wäre gut gewesen, hätte mich meine Mutter nicht plötzlich mit der unsäglich abwegigen Banalität: »Mein Gott, Jupp, die Hose, nein, unmöglich!!« aus meinen erhabenen Himmelsflügen gerissen hin zu dieser Hose. O Gott, nein! Nun fiel es auch mir wie Schuppen von den Augen, als ich mit Mutters Blick auf meines Vaters Hose sah und erkannte, was ihr innen alles fehlte. O Gott, diese Armut an Arsch, wie mein Vater selbst gesagt haben würde, hätte er sich von unten sehen können, aufreizend eingepackt in diese giftgrüne Seide. Es war niederschmetternd. Wo ich den Faltenwurf vor Augen hatte, der den biblischen

Muskelgott erhaben umweht, hing dem Armen nur ein Faltenjammer schlaff herab. Hätte er doch nackt da oben gestanden in seiner drahtigen Reckturnerfigur, man hätte ihm den zweiten Schöpfungstag zwar immer noch nicht abgenommen, dafür aber wäre er, zergeißelt und angenagelt, auf jeder Passionsspielbühne als Leidensmann glaubhaft durchgegangen, glaubhafter jedenfalls als Giorgios Christusathlet in meiner Martinsbibel, der ohne ein einziges Fleckchen Blut so strahlend schön entblößt dasteht, als hätte er die Auferstehung des wohlriechenden Fleisches schon hinter sich.

Die ganze Weihnachtswoche 1931 gingen meine Eltern jeden Abend ebenso giftgrün und goldverschnürt zu Bett, wie sie ihm am nächsten Morgen wieder entstiegen, mein Vater ohne, meine Mutter mit viel Apfelpo, auf dem eines morgens ein Blutfleck prangte, dessen Resistenz die beiden für immer zu ihren weißen Nachthemden zurückkehren ließ, so dass sie morgens auch wieder angezogen am Frühstückstisch saßen. Was aber Martin von Kochems minutiöse Zerstörung des Leibes Christi betrifft, so geht, während ich dies schreibe, ein Film um die Welt, in dem Mel Gibson *Die Passion Christi* in der sadistischen Wut von einst erneut aufleben lässt.

VII. DIE BARACKENKINDER VON NEUWIED

VII. DIE BARACKENKINDER VON NEUWIED

Ostern 1932, immer noch fünf, komme ich in die Katholische Volksschule III, Ecke Engerser Landstraße/Goebenstraße, einen klotzigen Bau aus porösen Basaltquadern mit Schulhof und Toilettenhaus dahinter, dessen beißender Gestank aus Teer und Urin sich jeden Sommer wieder mit dem Blütenduft der prächtigen Lindenbäume vermählte. Diese Schule war wirklich katholisch, und national war sie auch. Überdies war sie ein Muster an preußischer Prügelpädagogik. Die beiden Lehrerinnen Merl und Wagner fromm und unverheiratet, die Lehrer stramme Weltkriegsveteranen, einer, wie wir Kinder sagten, »mit ohne Bein«, der andere mit ohne Arm und der dritte mit einem Lungensteck- oder -durchschuß. Das erste, was ich damals lernen und auswendig aufsagen musste, war, dass die Franzosen unsere Erbfeinde sind und dass der Versailler Friedensvertrag ein Schanddiktat ist, weil er uns Elsaß-Lothringen, das Saarland, Eupen-Malmedy, Nordschleswig, Danzig und Posen-Westpreußen, Ostoberschlesien, das Hultschiner Ländchen und die Kolonien geraubt hat. All diese Gebiete mit Millionen nunmehr unterdrückten Deutschen rund um das amputierte Reich herum mussten wir mit dem Stock auf der Landkarte, zeigen können. Und wehe, wer auch nur eines davon unterschlug. Dem setzte es Prügel.

Auf Prügel aber hatten mich Vater Jupp und Mutter Käthchen vorab präpariert mit ausführlichen Erzählungen von den Bestrafungsdramen, in denen sie selbst als Kinder Haupt- oder Nebenrollen hatten spielen müssen. So war ich zwar auf das Schlimmste gefasst, aber die blöden Witze meines Vaters am Abend vor meinem ersten Schultag, mir ja zwei Hosen übereinander anzuziehen oder, noch besser, mir den Hintern vor der fälligen Prügel noch schnell mit dem Gebetbuch zu polstern, vermehrten nur mein mulmiges Gefühl. Von den obligaten Schultüten zur Versüßung des ersten Tages sah man damals bewusst ab wegen der Massenarmut, die die Weltwirtschaftskrise ab 1929 mit sich gebracht hatte. Da die sogenannten Baracken, die Elendsviertel der Stadt, im Einzugsbereich der Schule lagen, hätte fast die Hälfte der Kinder meiner künftigen Klasse ohne Tüte denen mit Tüte allzu peinlich gegenübergestanden. Zum Ersatz und Trost lagen am Mittag zwei Tafeln Galapeter Edelbitter für mich auf dem Tisch.

Vorab sei es gestanden: In all den Jahren ging ich niemals entspannt und fröhlich, sondern immer befangen und oft ängstlich zur Schule; und ich erinnere mich gut, welche Not meine Mutter damit hatte, mich morgens wach zu bekommen und wach zu halten. Immer wieder schlief ich ein, als wollte ich von allem weg in meine Traumwelten entfliehen. Zum Glück war wenigstens der böse Richard nicht katholisch. Er kam in die evangelische Volksschule. Aber da, wo sich die Wege der konfessionell noch streng getrennten Kinder morgens kreuzten, kam es stets zu einem ritualisierten Beschimpfungskrieg, der fast immer in Steinewerfen und Handgreiflichkeiten überging. Einmal verlor ein Junge durch einen Stein ein Auge. Eröffnet wurde dieser Religionskrieg mit dem Schlachtruf: »Evangelische Ratten, mit Zucker gebacken, in Salz gerührt, zum Teufel geführt«, woraufhin die beleidigte Gegenseite den gleichen Ruf zurückgab, nur dass sie die Ratten katholisch machte.

Das dunkle Jahr 1932 bot aber auch einen Lichtblick. Im Dezember an einem eisig kalten Tag mit zehn Grad minus zogen wir von der Reckstraße weg in die Scharnhorststraße, eine ruhige Straße in der Nähe des Bahnhofs. Zwar säumte die gegenüberliegende Seite das langgestreckte Fabrikgebäude der Stahlbaufirma Kreuzer, aber die war bankrott gegangen und lag still. Dazu kam, dass ihre Fassade im Stil der Gründerjahre sehr ansprechend aussah und das Haus auch als Museum oder ähnliches hätte durchgehen können. Wir bezogen die erste Etage mit vier Zimmern und Küche. An Stelle des Kinderbetts erhielt ich für mein eigenes Zimmer nunmehr eines der breiten – meine

Mutter sagte immer, »zweischläfrigen« – Betten aus dem Gästezimmer, die noch aus Großvaters Gasthof stammten. Parterre wohnte der Kohlenhändler Born mit seiner Frau, über uns die Familie Dusar mit Sohn Willi und Tochter Leni. Leni war sechzehn, hübsch und kess und wohl deshalb für Kohlenhändler Born immer nur »die Rotznas«. Eine solche, wie die meisten Barackenkinder, hatte sie gar nicht. Vater Dusar, der Schlossermeister, und sein Sohn Willi hatten bis zum Bankrott bei der Firma Kreuzer gearbeitet, waren nun arbeitslos und mussten stempeln gehen.

Mein Schulweg verlief jetzt anders. Trat ich morgens aus dem Haus, musste ich rechts an einer Reihe reich verzierter Bürgerhäuser entlanggehen, an die sich die Brotfabrik Schmid anschloss mit dem Kolonialwarenladen, aus dem es immer furchtbar nach Heringen roch. Stöhrs Peter, der Kaufmannsgehilfe, hieß nur »der Heringsbändiger«, weil er sie für die Kundschaft mit einer hölzernen Zange aus dem Fass fischte. An der Ecke kreuzte die Sayner Straße die Scharnhorststraße. Hatte man die überquert, erstreckten sich rechts und links die Baracken, rostrot gestrichene Behausungen aus Holz für die Ärmsten. Ursprünglich hatte die Stadt sie nach dem verlorenen Krieg für die französischen Besatzungstruppen aufstellen müssen. Nach deren Abzug waren sie zu billigen Zwei-Zimmer-Wohnungen umgewidmet worden mit Schweineställen, Kaninchenställen und freistehenden Plumsklos, verwahrlost und umweht von einem stinkenden Gemisch aus Matsch und Jauche.

Auch die kinderreichen Familien, und das waren die meisten, wohnten in zwei Zimmern höchst sittenwidrig auf engstem Raum. Das Anstoß nehmende »Mein Gott, wie schlafen die nur?!« meiner Mutter klingt mir heute noch in den Ohren. Die Väter waren fast alle arbeitslos und gingen stempeln. Das heißt, sie mussten jede Woche freitags zum Arbeitsamt, wo sie in Schlangenlinie bis weit auf die Straße stundenlang für ihre Unterstützung anstanden, die vorn und hinten nicht reichte. Die Frauen waren fast alle furchtbar ordinär und aggressiv, vor allem Fremden gegenüber, wenn die ihrem Territorium zu nahe kamen, was ich gleich in der ersten Zeit erleben musste, als ich neugierig bei Schneiders mit ihren sechs Kindern in die offenstehende Haustür guckte. Etliche dieser Kinder gingen damals mit mir in eine Klasse. Haften geblieben sind mir die Namen von Günther Gaddum, Heini Nowak und Gottfried Söhn, genannt Goi, sowie den Mädchen Maria Schneider und dem unvergesslichen Friedchen, wobei ich seinen Nachnamen nicht mehr weiß. Im Sommer gingen sie fast alle barfuß, und im Winter trugen viele nur die billigen schwarzen Leinenturnschühchen mit den dünnen Sohlen. Blau gefroren waren sie immer, gewaschen und gekämmt so gut wie nie. Ihre Fingernägel wiesen schwarze Trauerränder auf, und immer wieder hatten sie Läuse und Flöhe. Ein Grund, warum Lehrer Melzer sie gleich am zweiten Schultag auf die vorderen Bänke setzte, getrennt von uns Kindern besser gestellter Eltern. Da sie oft ohne, oder wenn, dann mit falschen Hausaufgaben oder verschmierten Tafeln und Heften zur Schule kamen, bezogen sie von uns allen die meisten Prügel. Besonders faszinierte mich an diesen Kindern, dass sie einfach all das taten, was ich nicht durfte. Sie waren hemmungslos frech, selbst Erwachsenen gegenüber. Feinen Damen mit kleinen Hündchen an der Leine höhnten sie im Chor eine obszöne Anspielung hinterher, deren Sinn mir erst als Erwachsener aufging. Von ihnen lernte ich alle erdenklichen bösen Wörter. Sie warfen damit in einer so ungezügelten Weise um sich, wie sie nur von den Kindern unserer Tage – allerdings schichtenübergreifend – übertroffen wird. Auch sonst waren die meisten von ihnen eigentlich in jeder Hinsicht fast gänzlich ohne Scham. Jungen wie Mädchen pinkelten vor- und miteinander und meist da, wo sie gerade standen. Dabei war nicht nur das Wettpinkeln, unter uns Jungen in die Weite oder die Wände hoch, beliebt. Es gab Mädchen, die es virtuos raushatten, zwar nicht beim Höhenwettbewerb, aber stehend mit uns mitzuhalten. Das Bild dieser proletarischen Jugend trat mir Jahrzehnte später wieder deutlich vor Augen, als ich mit Hingabe die marxistischen Theoretiker von Marx bis Lukács las, wo sie als Subjekt der Weltrevolution wiederkehrten, als die Erlösende Klasse, der Neue Messias und das Neue Israel, das die Menschheit in einem Letzten Gefecht von Ausbeutung, Krieg und Leiden für immer erlösen würde.

Hatte ich auf meinem Schulweg die Sayner Straße überquert, warteten die Barackenkinder schon auf mich. Allerdings nicht in der ersten Zeit. Denn ich stets in Samt und Seide gepacktes Wohlstandskind, das auch noch Mutters streng verordnetes Hochdeutsch sprach statt ihres ordinären Neuwieder Platt, machte sie anfangs misstrauisch. Umgekehrt, so muss ich gestehen, hatte auch ich zunächst Manschetten vor ihrer allseits verrufenen Randexistenz. Zum Glück legte sich das schnell dank meines Vaters, der sich aufgrund eines kleinen Ereignisses bei ihnen beliebt gemacht hatte. Wenn er Außendienst hatte und morgens mit dem Postbus vom Westerwald herunterkam und zum Neuwieder Bahnhof fuhr, dann ging sein Weg immer durch die Scharnhorststraße an den Baracken vorbei. Am Bahnhof nahm er die aus den Zügen von überall her ankommenden Fahrgäste auf, die zum Westerwald hinaufwollten. Bei einer dieser Fahrten kurz nach unserem Umzug war ihm Maria Schneider aus den Baracken gegen das Postauto gelaufen. Sie hatte beim Ballspielen nicht aufgepasst. Zum Glück fuhr mein Vater langsam und konnte noch rechtzeitig bremsen, so dass er, als er ausgestiegen und das Mädchen wieder auf die Beine gestellt hatte, gleich sah, dass ihm weiter nichts passiert war. Allerdings klebte reichlich Dreck von der ungepflasterten Straße an ihrem Kleid. Was tat mein Vater? Er nahm ein Markstück aus seiner Geldtasche und gab es ihr.

Womit er zugleich die mit Geschrei herbeigeeilte Mutter in ihrem Elan bremste.

Die stämmige Frau Schneider mit ihren sechs Kindern gegen sich zu haben, wäre auch nicht ratsam gewesen, war sie doch die Schlimmste von allen Barackenweibern, aufdringlich und dreist und mit einer Stimme, die schon aus der Ferne unangenehm in die Ohren ging. Dass sie diesmal zahm blieb, hing vielleicht auch mit dem Amtlich-Öffentlichen zusammen, das mein uniformierter Vater mit dem voll besetzten Postauto ihr gegenüber vertrat. Ausschlaggebend aber war sicher die eine Reichsmark. Das war der doppelte Stundenlohn eines Hilfsarbeiters. Diese väterliche Zuwendung hatte sich unter den Barackenkindern herumgesprochen. Davon profitierte der Sohn und erhielt das Zutrauen seiner künftigen Genossen Günther, Goi und Heini, von denen er schnell den ersten offiziellen Spitznamen weghatte: »Ey, Viereck!«, rief es von nun an immer dem Kreis hinterher, womit mich meine frühkindliche Schädeldeformation wieder einholte, die sich zwar ausgewachsen hatte, aber um den Preis einer gewissen Kantigkeit des Schädels, die der damals übliche Kurzhaarschnitt gebührend hervorhob. Aufgenommen im Kreise dieser Barackenkinder wurde ich aber auch wegen meiner zwei doppelten Schulbrote. Meine Mutter bestrich und belegte sie so dick mit Butter und Wurst, dass mir, dem die Schule ohnehin auf dem Magen lag, schon von ihrem Anblick übel wurde. Nicht so den Günther, Goi und Heini. Die hatten immer Hunger. Und wenn sie morgens vor den Baracken auf mich warteten, dann galt das »Ey, Viereck!« vor allem meinen Schulbroten. »Wat häs'de dann heut drof?«, erkundigten sie sich nach dem Belag, was immer hieß, dass ich ihnen meine Brote gleich zu übergeben hatte, die sie umgehend verschlangen, der Goi und der Heini noch gieriger als der Günther. Dem ging es ein wenig besser, wohl wegen der Unterstützung, die sein Vater von der kommunistischen Partei erhielt.

Mit diesen Günther, Goi und Heini – manchmal war auch die Maria oder das Friedchen dabei – ging es vorbei an der Couvertfabrik, der »Kuwerdebud«, zur Engerser Landstraße und dann rechts zur Schule. Zu den Barackenkindern zog mich einmal die völlige Andersartigkeit ihrer Welt hin, aber sicher auch die gemeinsame Angst vor den Lehrern, zu der sie allerdings ungleich mehr Anlass hatten als ich. Denn dank der Mithilfe und Aufsicht meiner Mutter hatte ich im Unterschied zu ihnen immer meine Hausaufgaben im Kopf und bei mir im Ranzen. Das war ihnen bei ihrem häuslichem Tohuwabohu gar nicht möglich. Nicht einmal der Tisch, an dem sie hätten lernen und schreiben sollen, war abgeräumt, geschweige denn sauber, wie ich bisweilen feststellte, wenn ich sie zum Spielen abholte. Am schlimmsten ging es bei Heinis und Gois zu mit ihren vielen älteren Geschwistern. Der Günther war zwar Einzelkind wie ich, dafür aber war sein Vater ein stadtbekannter Kommunist und das rote Tuch unserer Lehrer. Das brachte auch ihm bei jeder Gelegenheit Prügel ein.

Die bestanden in besonders schweren Fällen darin, dass sich der Schuldige quer über die erste Schulbank legen musste, damit sich sein Gesäß dem Stock des Lehrers optimal entgegenstreckte. Mädchen blieben von dieser Strafe ausgenommen. Für sie wie für die geringeren Vergehen der Jungen gab es Stockhiebe auf die ausgestreckte Handfläche. Lehrer Melzer mit dem abgeschossenen Bein benutzte dazu einen Knüppel, kurz und dick wie eine Dauerwurst und vorn so zersplittert, als hätte er ihn irgendwann auf einem Schüler entzweigeschlagen. Aber diesem optischen Terror entsprach keineswegs die Wirkung seiner Schläge. Die Breite der Aufschlagfläche milderte sie soweit ab, dass wir Kinder sie nicht besonders fürchteten. Lehrer Niklas mit der Armprothese schlug mit seinem dünneren und längeren Stock schon viel schmerzhafter zu, so dass die Innenflächen der Finger immer rot anschwollen und bis zum

Mittag ein brennender Nachschmerz blieb. Meister in diesem Fach aber war Lehrer König mit dem Lungenschuss. Ihn sehe ich noch heute vor mir. Er war von bedrohlicher Körpergröße mit einem hageren Gesicht, das ich niemals habe lachen sehen. Wenn er morgens in die Klasse kam, hatte er immer zwei lange und ziemlich dünne Rohrstöcke bei sich. Bei ihm war das Ritual des Strafens am professionellsten ausgebildet Wenn er weit ausholend zuschlug, dann immer blitzschnell zweimal hintereinander und so gezielt auf die äußersten Fingerkuppen, dass ein rasender Schmerz die Folge war und die Nachwehen entsprechend. Je nachdem, was man verbrochen hatte, wurde zu der rechten auch die linke Hand bedacht. Das war dann statt einmal »zweimal mit Musik«. Wohl wegen des singenden Geräuschs, mit dem der dünne Stock die Luft durchschnitt.

Ein Gutes hatte diese Art des Vollzugs. Wir Kinder gaben Lehrer König den geringsten Anlass, uns zu züchtigen. Und das will etwas heißen. Denn die Anlässe, für die wir damals Prügel einsteckten, waren so weit gefasst, dass man ihnen gar nicht entkommen konnte. Es reichte schon, beide Hände nicht brav gefaltet auf der Bankschräge zu haben oder einen kurzen Blick zur Seite, zum Fenster oder nach hinten zu riskieren oder die Lippen zu bewegen, zu lachen oder beim Träumen erwischt zu werden, wie ich oft, oder etwas nicht zu wissen wie zum Beispiel eines der uns geraubten Gebiete, oder, wo unser Herr Reichspräsident und Feldmarschall Paul von Hindenburg die Russen vernichtend geschlagen hatte. Wir saßen da wie in Zwangsjacken. Und das alles umrahmt von den täglichen Gebeten zu Beginn und zum Ende des Unterrichts unter den Augen des gekreuzigten Gottes an der Wand. Dass der vom Himmel herab alles sah, daran mussten wir Kinder damals ebenso fest glauben, wie wir für die Rechtfertigungsfrage, warum der liebe Gott so böse prügelnde Lehrer zuließ, noch lange nicht reif waren. Dass wir Kinder von vornherein schuldig seien, erschien uns zweifelsfrei.

Deshalb bedeutete der mittägliche Heimweg zu den Eltern in der Regel weder Hilfe noch Erleichterung, sondern führte nur aus einer Sackgasse in die andere. Brachte man die Striemen auf dem Hinterteil oder auf den Handflächen zuhause zur Sprache oder waren die geröteten Rückstände einer Ohrfeige nicht zu übersehen, dann war die elterliche Reaktion höchstens: »Wirst es schon verdient haben!« So gab es Kinder, die, weil sie geprügelt worden waren, zuhause noch einmal verprügelt wurden. Wie es nicht wenige Eltern gab, die die Lehrer dazu ermunterten, ihren Nachwuchs nur tüchtig durchzuhauen. Für gute Leistungen aber gab es immer einen handfesten Lohn. Von Fräulein Merl und Fräulein Wagner erhielten wir schöne bunte Heiligenbildchen. Manche brachten es im Laufe des Jahres auf eine stattliche Sammlung von der Heiligen Elisabeth über die Heilige Brigitte bis zur Heiligen Katharina, vor allem die Mädchen. Hinten stand auch immer zu lesen, weshalb man sie heiliggesprochen hatte. Ich bekam einmal den Heiligen Florian, und der Goi den Heiligen Werner, der dem zwölfjährigen Jesus in meiner Martinsbibel zum Verwechseln ähnlich sah.

Was die geistlichen Herren betraf, die uns zweimal in der Woche eine Doppelstunde Biblische Geschichte, Katechismus und anderes beibrachten, so prügelten sie nicht minder kräftig mit. Für sie lag immer ein Stock auf dem Katheder bereit neben der Kugel aus Silberpapier, das wir Kinder sammeln mussten für die »armen Heidenkinder in Afrika«. Mit jedem Stück Silberpapier, das wir dem Herrn Kaplan brachten, wurde die Kugel dicker, bis sie irgendwann dick und schwer genug war, in Geld eingelöst zu werden. Nun stand aber hinter jedem Stück Silberpapier, das wir brachten, immer auch eine verzehrte Tafel Schokolade, was zur Folge hatte, dass nur wir mit Galapeter Edelbitter oder Sarotti Mohrenschokolade verwöhnten Kinder aus den hinteren Bänken die Kugel wachsen machen konnten. Diese silberpapierne Solidarität mit den armen Negerheidenkindern führte uns weiße Kinder unmerklich ein in die von allen Großmächten seit Jahrhunderten praktizierte rassistisch-sentimental-verlogene Unterwerfungspolitik mit Bibel und Kanonenbooten. Denn längst war uns beinahe wie angeboren die herrschende Vorstellung eingegangen von den fernen Wilden und Nackten rund um den Globus, gewalttätig, roh, unterentwickelt an Geist und Sitte, der Segnungen unserer Zivilisation ebenso bedürftig wie niemals würdig.

Diese Vorstellung verwob sich innigst mit der Forderung, »Deutschland braucht Kolonien!«, die unsere Lehrer teils wütend immer wieder erhoben und mit dem Versailler Raub der unsrigen, deren Namen wir auswendig lernten, in Zusammenhang brachten. Auf die Neger, wie überhaupt auf alles Farbige, blickten wir Kinder von oben herab, und dieser Blick ergänzte in unseren Seelen sehr förderlich den Blick von unten hoch zu unseren Lehrern, den diese uns fast täglich einbleuten. So wurden wir Leseratten in jenen Jahren geradezu süchtig nach den weißen Schundromanhelden hoch zu Pferde und ihrem Strafgericht über aufsässige Boxer in China, Zulu oder Hereros in Afrika oder Rothäute in den Steppen Nordamerikas, die sie, obwohl hoffnungslos in der Minderzahl, immer siegreich zur Strecke brachten. In dem Maße, in dem uns bewusst gemacht wurde, wie sich die Sieger von 1918 unsere deutschen Kolonien zu den vielen, die sie selbst besaßen, auch noch einverleibt hatten, trieb jener imperiale Hochmut aus uns Kindern früh sein revanchistisches Gegenstück hervor. Wir, das Volk der Dichter und Denker und der größten Musiker, wir, führend in der Welt der Wissenschaften! Ich weiß auch noch wie heute, wie tief berührt, ja erschrocken ich war, als unserem Lehrer Melzer, diesem herben Glatzkopf mit dem abgeschossenen Bein, die Stimme versagte und Tränen in die Augen traten, als er uns von der Kriegsschuldlüge erzählte, mit der die Franzosen, Briten und Amerikaner uns in Versailles dazu gezwungen hätten, die

Alleinschuld am Kriege auf uns zu nehmen, nur um sich selbst ein gutes Gewissen zu machen für all das Unrecht, das sie uns angetan hätten. Als ich dann mittags nach der Schule meiner Mutter als erstes erzählte, wie unser Lehrer geweint habe und warum, sagte sie bloß, »Mein Gott!« und drückte mich so heftig an sich, dass mir war, als ob sie nun auch wieder anfangen wollte zu weinen über ihren in Frankreich gefallenen Lieblingsonkel Jakob. Was für ein Gefühlsmagma braute sich damals ungeahnt in uns zusammen, ungeahnt auch darin, dass seine eruptiven Energien zu Endzeitenergien werden würden, in denen sich die 400jährige imperiale Weltausdehnung des Westens in einer so selbstvernichtenden Weise umkehren würde, zuerst in den messianischen Eifer der Roten Revolution und dann in den Kreuzzug Hitlers gegen sie.

Eines schlimmen Tages kam der Herr Kaplan – seinen Namen wie den aller anderen habe ich vergessen – mit besonderem Ernst auf das Unschamhafte und die Todsünde zu sprechen. Es muss im Januar 1933 gewesen sein, noch bevor Hitler Reichskanzler wurde. Denn am Tag davor hatte ich mich über das Verbot meiner Mutter, mit den Barackenkindern zu spielen, hinweggesetzt und war mit ihnen dem Aufmarsch der Kommunisten hinterhergelaufen. Etliche ihrer Väter marschierten mit, auch die von Günther und Heini. In ihren dunklen Uniformen zogen sie vom Bahnhof kommend unter dem Klang der Schalmeien durch die Goebenstraße. Ihr Führer vorn grüßte immer wieder mit geballter Faust die am Straßenrand stehenden Menschen mit »Heil, Moskau«, und viele gaben das »Heil, Moskau« so ansteckend zurück, dass auch wir Kinder die Faust ballten und »Heil, Moskau« schrieen.

Am Tag darauf also sprach der Herr Kaplan mit uns über das Unschamhafte und die Todsünde. Das atmosphärisch Bedrückende dieser zwei Stunden ist mir unvergesslich. Ich erinnere mich, dass insbesondere die Mädchen auf das Thema flogen.

Aber nicht die aus den Baracken, sondern die aus den hinteren Bänken wie die Gertrud mit dem modischen Bubikopf, Tochter eines Arztes, der seine Praxis am Moltkeplatz hatte. Mit sichtlichem Eifer zählte sie auf, dass man Unschamhaftes nicht nur tun und sagen, sondern auch denken und träumen könne, und brachte die Hölle und das Höllenfeuer ins Gespräch, was dem Herrn Kaplan besonders gefiel und einige Kinder in ein lebhaftes Raunen und Zuflüstern versetzte, mich aber so beklommen machte, dass ich kein Wort herausbrachte. Dabei hätte das meine große Stunde sein können. Bestimmt war ich damals das einzige Kind in der ganzen Klasse, das dank seiner Mutter und der Martinsbibel in dieser Frage kompetent war. Aber statt mich zu melden, verfiel ich wie so oft ins Träumen, was, wenn die Lehrer mich mit »Ach, der Kreis schon wieder!« erwischten, immer die ganze Klasse zum Lachen brachte und mir als Zugabe die Bestrafung bescherte. Merkwürdigerweise kränkte mich das nicht, sondern gab mir ein heimliches Gefühl des Eigen- und Andersseins, vielleicht auch schon trotziger Verachtung.

Doch diesmal wurde ich bei meinem Träumen nicht erwischt, sondern aus ihm herausgerissen durch ein plötzliches Gepolter und erregtes Geschrei vom Katheder her, das nicht mir galt. Was war geschehen? Die Elfriede aus den Baracken – wir nannten sie Friedchen – hatte sich brav gemeldet, war auch drangekommen und hatte dann vor der ganzen Klasse die Ungeheuerlichkeit ausgesprochen, ihre Mutter habe ihr gesagt, es gebe gar keine Hölle, was einschloss, dass auch der Teufel nicht existiere und die furchtbaren Höllenstrafen, von denen nun schon mehr als eine Stunde als von einer unumstößlichen Tatsache die Rede gewesen war. Das hatte den Tumult ausgelöst, von dem ich nur die Endphase erlebte, als der Herr Kaplan, »Du böses, böses Kind!« brüllend, Friedchen am Arm packte, aus der Bank zog und in die Ecke wies, das Gesicht zur Wand.

Die erwartete Prügelstrafe blieb aus, und dennoch lag etwas Bedrohliches in der Luft. Die Stunde ging zwar weiter, aber immer wieder unterbrochen von dem aufgebrachten »Nein, sowas!« des Herrn Kaplan, bis auf einmal Unruhe in die Klasse kam. Ganz vorn drehten sich einige vorsichtig um und flüsterten den hinter ihnen Sitzenden etwas zu, worauf deren Köpfe sich in Richtung Friedchen reckten, der Herr Kaplan ärgerlich »Was ist?« brüllte und sich, ihren Blicken folgend, umdrehte, so, dass er und die ganze Klasse es sahen: Friedchen hatte in die Hose gemacht und stand mitten in ihrer Pfütze. Wir alle warteten gespannt auf eine Reaktion des Kaplans, aber der fuhr uns nur an: »Ruhe! Hinsetzen!« Und als ob nichts geschehen wäre, machte er weiter und beendete den Unterricht kurz vor dem Schellen wie immer mit den üblichen Gebeten. Er war noch nicht ganz draußen, da löste sich die Spannung, und über Friedchen ergoss sich ein Ekelgeschrei aus »Bäää« und »Äää«, das zwar nicht von allen kam, auch nicht von mir, aber laut genug war, Fräulein Merl aus dem Flur herbeilaufen zu lassen. Sie schob Friedchen an der Schulter aus der Klasse und schickte sie nach Hause.

Die bedrohliche Wut des Herrn Kaplan hatte Gründe, die über Friedchens Unglaubensbekenntnis weit hinausgingen. Sie war nicht nur ein Barackenkind, sondern auch das einzig uneheliche und lebte allein mit der Mutter in einer der armseligen Zweizimmerwohnungen. Aber Friedchen war auch das einzige Barackenkind, das stets sauber gewaschen und ordentlich angezogen war. Sie hatte nie Läuse und immer ihre Hausaufgaben gemacht. Die Wohnung, in die mich Friedchen wenige Tage später mitnahm, war sauber, aufgeräumt und freundlich. Es gab sogar ein Sofa und einen Sessel. Ihre Mutter war nicht so zum Fürchten ordinär wie die meisten anderen Barackenmütter, sondern sie sprach Hochdeutsch, gab mir gleich die Hand und wollte wissen, wo ich wohne. Sie war nicht nur jünger als meine Mutter, sondern tat auch etwas, was diese missbilligte: Sie rauchte und hatte rot geschminkte Lippen. Erst Jahre später erfuhr ich, was man so über sie munkelte: Ein französischer Besatzungssoldat habe ihr den Bastard angedreht. Andere dagegen wollten wissen, ein Arzt aus Koblenz sei Friedchens Vater und zahle heimlich Alimente. Da der Herr Kaplan mit Sicherheit in diese anrüchigen Verhältnisse eingeweiht war, erklärt das die Wut, in die ihn das Barackenkind versetzt hatte. Denn mit dem Wort Baracken assoziierte man damals in Neuwied die Trias Bolschewismus, Atheismus und Sittenverfall. Das war auch der Grund, warum mir meine Mutter jeden näheren Umgang mit diesen Kindern strikt verbot. Für sie war es schon schlimm genug, dass ich mit ihnen in eine Klasse gehen musste.

Als Friedchen am nächsten Morgen auf den Schulhof kam, wurde sie von einigen Kindern mit Gejohle empfangen und hatte nun für lange Zeit den zweitschlimmsten aller Spottnamen weg: »Boxepisser«. Einige aus den anderen Klassen riefen auch Bettpisser. »Boxepisser« war reinstes Neuwieder Idiom, in dem die Hose immer nur die Box war, das o nicht offen, sondern wie in Hose gesprochen. Den Titel »Baracke-Hex« trug Friedchen ohnehin mit allen Mädchen ihres Milieus, so wie die Jungen und Jünglinge wegen ihrer ärmlichen Eleganz und manchmal mit Margarine statt Pomade im Haar den Übernamen »Baracke-Ferscht« weghatten. »Ferscht« sagte man in Neuwied für Fürst. Seine Durchlaucht, der Fürst zu Wied, hieß nur »der Ferscht«. Er bewohnte hoch über dem Rheinufer zusammen mit seiner dicken Pauline, der Fürstin, ein prächtiges Schloss – mit den Neuwieder Barackenbewohnern sozusagen als Gegenfürstentum. Was die Fürstin betraf, so war sie die Tochter des letzten Königs von Württemberg und mithin eine Königliche Hoheit. So sprach meine Mutter sie auch an. Denn wenn sie durch die Stadt ging, was oft geschah, dann grüßte die Fürstin leutselig immer zuerst und blieb, nach dem

Befinden fragend, hier und da auch bei den Leuten stehen. Da sie einen kolossalen Leibesumfang hatte, trug sie Hosenröcke und erinnerte mich immer an die Ärztin, die mir den Saturn verpasst hatte. Aber die Fürstin war lieb und ihre Hosenröcke gehörten zur Uniform des Roten Kreuzes, dessen Präsidentin sie war. Manchmal ließ der Fürst den Schlosspark sonntags für die Neuwieder Bürger gratis öffnen. An einem solchen Sonntag muss dann das geschehen sein, was meine Mutter mir immer wieder erzählte. Zusammen mit Vater Jupp waren wir an der Freitreppe des Schlosses vorbeigegangen, wo Fürst und Fürstin ihr defilierendes Volk freundlich grüßten. Da sei ich, vier Jahre alt und angetan mit einem Russenkittel aus blauer Seide, zu ihnen hingelaufen und huldvoll geherzt worden. Fürst und Fürstin seien dann doch tatsächlich mit mir an der Hand auf sie zugekommen, hätten ihnen die Hand gereicht und zu ihnen gesagt, was für ein hübsches Kerlchen ich doch sei.

Doch zurück zu Friedchens Malheur. Als ich sie so umjohlt sah von der Kindermeute, suchte ich von Stund an ihre Nähe, zuerst auf dem Schulhof, dann morgens auf dem Schulweg, was zu einer merkwürdigen Wende in meinem Leben führte. Am ersten Tag gingen wir stumm nebeneinander. Ich war Mädchen gegenüber immer schüchtern. Auch später. Avancen mussten sie schon machen. Und Friedchen machte sie. Am folgenden Morgen, noch ehe Günther, Goi und Heini mit ihrem »Äh, Viereck!« dazukamen, fragte sie mich, ob ich am Nachmittag mit ihr spielen wolle. Dazu war ich mit Freuden bereit. Und so kam es, dass mich dieses Barackenkind in eine abenteuerliche Welt ganz eigener Art entführte mit Spielen, die wir unabgesprochen vor der Welt geheim hielten, offen für alles Überraschende, Ungewisse und auch Verbotene.

Wenn ich mittags nach den Schulaufgaben hinaus durfte, schaute meine Mutter argwöhnisch aus dem Fenster, dass ich nur ja nicht nach rechts zu den Baracken, sondern nach links zum Bahnhof aufbrach zu den sogenannten besseren und mir erlaubten Kindern. Zu ihnen zählte vor allem Remers Helmuth. Sein Vater war Geschäftsführer einer Stahlhochbau AG und im Kirchenvorstand, und Beinhauers Werner mit Schwester Else, genannt Elsjen, vom Hotel Union. Jeden Mittag stand ich am Scheideweg von Gut und Böse, den ich zwar unter den Augen meiner Mutter links zum Guten nahm, aber nur, um den zum Bösen auf einem Umweg zu erreichen. Ich ging also gehorsam Richtung Bahnhof, bog links zum Bahnhofsplatz bis zur Goebenstraße ein und sauste dann diese entlang bis zur Sayner Straße. abermals links abbiegend zu den Baracken und ihren frechen Kindern mit den vielen bösen Wörtern, den Läusen, den fettfeuchten Tauerrändern an den Fingernägeln und fast bar aller Scham.

Bei unserer ersten Verabredung sah ich Friedchen schon von weitem vor ihrer Baracke auf dem Bürgersteig herumhüpfen. Als ich näher kam, hatte sie in den schwarzen Aschenboden ein Muster von Vierecken geritzt mit Steinen darin, zu denen sie immer wieder hinhüpfte nach einem komplizierten System, das ich auch von den Mädchen auf dem Schulhof und anderswoher kannte, aber nie durchschaut hatte. Jedesmal, wenn sie hüpfte, hüpfte alles an ihr mit: ihr schwarzes, unter der Mütze hervorquellendes Haar und ihr kurzer Rock, der dann die Strumpfbänder an den langen Wollstrümpfen freilegte. Ich hatte erwartet, dass wir mit dem Ball spielen würden und hatte mir auch »Klicker«, wie wir Murmeln nannten, in die Hose gesteckt. Aber Friedchen hatte etwas anderes vor. »Komm mit zum Kreuzer!«, zeigte sie zielstrebig auf den langgestreckten Wellblechzaun der stillgelegten Fabrik, den ich zwar, seit wir in der Scharnhorststraße wohnten, täglich entlang lief, ohne aber je daran zu denken, über das oben mit spitzen Eisenstacheln bewehrte Hindernis zu klettern, um zu sehen, was dahinter lag. Genau das taten wir. Und zwar an dem mächtigen Wellblechtor, das auf Eisenrollen ruhte. Über dem linken Prelleisen, an dem man hochsteigen konnte, hatte das Tor ein Loch, groß genug, dass ein Fuß hineinpasste. Da kletterte Friedchen hoch und dann mit kühnem Beinschwung über die Eisenstachel. Ich hinter ihr her.

Innen konnte man an dem Gestänge des Tors leicht hinuntersteigen, und schon waren wir auf dem Fabrikgelände. Geradeaus ein offenes Feld, hoch mit vergilbtem Gras und braunem Unkraut überwuchert. Überall Stapel von Profileisen und weiter hinten eine Reihe verrosteter Kippwagen. Rechts vor dem Zaun entlang der Sayner Straße stand das Maschinenhaus mit teils offenen, teils abgerissenen Türen; und links zog sich über Hunderte von Metern die ziegelrote Fabrikhalle hin mit teils durchlöcherten Fenstern. Parallel zu ihr und dicht daran gebaut verlief unter einem Tonnengewölbe aus Wellblech eine Kranbahn. Von dem Kran hing eine rostige Kette lang herab mit einem Eisenhaken, an den man sich hängen und mit dem man wunderbar hin und her oder im Kreis herumfliegen konnte. Dorthin zog mich Friedchen zuerst, sagte aber: »Wir müssen nur aufpassen, wenn der Breuer kommt!« Breuer war der Mann, der das Fabrikgelände bewachte. Sie beruhigte mich aber damit, der sei kriegsbeschädigt und könne nicht laufen. Dazu kam, dass er seinen Dienst auch nicht so genau nahm. Ich kann an einer Hand abzählen, wie oft er uns Kinder in den fast zwei Jahren vom Gelände verjagte. Dennoch erhöhte er mächtig den Reiz des Verbotenen und hielt uns stets in Spannung. Der Boden unter der Kranbahn war dick mit einer mehlig weich pulverisierten Staubschicht bedeckt. Selbst wenn man vorsichtig darüber ging, sank man tief ein, und unter den Sohlen stiegen weiße Wölkchen auf, die sich zu Wolken ballten, wenn man lief. Ganz vorsichtig gehend bauten wir uns als erstes eine Wippe mit einem Gerüstbrett, das wir von einem ganzen Stapel nahmen und über aufgeschichtete Ziegel legten.

Dann wippten wir eine Weile. Doch das Fliegen an der Kette machte viel mehr Spaß. Friedchen hatte das offenbar schon oft gemacht. Denn sie konnte sich gleich von dem Bretterstapel mit einem solchen Schwung seitlich abstoßen, dass sie hoch dahinflog wie ein Engel in einer weit ausladenden Ellipse, die lange brauchte, ehe sie zu einem Kreis geschrumpft verebbte. Ich musste das erst lernen. Die Landung endete für uns beide immer wieder in der dicken Staubwolke, die an unseren Beinen aufstieg. Es war herrlich.

Auf dem Weg von der Kranbahn zum Maschinenhaus, das ich dann unbedingt sehen sollte, kamen wir an den Kippwagen vorbei. Einer von ihnen stand abgekoppelt auf einer Wendeplatte. Das war Friedchens Karussell. Sie kletterte in die Kippe, machte die Augen zu, und ich musste sie schneller und schneller drehen, bis ihr schwindlig wurde und sie, ausgestiegen aus der Kippe, auf mich zutaumelte und mich Halt suchend umschlang. Dann kam ich an die Reihe, und sie drehte mich im Kreis. »Bis du toll bist!«, rief sie. Als ich hinterher ebenso taumelte, musste ich sie umarmen, und wir bogen uns vor Lachen. Ich kam dann auf die Idee, dass wir den Kippwagen wegschoben und uns direkt auf die Platte setzten, weil so das Drehen viel leichter ging. Dieses Dreh- und Taumelspiel und das anschließende Lachen konnten wir lange nicht lassen. Es war wie ein Rausch, als wollten wir unserem kleinen Leben einen anderen Lauf, einen anderen Dreh geben. Plötzlich lief Friedchen einfach weg, und ich sah sie erst wieder, als sie hinter den Kippwagen hervorkam und im Maschinenhaus verschwand. Ich hinterher. Drinnen sah es wüst aus. Ursprünglich hatte Kreuzer seinen Strom mit der Dampfmaschine erzeugt, wovon noch der Schornstein zeugte, dann mit Dieselmotoren. Die standen nun verstaubt und demoliert da. Ich erinnere mich aber ganz deutlich noch an den hintersten Raum, der wohl als Büro gedient hatte, vor dem Fenster ein hohes Schreibpult und links an der Wand zwei aufgebrochene Schränke. In diesen Raum war Friedchen vor mir weggelaufen, immer noch aufgedreht von dem langen Taumel. Als ich sie dort entdeckte, rief sie, »Warte!«, sah mich dann ganz merkwürdig an und befahl mir, mich umzudrehen und die Augen zu schließen. Ich gehorchte und war auf einiges gefasst, aber nicht darauf, dass sie mit hochgehobenem Rock und herabgezogenem Schlüpfer dastehen und mit den Worten »Ich bin kein Boxepisser!« Rock und Hose blitzschnell wieder richten würde. Ich war überrascht von dieser unerwarteten Entblößung und ihrem Blick, der nur einen Augenblick dauerte und mich so heiß durchfuhr, wie ich es noch nie erlebt hatte. Mein Puls raste noch mehr und beruhigte sich lange nicht. Was sich von da ab gar nicht mehr beruhigte, war mein ganzes Inneres. Ich war buchstäblich in Fahrt gebracht. Als wir zurück zum Zaun liefen, weil Friedchen heim musste, und sie als erste hinüberkletterte, hatte ich meinen Unschuldsblick auf ihren Schlüpfer und das, was er bedeckte, verloren. Verloren auch das unbekümmerte Zusehen, wenn sie sich wie die anderen Barackenmädchen zum Pinkeln hinhockte.

Von diesem Augenblick an war ich in Friedchen verliebt, wenn das überhaupt der rechte Ausdruck ist. Eher war ich von ihr besessen. Denn morgens hatte meine Mutter auf einmal keine Last mehr damit, dass ich pünktlich zur Schule kam. Ich war schon wach, wenn sie mich weckte, den Kopf voller Bilder und Gedanken. Beim Frühstück aber mied ich ihren Blick, aus Angst, sie könnte von meinen Augen ablesen, was in mir vorging, was ich mir herbeiträumte und was mich bis in den Schlaf verfolgte. Es war dieser Schlitz unter ihrem Bauch, den ich vor mir sah, zwanghaft zusammen mit der Pisse und der Wut des Kaplans, der sie aus ihr herausgetrieben hatte. Wenn ich hätte malen können, was in mir vorging, wäre diese Sequenz zu einem einzigen Bild zusammengewachsen, dem Bild, das mich umtrieb. Immer wieder gegen Morgen sah ich Friedchen in ihrer Blöße groß und zum Greifen echt neben meinem Bett stehen, und ich war mir hinterher selbst nicht sicher, ob ich wirklich nur geträumt hatte. Möglich, dass ich damals in ihrer Demütigung eine Parallele zu meinem Saturnerlebnis gesehen habe. Denn in beiden Fällen war eine Macht in unseren intimsten Bezirk eingedrungen, die wir abzuwehren suchten. All das verfolgte mich auch im Unterricht. Immer wieder musste ich heimlich zu Friedchen hinübersehen, war fast dauernd abgelenkt und wurde beim Kopfrechnen auch einmal dabei erwischt, was mir eine Tracht Prügel einbrachte. Morgens gingen wir nun immer gemeinsam zur Schule, so dass Günther, Goi und Heini schnell heraushatten, was mit uns los war. Nun war ich auch noch der Mädschegötz, eine ihrer vielen Barackenwortbildungen wie »du Bloasearsch«, »du Scheßklicker«, »du Memmequetsch« oder »du Dollhoake« (für Blödmann). Es war wohl ein wenig Eifersucht dabei, weil ich von da ab nicht mehr so oft mit ihnen spielte. Denn so oft wie möglich traf ich mich mit Friedchen auf dem Fabrikgelände von Kreuzer. Entweder war ich schon da, oder sie wartete auf der Wippe sitzend auf mich. Dann flogen wir wieder am rostigen Kettenhaken unter der Kranbahn dahin, ließen beim Landen Wolken weißen Staubes aufsteigen, spielten auf der Drehscheibe unsere Taumelspiele und liefen, wenn nicht zum Maschinenhaus, dann zur Fabrikhalle hinüber, wo ein Haufen Stanzblechabfälle lag, die wir zu bizarren Figuren zusammensetzten, deren Sinn wir dann zu erraten suchten. Irgendwann kamen wir auf die Idee, Hänsel und Gretel zu spielen. Dazu benutzten wir die kleinen runden Stanzblechplättchen und legten abwechselnd lange Spuren zu unseren jeweiligen Verstecken, von denen es rundherum sehr viele gab. Der Spannung wegen ließen wir aber die letzten zehn, zwanzig Meter ungezeichnet. Wenn wir uns dann entdeckten, umarmten wir uns, immer wieder, tollgedreht von unseren Taumelspielen. Das war dann jedesmal der Augenblick, bei dem ich mir wünschte, wir liefen in das Maschinenhaus und Friedchen täte noch einmal das Verbotene und zeigte sich mir. Es von ihr zu verlangen hätte ich nie gewagt. Das Sexuelle war auch nur eine der Triebfedern unserer Spiele. Das eigentlich Beglückende waren die Machtgefühle, die sie uns gaben. Mit ihnen verging die Zeit nicht nur wie im Flug. Da gab es einen Puls, der unser eigener war und uns ablöste von der Uhr und der Ordnung jenseits des Wellblechzauns. Dieser allein uns gehörenden Welt Raum zu schaffen, hätte ich damals jede Art Prügel und Strafe auf mich genommen. Auch wenn meine Mutter mich nach wie vor vom Fenster aus kontrollierte, dass ich nur ja den rechten Weg ging, ging ich den meinen. Auch dann, wenn ich manchmal, schon um keinen Argwohn aufkommen zu lassen, bei Remers Helmuth und Beinhauers Werner im Bahnhofsviertel blieb, was mitunter nicht zu umgehen war, wenn sie bei uns schellten, um mich abzuholen.

Das Frühjahr kam näher. Hitler war schon an der Macht, als ich mit Friedchen wieder einmal in unser Reich hinüberwechselte. Gerade wollten wir unter der Kranbahn unsere Kreise fliegen, als Günther, Goi und Heini angelaufen kamen. Sie hatten uns beobachtet, waren uns nachgestiegen und wollten mitspielen. Natürlich kannten sie das Fabrikgelände so gut wie wir, sie waren aber immer nur mit den Kippwagen über die Schienen hin- und hergefahren. Dazu hatte nun Friedchen keine Lust. Zuerst spielten wir mit den runden Stanzblechen Hänsel und Gretel. Als das langweilig wurde, schlug Friedchen ein Spiel vor, das wir Jungen noch nicht kannten. Wir vier mussten uns etwa dreißig Meter entfernt von der Fabrikhalle nebeneinander aufstellen, Friedchen zugekehrt, die mit dem Gesicht zur Hallenwand stand. Nun sollten wir uns auf sie zubewegen, aber nur, wenn sie es nicht sah. Wir mussten also in jeder Sekunde darauf gefasst sein, dass sie sich blitzschnell umdrehte und uns beim Näherkommen erwischte. Dann mussten wir unerbittlich zum Ausgangspunkt zurück. Gewonnen hatte der, der sie berührte. Die Spannung bestand darin, die Geschwindigkeit, die Friedchen beim Umdrehen entwickelte, so zu hintergehen, dass sie unsere Art der Vorwärtsbewegung nicht wahrnahm. Mit Schnelligkeit kam man nicht weit. Da war Friedchen meist im Vorteil. Erfolg hatte man nur, wenn man eine Art Zeitlupentechnik beherrschte, die darin bestand, sich steif und starr Zentimeter für Zentimeter so vorzuarbeiten, dass es ihrem Blick entging. Ich erinnere mich, dass die Strenge, mit der sie die Regeln dieses Spiels beachtete, in uns eine wahre Leidenschaft der Überlistung entfachte, die uns hellwach und bei der Stange hielt. Beim ersten Mal schaffte es keiner von uns, an Friedchen heranzukommen. Erst als wir den Zeitlupentrick raushatten, gewann der eine oder andere.

Oft spielten wir mit unseren drei Barackenfreunden in jenem Frühling und Sommer 1933 nicht mehr. Einige Tage nach dem Reichstagsbrand Ende Februar ging die Kommunisten- und Sozialistenhatz von SA und SS auch in Neuwied los. Günthers Vater wurde verhaftet und kam ins Stadtgefängnis hinter dem Amtsgericht in der Hermannstraße. Heinis Vater wurde mitten in der Nacht in ein Schutzhaftlager der SA gebracht, wobei er nach 14 Tagen wieder frei war. Heini sagte uns morgens auf dem Schulweg, »die Nazis« – er gebrauchte immer noch das nunmehr verpönte Wort – hätten den Vater und die anderen schwer verprügelt. Günthers Vater aber blieb in Haft. Kurz nach den Osterferien nahm Günther mich eines Tages mit zum Neuwieder Gefängnis, wohin er jetzt im Wechsel mit seiner Mutter jeden zweiten Tag ging. Da Besuche nicht erlaubt wurden, standen wir auf dem Bürgersteig gegenüber der hohen Mauer, hinter der der rote Backsteinbau mit den Eisengittern vor den kleinen Fenstern aufragte. In einem der obersten Fenster bewegte sich ein Gesicht und dann eine winkende Hand. Günther winkte zurück, und ich winkte auch. Das taten wir ziemlich lange. Hinterher ging ich noch mit Günther zu ihm nach Hause. Frau Gaddum machte uns Butterbrote und weinte dabei. Genauer gesagt waren es Sanella-mit-Rübenkraut-Brote, die auch lange nach Verzehr noch sichtbare Standardkost aller Barackenkinder, weil sie rund um den Mund meist mit dem gezeichnet blieben, was auf Neuwieder Platt »die Krautschnüss« hieß. Dass mir die erste Sanella-Margarine meines Lebens viel besser schmeckte als unsere gesalzene Bauernbutter vom Westerwald, hätte ich meiner Mutter gern gesagt, wenn ich mich damit nicht verraten haben würde. Denn von Remers Helmuth oder Beinhauers Werner, meinen Freunden des rechten Weges, konnte ich die Erfahrung nicht haben. Bei ihnen aß man demonstrativ, wie bei allen besseren Leuten, selbstverständlich nur gute Butter! Sanella oder Butter – das war damals noch ein wichtiger Aspekt der das Jahrhundert so mörderisch erschütternden Klassenfrage.

Es war Hochsommer 1933, kurz vor den großen Ferien, die damals immer am ersten August begannen und den ganzen Monat über andauerten, als ich zusammen mit Friedchen wieder einmal in unsere Jenseitswelt zu Kreuzer hinüberwechselte. Es war ein glühend heißer Tag. Friedchen trug eine sehr kurze, ärmellose Kittelschürze, und ich meine Seppelhose. Wieder absolvierten wir zuerst unsere Flugreisen unter der Kranbahn und hinterließen beim Landen weiße Wolken, dann spielten wir unsere Taumelspiele auf der Wendeplatte. Doch diesmal war alles anders. Da war das gleißend helle Sonnenlicht und die wabernde Wärme, da war der würzigwarme Duft der blühenden Gräser und Kräuter, und da war das immer wieder und viel mehr als sonst unter Friedchens kurzer Kittelschürze hervorblitzende Höschen. Das alles versetzte mich diesmal in einen Erregungszustand ganz eigener Art. Ich hatte nur noch den Wunsch, Friedchen noch einmal so wie im Januar zu sehen. Und wie einer Eingebung folgend, lief ich, wie sie damals, einfach weg an den Kippwagen vorbei ins Maschinenhaus und weiter in das hintere Zimmer, diesmal fest entschlossen, mich umgekehrt ihr zu zeigen. Doch dazu kam es nicht. Denn als sie mich weglaufen sah, muss sie meine – von ihr ganz sicher geteilten – Gefühle erraten haben, denn als sie mir in das Zimmer nachgelaufen kam und mich da stehen sah mit der Hand am Hosenlatz, kicherte sie, und mit einem »Komm!« zog sie mich an der Hand nach draußen ins hohe Gras, in das sie sich setzte und wo sie wie selbstverständlich ihre Hose auszog. So kam es, dass wir uns zum ersten Mal berührten und zwar gänzlich ohne das Gefühl, etwas Böses zu tun. Im Gegenteil. Es war eine ganz eigene Expedition ins Animalische, es war ein inneres Einsseinwollen, und alles um uns herum galt nicht mehr. Es war, jedenfalls für mich, die Urerfahrung eines Anderen, wie ich sie als Kind nur noch einmal machen sollte. »Du hast so einen Feinen«, hörte ich Friedchen mir ins Ohr flüstern, ein Lob, das ich nie mehr vergessen sollte, an dem mir Naivling aber erst Jahre später aufging, dass es einen Vergleich mit anderen weniger »Feinen« in sich einschloss.

Was an diesem Tag danach mit mir geschah, weiß ich bis heute nicht einzuschätzen. Entweder bin ich unter Friedchens Berührungen eingeschlafen und habe es nur geträumt, oder aber ich wurde wieder einmal von einer meiner Absencen davongetragen. Denn plötzlich sehe ich drüben unter dem Dach der Kranbahn ganz deutlich kleine weiße Wolken aufsteigen, die immer größer und größer werden, bis sie nur noch eine einzige Wolke sind. Dieser Wolke fliege ich entgegen und sehe, ja fühle sie zugleich auf mich zufliegen, wobei sie mir ein kleines, ganz in Weiß gekleidetes Mädchen entgegenträgt. Ich glaube Friedchen zu erkennen. Aber es ist nicht Friedchen, denn sein Haar ist hell. Es ist ein Mädchen, das ich noch nie gesehen habe und dessen Nähe mich doch im selben Augenblick ergreift und durchfährt wie ein Schauer, und schon bin ich auch wieder wach. Um mich ist alles wie zuvor. Friedchen ganz dicht neben mir, und drüben wölbt sich das blanke Blechdach wie eh und je über der Kranbahn.

So merkwürdig mir diese phantastische Träumerei blieb, die sich in völlig anderer Konstellation später wiederholte, eines daran ist gewiss: Einen unvergesslichen Augenblick lang hatte mich mein Traumleib wie auf Flügeln aus dieser Welt in eine andere entrückt und mich mir dann zurückgegeben. Bis zu den Sommerferien und auch danach spielten Friedchen und ich immer mal wieder fröhlich unsere verbotenen Spiele, und ich genoss es, dass meine Mutter von alldem nichts wusste. Aber was sich beim ersten Mal mit einem so beseelend hinweghebenden Schauer meiner bemächtigt hatte, kehrte in dieser Stärke nicht wieder. Wohl blieb die latente Gewissheit, dass es da war, und dass es mich wegtrug von all dem, was mich Rache nehmen hieß an meinem Leib. Es trug mich hin zu Erde und Leben.

VIII. SCHWEISSERBLITZ UND NIETENDONNER

VIII. SCHWEISSERBLITZ UND NIETENDONNER

Hitlers Machtergreifung 1933, die von allen Eliten, auch den örtlichen, sehr einvernehmlich begrüßt wurde, erzeugte eine Atmosphäre von Auf- und Umbruch, ja von Zeitenwende, die sich auf uns Kinder übertrug. Fast über Nacht war nichts mehr, wie es gewesen war. Am Sonnabend vor dem 30. Januar sah und hörte ich noch die Kommunisten in Sprechchorgruppen durch die Stadt eilen, an jeder Straßenecke einen kurzen Halt einlegen und immer wieder dasselbe rufen: »Adolf Hitler, mach dir keine Sorgen, du bist erledigt am Montagmorgen!« Erledigt aber war an jenem Montagmorgen nicht Hitler. Vorläufig erledigt war mit seiner Ermächtigung acht Wochen später das, was das Volk der Dichter und Denker auf den ersten Rang der künstlerischen und wissenschaftlichen Welt gebracht hatte, schon allein im Hinblick auf die vielen Nobelpreisträger. Aber in seiner letzten Konsequenz durchschaute niemand, was geschah. Auch nicht der, der damals als der bedeutendste lebende Denker galt: Martin Heidegger. Er hatte im fernen Freiburg und von den transzendentalen Höhen seines Denkens herab seinen Studenten erklärt: »Der Führer selbst und allein ist die heutige und künftige Wirklichkeit und ihr Gesetz«, und sie in keinem Zweifel darüber gelassen, dass die nationalsozialistische Revolution die völlige Umwälzung unseres deutschen Daseins bedeute. Bei uns in Neuwied konnte man das weder hören noch lesen. Und dennoch atmeten wir alle dieselbe Luft, erfasste uns eine unwiderstehlich sich potenzierende Bewegung. Die völlige Umwälzung unseres Daseins fühlten wir bis ins Mark. Aber gänzlich wissen- und gewissenlos waren wir alle darin, dass diese völlige deutsche Umwälzung Energien barg, die uns den letzten Akt einer latent bereits vollzogenen Selbstauflösung des westlichen und nicht nur deutschen Daseins zu erleben auferlegen würden, wie sie zwei tote Dichter und Denker des 19. Jahrhunderts, Heine und Nietzsche, warnend vorausgesagt hatten.

Nietzsche fiel mir nach dem Krieg durch Zufall als einer der ersten in die Hände, und ich merkte sofort, dass das große Thema seines Lebens auch mich noch betraf, wenn er schrieb: »Ich kenne mein Los. Es wird sich einmal an meinen Namen die Erinnerung an etwas Ungeheures anknüpfen, – an eine Krisis, wie es keine auf Erden gab, an die tiefste Gewissens-Kollision, an eine Entscheidung, heraufbeschworen gegen alles, was bis dahin geglaubt, gefordert, geheiligt worden war ... Alle Machtgebilde der alten Gesellschaft sind in die Luft gesprengt ... Es wird Kriege geben, wie es noch keine auf Erden gegeben hat. Erst von mir an gibt es auf Erden große Politik.« – Den zweiten dieser Kriege hatte ich als ganz junger Panzersoldat gerade hinter mich gebracht und ich machte mir keine Illusionen, dass wir noch mehr von diesen niemals dagewesenen Kriegen vor uns haben würden.

Nein, all das hätten sich die Deutschen damals nicht träumen lassen. Auch meine Eltern nicht. Und doch trug selbst ihr kleiner Alltag das große Ganze mit. Zum Beispiel dergestalt, dass schon vierzehn Tage später die Großphotos von Hitler, Heß und Göring unter Glas und elegant gerahmt über dem Sofa in der Küche hingen, Hitler in der Mitte und gebührend erhöht. Und eines Tages fand meine Mutter dann auch etwas Passendes für das Wohnzimmer. In einer Kunsthandlung in Koblenz hatte sie eine Hitlerbüste entdeckt, die sie spontan kaufte und anliefern ließ, um sie an würdigster Stelle neben der Vitrine aufhängen zu lassen. Genauer gesagt handelte es sich um eine Reliefbüste des Führers aus schneeweißem Stein, fest montiert auf ein mächtiges Oval aus braun gebeizter und ausdrücklich deutscher Eiche. Als meine Mutter meinen Vater, den sie damit überraschte, ins Wohnzimmer führte und er in dem kostbaren Konterfei, wohl wegen der Strähne über der Stirn, Napoleon zu erkennen glaubte, jubelte sie: »Nein, der Führer!« und war höchst angetan von der Verwechslung, die sie der dem Bildnis offenbar eignenden künstlerischen Überhöhung zuschrieb. Zwölf Jahre lang hing diese Überhöhung an dem ihr gebührenden Platz; auch, als wir 1935 in die Sayner Straße umzogen, kam sie wieder zu Ehren. Ja, sie hing selbst dann noch, als mein Vater 1945 acht Wochen nach Hitlers Tod und der Kapitulation in die von Benutzungsspuren der Sieger deutlich gezeichnete Wohnung zurückkehrte. Zunächst war das ein Grund für ihn zu lachen. Denn die GIs, die all die Zeit darin gehaust hatten, hatten ihren Todfeind unangetastet gelassen. Statt seiner hatten sie die wertvolle Gitarre an der gegenüberliegenden Wand mitgenommen, was wiederum meinen Vater dermaßen aufbrachte, dass er seinen Zorn an dem hängen gebliebenen Hitler ausließ. Wie er mir später erzählte, hat er ihn mitsamt dem Haken von der Wand gerissen und mit der Axt draußen im Hof in Stücke geschlagen. Zurück aber blieb, weil kein anderes Bild groß genug war, ihn zu verdecken, der helle ovale Fleck auf der vom vielen Rauchen nachgedunkelten Tapete, leuchtend wie ein Mahnmal der nationalen Entleerung und des nackten Nichts. Vater Jupp selbst sagte beim Anblick des Ovals immer nur: »Meine Stunde Null.« Sein Bildersturm galt dem, was auch von ihm geglaubt, geheiligt, ersehnt und als Hitler in uns allen umjubelt worden war.

Ich war sechs und ahnungslos, in was man mich da hineingeboren hatte und was mich als die »nationale Erhebung« und das »Deutschland Erwache!« davontrug. Die allgemeine Heilserwartung an die neue, gottgegebene Obrigkeit war grenzenlos, schon weil sie uns vor einer realen Bedrohung zu behüten schien, wie meine fromme Mutter glaubte, ohne zu ahnen, wie grauenhaft sie selbst genau acht Jahre später zugrunde gehen würde. Sicher erlebte ich diesen inneren Aufbruch, was er in all seiner ungeahnten Unheimlichkeit war, von vornherein anders als die Günther, Goi und Heini, deren Väter, tüchtige Facharbeiter, in Arbeit und Brot gebracht, sich bald mit ihm arrangierten. Heinis Vater, der Kommunist, der sonntags wie werktags demonstrativ immer nur in seiner proletarischen Arbeitermontur herumgelaufen war und den die Nazis 1933 so schwer verprügelt hatten, kassierte eines Tages in sauberem Zivilanzug bei uns mit »Heil Hitler!« als Gruß und »Heil Hitler!« als Dank den NSV-Beitrag. Er sei immer ein Patriot gewesen, versicherte er meiner Mutter.

Haften geblieben ist mir auch die inszenierte Aufregung um den Reichstagsbrand. Das politische Drumherum verstand ich nicht. Aber ich sah in der Berliner Illustrierten, die wir bezogen, in der Tageszeitung und in der Wochenschau beim Kinogang mit meiner Mutter immer wieder diesen Marinus van der Lubbe, den bösen Brandstifter, zumal dieser so melodisch eingehende Name einen unendlichen Kontrast abgab zu dem Häufchen Elend in der gestreiften Sträflingsjacke, das da vor seinen Richtern stand, sofern man von stehen überhaupt sprechen konnte. Denn noch heute sehe ich ihn wie damals: den ungekämmten Kopf nach vorn abgeknickt, das Kinn auf die Brust gesunken und die Arme schlaff, als hinge er schon am Galgen. Ein sich tief einprägendes Symbol für die gebannte bolschewistische Bedrohung aus dem Osten, hinter der die von dem Erbfeind aus dem Westen zeitweise verblasste. Mit diesem Marinus van der Lubbe im gestreiften Sträflingskleid ging ab 1933 auch bei uns ein Prototyp in Serie, den wir bis dahin nur aus den Zwangslagern in Russland gekannt hatten und der sich in den folgenden zwölf Jahren auch bei uns exponentiell vermehren und der 1945 in den Schreckensbildern leiblich und seelisch ausgebrannter Häftlinge und aufgetürmter Leichenberge unvergesslich auf uns zurückschlagen sollte.

Besonders gut erinnere ich mich an das Ereignis vom 1. April desselben Jahres, zumal es nicht ohne Folgen für meine Eltern blieb. Meine Mutter kaufte damals viel bei Juden, nicht zuletzt deshalb, weil die mit sich handeln ließen. Ein besonders freundliches Verhältnis hatte sie zu dem Inhaber des Textilgeschäfts Krämer in der Mittelstraße. An diesem 1. April empfing uns Herr Krämer wie immer mit Handschlag und »Wie geht's?«. Ich weiß nicht mehr, ob meine Mutter den Aufruf der NSDAP zum Boykott aller jüdischen Geschäfte im Reich nicht kannte oder ihn einfach nicht ernstnahm. Jedenfalls kaufte sie, wie immer mit Nachlass, einige Meter Stoff. Als wir den Laden verließen und uns Herr Krämer die Tür öffnete, sah ich drei Stufen tiefer auf dem Bürgersteig wie auf uns wartend den SS-Sturmführer Haargarten stehen, die Linke am Koppel, die gestiefelten Beine breit gespreizt mit zwei weiteren Uniformierten hinter sich in ebenso strammer Haltung. Er fuhr meine Mutter so laut an, dass die Leute auf der Straße stehenblieben: »Wie!! Sie, Frau Kreis? Sie kaufen bei Juden?! Sie sollten sich was schämen!« Einen Augenblick lang schwieg meine Mutter ziemlich überrascht. Dann hörte ich, wie sie plötzlich Luft ablassend hell herauslachte und dem unter ihr stehenden Sturmführer von oben herab zur Antwort gab: »Wie Sie sehen, Herr Haargarten! Wo ich kaufe, ist doch meine Sache!« Und damit zog sie, mich an der Hand fassend, dicht an dem Sturmführer und den Seinen vorbei und ließ sie einfach stehen.

Dazu ist aber zu sagen, dass die beiden sich persönlich gut kannten. Denn Toni Haargarten war ein Kollege meines Vaters, den meine Mutter schon unsympathisch gefunden hatte, als er noch kein Sturmführer war. Die Begegnung hatte Folgen, was auch der Grund dafür ist, dass mir das kurze Streitgespräch wörtlich in Erinnerung blieb. Mit einer politischen Demonstration hatte die Kühnheit meiner Mutter nichts zu tun, was der Sturmführer freilich anders sah. Er war ein Eiferer, der viele seiner Postkollegen schon missioniert hatte, und ebenso eifernd stellte er meinen Vater am nächsten Tag nicht ohne Erfolg zur Rede. Vater Jupp kam mittags ziemlich aufgeregt nachhause und gab Haargartens Sicht der Dinge wieder, als ob sie auch die seine wäre. Sie sei so unverschämt frech geworden, und wenn sie nicht seine Frau wäre, die Frau eines Kollegen, würde das Ganze ein Nachspiel haben. Als es daraufhin Streit gab und meine Mutter wiederholte, was sie gesagt hatte und dass der eingebildete Kerl übertreibe, ging es nicht um das Politische des Vorfalls, sondern ausschließlich ums Persönliche, weshalb mein Vater, als er ihre ersten Tränen kommen sah, aufstand und sagte, er habe die Sache schon geregelt. Geregelt hatte er sie auf die für ihn typische Weise: Er war in den Opferring eingetreten, womit er förderndes Mitglied der SS geworden war. Das kostete monatlich einiges Geld, aber damit hatte er sich höchst angenehm und ein für allemal von allen geforderten Aktivitäten in SA oder Partei freigekauft, die ihm nicht lagen. Ich habe auch niemals erlebt, dass er irgendwelche SS-Versammlungen, festliche Aufmärsche oder ähnliches besucht hätte, die von Jahr zu Jahr zunahmen. Wohl hörte er, meiner Mutter zuliebe, mit dem Trinken auf und trank nur noch seinen Traubensaft, auch wenn die Kollegen ihn auslachten, und hielt es durch bis 1940, als er, wieder Soldat, in der Champagne stationiert wurde. Meine Mutter blieb nach diesem 1. April Stammkundin von Herrn Krämer und kaufte weiterhin auch in anderen jüdischen Geschäften. Es ist aber anzunehmen, dass sie dies bei einem neuerlichen Boykottaufruf vermieden hätte, schon um Toni Haargarten aus dem Weg zu gehen.

In der Schule wurde auch nach der nationalen Erhebung gebetet und geprügelt wie zuvor. Die Lehrer sagten nicht gleich »Heil Hitler«, aber wir mussten den Lebenslauf des Führers auswendig aufsagen können. Das war der Anfang. Irgendwann wurde es dann mehr. Ich erinnere mich, wie neben der biblischen Geschichte die germanische Götterlehre ihren Einzug in die Schule hielt. Da der Stoff auch für die Lehrer Neuland war, las uns Herr Melzer wochenlang und oft den ganzen Morgen aus einem dicken Buch vor oder ließ, wenn er müde war, Schüler aus der obersten Klasse kommen, ihn abzulösen. Mit großer Monotonie senkte sich ein zerstrittener Götterhimmel auf uns herab mit seltsamen Namen, deren Wirrwarr mich langweilte oder in Absencen trieb, mit einer Ausnahme: Loki. Diese boshafte Figur machte mich hellwach und riss mich hin. Mal half er den Göttern, mal hinterging er sie. Am schlimmsten Baldur, den Gott des Lichts, tapfer, mild und schön. Seine Mutter, Frigg, hatte in ihrer Sorge und Liebe zu ihm allen Dingen den Eid abgenommen, ihn nicht zu töten. Dabei hatte sie aber die Mistel vergessen. Loki kommt dahinter und verleitet den blinden Hödr dazu, einen scheinbar harmlosen Mistelzweig auf seinen Bruder abzuschießen. Der Zweig verwandelt sich in einen Speer und löscht Baldurs Leben aus. Zusammen mit Loki ging mir die Mistel nicht mehr aus dem Kopf. Ich erzählte meinem Vater davon, der diesen immergrünen Parasiten natürlich kannte und mir einige Tage später ein schönes Exemplar vom Westerwald mitbrachte, für das er auf einen Baum gestiegen war und sich sogar die Hose aufgerissen hatte. Er wusste auch, dass der Name Mistel von Mist kommt, weil ihr Samen durch Vogelmist auf die Bäume gelangt. Dass ich damals mit dem Bösewicht Loki sympathisierte und nicht mit dem milden und schönen Baldur, dem Sinnbild der arischen Lichtrasse, kehrte bei mir in merkwürdig ähnlich gelagerten Konstellationen wieder, keineswegs bewusst, sondern einfach so. Wie ich mich auch erinnere, dass mir die Geschichte von Joseph und seinen Brüdern, die wir parallel zum germanischen Götterhimmel in biblischer Geschichte durchnahmen, hundertmal besser gefiel. Die war ganz nach meinem Geschmack.

Ostern 1934 machten wir dann unsere letzte Autoreise mit dem Hansa. Wieder fuhren wir Richtung Süddeutschland und wieder ging die Fahrt über Koblenz rheinaufwärts an der Loreley vorbei und der Pfalz bei Kaub, wo wir natürlich wieder des Marschall Vorwärts gedachten, und weiter über Bingen bis nach

Alzey, wo wir übernachteten. Am nächsten Morgen hielten wir dann bei strahlender Sonne vor dem mächtigen Kaiserdom zu Worms, besichtigten das Innere mit den Bildnissen von Ecclesias Sieg über Synagoga und schlossen uns einer Führung zum Lutherdenkmal an. Luther inmitten seiner Ketzerkollegen aber sagte mir damals nichts. Dafür sagte er den lutherischen Geistlichen überall im Reich umso mehr. Sie sahen in ihm die wahre Personifikation der Deutschen und wiesen dem deutschen Volk eine besondere Rolle in der Schöpfungsordnung Gottes zu, eine Heiligung, die erst Jahre später mit den Liedern und Lehren der Hitlerjugend und des Gymnasiums in mich einging. Dafür blieb mir sofort Hagen von Tronje unvergesslich, wie er, am Rheinufer stehend, gerade den Nibelungenhort ins Wasser wirft. So kam es zu meiner Erstbegegnung mit dem Nibelungenlied, damals noch unumstritten das Nationalepos der Deutschen. Hier wusste meine Mutter viel besser Bescheid als mein Vater. Was sie mir dann alles über Siegfried, seinen Meuchelmörder Hagen, die Rächerin Kriemhild sowie über Gunther, Brünhild und die Tarnkappe erzählte, hörte ich wohl und behielt es auch. All das aber bündelte sich in mir zu dem plastischen Bild dieses Hagen, der soviel Gold einfach wegwarf. »Warum?«, wollte ich wissen. Mein sonst so alerter Vater wusste es nicht, meine Mutter auch nicht. Dabei war doch genau das die Frage: Warum versenkte dieser grimmige Hagen den Schatz, wenn er ihn nun schon hatte, im Rhein, statt das gewaltige Machtinstrument wie Siegfried triumphierend gegen seine Feinde einzusetzen? Allein mit der Tarnkappe hätte Kriemhild ihn niemals köpfen können. Nein, derartige Denkvergnügen lagen der Welt damals fern. Auch ich selbst stolperte erst fast siebzig Jahre später über die Merkwürdigkeit, dass der unbekannte Dichter der Notfassung des Epos ausgerechnet den christlichen Lichtgestalten Siegfried und Kriemhild den Makel des Tarnkappenbetrugs, der absoluten Machtanmaßung gegenüber ihrer gesamten Umwelt und des Massenmords an den Nibelungen gleich zweimal anhängt, wohingegen er Hagen und Brünhild als reaktiv und in Notwehr handelnde Fremde zeichnet, die in ihrem Eintreten für religiöse Gleichberechtigung als die ethisch Überlegenen aus dem Gemetzel hervorgehen, das alle Züge des Kreuzzugterrors trägt.

Als wir über Lorch zur Bergstraße kamen und in einem Hotel zu Mittag aßen, dessen Speisesaal mit Geweihen gespickt war, animierte das meine Mutter wieder einmal, sich der Jagderlebnisse ihres Vaters mit dem Herrn von Hohenlohe zu erinnern und daran, dass Schnepfendreck für letzteren eine besondere Delikatesse gewesen sei. Diese Geschichte vom Schnepfendreck gehörte zu denen, die sie jeden wissen ließ und mit denen sie meinem Vater längst auf die Nerven fiel, was wohl der Grund war, dass er hinterher produktiv in sich ging. Denn Stunden nach der Besichtigung des Heidelberger Schlosses, als wir in einem Café in der Altstadt saßen, sagte er plötzlich: »À propos Schnepfendreck!« und präsentierte uns seinen neuesten, unterwegs zusammengebastelten Vierzeiler: »Ein Wurm, lukullisch aufgeklärt, / hat nur noch Schnepfendreck begehrt, / weshalb er sich auf krummen Wegen / in Schnepfeninneres begeben.« Meine Mutter war nicht gerade begeistert: »Wo du wieder hindenkst!« Der Spruch ging dann aber doch in unsere Sammlung ein, fest verbunden mit der Erinnerung an den Heidelberger Schlosskeller mit dem riesigen Weinfass und dem Hofnarren des Kurfürsten, dem Zwerg Perkeo, der es fast ganz allein ausgetrunken haben soll. Von Heidelberg brachte mein Vater einen weiteren Vierzeiler heim. Mir waren natürlich die vielen Studenten mit ihren bunten Stürmern und den frisch verklebten Schmissen im Gesicht aufgefallen, und ich, wie immer neugierig, hatte von Vater und Mutter erfahren, dass sie sich die Wunden beim Säbelfechten beibringen. Sicher habe ich sie über das Wieso und Warum ausgefragt, aber natürlich vergessen, was sie mir erzählten. Ich weiß nur, dass meine Mutter sehr viel mehr darüber wusste als mein Vater, weil sie mal mit einem Studenten befreundet gewesen war, dessen Photo, aufgenommen im »Vollwichs«, wie es hieß, sie noch besaß und mir gezeigt hatte. Der Vierzeiler aber, den Vater Jupp damals produzierte, ging so: »Zwei Teutonische Füchse ließen verkünden, / Sie wollten schlagend sich verbinden. / Sie bestellten sich ein Morgenrot, / Und ritzten sich die Pickel tot.«

In Mannheim auf dem Flugplatz sah ich dann zum ersten Mal in meinem Leben Flugzeuge starten und landen. Das war aufregend. Aber anders als in den Jahren zuvor wurde ich nicht mehr vom Rausch der Bewegung erfasst. Ich stand auch nicht länger vorn zwischen die Vordersitze geklemmt, um über den Kühler hinweg die Welt im Verschwinden zu erleben, sondern saß meist manierlich hinten auf der Rückbank und sah, was ich eben sah.

Wie gesagt, das war unsere letzte Autoreise. Was wohl mehrere Gründe hatte. Einer war sicher der, dass wir nicht mehr in der Reckstraße wohnten. Aber vor allem hatte Onkel Köbes' Bruder Hein ein Taxi zu Schrott gefahren, und um das Geld für den Ersatz wieder hereinzubekommen, wurde der Hansa das ganze Jahr über gebraucht. Als Teilhaber der Gesellschaft lag das auch im Interesse meiner Mutter. Und da die Geschäfte seit Hitlers Machtergreifung immer besser gingen, vertröstete sie sich und uns damit, dass 1940, wenn der Vertrag auslaufen sollte, mehr Geld als genug da sein werde, um ein eigenes Auto zu kaufen und meinem Vater dann seinen Herzenswunsch zu erfüllen: Das Einfamilienhaus mit gotischem Spitzgiebel und sehr viel Holz innen und außen – ein Stil, den es in den Moseldörfern damals noch gab. Dieser Traum hatte auch einen Namen. Er hieß: »Mein fuckisch Häuschen.« Woher mein Vater diese an Muckefuck erinnernde Wortbildung hatte, weiß ich nicht. Die optische Assoziation mit dem Englischen war damals noch so fern von uns wie der Kaugummi oder das »okay«-gespickte Reden. Auf dieses sein Häuschen kam er immer wieder zu sprechen. Einmal, als er frei hatte und Gitarre spielte und ich malte, setzte er sich neben mich und entwarf mir sein fuckisch Häuschen auf meinem Zeichenblock, und wir phantasierten lange über die Details seiner Verwirklichung. Ganz sicher half ihm das damals in den Jahren seiner Abstinenz über die Entbehrung des Rieslings hinweg. Doch 1939 kam der Krieg, und aus dem Traum wurde nichts. Gebaut werden durfte nur noch, was für die Rüstung wichtig war. Das Geld, das sich meine Mutter 1940 von Onkel Köbes auszahlen und auf die Kreissparkasse in Neuwied überweisen ließ, erschien uns zusammen mit dem Sieg über Frankereich ebenso gut angelegt, nicht ahnend, dass sein Wert mit jedem weiteren Kriegstag rapide gegen Null ging.

Ostern 1934 kam ich ins dritte Schuljahr. Das Zeugnis war für meine Mutter wieder zum Heulen. Wo sie siebenmal »sehr gut« gehabt hatte, brachte ich es auf sieben magere »fast gut«. »Er ist verträumt, er passt nie auf!«, lautete wie im Jahr zuvor Lehrer Melzers Klage, womit zwar die Symptome exakt beschrieben waren, die Existenzerhellung meines Soseins mir aber verwehrt blieb. Mein Schulweg ging immer noch an den Baracken vorbei und immer noch mit »Ey, Viereck!« von Günther, Goi und Heini sowie manchmal auch von Friedchen. Wir spielten auch noch hin und wieder miteinander. Aber ich orientierte mich im Laufe des Jahres mehr in Richtung Bahnhof zu Remers Helmuth und Beinhauers und Eisels Werner und den anderen. Allmählich verlor die Barackenwelt ihre Faszination. Wohl auch deshalb, weil sie immer weniger eine Gegenwelt zu meiner eigenen war. Die Nationale Erhebung tat ihre Wirkung. NSV und Winterhilfswerk sorgten für saubere Kleider. Zwar hielten sich die bösen Wörter und die fehlende Scham, aber die Dreckecken um die Ställe verschwanden. Die Väter hatten Arbeit, die Mütter ließen beim Kaufen von Stöhrs Peter nicht mehr anschreiben, und etliche der älteren Kinder traten in Hitlerjugend oder BDM ein und hatten die gleichen Uniformen an wie die Kinder der Wohlhabenden. Ihre Nägel trugen zwar immer noch Trauer und ihre Brote waren nach wie vor mit Sanella und Rübenkraut bestrichen. Aber die Mäuler der Kinder zierte immer seltener die gewohnte Krautschnüss. Neuwieds Barackenfürstentum löste sich in die Volksgemeinschaft auf.

Dass ich meine Spielräume ins Bahnhofsviertel verlegte, hing auch damit zusammen, dass ich mit den dortigen Kindern phantasievoller spielen konnte. Viele meiner Lektüreträume setzten wir um in Indianer-, Robinson-, Schatzinsel- und Militärspiele sowie später in die Gründung von Gemeinschaften, die Seifenkistenrennen veranstalteten mit Siegerurkunden und Preisverleihungen. Das alles war mit den Barackenkindern nicht zu machen. Dazu kam, dass unsere Spielzeuge wie Wipproller oder die teuren Rollschuhe mit doppeltem Kugellager für sie unerschwinglich waren. Auch hatten die Bürgersteige um die Baracken nicht den feinen Plattenbelag wie im Bahnhofsviertel, über den wir herrlich hinwegflitzen konnten. So kam es, dass ich zu meiner neuesten Spielidee, dem Jagdfliegerluftkampf, an einem Herbsttag 1934 nicht mit Günther, Goi und Heini über den Wellblechzaun von Kreuzer kletterte, sondern mit Remers Helmuth und dreien namens Werner – Eisel, Heuhaus und Kutscher. Der unmittelbare Anlass war das Buch über Manfred von Richthofen, den berühmten Roten Kampfflieger, das mein Vater besaß und das ich gelesen hatte. Völlig hingerissen war ich von der fliegerischen Akrobatik, die die Piloten entwickelten, um sich den tödlichen MG-Garben durch Loopings und kühnes Wegdrehen nach oben oder unten zu entziehen. Auch hatte mir mein Vater von dem englischen Jagdflieger erzählt, der, als er während des Luftkampfes bemerkte, dass seinem deutschen Gegner das MG versagte, diesen unfairen Vorteil nicht ausnutzte, sondern Gentleman blieb, grüßend noch einmal an ihm vorbeiflog und dann abdrehte. Von diesem »Ritterlichen Verhalten«, wie wir es damals noch nannten, war ich zutiefst gerührt.

Zielstrebig lief ich meinen Freunden voraus zur Kranbahn, wo die Gerüstbretter gestapelt lagen und die Ziegelsteine. Unter meiner Anleitung entstanden dann aus den längs auf Ziegel gelegten Brettern die Rümpfe unserer Jagdmaschinen und aus den quer vorn darüber gelegten die Tragflächen. Weil es uns aber nicht um simple Eindecker ging, sondern die viel martialischeren Zwei- und Dreidecker, legten wir, auf hochgestellte Ziegel, die fehlenden ein, zwei Bretter darüber. Was sonst an wichtigen Teilen fehlte, wie die Propeller vor den Sternmotoren, ersetzten wir durch Phantasie und Eigengeräusche. Als MGs dienten uns Latten, die wir vor unseren Sitzen aufbauten. Dass sie so eingestellt waren, dass sie durch die rotierenden Propeller hindurchschießen konnten, ohne sie zu zerfetzen, wussten wir und phantasierten es mit. Damit es auch zu echten Luftkämpfen kam, stellten wir die Flieger einander gegenüber auf. Ich war natürlich Richthofen, Helmuth war Boelcke und Eisels Werner war Immelmann. Die beiden anderen Werner spielten die Engländer. Wir versprachen aber gleich, dass auch wir mal die Engländer sein wollten. Zuerst beschossen wir uns mit dem wild gebrüllten Degdegdegdegdeg unserer MGs, legten uns auf unseren Brettern sitzend mal links, mal rechts in die Kurve oder zogen den Kopf hoch nach oben weg oder tief nach unten. Wer abgeschossen wurde, ließ sich mit seiner Maschine einfach fallen, und der Staub, der dabei aufwirbelte, kam den inneren Bildern wunderbar entgegen, die wir aus Bildbänden und Filmen von abgestürzten oder abgeschossenen Maschinen hatten.

Bei den Abstürzen, denen wir uns alle unterzogen, blieb es nicht aus, dass unsere Sachen hinterher wie weiß gepudert waren. Das war für uns Kinder in jenen waschmaschinenfernen Tagen das Hauptproblem. Es gab Ärger mit unseren Müttern.

Selbst dann, wenn die Waschfrau wusch. Es kostete. Was tun? Wir liefen unter dem Dach der Krahnbahn weg auf den freien Platz, zogen uns aus und hatten Glück, dass die Kleider durch kräftiges Ausschütteln und Unterlaufen der Staubwolken praktisch wieder sauber wurden. Abends und zuhause fiel meiner sonst sehr kritischen Mutter dann auch nichts an mir auf, als ich ihr vorschwärmte, wie schön ich mit den Bahnhofskindern Luftkampf gespielt hatte.

Irgendwann kam Eisels Werner auf die Idee, vom Luftkampf zum Bombenkrieg überzugehen. Der lag damals in der Luft. Ich weiß noch, wie wir in der Schule einen Malwettbewerb hatten, der unter das Thema Luftschutz gestellt war. Ein Schüler der obersten Klasse mit Namen Fröschner, der nach dem Krieg einen eleganten Goldschmiedeladen in der Mittelstraße eröffnete, erhielt den ersten Preis. Ich kann mich heute noch gut an das Bild erinnern, weil er es in allen Klassen vorzeigen musste und von den Lehrern gelobt wurde. Hoch am verdunkelten Bildhimmel flogen die Bomber und legten eine grell-rot aufflammende Fabriklandschaft unter sich in Schutt und Asche. Das war also Werners Idee. Aber was sollte als Bomben dienen? Wenn wir Steine von unseren Fliegern hinab in den Staub warfen, dann gab es zwar Wölkchen, aber nicht das Inferno, das uns vorschwebte. Da kam uns ein glücklicher Zufall zur Hilfe. Wie gerufen kletterte Söhns Goi über den Zaun, kam etwas scheu und die Lage sondierend auf uns zu und empfahl sich mit einem »Äh, Viereck?!« mich und den anderen. Ich schilderte ihm unser Problem, worauf er mit wichtigem Grinsen nur »Papiertüten!« sagte. Dabei sah er mich an, zeigte mit dem Daumen über den Zaun in Richtung Brotfabrik und ließ mich mit einem »Wie die Mehlsäck!!« endlich ahnen, was er meinte. Natürlich verstand außer mir keiner, was ihm durch den Kopf ging. Das war Insiderwissen aus der Scharnhorststraße. Einmal in der Woche lieferte ein großer offener Lastwagen für die Brotfabrik Mehl an. Er fuhr dann immer in die große Toreinfahrt, wo von oben aus der Luke ein Seil am Flaschenzug heruntergelassen wurde mit einer großen glänzenden Metallklaue an seinem Ende. Der Mehlmann auf dem Auto packte dann die Klaue so, dass sie sich in dem oberen Wulst der Säcke festbiss, woraufhin die Last mit dem Kommando »Auf!« leicht schwankend hoch oben hinter der Luke auf dem Speicher verschwand. Wir Kinder schauten dem Spiel stets mit Spannung zu. Denn immer wieder kam es vor, dass ein Sack abriss, auf die Ladefläche knallte und alles um sich herum in eine weiße Wolke hüllte. Das war der große Augenblick, auf den wir warteten, wenn der Mehlmann irgendwann aus der sich niedersenkenden Wolke zum Albino verwandelt wieder auftauchte, Hals, Nase, Ohren, Augen zugepappt mit Mehl, so dass er nicht einmal mehr fluchen und uns davonjagen konnte, wenn wir uns vor Lachen bogen. »Mensch Goi, das ist die Idee, Tüten wie die Mehlsäcke platzen lassen!«, rief ich hocherfreut. Die Idee mit den Tüten kam auch daher, dass sein großer Bruder inzwischen Arbeit in der Tütenfabrik des Dr. Reuther gefunden hatte, dem Tutte-Reuther, der sich nach dem Krieg mit des bösen Richards Vater um die rechte Wohnungsbaupolitik der Christdemokraten streiten sollte. Schon am nächsten Nachmittag schleppte der Goi einen ganzen Stapel Tüten an. Dass sein Bruder sie geklaut hatte, würzte noch die Freude über die Realisierung unserer Bombenidee. Die Tüten waren zum Verpacken von Brot gemacht, daher weiß, dünn und ziemlich lang. Das hatte den Vorteil, dass sie erstens leicht zerplatzten und sich zweitens oben zu einem handlichen Griff zusammendrehen ließen, sobald wir sie mit dem Staub, der in Massen herumlag, gefüllt hatten.

Als unsere Bomben in stattlicher Zahl bereitlagen, mussten wir für den Bombenkrieg unsere nunmehr sechs Flieger zu einem einzigen Geschwader in Richtung Feind formieren. Nachdem das geschehen war, beluden wir sie schwer mit unserer tödlichen Fracht, und los ging der Flug. Unsere Angriffsziele waren: Paris, Reims, Verdun, Lille und Arras, alles Ortsnamen, die uns aus dem Ersten Weltkrieg geläufig waren. Der Flug ging weit, entsprechend lang ging unser Propellerbrummen im Chor. Dann, endlich über dem Zielgebiet, warfen wir auf mein Kommando: »Bomben ab!« unsere Tüten in hohem Bogen auf den Erbfeind, und auf wirbelten ganze Wolkenorgien, die uns so einhüllten, dass wir unsere Geschwaderkameraden neben und vor uns nicht mehr sehen konnten. Dennoch warfen wir blindlings unsere Bomben ab, bis auch die letzte zerplatzt war. Dann drehten wir ab zurück nach Deutschland. Das heißt, wir saßen still auf unseren Brettern und warteten darauf, dass sich der Staub verzog, der bis zum Blechdach und darüber hinaus aufgewirbelt worden war.

Weil das Verziehen aber kein Ende nehmen wollte, stiegen wir aus unseren Bombern aus und liefen ins Freie. Was sich uns dann offenbarte, war jene vollkommene Verwandlung in Albinos, die wir bei den Mehlmännern immer ausgelacht hatten: Hals, Nase, Ohren eingepudert und mit Augen, die sich unter flimmernden Wimpern gegenseitig fremd anblickten. Nur war das bei uns kein feines reines Mehl, sondern stickig riechender Staub und gar nicht zum Lachen, schon weil uns allen im selben Augenblick klar war, dass sich die Folgen diesmal nicht mehr so leicht beseitigen lassen würden wie die des Luftkampfes. Zwar konnten wir unsere Sachen noch halbwegs entstauben, wenigstens für den ersten mütterlichen Scharfblick, aber an unseren verschwitzten Köpfen und Hälsen machte sich eine klebrig weiße Schmiere breit. Zwar liefen wir schnell zum Bahnhofsklo, wo ein Waschbecken war, aber die Säuberung mit dem kalten Wasser verdünnte nur die Schmiere, so dass sie uns den Hals hinunterlief und von innen durch die Kleider in hässlichen Flecken nach außen drang. So eingesaut zogen wir ziemlich kleinlaut heim. Was mich betrifft, sah meine Mutter gleich, was nicht zu übersehen war, und kam auch schon mit bösem Blick und dem: »Wie siehst du wieder aus!« auf mich zu und drosch so wütend auf mich ein, dass allein mein Trick des Zusammenbrüllens aller Nachbarschaft sie zu bremsen vermochte und die Wut in Tränen umschlug. Als sie sich dann irgendwann beruhigt hatte und fragte, wie ich es denn fertig gebracht hätte, mich so zu einzusauen, log ich ihr was vor von gestolpert und hingefallen. Die Sache mit den geklauten Tüten und dem Bombenkrieg unterschlug ich geflissentlich. Zudem wurde die herrliche Erinnerung an unser Bombenspiel sehr bald von seiner bösen Wirklichkeit verdrängt.

Kurze Zeit später kam ohnehin das endgültige Aus für all das, was Kreuzer uns Kindern damals bedeutete. Als ich eines Morgens zur Schule aufbrach, stand das Wellblechtor, über das wir immer kletterten, weit offen. Davor gestikulierten etliche Herren mit Hüten, und ein Vermessungsteam mit Theodolit strebte an ihnen vorbei auf unser Gelände. Am nächsten Tag stand es dann auch in unserem Neuwieder Nationalblatt: Kreuzer war von der Hilgers AG in Rheinbrohl übernommen worden und sollte sehr bald wieder den Betrieb aufnehmen. Schon in den nächsten Tagen ging ein immer lauteres Aufräumen, Abreißen, Instandsetzen und Anliefern los. Mit der Ruhe in der Scharnhorststraße war es aus. Dafür war beim Schlossermeister Dusar und seinem Sohn Willi in der Dachwohnung über uns die Zeit der langen Arbeitslosigkeit vorbei. Beide wurden gleich eingestellt. Und von ihnen erfuhren wir nun regelmäßig, was sich hinter den wiedererwachten Fabrikmauern tat. Anfang 1935 ließ es sich auch weder überhören noch übersehen. Denn durch die breit und hoch verglaste Fassade der Gründerzeitarchitektur drang das maschinengewehrähnliche Geknatter der Niethämmer und das wilde Aufblitzen der Schweißgeräte mit täglich sich steigernder Penetranz nach außen. Dort entstanden Pontons, Kranbahnen, Brückenteile und andere Stahlhochbauten zum neuen Glanz des Dritten Reiches. Zunächst hatten wir wenigstens nachts noch unsere Ruhe. Insbesondere ich, da ich nach hinten, im Seitenflügel des Hauses, schlief. Aber schon im Februar 1935 ging es auch nachts los. Da mein Vater Außendienst hatte, schlief ich turnusmäßig bei meiner Mutter. Die beiden großen Schlafzimmerfenster lagen der verglasten Fabrikfassade genau gegenüber. Plötzlich wurden wir aus tiefstem Schlaf gerissen. Selbst durch die geschlossenen Fenster drang das Gedröhne der Niethämmer, es schossen die blauweißen Blitze der Schweißgeräte herein, und ihre Reflexe tanzten über Decke und Wände. Mit einem Schrei war meine Mutter aufgesprungen und zum Fenster gelaufen, und ich natürlich hinterher. Was dann gegenüber auf der lichten Glaswand der Fassade vor uns ablief, war ein filmisches Schattenspiel hantierender Stahlarbeitergestalten, das das Blitzlicht der Schweißer uns in immer neuen Konstellationen entgegenwarf, als tanzten dort die Lemuren oder die Schattenwesen aus Platos Höhlengleichnis. Wir schliefen lange nicht ein, wurden immer wieder geweckt, wenn die Niethämmer besonders laut aufdröhnten, und konnten nicht anders, als mitten in der Nacht leidvoll dem Weckruf der nationalen Bewegung zu folgen, der tagtäglich überall zu lesen und zu hören war: »Deutschland Erwache!«

Die ohnehin schwachen Nerven meiner Mutter wurden sichtlich schwächer. Immer öfter kam sie morgens mit dem Spruch in die Küche: »Ich habe wieder die ganze Nacht kein Auge zugemacht.« Auch wenn das übertrieben war, litt sie sichtbar. Sie kam auch plötzlich auf wunderliche Ideen. Als ich eines Mittags aus der Schule kam, sah sie mir noch kritischer als sonst ins Gesicht und sagte: »Mein Gott, was hast du für Ringe um die Augen!« Nachdem sie gedankenschwer mit mir gegessen hatte, stand für sie fest; dass ich Würmer hatte. »Würmer?« – »Ja, im Darm setzen sich Würmer fest und zehren einen aus.«

Der Name Bandwurm fiel nicht. Würmer aber mussten spornstreichs bekämpft werden. Noch am selben Tag brachte sie aus der Stadt Rettich und Mohrrüben mit. Den ausgehöhlten Rettich füllte sie bis oben hin mit geriebenen und zuckergesüßten Möhren, schnitt dem Rettich dann unten die Spitze weg, dass das Saftgemisch in ein Glas abtropfen konnte. Dieses ekelhafte Gegenmittel musste ich von nun an täglich herunterwürgen, und das mehr als ein Jahr lang. Ich wurde gelblich im Gesicht, was von meinem Ekel hätte kommen können, aber an dem vielen Carotin lag, das immerhin der Gesundheit diente. Doch damit nicht genug. Bei jedem Stuhlgang stocherte meine Mutter hinterher mit einer Gabel in meinen Ergebnissen nach irgendwelchen Würmern, ehe ich abziehen durfte. Kein einziger Wurmabgang stellte sich jemals ein.

Eines Tages fand meine Mutter dann, dass ich viel zu dünn sei, nur Haut und Knochen, fast schon ein Skelett unterhalb meines Dickschädels. Womit sie nicht ganz Unrecht hatte. Denn aufgrund meines rastlosen Spiel- und Bewegungsdrangs hatte ich tatsächlich kein Gramm zu viel auf den Knochen. Also wurde ich täglich gemästet mit Fleisch, Wurst, Käse und noch mehr Butter auf dem Brot, so dass mir manchmal schlecht wurde. Eines meiner Leibgerichte waren saure Nieren. Die hätte ich fast täglich essen können, alternativ zu Tafelspitz mit Meerrettichsauce. Was ich in jenen Jahren aber ganz freiwillig mit wahrem Heißhunger in mich hineinstopfen konnte, waren zum Nachmittagskaffee ganze Batterien von Butterbroten mit dickem Geleeaufstrich. Dann durfte auch reichlich Butter darunter sein. Jeden Tag ging bei uns ein Gläschen Erdbeer- oder Brombeergelee weg. Ich erinnere mich gut, dass ich es manchmal auf sieben große Schnitten brachte. Als ich dann eines Tages auch noch die achte haben wollte, wurde es meiner Mutter, wie sie sagte, richtig unheimlich: »Jetzt ist Schluss! Du platzt ja!!« Aber selbst diese Kalorienbomben verbrannte ich anschließend beim Herumtoben mit meinen Freunden. Nur gut, dass meine Mutter ihren Einzigen nicht zum Stubenhocker machte, sondern laufen ließ mit dem Ergebnis, dass ich zu einem regelrechten Straßenkind herunterkam. Nur zu den Mahlzeiten hatte ich mich pünktlich einzufinden. Ob ihr mütterlicher Instinkt damals ahnte, dass ein Drang nach Selbstheilung die Rückseite all meiner ungebremsten Aktivitäten war, ist nicht mehr auszumachen. Aber dass ich selbst ihren großen und meines Vaters noch viel größeren Wunsch, ein Musikinstrument zu erlernen, unterlief, sagt doch einiges. Ich sehe und höre mich noch innerlich jubilieren, wenn ich Eisels Werner, statt zum Spielen, zum Klavierunterricht bei Lehrer Fritz ziehen sah wie zur Zwangsarbeit oder Remers Helmuth mit dem Geigenkasten unterm Arm zu Fräulein Steinmetz, die ihn für jede falsche Note am Ohr zog, und ich tun und lassen konnte, was ich wollte. Natürlich blieben trotz täglicher Bekämpfung die dunklen Ringe um die Augen, und ich blieb auch dünn und allein gelassen mit den wirklichen Ursachen von alldem.

Zu den neuen Wunderlichkeiten meiner Mutter gehörte ferner, dass wir abends immer öfter sogenannte Dämmerstündchen abhielten. Wir saßen dann ohne Licht dicht beieinander in der Küche auf dem Sofa unter Hitler, Heß und Göring, und sie erzählte mir aus ihrer Kindheit und Jugend, zwar auch lustige Geschichten, aber doch überwiegend die bedrückenden wie die vom Sturz ihrer Mutter Susanna ins Moselhochwasser und ihre Erblindung oder die von ihrem Lieblingsonkel Jakob, der vor Arras gefallen war. In ihrem Gebetbuch, das immer neben dem Sofa auf dem Tischchen lag, verwahrte sie neben den Todesanzeigen ihrer Eltern auch ein Photo vom Grab des Onkels fern in Frankreich. Auf dem Kreuz war deutlich zu lesen: »Hier ruht Landsturmmann Jakob Freis, I. R. 240, gefallen am 21. 5. 1917 bei Arras.« Neben vielen Kreuzen rechts und links und langen Kolonnen dahinter lag der Onkel eingereiht, als habe man die toten Weltkriegshelden in ihrer Marschordnung unter die Erde gebracht. War die Erinnerung meiner Mutter hier oder bei ähnlich traurigen Ereignissen angelangt, dann merkte ich, weil auf Tuchfühlung neben ihr sitzend, an einem leisen Zittern, dass sie weinte und in dem einen gefallenen Onkel all die Millionen anderen Toten mit beweinte. Es dauerte auch nicht lange, und ich weinte leise mit und fasste ihre Hand. Damit begann immer der zweite Akt unserer familiären Passion. Wir weinten ein Stück, dann drückte und küsste sie mich lange und ich sie, dann kamen erste Seufzer der Erleichterung, was immer die Überleitung zum letzten Akt ansagte. Wir prusteten uns gegenseitig ins Ohr, dass es nur so kitzelte und wir lachen und immer wieder lachen mussten. Dann durfte ich das Licht anknipsen und sie ging zum Radio, aus dem jetzt sehr viel Marschmusik und sehr viel Wagner dröhnte, wir aßen zu Abend und gingen direkt danach, auch, weil mein Vater Außendienst hatte, meist mit den Hühnern schlafen. Wir zogen uns immer in der Küche aus. Ich musste meine Kleider so ordentlich über meinen Stuhl legen wie sie die ihren über ihren Stuhl. Waren wir dann endlich in unseren Nachthemden oder Schlafanzügen, gingen wir ins Bett. Das heißt, zuvor legte sie am Toilettentisch noch die Salbe gegen ihre Sommersprossen auf, verwahrt in zwei weißen Töpfchen mit bunten Verschlüssen. Die plötzliche Entdeckung dieser kleinen braunen Hautfleckchen gehörte ebenfalls zu ihren neuen Wunderlichkeiten: »Nein, ich sehe furchtbar aus! Sag doch selbst, Jupp!« »Ja«, meinte der, »wenn es Fliegenschiss wäre, schon«, und suchte vergeblich, ihr den Unsinn auszureden. Er fand die Sommersprossen schön. Doch sie blieb dabei: Die hässlichen Dinger mussten weg. Zu diesem Zweck ließ sie sich aus der Mohrenapotheke im fernen Breslau ihre Salbe schicken, ein Quecksilbergemisch aus weißer Paste, das einen unangenehm penetranten Geruch ausstrahlte, der, wenn er mir heute in die Nase käme, mir meine tote Mutter geradewegs auferstehen ließe. Die Salbe überdeckte zwar die kleinen braunen Sprenkel um die Nase, bleichte aber dafür das Gesicht selbst mit jedem Tag immer silberweißer und wächserner ein, dass ich an den toten Schorsch in seinem offenen Sarg denken musste. Wenn wir in einem Bett lagen, nahm ich diesen bleichsüchtigen Geruch mit in meine Träume.

Es war tatsächlich die Zeit meiner ersten Begegnung mit dem Tod. Aus meiner Klasse war der Wambachs Schorsch gestorben, der Sohn eines Postkollegen meines Vaters. Ab und zu hatten wir miteinander gespielt. Aber das durfte er nur hinter dem Haus im Hof. Er war auch Einzelkind, aber mit einer ständig auf ihm hockenden Mutter, die vom offenen Fenster aus in unsere Spiele eingriff. Das lag mir nicht. Gestorben war der Schorsch im Elisabeth-Krankenhaus und ganz plötzlich. Woran, habe ich vergessen. Das Krankenhaus lag direkt gegenüber unserer Schule, auch die Leichenhalle. Ich weiß noch, wie wir mittags nach dem Unterricht, von den Mädchen angeführt, alle die Goebenstraße überquerten und zur Leichenhalle liefen, um den toten Schorsch zu sehen. Ohne zu ahnen, was ich mir einbrockte, lief ich mit. Die Tür stand offen, und da lag er im offenen Sarg, von Kranz- und Blumenduft umfangen, die hellblonden Haare fein gekämmt, das volle runde Gesichtchen wächsern bleich, die Augen offen, die unter den langen Wimpern aussahen wie aus Glas. Als die Mädchen anfingen zu beten, merkte ich plötzlich, wie mir anders wurde. Ich schlich mich raus und lief an den Baracken vorbei schnell nach Hause. Mit jedem Schritt wurde mir anders. Nicht gerade schlecht, aber anders. Zuhause erzählte ich meiner Mutter, dass ich den toten Schorsch gesehen hatte. »Ja, ja, erzähl mir nach dem Essen.« Das dampfte schon auf dem Tisch. Es gab mein Leibgericht: saure Nieren. Den ersten Bissen schaffte ich noch, doch mit ihm kam auch gleich der Widerwille hoch, als ich die fein geschnittenen Nierchen in der rotbraunen Sauce auf dem weißen

VIII. SCHWEISSERBLITZ UND NIETENDONNER

Teller schwimmen sah und – ich weiß nicht wieso – das Wachsgesicht des toten Schorsch damit verknüpfte. Plötzlich war ich wie zugeschnürt, stand auf und lief in mein Schlafzimmer. Meine Mutter hinterher: »Was ist?« Natürlich wusste sie, was mit mir war und tröstete mich, der Schorsch sei nun im Himmel und es gehe ihm gut. Mir aber ging es noch lange schlecht, und ich konnte von Stund an keine sauren Nieren mehr sehen. Es hat Jahre gedauert, bis ich zu meiner Leibspeise zurückfand. Auch dann blieb sie besetzt mit dem toten Schorsch.

Dieses Todeserlebnis fiel in die Zeit unserer Vorbereitung auf Beichte und Heilige Kommunion. Ende 1934 hatten wir einen neuen Kaplan bekommen. Er hatte wenig Geistliches an sich, sah tatsächlich eher wie ein Schwerathlet aus, von der groben Sorte, nicht so feingliedrig und schlank wie mein Vater. Er erzählte uns, in Mayen, wo er vorher war, hätten sich die Kommunisten mit ihm anlegen wollen, aber als er ihnen mutig entgegengegangen sei, hätten sie gekniffen. Das machte Eindruck, denn für uns Neuwieder wohnten damals jenseits des Rheins hinter den Eifelbergen keine Menschen, sondern die »Mayener Dudschläjer«, eine Rotte harter Basaltarbeiterburschen. Diesen Ruf hatten sie sich damit verdient, dass während der Besatzungszeit 1918/19 eines Tages ein amerikanischer Soldat erschlagen unter der Brücke in der Nette lag. Da nie herauskam, wer ihn umgebracht hatte, und es also alle hätten sein können, waren es auch alle, und das Kollektiv der Mayener Dudschläjer war geboren. Dieser unser neuer Herr Kaplan erzählte uns immer wieder von der »Großen Christenverfolgung in Russland«, von ermordeten Priestern, Mönchen und Nonnen und von den vielen zerstörten Kirchen. In der Adventszeit 1934 brachte er eines Tages ein Bild mit in die Klasse, das die heilige Familie mit dem Jesuskind in der Krippe darstellte. Neben der Krippe leuchtete hell ein Weihnachtsbaum. Zu diesem Bild durften wir uns dann fröhlich äußern über das nahende Fest und was das Christkind uns alles bringen würde. Der Herr Kaplan hörte sich das auch freundlich lächelnd an, fragte dann aber unvermittelt, woraus der Weihnachtsbaum gemacht sei. Was für eine Frage! Aus Holz natürlich, schrieen mehrere gleichzeitig. Augenblicklich schlug seine freundliche Seite ins Gegenteil um. Mit einem strengen Blick drehte er sich zum Kruzifix an der Wand und fragte: »Und woraus ist das Kreuz gemacht?« – »Auch aus Holz!«, antworteten einige zögerlich. »Aha!!« Nach diesen für uns noch undurchsichtigen Vorausschickungen kam der erhellende Schluss. Der Herr Kaplan wollte darauf hinaus, dass Kreuz und Krippe, Weihnachtsbaum und Passion zusammengehören. Denn das Jesuskind sei nur geboren worden, um für unsere Sünden zu leiden und zu sterben. Wenn wir Weihnachten unter dem Weihnachtsbaum die Geschenke sähen, müssten wir immer auch daran denken. Dass ich das heute noch weiß, lässt darauf schließen, wie tief diese Sündenlehre dank der Martinsbibelstunden mit meiner Mutter damals in mir steckte.

Zum Glück rissen mich andere Eindrücke und Ideen immer wieder von dergleichem weg, so dass ich besonders Weihnachten 1934 in guter Erinnerung habe. Unter dem Weihnachtsbaum, der sich wie immer auf Großvaters Spieluhr drehte, stand eine prächtige Ritterburg, dicht besetzt aber nicht mit Rittern, sondern Weltkriegssoldaten und zwei Feldkanonen, mit denen man sogar Gummigranaten abschießen konnte. Daneben lag mein erster Stabilbaukasten, der sich alle Weihnachten bis zum Krieg um einen Ergänzungskasten erweiterte. Das und noch mehr hatte mir das Krippen-Christkind gebracht, an das ich damals noch felsenfest glaubte. Aber schon in derselben Weihnachtswoche verlor ich diesen festen Glauben. Als Eisels und Kutschers Werner – sie waren beide etwas älter – nach den Festtagen wissen wollten, was ich bekommen hätte und dann grinsend fragten, ob ich noch an das Christkind glaubte, und ich ja sagte, lachten beide auf eine so ansteckend beschämende Weise los, dass in mir von einer Minute auf die andere der Christkindglaube zerstob. Böse war ich nicht. Eigentlich erleichtert. Es war ein Wachstumserlebnis.

Für den Herrn Kaplan mussten wir den Katechismus auswendig lernen. Die erste Frage hieß: »Wozu sind wir auf Erden?« Was keine wirkliche Frage war, weil die Antwort feststand: Um den Willen Gottes zu tun und dadurch in den Himmel zu kommen. Für uns Kinder hieß das von vornherein, den Willen des Herrn Kaplan und seiner Kirche zu tun. Mittags nach dem Essen ochste ich unter dem Joch der auferlegten Lektionen. Ich litt entsetzlich unter dieser Selbstkatechese. Oft verstand ich den Inhalt weder der Fragen noch der Antworten und fraß das Trockenfutter widerwillig in mich hinein. Wenn ich den Text dann zudeckte und auswendig nachsagen wollte, blieb ich immer wieder hängen, heulend vor Wut. Abends vor dem Schlafengehen und morgens nach einer weiteren Schweißerblitz- und Nietendonnernacht bimste ich mir die Sprüche dann abermals in den Dickschädel, und dennoch kam es immer wieder vor – bei mir wie bei den anderen –, dass ich, vom Herrn Kaplan vor die Klasse gerufen, plötzlich dastand mit blut- und textentleertem Hirn in einem Zustand panischer Lähmung, der in den verzweifelten Aufschrei umschlug: »Aber ich kann es doch! Ich hab es doch gekonnt! Ehrlich, Herr Kaplan, heute Morgen noch!!« Selbst das »Ehrlich« brachte keine Gnade. Den Stock bemühte der Herr Kaplan gar nicht erst. Er schrieb uns den Katechismus saftig hinter die Ohren, meist mit dem Kurzzeiteffekt tinitusähnlicher Symptome. Besonders schlimm erging es wie immer den Barackenkindern, weil sie nicht nur, wie die Günther, Goi und Heini, nicht die intelligentesten waren, sondern auch religionsresistent aufgrund ihres proletarischen Milieus.

Bei dem stämmigen Herrn Kaplan lernten wir auch beichten. Dazu wurde uns der Dekalog didaktisch umgesetzt in die griffigen Formeln: Kirche und Sonntag, Lügen und liebloses Reden, Unschamhaftes allein oder mit anderen etc. etc. Auf dieser Grundlage lernten wir unser böses Gewissen erforschen, und immer unter der Vorgabe, dass der liebe Gott ohnehin all unsere Sünden sehe und wisse, für die er am Kreuz gelitten habe. Als ich zum ersten Mal mit klopfendem Herzen und halb ersticktem »Gelobt sei Jesus Christus« in den Beichtstuhl stieg und beim Niederknien hinter der durchlöcherten Holzwand den Herrn Kaplan im Profil und ganz Ohr da sitzen sah, ein weißes Taschentuch wie an Zahnschmerz leidend an die Backe gepresst, musste ich unwillkürlich an das Schweißtuch der Heiligen Veronika denken und daran, dass auch ich als Sünder ein Mörder Gottes war. Dass ich gelogen und den Remers Helmuth lieblos mit »Du Arschloch!« beschimpft hatte, ging mir als Beichte noch relativ leicht über die Lippen, auch, dass ich mich am vergangenen Sonntag im Hochamt mitten in der Predigt aus der Kirche gestohlen hatte, um das Fußballspiel zwischen Neuwied und Bendorf zu sehen.

Als das gebeichtet war, fühlte ich mich aber keineswegs erleichtert. Denn das unumgängliche Kapitel Unschamhaftes brachte mich in furchtbare Nöte. Unschamhaftes taten alle. Nicht nur die Barackenkinder. Diese Sünde aller Sünden nicht zu beichten, war ausgeschlossen. Ich war wie zugeschnürt. Das mit dem Friedchen war ja tatsächlich Sünde gewesen, schwere Sünde. Aber sie hatte mich selig gemacht. Ich weiß noch, dass ich stumm und steif dakniete, bis das ungeduldige »Weiter! Weiter!« des Herrn Kaplan mich aufschreckte und ich wie in einer plötzlichen Eingebung an Dusars Leni denken musste, der ich beim Treppenputzen schon mal heimlich unter den Rock geguckt hatte. Das beichtete ich dann und wurde ermahnt, es nicht wieder zu tun. Von Friedchen kein Wort. Fast erdrückt von meinem sündenseligen Geheimnis und entlassen mit dem »Ego te absolvo« um den Preis von drei »Vater unser« und drei

»Gegrüßet seist du Maria« schlich ich mich aus dem Beichtstuhl. Wenigstens war ich gut davongekommen. Denn als Buße besonders gefürchtet war der Kreuzweg. Da musste man aber schon viel Böses getan haben. Es abzugelten erforderte, sich die Kirchenwände entlang durch die vielen Leidensstationen Christi hindurchzubeten.

Das Fest der Heiligen Kommunion war dann wieder Balsam auf die passionierte Seele. Was uns Kindern aber von der Kirche, die sich damals noch als die einzig wahre besingen ließ, mit diesem zentralen Sakrament angetan wurde, ist nur noch zu ahnen. Der Tonfall des Herrn Kaplan und des Herrn Dechant war während des Vorbereitungsunterrichts immer besonders geheimnisvoll verhalten, als ob es um alles ging. So war es wohl auch. Denn es blieb ab jetzt nicht länger bei dem »Komm, Herr Jesu, sei unser Gast!« Vielmehr sollte nun der Gott mit seinem Fleisch und Blut ganz lebendig in uns eingehen. Wie das möglich wäre, hat von uns Kindern aus sich heraus sicher keines die geistlichen Herren gefragt. Das Abendmahl war eben das, was es war: »Ein Mysterium!«, wie der Herr Kaplan immer wieder sagte, »Ein Mysterium!« Dabei hob er seine geweihte Hand und sprach von der ihr durch Gott gegebenen Gewalt der Wandlung, die aus uns Sündern Gotteskinder mache. Eben sie sei das Mysterium. Deshalb hätten wir in dem heiligen Augenblick, wenn er uns an der Kommunionbank den Leib Christi auf die Zunge legt, besonders inbrünstig zu beten: »O Herr, ich bin nicht würdig, dass du eingehst unter mein Dach. Aber sprich nur ein Wort, so wird meine Seele gesund.« Heute frage ich mich, wie das damals in unseren Köpfen ankam oder zum Beispiel in denen der Günther, Goi und Heini.

Am Weißen Sonntag waren wir soweit. Wir Jungen in dunklen Matrosenanzügen, die Mädchen in Weiß wie die Engel, versetzte uns die allein selig machende Kirche zum ersten Mal in den Stand der heilig machenden Gnade. In feierlichem

Zug näherten wir uns den Kommunionbänken, rechts die Jungen, links die Mädchen, und empfingen dort, »Mund auf, Augen zu«, kniend aus der Hand des Weihegewaltigen den Leib des Herrn in Gestalt der Hostie, die, obwohl ein fader dünner Hauch, mir plötzlich dick und schwer und furchtbar trocken auf der Zunge klebte, so dass ich, da mir zu ihrer Auflösung sehr viel Spucke zusammenlaufen musste, mit vollem Mund zu meiner Bank zurückkehrte. Ob es den anderen auch so ging, fragte ich mich. Immerhin war ich von dem feierlichen Ritual trotz des in der Beichte unterschlagenen Themas Friedchen erleichtert gestimmt, als ich und meine Mutter zusammen mit Onkel Max, Tante Traudchen und Kusine Hannelore in ihrem neuen Auto nach Hause fuhren. Vater Jupp war dienstlich verhindert, was ihm sicher lieb war, denn er war kein Kirchgänger. Zuhause hatte die zum Fest engagierte Köchin inzwischen die vielen Glückwünsche von Bekannten und Verwandten gesammelt, haufenweise Chrysanthemen und Karten, die die geladenen Gäste sowie Onkel und Tanten um weitere vermehrten zuzüglich der Kuverts, in denen die Zehn- oder Zwanzigmarkscheine steckten oder, wie in dem von Onkel Köbes, sogar ein Fünfzigmarkschein. Das Kommunionsgeschenk, das die der anderen unendlich übertraf, war die goldene Uhr meines Ururgroßvaters väterlicherseits, die er um 1840 bei seiner Rückkehr aus Brasilien in Hamburg für hundert Taler gekauft hatte. Das weiße Zifferblatt trug römische Zahlen und das Glas darüber war ungewöhnlich dick. Zum Aufziehen hingen zwei goldene Schlüssel an der goldenen Uhrkette. Diese Uhr durfte ich dann jeden Sonntag zum guten Anzug bei der Messe an mir tragen. Hinterher wurde sie wieder in der Schrankschublade im Wohnzimmer deponiert. Leider ging das kostbare Erbstück wie so vieles nach dem Krieg verloren.

Am Montag fand der zweite feierliche Gang zum Tisch des Herrn statt. Das eucharistisch gewandelte Fleisch und Blut musste nüchtern empfangen werden. Also war es streng verboten, vorher zu essen. Ausgerechnet an diesem Montagmorgen überfiel mich einer meiner üblichen Abwesenheitsanfälle. Als ich kurz vor Abfahrt zur Kirche noch schnell ins Wohnzimmer ging und dort die Buttercremetorten stehen sah, aß ich völlig weggetreten von einer die süße Schnörkelschrift »Zur Heiligen Kommunion« ab und ertappte mich selbst erst dabei, als es zu spät war. Meine Mutter, der ohnehin die Nerven blank lagen, brach in Tränen aus über die Blamage. Einfach zuhause bleiben kam natürlich überhaupt nicht in Frage. Ich musste mich vor Beginn der Messe dem Strafgericht des Herrn Kaplan stellen. Zu meiner Verwunderung schüttelte er nur den Kopf und trug mir auf, in der Bank sitzen zu bleiben, wenn die anderen zum Abendmahl gingen.

Als es soweit war und ich mich schon einsam und allein wie am Pranger zurückgelassen glaubte, blieben die beiden Kinder rechts neben mir auch sitzen, ein Junge und ein Mädchen von der Dammschule. Erst wunderten wir uns, dann grinsten wir uns einverständlich an, nachdem es heraus war, dass auch sie genascht hatten. Das tröstete mich nicht nur ungemein, es machte mich geradezu euphorisch. Ich saß und kniete dann auch nicht länger in mich gekehrt da, sondern besah mir sehr genau das von der Kommunionbank kommende Defilee der steifen Backen, unter ihnen Günther, Goi und Heini, unwirklich fein in ihren schwarzen Anzügen, wie sie mit gefalteten Händen andächtig und allen bösen Wörtern und Werken wie entrückt ihren Plätzen zustrebten. Plötzlich musste ich an Dinge denken, die mit alldem scheinbar nichts zu tun hatten: An belegte Zungen und die ständige Ermahnung meiner Mutter, beim Essen nur ja den Mund nicht so voll zu stopfen. Nun sah ich mit eigenen Augen an jedem der auf mich zukommenden Kinder, wie recht sie hatte. Ihre Zungen belegt mit dem göttlichen Bissen, sahen sie tatsächlich wie verwandelt aus. Ihre Mienen hatten etwas feierlich Vollgestopftes angenommen, das sich erst verlor, nachdem der Bissen auf ihren Zungen zergangen war. »Ob meine Mutter beim Kommunizieren auch so anders aussah?«, ging es mir durch den Kopf. Beim Essen führte sie jedenfalls immer nur die kleinsten Gabelbissen zum Munde, so dass es zwar sehr hübsch, aber auch wie stilvolle Selbstkasteiung aussah, was meinem Vater noch weniger lag als mir. Für sie aßen wir immer zu viel auf einmal und zu schnell. Dafür ließen wir den Riesling umso andächtiger über die Zunge gehen.

Mich beschäftigte an jenem denkwürdigen Montagmorgen aber noch ein anderer Bissen. Zur Vorbereitung auf unsere erste Heilige Kommunion hatten wir natürlich eingehend über das Letzte Abendmahl Jesu Christi gesprochen und über den bösen Judas, den rothaarigen Verräter mit dem Geldbeutel, dem der Heiland den Judasbissen gereicht hatte. Der Herr Kaplan hatte uns genau erzählt, wie Jesus den Bissen zuerst in eine Flüssigkeit eingetaucht und ihn dann dem Sohn des Simon Iskariot in den Mund geschoben hatte. Mit diesem Bissen war dann plötzlich der Satan in ihn gefahren und er in die ewige Nacht gejagt worden, um den Heiland mit einem Kuss an die Juden zu verraten. Die Judasgeschichte hat mich damals tief bewegt. Von dem Judasbissen lernten wir, er sei das böse Gegenstück zu unsrer Heiligen Kommunion. Dieser Judas ging uns Kindern unverlierbar ein in die Sammlung aller von uns zu verabscheuenden Gestalten. Erst sehr viel später dachte ich über diese fragwürdige Bibelstelle nach, die uns den einen Judas zum Kollektivsubjekt für das verräterische Wesen aller Juden gemacht hatte. Wenn aber doch erst durch Jesu Bissen der Satan in den Judas gefahren war, wer hatte dann wen verraten? Das war eine von den vielen Fragen, mit deren Zuspätkommen das Leben uns dann so gründlich bestrafte.

Als ich in der Woche nach dem Weißen Sonntag eines Mittags aus der Schule kam, saß Dr. Wiebusch, unser Arzt, am Bett meiner Mutter. Sie lag da mit einem Gesicht noch wächserner als sonst und sagte immer wieder: »Ich kann nicht mehr.« Dr. Wiebusch tat als Homöopath, was er konnte, aber gegen das nächtliche Nietendonnerwetter und das, was es auslöste, kam auch er mit seinen nach eigenen Rezepten gemachten Tropfen nicht an. »Ich muss endlich wieder schlafen!«, empfing sie mittags Vater Jupp. Der setzte sich zu ihr, sie heulte, er streichelte sie, und dann sagte er kurz und bündig nur: »Wir ziehen um!« Das war einer der seltenen Augenblicke, wo er einmal handelte. So kam es, dass wir trotz der großen Wohnungsnot in der Sayner Straße genau gegenüber dem Museum eine schöne neue Bleibe fanden. Die höhere Miete wurde in Kauf genommen. Die vier Zimmer und Küche waren um eine Diele herum angeordnet und nicht hintereinander wie in der Scharnhorststraße. Das veränderte die Stellung mancher Möbel. Aber ihre Anordnung im Wohnzimmer, wie ich sie immer noch vor mir sehe, blieb die gleiche. Das mächtige Oval der Hitlerbüste hing weiterhin Vaters Gitarre gegenüber am selben Platz neben der Vitrine und hielt dort die rund herum sich verdunkelnde Tapete bis nach der Stunde Null an dieser Stelle im hellen alten Glanz.

Ich spielte nach wie vor im Bahnhofsviertel, von dem ich kaum weiter weg war. Als ich eines Tages zum Bahnhof kam, sah ich wie so oft vor dem Fürstenbahnhof eine der vielen Luxuskutschen des Fürsten zu Wied warten. Dass er neben dem Bahnhof immer noch seinen eigenen hatte, widersprach zwar der Idee von der Volksgemeinschaft, der er bei allen Nazifeierlichkeiten als Hauptehrengast huldigte, aber in gewissen Grundsatzfragen lebte die alte Zeit munter fort. Das war auch an den beiden Schwestern des Fürsten, den ältlichen Prinzessinnen, abzulesen, die ich aus dem Bahnhof kommen und in die offene Kutsche steigen sah mit dem fürstlichen Wappen an den Türen. Es bot sich damals uns Kindern immer wieder das gleiche Bild:

Die beiden Hoheiten erstrahlten ganz in Weiß und wie geklont mit ihren rosigen Gesichtern in der Mode der Kaiserzeit, als ob sie ihre Uhren 1914 angehalten hätten. Man hätte sie ihrer stieldünnen Gestalt wegen aber auch für ätherische Engel halten können, wenn sie auf ihren Silberlockenköpfchen nicht diese weit ausladenden Hüte getragen hätten, die sie wie Pilze aussehen ließen (vom Leibkutscher in Livree mit »Durchlaucht« begrüßt) genauer gesagt, wie die Wiesenchampignons oder Parasole, die mein Vater jeden Herbst vom Westerwald mitbrachte. An jenem Tag sah ich aber nicht nur die beiden Prinzessinnen, sondern unter den herbeigelaufenen Kindern auch Remers Helmuth mit dem Friedchen dastehen. Dass sie sich angefreundet hatten, war nicht zu übersehen. Eifersüchtig war ich nicht. Dieses Gefühl war mir damals noch fremd. Aber was sie miteinander spielten, konnte ich mir ausmalen. Denn Helmuth war nicht nur der Unschamhafteste unter den Bahnhofskindern, er stand, anders als ich, den Barackenkindern auch im Gebrauch böser Wörter und Gesten nicht nach und hatte keine Probleme damit, alles zu beichten. Das weiß ich, weil wir manchmal zusammen gingen und er fast immer den Kreuzweg büßte.

IX. BRASILJISCH MARIE, DIE ANK UND DER WEINBERG

IX. BRASILJISCH MARIE, DIE ANK UND DER WEINBERG

Von den ersten großen Ferien an verbrachte ich alle Schulferien und Fest- und Feiertage wie Pfingsten oder Allerheiligen in Bullay bei Opa und Oma, den Eltern meines Vaters. Ihr Haus mit dem angebauten Kelterhaus stand in der Alten Poststraße 3, die unter den Bullayern nur die Quetschestroaß hieß wegen der vielen Zwetschgenbäume überall in den Gärten. Abgeholt am Bahnhof wurden wir von den Großeltern nie. Einmal, weil ein Taxi von Onkel Köbes uns immer zu ihnen vor die Tür brachte, zum anderen, weil mein Opa schon 1934 fast erblindet war und meist auf dem Stuhl neben dem Ofen hockte. Beim Spritzen der Reben war der Schlauch geplatzt und ein Strahl der blauen Vitriolbrühe ihm in die Augen geschossen. Aber auch die Oma hätte keine Zeit gehabt, uns abzuholen, weil das Spezialgericht zu unserem Empfang jedesmal ihre ganze Aufmerksamkeit verlangte. Dieses Gericht war der »Döbbekooche«. Er bestand aus einem Teig geriebener Kartoffeln mit Speck- und Bratwurststücken, der in einem großen ovalen Eisentopf zu einem knusprig braun duftenden Kuchen zusammengebacken wurde und sich mir als ein unvergessliches Geruchs- und Genusserlebnis einprägte. Wenn wir vom Taxi kommend mit Sack und Pack zur Tür hereintraten, wurde ich als Kind immer von zwei Wohltaten zugleich umfangen: Dem Dampf des Döbbekoochens und der von ihm umwehten Oma, die niemals einfach auf uns zukam, sondern immer tanzend und ausgelassen fröhlich. Der Tanz war ein Pirouettensolo und die Fröhlichkeit stets in einen Empfangsspruch verpackt: »Seid willkommen nach langer Reise, ihr Kreise im Kreis der Kreise.« Oder sie reimte: »Tretet ein, ihr Lieben, von heute ab wird hiergeblieben.« Dann wurden wir alle umarmt, ich, ihr Liebling, in einer Extrapirouette herumgeschwenkt, und dann kam der Opa unsicher tastend hinter der Ofenecke hervor und gab uns die Hand und mir dazu Gottes Segen, woraufhin meine Mutter ihn zu seinem Stuhl zurückbrachte.

Alle Faszination aber ging für mich von der Oma aus. Sie war ein Original. Für damalige Verhältnisse war sie groß und schlank wie eine Gerte und hätte die idealen Maße eines Models auf den Laufsteg gebracht, wäre sie hundert Jahre später zur Welt gekommen. Als ich bewusst ihrer gewahr wurde, war sie vierundsechzig Jahre alt mit einem braungegerbten Gesicht voller Runzeln, aus dem, wenn sie lachte, und das tat sie gern, drei Dinge immer zugleich aufblitzten: zwei lebhafte funkelnde Augen und ein einziger, steil aus dem Unterkiefer aufsteigender Zahn mitten im Mund mit einer leichten Biegung nach rechts. Meine Eltern waren immer hinter ihr her, sich ein ordentliches Gebiss machen zu lassen, sie würden es auch bezahlen, aber die Oma scherzte eisern, sie hätte noch gar nicht alle Zähne, und bleckend in den Spiegel blickend widmete sie dem Letzten im Munde einen ihrer improvisierten Zweizeiler: »Du Zahn allein, sollst mir der Liebste sein«, oder etwas ähnliches. Für diese Kunst war sie im Dorf bekannt. Ihre gereimten Zweizeiler waren entweder der geballte Ausdruck ihrer guten Laune, oder sie halfen, diese wiederherzustellen. Als der Uwers Karl, das Dorfklatschmaul, sie einmal geärgert hatte, dichtete sie ihn giftig an: »Ob in Mosel, Saar oder Ruwer, versaufe du Satan von Uwer.« Derartige Spontanausbrüche blieben im Dorf über Jahre geflügelte Worte. Andere verblieben im Kreis der Familie. Als die Oma wegen des Verkaufs einer Parzelle mit dem Katasteramt in Zell in Fehde lag und der Briefträger Selbach mal wieder einen Brief von dort brachte, herrschte sie ihn an: »Was soll mir dieser Mief, bring lieber einen Liebesbrief.« Immer wenn sie dichtete, wechselte sie von ihrer moselländischen Mundart ins Hochdeutsche über, was zugleich wie eine Selbstparodie wirkte. Ein Spontanreimspruch ist mir allerdings in Erinnerung, bei dem sie das unterließ. Als die Melsheimers Inge, eine grazile Dorfschönheit, mal wieder hastig auf Höchstabsätzen und mit hin- und herzitternden Hüften über die Quetschestroaß stöckelte, bannte die Oma am Fenster diese tägliche Vorführung in den Vers: »Wat feehrt dat Melsheimers Engelsche / heit widder feer e Gängelsche.« Davon blieb dann, wenn wir später Frauen ähnlich stöckeln sahen, in der Familie die Prosaversion zurück: »Wat et e Gängelsche feehrt!«

Den Morgenkaffee trank die Oma nie mit uns am Tisch, sondern immer auf den Treppenstufen sitzend, die zu den Schlafzimmern im unteren Stockwerk des Haupthauses führten. Die Küche lag nämlich im tieferen Untergeschoss des Kelterhauses. Ihren Kaffee trank sie auch nicht wie wir aus normalen Tassen, sondern aus einer hellbraunen Riesenausführung, umrankt von einem weißen Röschenmuster. In dieser Tasse stand jeden Morgen ein in lange schmale Riemen geschnittener Strauß aus Brot, dessen eingeweichte Enden sie eins nach dem anderen am einzigen Zahn vorbei in das runzlige Gebabbel ihres Mundes schob. Groß Toilette hielt sie morgens nicht. Ihr spärliches, weißes Haar war um den Kopf herum stets straff zu einem Knützchen zusammengezusselt und mit so vielen Nadeln gespickt, dass sie die Haare optisch sehr abwerteten. Das gab ihrem runzligen Humor immer auch etwas Bissiges. Sie konnte furchteinflößend böse werden. Ich habe das zum ersten Mal erfahren, als ich trotz ihres strikten Verbots in der Mittagshitze zum Baden an die Mosel lief. Natürlich wusste sie von meinem frühkindlichen Hitzschlag und den Folgen, meiner »besonders empfindlichen Haut«. Und dazu war ihr von meiner Mutter ausdrücklich eingeschärft worden, mich ja nicht in die pralle Mittagssonne zu lassen. Ich aber war aus dem Garten über die große Wiese zur Mosel gelaufen, um mit den Dorfkindern im Wasser zu plantschen, als ich sie plötzlich von weitem mit so wilder Hast ungefähr in meine Richtung stürmen sah, dass ich in Panik geriet. Zum Glück konnte ich hinter den Weiden entlang unentdeckt zurück zum Haus laufen. Und ich werde nie vergessen, wie ich sie bei einem kurzen Blick nach links mit ihrem zornentflammten Profil genau auf die Stelle zuhecheln sah, wo ich eben noch gewesen war. Als sie nach einiger Zeit und immer noch hastig atmend zurückkam, saß ich betont brav auf der Bank im Schatten des Kelterhauses und als sie mich fragte, wo ich war, und ich log, »auf dem Klo«, gab sie mir zehn Pfennig, damit ich mir beim Görje Will (gemeint war die Konditorei des Willi Görgen) ein Eis kaufte. Dieses Ereignis war mir Warnung genug, ihr aufs Wort zu gehorchen, zumal sie in allen anderen Dingen die Großzügigkeit selbst war und ihrem Liebling alles erdenklich Gute antat. Wenn ich irgend etwas verbrochen hatte und meine Mutter mir auf den Leib rückte, sprang sie jedesmal dazwischen, drückte mich an sich und drehte sich so lange mit mir außer Reichweite zu erwartender Prügel, bis meine Mutter es aufgab, um sie herum hinter mir herzulaufen, und wir alle drei lachen mussten. Vor allem war die Oma wie sich selbst auch mir gegenüber grenzenlos großzügig, was die Tyrannei der täglichen Toilette betraf.

Als ich einmal in den Osterferien allein nach Bullay kam, Onkel Köbes hatte mich von Neuwied mit dem Auto mitgenommen, hatte meine Saubermannsmutter die Oma brieflich ermahnt, nur ja darauf zu achten, dass ich mich abends von Kopf bis Fuß wusch. Wie das auszusehen hatte, war mir längst zur zweiten Natur geworden. Denn solange ich denken kann, wurde ich des Abends auf einen Stuhl gestellt, über den ein großes Handtuch gebreitet war, um dann, so der Ausdruck meiner Mutter, von oben bis unten »geputtelt« zu werden, eine mich nervende Prozedur, zumal dabei kein Winkel meines Leibes unbearbeitet blieb. Das Putteln war ihre eigene Wortschöpfung, der die Vorstellung barocker Putten zugrunde lag, wie sie in den damals üblichen Massenreproduktionen zu sehen waren, den Rocksaum der Heiligen Maria bevölkernd als Ausbund innerer und äußerer Reinheit, und zu diesen Vierzehn-Englein-Himmeln hatte ich dürres Gerippe mich allabendlich emporzubeten.

IX. BRASILJISCH MARIE, DIE ANK UND DER WEINBERG

Einer meiner Lieblingsspielplätze war die Bullayer Müllhalde. Sie lag auf einem Plateau am Dorfrand, etwa drei Meter über dem Moselufer. Dort brannten und qualmten immer Holz, Papier, Kartonagen oder ausrangierte Matratzen. Überall lagen leere Büchsen und Flaschen verstreut sowie zerbrochener Hausrat. Zusammen mit den Dorfkindern kokelte ich im Feuer herum oder wir spielten Flaschenpost, die wir, in hohem Bogen über die Böschung geschleudert, der Mosel übergaben. Irgendwann entdeckten wir, dass die leeren Sidolbüchsen, die überall herumlagen, halb mit Wasser gefüllt und verschraubt ins Feuer geworfen, unter dem Überdruck der Dampfbildung nach einiger Zeit explodierten, so dass die Feuerstelle in einem Gemisch aus Dampf und Funkenflug aufzischend zerstob. Das war ein Mordsvergnügen, das uns stundenlang in Betrieb hielt. Immer wieder explodierten in den überall von uns entfachten Feuerchen die Sidolbüchsen, dass uns die heißen Blechfetzen nur so um die Beine flogen. Das brachte mich wieder einmal auf eine meiner literarischen Spielideen. Ich hatte in einem Buch mit dem Titel *Der Kampf um die Seeherrschaft* gelesen, wie in den Seeschlachten der einstigen Imperien Portugal, Spanien, Holland und England mit Pulver beladene Schiffe in Brand gesteckt gegen die feindliche Flotte gesteuert wurden, um deren Schiffe mit in die Luft zu sprengen. Solche Schiffe hießen Brander. Also spielten wir Brander. Für ihren Bau dienten uns Persilkartons, die wir auf kurze Holzbretter nagelten und mit Papier und Holzstücken beluden. Ihre Pulverladung war natürlich die halb mit Wasser gefüllte und fest verschraubte Sidolbüchse. Mit unseren Brandern rutschten wir dann die mit grauer und fettgelber Asche übersäte Böschung hinunter zur Mosel, steckten sie in Brand und schoben sie mit Stöcken weit aufs Wasser, wo die schnelle Strömung sie als schwimmende Fackeln fortriss. Mit Spannung sahen wir hinterher und warteten auf das, was kommen musste und immer auch kam: Plötzlich flammten unsere Brander einer nach dem anderen jäh auf, ehe ihre feurig auffliegenden Fetzen in der Mosel verloschen, ein Spiel aus Feuer und Wasser, das uns in einen Rausch versetzte, der erst verging, als die Kartons alle waren. Was tun? Da hatte der Rings Toni die Idee, beim Böhmer Joba, dem Kolonialwarenhändler, neue Kartons zu holen. Der Joba (Johann Baptist) rückte auch etliche heraus, und das Spiel ging von neuem los. Brander für Brander zimmerten wir zusammen und ließen sie brennend auf die imaginären feindlichen Flotten los. Und mit jedem dieser Flammenschiffe, das mit seiner tödlichen Ladung im Leib weit ab auflodernd in die Luft ging und verglühte, glühten unsere verschwitzten Gesichter auf und wir lachten und schrieen »Hurra!«.

Irgendwann aber waren dann auch Böhmer Jobas Kartons verbraucht und ich erwachte aus unserem Feuerwasserkrieg. Um mich nur noch Müll, Rauch und Geruch und etwas, was ich all die Zeit übersehen hatte: Während wir die Böschung rauf und runter gerannt waren, hatte die fette gelbe Asche, die zäh wie Lava in die Mosel floss, bis über die Knie meine Beine eingefärbt. Ich erschrak. Denn obwohl weit weg, war meine Mutter zugleich nah, deren innere Anwesenheit auch der Ortswechsel zu Oma nur bedingt aufhob. Immerhin versuchte ich nicht, mir die Beine in der Mosel zu waschen, sondern zog heim. Der Oma fiel an mir nichts auf, und ein wohliges Gefühl kam über mich. Mit gewaltigem Appetit aß ich zu Abend. Es gab Kartoffelsalat, auf Omadeutsch »Grombere-Tschloat mit Blood- un Läwerwuscht« von Harfs Gustav, dem Dorfmetzger. Anschließend ermahnte mich meine liebe Oma nur, mich gründlich zu waschen. Ich weiß noch, welche Mühe ich damit hatte, die fettgelbe Farbe vom rechten Bein zu schrubben. Als ich mich gerade an das linke, noch schlimmer zugerichtete Bein machen wollte, erlöste mich der Zufall. Die Tür ging auf, und das Müller Fränzchen kam herein, ein anderes Dorforiginal.

IX. BRASILJISCH MARIE, DIE ANK UND DER WEINBERG

Obwohl uralt wie meine Oma, hieß er immer noch das Fränzchen, was der Tatsache Rechnung trug, dass er zierlich wie ein Teenie geblieben war, nur erb- und altershalber entstellt, besonders hinsichtlich seiner asketisch hohlen Wangen, wozu die Oma meinte, er könne eine Ziege zwischen die Hörner küssen. Für die wenig zimperlichen Dörfler gehörte er in die Rubrik: »Von Geburt an verhuddelt.« Fränzchen also kam herein wie mit einer auf Lebenszeit ausgestellten Einladung, die damals im Dorf für alle und jeden galt, die das Bedürfnis zu einem Besuch bei Brasiljisch Marie hatten. Er setzte sich hin und fing an zu erzählen, und Oma und Opa genossen seine lebhafte Gegenwart und waren ganz Ohr. Dank dieses alten Brauchs, der meine Oma gänzlich von mir ablenkte, ließ ich das linke Bein einfach ungewaschen und verdrückte mich mit einem Gute-Nacht-Gruß ins Bett. Als ich am nächsten Morgen wach wurde und mein erster Blick dem ungewaschenen linken Bein galt, wollte ich erst nicht glauben, was ich sah. Das Bein war so sauber wie das gewaschene. Das häßliche Gelb war über Nacht wie durch ein Wunder oder wie der Teufel in die weißen Bettlaken gefahren. Was meine Mutter sicher entdeckt hätte, entging meiner lieben Oma, wie ihr so vieles entging zum Nutzen und Frommen ihres Enkels.

Warum meine Oma im Dorf alle nur »dat Brasiljisch Marie« nannten, erfuhr ich an einem verregneten Sommertag, der meine sonst immer unruhige Oma und mich ans Haus band. Der Opa hatte sich schlafen gelegt, und ich saß mit ihr auf dem Biedermeiersofa, das wie alle Möbel in der großen Küche aus der Manufaktur ihres Vaters stammte. Sie hatte für uns einen Bohnenkaffee gekocht, »en good Trips«, wie sie den Luxus nannte, und für mich beim Bäcker Reis »en Maulschell« gekauft, das war eine riesige Hefeschnecke mit Rosinen und Zuckerguss. Maulschellen zu fünf Pfennig, auf Hochdeutsch Ohrfeigen, aß ich damals am liebsten, ohne je danach zu fragen, warum sie so hießen. So eingestimmt begann die Oma zu erzählen, und was sie erzählte, war nach *Robinson Crusoe*, *Die Schatzinsel* und *Seekadett Jack Easy* (Karl May las ich erst später) der vierte Abenteuerroman meines frühen Lebens und zugleich der erste, dessen leibhaftige Fortsetzung ich als des Helden Ururenkel war. Die Oma erzählte und versetzte mich über hundert Jahre zurück in das Bullay kurz nach den Napoleonischen Kriegen. Damals waren die Moseldörfer immer wieder von den durchziehenden Truppen ausgeplündert worden. Ich sah die halb verfallenen Häuser vor mir und die Menschen arm, hungrig und in Lumpen. Unter ihnen Omas Großvater, Matthias Schmitz, mein Ururgroßvater, und seine Frau Elisabeth. Wenige Jahre nach der Geburt ihres Sohnes Joseph 1823 beschließen sie, animiert durch das, was man heute Schlepper nennt, sich dem Strom der Auswanderer nach Amerika anzuschließen. Sie verkaufen alles, was ihnen geblieben ist, unter Preis, fahren in einem Nachen die Mosel und den Rhein abwärts und legen den Rest des weiten Weges nach Hamburg zu Fuß zurück. Dort besteigen sie, bezahlt mit dem Rest ihres Geldes, ein Auswandererschiff nach Brasilien. Sie landen vor São Paulo, damals noch eine von Urwäldern umgebene Kleinstadt, und stehen zunächst vor dem Nichts. Ururgroßvater Matthias entdeckt in diesem Nichts ein Etwas, auf das man in dieser Gegend noch nicht gekommen ist, die Holzköhlerei. Die ersten Meiler baut er noch mit Hilfe eines älteren Mannes, den er auf der Überfahrt kennengelernt hat, eine furchtbar anstrengende und auszehrende Arbeit. Dafür wird die Flucht aus der Not keine in die Not. Die Holzkohle ist begehrt zur Herstellung von Glas oder zum Schmelzen von Metallen und findet im nahen São Paulo sogleich Abnehmer. Bald ist der Ururgroßvater so weit, dass er für die schwere Arbeit schwarze Sklaven kaufen kann. In wenigen Jahren ist Matthias ein reicher Mann, und Elisabeth bringt in schneller Folge sechs Kinder zur Welt.

Aber wie die Oma mir erzählt, wird ihre Großmutter im fernen Brasilien nicht recht glücklich. Von Jahr zu Jahr wächst die Qual des Heimwehs, und schlimmer noch, sie wird immer stärker von Alpträumen heimgesucht, in denen die Sklaven sie überfallen und alle erschlagen. Elisabeths Ängste sind in der damals noch fast gesetzlosen Ferne keineswegs unbegründet, zumal es keine Bank gab, wo man die angehäuften Goldtaler hätte deponieren können. Sie schliefen buchstäblich auf ihrem Geld. Das war der Hauptgrund, warum der Ururgroßvater eines Tages in den Spätvierzigern beschloss, die Holzköhlerei mitsamt den Sklaven zu verkaufen und sich mit Elisabeth und den sieben Kindern zurück nach Europa einzuschiffen. Unterwegs auf dem Atlantik geraten sie nicht nur in Stürme, die sie alle seekrank machen, es bricht auf dem Segelschiff auch eine Seuche aus, an der von den insgesamt sieben die sechs in Brasilien geborenen Kinder sterben. Auf Bretter gebunden werden ihre Leichen eine nach der andern im Meer versenkt. Nach Wochen der Qual und der Trauer erreichen sie die Kanaren. Im Hafen von Santa Cruz de la Palma auf Teneriffa macht das Schiff Station, und die Ururgroßeltern nehmen die Gelegenheit wahr, mit ihrem einzig überlebenden Sohn Joseph in die Stadt zu gehen, um endlich einmal wieder festes Land unter den Füßen zu haben und statt der Schiffskost etwas Frisches zu essen. Als sie zur vereinbarten Zeit zum Hafen zurückkommen, sehen sie, dass das Schiff ohne sie ausgelaufen ist. Der Kapitän, kein Ehrenmann, hatte im zurückgelassenen Gepäck das Gold und anderes Begehrenswerte vermutet und war weitergesegelt. Wie enttäuscht aber muss er gewesen sein, als er nicht fand, dessen er sich so sicher wähnte. Wohlweislich hatten Matthias, Elisabeth und Joseph all ihr Gold in breite Leibgürtel und in die Kleider eingenäht sowie in dem Doppelboden der Rosenholztruhe versteckt, die sie mit an Land genommen hatten. So konnten sie den Verlust der gestohlenen Habe verschmerzen und fuhren mit einem anderen Schiff weiter nach Hamburg. Dort kaufte sich Matthias für hundert Taler jene goldene Uhr, die ich 1935 zur Heiligen Kommunion geschenkt bekam.

Omas Erzählung vom sklavenhaltenden Ururgroßvater im fernen Brasilien rief in mir alle romantischen Grusel verstärkt hervor, die ich den Büchern über aufständische Wilde, die über weiße Siedler herfallen, reichlich entnommen hatte. Dass damit die wirklichen Verhältnisse unserer abendländischen Welt auf den Kopf gestellt wurden, wie hätte ich es wissen können. Fragen, wie der Ururahne Matthias seine Sklaven behandelt oder vielleicht eher misshandelt hat und warum seine Frau Elisabeth bis in die Träume Angst vor ihnen hatte, kamen mir erst gar nicht, weil die Antwort darauf sich von selbst zu verstehen schien. Diese Fragen kamen mir erst viele Jahrzehnte später, als ich unter dem Eindruck des Völkermords an den Juden die Geschichte des weißen Kolonialismus und Rassismus studierte, angefangen mit Bartolomé de Las Casas' Bericht über die Verwüstung der westindischen Paradiese durch die Conquistadores, deren oft extrem sadistisch-perverses Verhalten – wie die Verstümmelung der Versklavten bei lebendigem Leib – nicht oder nur ausnahmsweise in ihrer Natur lag, sondern in der Natur der Unterwerfung überhaupt. Das missionarische Bewusstsein des Christenmenschen, einer überlegenen Art anzugehören, zumal selbst wohlwollende Geistliche von den Indianern wie auch den Schwarzen ein Bild von triebhaft tierischen Dummköpfen zeichneten, ließ bei ihm ein Unrechtsbewusstsein gar nicht erst aufkommen. Unter seinesgleichen wie gegenüber seinen Freunden, seiner Frau und seinen Kindern sah er seine Würde voll und ganz gewahrt. In dieser heroisch verklärten Art war die Brasiliengeschichte von den Urgroßeltern an die Kinder und Kindeskinder weitergegeben worden und zuletzt bei mir angekommen. Dass die Sklavenhalterstätten in Amerika über viele Jahrhunderte barbarische Folter- und

Massenvernichtungslager waren, blieb als kultureller Alptraum verdrängt. Wer weiß schon, selbst heute, dass die Portugiesen zwischen dem 17. und 19. Jahrhundert etwa viereinhalb Millionen schwarze Sklaven allein nach Brasilien importierten, wobei mindestens ein weiteres Drittel unter den grausamen Bedingungen der Überfahrt zugrunde ging? Die begehrte schwarze Ware, das hoch rentable Arbeitsvieh, wurde von den Umschlagplätzen an der afrikanischen Westküste vornehmlich von holländischen Sklavenhändlern in die Neue Welt verschifft. Im Kielwasser ihrer überladenen Schiffe trieben unablässig die vorab einkalkulierten Abgänge. Es war ein einziger Abstieg in die Hölle, die sich drüben in Brasilien fortsetzte in der systematischen Vernichtung durch Arbeit. Das Gewissen des Abendlandes angesichts dieser Versündigung blieb lange ungeweckt und rührte sich nur in ganz wenigen, über die die schaffende Zeit ungestört hinwegging.

Von Hamburg zurück nach Bullay, so setzte die Oma ihre Erzählung fort, zog Matthias mit Frau und Kind nicht wie Jahrzehnte zuvor zu Fuß, sondern fuhren sie mit der Postkutsche, denn die Eisenbahnen waren erst im Entstehen. Im Dorf wurden die Rückkehrer zur großen Sensation, nicht nur durch das, was sie drüben im fernen Amerika alles erlebt hatten, sondern mehr noch durch das, was sie an Reichtümern mitgebracht hatten, über die man sich Sagenhaftes erzählte, als der Ururgroßvater daranging, nicht nur seinen in der Not einst unter Preis verkauften Besitz soweit wie möglich zurückzukaufen, sondern darüber hinaus so viele Weinberge, Waldstücke, Wiesen und Gärten, dass er bald als der reichste Mann von Bullay galt und seine Familie nur noch »Die Brasiljisch« genannt wurde. Er baute an der Hauptstraße ein prächtiges Wohnhaus aus Bruchstein mit großem Weinkeller und dem Kelterhaus dahinter, tat viel Gutes für die Armen, und der Herr Pastor setzte, wie die Oma ärgerlich erzählte, ihn und mehr noch Elisabeth laufend unter Druck, für »Unsre Heilige Mutter«, die Kirche, zu spenden und zu spenden. Joseph, der einzig überlebende Sohn, betrieb zusätzlich zum Winzerbetrieb eine Möbelmanufaktur mit etwa einem Dutzend Arbeitern, die nach seinem Tod 1886 von den Kindern nicht weitergeführt wurde und in deren Halle, mit verstaubten Hobelbänken, Hobeln und Bohrern in allen Größen, Leitern, Hängeböden und fetten Spinnweben in den düsteren Ecken, ich als Kind noch gespielt habe, ein gruselig verwahrloster Ort, an dem die Fledermäuse, die im Gebälk des Daches hingen, abends dicht über unseren Köpfen segelten. Diese Halle stand für den Niedergang einer Familie, deren Kinder nach dem Tod des Vaters das Vermögen mit viel Zank und Neid unter sich aufgeteilt hatten mit der Folge, dass von den stattlichen achtundzwanzig Fuder Weinernte jährlich für jeden Erben nur noch sieben Fuder blieben und meine Oma von den teils zu Geld gemachten 60 Hektar Wald, Wiesen, Gärten und Bauplätzen nur noch etwa zwölf Hektar besaß. Das war zwar für die örtlichen Verhältnisse immer noch viel, aber es ernährte seinen Mann nur um den Preis härtester, auf keine Knechte oder Tagelöhner aufgeteilter Arbeit.

Das Erbteilung von 1886 unter den vier Brasiljisch Geschwistern hatte zu einem lebenslangen Zerwürfnis geführt, und zwar zwischen meiner Oma und der jüngsten ihrer beiden Schwestern, die zu meiner Zeit schon tot war. Diese Schwester hatte es meiner Oma verübelt, dass ihr bei der Teilung die Ank zugefallen war. Die Ank war das Filetstück einer Gemarkung auf dem Hunsrück, sechs Hektar groß, das in einem idyllischen Wiesental lag, von Wald umgeben, und von einem Bach durchschlängelt, in dessen klarem Wasser sich Forellen tummelten und Krebse unter den Steinen versteckten. Es war der Lieblingsort meiner Oma, ein Platz wie im Märchen, die romantische Waldeinsamkeit pur, sehr abgelegen, fast eine Stunde Weges weit weg. Dass diese Ank ein Zankapfel der prächtigsten Art war, habe ich als

Kind sehr wohl nachvollziehen können, wenn meine Oma darüber sprach oder wenn sie morgens beim Kaffeetrinken urplötzlich das Heim- oder besser Ankweh überfiel und sie mit dem Spruch, »Ich muss heut in die Ank, sonst werd ich hier noch krank«, das schönste ihrer Tagesprogramme wählte. Denn nur der Gang mit ihr in den Weinberg war noch aufregender als der in die Ank, wo wir Picknick machend und Forellen über dem Feuer bratend lange, unvergessliche Tage zubrachten. Zu meiner Zeit war Omas Verdammung der verstorbenen Schwester auf deren einzige Tochter, das Lottchen, übergegangen. Ihre dafür übliche Formel lautete auf Hochdeutsch: »Die guck ich mit dem Hintern nicht an!«, wobei der Körperteil bei besonders heftigen Erinnerungsanfällen allein in Moselländisch seine unnachahmliche Vokalharmonie der A- und O-Laute entfaltete. Die anderen Geschwister, mit denen meine Oma nach dem Erbstreit wieder verkehrte, waren die Rebekka, die einen reichen Reiler Winzer geheiratet hatte, und ihr Bruder Joseph, der Brasiljisch Jupp und Patenonkel meines Vaters, der mir nur als »der Pätter« ein Begriff wurde, weil die Hamburger Hunderttaleruhr von ihm auf Vater Jupp und von diesem auf mich übergegangen war. Er bewohnte die oberste Etage des Hauses, das der Ururgroßvater nach seiner Rückkehr aus Brasilien gebaut hatte.

Der Pätter war Junggeselle, hatte dickkrustige Altersflecken im Gesicht und einen Mischlingsköter Flocki, der nur noch ein Auge hatte, weil ihm das andere von den Dorfjungen durch Steinwurf genommen worden war, vermutlich, weil er alle und jeden ankläffte, also auch mich, wenn ich den Pätter besuchte. In seiner Wohnung ging es mindestens so verwahrlost zu, wie ich es aus den Neuwieder Baracken kannte. Die breiten Dielen der Zimmerböden glänzten nicht, sondern waren weißgrau trocken eingestaubt wie die Gerüstbretter von Kreuzer, mit denen wir Luftkrieg gespielt hatten. Es roch auch nicht gut, und der Pätter wäre nach heutigen Maßstäben von einem Penner oder Clochard nur sehr schwer zu unterscheiden gewesen. Von jedem Besuch nahm ich stets ein paar Flöhe mit. Aber er hatte ein Hobby, das mich anzog. Er züchtete Bohnen. In mindestens einem Dutzend Schuhkartons verwahrte er seine Zuchtergebnisse der verschiedensten Größen und Farben. Bei ihm sah ich Bohnen, wie ich sie im meinem ganzen Leben niemals wieder gesehen habe: Nicht nur blaue, schwarze, rote und weiße Bohnen, sondern auch gesprenkelte in den verschiedensten Farben und Größen. Dass er mir erlaubte, mit den Kostbarkeiten zu spielen, war ein Liebesbeweis. Er kippte mir sogar alle Bohnen durcheinander auf den Tisch, und ich durfte sie dann nach Farben und Größen in die Kartons zurücksortieren, wobei er mir, die Nickelbrille auf Halbmast und Flubbes, seinen Trunkwein, schlürfend, zusah. Zum Abschied drückte er mir stets die stattliche Summe von zwanzig Pfennigen in die Hand. Dafür gab es vier Maulschellen beim Bäcker Reis oder zwei große Portionen Eis beim Görje Will.

Der Pätter galt hinter vorgehaltener Hand als sehr vermögend, was sich aber erst nach seinem Ableben 1936 herausstellte, als er in seinem Testament weder meine Oma noch sein Patenkind Jupp, meinen Vater, bedachte, sondern einzig und allein seine Nichte, die Tochter der Schwester, die die Oma wegen der Ank nicht mehr mit dem Hintern angeguckt hatte wie die Oma sie. Bei der Oma hieß diese Nichte immer nur mit Abscheu »dat Lottche«, wobei ich nie herausgefunden habe, ob sie Lotte hieß oder der Name ihrer Verlotterung galt. Verlottert war sie mit ihrem stößig vorstippenden Bauch und dem filzigen Gestrüpp von Frisur. Sie hatte sich von einem dorfbekannten Säufer und Faulpelz vorehelich schwängern lassen und mit ihm das Erbe ihrer Mutter durchgebracht. Inzwischen war sie Witwe, und niemand wusste so recht, wovon sie mit ihrer Tochter Rosa lebte. Man munkelte aber im Dorf, der Pätter greife ihr unter die Arme, einige wollten sogar von einem Verhältnis wissen, wovon meine Oma sogar felsenfest überzeugt war. Sie fand sich bestätigt, als herauskam, dass der Pätter dem Lottchen sein ganzes Geld vermacht hatte, immerhin 12 000 Reichsmark.

Wenn ich in Bullay war, durfte ich zwar immer den Pätter besuchen nebst Flocki, Flöhen und Bohnen, nicht aber das Lottchen, das das ganze übrige Brasiljisch Haus bewohnte. Zwar musste ich, wenn ich zu der obersten Etage hinaufstieg, immer an Lottchens stets offen stehender Küchentür vorbei, aber sie hatte, auch wenn wir uns Auge in Auge auf der Treppe begegneten, niemals einen Blick für mich, den Enkel der Marie, die die Ank geerbt hatte, oder, um es familiengeschichtlich auszudrücken, auch sie guckte mich nicht mit dem Hintern an. Dafür tat das ihre Tochter Rosa umso intensiver. Rosa war damals zwölf oder dreizehn, also älter als ich und hoch aufgeschossen. Sie spielte zusammen mit dem Rings Toni und mir in der großen Holzhalle hinter dem Haus, in der unser gemeinsamer Urgroßvater Joseph einst mit seinen Arbeitern die soliden Biedermeiermöbel hergestellt hatte, von denen es bei meiner Oma noch ebenso viele schöne und nicht geschätzte Exemplare gab wie beim Pätter oder Lottchen. Nun aber bevölkerten diese Halle neben den Fledermäusen nur noch Ratten und fette Spinnen und ab und zu wir, angeführt, weil sie den Schlüssel hatte, von Rosa, die uns voran als erste die steile Leiter zu den Hängeböden hochkletterte, um darauf zu schaukeln, wobei sie immer wieder ihre Schlüpfer leuchten ließ, was, sofern es in diesem Falle unvermeidlich war, noch angegangen wäre, wenn sie es nicht auch in den Positionen getan hätte, in denen alle anderen Mädchen die Beine dicht zusammenhalten: beim Sitzen. Wann und wo immer Rosa sich auch hinsetzte, ob auf eine der Hobelbänke oder die Truhe am großen Tor, immer hatte sie die Beine breit wie wir Jungen, was den Toni und mich sicher heiß gemacht hätte, wäre sie im Gesicht nicht so hässlich gewesen und für uns ohne die geringste Aussicht auf hinweghebende Empfindungen wie ich sie dem Friedchen verdankt hatte und selbst noch Dusars Lenis treppenputzendem Po.

Die Bekanntschaft mit Lottchens Rosa währte nur kurze Zeit. Eines Tages, als wir wieder einmal unter den Fledermäusen und Spinnen weilten, spielten wir Verstecken, weil mit ihr nicht viel mehr anzufangen war. Ich sollte mich zuerst verstecken und tat dies ahnungslos in der Truhe am Tor. Sie hatte das sofort spitz, möglicherweise vorausgesehen. Denn sie suchte mich erst gar nicht, sondern setzte sich breitbeinig auf den ohnehin schweren Deckel und wartete alles weitere ab. Ich wartete auch, bis ich irgendwann versuchte, den Deckel anzuheben. Aber das ging nicht. Ich ahnte gleich, dass sie sich draufgehockt hatte. Eine Weile hielt ich es noch aus, bis mich irgendwann ein Gefühl einschnürender Enge ergriff und ich in Panik geriet. Ich trommelte mit den Fäusten gegen den Deckel, trat dann mit den Schuhen dagegen, bettelte, »Mach auf! Mach aauufff!«, aber Rosa ließ mich in Finsternis und wachsender Atemnot zappeln. Irgendwann, ich war nur noch ein blau angelaufenes Elend, gab sie den Deckel frei. Als ich keuchend und nach Luft schnappend aus der Truhe auftauchte, stand sie in einiger Entfernung da und grinste. Zunächst dachte ich nur daran, wieder zu Atem zu kommen. Aber in dem Maße, wie mir das gelang, wuchs in mir eine Mordswut. Ich weiß noch, wie ich langsam, aber innerlich angespannt aus der Truhe stieg und dann plötzlich wie ein Stier gebückt – sie war größer als ich – auf sie zulief und ihr meinen Dickkopf so in den Bauch rammte, dass sie rückwärts, die Beine hoch, in den Fledermausmist plumpste und sich unter merkwürdig inhalierenden Japsern eine Weile darin wälzte. Das war das letzte Mal, dass sie mich anguckte. Von diesem Tage an waren auch wir, die Enkel, von dem Erbstreit der Alten eingeholt und kannten uns nicht mehr, wenn wir uns auf einer der Dorfstraßen über die Füße liefen.

Wie heftig der Erbstreit im Herzen meiner Oma fortwirkte, erfuhr ich, als ich ihr ahnungslos fröhlich erzählte, was Lottchens Rosa mit mir und was ich mit ihr gemacht hatte. Ich war noch gar nicht ganz fertig, wollte auch noch anbringen, dass sie immer so unanständig dasaß, als die Oma wie von der Tarantel gestochen vom Sofa hochschoss, dass ich vor Schreck zusammenfuhr. Sie rannte in Richtung Herd, dann zum Fenster, wo sie immer wieder schreiend, »Da steckt dieses Lottchen hinter!« ihre Verwünschungen gegen »Das verfluchte Gesindel!« losließ, zuerst durch die Gardinen zum Fenster hinaus, dann aber, sich plötzlich umdrehend, ebenso lauthals gegen mich, als ob sie in mir das Gesindel leibhaftig vor sich hätte. Ich muss sie entsetzt und völlig eingeschüchtert angestarrt haben, als die lodernde Wut ihrer Runzeln, Augen und des einen Zahns auf mich zukam und nicht minder verwirrt, als auch schon im selben Augenblick die wilde Aufruhr in ihrem Gesicht erlosch und in ein Lächeln überging, das mich lieb ansah. So etwas hatte ich noch nicht erlebt. Die zeitgeraffte Metamorphose von der lieben Oma in Hänsel und Gretels böse Hexe und wieder zurück in die liebe Oma, die nun den Dickschädel ihres Enkels in beide Hände nahm und ihm den Mund mit einem Kuss verschloss, der vom vielen Schimpfen feucht war und mir gar nicht schmeckte. Noch ehe ich richtig zu mir kam, tanzte sie plötzlich wie die gute Laune selbst durch die Küche und hatte auch schon einen ihrer Zweizeiler auf den Lippen: »Jetzt brauch ich En good Trips, oder einen Schwips.« Damit holte sie eine Karaffe aus dem Schrank und war auch schon zur Tür hinaus. Als sie zurückkam, hatte sie im Weinkeller aber nicht den üblichen Flubbes gezapft, sondern »den Guten aus dem letzten Fass«. Sie schenkte sich ein, probierte hörbar hingebungsvoll und gab auch mir, die Sanftmut selbst, ein halbes Probierglas. Dann setzte sie sich zu mir auf das Sofa, und wir tranken und ich hörte sie mich dafür loben, dass ich es der Rosa, »diesem

Bankert«, so richtig gegeben hatte. Dabei blieb mir nicht verborgen, welch eine Wohltat ich ihr mit dem Wutausbruch beschert hatte. Es war wie eine innere Reinigung.

Denn nun begann sie zu erzählen und ging dabei weit zurück bis in ihre eigenen Kindertage. Sie hatte wenig Anlass zur Freude gehabt und zusammen mit ihren Geschwistern von früh an in Wingert, Wald und Gärten mitarbeiten müssen. Die Eltern waren überaus streng, die Mutter Katharina noch mehr als der Vater. Doch das Schlimmste war, dass die jüngste Schwester, Lottchens Mutter (ihren Vornamen weiß ich auch nicht), insbesondere meiner Oma stets vorgezogen wurde. Sie war die Hübscheste der drei Schwestern, und die Mutter bürdete der Maria, meiner Oma, immer die unangenehmsten Besorgungen auf, mehr noch als der Rebekka. Die Schwester sei eine üble Angeberin gewesen, wobei meine Oma das Wort noch in seiner Urbedeutung von Petzerin gebrauchte, und habe alles den Eltern hinterbracht, zumal dann, wenn sie sich mit Jungen getroffen habe. Lange Jahre nahm sie das hin und fraß den Ärger und das Unrecht in sich hinein. Nur ein einziges Mal, so erzählte sie, hatte sie es gewagt, gegen die Mutter den Mund aufzumachen und sich zu beschweren. Da sei sie schon über dreißig gewesen. Selbst da noch sei die Mutter mit einem Stecken auf sie losgegangen und habe sie verprügelt. Ich erinnere, dass ich das zuerst gar nicht glauben wollte. Prügel konnte ich mir nur bei Kindern vorstellen. Was die Oma mir damals erzählte, habe ich in seinem ganzen Ausmaß erst sehr viel später begriffen. Die Oma war nicht nur das Opfer der Ungleichbehandlung der Geschwister, man hatte sie, aus welchen Gründen auch immer, auch weniger geliebt und sie muss unter der dauernden Verletzung ihres Gerechtigkeitsempfindens sehr gelitten haben. Die Last dieser Enttäuschung aber trug sie durch all die Jahre zusätzlich zu der Last der Schwerstarbeit in den Weinbergen, Wäldern, Gärten, Obstwiesen und in dem großen Haushalt. So erzählte sie mir, dass die Brasiljisch so viel Kleidung besaßen, dass nur zweimal im Jahr am Moselufer große Wäsche gehalten wurde und die ganze Uferwiese anschließend weiß war von den zur Bleiche eng aneinandergelegten Bett- und Handtüchern sowie Hemden und Unterröcken. Das alles sei eine furchtbare Plackerei gewesen, nicht zuletzt auch das tagelange Bügeln hinterher. Diese Dauerdoppelbelastung von Leib und Seele über Jahrzehnte muss bei meiner Oma zu jener geballten Ladung von Zorn und Wut geführt haben, die ich gelegentlich selbst erlebte. Welche Genugtuung muss es da für sie gewesen sein, als das Los bei der notariellen Teilung ihr, der immer Zurückgesetzten, die geliebte Ank zusprach, das Juwel des Brasiljisch-Erbes, wenn auch um den Preis immerwährenden Hasses und Neides insbesondere der jüngsten Schwester.

Eigentümlich an meiner Oma war, dass die Zurücksetzung sie nicht verbittert hatte. Im Gegenteil. Sie muss von klein an ein Ventil, eine Möglichkeit der Entladung des Aufgestauten gehabt haben. Daher wohl die ganz eigene Qualität ihrer Wut. Sie war gewaltig, nicht gewaltsam und neurotisch unterminiert wie die meiner Mutter. Ihr Zorn und ihr Wüten hatten etwas Mythisches, wie das Rasen der Furien auf den Fersen des Unrechts, womit auch die böse Oma für mich immer verehrungswürdig blieb. Rückblickend frage ich mich, ob sie mit dieser unbeugsamen Vitalität nicht von Kind an zu einer Herausforderung für Eltern und Geschwister geworden war, was als Reaktion ihre Zurücksetzung herbeigeführt haben mag. Hinter das Geheimnis dieser Kraft, die sie die Last des Daseins überlegen meistern ließ, kam ich erst Jahrzehnte später, einmal durch Tante Traudchen, die die Oma natürlich kannte, dann durch den Uwers Karl, Ortsbauernführer, Kirchenvorstand und Klatschweib des Dorfes, der die Oma im Weinberg – wie es scheint gezielt – beobachtet hatte.

Als sie im November 1898, schon über dreißig, heiratete, hatte sie in jenen Zeiten der allgemeinen Frühverehelichung dennoch nicht den Ruf des späten Mädchens. Das lag einmal daran, dass sie als eine der reichen Brasiljisch Töchter selbst die Wahl gehabt hatte, zum andern aber auch daran, dass sie einige heftige Liebschaften gehabt und sich um das öffentliche Unschuldsgeheuchel im Dorf nicht gekümmert hatte. Einer ihrer Geliebten war der Erbe der Sektkellerei Treis aus Merl, dem Nachbarort. Das hat die Oma mir selbst noch erzählt. Wie sie in dieser katholisch kontrollierten Welt das Kunststück fertigbrachte, ihre Sexualität zu leben und sich dennoch nicht in Verruf zu bringen, das wusste auch Tante Traudchen nicht. Sie blieb sich auch nach ihrer Heirat, die eine Katastrophe war, treu. Das kam durch Zufall an den Tag, als ich ab 1942 für ein ganzes Jahr bei Oma und Opa in Bullay lebte. Zu dieser Zeit hatten sie alle Weinberge, Wiesen und die Ank längst verkauft und lebten recht kümmerlich von dem Ertrag zweier Gärten, von der Miete und den Zinsen. Mir fiel aber auf, dass der Metze Ferd mehrmals die Woche meine Oma, wenn auch kurz, besuchte und sie mit Fleisch, Wurst und dem besten Riesling versorgte, den er hatte, was in diesen Kriegszeiten der rationierten Lebensmittel ein ganz besonderer Liebesbeweis war. Dem Ferd gehörte der »Gasthof zum Moselstrand« mit Saal und Kino und zahlreichen Weinbergen in den besten Lagen oben auf der Ley, wo auch Omas bester Wingert lag. Damals sechzehn, hätte ich über diese merkwürdige Treue zwischen den beiden Alten nicht weiter nachgedacht, wenn der Uwers Karl mir nicht eines Tages erzählte hätte, das mit der Oma und dem Ferd habe er schon als Bursche heimlich beobachtet. Ich weiß noch, wie mich das, wohl weil es von ihm kam, peinlich berührte. Die Einzelheiten, wie sich die Brasiljisch Marie und der Ferd im Wingert getroffen und in der Hecke verschwunden waren, konnten allerdings nicht erfunden sein, denn das war genau der Wingert auf der Ley, zu dem sie wie zu der Ank ein ganz besonderes Verhältnis hatte.

Zu Omas problematischer Ehe kam es, als sie beim Besuch einer Freundin in Alf dem Ignaz Magnus Kreis begegnete und sich Hals über Kopf in ihn verliebte. Dieser Magnus, der vom fernen Fulda herkam, war ein bildschöner Mann, geradezu ein Adonis, der, von Beruf Webermeister, die Alfer Seilfabrik leitete und den nicht nur die Alferinnen anhimmelten, sondern auch die heiratsfähigen Töchter von Bullay, Merl und Aldegund. Er hätte unter den Hübschesten die freie Wahl gehabt, wählte aber trotz ihrer herben Gesichtszüge die Brasiljisch Marie. Weiß der Himmel, was ihn zu ihr hintrieb. Vielleicht war es die zu erwartende hohe Mitgift, obwohl ich noch eher glaube, dass es ihr Witz und ihr ungewöhnliches Temperament waren, die sie von den meisten ihrer Konkurrentinnen unterschieden. Das kam vor allem in ihrer schmiegsam schlanken Figur zum Ausdruck, die kein Korsett brauchte und lieber tanzte als dahinschritt und dies stets auf sehr hohen Absätzen, die sie auch im hohen Alter nicht ablegte, sondern mit selbst gestrickten schwarzen Wollstrümpfen kombinierte. In dieser Aufmachung, anders kannte ich sie nicht, stieg sie, wie man mir erzählte, noch beim Karneval 1959, mit über neunzig, vor den sehr viel Jüngeren auf den Tisch und tanzte.

Dieses lustvoll unverwüstliche Wesen hatte sich einundsechzig Jahre zuvor in den schönen Magnus verliebt und ihn nicht schnell genug heiraten können. Sie muss aber ebenso bald erkannt haben, dass dies der größte Fehler ihres Lebens war. Denn von Tante Traudchen weiß ich, dass die Oma, auf ihre Ehe angesprochen, deren innere Auflösung stets auf die Kurzfassung brachte: »Zuerst die Flitterwochen, dann die Flutterwochen und dann die Du-kannst-mich-mal-Wochen.« Da mein Vater erst mehr als ein Jahr nach der Heirat, im Dezember 1899, geboren wurde, muss dieses Ereignis wie die Geburten der beiden nachfolgenden Schwestern Maria und Klara schon in jene dritte Phase gefallen sein. Als Kind bekam ich von alldem nur mit, dass die Oma gar nicht so selten zu meiner Mutter sagte: »Wir sind wieder per Sie«, womit sie das stumme Sich-aus-dem Wege-Gehen zwischen ihr und dem Opa meinte. Das Schiefgehen dieser Ehe muss von vornherein in ihren gegensätzlichen Prägungen angelegt gewesen sein. Opa Magnus kam nicht nur aus dem erzkatholischen Fulda, er war auch selbst ein Erzkatholik. Aber im Unterschied zu dem Katholizismus des Immerather Onkel Joseph hatte der seine nicht die düstere Schwere, sondern etwas pneumatisch Erhabenes und außerhalb des Alltags Stehendes. Zu meiner Zeit hieß der alte Kreis im Dorf nur »der Patriarch«. Und Uwers Karl hörte man spötteln, er sehe mitunter in der Messe die Aura über ihm.

Er, der Sohn eines Kirchenmusikers, ging nicht nur täglich zur Messe, er betete sie auch in ihren lateinischen Passagen mit und sang alle Lieder auswendig und immer so, dass man seine schöne, volle und klare Stimme aus allen anderen unverwechselbar heraushörte. Für mich als Kind war der Opa einschüchternd fromm, aber seine Frömmigkeit hatte auch etwas Anziehendes. Wenn ich, als er noch einigermaßen sehen konnte, mit ihm spazieren ging, einige Male auch über den Berg an der Alfer Marienburg vorbei über den Reiler Hals zu Schwager und Schwägerin in Reil, dann musste ich an jedem Wegkreuz und jeder Kapelle mit ihm niederknien und beten. Stundenlang erzählte er mir Heiligengeschichten wie die vom Heiligen Franziskus oder die vom Heiligen Sebastian, an den ich immer denken musste, wenn ich mit meinem aus Schirmdrähten gemachten Flitzebogen zusammen mit Rings Toni und Harfs Walther Pfeile auf Omas alte Puppe im Kelterhaus abschoss. Von Tante Traudchen erfuhr ich, dass mein Opa, als mein Vater 1918 mit seinem Jahrgang eingezogen wurde, seinen von durchzechter Nacht sehr mitgenommenen Sohn auf dem Bahnsteig zum Abschied gesegnet hatte. Innerhalb der Familie wie auch im Dorf ging allgemein die Sage, dass der Opa anders als sein Sohn niemals einen über den Durst getrunken habe.

All das war bei Oma Maria undenkbar. Sie ging zwar sonntags auch zur Messe, aber der Odem, den Gott ihr eingehaucht hatte, flog anders als bei Opa Magnus nicht zum Ewigen auf, sondern blieb eins mit dieser Erde und ihrer elementaren Lebenskraft, die etwas Urtümliches hatte. Dieses Unvereinbare unter ein Dach gebracht, konnte nur zur Entzweiung führen. Denn während die Oma seit ihren Mädchenjahren im Sexuellen offensichtlich unverklemmt war, behielt es für ihren Magnus auch in der Ehe das Odium einer schweren Sünde, wenn es den Zweck der Fortpflanzung überstieg. Darin war er so unerbittlich wie die Kirche selbst. Wie sehr sein verführerisches Äußeres täuschte, ging meiner verliebten Oma erst auf, als es zu spät war. Denn vorehelicher Verkehr hatte, wie ich von Tante Traudchen weiß, nicht stattgefunden. So musste sie, die von ihrem Temperament her auf eine Liebe des langen Atems angelegt war, erleben, wie sich diese auf die schnelle Empfängnis dreier Kinder verkürzte: 1899 Ignaz Magnus Joseph, mein Vater, dann Maria, meine Patentante, und zuletzt Klara.

Dieser Ehe fügte meine Oma auch noch den Fehler hinzu, aus ihrem filigranen Magnus einen Winzer zu machen, statt ihn bei seinen gut bezahlten Seilen und kunstvollen Weberknoten zu lassen, die er mir, seinem Enkel, nach und nach alle beibrachte. Da er der Härte vor allem der Steilhangarbeit nicht gewachsen war, blieb die Hauptlast des Tages bei ihr. Das aber hätte sie, denn sie liebte ihre Arbeit, noch gern auf sich genommen, wenn die Unzufriedenheit des Magnus über sein Dasein nicht zum Dauerzustand geworden wäre, der die Eheleute über die kleinsten Anlässe in einen oft so heftigen Streit geraten ließ, dass sich die Kinder, wie Vater Jupp mir erzählte, immer im Kelterhaus versteckten. Bedrückend für den Opa war neben dem Verlust seiner angesehenen Stellung in der Fabrik der Mangel an Bargeld. Der Neubau des großen Hauses mit dem Kelterhaus in der Alten Poststraße hatte das ganze Geldvermögen aufgezehrt. Gelebt werden musste von dem, was der verbliebene Landbesitz an Naturalien hergab. Für Fleisch und Wurst, die der Opa so gern aß, reichte es so gut wie nie. Da der Magnus noch dazu bei allem, was er anfasste, zwei linke Hände hatte, selbst beim Kauf einer trächtigen Kuh, die aus nie geklärten Gründen am nächsten Morgen tot im Stall lag, verpfuschte er, ob mit Schwefel, Zucker oder Verschnitt, auch im Keller manches Fuder Wein, ließ sich beim Verkauf von den Weingroßhändlern in Alf übers Ohr hauen oder fuhr ein Gespann zu Bruch, als er beim Heueinholen in der Ank auf dem abschüssigen Weg ins Tal aus der Kurve geriet und den Abhang hinunterstürzte. Er selbst kam zwar mit einem gebrochenen Arm davon, aber der Verlust des Wagens und der Kuh kostete den Ertrag einer ganzen Jahresarbeit.

Da fragt es sich, wie sich die Mesalliance der Eltern und die sich über Jahre hinziehende Serie des Misslingens auf die Kinder auswirkte, eingespannt zwischen die alles dominierende, aber auch alles tragen müssende Mutter und den ewig unzufriedenen, alles verpatzenden Vater, der sich von allem absonderte und die Kinder von früh an mit Eifer für seinen Katholizismus gefügig zu machen suchte. Da scheute er auch vor Schlägen nicht zurück. Den größten Erfolg hatte er, wie ich als Kind noch mitbekam, bei seiner Tochter Maria, meiner Patin. Mein Vater aber muss, da die musische Sensibilität des Magnus auch ein Teil seines Wesens war, von den elterlichen Gegensätzen früh aufgerieben worden sein. Denn wie den Hang zum Väterlich-Musischen, hatte er auch, oder vielleicht noch mehr, die Erdenlust und den Mutterwitz der Oma im Leib. Vielleicht geriet er deshalb früh ans Trinken, weil das Mütterliche seines Wesens den inneren Kampf mit dem Vater nicht zu entscheiden vermochte, der die Autoritäten jener Tage, vom Kaiser bis zum Lehrer, Pfarrer und Dorfgendarm, auf seiner Seite hatte. Obwohl Vater Jupp selbst nicht zur Kirche ging und stets Glaubenszweifel äußerte, hielt er mich durchaus zum Kirchgang an. Zudem blieb er allem Geistigen gegenüber immer offen, las noch nach dem Krieg alles, was auch ich las, von Lessing bis Thomas Mann.

Bei der jüngsten Schwester Klara hatte sich die mütterliche Lebenslust bis zum Leichtsinn gesteigert. Sie trieb es früh mit einigen Männern, unter anderem mit einem amerikanischen Besatzungssoldaten, womit sie das halbe Dorf gegen sich aufbrachte. Wahrscheinlich hatte sie das Glück, nicht schwanger werden zu können. Denn selbst die stürmische Liebschaft mit Onkel Oskar, der sie sogar eheliche Dauer verlieh, blieb ohne Kinder. Ich war gern in Tante Klaras Nähe. Sie roch immer gut, war äußerst freigiebig, beschenkte mich mit Geld, Büchern und teurer Kleidung, war immer gut gelaunt und schwärmte für Tango. Als wir einmal zu Besuch bei ihr in Traben-Trarbach weilten, geriet meine Mutter in hellste Aufregung, als Klara morgens splitternackt in der Wohnung hin- und herlief und mir – auch hierin großzügig – all das zu sehen gab, was man nach dem Scham- und Peinlichkeitsstandard der Zeit zu verbergen hatte, ich aber als das Bild ansehnlich wippender Oberweite und krauser Rabenschwärze unter dem Bauch unvergesslich dankbar in mich aufsog. Es wirft ein Licht auf meinen Vater und mich, dass er seiner Schwester Maria emotional näher stand als Klara, während es bei mir genau umgekehrt war. Obwohl die Maria nicht nur die feinen Gesichtszüge von Vater Magnus in weiblicher Vollendung geerbt hatte, sondern auch die gertenschlanke Modelfigur ihrer Mutter, mochte ich sie nicht besonders, weil sie meist streng mit mir war und mich sogar einmal geohrfeigt hatte bei einem Besuch in Neuwied, als sie mit mir Achtjährigem an der Hand an einer Litfaßsäule vorbeiging und ich wohl etwas zu intensiv die bizarre Vulva anstarrte, die irgendjemand der blendend weißen Persildame in den Schritt gemalt hatte. Obwohl Ohrfeigen gewöhnt und abgehärtet, habe ich ihr das niemals verziehen. Vater Joseph und Tante Maria passten, anders als Tante Klara, auch körperlich zusammen. Sie waren gleich groß und beide ebenmäßig schlank, nur hatte mein Vater im Unterschied zu ihr das herbe Gesicht seiner Mutter. Tante Klara hingegen war kleiner und von eher rundlicher Figur wie Omas Schwester Rebekka aus Reil.

Offenbar durchlebte ich damals eine auf Genitalien fixierte Phase, die wir Kinder des sexuellen Mittelalters von uns aus mit dem Attribut »schweinisch« belegten, wie überhaupt das Schwein damals noch für all das seinen guten Namen hergeben musste, was an Abgeschmacktem ausschließlich menschlich war, zumal das geistliche Abendland die innere Sau gern auf Huren, Hexen und Juden losließ. Ich hätte wohl mehr unter meinem schlechten Gewissen gelitten, wenn ich diesen Trieb nicht in all meinen Kinderwelten und in allen Spielarten verbreitet gefunden hätte. »Komm, wir machen Schweinereischens!«, forderte uns die Gerda einmal auf und zwar, als wir im Garten meiner Großeltern spielten, wobei sie uns mit einer Mischung aus Lust und Scham angrinste. Nach diesem verbotenen Garten gierten alle, die Kinder von der Reckstraße, den Baracken, vom Bahnhof und von Bullay. In meiner frühen Erfahrung war dieser Garten offen für das Gewaltsame und Perverse, aber für mich gehörte es dort nicht hin. Nach meiner Traumfahrt mit Friedchen erlebte ich seinen Zauber noch einmal, mit dem merkwürdigen Resultat, dass diese aufwühlende Triebphase meiner frühen Jahre einfach zu Ende ging.

Es war 1936, ein heißer Sommertag in den großen Ferien. Ich weiß es noch wie heute: Die Oma hat sich mit dem Opa zu Fuß über den Berg nach Reil zu Schwester und Schwager aufgemacht. Sie hat mich zum Abschied noch streng ermahnt, nur ja die Mittagssonne zu meiden. Ich bin allein mit dem Walther Harf und seiner Schwester Inge, die zusammen mit ihren Eltern, dem Onkel Julius und der Tante Ida, im großelterlichen Haus zur Miete wohnen. Bis zum Vortag haben wir noch, ich zuletzt am späten Nachmittag, an dem damals noch nicht kanalisierten wildwüchsigen Ufer der Mosel gebadet hinter den Weiden nahe der Brücke, doch eine Clique meist älterer Dorfjungen hatte uns wieder einmal massiv bedroht und vertrieben. Nun haben wir uns auf den Hof hinter dem Haus zurückgezogen, eine der großen Holzbütten, wie man sie zur Traubenernte benutzt, in die heiße Sonne gezogen und mit Wasser gefüllt. Der Hof ist halb überdacht und von nirgendwo einzusehen. Aus dem Schatten heraus klettern wir über eine Kiste in die Bütte und planschen, tanzen und albern in ihr herum. Als Walther und ich gerade dabei sind, die schrill aufschreiende Inge mit Wasser zu bespritzen, stehen plötzlich Briefträger Selbachs Töchter Gerda und Thea aus dem Kolpinghaus gegenüber – da, wo sie unter dem Dach wohnen. Sie haben uns wohl schreien gehört und wollen mitspielen. Walther und vor allem ich sind Feuer und Flamme: »Au ja, kommt rein! Los rein!«, denn besonders die hübsche Thea hat es uns Jungen angetan. Die Inge aber will das nur zulassen, wenn wir sofort mit dem Spritzen aufhören. Wir geloben. Denn der Inge gehorchten wir beide aufs Wort, nicht nur, weil ihr etwas mütterlich Behütendes eigen war, sondern mehr noch, weil von ihren unerhört offen blickenden Augen etwas Zwingendes ausging, dem man sich einfach unterwarf. Im Nu haben die Gerda und die Thea die blauen Kittelschürzen über den Kopf gezogen und sind auch schon in ihren pumpigen rosa Unterhosen zu uns in die Bütte gestiegen.

Zunächst bleiben wir alle brav, tauchen mit zugehaltener Nase unter, ziehen in einer Polonaise durch die Bütte, packen uns an den Händen und hüpfen im Kreis, bis dann die Gerda plötzlich den Mund voll Wasser nimmt und mir mit geschürzten Lippen einen Strahl so herausfordernd ins Gesicht schießt, dass ich gleich mit vollem Mund zurückschieße. Schon sind auch die andern angesteckt, und ein Hin- und Herspucken hebt an, das bald in eine wilde Wasserschlacht des gegenseitigen Bespritzens übergeht. Das ausgelassene Toben nimmt erst ein Ende, als die Bütte halb leer ist und mit Wasser neu gefüllt werden muss. Das aber kommt kalt aus der Leitung und muss sich in der Sonne erst erwärmen. Eine Weile stehen wir immer noch lachend und heftig atmend neben der Bütte, Inge, Walther und ich in unserer Badekleidung, Gerda und Thea in ihren nassen Unterhosen, die ihnen zum Kichern komisch am Leib kleben. Inge gibt ihnen zum Abtrocknen eines von unseren Handtüchern, dann sitzen wir erst einmal eine Weile unter dem Dach auf der Bank. Was tun? Als Walther plötzlich sagt, er habe Durst, springe ich in einer Spontaneingebung auf und rufe: »Ich hol uns Wein!« Auf das allgemeine »Au ja! Mach!« hin renne ich auch schon weg ums Haus herum, hole die Karaffe und ein Probierglas aus der Küche und zapfe im Keller »den Guten aus dem letzten Fass«. Das Ansaugen mit dem Gummischlauch klappt erst beim zweiten Mal, und ich kriege schon zwei kräftige und sich als fatal erweisende Schlucke ab. Ich laufe zurück in den Hof, wo sie schon warten und sich dicht um mich scharen. Als Mundschenk in der Mitte, fülle ich das Probierglas bis zum Rand und schicke es mit »Jeder nur einen Schluck!« auf die erste Runde. Es ist Omas grüngoldener Riesling mit der meisten natürlichen Süße aus dem Weinberg unter der Ley. »Ihr müßt ihn schlürfen und auf der Zunge halten!«, höre ich sie aus mir sprechen. Und alle schlürfen und halten die Kostbarkeit auf der Zunge und schürzen die Lippen wie zum Kuss. Das nachgefüllte Glas geht abermals von Mund zu Mund, und ich fühle, wie mit jedem Schluck der Wein wohliger in mich eingeht und ich übersehe nicht, wie er uns alle belebt.

Mit jeder Runde entsteht ein Mehr an Energie und wohliger Dehnung, das hebt und fortträgt. Wir werden lauter und ausgelassener. Irgendwann ist die Karaffe leer, Walther fängt an zu albern, er torkelt umher, ruft, »Ich bin besoffen«, und legt sich lang auf die Bank. Ich sehe noch, wie die Inge nach einem Handtuch greift: »Dann müssen wir dich ins Bett bringen.« Und schon ist der Walther von den drei Mädchen umringt, die ihm kichernd die Badehosen ausziehen, was er steif daliegend über sich ergehen lässt, um dann mit dem Handtuch zugedeckt zu werden. Ich sehe wie im Traum, dass sich die drei Mädchen plötzlich wie abgesprochen und mit einem glitzernden Lachen in den Augen zu mir umdrehen, höre sie irgendetwas von »Und jetzt du!« sagen und fühle, wie ihre Hände mich neben den Walther niederdrücken und auch mir die Badehose von den Beinen ziehen. Mit einer Mischung aus Lust und Neugier bemühen sie sich um meinen Saturn, vor allem die Inge, die damals weit mehr als wir alle im verbotenen Jenseits zuhause war. Ich liege da und sehe auf einmal, dass die Mädchen nackt sind und schön in der Blütenfrühe ihres Lebens, drei kindliche Chariten, die kleinen Spalten noch blank und nicht nur darin ein unendlicher Kontrast zu Raffaels epilierten Töchtern des Zeus, die mich später immer wieder an den seligen Sommertag 1936 erinnern sollten. Nun berühre ich sie wie sie mich, sehe und fühle mich eingelassen in den Garten, und alles geschieht wie im Rausch. Niemals wieder habe ich das Verbotene mit so inniger Gier gekostet. Es war die unerklärbare Anmut des Augenblicks, wie sie nur Kinder einander schenken können und ein wenig auch der Wein, der feine Treibstoff der Lust, von dem ich an jenem Tag ein wenig zuviel genossen habe.

Dieses Zuviel, das mich wohl schon während des animierenden Umtrunks hinweggetragen hatte, kam nun mit Macht über mich. Ich weiß noch gut, wie ich mich mit Karaffe und Glas plötzlich davonmache und ums Haus zurücklaufe, nackt und erregt wie ich bin. Zum Glück ist niemand auf der Straße. In der Küche spüle ich noch die Karaffe und das Glas aus, stelle sie zurück in den Schrank, merke dann, wie mir anders wird, und da liege ich auch schon lang auf dem Sofa. Zum erstenmal in meinem Leben bin ich berauscht, und dies in völliger Unkenntnis seiner Symptome, die sich nun verstärkt einstellen. Als ich daliege, dreht sich die Küche, und beim Schließen der Augen mein ganzes Inneres. Ich stehe auf und gehe etwas unsicher hinüber ins Schlafzimmer in der ängstlichen Erwartung, in dem großen Spiegel nicht mich, sondern einem völlig anderen gegenüberzutreten. Ich erinnere mich, dass ich meinem Spiegelbild Grimassen schnitt, die Augen auf- und zumachte und die Zunge rausstreckte, nur um mich zu vergewissern, dass ich das war. Doch das Gefühl des Andersseins blieb. Plötzlich hatte ich den Drang, diesen Anderen irgendwie aus mir herauszutreiben, lief zum Wasserhahn und trank und trank. Dann zog ich mir etwas an, legte mich wieder aufs Sofa und hoffte nur noch, dass die Oma und der Opa nicht so bald aus Reil zurückkämen. Schlecht war mir nicht gerade, aber die aphrodisische Trunkenheit war in ein inneres Durcheinander übergegangen, das mich unruhig durchs Haus trieb. Plötzlich musste ich daran denken, wie es wohl dem Walther und den drei Mädchen geht. Geht es ihnen jetzt auch so wie mir? Irgendwann am Nachmittag lässt Gott sei Dank das ungute Gefühl nach, zumal, nachdem ich etwas gegessen habe. Am nächsten Tag, als wir uns wieder im Hof zum Baden treffen, fragt die Inge nur: »Warum bist du denn gestern einfach weggelaufen?« »Ja, ja, und ohne Hose«, grinst die Gerda. Sonst kein Wort. Der Walther sagt nichts, die Thea, diesmal im Badeanzug wie die Schwester, sagt nichts, alle sagen sie nichts über unser Gelage vom Tag zuvor. Ganz nach Kinderart ist es offenbar vergessen und ihre Gelassenheit gibt mir die Gewissheit, dass nicht ihnen, sondern allein mir der Riesling so zugesetzt hat. Ich habe in meiner ganzen Kindheit und frühen Jugend niemals mehr zuviel Wein getrunken. Aber auch mit meinen ganz speziellen Saturnalien, diesen unvergesslichen Geschenken des erfüllten Augenblicks, hatte es, wie schon gesagt, nun ein Ende.

Wenige Tage nach meinem Höhenflug mit Absturz weckte mich meine Oma frühmorgens auf mit dem Jubelruf: »Hejt gihmer in die Ank!« Als ich ihr in die Küche folgte, stand da schon der fertig gepackte Tragekorb mit Decke, Handtuch, Messer und Gabel, Streichholz, Drahtrost, Salz, Pfeffer, Tomaten, Zwiebeln, Brot, Butter und der Feldflasche mit Flubbes. Flubbes war der aus dem Trester gewonnene Zweitaufguss von Trunkwein zum täglichen Bedarf, wie ihn jeder Moselwinzer damals noch herstellte. Ein halbes Fuder davon produzierten die Großeltern jedes Jahr. Der Flubbes hatte weniger Prozente und schmeckte gar nicht so schlecht, war jedenfalls gut gegen den Durst. Also mit allem gerüstet brachen wir – ich nach Katzenwäsche und hastigem Frühstück – fröhlich auf durch das noch halb verschlafene Dorf, durchquerten den kleinen Tunnel unter der Eisenbahn, durch den auch der Bach floß, und nahmen den Weg durchs Tal vorbei an den Weinbergen. Die Oma hastete wie immer vor mir her in ihrer üblichen Ank-Montur, einer verwaschenen blauen Leinenbluse und einem langen, eng anliegenden Rock, dessen ungewöhnlich dicker und sicher einst teurer Stoff blau-violett verschossen und verfilzt in der Morgensonne schimmerte, ein uraltes Stück aus wilhelminischen Zeiten, einsgeworden mit ihr. Sie selbst gehörte zu der wohl letzten Generation von Frauen, die keine Unterhosen trugen, ein Vorteil, der ihr von jung an zu dem virtuos gemeisterten Ritual verholfen hatte, wenn sie mal musste, nicht in einem örtlichen Abseits hastig entblößt in die Hocke zu gehen, sondern das kleine Bedürfnis wie die Mannsleut aufrecht und erhobenen Hauptes zu verrichten. Als ich das als Knirps zum erstenmal erlebte, wusste ich erst gar nicht, was mit der

Oma plötzlich los war. Denn sie blieb unterwegs wie festgenagelt stehen und fixierte in unnachahmlich ansteckender Weise einen Punkt im Gelände, so als sei sie einer Sensation auf der Spur.

Ich guckte natürlich voller Neugier hinterher, sah aber nicht, was sie sah, bis ich bemerkte, dass, als sie leicht breitbeinig besagten Rock vorn ein wenig vorgezogen hielt, ein Strahl hinter dem Saum hervorkam und den Wegesrand abwärts als Rinnsal im Staub versickerte. Von da an wusste ich, dass, wann immer meine Oma unterwegs plötzlich wie von einer Vision gebannt stehenblieb, da nichts war und sie bloß musste – nicht wie meine Mutter, die sich immer erst wie eine Verfolgte umsah, um dann doch nicht schnell genug aus ihrem Versteck wieder aufzutauchen, wobei sie sich einmal in die Pumps gepinkelt hatte. Ich weiß das deshalb noch so gut, weil Vater Jupp es nicht lassen konnte, das Ereignis in einem Limerick festzuhalten, von denen er sich gerade seine kleine Sammlung zugelegt hatte. Eines Mittags gab er ihn uns zum Besten: »Zum Pinkeln fand die Kathrin / In Neuwied nicht eine Latrin. / Ins Gebüsch flink gestöckelt, / Verkehrt sich gehöckelt, / Und die Pumps waren voller Urin.« Während ich die Verse gleich auswendig lernte, schmollte meine Mutti: »Ja, ja, immer lachen auf meine Kosten!« – »Wieso?«, schmunzelte mein Vater: »Du legst vor, und ich zahle mit Versen und Versesversen zurück.«

An einen Märzmorgen, die Wiesen waren weiß von Reif, war es so eisig kalt, dass meine Oma und ich auf dem Weg durchs Tal Atemwolken absonderten und dass ihr, als sie musste, die gleiche Wolkenbildung unter dem Rock aufstieg, wenn auch nicht ganz wie bei Mariä Himmelfahrt, wo zu den Wölkchen geflügelte Putten unter dem gottesmütterlichen Rock hervorflogen, ein Bild, dessen Reproduktion damals bunt unter Glas überall in den Schlafzimmern kleiner Leute über den Betten hing. Ihre übliche Bedürfnispause auf unserem Weg zur

Ank legte meine Oma auch an diesem Sommermorgen ein. Als wir an das letzte Steilstück des sonst sanft ansteigenden Talwegs gelangt sind, wo der Opa einst mit Kuh und Wagen verunglückte, ist es nicht mehr weit. Bald nimmt uns der hohe Buchenwald auf, durch den es auch schon links den Berg hinunter geht, wo er sich zu dem weiten Wiesengrund lichtet mit dem Bach und der kleinen, kunstvoll geschwungenen Holzbrücke, die noch der Urgroßvater Joseph gebaut hat. Über diese Brücke steigen wir ans gegenüberliegende Ufer und die würzig duftende Wiese hoch zum Waldrand, wo wir uns lagern. Im Schatten eines Baumes breitet die Oma die Decke aus, dann sitzen wir erst einmal eine Weile dicht beieinander und hören der Stille zu, dem leisen Rauschen des Baches und den Vögeln, besonders dem zudringlichen Gesang der Eichelhäher, deren wunderschöne Federn ich immer sammelte. Dann aber geht es barfuß in den Bach, aus dem wir erst einmal tüchtig trinken. Wenn mein Vater dabei war, bauten wir immer Dämme und ließen Wasserräder laufen. Nun aber wate ich mit meiner Oma durch das kühle, klare Wasser, sehe die kleinen Krebse unter die Steine huschen, während es die Oma, mir voran, auf die Forellen abgesehen hat. Geübt seit Kindertagen, greift sie hier und da blitzschnell unter einen der breiten und flachen Steine, und hin und wieder erwischt sie die Forelle darunter, die dann in hohem Bogen zappelnd auf die Wiese fliegt.

Es dauert eine Weile, bis unsere Strecke für den Tag gefangen ist, fünf oder sechs Fische, die mit einem Schlag auf den Kopf getötet werden und ausgenommen im Bach deponiert. Mittags bauen wir aus Steinen und dem mitgebrachten Drahtrost einen Ofen, ich sammle trockenes Holz, das wir erst bis zur Glut verkohlt herunterbrennen lassen, ehe wir die mit Salz, Pfeffer und Petersilie gewürzten Fische auf den glühenden Rost legen. Unvergesslich die Forellenmahlzeiten in der Einsamkeit der Ank mit Brot, Tomaten, Zwiebeln und dem Trunkwein aus der Feldflasche. Danach folgt dann jedesmal mit einem: »Eset net schien hej?« der großmütterliche Kuss für den Enkel, weinfeucht verabreicht und mit heftigem Ansichdrücken. Doch Fischfang und Picknick, so herrlich sie sind, sind jedesmal nur die einleitenden Akte vorm Höhepunkt des Unternehmens, einem Vergnügen, auf das sich die Oma, wie sie mir einmal erzählte, schon als kleines Mädchen immer gefreut hatte. Sie nennt es Streifen, auf moselländisch »Sträwe«, das sie immer mit dem Aufruf einleitete: »Un jetzt giemer sträwe!« Das hatte nichts mit fröhlichem Wandern über Berg und Tal gemein, sondern war wie das abenteuerliche Durchdringen einer unbekannten Wildnis. Oma voran, ich hinterher. Dabei wurde möglichst nichts an Buschwerk, Hecken und Unterholz als Hindernis umgangen, sondern einfach durchpflügt, wobei meiner Oma der lange Rock zur Hilfe kam. Er muss einst zur Blütezeit der Brasiljisch aus besonders felddiensttauglichem Militärstoff geschneidert worden sein, dass er nur ja etwas aushielt. An der Oma wirkte er wie ein Panzer, von dem alles abglitt und der alles durchdrang. Wenn das Geäst besonders dicht war, drehte sie den Kopf zur Seite, winkelte den Arm abwehrend an, und durch ging es durch die Bresche, ich klein und geduckt dicht hinter ihr und das herrliche Gefühl genießend, geschützt zu sein, wenn die beiseite geschobenen Äste über mir wieder zusammenschlugen. Meine Oma kannte alle verschwiegenen Wege und Winkel, ob es die waren, wo allein bestimmte Kräuter wuchsen, wo die Pfifferlinge ihre Hexenringe zogen oder wo besonders ergiebige Brombeerhecken standen, die sie Ende August mit meinen Eltern und mir aberntete für das begehrte Gelee, das wir dann mit nach Neuwied nahmen. Immer schlug die Oma mit ihrem Rock Schneisen in das dornige Gebüsch, so dass wir kaum noch Mühe hatten, die freigelegten Brombeeren in Emaillebechern zu sammeln und in große Wassereimer umzufüllen.

An diesem Sommertag 1936 aber wollen wir nichts als streifen und streifen. Ich weiß noch, wie mich eine eigenartige Stimmung überkam, vor allem, als wir uns zu einer Lichtung durchschlagen und die Oma »Juchuh!« ruft, eine ihrer Pirouetten dreht, mit mir über die Wiese Ringelreih tanzt und mich an sich drückt. Als wir schließlich in eine dunkle feuchte Schlucht eindringen und uns eine Weile umsehen und verschnaufen, geht meine märchen- und sagengespickte Phantasie mit mir durch: Ich sehe vor mir im moosigen Fels eine tiefe, breite Spalte und bin plötzlich gepackt von dem Gefühl, in ihr müsse ein Schatz verborgen sein. Eigentlich ein völlig nichtiger Moment in meinem Leben, bei dem ich mich frage, warum unser Hirn, das uns ohnehin eine Welt vormacht, wie wir sie sehen, und nicht wie sie wirklich ist, solche Momente überhaupt speichert. Aber die Oma steigt schon aus der Schlucht heraus. »Komm!«, drängt sie. An Muße ist nicht zu denken. Erst nach Stunden ist das wilde Jagen durch Wiesen und Wälder zuende, kehren wir zur Ank zurück, erhitzt und feucht, und selbst durch Omas Runzelbräune glüht es rot. Wieder ziehen wir die Schuhe aus, laufen über die Wiese hinunter zum Bach, hinein mit den Füßen, schöpfen mit Händen das Wasser, tauchen die heißen Gesichter hinein und trinken und trinken. Hinterher dann zum Butterbrot ein letzter Schluck Flubbes, und zurück geht es über die Brücke hoch zum Wald und nach einem letzten Blick über Omas Ank den steilen Weg hinunter ins Tal mit dem malerischen Blick über die Mosel mit der Marienburg, der Burg Arras auf ihrem Bergkegel und der Kapelle hoch über Alf, wo mein Vater im Dezember 1899 auf die Namen Ignaz Magnus Joseph getauft wurde.

Wieder zuhause, sitzt der blinde Opa wie gewohnt auf dem Stuhl neben dem Herd, wobei er die Angewohnheit entwickelt hat, aus Brotkrumen winzige Figuren zu formen, die sich im Laufe der Jahre zu einer stattlichen Sammlung vermehrt haben und die er zu Kolonnen aufgereiht neben sich auf den

Anstelltisch plaziert hat. Von weitem sehen sie alle gleich aus. Aber wenn man sie von ganz nah betrachtet, erkennt man, dass der Opa jeder von ihr ein geringfügig anderes Aussehen gegeben hat. Die Oma hat für den Opa beim Metzger Wurst zum Abendbrot gekauft, damit auch er etwas von dem schönen Tag habe, aber nicht bei Inges und Walthers Opa, dem Harfs Gustav, der seine Metzgerei aufgeben musste, sondern bei Uwers Pit, dem Bruder von Uwers Karl, der von Düsseldorf ins elterliche Haus zurückgekehrt ist und die neue Metzgerei angebaut hat, auf deren Schaufenster, da hat der alte Harf nicht mithalten können, »Deutsches Geschäft« steht.

Aber auch für die Großeltern brachte das Jahr 1936 eine einschneidende Veränderung. Denn im Herbst verkauften sie – und wie sie meinten zu einem sehr guten Preis – ihr ganzes Land bis auf die beiden Obst- und Gemüsegärten. Die Ank lag dann zwar immer noch betretbar da in ihrer unverschmutzten Einsamkeit, aber sie gehörte uns nicht mehr, und die Brasiljisch Marie würde niemals mehr mit ihrem Enkel den sechs Hektar umfassenden Grenzverlauf abschreiten, wie sie es manchmal getan hatte, wenn auch Vater Jupp dabei war, dem dieses Stück Land im Unterschied zu mir noch wirklich ans Herz gewachsen war. In diesem Jahr stieg ich auch das letzte Mal mit meiner Oma in den Weinberg hoch, aber nicht irgendeinen der sieben oder acht, die über die Bullayer Gemarkung verstreut lagen, sondern ihren Lieblingswingert auf der Ley, der zuverlässig den besten Tropfen hergab für »das letzte Fass« hinter den sieben anderen Fuderfässern, die im kühlen Keller aufgereiht auf Eichenbohlen lagerten. Der Wein aus dem letzten Fass diente auch zum Verschnitt mit den Fudern, die weniger natürliche Süße besaßen.

Wieder war der Tragekorb früh am Morgen fertig gepackt, als ich in die Küche kam, nun aber, als Stärkung für die Arbeit, mit Brot, Käse, einem dicken Stück Speck und zwei Feldflaschen Flubbes. Ich weiß noch, dass das Fenster weit offen stand und die Berge das vieltönende Echo des erwachten Moseltales zu uns hereintrugen. Deutlich waren dabei selbst Worte zu verstehen, die auf dem anderen Moselufer in Alf gewechselt wurden. Die Oma hörte mitunter sogar heraus, wer da gerade sprach. »Dat es dä Schwickerats Karl, dä es widder biis, dat ä nix fängt«, sagte sie einmal. Den Mann kannte auch ich, weil er immer mit Gummistiefeln mitten in der Alfbachmündung fischte und laut herumbrüllte. Kurzwäsche und schnelles Frühstück, und wieder nehmen wir den Weg durch den kleinen Tunnel unter der Eisenbahn mit dem Bach voller Weichtiere und Blindschleichen, gehen dann aber nicht den Talweg hoch, sondern biegen gleich links ab, wo der Weinberg am steilsten ist und ein Zickzackweg zur Ley hochgeht. Ich darf die Hacke tragen. Meine Oma trägt den Korb. Diesmal ist sie nicht mit ihrem dicken Rock gepanzert, sondern trägt einen luftig leichten Leinenrock zu genagelten Stiefeln und eine von ihren beiden blauen Leinenblusen. Der Hang ist steil, und ebenso steil muss man zum Himmel hochblicken. Die Oma nimmt nicht den Zickzackweg, sondern den kürzeren geradewegs durch die Wingerte, die, festgehalten durch eine Folge von Bruchsteinmauern, sich über uns zu einer Folge von Terrassen staffeln und über deren steile und schmale Mauertreppchen wir höher und höher steigen ohne Pause. Überall auf dem heißen Schiefer sonnen sich die Eidechsen und huschen oft schneller, als wir Augen haben, vor uns weg in Spalten und Ritzen. Irgendwann, nach Überwindung vieler Mauertreppchen und vorbei an ungezählten Rebstöcken, stehen wir endlich vor der letzten Stützmauer, hinter der Omas Lieblingswingert beginnt, um hoch oben an einer schmalen felsig blauen Brache zu enden, hinter der sich das Eichenwäldchen erhebt. In seinem lichtgrünen Schatten legen wir zuerst einmal den Tragekorb ab, und die Oma bindet sich eine der beiden Feldflaschen mit dem Trunkwein um den Leib. Dann geht sie zum nächstbesten Rebstock, greift durch das grüne Laub nach einer der Trauben, hebt sie prüfend ins Licht und zu mir hin und sagt dann, auf die winzigen grünen Perlen zeigend: »Guck ääs, et moos noch vil Sunn gän fir en goode Hirest.«

Als sie mir die Hacke abnimmt und meint, ich solle mich doch unter die Eichen setzen, will ich das ganz und gar nicht, sondern lieber mit ihr gehen und ihr helfen. So steigen wir also zusammen abwärts zur Mauer zurück, wo sie gleich damit beginnt, abwechselnd rechts und links die Rebstöcke einen nach dem andern rundherum vorsichtig aufzuhacken, dass der Boden sich lockert und doch seine Feuchtigkeit bewahrt, wozu sie die weggerutschten Schieferplatten wieder sorgfältig um die freigelegten Wurzelansätze schichtet. So geht es Stock für Stock mühselig aufwärts. Immer wieder abwechselnd hacken und bücken und den kostbaren Boden dahin zurückholen, von wo er unter dem schweren Stiefeltritt fast jedesmal abrutscht. Ich helfe der Oma so gut ich kann beim Schichten des Schiefers um die Stöcke. Sechzig Stöcke steigt der Wingert auf, und zwölf Stöcke liegt er breit, sagte sie, und ich rechne die Zahl zusammen: 720. Die Oma will heute viel schaffen, das gute Wetter nutzend. Die Arbeit geht ihr wie alles andere schnell von der Hand. Immer wenn wir die Hälfte der zweimal sechzig Stöcke rechts und links aufgehackt und wieder zugedeckt hinter uns haben, macht sie eine Pause, nimmt einen Schluck aus der Feldflasche, und auch ich muss trinken. Setzen tut sie sich nicht. Ich erinnere mich aber, dass, als sie mich mit ihren schweißnassen Runzeln beim Trinken einmal anlacht und dabei mit dem Kopf nickt, dieses Lachen anders ist als sonst. Auch unterlässt sie diesmal ihre sonst üblichen Reimereien auf Schweiß, Heiß, Fleiß und Kreis.

Und doch ist sie in ihrer Arbeit die Alte, wie sie sich so wettergegerbt und gertenschlank inmitten der Rebstöcke bewegt in ihrem ganz und gar vortechnischen Naturverhältnis, ohne

Distanz zu dem, was sie umgibt, sondern wie verschmolzen mit der prallen Gegenwärtigkeit des Wingerts und seines felsigen Grundes, dessen Ausbeutung und billige Vermarktung zwei Generationen später ihrer Epoche vorerst ein Ende setzen sollte. Wieviel von den 720 Stöcken meine Oma an diesem Sommermorgen 1936 schaffte, weiß ich nicht mehr. Aber irgendwann war sie zufrieden mit dem, was sie den verborgenen Adern im glühenden Fels abgerungen hatte für die festliche Kelter des kommenden Weins. Bei meiner Oma war niemals ein Warten und Dulden wie bei meinem Opa, sondern von Herbst zu Herbst aufs Neue der energische, ja schon fast wütende Ansturm, um der Rebe die Traube und der Traube die feurig süße Säure des Weins zu entlocken. In ihr war noch ein Rest Archaikum gegenwärtig. Stand sie doch in der Tradition jenes fernen Urabenteuers, als man im Orient vor Jahrtausenden dahinter kam, den blutroten und den grüngoldenen Most der Traube in das Wunder einer entrückenden Substanz zu verwandeln, in ein Geschenk der Götter. Schweiß und mythische Leidenschaft im Ringen mit der Erde, ein Leben lang, auf dass die mineralische Säure des Schiefers und die Süße der Sonne in der Traube und im Wein sich vereinen, auf dass Heiterkeit und Tanz die Trauer vertreiben, die Düsternis und die Einsamkeit. Meine Oma war die letzte der Brasiljisch und eine der letzten unwissenden Dienerinnen des Dionysos, runzlige Mänade, die noch durch die Wälder streifte und sich in jenem Jahr 1936 zum letzten Mal der Einholung der göttlichen Essenz hingab, die von jeher der Feind des Fatums war. War es ihr Vermächtnis, das den Enkel später zu den Dienern des trunkenen Gottes, zu Sophokles und Aristophanes, zu Heine und Nietzsche hintrieb und ihrer »großen Vernunft des Leibes«, dem »erstaunlicheren Gedanken als der alten Seele«?

Irgendwann am frühen Nachmittag um die Stunde des Pan steigen wir vom Wingert zum Eichenwäldchen hoch, lassen uns im Gras nieder zu Käse, Speck und Brot und trinken Flubbes, nunmehr aus der zweiten mitgebrachten Feldflasche. Tief unter uns das Moseltal und drüben auf fast gleicher Höhe die Marienburg mit der Burg Arras dahinter, ein unvergesslich schönes Panorama und ein Stück Heimat, wie es allein in die Kindheit leuchtet. Obwohl die Oma müde ist, will sie noch nicht nach Hause. Wir gehen zusammen durch den jungen Eichenwald, der nur noch wenig ansteigt und von dessen geschlagenen Stämmen man damals noch die Rinde schälte und zu Packen gebunden als Lohe an die Gerbereien verkaufte. »Luh schälle«, nannte man das, und das Produkt »Luhschäll«, ein willkommenes Zubrot noch zu Omas Zeiten. Diesmal aber kein Streifen und ausgelassenes Stürmen wie noch Tage zuvor in der Ank, sondern ungewohntes Insichgekehrtsein. Hier und da bleibt die Oma stehen, sieht sich um und um, fasst mit Händen an die jungen Stämme, dass es wie Streicheln aussieht, und pflückt mir dann, das weiß ich noch, einen besonders schönen Eichenzweig mit Blatt und zwei grünen Eicheln. Als wir zurückkehren zu unserem Platz und uns wieder setzen, merke ich auf einmal, dass die Oma weint. Still und leise laufen ihr Tränen über die Runzeln und ganz unpassend zu ihrer herben und hastigen Art. »Et letztmoal, et letztmoal«, sagt sie leise vor sich hin und legt ihren Arm um mich, und ich weine ein Stück mit.

Als meine Oma und mein Opa 1898 die Ehe eingingen, wurde sie im Himmel allzu gegensätzlicher Gottheiten geschlossen. Für den charismatischen Magnus stand sie unter dem paradoxen Gebot des Christus der Liebe und des schrecklichen Gerichts über uns Sünder, und für die furiose und mänadische Maria unter dem Gott des Weins, dem Brauser, Jauchzer und Löser des Leibes, und war darin auch dem Einen Gott nicht fern, wie wohl auch nicht dem leidenden Jesus am Kreuz, der den Wein und den die Frauen liebten und der schon deshalb, wie Nietzsche meinte, »das Leben nicht ins Jenseits, sondern

Gott ins Leben ziehen wollte.« Sieben Jahre nach Omas Abschied von der Ley, mitten im Krieg, als ich bei ihr wohnte und von ihrer Leidenschaft zu dem Metze Ferd erfuhr, die ihren heimlichen Ort in diesem Wingert und im Eichenwäldchen gehabt hatte, und dies über viele Jahre, erkannte ich überhaupt erst die wahren Gründe jener Tränen. Dieser Wingert war der jungen Brasiljisch Marie und ihrem Ferdinand zum Garten der Liebe geworden. Hier hatten sie sich unter den Weinstöcken heimlich getroffen. Ein sicher nicht stilles, sondern rauschhaftes Hohes Lied von Küssen und wildem Durst auf den Leib der Geliebten, den Garten, und die Wabe und den Schoß gleich einer Schale Wein. Es muss eine wahre Liebe gewesen sein, sonst hätten die beiden sie sich nicht bis ins hohe Alter und an ihren Ehen vorbei bewahrt.

X. INGE, WALTHER UND VIEL BÖSES BLUT

Meine früheste Erinnerung an Bullay ist ein nebliger Märzmorgen des Jahres 1932, wenige Wochen vor meinem ersten Schultag. Harfs Inge, ein Jahr älter als ich, geht mit mir an der einen und ihrem noch etwas jüngeren Brüderchen Walther an der anderen Hand die Dorfstraße hinunter zur Mosel. Zuvor hat sie für jeden von uns bei Oma Lina in der Metzgerei noch ein Stück Wurst geholt. Der Nebel ist sehr dicht. Man kann nur wenige Meter weit sehen. Auch die Fähre, die gerade am Ufer anlegt, bricht wie aus einer milchigen Wand hervor und mit ihr ein Gespann mit zwei Kühen und einigen Leuten, die uns entgegenkommen. Der alte Fährmann in seiner weiten, schwarzen Pelerine mit Vollbart und Pilgerhut ist eine Erscheinung aus fernen Zeiten. Wie ein Riese überragt der wortkarge und mürrische Mann uns Kinder. Ich erinnere mich, dass ich Angst vor ihm, dem Fährepiter, hatte und niemals das gewagt hätte, was die Inge ohne weiteres tut. Sie geht grüßend auf ihn zu, spricht ihn dabei mit »Sie« und »Onkel Peter« an und fragt ihn, ob wir drei ohne zu bezahlen mitfahren dürfen. Wir dürfen, angedeutet durch kurzes Kopfnicken. Wir setzen uns brav und dicht zusammen auf die Bank und fahren, unsere Wurststücke kauend, mit zurück nach Alf, von wo das »Holüber!« laut wird, ohne dass man die Rufer sehen kann. Es ist eine gespenstische Atmosphäre. Zwar ist das Moseltal wie an jedem Morgen zu geschäftig lautem Treiben erwacht, und die Berge tragen uns das Echo jeder Stimme, jedes Hammer- und Hufschlags deutlich hörbar zu, aber die sie hervorbringenden Menschen und Tiere selbst und was sie wirklich gerade tun, hält die Tarnkappe des Nebels vor uns verborgen wie die Nacht. Ich weiß nicht mehr, wie oft wir für die nicht bezahlten fünf Pfennige pro Person und Fährfahrt an diesem Morgen zwischen Bullay und Alf hin- und herpendelten, aber, dass dabei eine unvergessliche Kinderfreundschaft ihren Anfang nahm zwischen der Inge, dem Walther und mir, die sich in all den Ferien, die ich bei meinen Großeltern verbrachte, erneuerte und festigte und bis zum Ende der großen Ferien 1937 währte, ehe die Rassenpolitik des Dritten Reiches sie beendete, ein Unglück, das ich später immer wieder mit jenem Moselmorgen verknüpfte, als das kommende Schicksal noch im Nebel verborgen lag.

Inge und Walther, die Kinder von Julius und Ida Harf, bewohnten die erste und die zweite Etage im Wohnhaus meiner Großeltern. Vater Julius war ein sehr wohlhabender Fellgroßhändler, der sein Lagerhaus im Unterdorf nahe der Mosel hatte. Mit meinen Eltern war Harfs Julius seit ihren gemeinsamen Kinder- und Volksschuljahren gut bekannt. Zwischen Julius und meiner Tante Klara hatte es sogar eine kurze und heftige Liebschaft gegeben. Er war der Sohn des Dorfmetzgers Gustav Harf, der noch koscher schlachtete und vermutlich noch halachisch lebte. Der Julius nahm es damit nicht mehr so genau. Denn meine Mutter wusste sich zu erinnern, dass er sich bei ihnen im Gasthof zuweilen über das knusprige Schweinefleisch hermachte. Die Ida stammte aus Sohren. Sie war groß, blond und sehr hübsch, aber als die Tochter eines »Steckejud«, wie man auf dem Hunsrück sagte, sehr bescheiden groß geworden. Ihr Vater zog wie etliche seinesgleichen damals mit einem Wanderstab über Land, verkaufte nützlichen Kleinkram und fädelte nebenher Gelegenheitskäufe ein von Vieh, Land und Immobilien. Wenn ich zu Ferienbeginn in Bullay ankam und das Empfangsritual meiner Oma hinter mir hatte, führte mein erster Weg immer hoch zu Inge und Walther, die mir oft schon auf halber Treppe entgegenkamen.

Ich begrüßte artig Tante Ida und Onkel Julius, und dann spielten wir zusammen. Anfangs viel im Sandkasten unter dem Kirschbaum im Garten neben dem Haus, später in dem größeren Garten gegenüber dem Haus, wo mein Opa einige Kubikmeter Ziegelsteine gelagert hatte, die vom Bauen übriggeblieben waren. Ich erinnere mich aber auch dunkel, dass ich zusammen mit dem Walther oft den Opa Gustav und die Oma Lina in ihrer Metzgerei besuchte, die an der Hauptstraße direkt neben dem urgroßelterlichen Haus lag, in dem der Pätter mit dem Flocki und das Lottchen mit der Rosa wohnten. Oma Lina verwöhnte uns beide immer reichlich mit Wurst, sodass ich mittags oft keinen Hunger hatte und dem beglückten Opa meine Fleischration abgab. Einige Male durften wir sogar beim Schlachten zusehen, wie Opa Gustav und sein Geselle Heinrich die Rinder schächteten, vom Fell lösten, ausnahmen und zerteilten. Heinrich war ein kräftiger und immer fröhlicher Bursche, der uns zum Zwetschgennaschen wie nichts an den Beinen gepackt in die Bäume hochhob und uns hinterher beim Absprung immer sicher in seinen Armen auffing. In den Osterferien gab mir die Oma Lina auch einmal eine Mazze zu probieren. Dass die Harfs mit Mazzen Pessach feierten so wie wir mit Eiern Ostern, erzählte mir damals niemand. Ich weiß aber, dass dieses ungesäuerte Gebäck mich äußerlich weit gefälliger ansprach, als es mir dann schmeckte.

Ein besonders aufregender Ort für uns Kinder war Onkel Julius' Fellager im Unterdorf. Ging man durch das grün gestrichene Tor hinein, dann lagerten auf zwei eisernen, mit dicken Holzbohlen belegten Etagen ganze Gebirge rot eingesalzener Felle von Rindern und Pferden. Wenn wir Kinder die Leitertreppen hochkletterten und an den Fellbergen entlanggingen, dann mussten wir höllisch aufpassen, weil das Salz die Bohlen und selbst die Eisenträger mit den Jahren so angefressen hatte, dass große Löcher im Boden entstanden waren, in die man mit dem Fuß gefährlich hineingeraten konnte, durch die hindurch man aber auch ungesehen beobachten konnte, was unten im Erdgeschoss geschah. Stets umgab uns ein ätzend scharfer Geruch, der sich so in die Kleider und Haare einnistete, dass meine Mutter immer gleich erschnüffelte, wo ich wieder gewesen war. Eines Tages, als ich zusammen mit der Inge und dem Walther im Fellager war, wo wir meist mit dem Flaschenzug Aufzug spielten, oder mit der großen Waage und den schweren eisernen Gewichten, ging plötzlich das Tor auf, und aus dem blendenden Gegenlicht kam ein halbes Dutzend fremder Männer auf uns zu, die in ihren schwarzen Anzügen und Hüten merklich von Onkel Julius abstachen, der hinter ihnen das Tor schloss. Wir Kinder wurden gleich die Treppe hochgeschickt und die Inge als die älteste streng ermahnt, nur ja mit uns oben zu bleiben, bis wir gerufen würden. Ich weiß noch gut, dass mich das alles merkwürdig berührte, aber auch neugierig machte, was die fremden Männer da unten vorhatten, zumal wir Kinder es nicht sehen sollten. Da kamen uns die Löcher im Boden zu Hilfe. Und so wurde ich zum erstenmal in meinem Leben Zeuge eines Rituals, von dem ich nicht weiß, ob es auch der Inge und dem Walther neu war. Genau senkrecht unter uns und von ihren Hüten verdeckt wirkten die Männer in der perspektivischen Verkürzung wie schwarze Kleiderpuppen, die den Onkel Julius umkreisten mit seltsamen Gebärden vor allem der Hände und einem lauten Durcheinander des Redens, was sie mir zu Wesen einer fremden Welt machte. Dabei war das, was da unter uns ablief, nichts weiter als der Ver- und Ankauf von Fellen. Und doch auch wieder nicht. Als die Männer weg waren, durften wir herunterkommen, und Onkel Julius nahm uns mit seinem Fordlastwagen mit nach Zell, wo man ihm in zwei Metzgereien Felle auf die Ladefläche lud; dort waren die Holzböden und Eisenrahmen wie im Lagerhaus vom Salz zerfressen.

Eine weitere Merkwürdigkeit aus der Frühzeit der Freundschaft mit Inge und Walther ist mir haften geblieben. Ins gemeinsame Spiel vertieft, hocken wir im Sandkasten unter Omas Kirschbaum und plötzlich merke ich, dass jemand hinter uns ist. Ich drehe mich um, dicht vor mir steht eine schwarz gekleidete Gestalt, und als ich den Kopf hebe, blicke ich in das bärtige, strenge Gesicht eines alten Mannes mit Hut. Ehe ich auch nur reagieren kann, ist die Inge schon aufgesprungen und der Walther mit ihr, und ich sehe, wie sie sich die sandigen Hände hastig an den Schürzen abstreifen und auf den Mann zugehen und ihn ehrfürchtig begrüßen. Ich aber bin mit einem Schlag für die beiden überhaupt nicht mehr da. Ohne mich auch nur anzusehen, folgen sie dem fremden Herrn ins Haus. Ich war richtig beleidigt und spielte tagelang lieber mit dem Rings Toni. Bis heute ist mir nicht klar, wer der alte Herr war. Von meiner Oma erfuhr ich nur, dass er den Harfskindern Hebräisch beibrachte, was mir wenig sagte, zumal mein Onkel Max auf dem Gymnasium in Konitz auch Hebräisch gelernt hatte. Er könnte der Rabbi gewesen sein, der vielleicht von Wittlich herüberkam, wo die ganze Familie Harf mit Großeltern immer zum Sabbat hinfuhr. Einmal sah ich diesen Hebräischlehrer um die Ecke in die Quetschestroaß einbiegen und direkt auf mich zukommen. Ich erinnere mich noch ganz deutlich an seinen gemessen langsamen Schritt und die etwas starr über mich hinwegblickenden Augen unter dem Schatten des Hutrandes. Ich will nicht sagen, dass ich Angst hatte, denn auch mein Opa ging wie alle Männer damals schwarz gekleidet zur Kirche oder zur Beerdigung. Aber der fremde Mann strahlte etwas unerklärlich Anderes auf mich Siebenjährigen aus, Anderes auch als meine geistlichen Lehrer.

Was ich damals nur von außen registrierte, ist mir erst über ein halbes Jahrhundert später bewusst geworden. In dem von Inge und Walther ehrfürchtig begrüßten Alten war mir nicht irgendein Fremder begegnet, sondern vielleicht einer der letzten, die man auf zwiespältige Weise die Ewigen Juden genannt hat. Sehr wahrscheinlich sah er sich, wie alle gläubigen Juden damals, von seinen Stammvätern Abraham, Isaak und Jakob herkommend als Angehörigen eines Volkes, das als einziges alle großen und mächtigen Völker der Antike überlebt hat, die Babylonier und Ägypter, die Assyrer und Perser, die Griechen und die Römer, weltgeschichtlich führende und einander ablösende Völker, deren Kultur wir Jungen als für uns vorbildlich schon in der Schule kennenzulernen hatten. In Gestalt dieses Alten wären mir dann nicht zwanzig, sondern zweihundert Generationen begegnet aus den tiefsten Tiefen der Zeit. Als Sohn des Sohnes des Sohnes von zweihundert Vätern und Müttern hätte er mich dann angeblickt als einer, der von sich sagen konnte: »Ich war noch Sklave in Ägypten und empfing die Tora am Berg Sinai, zusammen mit Josua und Elija überschritt ich den Jordan, mit König David zog ich in Jerusalem ein und mit Zedekiah wurde ich ins Exil geführt, ich habe gegen die Römer gekämpft und bin aus Spanien vertrieben worden, von 1096 an fielen die christlichen Kreuzritter über mich her, und die Kirche erniedrigte mich zum Sohn der Verdammnis und zum Sklaven des Gesetzes. Bis auf den heutigen Tag bin ich für die Päpste und die protestantischen Dogmatiker der Diener der Synagoge des Satans.« – Das alles mag in diesem alten Hebräischlehrer ebenso gegenwärtig wie für mich Kind unlesbar gewesen sein und mir nur wahrnehmbar in der Weise seines Auftretens oder mehr noch in der Art, wie die Inge und der Walther ihm Ehrfurcht und Respekt zollten, auf dass er auch sie die Sprache lehre, in der sich der Eine Gott am Sinai geoffenbart hatte, und sie so zu Nachfahren ihres Volkes mache.

Wie dieser gelehrte Jude es in den aufgebrachten 30er-Jahren mit der Weltrevolution in Russland gehalten haben mag, diese Frage konnte ich mir erst viele Jahrzehnte später stellen. Hielt er es mit ihr wie der alte Gedali? Der gab Isaak Babel, dem Kommissar in Budjonys Reiterarmee, inmitten des roten Terrors zu bedenken: »Ihr schießt, weil ihr seid die Revolution. Aber die Revolution ist doch ein Vergnügen. Und es ist ein schlecht Vergnügen, das Waisen im Haus zurücklässt. Gute Taten begeht ein guter Mensch. Die Revolution ist eine gute Tat von guten Menschen. Aber gute Menschen töten nicht.

Also macht die Revolution böse Menschen. Wer also sagt Gedali, wo ist die Revolution und wo die Konterrevolution? ... Und so fallen wir alle, die gelehrten Menschen, auf das Gesicht und rufen mit einer Stimme: ›Weh uns, wo ist die süße Revolution?‹ ...«

Ich erinnere mich nicht, ob oder inwieweit ich damals durch Mutters Martinsbibel und Religionsunterricht dazu gebracht worden war, die Lehre vom verstockten Juden und Christusmörder auf diesen alten Herrn zu übertragen. Aber ich bin mir sicher, dass ich weder die Inge oder den Walther noch deren Eltern oder Großeltern jemals wissentlich damit in Verbindung gebracht habe. Dennoch standen auch sie seit Jahrtausenden unter dieser kollektiven Anklage zusammen mit ihrem Hebräischlehrer, bis dahin, dass dessen Äußeres, verzerrt und verzeichnet bis zur schändlichsten Karikatur, in jenen Jahren immer krasser herausgestellt wurde. »Es gibt eine Geschichte des Judentums«, so Leo Baeck damals, »die eine Anklage gegen die Menschheit ist.« Dann aber war mir Siebenjährigem in dem angeklagten Alten zugleich ein stummer Ankläger entgegengekommen. Und dies mit Grund. Denn elf Jahre danach wurden Opa Gustav und Oma Lina nach Theresienstadt verfrachtet und von dort in das Todeslager Auschwitz. Inges und Walthers Hebräischlehrer ist ihnen wahrscheinlich gefolgt oder vorausgegangen. Und es gab nicht allzu viele in Bullay oder sonstwo, die ihnen eine Träne nachgeweint oder ihnen noch Aufmerksamkeit geschenkt hätten, ausgenommen ein paar ältere Dorfbewohner, unter ihnen meine Oma, die die alten Harfs bis zuletzt in ihrer Dachwohnung besuchte. Dieser Schatten also fiel damals über uns Kinder und unsere Spiele.

Der Inge und dem Walther erzählte ich in den Sommerferien 1935 von der Emigration der Ururgroßeltern nach Brasilien und von der dramatischen Heimfahrt mit dem Segelschiff und dem Sterben der sechs Kinder. Wir hatten uns aus der olivgrünen Militärdecke, die mein Opa nach dem Ersten Weltkrieg einem amerikanischen Soldaten abgekauft hatte, im Garten ein Zelt gebaut und wollten darin eigentlich Karten spielen. Aber meine Auswanderergeschichte der Brasiljisch animierte uns dann dermaßen, dass wir Opas Ziegelhaufen zu einem stattlichen Schiff umbauten, um die stürmische Heimfahrt der Urahnen von São Paulo mit Seesturm, Seuche und Kindersterben nachzuspielen. Der Schiffsrumpf wuchs stattlich, und mein Opa, der sich auf der Gartenbank sonnte, erlaubte uns, Bretter für das Deck und zwei Bohnenstangen für das Segel aus dem Kelterhaus zu holen. Wir bauten das Zelt ab und benutzten die Decke als Segeltuch. Dann ging es los. Inge war Mutter Elisabeth, ich der Vater Matthias, aber da wir nur den einen Walther hatten, musste der für alle sechs Kinder herhalten und sechsmal sterben und über Bord gehen. So gut es ging, stachen wir erst einmal in See, wir gerieten in schwere Stürme, wurden unter viel Spucken und Husten seekrank und als der Walther, von Inge mütterlich umsorgt, endlich starb – auf ein Brett hatten wir ihn vorsorglich gleich gelegt –, kam der problematischste Teil unseres Spiels. Denn nun mussten Inge und ich, um die Phantasie lebendig zu halten, dem toten Walther die Seebestattung ausrichten. Zwar hatten wir die Bretter des Decks fest in die Ziegel eingefügt, so dass die Inge und ich den Walther auch an die Reling tragen und über diese ins Meer gleiten lassen konnten, will sagen ins weiche Gras. Aber beim Seebegräbnis des dritten Kindes brach ein Ziegelstein aus der Reling und fiel ihm so unglücklich auf das Schienbein, dass es mit Geschrei von den Toten erwachte und sich nicht mehr beruhigen wollte. Das riss nicht nur uns aus allen Träumen, sondern auch den in der Sonne sinnierenden Opa, der die Situation dahingehend missverstand, ich hätte dem Walther, der sein Liebling war, absichtlich wehgetan, woraufhin er, von der Bank herbeigeeilt, in seiner Blindheit ungezielt auf mich einschlug, bis Inges hellstimmiges: »Bitte nicht, Herr Kreis!« ihn sichtlich bremste und sie ihm erklärte, wie es wirklich gewesen war. Er tastete sich dann grummelnd zu seiner Bank zurück. Für mich ein wenig zu spät, denn seine treffunsichere Attacke hatte mich an der Nase erwischt, dass sie blutete. Da ging es dem Walther, den das alles von seinem Unglück abgelenkt hatte, längst wieder gut. Erst abends beim Essen sagte der Opa, es täte ihm leid. Beleidigt war ich aber nicht wegen der blutenden Nase, sondern weil er mir den Walther immer vorzog.

Wir spielten in diesen Sommerferien noch oft unser brasilianisches Auswandererdrama, spielten, was mir erst später aufging, mit dieser Vergangenheit zugleich die Zukunft vorweg von Inge, Walther und ihren Eltern, die im Herbst 1937 dann wirklich nach Amerika emigrierten in der falschen Annahme, die zurückgebliebenen Großeltern würde man schon wegen ihres hohen Alters in Ruhe lassen. Onkel Julius und Tante Ida müssen, während wir nur spielten, den Plan zum Auswandern längst gefasst haben. 1936, als die alten Harfs ihre Metzgerei schließen mussten, hatte der Sohn ihnen zwar auf der Hauptstraße noch ein Haus gebaut mit einer eigenen Wohnung unter dem Dach, so dass sie die unteren Etagen vermieten konnten. Immer öfter aber wanderten die Gerda und die Thea zusammen mit uns nach Brasilien aus- und von dort wieder ein. Der Walther brauchte nicht mehr alle sechs Kindstode allein zu sterben, sondern bekam durch die Thea und mich Verstärkung. Denn da die Gerda ein Jahr älter war als die Inge, kam sie für ein Seebegräbnis als zu schwer nicht Betracht, und ich musste meine Vater-Matthias-Rolle an sie abtreten. Die Inge verordnete ihr dazu einen der vitriolbesprenkelten Hüte meines Opas aus dem Kelterhaus, unter dem sie ihre langen Haare verstecken musste, um auch wirklich wie ein Mann auszusehen.

In den Osterferien 1936 liehen der Walther und ich uns von Opa Gustav den Leiterwagen aus und machten uns mit dem

Rings Toni zur Mosel auf, weil sie Hochwasser führte. Die leicht abfallende Böschung der großen Wiese, die bei Niedrigwasser unten in eine Ebene auslief, ehe sie den Strand erreichte, stand fast bis zu halber Höhe unter Wasser. Das brachte uns auf die Idee, die Böschung hinunterzufahren und der Fahrt ins Wasser möglichst im letzten Moment scharf rechts oder links abbiegend zu entgehen. Also stieg immer abwechselnd einer von uns dreien in den Leiterwagen, nahm die Deichsel zum Lenken zwischen die Beine und ließ sich von den beiden anderen mit viel Schwung in Fahrt versetzen. Wenn es dann die Böschung abwärts ging und das dunkel dahinströmende Wasser jäh auf uns zuraste, dann war es jedesmal der Kick, ihm durch Herumreißen der Deichsel im allerletzten Augenblick zu entkommen. Das ging auch lange gut. Von Mal zu Mal wurden wir kühner und waghalsiger. Als der Rings Toni einmal die Kurve so spät kriegte, dass er mit zwei Rädern etwas in die Mosel kam und das Wasser nur so spritzte, mussten der Walther und ich das natürlich nachmachen. Jeder suchte den anderen an Kühnheit zu übertreffen, und die Höhe der Fontäne wurde dafür zum Maßstab. Bis es dann passierte.

Als der Walther an der Reihe war, und der Toni und ich ihn auf sein: »Los! Feste!« mit aller Kraft anschoben und er mit einem Jauchzer die Böschung hinunterschoss, sahen wir nur noch, wie diesmal von allen vier Rädern die Fontänen aufspritzten und der Leiterwagen mitsamt Walther geradewegs in die Mosel schoss. Zum Stehen kam er erst, als vom Leiterwagen selbst nichts mehr zu sehen war und von dem Walther nur noch der Blondschopf, und dies auch nur, weil er sich im letzten Moment aufgerichtet hatte. Der Toni und ich erstarrten vor Schreck und dachten nur eins: Wenn er jetzt ertrinkt! Aber da sahen wir auch schon, wie er rückwärts vom Leiterwagen sprang und mit den Armen hastig gegen die Strömung rudernd Land erreichte. Gott sei Dank! Wir atmeten auf, sahen aber zugleich, wie er sich ängstlich immer wieder zu dem verschwundenen Leiterwagen umdrehte, bis er mit durchweichten Kleidern vor uns stand und weinte. Die Tränen galten dem Leiterwagen, aber auch dem Walther stand der Schrecken im Gesicht. Was tun? Ich sah den Toni an, der Toni mich, und augenblicklich war uns klar, dass wir nicht sagen konnten: »Wo du schon einmal nass bist, kannst du auch den Leiterwagen holen.« Also stiegen wir, uns an der Hand haltend, zusammen in die frühlingsfrische Mosel und mussten sogar mit den Köpfen untertauchen, um Opa Gustavs Leiterwagen zu bergen. In triefender Dreieinigkeit zogen wir mit dem guten Stück wieder hoch zur Quetschestroaß und schlichen uns ins Kelterhaus, wo wir uns zuerst einmal von unseren nassen Kleidern befreiten und sie über die Wäscheleine hängten. Dann saßen wir da, der Toni und ich auf den beiden Hauklötzen, der Walther uns gegenüber auf dem umgekippten Weinbottich und froren und wussten nicht, was werden sollte. Dabei sah ich, was ich trotz des vielen gemeinsamen Pinkelns an dem Walther noch nie wahrgenommen hatte und was mir als Beschneidung weder optisch noch in der zeitgenössisch abschätzigen Beurteilung ein Begriff war. Ich sah, dass er da unten bedeutend anders aussah als der Toni und ich. Wo sich an unseren christlichen Schrumpfschnippeln die Vorhäutchen blassblau kräuselten, kräuselte sich bei dem Walther gar nichts, sondern lag rundherum alles blank und glatt wie eine junge Tomate da, was mich augenblicklich an meinen Saturn erinnerte, nur dass bei dem Walther der Ring fehlte.

Ohne es zu wissen, hatte ich das Symbol des Bundes zwischen Gott und Abraham erblickt. Wohl hatte ich von der Beschneidung des Jesuskindes gehört, aber weiter keine Vorstellung damit verbunden. Ich glaube auch nicht, dass meine schamhafte Mutter mir in der Martinsbibel den Passus: »Wie das Jesuskindlein ist beschnitten worden«, vorgelesen hat, wo es heißt: »Denn die Beschneidung war eine große Pein. Bedenk, wie dir zumute wäre, wenn dir der Arzt aus einem gesunden Finger ein Stück der Haut sollte herausschneiden. Und was ist ein Aderlaß gegen die schmerzliche Beschneidung des so weichen, zarten und allempfindlichen Jesuleins, sonderlich an einem so zarten Gliedchen seines gebenedeiten Leibleins. Daher ist wohl zu glauben, dass, als der heilige Joseph mit dem Priester, den er zur Beschneidung berufen hatte, in die Höhle hineinging, sowohl der Mutter als dem Kinde fast ohnmächtig wurde wegen der großen Furcht, die sie vor der Beschneidung hatten. Die treue Mutter nahm das zarte Lämmlein auf ihre Arme, drückte es fest an ihr mütterliches Herz, gab ihm einen süßen Kuss und sprach mit bitteren Zären: ›O mein allerliebstes Söhnlein, jetzt wird deine Marter anfangen, und du wirst zum erstenmal dein kostbares Blut für die Sünder vergießen. Ach, du unschuldiges Lämmlein, wie kommst du so früh zum Kreuz.‹ Nun bilde dir ein, was das liebe Kindlein gedacht habe, als man es so über den Tisch hielt und seine heiligen Ärmlein und Füßchen stark drückte, damit es sich nicht bewegen könne. Und nun vollzog der Priester die Beschneidung. Die Wunde aber ward durch alle Mutterliebe nicht heil, und des Knäbleins Zären flossen ohne Ende.« Ja, von dieser Quälerei, die das Jesuskind der Tora wegen hatte erleiden müssen, wusste ich damals nichts und natürlich auch nicht der Walther, als wir drei nackt und frierend dasaßen, schon gar nicht, dass es zu dieser Zeit längst die Lehrmeinung der europäischen Psychiatrie war, zwischen Beschneidung, Syphilis und Geisteskrankheit einen ursächlichen Zusammenhang herzustellen, vor dem der arische Volkskörper geschützt werden müsse, was für des Julius Streichers Stürmer das gefundene Fressen war.

So hockten wir also da, als mit einem Mal die Tür aufging und die Oma hereinstürmte, die den Leiterwagen draußen hatte stehen sehen. Wir hatten uns gerade in Opas alte Arbeitskittel gehüllt, um nicht länger zu frieren, und müssen einen ziemlich komischen Eindruck auf sie gemacht haben, denn als ich ihr erzählte, was passiert war, schimpfte sie nicht, sondern lachte und schob uns in die Küche auf das Sofa, wo sie uns die Jacken wegnahm und in Decken hüllte. Dann legte sie Holz nach, holte unsere nassen Klamotten aus dem Kelterhaus und hängte sie über den Herd. Wir wurden mit heißem Tee aufgewärmt. Die Oma verschwand bald im Haupthaus und kam nach einer Weile mit Tante Ida zurück, die mit ihrem nackten Walther und den nassen Kleidern gleich wieder abzog. Ich aber musste trockene Kleider anziehen und den Leiterwagen zu Opa Gustav zurückbringen. Der Toni blieb noch, bis seine Kleider trocken waren.

Gegen Ende der großen Ferien 1936 spielten Walther und ich dann nur noch mit den Mädchen. Die Inge war zu Ostern des Jahres in Kochem aufs Lyzeum gekommen und hatte dort in Englisch als Beste abgeschnitten. Als erstes brachte sie uns das Lied: »School is over, oh what fun ...« bei. Das sangen wir im Chor. Wir spielten aber auch hingebungsvoll Schule. Denn Englisch zu lernen war etwas ganz Besonderes. Aus dem Ziegelschiff wurde nunmehr ein Klassenzimmer mit Sitzbänken und Pulten, und aus der Inge unsere Englischlehrerin. Denn von Zuhause brachte sie Kreide und eine richtige Wandtafel mit. Die stand nun vor uns, von Inge mit: »I am – you are – he, she, it is a boy, a girl ...« beschrieben, und die Gerda, die Thea, der Walther und ich schrieben eifrig ab, und hinterher musste jeder einzeln und dann im Chor lesen und nachsprechen. So begegnete ich bereits ein Jahr, bevor ich selber aufs Gymnasium kam, dieser fremden Sprache. Der Walther aber verriet mir, dass auch sein Vater und seine Mutter zusammen mit der Inge abends Englisch lernten.

Von der antijüdischen Atmosphäre, die sich unter Hitler zunehmend verstärkte, bleiben meine Kinderspiele mit Inge und Walther im Sommer 1936 nicht länger verschont. Zuerst fällt eine Clique von Dorfkindern über uns her, als wir in der Mosel baden, und vertreibt uns mit Steinwürfen. Dann ist eines Morgens, als ich in den Garten komme, das Zelt niedergetrampelt und ein großes Loch in die Decke gerissen. Immer öfter fliegen Steine von der Straße in den Garten. Und als wir wieder einmal zusammen Schule spielen, dreht der Sohn des Revierförsters, der Hubertus, auf der Quetschestroaß mit dem Kinderfahrrad seine Runden und ruft: »Rud, schoam dich, doau Juddeknecht!« Eines Tages spricht der größte Nazi des Dorfes meinen Vater an, den er noch von der Schulzeit her kennt, er sehe mich immer mit den Judenkindern spielen, das müsse aufhören. Mein Vater meinte danach nur, wir sollten uns hinter dem Haus und im Garten halten. Genau das sagt auch Onkel Julius, als wir ihm von den Attacken der Dorfkinder erzählen. Was allerdings das Verhältnis zwischen Harfs und meinen Eltern betrifft, so hat es nach dem denkwürdigen Spaziergang 1933 zur Marienburg, auf dem es zwischen Vater Jupp und Vater Julius zum Streit kam, ob Hitler gut oder schlecht für uns sei, niemals mehr einen weiteren gegeben. Man grüßte freundlich, blieb aber auf Distanz mit dem üblichen: »Wie geht's?« und: »Wieder im Lande?!«

Auf dem Dorfplatz vor der Friedhofsmauer, dem Männertreff, ist zu dieser Zeit längst ein Kasten mit dem *Stürmer* aufgestellt worden. Oft sehe ich die Älteren vor dem Kasten stehen und lachen. Worüber sie sich amüsieren und was sie diskutieren, interessiert mich als Kind noch nicht. Aber *Der Stürmer* macht so viel von sich reden, dass auch ich nicht ganz unwissend bin. Eines Abends kommt das Müller Fränzchen zu uns herein mit: »Wisst Ihr schon das Neueste?«, und erzählt, als ob es ein Witz wäre, er habe den Harfs Julius den *Stürmer* studieren sehen. Da am wenigsten mein Opa, aber auch meine Oma, weiß, was es mit dem *Stürmer* auf sich hat, da sie überhaupt weder Zeitung lesen noch ein Radio besitzen, läuft der Witz bei ihnen ins Leere. Aber ich begreife hinlänglich, was es

X. INGE, WALTHER UND VIEL BÖSES BLUT

damit auf sich hat, dass ein Jude seine öffentliche Verhöhnung und Verteufelung studiert. Denn ich bin zu Ostern in die Hitlerjugend, Sektion Jungvolk, eingetreten. Meine Mutter hat mir eine besonders gediegene Uniform gekauft mit breitem Koppel und Schulterriemen. Auf dem Koppelschloss prangt in Gold auf Silbergrund die Siegesrune. Das Koppel und die kurze schwarze Uniformhose trage ich nun mit Vorliebe auch außer Dienst zur zivilen Kleidung. Ich weiß aber, dass ich, als ich gleich am ersten Ferientag die Treppe hoch zu Inge und Walther eile, kurz vorher noch schnell den in die Hose gesteckten Pullover über das Koppel und die Siegesrune ziehe. Wie alle Jahre freudiges Wiedersehen. Ich gebe Tante Ida die Hand und dann Onkel Julius, der im Sessel sitzt. Der aber hebt, als ich da vor ihm stehe, den Pullover ein wenig hoch, blickt kurz auf die Rune, die wohl durchgeschimmert hat, und sagt lachend: »Aha, Du auch!« Ich weiß noch gut, wie verlegen ich war, als wäre ich ertappt worden. Mit der Inge und dem Walther ist trotzdem alles wie immer. So schien es wenigstens. Doch das Unausweichliche war eingetreten. Was die beiden Welten im Abendland ein Jahrtausend und länger trennte, hatte sich unserer Kinderwelt bemächtigt. Dieses Gefühl hatte ich in all den Ferien davor nicht gehabt. Obwohl ich mit der Inge und dem Walther Zeuge einer massiven antijüdischen Aktion geworden war.

Sie ereignet sich 1935. Im März ist im Reich die Allgemeine Wehrpflicht wieder eingeführt worden, und in den Sommerferien macht der erste gemusterte Jahrgang der Bullayer nach vorausgegangenem Besäufnis einen Umzug durchs Dorf. Jeder der jungen Männer, die wir natürlich alle gut kennen, ist mit einer hölzernen Gewehrattrappe bewaffnet und hat sich den üblichen Strauß aus bunten Schleifen angeheftet. Ich stehe mit der Inge, dem Walther und ein paar Dorfkindern vor der Metzgerei, als wir sie in Reih und Glied vom Bahnhof her die Hauptstraße herunterkommen hören, an der außer den alten Harfs auch die Familie Salomon wohnt. Laut grölend und grinsend ziehen sie an uns vorüber und biegen nach rechts in die Oberstraße, wo wir sie nicht mehr sehen, aber unvermindert deutlich hören können, wie sie an Pfarrhaus und Kirche vorbei die Runde drehen und nach etwa zehn Minuten aus dem Unterdorf kommend wieder auftauchen mit immer noch demselben Lied und die Hauptstraße hoch erneut an uns vorbeimarschieren. Das Lied kennen alle. Aber die frisch Gemusterten haben seinen Refrain: »Soldaten, Kameraden, nimm das Mädel, nimm das Mädel bei der Hand«, abgewandelt in: »Soldaten, Kameraden, hängt die Juden, stellt die Bonzen an die Wand ...«. Als sie ein zweites Mal mit diesem Lied an uns vorbeimarschieren – inzwischen hat sich das ganze Dorf in die Fenster gehängt oder steht vor der Tür –, kommen auch Opa Gustav und der Heinrich aus dem Haus gelaufen und sehen dem Aufmarsch hinterher. Als die Burschen dann ein drittes Mal wiederkommen und den Opa Gustav sehen und ihm ihr: »Hängt die Juden ...« noch enthemmter als zuvor entgegengrölen, ruft der Heinrich ihnen zu: »Ja, ja, jetzt reicht's, jetzt reicht's!« Augenblicklich springt einer der Burschen aus dem Glied, fuchtelt mit dem Holzgewehr herum, brüllt: »Haal die Fräß, doau Juddeknecht! Doau krees och noch de Pans geplouscht!« und läuft dann seinen Genossen hinterher. Der stundenlang und laut durchs ganze Dorf getragene Mordaufruf hatte nirgends ein Nachspiel, auch nicht beim Pastor Lüssem, obwohl er ihn gar nicht überhört haben kann. Falls doch, kann man davon ausgehen, dass es ihm wie alles, was im Dorf geschah, zugetragen wurde, wobei er sich normalerweise kräftig einmischte, wenn es um die Wahrung der Sitten ging. Noch bis in die Mitte der dreißiger Jahre schickte er abends um sieben seinen Kaplan mit einem Stock durchs Dorf, dass er die Kinder von der Straße treibe. Und sein Nachfolger, Pastor Schneider, erregte sich anlässlich der Reichsjugendwettkämpfe so sehr über die kurzen engen Sportshorts der Mädchen, dass er wie der Erzengel selbst zwischen seine Beichtkinder fuhr und sie in Panik nach Hause flüchteten. Für diesen pastoralen »Sieg« über die neue nationale Leibesertüchtigung ging er sogar ein paar Monate nach Koblenz ins Gefängnis.

1937 verbringe ich zusammen mit meinen Eltern den vorerst letzten großen Sommer in Bullay. Erst 1941 wieder, nach dem Tod meiner Mutter, und dann nur noch einmal 1942 mache ich Ferien bei Oma und Opa. Gleich bei meinem ersten Besuch bei Inge und Walther ist alles anders. Die Harfs stecken mitten in den Vorbereitungen zur Emigration in die USA. Da sie aufgrund der Devisenbestimmungen kaum Geld mitnehmen oder überweisen dürfen, haben sie es in Sachwerten anlegen müssen, um sich damit drüben eine neue Existenz aufzubauen. Die Wohnung gleicht einem Lagerhaus. Überall stehen Töpfe, Pfannen und Kessel aufgeschichtet. Und von der Inge erfahre ich, dass in den Kisten Bestecke, Messer, Fleischwölfe und andere Haushaltswaren verpackt sind. Das alles soll mit der Bahn nach Hamburg gehen und von dort in einem Container per Schiff nach drüben. Vor allem die Inge muss nun täglich ihrer Mutter beim Einpacken helfen, und Onkel Julius ist fast nur noch mit seinem alten Citroën unterwegs, um den Verkauf seiner Immobilien und die Angelegenheiten seiner zurückbleibenden Eltern zu regeln.

Nur der Walther hat hier und da noch Zeit, mit mir zu spielen. Aber ich merke selbst an ihm und mehr noch an der Inge, dass sie innerlich bereits weit weg übers Meer sind. Da ich inzwischen auch ein wenig Englisch kann – ich bin Ostern in Neuwied aufs Gymnasium gekommen –, will die Inge immer mit mir Englisch sprechen. Einmal noch gehen wir zusammen an die Mosel zum Baden, aber an einer versteckten Stelle oberhalb der Brücke. Als wir auf dem Nachhauseweg an Müller Fränzchens Gärtnerei entlanggehen, kommen aus der Toreinfahrt plötzlich drei Dorfjungen hervor und versperren uns den Weg, angeführt vom Leuchen Franz, dem HJ-Führer. Anfangs sind sie etwas unschlüssig, denn wir haben ja in all den Jahren zuvor oft miteinander gespielt, und die Mutter vom Franz war eine Schulfreundin meiner Mutter. Vor allem sind die drei zusammen mit der Inge und dem Walther in die Dorfschule gegangen. Was sie vor allem, das weiß ich noch gut, in ihrer Aggression bremste und sichtlich verlegen machte, war die Anwesenheit von Inge. Sie anzurühren, trauen sie sich nicht. Stattdessen rempeln sie mich an, als ich den Fehler begehe, einfach weiterzugehen. Es kommt zu einem stumm verbissenen Schubsen, bis der Fauste Karl auch dem Walther einen Schubs gibt. Ehe der reagieren kann, geht die Inge zwischen die beiden, stellt sich vor den Karl und sagt bestimmt und beherrscht: »Du bist drei Jahre älter, lass also meinen Bruder in Ruhe!« Das wirkt augenblicklich. Sie lassen uns weitergehen, folgen uns aber noch eine Weile mit Abstand. Erst als sie zur Mosel runterlaufen, ruft uns der Mörsche Heinz, der dritte im Bunde, »Judesau! Judefotz!« hinterher.

In diesem Sommer 1937 bin ich froh, dass sich mein Vater in Zell wieder einen Fischschein geholt hat und ich mit ihm fischen gehen kann. Auch mache ich nun öfter Gratisfahrten mit einem von Onkel Köbes' Bussen nach Trier, an die Maare und nach Luxemburg. Die Inge sehe ich kaum noch, und wenn ich mit dem Walther den Hof oder den Garten verlasse, schauen wir erst nach rechts und links, ob die Luft rein ist, und schleichen uns dann wie die Diebe durchs Dorf. Als ich einmal zufällig dem Leuschen Franz vor die Füße laufe, spuckt er mir seinen Rotz ins Gesicht, stößt mich mit beiden Händen gegen die Hauswand und boxt mich zu Boden. Retten kann ich mich vor dem Größeren nur durch Flucht. Das merkwürdigste Erlebnis habe ich einige Tage darauf mit einem der jungen KdF-Sommergäste, die damals nicht nur Metze Ferds »Gasthof zum Moselstrand« in Massen bevölkern. Mein Vater hatte mich los-

X. INGE, WALTHER UND VIEL BÖSES BLUT

geschickt, im Garten nach Würmern zu graben, und als ich mit meiner Würmerbüchse den Weg am Gasthof vorbei zur Mosel zurückwill, baut sich plötzlich ein etwa fünfzehnjähriger Junge aus Norddeutschland vor mir auf und herrscht mich an: »Was habe ich gehört? Du spielst noch mit Judenkindern?!« Ich war so perplex, dass ich ihn wohl ziemlich blöd angeguckt habe. Ich weiß aber noch, wie er mit seinem frisch gezogenen Scheitel ganz dicht an mich herantrat, mich an den Schultern packte und mir eine Predigt hielt, von der ich nur noch den aufdringlichen und festnagelnden Ton im Ohr habe, in dem er mir Elfjährigem die Political Correctness jener Tage einbleute. Es war unwirtlich geworden in meinem geliebten Bullay.

Ich weiß nicht, ob ich mich am Ende der Ferien überhaupt noch von den Harfs verabschiedete. Wie es so Kinderart ist, hatte ich das zwar in all den Jahren davor auch nicht ausdrücklich getan, ebensowenig wie von dem Rings Toni oder Selbachs Gerda und Thea. Aber da es bei Inge und Walther ein Abschied für immer war, hätte es sich so gehört. Bei Oma und Opa war das anders. Als die Harfs im Herbst von ihnen Abschied nahmen und ihnen noch eine Menge nützlicher Sachen schenkten, ging es nach so vielen Jahren des Zusammenlebens unter dem gemeinsamen Dach nicht ohne Rührung ab. Nach dem Krieg sahen sie sich dann noch einmal wieder, als Ida und Julius im Straßenkreuzer vorfuhren und die Oma besuchten. Der Opa war da längst tot. Sie fielen sich, wie die Oma mir später erzählte, weinend um den Hals und konnten sich lange nicht beruhigen. Sie waren ein letztes Mal nach Deutschland gekommen, weil ihnen für das von den alten Harfs unter Zwang verkaufte Haus eine Nachzahlung zustand und vor allem, um zu erfahren, wie es, als der Krieg 1941 den Briefwechsel unterband, ihren Eltern im Dorf bis zu ihrem Abtransport nach Auschwitz ergangen war. Da die Oma sie ab und zu besucht hatte, gab es einiges zu erzählen. Die Harfs besaßen drüben inzwischen ein großes

Warenhaus, und die Inge und der Walther waren auf irgendeinem College. Im Dorf erregte der Kurzbesuch von Ida und Julius etliches Aufsehen, hinterließ aber an den Stammtischen, wie es hieß, viel »böses Blut«, weil doch der Julius, obwohl das so nicht stimmte, sich das Haus an der Hauptstraße noch einmal habe bezahlen lassen.

XI. TREUE BIS INS GRAB

Im Herbst 1937 werde ich wegen meiner schönen Stimme wegen in die Sing- und Spielschar des Neuwieder Jungvolks aufgenommen. Unser Jungzugführer ist Heini Neuer, ein lieber Kerl mit blassem Pickelgesicht und krummen Beinen, die mich stets an meine begradigten gemahnen, aus sehr armen Verhältnissen kommend und sehr ehrgeizig. Jeden Mittwoch und Sonnabend, wenn wir nachmittags zum Dienst antreten, müssen wir neben dem Exerzieren und dem Geländedienst Liedertexte pauken und uns in die Melodien einsingen. Zu lachen gibt es wenig. Nur einmal, als wir erneut Hitlers Weg zum Führer des Dritten Reiches rekapitulieren müssen und der Heini den Klaus Bücher geradezu feierlich fragt, was am 9. November 1923 in München geschah, springt der vorschriftsmäßig hoch, nimmt Haltung an und gibt zur Antwort: »Do sin die Dude gefalle!« Als nach einer jähen Pause der Groschen fällt, löst das Paradox vom doppelten Heldentod der sechzehn Märtyrer in uns spontan eine Lachsalve aus, die nicht zum Stillstand kommen will. Endlich ist was los! Aber so richtig erst dank der Art und Weise, wie der Heini, unser Führer, auf den Versprecher reagierte, den überhaupt erst unser hemmungsloses Gelächter in den Rang einer Häresie erhoben hatte. Zunächst war er perplex, hielt den Mund sprachlos offen, wie gelähmt vom Wiedersinn des Gesagten, rang dann sichtlich nach Atem und Worten und es dauerte noch einmal, ehe ein Ruck durch ihn ging und er sich vor dem Klaus Bücher aufbaute und ihn anherrschte: »Die Dude? – Du mäns ... Du mäns ... Du ...« Doch was da zu meinen gewesen wäre, verpuffte in einem wegwerfenden: »Ach wat, ... Du Quatschkopp!« Klaus war tief beleidigt und zeigte es, ins Hochdeutsch wechselnd, gebührend an, um dem Heini sein Vergehen zu erklären: »Aber es heißt doch immer: ›Unsere großen Toten!‹« – Doch vergeblich. Das Sakrileg gegen die Blutzeugen des Reiches war nicht gutzumachen. Und doch erscheint es mir heute, im Nachhinein, wie die ungeahnte Vorwegnahme einer ebenso makabren wie erlösenden Zukunft. Denn das Traditionsmuster nicht nur unserer Väter, ihre geheiligten Toten immer wieder gegen die Lebenden auszuspielen, nimmt ein Ende, als wir, die Söhne, 1945 den Krieg verlieren. In diesem Schicksalsjahr fallen die »Helden« vom 9. November 1923 wirklich ein zweites Mal, insofern die Sieger sie zusammen mit ihren Grabstätten für immer zum Verschwinden bringen. Bis dahin aber marschierten die »Alttoten«, wie wir damals sangen, »im Geiste in unseren Reihen mit« wider das drohende Unheil von Versailles und Moskau und zogen uns wie im Spiel vom Totentanz, ab 1939, als die letzten ›Neutoten‹ des Jahrhunderts, in ihre Gräber.

Die Lieder, die wir damals singen, sind das Herz der Massenaufmärsche, der Fahnenweihen und der Totenfeiern unter einem roten Meer angestrahlter Hakenkreuzfahnen und Standarten. Ihre Melodien reißen mit und erregen die Sinne bis auf den Grund, ihre Texte infiltrieren das Denken und werden zum Treibstoff einer zielgerichteten Massenbewegung. Als spielten wir immer noch unsere unschuldigen Spiele, singen wir uns in die Massengräber des Zweiten Weltkrieges. Ich kann die Lieder heute noch fast alle auswendig, so oft habe ich sie singen müssen und habe ich sie gern gesungen, und mitunter ›singt es‹ ganz tief in mir immer noch weiter, meist kaleidoskopisch durchmischt als ein Ineinander von Texten und Tönen: »Dass dem Lande die Sorgen versinken, / Darum stehen wir auf. / Unsere Fahnen das Morgenrot trinken, / Eure Herzen reißt auf!« – »Wir Jungen schreiten gläubig / Der Sonne zugewandt, / Wir sind ein heil'ger Frühling / Ins deutsche Land.« – »Und welcher Feind auch kommt mit Macht und List, / Seid nur ewig treue Kameraden! / Der Herrgott, der im Himmel ist, liebt die Treue der jungen Soldaten.« – »Deutschland, heiliges Wort, du voll Unendlichkeit, / Über die Zeiten fort, seist du gebenedeit, / Heilig sind deine Seen, heilig dein Wald / Und der Kranz deiner stillen Höhn bis an das grüne Meer.« – »Eh der Fremde dir, deine Kronen raubt, / Deutschland fallen wir, Haupt bei Haupt.« – »Wir sind heut und morgen, alles was die Zeit erschafft, / Ist in uns verborgen, bildet uns're Kraft. / Stürmen und bauen, Kampf und Arbeit unentwegt, / Wird in uns zum Pfeiler, der die Zukunft trägt.«

Bei Aufmärschen und mehr noch bei Feiern, begleitet oder umrahmt von der Musik des Bann-Orchesters, wurde ich immer wieder von Schauern religiöser Erregung ergriffen. So ging es wohl nicht selten auch denen, die unseren Liedern in den Sälen oder in den düster angestrahlten Ruinen der Burg Altwied oder beim Sonnwendfeuer vor der schwarzen Silhouette des Anhauser Waldes zuhörten. Die ersten Plätze waren stets reserviert für die Neuwieder Prominenz aus Partei, Verwaltung und Wirtschaft, an ihrer Spitze der Fürst, meist in feierlichem Zivil, zuweilen aber auch in der Uniform des Kreisjägermeisters oder eines kaiserlichen Generals. Ihm von klein an ergeben, sah ich dann auch einmal mit großer Genugtuung, wie er sich applaudierend erhob und an die Rampe kam, um unserem Jungzugführer, dem Heini Neuer, zum Dank die Hand zu reichen, ein Ereignis, das die ewige Blässe seiner proletarischen Wangen in flammende Röte verkehrte, zumal sich, dem Beispiel des Fürsten folgend, der ganze Saal erhob und klatschte.

Heinis Lieblingslied war damals: »Auf hebt unsere Fahnen«, und darin besonders die dritte Strophe, wo es heißt: »Wir sind heut' und morgen, alles, was die Zeit erschafft, ist in uns verborgen, bildet unsere Kraft.« – Diese Zeilen kamen unserem Daseinsgefühl wohl am nächsten. Wir erlebten uns in der Tat als die Zukunft bergende und vor allem zeugende Kraft, als der Pfeiler eines kommenden Reiches, dem sein Völkerrecht zurückgegeben wird und das zum Wohle der Welt zu bauen wir berufen waren. Meiner Mutter musste ich nach solchen Auftritten hinterher stets berichten, wie es war, wer da war und was wir gesungen hatten. Am 11. November 1937, zur Feier des Tages von Langemarck, habe ich meinen ersten Alleinauftritt vor feierlich gestimmtem Publikum im Saal des Heimathauses. Ich soll das Lied, das wir anlässlich des Gedenkens singen, vorbereitend einleiten mit dem Frontbericht aus dem Großen Hauptquartier vom 11. November 1914. Im Rampenlicht auf der mit Lorbeerbäumen und Hakenkreuzfahnen gezierten Bühne lese ich den mit meiner Mutter eingeübten Text: »Westlich Langemarck brachen junge Regimenter mit dem Gesang ›Deutschland, Deutschland über alles‹ gegen die erste Linie der feindlichen Stellung vor und nahmen sie.« – Die Kürze dieser Meldung verwandeln wir singend und musizierend in das, was damals in unseren Köpfen glühte und blühte: »Der Himmel blau und die Erde braun, unsre Gräber und Kreuze sie mahnen. / Und wieder vom Turm klingt die Glocke Sturm, nun tragen wir die Fahne.« – Langemarck, dieses flandrische Nest, durch das ich in den 60er-Jahren einmal fuhr, mit Marlene Dietrichs Lied im Kopf: »Sag mir, wo die Männer sind«, war für uns Jungen damals das Größte. Ich bin überzeugt, dass keiner von uns darüber so viel wusste wie ich. Über den Sturm und das Sterben der kriegsfreiwilligen Schüler und Studenten hatte ich alles irgendwie Erreichbare gelesen. Nicht nur in Langemarck tobten damals meine inneren Schlachten, sondern dank Werner Beumelburg auch in Douaumont, Ypern und Loretto. Mit der *Gruppe Bosemüller* ging ich ins Gefecht, und mit Ernst von Salomons *Die Geächteten* stürmte ich den Annaberg und das Baltikum. Die Bücher von Beumelburg besaß mein Vater. *Die Geächteten* lieh mir Eisels Werner, der mit mir zusammen in der Sing- und Spielschar war: »Mensch, musst du lesen!« Das war im Frühjahr 1938, als ich mich vollstopfte mit einer Textpassage wie dieser, und das wohl deshalb, weil sie den Entsetzensbildern vom Weltuntergang, die ich seit den Bibelstunden mit meiner Mutter in den Knochen hatte, einen anderen Dreh gab. Da las ich also:

»Es gab ja keine Menschen mehr. Es gab ja nur noch Fratzen. Sie ist ja schon da, die Gleichheit alles dessen, was Menschenantlitz trägt! Dazwischenknallen, vernichten, kalt und systematisch. Die Erde verträgt ja keine Teufel mehr. Sie müßte dem Satan zufallen wie eine faule Frucht, wenn er wiederum sein Reich aufrichtet. Warum den höllischen Kontrakt nicht unterschreiben? Der Gott der Rache hatte seine Würgeengel. Ich melde mich zu dieser Formation. Da soll kein Blutkreuz an dem Pfosten helfen. Sprengstoff unter diesen verrotteten, stinkenden Brei, dass der Dreck bis an den Mond spritzt. Wie sich die Welt wohl ohne Menschen schickt? Ich würde durch die qualmenden Räume streifen, durch die fahlen, entvölkerten Städte, in denen der Leichenduft das letzte Leben erstickte. Ich würde die Maschinen in den toten Fabriken anstellen, dass sie sich selber zerschmettern im rasenden Leerlauf, zwei Züge würde ich heizen und aufeinanderprallen lassen, dass sie sich bäumen und krümmen und türmen. Glattrasiert müßte die Erde werden, bis nichts mehr steht, was Menschenhand gebaut.«

Merkwürdigerweise setzte sich in mir von diesem Weltvernichtungswust nur ein einziger Satz fest: »Sprengstoff unter diesen verrotteten, stinkenden Brei, dass der Dreck bis an den Mond spritzt.« Wohl deshalb, weil die Entsetzensvision vom Weltuntergang hier nicht länger hingenommen wird als der Jüngste Tag des rächenden Christus, sondern selbst in die Hand genommen ist von einer Formation, die ihm diesen Tag abnimmt. Ich erwähne das, weil mir, dem Richtschützen, von meinem Kommandanten inmitten einer Panzerschlacht 1944 in der Normandie plötzlich genau dieser Satz ins Ohr geschrien wird, als ich dabei bin, die Kanone auf einen britischen Panzer zu lenken, der gerade vor uns durch eine Hecke bricht. Ihm war, wie sich hinterher herausstellte, ebenfalls dieses Zitat aus *Die Geächteten* im Gedächtnis geblieben, nur leicht abgewandelt zu: »Reinhalten, dass der Dreck bis zum Mond spritzt!«

Dass dieser apokalyptische Appell zur selben Zeit im fernen Los Alamos sein unheimliches Echo gefunden hatte, das, in Chemie und Metall gegossen, dann am 6. August 1945 Hiroshima und kurz darauf Nagasaki in einem nuklearen Feuersturm, der eigentlich uns zugedacht war, zum Himmel hoch zerstäuben sollte, davon erfuhr ich erst, als ich aus der amerikanischen Gefangenschaft entlassen worden war ... Was bewegte uns Jungen damals in der Normandie wirklich? Ernst von Salomons Weltende war der Reflex des verlorenen Krieges und mehr noch des Vernichtungsfriedens, den die Sieger über das Deutsche Reich und seine Menschen gebracht hatten, und er war mehr. Bei Hitler hieß es 1923 in *Mein Kampf*: »Siegt der Jude über die Völker der Welt, dann wird seine Krone der Totenkranz der Menschheit sein, dann wird dieser Planet wieder wie einst vor Jahrmillionen menschenleer durch den Äther ziehen. So glaube ich heute im Sinne des Allmächtigen zu handeln: Indem ich mich des Juden erwehre, kämpfe ich für das Werk des Herrn.« – Mit dieser Vision war er nur wenig päpstlicher als die Päpste Pius IX. und Leo XIII., die, wie er, in Demokratie und Liberalismus, Kapitalismus und Kommunismus die »Synagoge des Satans« am Werk sahen, was sie dazu trieb, die Christenheit zu warnen, die »gottlosen« Juden sähen sich bereits als »die Herren der Welt«, und es gehe ihnen nur darum, »die Kirche Gottes der grausamsten Sklaverei zu unterwerfen und, wenn möglich, sie ganz von der Erde zu vertilgen«.

Dass die Juden dabei seien, eine Art Jüngsten Tag über die Christenheit zu bringen, war eine wahnhaft übersteigerte Befürchtung, entbehrte aber nicht eines Anlasses. Ich habe mich erst vor wenigen Jahren gefragt, was mich Zwölfjährigen an dem Weltvernichtungsbild aus *Die Geächteten* so nachhaltig gefesselt hat, dass ich es in seiner Essenz niemals wieder vergaß. Da muss mir als Kind, möglicherweise auch aus den Erzählungen meines Vaters aus seiner Reichswehrzeit ab 1918 in Berlin, etwas unter die Haut gegangen sein, was der Schock über die eigenen Verbrechen 1945 verdrängte. Ernst von Salomons Vision bezieht sich auf Exodus 12,13. Nach dem Mord an Walther Rathenau, auf der Flucht, erfasst ihn, fiebergeschüttelt, das Verfolgungswahnbild einer Menschenwelt der vielen Gleichen, einer kommunistisch gemachten Welt, auf deren Vernichtungswillen er mit Vernichtung reagiert. Der heilsgeschichtliche Auszug Israels durch Zeiten und Völker wird von Salomon nicht als Weg aus der Knechtschaft erfahren, sondern als Weg endgültig in sie hinein. Deshalb soll diesmal das Blutzeichen die Kinder Israel nicht länger verschonen in einem endzeitlichen Kampf zwischen zwei teuflisch gezeichneten und ineinander verstrickten Formationen. Das ist ein deutlicher Reflex auf die existentielle Bedrohung, die die aus der Urkatastrophe des Ersten Weltkriegs hervorgehende Oktoberrevolution 1917 zwischen 1919 und 1924 in Bürgerkriegen auch über den Westen und insbesondere über Deutschland brachte. Die drei großen christlichen Monarchien waren 1918 zusammengebrochen, und der sich abzeichnende Sieg des Bolschewismus wurde insbesondere von prominenten Juden wie Martin Buber als das »Neuwerden aller Dinge« begrüßt.

Schon Moses Heß hatte den Marxismus zur »Höchsten Religion« erhoben und zu einer Art Jüngstem Gericht. In der revolutionären Heilslehre von Marx sah eine Elite der europäischen Juden »alle Elemente der messianischen Zeit«, und nicht nur Einstein stellte ihn in eine Reihe mit Moses, Jesus und Spinoza oder Mohammed. Die von der Christenheit so lange gedemütigten und vor allem im zaristischen Russland so grausam verfolgten und in Pogromen ermordeten Juden sahen in allen Unterworfenen der Erde ihre Brüder, in deren Leiden sie die eigenen wiederfanden, und erhoben sie als Weltproletariat zum Neuen Israel und zur erlösenden Macht, die die Menschheit in einem Letzten Gefecht von Ausbeutung, Krieg und

Unterwerfung für immer befreien sollte. Daher war Theodor Lessing nicht der einzige, der den Juden, der das Proletariat anführt, in die Exodustradition stellte. Die Rückseite dieses himmelstürmenden Idealismus war die ungebremste Bereitschaft, die ganze bisherige Zivilisation in ihren Eliten zu vernichten und auf ihren Trümmern eine Welt der Gleichen zu errichten. Die Revolutionäre gestanden freimütig, zur Erreichung dieses hohen Ziels sei ihnen alles erlaubt, nicht zuletzt die Schändung der Kirchen in Russland und der Raub ihrer heiligen Geräte, deren Gold man zur Finanzierung der Revolution einschmolz. Ein beispielloser Terror gegen den zum Klassenfeind erhobenen Weltfeind führte zur Ermordung von Millionen von Priestern, Adeligen, Offizieren sowie den bürgerlichen Eliten mitsamt ihren Frauen und Kindern, aber auch von Arbeitern und vor allem von Bauern, und er steigerte sich unter Stalin auf dem Wege der Zwangskollektivierung der Landwirtschaft, angeführt von Lasar Kaganowitsch und Genrich Jagoda, um viele weitere Millionen.

Das alles war damals in den Zeitungen von Paris, London oder Washington zu lesen und ebenso war es uns Pimpfen gegenwärtig, ehe die Katastrophe von 1945 die Erinnerung daran auslöschte. Erst vor wenigen Jahren regte Lew Kopelews Geständnis meine Erinnerung an diese Zusammenhänge an, er habe als Sowjetkommissar 1933 ohne jedes Mitleid dem vorsätzlich herbeigeführten Hungertod von nicht klassenbewussten ukrainischen Bauern zugesehen einschließlich ihrer Kinder, Frauen und Alten, und er sei daran auch nicht zerbrochen, denn, so erinnerte er sich: »Unser großes Ziel war der Sieg des Weltkommunismus, um seinetwillen kann man und muss man lügen, rauben, Hunderttausende, ja Millionen vernichten.« Da hatte ein Unschuldswahn von den Revolutionären und ihren Anhängern Besitz ergriffen, wie er heute in verwandelter Form in den islamistischen Selbstmordattentätern und ihren Hintermännern wiederkehrt. Damals ging das böse Wort von den »Umsturzjuden« um, die zugleich mit der Tradition ihrer Väter gebrochen hatten und ihr eigenes Judentum in das propagierte »Niederreißen aller Altäre« mit einbezogen. Das muss Kardinal Graf Galen noch vor Augen gestanden haben, als er 1941 in seinem Hirtenbrief vom 14. September 1941 vor der »Pest des Bolschwismus« warnte. Dies zu einem Zeitpunkt, als die »rächende Gewalt«, so Jean Amery, in Hitlers »Endlösung« und in einem furchtbaren Wechselspiel von Revolution und Konterrevolution gipfelte, wie Manès Sperber es im Nachhinein nannte und wie es Ernst von Salomon in teuflischen Formationen wahnhaft und doch das Kommende treffend vorweggenommen hatte. Die Virulenz dieses wechselseitigen Vernichtungsfiebers, das ab 1914 mit dem zweiten Dreißigjährigen Krieg über Europa und insbesondere uns Deutsche hereinbrach, muss uns Jungen damals mit allem, was wir träumten, sangen und dachten, ganz eigenartig mit angesteckt haben. An eines aber erinnere ich mich sehr genau. An »die Juden« dachte ich nicht während der Panzerschlacht in der Normandie, als ich die Kanone auf den britischen Panzer schwenkte. Was mir und uns allen in diesem Augenblick allein vor Augen stand, war, wenn auch abwehrend, die unmittelbar drohende eigene Vernichtung.

Wenn wir Jungen sangen, »Alles, was die Zeit erschafft, ist in uns verborgen, bildet unsere Kraft«, dann ahnten wir weder, dass wir in diesem Entwurf dazu verdammt waren, auch selbst das Weltverhängnis zu sein, das wir zu bekämpfen glaubten, noch wussten wir, dass das, was wir singend als den tragenden Pfeiler der Zukunft in uns fühlten, in Wirklichkeit das Dynamit zur kulturellen Selbstauflösung war, das mit den Gas- und Ausblutungsschlachten des Ersten Weltkrieges und den daraus hervorgehenden Bürgerkriegen in uns angehäuft worden war. Ermöglichte doch der übermäßige Bevölkerungsschub der Belle Époque, der nach England und Deutschland auch Russland einschließlich der Polen und Juden erfasste, über kurz oder lang den frühen Tod all jener, die da, zeugend und gezeugt, dem Moloch der Vernichtung ausreichend Nahrung gaben. Wann zuvor hatte der Tod, wenn eine Generation dahingeopfert war, in dieser Masse eine zweite eingefordert? Kam also in den Bildern von Dreck und stinkendem Brei nicht auch in uns noch das Zeugungs- und Verwesungwüten zum Durchbruch, das die Millionen Weltkriegstoten ebenso zur Folge hatte wie die der Revolution, von der es bei Isaak Babel, den ich später las, hieß: »Sie beschmiert sich mit Blut und Kot, um den Kern von der Schale zu säubern«? Oder anders gefragt: Waren wir unbewusst erfasst von der Zumutung der Natur gegenüber ihrem Geschöpf, es in den Selbstvernichtungswahn, mit dem sie es ideologisch beseelte und den sie selbst nicht zu stillen vermochte, blind hineinzustürzen in diesen einzigartigen Exzess der Entfesselung und Verschwendung von Leben?

Was sich unserer Phantasien damals bemächtigt, ist das Bild des Blutens und Verblutens. Deutschlands Söhne sind in Krieg und Bürgerkrieg nicht einfach gefallen, sie sind verblutet. In kaum einer Rede, die wir hören, kommt es nicht vor. Die Toten des 9. November 1923 sind die Blutzeugen, und die mit ihnen marschierten, tragen den Blutorden. Jedes Jahr wieder sehen wir in der Wochenschau und in den Zeitungen, wie der Führer ein rotes Meer neuer Fahnen und Standarten durch feierliches Berühren mit der Blutfahne weiht. Sie ist die neue Reliquie, die getränkt ist mit dem Blut der Märtyrer, und Hitler küsst sie wie der Priester das Kruzifix und den Kelch und schwört uns ein auf das Ewige Reich und auf das Meer von Blut, das die Helden des Ersten Weltkrieges geopfert haben und das nicht vergeblich gewesen sein darf. Ich erinnere mich noch gut an die düstere Rede von Studienrat Hammer zum Heldengedenktag in der Aula des Gymnasiums, als er das von Feinden umringte Deutschland gleichsetzt mit dem verblutenden Christus am

Kreuz. Damals wusste ich noch nicht, dass er Hitler zitierte, der von diesem Bild aus eine Verbindung herstellte zu dem »bolschewistischen Blutjuden«, der Russland bereits »ans Kreuz geschlagen« habe. Gegen ihn beschwor Hitler schon 1923 einen Endkampf herauf: Der größer sein werde als der Weltkrieg, ausgefochten auf deutschem Boden für die ganze Welt, und in dem es nur zwei Möglichkeiten gebe: »Wir werden Opferlamm oder Sieger!«

Unbewusst umfängt uns die durch die Jahrhunderte immer wieder inszenierte und erneuerte Bildbotschaft des Gemarterten und seiner Mörder und weist uns den neuen Weg. Nicht nur in den Reproduktionen unserer Lesebücher oder auf Gemälden in den Museen sehen wir die Helden sterben, auch in den Kriegsfilmen, in die wir uns drängen, verbluten und sterben sie im verklärenden Licht wie die ewige Wahrheitsgestalt des Schmerzensmanns auf den Altären, Wegkreuzen und Kreuzwegen. Der Heldenkult hebt auch die Kriegsverletzungen unserer Lehrer und ihrer Leidensgenossen in den erhabenen Rang von Wunden, die zu Auszeichnungen werden. An den Stammtischen, etwa unter den Kollegen meines Vaters, schlägt man sich lautstark auf die Brust, so man »geblutet und gekämpft« hat, und man verdammt die, die es nicht getan haben, als Spießer, Bonzen und Kriegsgewinnler.

Zum Heldengedenktag gehörte damals auch der Aufmarsch aller Parteiorganisationen und der Hitlerjugend vor dem Ehrenmal des Neuwieder Heldenfriedhofs, dessen kühner Entwurf die Gemüter immer wieder erregte. Da stand vor einem mächtigen Obelisk in Bronze gegossen die neue Pietá: Der gefallene Sohn liegt nicht länger als Leiche in ihrem Schoß, sondern steht in Überlebensgröße da mit Schwert und gänzlich nackt, seine Linke tröstend auf die Schulter der trauernden Mutter gelegt, die gebeugten Hauptes dasitzt. Der Heldensohn ist auferstanden, auferstanden in uns Jungen, die wir sein Vermächtnis weitertragen. Das Aufsehen, das Ärgernis, das die monumentale Plastik immer wieder erregt, gilt dem markanten und weniger als üblich gesenkten Glied des Helden. Auch meine Mutter und meine Tante Traudchen regen sich jedesmal auf, wenn wir auf dem Friedhof spazierengehen und ihr beleidigter Blick die Blöße streift. »Wenigstens ein Lendentuch!«, sind sie sich einig. Wie ich damals dachte, dafür wurde mir ein Erlebnis zum Testfall, das ich mit Remers Helmut hatte. Auf dem Rückweg vom Rheinufer, wo wir gespielt hatten, nehmen wir zur Abkürzung den Weg über den neuen Friedhof. Als wir zu der Abteilung Heldenfriedhof kommen und die Plastik zur Rechten wie immer unsere Blicke auf sich zieht, sehe ich, wie sich der Helmut plötzlich, ohne ein Wort zu sagen, nach allen Seiten umschaut und auch schon, mich hinter sich lassend, schnurgerade auf den Helden zuhastet, mir nichts dir nichts sein Glied in die Hand nimmt und eine Weile festhält, als ob seine Kraft auf ihn übergehen sollte, was mich wie auf heißen Kohlen stehen macht, um dann zu mir zurückzukehren und neben mir weiterzugehen, als ob nichts gewesen wäre. Ähnliche Anfälle war ich zwar von ihm gewohnt, wenn er sich an Mädchen heranmachte und ihnen die Röcke hob, aber was er hier getan hatte, empfand ich, mit all den heldischen Liedern und frommen Bildern im Leib, als besonders ungehörig.

Dass wir Jungen uns mit alldem im richtigen Leben wähnen, obwohl es nicht nur das aktuell falsche, sondern seit Generationen das verkehrte Leben ist, woher hätten wir das wissen und wer hätte es uns sagen sollen? Das besiegte und gedemütigte Deutschland war das Resultat weltumfassender Zusammenhänge, von denen auch wir erfasst und ergriffen waren. Und damit war entschieden, wo sich damals in uns ein Gewissen regte und wo nicht. Was uns sittlich leitete, war das Beichtgewissen im Kleinen und das nationale Gewissen im Großen. Auch die Briten hatten zuerst einmal ein britisches, die Franzosen ein französisches und die Sowjetrussen ein russisches Gewissen. Hatte nicht Heidegger in *Sein und Zeit* Gewissen als ein »Aufgerufenwerden zum Schuldigsein« bestimmt und tiefer gegründet als die alltägliche Gewissenserfahrung, als einen »Ruf« nämlich, »der schweigend ergeht aus der Lautlosigkeit der Unheimlichkeit eines Gewissenhabenwollens«, das »das Vorlaufen auf den Tod« voraussetzt? Nach dieser Lesart sollten wir uns unser Gewissen, zum Letzten entschlossen, buchstäblich ersterben!

So sehr ich mit Leib und Seele dabei bin, wenn es ans Singen und Feiern geht, so ödet mich das Exerzieren an oder die fade Sachlichkeit der Geländespiele und Findigkeitsmärsche mit Kompass, Marschzahl und Karte. Wenn es irgendwie geht, schwänze ich den Dienst, schreibe mir selbst Entschuldigungen mit der nachgemachten Unterschrift meines Vaters und spiele lieber, am liebsten die Inszenierungen meiner inneren Schlachtfelder. Der diese Phantasien am stärksten mit mir teilt, ist Eisels Werner, älter als ich und ebenso gelangweilt von dem üblichen Exerzieren. Als Austragungsort dient uns damals der große Bahnhofsgarten, ein mit »Zutritt verboten!« tabuisierter Ort, bewachsen mit mächtigen alten Bäumen und rundherum schützenden Hecken und mittendrin einem Hügel, auf dessen Gipfel ein Kranz dichten Buschwerks blüht. Das Verbot hebt die Lust, es zu übertreten, zumal der Reichsbahnrat Probst ab und zu einen seiner Untergebenen auf uns loslässt, mit dem Erfolg, dass wir im Nu wieder über den Zaun geklettert sind, wenn er aus den Augen ist, und weiterspielen. Hier blühen wir auf, ganz einig mit uns selbst und dem, was uns treibt. Hier sind Langemarck und Ypern noch einmal und es trommelt der Tod, wenn wir durch die Hecken hindurchstürmen. Der Hügel des Gartens wird zum Fort Douaumont auf den Höhen vor Verdun, das wir angreifen und nehmen inmitten einer Feuerwalze aus Kanonenschlägen, so heißen die besonders lauten Silvesterkracher, für die wir unser ganzes Taschengeld zusammengelegt haben: der Werner und ich, der Remers Helmut und die Brüder Richard und Kurt Eul, der Beinhauers und der Kutschers Werner und all die anderen. Das Nachgespielte bleibt dennoch stets ungenügend – gemessen an dem, was wir in den Köpfen haben: Die Flammenwerfer der Deutschen, die die Hölle in die Kasematten des aufgesprengten Forts tragen und mit denen wir eindringen und siegend das Verbluten und Verbrennen über die Franzosen bringen, sowie das Sterben der eigenen Leute, von dem die Bücher so aufwühlend berichten.

Die Internationalen Autorennen auf dem nahen Nürburgring hatten uns Jungen schon in den Jahren zuvor in den allgemeinen Geschwindigkeitsrausch der Zeit mit hineingerissen, und Ende Januar war Bernd Rosemeyer bei dem Versuch, für Auto-Union einen neuen Straßenweltrekord aufzustellen, tödlich verunglückt. Zu Ostern schenkte mir Tante Klara das Buch der Sportfliegerin Elly Beinhorn *Mein Mann, der Rennfahrer*. Ich las es in einem Zug, blieb aber Rudolf Caracciola von Mercedes treu, der mit knapp 433 Stundenkilometern 1938 den neuen Weltrekord aufstellte. Nachdem unser Schauspiel-Projekt *Schneeweißchen und Rosenrot* gescheitert war, musste ein anderes her. Eines Tages – wir saßen wie üblich hintereinander gestaffelt auf der breiten Treppe, die zu der Haustür hinaufführte, wo Euls Richard und sein jüngerer Bruder Kurt wohnten – warf einer das Stichwort »Seifenkisten« in die »Was-tun?«-Debatte. Und schon trieb uns um, was ohnehin die große motorische Unruhe der Zeit war. Der waren die üblichen Abfahrtsrennen mit Seifenkisten, die kein Wettrennen waren, sondern nur als Einzelleistung zählten, nicht angemessen. Nein, es musste schon ein Weltereignis wie das internationale Rennen auf dem Nürburgring sein, ein Wettlauf der Motoren.

Eisels Werner brachte die Idee ins Spiel, eine Renngemeinschaft mit einem Stall von mindestens sechs oder sieben Rennwagen zu gründen. Au ja, das war's! Gleich am nächsten Tag sprach ich Welse Günter an. Er war ein Rosemeyer-Fan, der nicht nur am Morgen nach dessen Tod weinend und mit einer Trauerschleife am Anzug zum Unterricht gekommen war, sondern auch gleich an Elly Beinhorn einen Beileidsbrief geschrieben hatte, den er dann zusammen mit der handschriftlichen Rückantwort der Witwe in der ganzen Klasse rumgehen ließ. Diesen Günter brachte ich mühelos dazu, eine zweite Renngemeinschaft zu gründen und mit ihr gegen unsere anzutreten. Es ging auch gleich ans Rennwagenbauen. Das allergrößte Problem dabei war die Beschaffung von Kinderwagenrädern. Wir klapperten sämtliche Neuwieder Schrotthändler ab, und wenn wir Glück hatten, bekamen wir einen Vierersatz mit Achsen je nach Qualität für siebzig Pfennig bis zwei Mark. Mir kam der Zufall zu Hilfe, indem der kleine Paul Thomas, der von unserem Projekt Wind bekommen hatte, sich eines Tages an mich heranmachte und mir einen Satz Räder mit besonders dicken Vollgummireifen anbot. Ich war hellauf begeistert und wollte sie ihm gleich abkaufen. Aber er hatte etwas anderes im Sinn. »Nein, nein, nicht für Geld!«, beharrte er. Und schon war mir klar, was ihn trieb. Der Paul war der Paria unter uns Bahnhofskindern. Nicht weil er unehelich war und das Lebensunglück seiner ganz jungen Mutti und das seiner immer mürrischen Großmutter, der verwitweten Frau Professor, wie sie immer noch angesprochen werden wollte, die, wie es hieß, ihre schwangere Tochter verstoßen und dann widerwillig wieder bei sich aufgenommen hatte. Nein, nicht deshalb, sondern weil der Paul an einem üblen Ausschlag litt, der auf beiden Händen und Unterarmen nur so blühte. Und da sich Kinder beim Spielen immer auch gern anfassen und das bei dem Paul bedeutet hätte, mit einer Melange aus weißer Salbe, Blut und brüchigem Schorf in Berührung zu kommen, die unter dem ständig verrutschten Mullverband hervorsah, machte ihn das zum Unberührbaren. Dass sich in Anbetracht der häuslichen Verhältnisse seine Seele mit diesen Händen nach uns ausstreckte, wer hätte es uns sagen müssen.

Paul tat mir leid. Dennoch hielt ich ihn mir vom Leib wie es all die andern taten, auch wenn meine Mutter mich manchmal ermahnte: »Spielt doch mit ihm!« Paul, unser Aussätziger, wollte mit seinen vier Rädern mehr als sie mir nur schenken. Er wollte aufgenommen werden in unsere »Renngemeinschaft Bahnhof«, wie wir sie nannten. Eine Nacht lang überschlief ich die Zwickmühle, in die er mich brachte. Dann fiel mir ein, dass er sich erboten hatte, mich zu schieben. Das war's! Ein Rennwagen braucht Schubkraft, und abschüssige Straßen waren vom flachen Neuwied weit entfernt. Wir alle brauchten ja jemanden, der uns schob und anschob! Paul wurde mein Anschieber, mein Motor. Er wurde der treueste von allen. Als mein Rennwagen mit der Weinkiste als Kühler und Motorhaube und seiner richtigen Lenkung mit Steuerrad, die Vater Jupp in der Postwerkstatt hatte basteln lassen, zum erstenmal von Paul geschoben bei Eisels Werner und den anderen Rennfahrern vorfuhr, da ging auch bei ihnen die Suche nach dem Anschieber los unter den jüngeren Jahrgängen, wobei es die meisten nur um den Preis taten, selbst abwechselnd steuern zu dürfen oder mindestens zehn Pfennig pro Einsatz zu kassieren. Schließlich wollten wir unsere neuen Rennwagen auch ausprobieren, und das ging am besten rund ums Bahnhofskarree. Paul wollte weder selbst steuern noch bezahlt werden, sondern nur dabeisein. Das aber wollte ich nicht. Also ließ ich ihn auch ans Steuer, wurde sein Motor, und er war selig, wobei es mir nicht leicht fiel, das von ihm berührte Steuerrad wieder selbst anzufassen. Irgendwann im Juli des Jahres meldete Welse Günter, dass auch die »Renngemeinschaft Blücherstraße«, wie er sie nannte, mit »Auto-Union« startbereit sei.

Wir beschlossen, das Rennen am letzten Schultag vor den Sommerferien in Rodenbach auszutragen. Das lag schon auf dem vorderen Westerwald, und vom Ende des Dorfes führte eine Asphaltstraße in einer weiten S-Kurve ziemlich steil ins Wiedbachtal hinunter. Mir wurde aufgetragen, für das von jedem der insgesamt fünfzehn Rennfahrer kassierte Startgeld einen Wanderpokal zu kaufen. Für zwei Reichsmark erstand ich nach langem Suchen eine in milchigem Gold erstrahlende zylinderförmige Scheußlichkeit von Vase, die ich aber schön fand. Und mein Vater war so lieb, sie mir mit »Großer Preis von Rodenbach« schnörkelreich zu beschriften. Die Startplätze in drei Reihen, jede fünf Rennwagen tief, losten wir aus. Ich hatte das Pech, den letzten Platz rechts zu ziehen, der Günter Wels aber den ersten rechts, also den besten. Immerhin legte Paul einen Start hin, der mich schnell nach vorn gleich hinter den Günter brachte. Dennoch ging er auf »Auto-Union« als erster durchs Ziel und erhielt aus der Hand meiner Mutter den Pokal. Uns von der Bahnhofstraße und »Mercedes« blieb der Trost, als Mannschaft mit dem zweiten bis siebten Platz die Blücherstraße geschlagen zu haben. Frau Wels, Frau Eisele und meine Mutter, die allesamt schick aufgemacht zum »Großen Preis von Rodenbach« gekommen waren, luden uns gemeinsam ins Hotel Nothausen zu Kaffee und Kuchen ein. Und Frau Wels gab uns noch eine Runde Limonade extra aus, weil ihr Mann, Direktor der Ofenfabrik und Günters Vater, nach einer Wehrübung gerade zum Oberleutnant der Reserve befördert worden war.

Kurz vor dem Rennen war mein Vater zusammen mit seinem Postbus nach Morbach auf dem Hunsrück dienstverpflichtet worden. Der Westwall wurde gebaut, und mein Vater fuhr die ebenfalls dienstverpflichteten Arbeiter von ihrem Barackenlager täglich zu ihren Bunker- und Panzerhöckerbaustellen. Das war auch der Grund, warum wir in diesen großen Sommerferien nicht zu Oma und Opa fuhren, sondern zu Tante Klara nach Traben-Trarbach. Von dem nahen Morbach aus konnte mein Vater abends schon gelegentlich zu Besuch kommen oder umgekehrt meine Mutter auf Besuch zu ihm. Während dieser Zeit las ich Karl May, doch war mein Bedarf nach zwei Bänden gedeckt. Lieber ging ich mit Onkel Oskar zum Fischen oder schwamm mit den Nachbarskindern von Traben über die Mosel nach Trarbach und zurück. Das bunte Zivil der vielen KdF-Sommergäste war in jenem Jahr schon stark durchsetzt von Uniformen der Wehrmacht und des Reichsarbeitsdienstes. Krieg lag in der Luft. Die Millionen Sudetendeutschen wollten und sollten zurück ins Reich, um das Unrecht von Versailles auch in diesem Punkt zu revidieren. Wir Kinder fühlten uns von den wachsenden internationalen Spannungen höchst angenehm getragen und erregt. Ständig war in diesen Jahren etwas los, und wir spürten, wie es uns über Schule und Alltag hinaushob in etwas, das wichtiger und größer war. Mit dem Münchner Abkommen, bei dem die Sieger von 1918 unserer militärischen Besetzung des Sudentenlandes zustimmten, fühlten wir die Macht des Reiches wachsen, angeheizt durch die Reden von Hitler, Göring und Goebbels, denen wir Schüler vor dem Radio in der Aula oder zuhause lauschten. Dabei traf Görings geflügeltes Wort in Richtung Prag: »Wir sind zwar gute Schießer, aber keine Scheißer!« unsere Stimmung ins Schwarze. Ich sehe noch deutlich die aufleuchtende Mimik meines Vaters, das Ohr dicht am Lautsprecher mit der sich überschlagenden Stimme des Führers, was die uns ferne Welt da draußen, die wir nicht sahen, verächtlich lachen machte, während es uns von Herzen erhob, sogar die Kleinsten. Ich erinnere mich an einen Besuch bei Welse Günter. Er hämmerte im Garten gerade an seinem Rennwagen herum, und sein kleiner Bruder Peter, ein Knirps von vier Jahren, der auch hämmern wollte, kniete in der Nähe und schlug mit einem Hammer Nägel in ein Brett, schlug sie krumm und schief und rief nach jedem Schlag: »Ihr verdammten Tschechennägel!« Wir Großen sahen uns an und grinsten Beifall.

Dann, am 9. November, geschieht das, was sich in den Wochen danach der Volksmund als »Reichskristallnacht« fröhlich redet. Als wir am 10. mittags aus dem Gymnasium kommen, sehen wir zur Rechten nicht weit weg auf der Engerser Landstraße einen Menschenauflauf. Einige von uns laufen gleich hin. Ich aber will erst einmal nach Hause. Denn Tante Traudchen und Hannelore, meine geliebte Kusine, sind zu Besuch gekommen. Beim Mittagessen erfahren wir aus dem Radio, wie überall im Reich der Volkszorn dabei sei, sich Luft zu machen und zu rächen für die Ermordung des deutschen Diplomaten von Rath, den der Jude Grynszpan in Paris erschossen habe. Nach dem Essen machen wir uns alle vier stadtfein, meine Mutter im neuesten Modellkleid von Frau Thür, und ziehen los. Schon beim Überqueren der Bahnhofstraße sehen wir die beiden einander gegenüberliegenden Häuser jüdischer Familien von Mob belagert und geplündert. Doch uns treibt es in die Stadtmitte, wo, wie uns entgegenkommende Bekannte berichten, hinter der Schloßstraße die Synagoge brenne. Als wir uns an der katholischen Pfarrkirche vorbei der Mittelstraße nähern, sehen wir aus dem Schuhgeschäft Kahn ganze Ladungen von Schuhen auf die Straße fliegen, wo sich Kinder, Frauen und Männer in wildem Gerangel bedienen. »Das ist ja fruchtbar«, entfährt es meiner Mutter, »nein, dieser Pöbel!« Eine Weile schauen wir aus gehöriger Distanz dem unwürdigen Treiben zu, dann gehen wir zurück zur Hermannstraße und diese hinunter zum Luisenplatz. Dort bekommen wir gerade mit, wie aus einem Fenster der ersten Etage von Plaut & Daniel eine Nähmaschine auf den Bürgersteig kracht, bejohlt und bejubelt von der Menge.

Unter den Plünderern entdecke ich neben anderen stadtbekannten Gesichtern aus dem Volk plötzlich meinen Jungstammführer Fritz Blum, in verschlissenem Zivil und nicht in seiner schicken HJ-Führeruniform mit weißer Schnur und wallender Pelerine. Da sein jüngerer Bruder Heinz mit mir in der Volksschule zusammen war, kenne ich sein überaus erbärmliches Unterschichtenzuhause, aus dem die neue Zeit ihn gerettet hat – und auch wieder nicht. Denn als er einmal in der Goebenstraße den Vorbeimarsch seines Jungstamms abnimmt und wohl rein zufällig seine unansehnliche Mutter plötzlich auf ihn zukommt, läuft er knallrot an und geht innerlich vor seiner Herkunft stiften. Wie die Begegnung ausging, konnte ich nicht verfolgen, weil ich weitermarschieren musste. Zur brennenden Synagoge zieht es uns dann nicht mehr. Es ist ohnehin Zeit zum Kaffeetrinken. Auf dem Heimweg über den Moltkeplatz, als meine Mutter sich wieder kopfschüttelnd über: »Diese Proleten!« auslässt, und Tante Traudchen ihr mit: »Ja, ja, war das nötig? All die wertvollen Sachen!« zustimmt, löst das unsere Bedrückung nicht. Etwas scheint aus der Ordnung gekommen zu sein. Ob sich dieses Empfinden von den Müttern auf uns Kinder übertrug, weiß ich nicht mehr. Aber es ist da und es bleibt, als wir Muttis selbstgebackenen Bienenstich zum Kaffee zu uns nehmen, und es nimmt erst eine andere Richtung, als Tante Traudchen sehr nachdenklich und geradezu feierlich zu meiner Mutter sagt: »Es heißt aber doch im Evangelium: ›Sein Blut komme über uns!‹« Hinterher sagte sie noch, Max, ihr Mann, der Lehrer, erinnere auch immer daran, besonders, wenn er von dem Konitzer Ritualmordprozess erzähle, den er doch aus nächster Nähe mitbekommen habe. Dass mit den Synagogen im Reich zugleich die Häuser des eigenen Gottes angezündet worden waren, kam uns nicht in den Sinn, zumal die geistlichen Herren stumm blieben bis auf einen, unseren geistlichen Studienrat Junglas, der sich schützend vor Juden gestellt hatte und den wir vom darauffolgenden Tage an nicht wiedersahen.

Auf die Konsequenzen von Hitlers Arier-Rassismus und des »Gesetzes zum Schutz des Deutschen Blutes und der Deutschen Ehre« mit seiner juristischen Pedanterie der Voll-, Halb- und Vierteljuden sind wir nicht vorbereitet. Störs Peter, der Heringsbändiger aus dem Kolonialwarenladen, in dem wir einkaufen, ist wegen seiner jüdischen Großmutter, der Mutter seiner Mutter, Vierteljude und ein harmlos herzensguter Mensch, den alle mögen und der wenige Jahre später als Hitlers Soldat in Russland fällt und zwar, man möchte sagen, ironischerweise, nach jüdischem Recht als Jude. An den Peter denken wir Jungen aber gar nicht, wenn wir unsere Lieder singen. Ich sehe und höre Vater Jupp heute noch fluchend durch die Wohnung laufen, als er seinen Ariernachweis erbringen muss und dazu alle Pfarrämter von Fulda bis Strotzbüsch in der Eifel anschreibt, um dann die in feinstem pfarrherrlichen Sütterlin verfassten Auszüge aus dem Tauf-, Ehe- und Sterberegister (ich besitze sie heute noch) in den amtlichen Abstammungsnachweis zu übertragen, wobei er sich vor lauter Wut dreimal verschreibt, indem er die Brasiljisch Schmitze mit den Kreise und Grosche aus Fulda verwechselt, einfach deshalb, weil ihm diese, wie er sagt, »trockenfurzige Arbeit« nicht liegt. Den Strich durch die verwechselten Namen zieht er aber immerhin fein sauber mit dem Lineal. Und als Onkel Mätthes, der mal wieder aus Engers zu Besuch kommt und, als Ahnenkundiger befragt, steif und fest behauptet, meine Mutter und auch ich hätten von der Rauenseite her Judenblut in den Adern, muss mein Vater schon wieder lachen und wir alle mit. Witze über alles und jeden sind wir bei dem Großonkel gewohnt, und so hören wir gespannt zu, als er uns unseren un-arischen Nachweis zu erbringen versucht: »Also, ihr wisst doch, dass der Johann Peter Rauen, der Schmied aus Immerath, die Tochter von dem Nikolaus Nivel, dem Lehrer, geheiratet hat. Von diesem Nivel weiß man nur, wann, nicht aber, wo er 1802 geboren wurde. Woher der Kerl kam, weiß keiner. Der Name Nivel aber sagt doch alles: Aus irgendeiner Judengasse kam er, gleich nach der französischen Revolution, als man sie befreite.« Wir müssen den Onkel Mätthes mit einem langgezogenen »Wiesoo?« oder ähnlichem ziemlich dumm angestaunt haben. Darauf hatte er es abgesehen. Denn, ganz Pokerface, forderte er uns auf, den Namen Nivel doch einmal von rechts nach links zu sagen. Ich sehe noch das in sich gekehrte Gesicht meiner Mutti, das dann mit einem verblüfften: »Tatsächlich!« laut vernehmlich den Klarnamen des Ahnen Levin mit dem Anagramm Nivel vor sich hinspricht und zu Onkel Mätthes sagt: »Sollte der wirklich seinen Namen einfach umgedreht haben?« »Na, was sonst!«, sieht der Großonkel sie und mich an: »Ihr Leviten, ihr Achtelsjuden!«, lacht auch schon los – und wir mit Verzögerung hinterher. Wir nehmen ihm sein Ahnenforschungsergebnis aber nicht ab, obwohl es im Bereich des Möglichen lag. Er war ohnehin der skurrile Witzereißer der Familie, der die Leute gern auf die Schippe nahm.

So kam er eines Tages zu uns mit einer selbst gebauten Fahrscheinmaschine. Sie bestand aus einem schwarzen Kasten mit zwei Schlitzen, einem oben und einem unten, und einer Kurbel, die im Innern ein System von Rollen, verbunden durch Laufbänder, antrieb. Dem Schaffner in der Straßenbahn von Engers nach Neuwied gibt er absichtlich einen abgelaufenen und gelochten Fahrschein, den der ärgerlich zurückgibt mit der Aufforderung, gefälligst einen gültigen vorzuweisen. Was macht Onkel Mätthes? Er nimmt betont umständlich seine Maschine hervor und sagt so laut, dass alle Fahrgäste aufmerksam werden: »Dann drucken wir ihn doch kurzerhand gültig, mein Herr!«, worauf er die Kurbel so lange dreht, bis der im oberen Schlitz verschwundene abgelaufene Fahrschein aus dem unteren einwandfrei gültig hervorkommt. Die Pointe ist die Reaktion des Schaffners. Der nimmt den Schein, prüft und befühlt ihn, hält ihn gegen das Licht, sieht und will es nicht glauben, dass er echt ist, knipst ihn, knallt ihn dem Onkel auf seine Maschine und geht, da die Fahrgäste zu lachen anfangen, sichtlich verärgert weiter.

Ende November kommt Tante Klara zu Besuch und erzählt uns das Neueste von Bullay. Dort ist das Haus, in dem Opa und Oma Harf und der neue Eigentümer wohnen, von Unbekannten in schwarzer Farbe mit »Hier wohnt der Jude und sein Knecht!« verunstaltet worden.

Unter dem Weihnachtsbaum am Ende dieses turbulenten Jahres liegt neben dem üblichen Zusatz-Stabilbaukasten und einem Autobahnmodell ein Spielzeug-Maschinengewehr, aus dessen Magazin ein extrem starker Federmechanismus eine Salve Holzgeschosse mit rasanter Geschwindigkeit hervortreibt. Nach Neujahr setzen mich meine Eltern in den Schnellzug nach Düsseldorf, um dort meine Patentante Maria und Onkel Hans zu besuchen, den Brückenbauer bei Hein-Lehmann, der mit einem Behelfsbrückenprogramm für die Wehrmacht beschäftigt ist, das er drei Jahre später im Bau einer Brücke über die Düna verwirklicht. Wir besuchen Humperdincks *Hänsel und Gretel* in der Oper und machen einen Ausflug in die Golzheimer Heide zum Denkmal von Albert Leo Schlageter, dem Märtyrer im Kampf gegen das Unrecht von Versailles, den die Franzosen 1923 an diesem einsamen Ort hinrichteten. Ich stelle mir vor, wie der Held an den Pfahl gebunden dastand, es ablehnte, sich die Augen verbinden zu lassen, und wie er aufrecht in die zwölf Gewehrläufe des Pelotons blickend den Tod für Deutschland hinnimmt. Dass ich mit dieser Bewunderung damals nicht allein stand, sondern sie mit dem größten unserer Denker jener Tage, mit Heidegger, teilte, erfuhr ich erst Jahrzehnte später. Und sie erklärte mir auch, was zu den entscheidenden Passagen von *Sein und Zeit* geführt und was ihn bewogen hatte, 1933 für Hitler einzutreten.

Zum sechsten Jahrestag seiner Machtergreifung am 30. Januar stimmt Hitler in einer Rede das Volk auf das Schicksalsjahr 1939 ein, eine Rede, die ich im Radio nicht mitbekomme, dafür im Musikunterricht einige Tage danach um so gründlicher nachhole. Den gab uns in jenen Jahren Studienrat Dr. Mandt, ein kleiner, lebhafter Pykniker voller Musik, der, wenn er in die Klasse kam und beschwingten Schrittes zu einem der beiden Flügel eilte, immer schon, meist mitten im Stück, zu singen anhob, wobei wir ihm nachsingen sollten. Als wir den *Freischütz* durchnehmen, betritt er wochenlang die Szene mit dem Passus: »Mich fasst Verzweiflung, foltert Spott ...«, um sich mit großer Geste am Flügel niederzulassen. Dr. Mandt ist nicht nur ein glühender Anhänger des Führers, er hat auch ihm zu Ehren eine Hymne geschrieben und vertont, die wir im Unterricht immer wieder singen und üben müssen, um sie im Großen Chor der in der Aula versammelten Schulgemeinde vorzutragen, vom Komponisten eigenhändig an der Orgel begleitet. In jenen Januartagen nehmen wir Wagners *Die Meistersinger von Nürnberg* durch, und diesmal eilt Dr. Mandt mit: »Wacht auf, es naht schon gen den Tag ...« singend zum Unterricht herein, und die ganze Klasse muss es ihm nachsingen. An dem Tag nach Hitlers Rede lernen wir, dass Wagner als einer der größten Deutschen zu seiner Zeit schon die verderbliche Macht der Juden über unser Volk erkannt und es zum Widerstand aufgerufen habe gegen den »Dämon des Verfalls der Menschheit«. Von Wagner kommt er dann auf die Rede des Führers zu sprechen, um uns aus dem *Völkischen Beobachter* eine Stelle vorzulesen, die ich im Wortlaut natürlich bald vergaß, die aber keine andere als diese gewesen sein kann: »Ich will heute wieder ein Prophet sein: Wenn es dem internationalen Finanzjudentum in und außerhalb Europas gelingen sollte, die Völker noch einmal gegeneinander in einen Weltkrieg zu stürzen, dann wird das Ergebnis nicht die Bolschewisierung der Erde und damit der Sieg des Judentums sein, sondern die Vernichtung der jüdischen Rasse in Europa.«

Was uns Dr. Mandt damals mit Worten vortrug, ging uns aber weit weniger unter die Haut als das, was er uns mit seiner Hitlerhymne besonders einhämmerte und was fragmentarisch bis heute in mir hängen geblieben ist, besonders aufdringlich dieser Passus: »Friderikus Rex, unser König und Held, / Der schaut herab vom hohen Himmelszelt / Und lächelt vergnügt: Sankt Peter siehst du es nicht, / Der Preuße zeigt wieder sein altes Gesicht. / Wie in bleicher Angst nun der Staatsfeind erbebt ...«, oder aber dieser Passus: »So wie der Föhn im Märze, braust mit wilder Macht, / Wie er unsere Herzen, frühlingsgläubig macht, / So bricht den deutschen Winter Lenzkraft der SA. / Steige hoch, du Volk empor! Dein Tag ist da!« Ich merke nicht, welch ein Kitsch sich da in mir festsetzt, aber er trägt bei zu der Begeisterung, die uns erfasst, als unsere Truppen die Tschechei besetzen und in das Protektorat Böhmen und Mähren verwandeln. So oft wie in jenen Jahren nehme ich nie wieder den Atlas zur Hand. Ich sehe mit Genugtuung, wie das durch Versailles rings um vivisezierte Reich wieder Fleisch ansetzt und sich rundet und Millionen Volksdeutsche aus ihren rechtswidrigen Verhältnissen erlöst. Jetzt gilt es, als nächstes das Unrecht von Danzig rückgängig zu machen und den polnischen Korridor zu beseitigen. Und natürlich die Sache mit den Kolonien!

Der Frühsommer des Jahres war merkwürdig ruhig. Nichts Aufregendes nach Francos Sieg über die Roten und der »Erledigung der Rest-Tschechei«, wie es offiziell hieß. Doch die weltpolitische Windstille trog. Hitler war zu weit gegangen. Denn nunmehr war hinter den Kulisssen, in der Geheimdiplomatie, alles los. Und das hieß immer auch, hinter dem Rücken der Völker. Also wussten wir nicht, dass sich die Mächtigen der Erde in den Metropolen schon 1938 dazu entschlossen hatten, nach dem Zweiten auch dieses Dritte Reich zu vernichten.

Kurz vor Beginn der großen Sommerferien kehrt mein Vater aus Morbach nach Neuwied zurück und fährt wieder die Westerwaldstrecke nach Horhausen. Mit meiner Mutter ziehe ich jeden Mittwochnachmittag feingemacht zuerst zum neuesten Film ins Metropol oder Capitol und hinterher ins neue

Café Haas, wo die Schokoladesahnetorte den sonst üblichen Mohrenkopf abgelöst hat. Das Schuhgeschäft Kahn nebenan ist arisiert, und Helmuts Vater, Direktor Remer von der Stahlhochbau AG, hat eines der beiden demolierten Judenhäuser in der Bahnhofstraße gekauft. Helmut verrät mir, dass es 15 000 Reichmark gekostet habe, als er mich stolz durch alle drei Etagen führt und mich auf die besonders teuren Renovierungen hinweist und die aufwendigen neuen Möbel. Ich zähle allein acht Clubsessel im Herrenzimmer und muss das bei meiner Mutter gleich loswerden, wo wir gerade mal vier solcher Sessel zur Couch haben. Erst nach dem Krieg kommt bei einer Buchprüfung heraus, dass Helmuts Vater seit den dreißiger Jahren insgesamt 60 000 Reichsmark unterschlagen hat, was halb Neuwied endlich auch den aufwendigen Lebensstil der Remers erklärt, der allein bis Kriegsbeginn bei Helmuts Mutti den Luxus von sieben Pelzmänteln erreicht hatte. Bei der Stahlhochbau AG verzichtete man im Hinblick auf die Verdienste des Herrn Remer um die Firma auf eine Anklage, bestand aber auf Wiedergutmachung durch Überschreibung des ehemaligen Judenhauses. Mit dem zerronnenen Wohlstand ging die Ehe der Remers auseinander. Er starb wenige Jahre später in der Zweizimmerwohnung seiner jahrzehntelangen Geliebten, Frau Remer bald darauf in einem möblierten Zimmer. Kurz vor der Buchprüfung hatte ich Vater Remer, noch in Amt und Würden, in der Stadt getroffen, wo er mir die beiden großen Fehler Hitlers im einzelnen auseinanderlegte, den ersten, »dass er sich mit der Kirche«, und den zweiten, »dass er sich mit den Juden angelegt« hatte.

Auch in diesem Jahr legen wir den Großen Preis von Rodenbach auf den letzten Schultag. Ob wir vom Bahnhof mit »Mercedes« diesmal der Blücherstraße mit »Auto-Union« den Wanderpokal abluchsen werden? Zusammen mit Paul übe ich Tage vorher den optimalen Start mit den Lederhandschuhen meines

Vaters aus fernen Hansa-Cabrio-Tagen. Nun kommt alles darauf an, welchen Platz ich bei der Auslosung ziehe. Ich habe Glück: zweiter Platz in der Mitte, gleich hinter Eisels Werner. Günter Wels, mein Hauptrivale, zieht den dritten Platz, gleich hinter mir. Das ist schon mal gut, doch diesmal missglückt unser Start. Jemand fährt Paul in die Hacken, er stolpert, und Günter Wels mit seiner echten weißen Rennfahrerhaube zieht erstmal an mir vorbei. Dafür laufen meine größeren Räder besser, und kurz vor der letzten Kurve bin ich neben ihm und drauf und dran, an ihm vorbeizuziehen. Da sehe ich auch schon mit einem halben Auge, wie der Günter mit den rechten Rädern plötzlich auf die Grasnarbe gerät, und höre ihn dann nur noch hinter mir in den Straßengraben rasen. Ich gehe knapp vor Eisels Werner als erster durchs Ziel, in diesem Jahr nur noch beklatscht von meiner Kusine Hannelore und von meiner Mutter, die diesmal mir, dem Sieger, den Pokal überreicht. Günter gratuliert mit blutenden Knien und zerbrochener Brille. Sein Rennwagen ist ein Trümmerhaufen. Das ist auch der Grund, warum Kaffee und Kuchen im Hotel Nothausen ausfallen. Ich wurde aber niemals den Verdacht los, dass der Günter absichtlich in den Graben gefahren war, als er seine Siegeschancen schwinden sah. Der Pokal erhielt seinen Ehrenplatz auf der Kommode meines Zimmers, unterlegt mit einem kostbaren Spitzendeckchen. Wenn ich morgens aufwachte, war sein milchig goldener Glanz immer das erste, was mir ins Gemüt leuchtete – bis im Februar 1941 von einem Tag auf den anderen alles anders wurde.

Die zweite Hälfte der Sommerferien verbringe ich im Internationalen Jugendlager auf der Halbinsel Stubben gegenüber von Bremm an der Mosel, nur zehn Kilometer von Bullay. Dennoch wird mir von den Führern nicht erlaubt, Oma und Opa zu besuchen. Wir kampieren in Rundzelten mit je zwölf Mann. Die englischen Pfadfinder stellen die größte Gruppe neben Flamen und Luxemburgern. Ich freunde mich gleich am ersten

Tag mit William aus Sussex an und merke dabei, wie wenig unser Schulenglisch für eine lebendige Begegnung ausgelegt ist. William kann noch viel weniger Deutsch als ich Englisch. Nach der Morgentoilette in dem nicht immer sauberen Moselwasser und dem Frühstück empfängt William mich mit der Frage: »Work or play?« Wenn ich zum Dienst muss, sage ich: »Work, sorry!« Wenn nicht, sage ich: »Play!« Und er ruft: »Fine!« Dann laufen wir zur Mosel, suchen flache Steine und werfen um die Wette, wer sie am weitesten über die Wasserfläche flitzen lässt, oder wir schnitzen uns Muster in Haselnussstöcke oder streifen durch die Weidenhecken. Als ich am zweiten Tag unserer Bekanntschaft wieder mit ihm unterwegs bin und pinkeln muss, stellt er sich ganz dicht neben mich, pinkelt auch, und als wir fertig sind, fasst er plötzlich meine Hand und fordert mich mit einer ebenso eindeutigen wie mir ungeläufigen Geste dazu auf, mit ihm zusammen das zu machen, was mir trotz meiner dreizehn Jahre weder als wichsen noch als onanieren ein Begriff ist. Entsprechend muss ich wohl darauf reagiert haben, denn sofort lässt er mich los. Natürlich hatte ich damals schon mitbekommen, wie meine Freunde aus der Klasse oder vom Bahnhof eines Tages völlig anders geartete Treffen vereinbarten und ahnte irgendwie auch, wozu, aber wie das im einzelnen ablief, wusste ich nicht.

Obwohl ich einer der Rowdies der Klasse bin und zu den Einflussreichen meiner Bahnhofsclique zähle, gehen diese Treffen damals an mir vorbei; wahrscheinlich bin ich nach wie vor abgeschirmt durch mein Saturnerlebnis. Anders als William bin ich danach etwas verlegen, er aber fragt schon wieder, was das und das auf Deutsch heißt. Als eines Morgens Nebel über der Mosel liegt, zeigt er mit belehrendem Finger darauf und sagt: »mist«. Ich muss lachen; und um ihm zu erklären, weshalb, gehe ich mit ihm zu der Latrine, zeige auf den Inhalt der Grube und sage: »This is mist in German.« Nun lacht er. Unser sprachliches Miteinander fließt einsilbig dürftig dahin. Weit besser gelingt das Miteinander beim abendlichen gemeinsamen Singen um das Lagerfeuer. Das schottische Lied: »We'll tak' a cup o' kindness yet for days o' old lang syne ...« geht uns am innigsten zu Herzen. William ist so freundlich, mir den Text aufzuschreiben. Von den Luxemburgern lernen wir das Lied der Legion Condor: »Vorwärts! Im Kampfe sind wir nicht allein, / Nur die Freiheit soll Ziel unseres Kampfes sein! / Vorwärts Legionäre!« Von uns Deutschen wollen die Engländer immer nur eins hören: »Wir lieben die Stürme, die brausenden Wogen, / Der eiskalten Winde rauhes Gesicht. / Wir sind schon der Meere so viele gezogen, / Und dennoch sank unsre Fahne nicht ...«

So kameradschaftlich und gelöst die ersten Tage erscheinen, dem Moselfrieden ist längst nicht mehr zu trauen. Wenig später sehen und hören wir Tag und Nacht unsere Truppen auf dem gegenüberliegenden Ufer in Richtung Westwall ziehen. Und als dann zwei Sturzkampfbomber, die gefürchteten Stukas, mehrmals lärmend auf unser Lager herabheulen und kurz über dem Moseltal jäh wieder hochziehen, stehen wir Jungen, Deutsche wie Engländer, gebannt zum Himmel blickend da. Und ich erinnere mich genau, wie dieses Ereignis unter der Oberfläche unseres freundlichen Miteinanders plötzlich die mit Hitler wiedererwachte imperiale Eifersucht und Feindschaft unserer Völker aus der Tiefe hervorbrechen lässt. Einer zieht sich die Turnschuhe von den Füßen, stellt sich mit einem Schuh in der Rechten und einem in der Linken ostentativ vor die Engländer und lässt seine »Stukas« elegante Sturzflüge machen, die er als: »German bombers!« deklariert, um dann dieselben Turnschuhe mit: »And now English bombers!« aus der Höhe kläglich abstürzen zu lassen. Augenblicklich stehen wir Deutsche vor den Engländern als die überlegen Lachenden da und sie uns in Mimik und Gestik als feindselig gegenüber, und es werden unter ihnen Töne laut, deren mimisch untermalte Arroganz im

Unterschied zu ihrem Wortsinn ich sehr wohl verstehe. Doch währt diese Konfrontation nur kurz. Denn plötzlich geht einer von ihnen mit beschwichtigender Geste auf den Provokateur zu, hebt die beiden Turnschuhe vom Boden auf und wiederholt mit ihnen das ganze Schauspiel von eben noch einmal, aber mit dem Unterschied, dass er die deutschen Stukas wie die englischen fighters beide nicht zum Absturz bringt, sondern gleich elegant weiterfliegen lässt. Damit rettet er die Situation, und mit einem Mal ist alles wie ausgewechselt. Die Fairness unter Feinden ist wiederhergestellt. Den Provokateur ermahnt einer unserer Führer mit der Pflicht zur Gastfreundschaft, und wir gehen auf die Engländer zu und reichen ihnen die Hand.

Von dem Hitler-Stalin-Pakt des 23. August werden wir am Tag danach mit großem Aufwand unterrichtet. Wir müssen im Innern der Klosterruine antreten. Deren Apsis ist mit unseren HJ-Fahnen, einem Fahnenspruchband: »Deutschland muss leben, und wenn wir sterben müssen«, und zu Pyramiden aufgetürmten Trommeln mit rotem Flammenmuster feierlich ausgestattet. Von Kochem ist der Kreisleiter mit seinem Stab angereist. Er wird mit Fanfaren empfangen und soll uns über die Bedeutung des Paktes unterrichten. Ich erinnere mich nur daran, dass er uns die unerwartete und für viele schockierende Kehre in der deutschen Außenpolitik damit erklärt, Stalin habe die Macht der Juden im Staatsapparat gebrochen, und nunmehr sei die Gefahr des Zweifrontenkrieges gebannt. Was für ein Bubenstück der Täuschungen hinter dem Rücken der Völker wirklich steckte, ahnen wir Jungen vorerst nicht. Nun überschlagen sich die Ereignisse. Am 26. August werden die Engländer vom Foreign Office wegen der drohenden Kriegsgefahr nach Hause gerufen. Der Abschied ist freundlich, teilweise bewegt herzlich. Mit William tausche ich Adressen aus und zum Abschied singen wir einander unser Lieblingslied; die Deutschen »Wir lieben die Stürme ...«, die Engländer als Ge-

gengabe: »It's a long way to Tipperary ...« – und wir Deutschen stimmen gerührt mit ein.

Schon am nächsten Tag wird unser Lager aufgelöst. Früh morgens setzen wir mit der Fähre über nach Bremm und marschieren nach Eller zum Bahnhof. Als ich mit Günter Wels und Richard Müllenbach in Koblenz aussteige und wir zum Triebwagen nach Neuwied gehen, kommt mir auf dem Bahnsteig mein Vater entgegen. Er hat den Gestellungsbefehl erhalten und muss mit dem nächsten Zug weiter nach Trier. Da noch Zeit ist, lädt er uns in die Bahnhofsgaststätte zum Eis ein und schenkt mir beim Abschied zwanzig Mark. Zurück in der Sayner Straße finde ich meine Mutter auf dem Sofa sitzend und in Tränen aufgelöst. Davon angesteckt, komme ich aus ihrer Umarmung lange nicht frei. »Jetzt geht es los wie 1914«, sagt sie und holt in den Tagen darauf immer wieder das Bild mit dem Grab ihres in Frankreich gefallenen Lieblingsonkels Jakob hervor, und das Weinen nimmt kein Ende. Ich bin bedrückt und ergreife die Flucht, wann immer ich kann. An einen Krieg will ich trotz aller Anzeichen noch nicht glauben. Ich kaufe eine Ansichtskarte von Neuwied mit dem fürstlichen Schloss und kratze all mein Englisch zusammen, um William nach Sussex einen schönen Gruß zu schreiben. Das muss um den 30. August gewesen sein. Abgeschickt habe ich die Karte nicht mehr, aber lange verwahrt habe ich sie in der Schublade meiner Kommode.

Am 1. September bricht der Krieg gegen Polen los und am 3. September kommt es zu der Kriegserklärung Frankreichs und Großbritaniens an das Deutsche Reich. Die allgemeine Stimmung, die sich auf uns überträgt, hat nichts vom Jubel des Jahres 1914, sondern ist tief bedrückend. Es muss uns eine dunkle Ahnung erfasst haben, von dem, was kommen sollte. Der überraschend kurze Feldzug gegen Polen wird uns nur aus der Perspektive der eigenen Medien dargestellt und noch zweifeln wir keinen Augenblick an der Wahrheit der Berichte. Wir werden eingestimmt mit Hinweisen auf brutale Morde seitens der Polen an den Volksdeutschen, vor allem den »Bromberger Blutsonntag« vom 3. September 1939. Dazu macht die Attacke der polnischen Kavallerie auf unsere Panzer als Symbol unseres technischen Vorsprungs die Runde. Und in den Wochenschauen folgen unsere Herzen den von links nach rechts diagonal durch die Leinwand stürmenden deutschen Truppen, vorbei an brennenden Dörfern und gefallenen oder gefangenen Polen, wobei wir weder tote Deutsche zu Gesicht bekommen noch darüber nachdenken, wieviele Frauen, Kinder und Alte in den Häusern mit verbrennen oder ihre Habe verlieren. »Wir« stürzen als Stukas mit furchtbarem Geheul auf Warschau hinab und sehen mit Genugtuung beim Hochziehen, wie die Bomben tief unter uns Häuser und Straßen aufhämmern und ein flammendes Muster schwarz hochschießender Pilze weben.

Ende September kehren die ersten Truppenverbände schon aus Polen zurück und machen vorübergehend Quartier in Neuwied. Auf dem Gelände zwischen dem zum Teil leerstehenden Gebäudekomplex der Malzkaffeefabrik und dem Autohaus Serse, wo Onkel Max und Tante Traudchen 1933 ihren Hanomag Cabrio kauften, schauen wir Jungen zu, wie die für den Krieg beschlagnahmten Limousinen und Lastwagen der Reihe nach in einheitliches Feldgraugrün umgespritzt werden. Bald sehen sie aus wie die Militärfahrzeuge, insbesondere wie der schnittige Panzerspähwagen, dem unser ganzes Interesse gilt. Die Soldaten erlauben uns, hineinzuklettern, und sie erklären uns alles, wonach wir fragen. Einer schenkt mir zwei Päckchen schwedisches Knäckebrot, »erbeutet in Polen«, wie er sagt. Schon auf dem Nachhauseweg, als ich mit mäßigem Appetit mein erstes Knäckebrot kaue, bringt mich der Panzerspähwagen auf einen Gedanken, der mich in den folgenden Wochen nicht mehr losläßt: Aus meinem Rennwagen muss ein solcher Panzer werden! Als erstes gilt es, sich die feldgraugrüne Farbe zu beschaffen. Sie steht am Anfang meines umfangreichen, sich folgenschwer auswirkenden Materialbeschaffungsprogramms. Schon am nächsten Tag führt mein erster Weg wieder zu dem Gelände von Serse, wo immer noch, überwacht von Kfz-Meister Höger, die zivilen Fahrzeuge umgespritzt werden. Alles trieft nur so von feldgraugrüner Farbe, das Pflaster, das Gras, die Birken an der Werkstattmauer. Selbst die Luft ist damit geschwängert. Ich aber habe nur Augen für die Zweikilobüchsen, die neben den großen Farbbehältern stehen. Den Meister Höger kenne ich durch Onkel Max. Ich grüße und frage ihn, ob ich eine der Dosen haben kann. Zuerst sagt er: »Nein!«, dann fragt er: »Wofür?« Und als ich ihm den Grund nenne, lacht er, sieht kurz in die Runde, und mit einem: »Ich hab nichts gesehen«, bin ich im Besitz meiner Farbdose und renne mit ihr unter der Jacke heim, wo ich sie im Gartenhaus verstecke, in dem auch mein Rennwagen steht. Den baue ich zuerst einmal auseinander bis auf das tragende Fahrgestell mit der Motorhaube, dem Steuerrad und dem Sitz. Mir schwebt ein kistenartiger Aufbau vor, der mich, den Fahrer, und dahinter den Kanonier aufnehmen soll. Aber woher eine solche Kiste nehmen? Zuerst frage ich Eisels Werner, aber der weiß auch keinen Rat und schickt mich zu Remers Helmut. Bei denen im Keller steht noch eine Truhe von den Juden voller Briefumschläge mit ausländischen Marken, aber die ist zu flach. Wo ich sonst eine geeignete Kiste herkriegen könnte, weiß auch er nicht. Schließlich erzähle ich Euls Richard, der mir zu dieser Zeit besonders nahe steht, von meiner Panzeridee und der dazu nötigen Kiste. Ich habe Glück. Ja, sie hätten eine solche Kiste im Keller. Sie sei ganz neu, und sein Vater habe sie als zweite Kartoffelkiste beschafft. Hoch erfreut bedränge ich den Richard gleich, sie zu besichtigen.

Als wir in den Keller kommen, sehe ich mit einem Blick, dass es genau die richtige Kiste ist und viel zu schade für Kartoffeln. Sie hat nicht nur die mir vorschwebende Höhe und Breite, sie hat auch einen Deckel, und die Glätte ihrer dicken Sperrholzwände ist geradezu ideal. Mit der feldgraugrünen Farbe gestrichen, hätten sie den metallenen Effekt von Panzerplatten. Habgier und Begeisterung gehen in eins, und alles, was ich in dem Augenblick fühle, geht ungeschmälert auf den Richard über: »Du kriegst die Kiste!« Ihm ist von vornherein klar, dass seine Eltern sie niemals hergeben würden. Schließlich ist Krieg, und das heißt, die doppelte Menge von Winterkartoffeln einkellern, die Frau Euls Bruder, ein dicker Bauer aus Kleinmaischeid, ihnen zu liefern versprochen hat. Man muss die Kiste klauen, und das geht nur, wenn Mutter Eul und der jüngere Bruder Kurt, der ewige Petzer, aus dem Haus sind. Darüber vergehen Tage des Wartens. Dann, endlich ist die Luft rein und der große Moment gekommen. Wir hasten in den Keller, bugsieren die riesige Kiste mit nur widerwillig gebremster Ungeduld durch enge Türrahmen hoch über den langen Flur auf die Straße und rennen, Richard rechts, ich links, wie Gejagte mitten auf der Bahnhofstraße in Richtung Roonstraße, erregen riesiges Aufsehen, man guckt uns nach, bleibt kopfschüttelnd stehen, doch wir unbeirrt weiter links durch die Roonstraße bis zum Museum. Ab da ist es geschafft. Um die Ecke ist schon unsere Wohnung. Wir verschnaufen, schweißnass und fix und fertig vor Anstrengung und Aufregung. Wenig später setzen wir die Kiste probeweise auf dem Chassis des demontierten Rennwagens ab, und sie passt! Schon am Nachmittag des nächsten Tages geht es ans Bauen. Dank meines bastelfreudigen Vaters bin ich nicht nur im Besitz aller nötigen Werkzeuge, sondern auch der Schrauben, Nägel und Scharniere. Als erstes sägen wir eine verschließbare Tür hinten in die Rückwand der Kiste und dann für den Panzerturm ein kreisrundes Loch oben in den Deckel, leicht versetzt nach hinten. Einen runden Holzbottich haben wir im Keller, und, die Henkel abgesägt, eignet er sich ideal als Panzerturm. Montiert sieht die Sache richtig gut aus. Jetzt fehlt dem Turm nur noch die Kanone. Da weiß Richard guten Rat. Bei Tutte-Reuther laufen die kilometerlangen Papierfahnen über feste Papprollen mit einem Durchmesser von zwölf Zentimetern. Diese Rollen sehen genau wie Kanonenrohre aus. Da ich wiederum mit dem Wolfs Fred befreundet bin, der direkt neben der Villa von Dr. Reuther wohnt und ihn über seinen Vater persönlich kennt, haben wir schon nach wenigen Tagen auch die Kanone, eingepasst in das ausgesägte Loch im Bottich. Panzerturm und Turmgeschütz sind der krönende Abschluss unseres Werkes. Jetzt fehlt nur noch der Anstrich. Wir pinseln wie die Teufel.

Zur Zeit der ersten Kriegskartoffelernte sonnt sich unser Schöpfergeist im feldgraugrünen Glanz des fertig dastehenden Panzerwagens. Wir strahlen, gehen innerlich auf wie die Wecken, und es drängt uns nach der ersten Probefahrt. Sie führt zum Bahnhof. Und wieder erregen wir Aufsehen, nur diesmal von der angenehmen Art. Paul kommt gleich gelaufen und bietet sich als Motor an. Und Eisels Werner, bei dem wir schellen, ist so hingerissen, dass er ernsthaft überlegt, auch seinen Rennwagen umzurüsten. Aber unser unnachahmlich gelungenes Vorbild entmutigt ihn gleich wieder. Eine Kiste wie die unsere gibt es nicht zweimal. Unsere Panzeridee spricht sich auch gleich bis zur Blücherstraße rum. Schon am Tag nach unserer ersten Ausfahrt kommt Welse Günter zu uns in die Sayner Straße, weil er es einfach nicht glauben will: »Mensch, toll!« Was wir Jungen nicht wissen, obwohl wir mitten darinstecken, ist das, was Ernst Jünger in diesem aufwühlenden Oktober 1939 seinem Briefpartner Friedrich Hielscher schreibt. Der soeben begonnene Krieg sei »doch nur die Kulisse viel mächtiger Vorgänge in aller Welt«, eine sich erfüllende Vorahnung, wahrscheinlich in der Nachfolge Nietzsches, die es so für keinen anderen Krieg je zuvor gegeben hat.

Was wir im Hochgefühl unseres Panzer-Erfolgs einfach verdrängen, der Richard noch mehr als ich, ist die mit jedem Tag näherrückende Entdeckung unseres Diebstahls. Diese Stunde schlägt, als Richards Onkel aus Kleinmaischeid mit dem Fuhrwerk vor Euls Haustür hält, hoch beladen mit Kartoffeln für zwei Kisten, von denen nur noch eine im Keller steht. Wo ist die andere, die neue Kiste? Und je dümmer sich der Richard im Dienste unserer Sache stellt, desto größer wird die Aufregung im Hause Eul. Zunächst wird auf Bruder Kurt gewartet, der die Mittelschule in Koblenz besucht und mit dem Triebwagen immer erst spät nachhause kommt. Der kann was erleben! Aber der weiß nun wirklich nicht, wo die Kiste ist, und man sieht es ihm auch an. Dann werden die beiden Mitmieter im Haus befragt, deren mit dicken Vorhängeschlössern gesicherte Keller an den unverschlossenen Eulschen Keller grenzen. Frau Grossmann von der ersten und Frau Graf von der zweiten Etage aber wissen beide nichts von einer Kiste und haben auch nichts gesehen. Doch kommt es zwischen Frau Eul und Frau Graf kurz zu einem peinlichen Missverständnis, als Frau Eul, auf ihren unverschlossenen Keller anspielend, von Vertrauen spricht und Frau Graf sich wegen ihres verschlossenen Kellers in ihrer Ehrlichkeit angezweifelt fühlt. »Sie mit Ihrer Kiste!«, fährt sie Mutter Eul an: »Wollen Sie uns unterstellen, wir hätten die Kiste aus Ihrem Keller geklaut?« Natürlich nicht, wehrt diese ängstlich ab, so habe sie das doch gar nicht gemeint. Zum Glück kann sie den Ärger mit Frau Graf schon am Tag darauf aus der Welt schaffen. Denn Frau Horn aus der Nachbarschaft erzählt Frau Eul, sie habe den Richard mit einer riesigen Kiste wie verrückt über die Bahnhofstraße rennen sehen. Warum er es bloß so eilig damit gehabt habe? Da sei auch noch ein anderer dabeigewesen, von dem habe sie aber unter der Kiste nur die flitzenden Beine sehen können. Nun war es heraus und Richards Täterschaft nicht länger zu vertuschen. »Wo ist die Kiste?«, fährt Vater Eul seinen Ältesten an, »Und wer war der andere? Bring sooofort die Kiste in den Keller zurück!!« Die Kiste als Kiste aber gibt es nicht mehr. Und Richard kennt seinen Alten gut genug, um zu wissen, dass, wenn er die Wahrheit sagte, das das Ende des Panzers bedeuten würde. Also gibt es für den in die Zwickmühle zwischen Familie und Freundschaft Getriebenen nur eine tapfere Antwort: »Die ist weg!« – »Wie-ie-ie weg?«, rastet Vater Eul aus, packt Richard an seinem flachsblonden Haarschopf und schüttelt ihn hin und her und fragt noch einmal mit sich überschlagender Stimme: »Was heißt hier weg??« Mit einem weiteren trotzigen »Weg!« handelt sich Richard das ein, was ohnehin nicht abzuwenden ist, den Ausbruch all der aufgestauten Wut der letzten Tage. Der Alte vermöbelt ihn wie nie zuvor und nie mehr danach. Vor dem Schlimmsten rettet den Richard allein das Dazwischengehen seiner erschrockenen Mutter, so dass er aus der Wohnung flüchten kann und gleich zu mir kommen. Ich sehe ihn immer noch bleich und völlig zerzaust vor mir stehen, als ich die Tür aufmache. Wir gehen in mein Zimmer, und er erzählt mir alles. O Gott! Wie gern hätte ich die Prügel mit ihm geteilt! Später trinkt er noch Kaffee bei uns, und ich lade ihn für den nächsten Tag ins Kino ein. Aber dazu kommt es nicht. Vater Eul verordnet als erstes eine Woche Stubenarrest. Wir sehen uns nur in der Schule auf dem Hof. Richard ist eine Klasse unter mir. Als die Woche um ist und Vater Eul seinen Sohn noch einmal nach dem Verbleib der Kiste fragt und diesmal nur noch ein verbissenes Schweigen die Antwort ist, wird ihm für sechs Wochen das Taschengeld gestrichen. Je höher Richard auf diese Weise zum Märtyrer unseres Panzerprojekts aufsteigt, desto tiefer sinke ich in die bedrückenden Gefühle von Mitleid und Schuld. Trägt er doch ganz alleine, was mindestens zur Hälfte auf meine Kappe geht. Morgens auf dem Schulhof schenke ich Richard fünf Mark, das Zehnfache seines Taschengeldes. Zuerst will er es nicht annehmen. Aber als ich ihm erzähle, dass mir mein Vater beim Abschied in den Krieg zwanzig Mark geschenkt hat, nimmt er sie doch und fällt mir überraschend um den Hals, lässt mich aber gleich wieder los und fängt an zu weinen. Heute bin ich mir sicher, dass er die Tränen nachholte, die er bei den Attacken seines Alten unterdrückt hatte.

Damals entging mir völlig, was ich erst Jahrzehnte später begriff: Mein Freund Richard hatte all den Aufruhr und Ärger mit der Kartoffelkiste nicht des Panzers wegen auf sich genommen, wie ich glaubte, jedenfalls nicht nur, sondern wegen mir. Für mich hatte er die eigene Familie beklaut und tapfer belogen, für mich hatte er die Prügel eingesteckt und den anschließenden Strafvollzug. Es war das größte und innigste Zeichen von Zuneigung, das mir unter uns Jungen jemals zuteil geworden ist, und eigentlich unverdient. Es war eine Zuwendung mit Haut und Haaren. Denn als ich ihn Anfang 1940 zum gemeinsamen Fechtunterricht abholte und ich, während er sich umzog, zum Fenster hinausschaute, hörte ich ihn plötzlich meinen Namen rufen, und als ich mich umblickte, zeigte er sich mir völlig nackt und sah mich lächelnd an: die Wangen glatt, der Körper noch unbehaart, der Bauch flach, die Schenkel wohlgeformt, ein Adonis im Erblühen und ein hervorragender Sportler, den wenig später die Neuwieder Mädchen scharenweise anhimmelten. Er hatte eine Freundin nach der anderen. Sich mir nackt zu zeigen, hatte bei ihm nicht das eindeutig Auffordernde wie zuvor bei William. Und dennoch war es ein Zeichen der Zuneigung. Dabei blieb es. Wir gingen zum Fechten und fühlten, wie sehr wir Freunde waren.

Über den Tod meiner Mutter verloren wir uns aus den Augen. Erst als mir nach dem Krieg im Herbst 1946 Richards Mutter in der Bahnhofstraße zufällig über den Weg lief, sie trug Trauer, war das erste, was sie mir vorhielt, die Kiste! Irgendwann hatte der Richard ihr gestanden, was aus ihr geworden war. Und da die Mutter ganz richtig allein in mir den Bösewicht und Verführer sah, sagte sie – und es ging mir unter die Haut: »Die Kiste vergebe ich dir nie.« Dann aber erzählte sie ausführlich, dass der Richard in den letzten Apriltagen 1945 südlich von Berlin gefallen war. Eines Tages sei der Brief eines evangelischen Pastors angekommen zusammen mit Richards Papieren, und darin stand, ihm sei unter den überall herumliegenden toten Soldaten ein besonders hübscher Junge aufgefallen, der sei ihm zu Herzen gegangen, und er habe ihn bei sich auf dem Kirchhof an einem besonders schönen Ort würdig begraben lassen. Zusammen mit dem Brief hatte der Pastor auch das Photo des Grabes mitgeschickt. Das nahm Mutter Eul aus ihrer Handtasche, als sie mit dem Erzählen fertig war. Und da ich wohl ziemlich betröppelt dagestanden haben muss, nahm sie mich mit: »Ach Gott, Rudi«, in ihre Arme, und ich fühlte ihren Leib zittern und hörte ihr Schluchzen. Das nahm mich sehr mit, und beim Abschied hörte ich mich irgendetwas Blödsinniges von Entschuldigung stammeln von wegen: der Kiste.

Mir hatte vorgeschwebt, die Blücherstraße könnte ein Gegenexemplar zu unserem Panzerkampfwagen bauen und wir diesmal in einer Art Straßenschlacht, begleitet von Grenadieren, gegeneinander antreten. Aber daraus wurde nichts. So verstaubte dann unser schönes Umsonst in der Gartenlaube, bis ich es 1941 dem überglücklichen Paul schenkte. Ab 1940 verschoben sich unsere Interessen ohnehin in Richtung Florettfechten, und dies umso mehr, als Vater Jupp mir im Sommer aus Frankreich einen echten Fechtanzug schickte, der mir wie angegossen passte. Nun setzte auch für unsere Jahrgänge mit Macht das »Karreeschieben« ein, die Mädchen vom Lyzeum rechts herum: Hermannstraße – Engerser Straße – Mittelstraße – Luisenplatz, wir Jungen vom Gymnasium links herum. Beim Aufeinandertreffen und anschließendem Durchdringen der beiden Linien kam es dann jedesmal zu dem erregenden Moment des Austauschs von Blicken und mimischen Signalen und zu sanften oder kühneren Berührungen an Schulten oder Ellenbogen, aber beileibe nicht zu mehr. Zwar ließen sich einige der Mädchen von uns hinterher nach Hause begleiten, aber schon ein schüchterner Kuss war die Ausnahme. Und dass Remers Helmut sich bei Lotze Ursel bis zu dem Punkt durchkämpfen konnte, an dem sie ihn mit ihrer leicht anstoßenden Zunge ermahnen musste: »Tu dath böthe Fingerchen da weg!«, war schon der Gipfel erotischer Ausschweifung.

Damals erzählte mir Eisels Werner eines späten Nachmittags, es dämmerte schon, auf der Treppe zur Haustür ganz spontan, wie die Väter im Bauch der Mütter die Kinder entstehen helfen. Ich erinnere mich gut, dass er alles sehr dezent an mich weitergab und offenbar so, wie es ihm selbst beigebracht worden war, möglicherweise von seiner Schwester, die kurz vorher ein Kind geboren hatte. Ich war richtig froh, endlich die Wahrheit zu wissen und frei zu sein von dem verklemmt verhohlenen Heimlichtun der Eltern und Erwachsenen, insbesondere meiner Mutter. Mein Vater hätte mir um diese Zeit den Klapperstorch vielleicht ausgetrieben, aber der war weit weg. Aufgewühlt von meinem neuen Wissen hatte ich nichts Eiligeres zu tun, als meine Kusine Hannelore einzuweihen, wie es der Werner mit mir getan hatte. Leider fiel mein gut gemeinter Akt der Aufklärung dann auf mich selbst zurück. Denn sie musste mit ihrem triumphierenden: »Ich weiß es! Ich weiß es!« sogleich vor ihrer Mutti angeben, meiner Tante Traudchen, und, von ihr in die Enge getrieben, mich kleinlaut als Informanten preisgeben, was wiederum die tief empörte Benachrichtigung meiner Mutter zur Folge hatte, die mich mittags nach der Schule erst wortreich ausfragte und dann mit: »Du, du, du ...« verzweifelt nach einem abschließenden Urteil rang, um dann doch nur: »Du Schwein!« herauszubringen.

Der Blitzkrieg gegen und der Blitzsieg über Frankreich verkehren die bedrückte Anfangsstimmung des Krieges merklich in aufblühende Zuversicht. Morgens auf dem Schulhof begeistern wir uns vor allem für Rommels beweglichen Einsatz seiner

Panzerverbände und stellen uns vor, wie verblüfft die Franzosen gewesen sein müssen, als sie weit hinter der Front, sozusagen mitten im Frieden, plötzlich deutsche Panzer bei ihren Tankstellen vorfahren, auftanken und gegen Quittung bezahlen sehen, um dann nach Paris weiterzurollen. Der Rausch der automobilen Bewegung, der mich schon als Kind erfasste und forttrug – hier meine ich ihn seine wahren Früchte ernten zu sehen. Ich bin nicht ohne Stolz, meinen Vater in Frankreich dabei zu wissen, aber in einem von Rommels Panzern, statt bei der Feldpost, hätte ich ihn lieber gesehen. Immerhin verhält er sich in einer brenzligen Lage, als sie von französischen Soldaten aus einem Wäldchen angegriffen werden, mit einer Handgranate und zwei gezielten Schüssen so beherzt, dass ihm das Kriegsverdienstkreuz mit Schwertern verliehen wird. Das schreibt er meiner Mutter gleich nach Hause; und mir geht der Satz nicht wieder aus dem Kopf: »Vielleicht bin ich doch nicht der Schlappschwanz, wie Du manchmal meinst.« Nach dem Waffenstillstand schickt er uns fast täglich ganze Bündel von Päckchen mit seidenen Damenstrümpfen, die bei uns rar geworden sind, mit Unterwäsche, Hemden und Turnschuhen für mich, aber auch mit Ölsardinen, Schokolade und Bohnenkaffee. Das alles ist in den französischen Läden noch frei und ohne Bezugsschein zu bekommen aufgrund des günstigen Wechselkurses von hundert Franc zu fünf Mark.

Gegen Ende der Sommerferien fahre ich mit meiner Mutter für ein paar Tage zu Oma und Opa nach Bullay. Es ist ein bewegtes Wiedersehen nach langer Zeit. Oma empfängt uns wie immer tanzend und mit Döbbekooche. Bei einem Spaziergang zur Mosel treffen wir Oma Lina. Sie erzählt uns gleich, wie gut es Inge und Walther und ihren Eltern »drüben« geht. Noch geht ja die Post hin und her, noch ist der Krieg kein Weltkrieg mit Russland und den USA, und wir bestellen Grüße. Es ist meine zweitletzte Begegnung mit Oma Lina. Die letzte, im

Herbst 1942, missglückt nur noch. Im Oktober kommt Vater Jupp endlich aus Lunéville auf Urlaub, und zwar mit einem Auto der Feldpost. Zwei riesige Pakete schleppe ich mit ihm ins Haus, voll gepackt mit Kleidern, Wäsche, Badesachen und Schuhen, mit denen auch die Verwandtschaft versorgt werden soll. Die Wiedersehensfreude währt nur kurz. Schon am nächsten Tag, als ich mittags aus der Schule komme, sitzt meine Mutter weinend auf dem Sofa in der Küche, und mein Vater hat sich ins Wohnzimmer verdrückt und brütet, sichtlich verlegen, vor sich hin, als ich hereinkomme. Dass dicke Luft herrscht, ist nicht zu übersehen. Aber es ist eine der besonderen Art. Zum Glück kommt Tante Traudchen für einen Tag vom Westerwald herunter, wechselt zwischen meiner Mutter in der Küche und Vater Jupp im Wohnzimmer vermittelnd hin und her, und so erfahre ich, was los ist. Mein Vater hat gestanden, dass er wieder trinkt. Er erklärt das mit dem Krieg und dem Zusammensein unter Männern. Aber auch das Gerücht von der französischen Freundin, das die Frau eines Kollegen von der Feldpost in Umlauf gebracht hat, stimmt. Vater Jupp gesteht, beteuert aber, dass es nichts Ernstes sei. Der Urlaub wird eine einzige Katastrophe. Die Stimmung ist und bleibt gedrückt weit über den Tag seiner Abreise hinaus. Selbst das viele Geld, das Onkel Köbes bei der Auflösung des Gesellschaftervertrags mit Zins und Zinseszins überweist, tröstet meine Mutter nicht. Es habe alles doch keinen Zweck mehr, höre ich sie noch sagen. Die Busse der Kraftverkehrsgesellschaft werden zusammen mit Onkel Köbes und seinem Bruder Hein nach Linz an der Donau abkommandiert. Sie dienen jetzt zur Beförderung von Arbeitern in die Panzerwerke. In diesem Herbst trifft meine Mutter noch eine andere Veränderung schwer: Tante Traudchen, ihre einzige Schwester, zieht mit Hannelore und Onkel Max in dessen 1919 verlorene Heimat Westpreußen, die wieder deutsch ist. Die engste verwandtschaftliche Beziehung wird damit getrennt.

Gegen Ende des Jahres deutet bei meiner Mutter alles auf eine tiefe Depression hin, wie man später gesagt haben würde. Mit dem Singen zur Radiomusik hat sie längst aufgehört. Wenn ich mittags aus der Schule komme, herrscht sie mich an mit einem Anflug von Degout: »Wie siehst du wieder um die Augen aus!«, ein Vorwurf, dessen argwöhnische Anspielung ich nicht durchschaue, der mich nur lebhaft an meine Wurmkuren erinnert. Oder sie liegt im verdunkelten Schlafzimmer, und ich muss allein essen. Sie sucht einen Arzt nach dem anderen auf, nimmt Schlafmittel, weil sie »die ganze Nacht wieder kein Auge zugemacht hat«, weint herzzerreißend über einen ihr völlig fremden jungen Mann aus der Nachbarschaft, als sie in der Zeitung die Anzeige »Gefallen für Führer, Volk und Vaterland«, liest und erfährt, er sei mit seinem Bomber über England abgestürzt. Als ich dann mit meinem wie üblich miserablen Weihnachtszeugnis nach Hause komme, reagiert sie nicht wie all die Jahre zuvor mit Tränen und dem Hinweis auf ihre sieben Sehr-gut, sondern wirft nur einen kurzen Blick darauf, schiebt es weg und geht ohne ein Wort ins Schlafzimmer. Dieses furchtbare Schweigen geht mir noch viel mehr an die Nieren als all die Tränen in den Jahren zuvor. Dennoch finde ich unter dem Weihnachtsbaum von Walter Flex *Wanderer zwischen zwei Welten*, den *Lederstrumpf*, eine neue Skihose für die HJ-Winteruniform und einen selbstbestickten dicken Rollkragenpullover. Das weitet mein wegen der miserablen Schulleistungen schlechtes Gewissen zum Zustand schwerster Bedrückung. Dabei war die Kurve immer die gleiche: Das Sommerzeugnis verunzierte eine Fünf; das Weihnachtszeugnis derer zwei mit dem Zusatz »Versetzung gefährdet.« Ostern war das Zeugnis wieder wunderbar glatt und die Versetzung in Quinta, Quarta und Untertertia gar keine Frage. Die Alarmbotschaft: »Versetzung gefährdet«, nötigte meiner Mutter wie jedes Jahr den Canossagang, so nannte sie das, zu den Lehrern auf mit dem immer gleichen Resultat: »Der kann, wenn er will, der ist nur stinkfaul, verspielt und ständig abwesend.« Die Beschwörung der Symptome war perfekt. Die Frage aber: Warum ich nicht wollte, was ich konnte, blieb ungelöst, also war es Schicksal. Natürlich machte ich meine Hausaufgaben schlecht oder gar nicht und schrieb sie morgens in der Schule vom Nachbarn ab, natürlich war ich oft abwesend oder ließ mich ablenken. Aber das erklärte nicht die alle Jahre wiederkehrende gemeinsame Fallkurve der immer schlechteren Noten und Gewissensnöte und deren Umkehrung zur österlichen Wiederauferstehung. Manchmal habe ich den Verdacht, dass das so war, weil ich unbewusst meiner Mutter im Leid am nächsten war. Denn wenn sie fröhlich war und ihre Lieder sang oder sich ein neues Kleid gekauft hatte oder Besuch das Haus belebte, war sie immer sehr weit weg von mir, wie sie mich nachmittags überhaupt machen ließ, was ich wollte.

Anfang 1941 brachte Herr Marstaller, ein Heilpraktiker, meine Mutter bleich und völlig aufgelöst nach Hause. Er hatte sie zufällig im Raiffeisenpark auf einer Bank sitzen sehen und gemerkt, dass mit ihr etwas nicht stimmte. Als er sie behutsam in die Küche geführt und auf das Sofa gesetzt hatte, hielt sie seine Hand fest, sagte immer wieder: »Danke« und »Entschuldigung«, bis sie sich – ich blickte wohl ziemlich bedrückt – kurz zu mir umdrehte und dann zu Herrn Marstaller sagte: »Der Junge tut mir so leid.« Am nächsten Tag wollte sie nach der Schule unbedingt mit mir spazierengehen. Das war ewig nicht vorgekommen, und ich war auch nicht sonderlich begeistert und wäre lieber zu meinen Freunden gegangen. Als wir uns im Carmen-Silva-Garten auf eine Bank setzten und stumm in die Gegend blickten, hörte ich sie auf einmal sagen: »Gell, du magst mich nicht mehr!?« Die Frage traf mich wie ein Schlag. Ich fühlte mich wie ertappt, und die Pause zwischen der Frage und der Antwort: »Aber ich mag dich doch!« kam mir viel zu lang vor.

Der Heimweg war ein Alptraum. Sie ging wie verloren neben mir her und ich fühlte, dass nichts mehr war wie früher. Mit dem Wissen von heute hätte ich vorher gewusst, was dann kam und wie ich es vielleicht hätte verhindern helfen können.

Früh morgens am 18. Februar 1941, ich schlief mal wieder neben ihr im Elternschlafzimmer, werde ich unter den Liebkosungen meiner Mutter wach, nicht richtig wach, es ist mehr ein Halbschlaf. Und da ich noch müde bin, drücke ich sie mit einer Hand von mir weg und drehe mich auf die andere Seite. Irgendwann werde ich dann richtig wach und spüre sogleich die merkwürdige Stille in der Wohnung. Als ich in die Küche komme, ist alles voller Blut, der Spülstein, der Teppich, das Sofa und der Küchenschrank, auf dem das blutverschmierte Taschenmesser meines Vaters liegt neben einem Zettel, auf dem ich lese: Verzeiht mir, ich kann nicht mehr. Dann sehe ich die Blutspur zur Küchentür, der ich über den Flur aus der Wohnung folge und die Treppe abwärts. Da kommt auch schon Frau Wulff aus ihrer Wohnung, bittet mich herein und beruhigt mich. Die Mutter sei im Elisabeth-Krankenhaus, es gehe ihr gut, ich möge ruhig in die Schule gehen, und mittags sähen wir weiter. Ich ziehe mich an, bekomme an diesem Morgen mein Frühstück von Frau Wulff, das ich aber halb stehen lasse, und gehe dann zum Gymnasium, das direkt gegenüber dem Krankenhaus liegt, in dem ich nun meine Mutter weiß. Ich erinnere mich nicht, wie ich den Morgen in der Schule überstand. Behalten habe ich nur, dass ich Schillings Rudi, meinem Nachbarn, irgendwann sage, zuhause sei alles voller Blut gewesen und meine Mutter im Elisabeth-Krankenhaus. Mittags empfängt mich Frau Wulff, lädt mich zum Essen ein und schickt mich mit einer Tasche mit Schlafanzügen und Toilettensachen zu meiner Mutter ins Krankenhaus.

An der Rezeption empfängt mich die Oberschwester und eröffnet mir, meine Mutter sei nicht mehr im Haus sondern wegen Nichtzuständkeit in die Nervenheilanstalt Andernach verlegt worden. Als ich den Namen Andernach höre, bin ich wie vor den Kopf gestoßen: Da kommen die Verrückten hin, aber doch nicht meine Mutter! Wieder zuhause, trägt mir Frau Wulff auf, es sei der Wunsch meiner Mutter gewesen, dass ich nach Engers zu Onkel Mätthes führe und dort bliebe. Er hat ein Haus und eine kleine Bimssteinfabrik und nimmt mich zusammen mit seiner Tochter Hilde herzlich auf. Am Tag darauf fährt er mit mir nach Andernach. An der Pforte empfängt uns eine ältere Ordensschwester mit rasselndem Schlüsselbund und geleitet uns durch einen langen Flur in einen Seitentrakt, dessen Tür sie auf- und gleich hinter uns wieder zuschließt. Es umfängt uns ein nicht sehr angenehmer Geruch, und dann, schon nach wenigen Schritten, taucht hinter einer Schirmwand plötzlich das unheimliche Ensemble der bis ins Leibliche gezeichneten Irren auf: An der Wand eine hagere Frau mit Vogelkopf, die mich stumpf anstarrt, eine andere hockt nach vorn gekrümmt auf der Bank, ein Mann neben ihr wiegt sich mit ruckartigen Stößen hin und her, und als ich zwischen zwei anderen Frauen hindurch muss, von denen die eine laut vor sich hinspricht, stoße ich, als die andere nach mir greifen will, erschrocken ausweichend gegen Onkel Mätthes.

Im selben Augenblick dreht sich die vor uns hereilende Schwester um und zeigt mit der Hand nach links, hin zu einer offenstehenden Zimmertür, wo ich auch schon meine Mutter in einem Bett liegen sehe mit den weiß verbundenen Handgelenken auf der dunklen Decke. Ich gehe mit einem Lächeln auf sie zu, aber ihre großen dunklen Augen bleiben ernst und sie sagt nur: »Gell, ich bin eine schlechte Mutter?!« Ich weiß noch, wie ich mit: »Nein, nein!« abwehre und, weil ich Angst habe, sie bei den Händen zu fassen, meinen Kopf neben ihrem in das Kissen drücke. Hinter mir höre ich Onkel Mätthes etwas sagen und dann meine Mutter ihm für sein Kommen danken. Dann sitzen wir da. Auf dem Nachttisch sehe ich die Bibel liegen und daneben Bismarcks *Gedanken und Erinnerungen.* Von dem, was wir miteinander sprachen, sind mir zwei ihrer Äußerungen unvergesslich geblieben. Einmal, dass sie mich ermahnt, fromm zu sein und in die Kirche zu gehen, und zum andern die flehentliche Bitte an uns: »Um Gottes Willen, holt mich hier heraus.« Die machen Sachen mit mir, geben mir Spritzen und Medikamente, von denen mir anders wird! Die Besuchszeit ist kurz bemessen. Beim Abschied verspricht Onkel Mätthes, sogleich mit dem Arzt zu reden, und wir beide versprechen, am nächsten Tag wiederzukommen. Noch einmal passieren wir das unheimliche Spalier der Irren mit den zwanghaften Bewegungen und wissen nicht, dass wir die Vorhölle von amtlicherseits Verdammten passieren. An der Tür müssen wir schellen, damit man uns rauslässt. Onkel Mätthes spricht mit dem Arzt, ist aber nach kaum zwei Minuten schon wieder draußen. Nichts zu machen, sagt er, sie muss bleiben.

Am Tag darauf fahre ich diesmal mit Hilde, der Tochter, zu meiner Mutter. Heute lächelt sie sogar ein wenig, als wir hereinkommen. Die Unterhaltung ist locker. Mutter fragt sogar, was im Kino gespielt wird. Wir nehmen zuversichtlich Abschied, und mir fällt auf, dass sie noch gar nicht geweint hat. Einen Tag später kommt mein Vater aus Lunéville auf Kurzurlaub. Wir treffen uns in Neuwied in der Wohnung, sitzen abends zusammen im Wohnzimmer, und er weint zusammengesunken im Sessel, den blutverschmierten Zettel mit der Abschiedszeile in der Hand. Unser Besuch am nächsten Tag in Andernach – mein Vater in der Uniform eines Feldwebels – gibt uns alle Hoffnung auf ein gutes Ende zurück. Es ist, wenn auch von den Umständen überschattet, ein spürbar glückliches und versöhnliches Wiedersehen mit meinem Vater. »Wenn du nur da bist, ist alles gut!«, umarmen sie sich, und sie spricht zuversichtlich davon, was werden wird, wenn sie erst wieder draußen ist. Und so bittet sie auch diesmal beim Abschied ganz inständig meinen Vater: »Hol mich hier heraus!«, und wiederholt, was sie auch Onkel Mätthes und mir über die Wirkung der Medikamente sagte. Diesmal fügt sie noch hinzu, in der Nacht komme immer eine Frau zu ihr ans Bett und sage zu ihr: »Bleiben sie stark, bleiben sie nur ja stark!« Auch mein Vater spricht dann, während ich warte, mit dem Arzt. Bei ihm dauert es etwas länger als bei Onkel Mätthes, aber das Ergebnis ist das gleiche: »Als ich etwas heftig wurde«, sagt mein Vater auf dem Weg zum Bahnhof, »hat dieser Caligari mich abgekanzelt wie einen dummen Jungen.«

Schon am übernächsten Tag muss er nach Frankreich zurück. Als ich am Tag darauf wieder mit Hilde zu meiner Mutter komme, ist sie nicht wiederzuerkennen. Sie guckt uns gar nicht an, als wir hereinkommen, sondern liegt wie versteinert da und starrt zur Wand und ist nicht ansprechbar. Hilde versucht verzweifelt, ihr mit: »Kätchen, sag doch was!« irgendeine Äußerung zu entlocken, aber es ist nichts zu machen. Sie liegt da wie aus dem Leben gerissen und in unheimliche Nähe gebracht zu den Irren vor ihrer Tür. Die Rückfahrt nach Engers ist schrecklich. Hilde versucht mich zu trösten, aber ich verkrieche mich gleich ins Bett, ohne etwas zu essen. Am Tag darauf fährt Onkel Mätthes allein nach Andernach. Als er aber abends heim kommt, schildert er uns das gleiche Zustandsbild. Aus Thorn kommt Tante Traudchen angereist. Nach ihrem ersten Besuch meint sie, ich solle nicht mehr hinfahren, sondern meine Mutter so wie früher in Erinnerung behalten. Es kommt der März und Tante Luzie aus Düren zu Besuch. Zusammen mit Onkel Mätthes besprechen die beiden Frauen, ob ich meine Mutter, die nunmehr im Sterben liegt, doch noch einmal sehen soll. Sie kommen zu dem für mich schicksalhaften Resultat, ich solle. Und so fahre ich am 14. März mit Tante Luzie und Tante Traudchen ein letztes Mal nach Andernach, wo meine Mutter nicht länger bei den Irren liegt, sondern in einem separaten freundlichen Raum. Als ich durch die Tür eintrete und mein Blick auf das Bett links in der Ecke fällt, trifft mich das, was ich sehe, wie ein Schlag. Ich weiß noch, wie ich rückwärts falle und für einen Moment die Besinnung verliere. Tante Traudchen und Tante Luzie fangen mich auf. Mehr getragen als gehend gelange ich zu dem Stuhl neben dem Bett. Zum erstenmal hat mich das Entsetzen des Todes nicht nur getroffen, sondern, wie ich heute weiß, unauslöschlich gezeichnet und für immer auf seine Seite gezogen. Der Tod zeigte sich mir mit dem zerstörten Gesicht meiner Mutter: Ein grässlich abgemagerter Schädel, umspannt von wächsern gelber Haut mit Augen tief eingesenkt in dunkle Höhlen und wie verdreht, die Zähne blank, und dies alles umrahmt von Haaren, die nicht länger füllig kraus gelockt sind, sondern fahl und glatt am Schädel kleben.

Zwei Tage später, am 16. März, stirbt sie. Mein Vater kommt zur Beerdigung. Es gehen erstaunlich viele Trauernde mit. Auch einige meiner Freunde, Eisels Werner, Euls Richard und Remers Helmut, kommen mit Blumensträußen und kondolieren. Und überraschend taucht aus dem Defilee der Kondolierenden ein Gesicht auf, das ich länger nicht gesehen hatte, Friedchen, meine kleine Freundin aus den Baracken. Aber vor mir steht nicht mehr das Kind von einst, sondern eine herangewachsene Schönheit, größer als ich, lächelt mich an und drückt mir fest die Hand. Da mein Vater wieder nach Frankreich zurück muss und ich fürs erste bei Onkel Mätthes wohne, fahre ich nun täglich von Engers mit dem Zug nach Neuwied zur Schule und bin von meinen Freunden getrennt. Eines Nachts, es ist schon Mai, träume ich von meiner Mutter. Sie lebt, sie kommt zu mir herein, gibt mir die Hand, es durchläuft mich warm, ich bin nahe bei ihr, wie in ihrer Welt und weiß doch zugleich, dass sie tot ist. Der Traum kehrt immer wieder, bis er seltener wird und irgendwann aufhört, nach dem Krieg, abgelöst von einem anderen schicksalhaften Traum.

Als ich 1948 in Koblenz das Abitur nachhole, lesen mein Vater und ich in der *Rheinzeitung*, dass die für meine Mutter 1941 zuständigen Ärzte, der Direktor der Anstalt, Dr. Recktenwald, und der Abteilungsarzt Dr. Kreische vom Landgericht Koblenz wegen der Beteiligung am Euthanasieprogramm verurteilt worden seien. Es ist der 29. Juli. Die Nachricht wühlt die Erinnerung auf an das Bitten und Betteln meiner Mutter, sie um Gottes Willen aus der Anstalt herauszuholen, und an ihre Hinweise auf die Medikamente, von denen ihr immer »anders« wurde. Dass, wie das damals allgemein üblich war, die beiden Ärzte 1950 in höherer Instanz freigesprochen werden, erfahren wir nicht. Erst vierzig Jahre später, als ich in der *Süddeutschen Zeitung* lese, dass man dabei sei, das Schicksal auch der rheinischen Euthanasiepatienten zu erforschen und aufzuklären, wende ich mich an Dr. Leipert, den Direktor der Rheinischen Landesklinik Langenfeld, und erhalte durch seine Vermittlung Zugang zu den Akten meiner Mutter. Im Sekretariat des Neubaus der Andernacher Klinik empfängt mich freundlich eine Frau Nagel und übergibt mir eine dünne, abgegriffene Akte mit der Bemerkung, ob sie vollständig sei, lasse sich nicht mehr feststellen. Ich lese in einer kindlichen Handschrift, offensichtlich der einer Schwester, den Eintrag vom 18. Februar, meine Mutter zitierend: »Ich weiß selbst nicht, wie ich dazu kam. Obwohl ich einen so guten Mann habe, habe ich die Dummheit gemacht ... Mein armer, armer Junge.« Zum 19. 2.: »Verlangt nach ihrem Jungen.« Zum 20. 2.: »Tagsüber sehr freundlich und nett, wirkt sehr vernünftig im Gespräch und versucht Gesellschaftsspiele, weint nachts nach ihrem Sohn, ruft nach ihrer Schwester.« Zum 22. und 23. 2.: »Besuch von Mann und Sohn, schläft gut.« Zum 24. 2.: »Zum Personal: ›Redet nicht mit mir, ich weiß doch, was los ist und wo ich hinkomme ... Ich bin nicht wahnsinnig.‹« Zum 25. 2.: »Widerruft vor dem Arzt ihre Aussage vom 19. 2., dass sie ein minderwertiges Geschöpf sei. Fragt statt dessen:

›Warum wird man hier gefoltert?‹« Zum 27. 2.: »Abweisend und kaum zugänglich.« Zum 2. 3.: »Gibt an, dass sie nicht mehr weiter denken könne ... Bleibt während der Nacht mitten im Saal stehen, stiert in eine Ecke und sagt zu der Pflegerin: ›Einmal sehen Sie so aus, einmal anders.‹« Zum 4. 3.: »›Geben Sie acht, die ganze Welt ist unruhig, ich habe alles verkehrt gemacht, das sind nicht meine Hände und Füße, da stimmt was nicht. Sie müssen mir helfen. Ich bin schon tot, wenn ich in den Spiegel sehe. Das bin nicht ich, das ist auch gar nicht mein Mann, o weh, o weh, es ist alles verkehrt.‹ Morgens völlig steif.« Danach nur noch: »Stuporzustände.« Der Arzt schließt den Fall ab mit der Diagnose: »Nicht zu stellen.« Als Todesursache wird Herzschwäche angegeben. Als ich das unserem Hausarzt Dr. Wiebusch erzähle, schüttelt er den Kopf: »Sie hatte aber doch ein ganz gesundes Herz.«

Bis heute ist offen, was damals wirklich mit meiner Mutter geschah. Aus den Akten geht nicht hervor, wie die Ärzte es aufnahmen, dass sie, wie sie uns in den ersten Tagen erzählte, ihnen gegenüber immer wieder über den Krieg sprach mit den Worten: »Ist das nicht ein Wahnsinn?« Sie hatte sich ganz naiv eine zuwendende Antwort erhofft, zumal bei ihr vom Ersten Weltkrieg her eine traumatische Belastung gegeben war, die sich in der Trauer um ihren gefallenen Lieblingsonkel Jakob immer wieder geäußert hatte. Aber dass sie mit dieser Frage bei den Ärzten Zuwendung gefunden haben sollte auf dem Höhepunkt des deutschen Triumphs beim Sieg über Frankreich, ist unwahrscheinlich. Wahrscheinlicher ist, dass sie einen tödlichen Fehler beging und als das »minderwertige Geschöpf« dastand, das den Sohn und den »im Felde stehenden Mann« im Stich gelassen hatte, eine zunächst akzeptierte Bezichtigung, die sie dem Arzt gegenüber dann womöglich vergeblich widerrief.

Eines ist sicher: Unter den heutigen medizinischen Bedingungen hätte meine Mutter Zuwendung und wohl auch Heilung erfahren und nicht diesen Tod. Denn dass sie alles um sich herum als verkehrt erlebte, war ja der Reflex auf den Wahnsinn der Welt draußen, die sie dafür wegsperrte und dem Verderben preisgab. Ich verblieb damals nicht nur in dieser verkehrten Welt, ich hielt sie auch nach wie vor für die richtige und trug sie, *Sein und Zeit* ergeben, mit: »Wir sind heut' und morgen, alles was die Zeit erschafft, ist in uns verborgen, bildet unsere Kraft.« Als ich im Sommersemester 1951 in Bonn ein Seminar über Georg Büchner absolviere und seinen *Lenz* lese, den das entstellte Gesicht der Welt bis ins Innerste ergreift und der auf dem Kopf zu gehen wünscht, um ihrer Verkehrtheit inne zu werden, da bingt mich das zurück in die Nähe meiner Mutter.

XII. »WIR HABEN EINEN WEG GEFUNDEN!«

Auch Tanten können einem Kind viel bedeuten. Ich hatte viele Tanten, liebe Tanten, aber unter allen gab es nur eine, die ich mit Haut und Haaren liebte: Tante Traudchen. Sie war meine absolute Lieblingstante, so wie ich ihr Lieblingsneffe war. Meine Erinnerungen an sie reichen tief zurück bis in die Reckstraße 11. Tante Traudchen wohnte damals mit Tochter Hannelore, meinem Kusinchen, und dem Landschullehrer Maximilian Kathke auf dem Westerwald in Epgert in einem einsam am Wald gelegenen Schulhaus, in das auch die Kinder aus Krunkel und Obersteinebach gingen. Die Besuche zwischen den Verwandten Kreis und Kathke gingen zwischen Epgert und Neuwied ständig hin und her. Denn Käthchen und Traudchen, die beiden Schwestern, hingen sehr aneinander, so wie mir meine Kusine Hannelore wie eine Schwester war. Aber mit Tante Traudchen kam immer strahlend alles Glück der Welt zur Tür herein, nahm mich auf den Arm und küsste und drückte mich. Sie war hübsch, immer elegant, roch gut, und wenn sie sich in den Sessel setzte und mich auf den Schoß hob, umgab mich wohlig seidig weiche Fülle. Sie brachte Stimmung mit, und Vater Jupp, davon angesteckt, machte eine Flasche auf und spielte, was sie hören wollte, auf seiner Gitarre, oder er legte die Schallplatte mit irgendeinem Evergreen auf. Umso schlimmer war es, wenn sie wieder abreiste. Mit vier oder fünf kletterte ich mit meinen kurzen Beinen in der Küche über das Sofa und die Rückenlehne und reckte mich zum Mansardenfenster hoch, wo ich oft sehnsüchtig über die Dächer von Neuwied hinweg in die fernen Berge des Westerwaldes blickte, bis irgendwann, wie meine Mutter mir später erzählte, der immer gleiche Satz kam: »Gell Mutti, da oben, wo der Himmel schwarz ist, da ist der Epschert, da wohnt die Tante Traudchen!« Dank dieser Lieblingstante hatte ich eigentlich zwei Mütter, eine für das Paradies der animalischen Nähe und der Träume, und eine, die mich bei aller Liebe in die Dornen und Disteln des verhassten Kindergartens und der Schule jagen musste. Wo ich zwei Mütter hatte, hatte Kusine Hannelore zwei Väter: den frommen Lehrer Max und ihren immer fröhlichen Onkel Jupp, dem sie gleich auf den Schoß kletterte und den sie mit ihren Ärmchen umschlang. Manchmal wurde ich eifersüchtig, wenn Vater Jupp für sein Hannichen die schönsten Spielsachen bastelte, nicht nur Puppenküchen, sondern ganze Puppenhäuser, die er dann so liebevoll möblierte, dass sogar die Stühle gepolstert waren. So entstand ein verwickeltes Familiengewebe, zumal Vater Jupp und seine Schwägerin, die beiden leichter lebenden Gemüter, sehr miteinander einverstanden waren und es zwischen meiner Mutter und Onkel Max ein Band gegenseitiger Verehrung gab auf der Basis von Bildung und schöngeistiger Literatur.

Dass Tante Traudchen im Spätherbst 1926 Onkel Max kennenlernte, war purer Zufall, Schnittpunkt zweier Kausalketten, die fremder und ferner kaum zu denken sind. Das weiß ich zwar nur von ihren Erzählungen oder denen meiner Eltern, aber einiges ging mir auch schon als Kind auf. Nach dem frühen Tod der beiden Eltern und dem Verkauf von Gasthof, Bierverlag und Weinbergen 1925 hatte Traudchen eine zeitlang bei Uwers Maria, ihrer Bullayer Freundin, gewohnt, mit ihr einen Kochkursus in Bad Bertrich besucht und dann die Einladung von Herrn Reineke, einem Jagdfreund von Vater Rauen, angenommen. Er war ein Mann der Kölner Gesellschaft, führte zusammen mit seiner zweiten und sehr jungen Frau ein großes Haus, und Tante Traudchen, so war es vorgesehen, stand ihr als Gesellschafterin zur Seite. Sie nahm am gesellschaftlichen Leben der Reinekes teil, lernte auf diversen Festlichkeiten auch den Oberbürgermeister Adenauer kennen, und alles wäre gut und schön gewesen, wo sie doch die glänzende Partie war und von einem jungen Rechtsanwalt so sehr begehrt wurde, wenn da nicht eines Tages bei meiner Mutter im fernen Horhausen ein alarmierender Brief eingetroffen wäre, der nach den üblichen Floskeln in die Kurzmitteilung mündete: »Ich muss hier weg, bin sittlich gefährdet, komme in den nächsten Tagen zu Euch, alles weitere mündlich.« Die Gefährdung, vor der sie dann mit Sack und Pack weg von Köln nach Horhausen geflohen kam, bestand darin, dass die Reinekes, sie noch inniger als er, sie zu einer Ehe zu dritt hatten verführen wollen. Meine Mutter wollte das gar nicht glauben, sie kannte den feinen Herrn Reineke doch auch, der ihnen als Kinder immer Edelbitterschokolade geschenkt hatte. »Von wegen feiner Herr!«, so Traudchen, den alten Lüstling habe sie von der anderen Seite kennengelernt. Als sie ihm eröffnet habe, sie gehe weg, habe er gehöhnt: »Wie? Auf den Westerwald? Wollen Sie da die Hühner melken? Ewig den Doppeladler turnen? Sich von einem Bauernbengel beschnarchen lassen?«

Im Spätherbst 1926, kurz nach meiner Geburt, zieht Tante Traudchen zu Schwester und Schwager nach Horhausen und wird von ihnen herzlich aufgenommen. Schon beim ersten gemeinsamen Kirchgang der beiden Schwestern erregt die unbekannte neue Schöne Aufsehen, vor allem bei dem sehr spärlichen Angebot an besser gestellten Junggesellen aus Horhausen und Umgebung. Die modisch elegante Verdopplung meiner Mutter durch ihre Schwester fällt auch dem Herrn Pastor auf, als er sich plötzlich während des feierlichen Hochamts nicht mehr nur der tristen Tracht der Westerwaldfrauen gegenüber sieht, sondern gleich zweimal dem aufreizenden Stil der zwanziger Jahre. Oben der in Silberfuchs gehüllte Bubikopf, der Mantel kurz mit zu viel Bein in Seide, und das alles nicht nur auf hohen Hacken, sondern auch noch auf der falschen, der Männerseite stehend. Hätte der Herr Pastor gewusst, warum, was hätte er wohl dann erst gesagt, als er sich beim nächsten Hochamt von der Kanzel herab darüber ausließ, was für eine Wohltat doch die würdige Tracht der Landfrauen sei angesichts derer, die jeder Mode nachlaufen und sich sogar Kuhschwänze umbinden würden, wenn einer damit den Anfang machte. Namen nennt er nicht, braucht er auch nicht zu nennen. Aber meine Mutter und mehr noch Tante Traudchen wissen den Zeitgeist auf ihrer Seite und lachen. Zumal nach der Messe Lehrer Geißler gleich auf meine Mutter zueilt, die er über Vater Jupp kennt, und sich über den Pastor lustig macht, den dürfe man nicht so ernst nehmen, der sei von Gestern. Als sie ihn mit ihrer Schwester, Fräulein Rauen, bekannt macht, rückt Lehrer Geißler mit dem heraus, worum es ihm eigentlich geht. Das Fräulein Schwester habe einen heimlichen Verehrer, den Kollegen Kathke aus Epgert, Offizier im Krieg und Gutsbesitzersohn, ein sehr lieber, gebildeter Mensch und Kollege. Ob er ihn den beiden Damen am kommenden Sonntag nach der Messe einmal vorstellen dürfe. Die Damen zögern kurz, sind sich aber einig: »Gott, warum nicht?«

Am nächsten Sonntag nach dem Hochamt kommt es in Begleitung von Kollege Geißler zum ersten Auftritt: »Perfekte Verbeugung gegen die Damen, der Handkuss für die »gnä'ge Frau« und das »gnä'ge Fräulein« nur angedeutet, und das alles in maßgeschneidertem Outfit und mit Homburger. Meine Mutter ist unmittelbar überzeugt: »So ein feiner Mensch!« Traudchen aber weiß noch nicht so recht. Sie nimmt Maß mit ihrer ersten großen Liebe, dem Köbes, meinem Onkel Köbes. Der ist – nackt wie angezogen – tief in ihr verwahrt als der große, schlanke Jüngling in der Pracht seiner vollen Haare, während dieser Herr da fast so breit wie kurz ist und Glatze trägt. Nicht zu übersehen ist aber auch die andere Seite. Hier ist: Herkunft, Benehmen, Bildung, da nur bescheidenes Volkstum, Marotten und Stammtisch. Einen Versuch ist der Verehrer wohl wert. Man trifft sich zu ersten Spaziergängen durch Dorf, Wald und Feld, auch einmal zu einem Besuch der Schule bei Epgert, wo Herr Lehrer Kathke wohnt. Irgendwann kommt es auch zum ersten schüchternen Kuss. Doch schon das damit verbundene Du darf nicht länger Traudchen heißen. Nein, nur nicht länger diesen Gesindenamen, der habe ihn vom ersten Augenblick an gestört und passe ganz und gar nicht zu ihr. Sie, eine so malerische Schönheit, dürfe nur Gertrud genannt werden. Maxens Frauenbild, muss man wissen, war von der Konitzer Gymnasialzeit her schöngeistig fromm geprägt und geleitet von der Jungfrau Maria und der Uta von Naumburg, deren Bildnis über seinem Schreibtisch hing. Und irgendwo in der Mitte zwischen Maria und Uta nahm nun Traudchen als Gertrud den bevorzugten Platz in seiner Seele ein.

Ausführlich legte er ihr den altgermanischen Sinn dieses wunderschönen Namens auseinander: Er setze sich zusammen aus »Ger-« gleich Speer und »trud« gleich Kraft. Sie sei die Kraft des Speeres, und der Speer wiederum weise hin auf die Heilige Lanze im Kronschatz der deutschen Kaiser. Traudchen war angenehm überrascht und wusste nun überhaupt erst, wie sie wirklich hieß. Das alles imponierte ihr mächtig, und so nahm sie es auch wider besseres Empfinden eine lange Weile hin, dass es bei dem Du, dem Gertrud und dem keuschen Kuss zum Abschied blieb. Max war eben nicht wie all die anderen Männer, die immer gleich das eine wollen. Andererseits war er doch kein Kind von Traurigkeit. Wenn sie durch die stillen Wälder zogen, dann sang er gern sein Lieblingslied: »Aber heut, sind wir fidel, / Ein Herz und eine Seel' / Heut ziehn wir los, heut wird gelacht, / Heut machen wir ne tolle Nacht.« Wie es mit den beiden dann weiterging, hat mir Tante Traudchen im Sommer 1947, als sie uns von Berlin kommend in Neuwied besuchte, auf einem langen Spaziergang durch den Schlosspark in allen Einzelheiten erzählt, und so will und kann ich es nur weitergeben. Das folgende ist also eigentlich nicht meine Geschichte, sondern ihre, gebrochen im Prisma ihres eigentümlichen Leichtmuts, der selbst über die schlimmsten Schicksalsschläge hinwegzuschweben schien, die sie durch die Vertreibung aus dem Osten, den Verlust aller Habe und die Gewalttaten der Roten Armee zu dieser Zeit hinter sich hatte.

Maxe, wie sie ihn nannte, war es sehr eilig mit dem Heiraten. Und je eiliger er es hatte, desto mehr geriet sie in den Widerspruch zwischen dem, was sie als Frau von einem Mann erwartete, und der Tatsache, dass dieser Maxe hinter ihrer keuschen Erhöhung zur Kraft des Speeres es sich nicht zu tun getraute. Herrje, warum küsst der Kerl mich nicht mal so richtig! Sie wollte es endlich wissen. Und dazu ergab sich die Gelegenheit, als Schwester und Schwager ihr eines Abends die Wohnung überließen und für ein paar Stunden zu Dasbachs August in den nahen Gasthof gingen. Die Küche war warm, das Sofa breit. Gertrud ging auf vor Erwartung, und auch Maxe kam, wie sie deutlich merkte, in Glut. Aber als es dann endlich fast soweit war, machte er sich plötzlich schwer atmend frei und stammelte flehentlich: »Nein! Gertrud! Nein, wir wollen es aufheben bis zur Hochzeit.« Hastig erhob er sich, ordnete seine Kleider und hatte es plötzlich sehr eilig, nach Hause zu kommen: »Du weißt doch, der weite Weg durch den Wald bis zur Schule.« Als Schwester und Schwager heimkommen, sitzt Gertrud aufgebracht und innerlich geladen auf dem Sofa, und auf die fragenden Blicke der beiden hin entfährt ihr nichts als ein: »Herrjesus!« mit Augenaufschlag als ratlose Anrufung rettender Mächte, was exakt die Zwickmühle beschrieb, in der sie steckte zwischen sich selbst als Traudchen und Maxens edler Gertrud, die sie werden sollte. Und das von ihr so innig ausgestoßene: »Das gibt nichts mit dem!!«, womit sie sich aus der Falle retten wollte, scheiterte daran, dass sie seine Frömmigkeit bewunderte und es ihr schmeichelte, was Maxe in ihr sah. Es scheiterte auch daran, dass meine Mutter es verstand, ihr diesen anständigen und wertvollen Menschen wieder schmackhaft zu machen. Später musste sie dafür Traudchens Vorwurf einstecken, an ihrem Unglück mit Schuld zu sein. Also ließ sich Gertrud bis zur Hochzeit vertrösten, die am 2. Februar 1927 stattfand, ebenso stilvoll wie sparsam, nur zu zweit und ohne geladene Gäste. Getraut wurde das Paar in der Kapelle Arenberg bei Koblenz, für die Hochzeitsnacht und das vorausgehende Galadiner war eine Suite im »Riesenfürstenhof« bestellt worden, wo man mit dem Taxi vorfuhr. Maxe zeigte sich als Grandseigneur, und Gertrud erwartungsfroh und glücklich. Kurz und gut, die Nacht geht dennoch gründlich in die Hose. So salopp drückt sich Tante Traudchen 1947 aus, als sie mir unter der Vorausschickung, ich sei ja nun erwachsen, alles anvertraut und mir verrät, dass die erste Umarmung auf halbem Wege steckenbleibt und Gertrud enttäuscht in Tränen ausbricht. Maxe zieht sich verzagt in sein Bett zurück, liegt stumm brütend da, will sie trösten, sie dreht sich weg, er bäumt sich händeringend auf: »Du hast mich doch wohl nicht deswegen geheiratet!« – »Natürlich nicht deswegen, aber deswegen doch auch.« Grauer Morgen danach. Man reist zurück nach Epgert. Gertrud gibt sich und Maxe Zeit. Man richtet sich in den geräumigen Zimmern des Schulhauses ein.

Die obere Wohnung beherbergt bereits den Kollegen Schwind und seine Frau, die untere Hochparterrewohnung gehört Onkel Max als dem ersten Lehrer der zweiklassigen Landschule. Geld ist bei beiden Jungvermählten genügend vorhanden. Also spart man nicht an dem üblichen Bürgerluxus: dem Herrenzimmer mit Bücherschrank, Rauchtisch und Clubsesseln, dem Esszimmer mit riesigem Buffet und ausziehbarem Tisch, den Fremdenzimmern und dem Schlafzimmer. Was indessen die Flitterwochen betrifft, so setzen sich in ihnen die Symptome der ersten Nacht fort. »Kommst du noch ein bisschen zu mir rüber?«, ruft Max sie abends in sein Bett. Und Gertrud kommt. Denn merkwürdig ist, dass er immer Lust hat, ja ein enormes Maß davon, und nur den kleinen Fehler, sich vorzeitig zu verschenken. Was soll sie machen?! Den Gedanken, dass so etwas ärztlicherseits leicht zu beheben sein könnte, lässt die Frömmigkeit der beiden nicht zu. Stattdessen leidet Traudchen und klagt es heimlich meiner Mutter. Aber da ist es zu spät. Maxe ist es gewohnt, mit den Hühnern schlafen zu gehen. Also gehen sie mit den Hühnern schlafen, zugedeckt mit Daunen vom Feinsten, eingesteppt in purpurrote Seide, die alle Sinne wach ruft, wenn sie daliegen und wenn sie, Gertrud, ihn sagen hört: »Kommst du noch ein bisschen zu mir rüber?«, und sie dann kommt und wieder vergebens. Eines Morgens denkt sie ernsthaft an Scheidung und weint sich abermals in Horhausen bei meiner Mutter aus.

Anfang Juni stellt Gertrud fest, dass sie schwanger ist. Wie, ist ihr fast ein Rätsel. Aber es macht sie glücklich. Sie trägt ein Mädchen aus, das, getauft auf den Namen Johanna Laura, am 2. Februar 1928 in Epgert zur Welt kommt. Der Herr Pastor weigert sich, das Kind auf den Namen Hannelore zu taufen: »Das gibt es nicht! Es gibt nur die heilige Johanna und die heilige Laura, macht zusammen: Johanna Laura, basta!« Die Geburt ist eine schwere Zangengeburt. Um keinen Preis will Gertrud noch einmal schwanger werden. Als sie daher Wochen später Maxens abendlichen Ruf von nebenan erneut vernimmt: »Gertrud, kommst du noch ein bisschen zu mir rüber?«, seufzt sie nur und redet sich heraus mit der vielen Hausarbeit und der Belastung mit dem Kind. Das müsse er doch verstehen. Aber nein, das versteht er nicht. Es war doch immer so schön! Und im Ton des tiefsten Bedauerns, so als würde ihr und nicht nur ihm etwas entgehen, hört sie ihn von nebenan allen Ernstes sagen: »Es wird dir leid tun!« Soweit ihre Geschichte. An der Pointe, auf die sie zulief und bei der sie hell auflachte, konnte ich erkennen, dass ich nicht der erste war, dem sie sie erzählte. Mir dagegen war zunächst nicht zum Lachen. Ich war eher verlegen. Als sie es merkte, blieb sie stehen, packte mich tröstend am Arm und sagte leichthin: »Ach, komm! Sowas passiert bei

Männern gar nicht selten.« Und im Weitergehen dann: »Du musst nicht glauben, dass ich unglücklich gewesen bin. Wir haben einen Weg gefunden!« Welchen, verriet sie nicht. So war sie eben. Schon tags zuvor, als ich sie am Bahnhof abholte, hatte sie mich angestrahlt und stürmisch umarmt. Und wo ich mir nach all ihren Schicksalsschlägen eine grau gewordene und verhärmte Frau ausgemalt hatte, kam sie mir hübscher und jugendlicher entgegen als je zuvor, war sie wieder schlank geworden und trug ein dunkelblaues Wollkostüm, das ihr – sie war nun dreiundvierzig – sehr gut stand. Sie hatte etwas Unverwüstliches, unter dessen Wirkung sich alles, was an ihren Erzählungen unter die Haut ging, in Ironie auflöste. Sie war eine abendfüllende Erzählerin, das pure Gegenteil ihrer Schwester, meiner Mutter.

Als Hitler 1933 an die Macht kommt, ist Onkel Max zunächst ein glühender Anhänger der neuen Bewegung. Den Parteieintritt hat er schon hinter sich, mit gutem Grund, und eine niedrige Mitgliedsnummer um die Dreihunderttausend. Denn als der Sanitätsgefreite Kathke nach vier Jahren Blut und Eiter, wie er immer sagte, aus dem ersten Krieg zurückkommt, kann er nur unter der Bedingung in seine westpreußische Heimat zurückkehren, dass er für Polen optiert, also Pole wird. Zwei seiner drei Schwestern müssen das auf sich nehmen, schon weil die eine von ihnen, Maria, nachdem die beiden ältesten Brüder gefallen sind, die Verwaltung des Gutes übernehmen muss, das in Cekzyn in der Tucheler Heide liegt und seit dreihundert Jahren im Besitz der Familie ist. Maxe hat Abitur, aber studieren, wie er vorhatte, kann er nun nicht mehr. Immerhin, Lehrer werden dringend gesucht, und also wird er Lehrer und träumt in der Waldeinsamkeit seiner Westerwälder Landschule von der Revision des Unrechts von Versailles, wie Hitler es versprochen hat, und der Rückkehr in das Land seiner Väter. In der Partei macht er schnell Karriere, wird Blockwart, Zellenwart, hält in schicker Parteiuniform Vorträge und festliche Reden zu des Führers Geburtstag oder zum 9. November, und kommt zum absoluten Höhepunkt seiner nationalen Erregung im Juli 1933, als Hitler mit dem Vatikan das Reichskonkordat abschließt. Mit Genugtuung nimmt er zur Kenntnis, was der Münchner Erzbischof Faulhaber an den Führer schreibt: »Für Deutschlands Ansehen vor der ganzen Welt bedeutet dieser Handschlag mit dem Papsttum, der größten sittlichen Macht der Weltgeschichte, eine Großtat von unermeßlichem Segen. Vor aller Welt ist nun bewiesen, daß Reichskanzler Adolf Hitler Taten wirken kann von weltgeschichtlicher Größe.« Doch knapp zwei Jahre später ist der Führer für den Zellenleiter Kathke nicht länger der Großtäter von unermesslichem Segen, sondern schlichtweg: »Ein Verbrecher.« So nennt er ihn nur noch und seinen Anhang gleich mit, daran kann ich mich gut erinnern, und Tante Traudchen ist ganz seiner Meinung. In diesem Urteil fühlt er sich zutiefst bestätigt, als die Entfernung der Kruzifixe aus den Schulen verfügt wird. Onkel Max weigert sich. »Wir sind doch nicht in Russland!«, schimpft er.

Ortsgruppenleiter Wirtgen aus Horhausen setzt ihn so unter Druck, dass er nachgibt und in der Nacht darauf einen Schlaganfall erleidet. Die rechte Gesichtshälfte hängt schief, und Gertrud darf nicht von seinem Bett weichen, muss unentwegt und ganz fest seine Hand halten. Tränen fließen, denn Maxe hat ein weiches Herz und kann bald schon von Glück reden, in Gertrud das zu haben, was ihm mangelt, die Härte des Speers, die vonnöten ist, in diesen finster werdenden Zeiten zu überleben. Die Kette der Katastrophen, die ihnen Jahre später nicht erspart bleibt, ist in Maxens Herkunft und Veranlagung vorgegeben. Als es ihm besser geht und sein Gesicht wieder gerade ist, fasst er den Entschluss, der Parteitätigkeit dadurch zu entgehen, dass er sich zu Wehrübungen für die Reserveoffizierslaufbahn meldet, um so die von Hitler geförderte Vormachtstellung der Wehrmacht gegenüber der Partei für sich auszunutzen, was übrigens damals viele taten. Dabei kommt allerdings heraus, dass Maxe doch kein Offizier war, wie Lehrer Geißler geprunkt hatte, sondern mit der Behauptung nur günstigen Wind hatte machen lassen. Nun will er es aber werden, will es diesem Wirtgen zeigen, und absolviert in den beiden Jahren darauf Lehrgänge auf dem Truppenübungsplatz in Hammelburg. Aber den harten körperlichen Anforderungen ist er von vornherein nicht gewachsen. Er scheint es zu ahnen, denn ich bin dabei, als wir ihn zum Bahnhof bringen. Er weint, und wieder einmal muss Gertrud ganz fest seine Hand halten. Von all meinen Onkeln habe ich keinen jemals weinen sehen. Aber bei Onkel Max gehörte weinen dazu. Nicht dass er weinerlich gewesen wäre oder gar eine Memme, nein, das war er nicht. Es war eine gewisse Würde in diesem Weinen. Die Übungen in Hammelburg müssen für ihn eine einzige Tortur gewesen sein. Von allen kam er mit blutig wunden Füßen heim und trotz seiner günstigen geistigen Voraussetzungen ohne Beförderung zum Fähnrich, Oberfähnrich und Leutnant der Reserve, wie sie all den anderen, meist Lehrern wie er, zuteil wurde. Trost fand Maxe neben Gertrud nur in dem Idyll des Landlebens mit Schulalltag, Gartenarbeit, Hühnerzucht und gutem Essen. Die Malzeiten waren üppig, Gertrud eine vorzügliche Köchin. Man schwelgte, und Tante Traudchen setzte an. Der Busen wölbte sich, sprengte die Blusen auf, und das Becken ging mächtig in die Breite. Kein Kleid, nichts passte mehr. Auf die Waage bringt sie einhundertsechzig Pfund: »Eine Maschine«, wie sie lachend sich selbst nennt. Maxe gefällt sie so, denn fast so breit wie kurz sind sie nun beide. Da helfen auch Gertruds ausladende Hüte nicht und nicht die lang geschnittenen Kleider, die die Figur strecken sollen.

Längst stand damals die Reise nach Polen auf dem Programm, eine Reise, von der Tante Traudchen immer mal wieder erzählte. Maxe wollte seine Heimat, die Schwestern und das Gut wiedersehen und außerdem seinen Erbanteil, der in Danzig auf der Bank hinterlegt war, ins Reich transferieren. Visa waren sehr umständlich nur über Berlin zu beschaffen. Gertrud aber hatte einen einzigen Gedanken: »Was ziehe ich an?« Denn Maxens alte Heimat war tausend Kilometer weit weg, das war so etwas wie ihre erste Weltreise. Zudem hatte Max, der Gutsbesitzersohn, in ihr die Vorstellung genährt, es erwarte sie da drüben die feudale Welt des ostelbischen Junkertums. Gertrud sah sich im Geiste mit einer Hochglanzkutsche durch endlose Weizenfelder fahren, die alle den Kathkes gehörten, sah den Kutscher durch ein mächtiges Tor die Allee entlang auf das pompöse Herrenhaus zuhalten mit stattlichen Remisen und Ställen für die dreißig Kühe und die acht Pferde, sah sich zum See am Ende einer herrlichen Gartenanlage hinter dem Herrenhaus lustwandeln, von dort die weiße Wolke der mindestens dreißig, vierzig Gänse auffliegen und in einer sumpfigen Ecke die Schweine sich suhlen. Irgendwie wusste Maxe, was für übertriebene Vorstellungen er in Gertrud ausgelöst hatte. Und so kam es denn, dass er, je näher sie der Grenze zu Polen kamen, zu drucksen anfing, sie dürfe sich, bitte, das alles nicht so großartig vorstellen. Der Osten sei nicht der Westen. Und so war es dann auch, als sie in Cekzyn ankamen. Statt eines hohen Herrenhauses duckte sich da am matschigen Wegrand ein ziemlich tristes anderthalbstöckiges Wohnhaus. Zwar stimmte die Zahl der dreißig Kühe, aber an Pferden zählte Gertrud nur sechs, und der Stall war nichts als ein Stall, und die Remise ein Schuppen. Was aber die Kutsche sein sollte, mit der sie sonntags zur Messe fuhren, so entpuppte sie sich als ein verstaubtes, uraltes Stück und hatte gar nichts von Vater Rauens elegantem Landauer. Was es wirklich gab, waren die tausend Morgen Land, der See, die Schweine und die dreißig Gänse. In der Kirche besaßen die Kathkes wie auch die anderen Gutsbesitzer –

nunmehr polnische Staatsbürger deutscher Nationalität – einen eigenen, reservierten Sitzplatz, womit sie sich noch immer von den Polen abhoben, die als Knechte, Mägde und Scharwerker bei ihnen Dienst taten und in meist bescheidenen Häusern lebten. Gemessen daran war das Anwesen der Kathkes ein Herrensitz. Es war eben, wie man damals gern sagte, alles relativ. Was aber Gertrud störte, ja verstörte, war, dass, während sie zur heiligen Messe auf den reservierten Bänken thronten, die polnischen Frauen im Gang auf den kalten Steinfliesen kauerten und beteten. Die sind viel frommer als wir, erzählte sie uns bei der Rückkehr aus Polen, wobei sie aber nicht Polen, sondern Westpreußen sagte und sich zugleich äußerst heftig über den polnischen Zoll an der Grenzstation Schneidemühl erregte. Schon auf der Hinfahrt nach Cekzyn hatte sie, da die Einfuhr von Schokolade verboten war, die teuren Galapetertafeln in Stücke zerbröckeln und als Wegzehrung deklarieren müssen. Die beiden Koffer waren bis auf den Grund durchwühlt worden, sogar eines der Sitzkissen hatte man aufgeschnitten und nach Verstecktem untersucht, dass die Federn flogen. Und dies alles bloß aus Schikane. So wie es Schikane war, dass sie die Thermosflasche, eine Designer-Neuheit auf dem Markt, bis nach der Rückkehr beim Zoll zurücklassen musste, ohne dafür eine Erklärung zu erhalten. Doch das war noch nicht alles, wie sie meiner Mutter erzählte. Sie musste sich doch tatsächlich einer Leibesvisitation unterziehen. Splitternackt habe sie vor dem Polenweib dastehen müssen, und die habe nur gegrinst. Und dass sie ihr beim Bücken und Befingern nicht in den Hintern gefühlt habe, sei schon ein Wunder gewesen! Der polnische Zoll war in der Tat in jenen Jahren der Durchlauferhitzer des Deutschenhasses, auf den Tante Traudchen mit dem Hinweis auf die sprichwörtliche »polnische Wirtschaft« reagierte: »Ihr glaubt ja gar nicht, wie heruntergekommen und verwahrlost alles ist!! Mein Gott, was haben wir es gut hier!«

Zumindest aus damaliger Sicht stimmte das. Maxe hatte noch vor seinem Schlaganfall bei Serse in Neuwied ein schickes Hanomag Cabriolet gekauft, zwar nicht so groß und schnell wie unser Hansa, dafür mit mehr blitzendem Chrom. Wäre nur nicht Maxens Fahrstil so schrecklich aufreibend gewesen. Schwager Jupp, den Maxe gebeten hatte, ihm bei seiner ersten Alleinfahrt beizustehen, bekam Magendrücken, als er sich einmal fast in den Straßengraben gelenkt erlebte, zweimal der Verwechselung von Gas und Bremse zusehen und Schlimmeres fürchten musste. Weshalb er seinem Schwager dringend riet, nicht schneller als vierzig zu fahren. Mit diesem Höchsttempo kam Onkel Max fortan immer auf Besuch in Neuwied angeschlichen. Wenigstens mir kam es so vor. Wenn Kathkes mich mit nach Epgert nahmen, dann erfasste mich nicht wie einst der Rausch der Bewegung, machte Maxe mich nicht wie Vater Jupp oder Onkel Köbes zum gebannten Voyeur der hinweggrasenden Welt, nein, er machte mich fürchterlich ungeduldig: Geht es denn gar nicht weiter! Wenn ich ihn schüchtern fragte, wieviel Sachen der Hanomag mache, sagte er, »achtzig«. Mein Gott, wäre er doch nur ein einziges Mal so schnell gefahren! Nein, das um ihn herum so stürmisch beschleunigte, zeitraffende Sein hatte ihn, den noch in der ländlichen Langsamkeit Verwurzelten, nicht erfasst, und anders als mich drängte es ihn nicht stürmend der Zukunft entgegen. Dafür war er ein guter und gewissenhafter Lehrer, von seinen Kindern geachtet und geliebt, da nicht übermäßig streng und nicht ohne Humor. Denn als sich der kleine Heini aus Obersteinebach beim Kopfrechnen zum x-ten Male vertan hatte und Maxe in seiner Verzweiflung ausrief: »Heini, ich glaube, du hast den ganzen Kopf voll Stroh«, da gab der Knirps ihm schlagfertig zurück: »Un dou de Buch voll Eifer!« Zum Stock griff Maxe aber nicht, wie das meine Neuwieder Lehrer mit Sicherheit getan hätten, sondern lachte, und die Klasse lachte im Chor mit, so wie wir, als er es uns schmunzelnd erzählte.

Ich erinnere mich gut an einen sommerlichen Ausflug nach Bad Honnef. Gertrud hatte den Wagen mit einer schwarzen Spezialcreme auf Hochglanz gebracht, wir alle uns in Schale geworfen, waren eingestiegen bei strahlendem Sonnenschein, Hannelore und ich im Fond, und Onkel Max war ganz langsam, um das Auto nicht einzustauben, die dörfliche Buckelpiste nach Epgert hochgefahren und weiter auf die Straße Richtung Gierender Höhe, wo man den Kollegen Laubenthal mitzunehmen gedachte, weil der so gern Auto fuhr. Von weitem sahen wir Kinder ihn mit Hut und Mantel am Straßenrand warten und heftig winken. Doch Maxe hielt nicht bei ihm an, ließ vielmehr den Winkenden, dem vor Verblüffung der Mund aufging, einfach stehen, und fuhr und fuhr, auch wenn Lehrer Laubenthal noch so lauthals: »Halt! Halt!« hinter uns herbrüllte und wir Kinder, über das Faltverdeck nach rückwärts blickend, ihn mit fuchtelnden Armen hinter uns herlaufen sahen. Erst Gertruds: »Halt doch an!« brachte Maxe und den Hanomag zum Stehen und seinen Kollegen dazu, uns einzuholen: »Hast du mich denn nicht gesehen, Max?!«, keuchte er und ließ sich schwer zwischen uns Kinder auf den Rücksitz fallen. Max hatte ihn sehr wohl gesehen, aber wie hätte er ihm sagen können, dass ihm manchmal die Reihenfolge von Kupplung, Gas und Bremse zu schaffen machte.

An diesem herrlichen Sommertag nehmen wir also die Landstraße über Horhausen, Flammersfeld, Altenkirchen hinüber ins Siebengebirge und weiter ins Rheintal hinunter nach Bad Honnef. Wir fahren konstant vierzig, und kein Lüftchen zerzaust uns die Haare oder trägt Gertruds Hut mit dem weit ausladenden Rand hinweg. Stattdessen umweht uns Lehrer Laubenthals aufgekratzter Wortschwall, mit dem er alles kommentiert, was ihm rechts und links unter die Augen kommt. Wir hätten unsere schließen können, ohne etwas zu versäumen. Als wir nahe beim Siebengebirge den Ägidienberg erreichen, lässt er die Schlacht gegen die Separatisten von 1923 aufleben, in der die Bürger und Bauern der umliegenden Orte mit Wasserschläuchen, Knüppeln, Steinen und Jagdflinten die Vaterlandsverräter aus dem Feld schlugen, die das Rheinland wieder französisch machen wollten, wie es das zu Napoleons Zeiten gewesen war. Nach einem Abstecher zum Schieberhimmel, wie der Volksmund damals den Petersberg nannte, fahren wir in Bad Honnef ein. Im Gewirr der engen Straßen wird Onkel Max immer nervöser, bis nahe dem Rheinufer endlich eine gute Parkmöglichkeit in den Blick kommt, ein völlig leerer Platz unter Linden. Maxe fährt auch fachmännisch zwischen zwei Linden durch und weiter in den Schatten einer dritten Linde, fährt genau auf ihren festen schlanken Stamm zu und fährt immer noch, selbst noch als Gertruds Schrei: »Halt an!« ertönt und allein ein heftiger Stoß mit Blätterrauschen uns zum Stehen bringt. Und während ein Vogelnest von oben auf uns niederfällt, fliegen wir drei, Laubenthal voran, von hinten nach vorn, ich gegen Tante Traudchens verrutschten Hut, und wieder zurück in den Rücksitz. Und während an ihrer Stirn von der Scheibe eine leichte Beule zurückbleibt, muss Onkel Max dafür eine umso gravierendere in der Stoßstange entdecken, als er zur Schadensbesichtigung ausgestiegen ist. Wir alle begutachten mit, und eines ist klar: Damit nicht auch noch Maxens ordnungsliebende Seele Schaden nimmt, muss die Beule sofort weg. Zum Glück findet sich in der Nähe eine Schmiedewerkstatt, und als der Meister Onkel Max versichert, die Sache sei in einer Stunde behoben und die Stange wieder gerade, ist der Tag gerettet. Nach einem Spaziergang entlang der Rheinpromenade kehren wir ein in ein schönes Café, wo Kollege Laubenthal in aufgeräumter Stimmung uns Kinder nicht nur je zwei Stücke Sahnetorte bestellt, sondern, als es ans Bezahlen geht, entdeckt, dass er seine Geldbörse zuhause gelassen hat, so dass es für Onkel Max ein teurer Ausflug wird, denn die Kosten für die soeben begradete Stoßstange kamen ja noch dazu. Als wir abends in Epgert mit den Hühnern schlafen gehen und, wie es Usus geworden war, ich auf dem Ritz bei meiner lieben Tante und Hannelore auf den Ritz bei ihrem Vater, haben wir Kinder einen unvergesslichen Tag erlebt.

Kindernächte vergehen wie im Flug. Kaum hat man die Augen zu, ist es auch schon wieder Tag. In Epgert immer daunenweiches Erwachen, eingeleitet stets durch Maxens lautes Räuspern. Während es Gertrud in die Küche treibt, streift Maxe mit großer Geste das Nachthemd über die Glatze, die Vorderfront abgekehrt, doch zählt für uns Kinder ohnehin nur sein rosig rundes Hinterteil, weil ihm zur Einleitung des Stuhlgangs wie nach der Uhr auch schon der erste Wind entweicht, der uns feixen macht, weil es nun losgeht: Maxe eilt zur Tür, eine Hand hinten, mit der er, weiß der Himmel wie, es schafft, seiner Falte ein Geflatter von Winden zu entlocken, das nur mit einer Salve Chinakracher vergleichbar war. »Wie machst du das, Onkel Max?«, wollte ich dann wissen, und er: »Das können nur Lateiner: Stincere, forzio, pupupsci, cnalleratum!«

Der Kriegsausbruch 1939 beendet auch den Westerwaldfrieden. Maxe wird Soldat, leistet als Sanitätsunteroffizier Dienst am Westwall, zieht sich in den feuchten Bunkern heftige Gelenkschmerzen zu und findet von alldem Erlösung, als Freiwillige zur Re-Germanisierung seiner befreiten westpreußischen Heimat gesucht werden. Es wird ihm eine Rektorstelle in Thorn an der Weichsel angeboten, ein Ringeltäubchen, wie er meint, und er sagt mit Leib und Seele zu. Im Herbst nehmen Kathkes Abschied, und als meine Mutter ihrer Schwester weinend um den Hals fällt, sagt sie nur: Jetzt geht ein Stück von mir weg. Sie finden eine hochherrschaftliche Wohnung in der Bromberger Vorstadt, Mellienstraße 124, sowie auch gleich freundschaftlichen Anschluss an Kollegen und ihre Familien, was Tante Traudchen in ihrem ersten Brief in dem Satz zusammenfasst:

»Wir haben das große Los gezogen.« Da Tante Traudchen mich nach dem Tod meiner Mutter eingeladen hatte, zu ihnen nach Thorn zu kommen, und ich nichts lieber tue als das, ziehe auch ich Anfang August 1941 in die Mellienstraße ein und werde wie Kusine Hannelore Schüler der »Copernicus«-Oberschule. Es ist die Frühphase des Russlandfeldzugs, die Siegessondermeldungen aus dem Führerhauptquartier überschlagen sich, in immer neuen Kesselschlachten wird die Rote Armee zerschlagen, stürmt das Heer von Finnland bis zum Schwarzen Meer in breiter Front nach Osten vor, und eine Stadt nach der anderen wird den Russen entrissen. Das tröstet mich über den Umstand hinweg, dass ich in meiner neuen Klasse nicht wie in der alten zu den Rowdies zähle. Fast alle Kameraden sind älter, einige sogar schon achtzehn, kommen von überall her aus dem Reich oder sind Volksdeutsche aus Polen, aus dem Baltikum und sogar aus Wolhynien. Vor allem sind sie die teils fanatischen Söhne ihrer fanatischen Naziväter und daher nicht länger katholisch oder evangelisch, sondern »gottgläubig«, wie die neue Religion heißt. Mit mir gibt es nur drei Katholiken in meiner Klasse. Und da die »verdammten Polen« alle katholisch sind, sind wir drei die »Polacken« der Klasse und entsprechend tief unten angesiedelt, zumal einige Klassenkameraden mich sonntags mit Onkel Max, Tante Traudchen und Hannelore in die Marienkirche gehen sehen. Ausgerechnet die Marienkirche, in der noch polnische Priester die Messe lesen, wobei sie dies einschließlich der Beichte nur in deutscher Sprache tun dürfen, wenn sie nicht KZ und Tod gewärtigen wollen. Beim Beichten aber kann man uns wenige Deutsche von den vielen Polen gut daran unterscheiden, dass wir hinterher nicht das Ende der Stola um den Hals des Priesters küssen, wie sie es immer dort tun, wo sich schon vor ihnen die vielen ungezählten Beichtenden auf dem dunklen, etwas fettig wirkenden Fleck verewigt haben.

Wie zuvor in Neuwied werde ich in Thorn Mitglied der Flieger-HJ. Wenn wir sonntags im Großaufmarsch aller HJ-Einheiten mit Trommeln und Fahnen durch die Stadt marschieren, werden wir flankiert von Schlägerkommandos, die Jagd auf Polen machen und sie verprügeln, wenn sie nicht vor unseren Fahnen Hüte und Mützen ziehen und grüßen. Täglich erleben wir, wie Polen ihre Häuser und Wohnungen räumen müssen und mit wenigen Kilo erlaubten Gepäcks nach Kongresspolen abgeschoben werden, wie man das Generalgouvernement immer noch nennt. In der Wohnung über uns lebt ein polnischer Staatsanwalt mit seiner Frau. Ihn sehe ich, wenn ich mit der Straßenbahn aus der Schule komme, in der ersten Zeit noch in Hut und Mantel zusammen mit anderen Polen die Straße pflastern. Eines Tages wird er im Rahmen der »Intelligenz-Aktion« in das KZ Stutthof gebracht, von wo seine Frau sechs Wochen später die Nachricht erhält, er sei verstorben. Wir sehen sie nur noch scheu zurückgrüßend durchs Treppenhaus schleichen. Tante Traudchen schenkt ihr ab und zu Brot und einmal aus einer Sonderzuteilung für Deutsche eine Apfelsine, aber welches Ausmaß die Ausrottung der polnischen Intelligenz zu dieser Zeit schon angenommen hat, darüber gibt es nur Gerüchte. Wir wissen nicht, dass in den Diözesen Danzig und Kulm bereits vierhundertfünfzig Priester, darunter auch einige deutsche, ermordet wurden und in Stutthof an die fünfundsechzigtausend Polen. Begründet wird das mit den Tausenden von Volksdeutschen, die tatsächlich nicht nur in Bromberg von den Polen ermordet wurden, und dies sowohl nach wie lange vor dem Einmarsch der deutschen Truppen. Wohl wissen wir und bekommen es täglich mit, dass es auf die Lebensmittelkarten für Polen nur die Hälfte dessen zu kaufen gibt, was uns Deutschen zusteht und dass Deutsche in den Geschäften den Vortritt haben. Mir wird zum unvergesslich bedrückenden Erlebnis, wie Tante Traudchen mich eines Nachmittags mit einer

Tasche und den Lebensmittelkarten einkaufen schickt. Schon von weitem sehe ich rechts vor der Ladentür eine lange Schlange Polen, meist Frauen, warten. Es zeigt sich, dass links nur eine Deutsche an der Theke steht und soeben bedient wird. Ich bin also der nächste. Doch als ich dann an den Wartenden vorbeigehe und aus hundert Augen die vielen teils stumm vorwurfsvollen, teils feindseligen Blicke auf mich fünfzehnjährigen Schnösel gerichtet sehe, überkommt mich ein peinliches Gefühl, und die Blicke verfolgen mich wie Stiche, so dass ich heilfroh bin, den Einkauf hinter mir zu haben.

Das mit zwei riesigen schwarzen SS-Runen weithin sichtbar gekennzeichnete Zentrum des Terrors von SS und Gestapo ist in einer pompösen Villa aus der Kaiserzeit untergebracht. Sie liegt an der Hermann-Göring-Straße, der Prachtstraße Thorns, durch die ich täglich zusammen mit Hannelore zum Gymnasium fahre. Mit welchen Augen die Polen der Stadt auf dieses Haus schauen, erfahren wir eines Tages durch ein Erlebnis Tante Traudchens. Als sie eines Nachmittags mit der Straßenbahn daran vorbeifährt, zeigt ein kleiner Junge, der ihr mit seiner Mutter, offensichtlich einer Polin, gegenüber sitzt, plötzlich mit dem Finger in Richtung SS-Runen und sagt laut und mit Akzent: »Da wohnt der Teifel!« Tante Traudchen sieht, wie die Frau ein lähmender Schreck durchfährt, woraufhin sie sich zum Fenster wegdreht und so tut, als habe sie nichts gehört. Dennoch starrt die Polin sie ängstlich an und steigt an der nächsten Haltestelle hastig aus. Ein Glück für sie, dass sonst niemand in der Bahn saß. Andere hätten das nicht hören dürfen.

Es kommt der harte Winter 1941/42. Der Blitzkrieg im Osten bleibt im Schlamm stecken und friert ein. Russland ist nicht Frankreich und Moskau nicht Paris mit seinem Strahlenkranz der Routes Nationale, der idealen Voraussetzung für eine bewegliche Kriegführung. Und ich erinnere mich auf einmal an das, was Onkel Mätthes am Morgen des 22. Juni 1941 zu mir sagte, als ich ihn aus dem Schlafzimmer kommend unten an der Treppe auf mich warten sehe: »Hitler ist in Russland eingerückt. Das ist das Ende!« Onkel Mätthes war Vizefeldwebel im Ersten Weltkrieg und wurde mit dem Eisernen Kreuz Erster Klasse ausgezeichnet. Er hat auch in Russland gekämpft und kennt die unendlichen Weiten des Landes. Ich weiß noch, dass mir dieses: »Das ist das Ende!« wie unumstößlich unter die Haut ging, zumal ich daran denken musste, was mein Vater mir über Napoleons Rückzug erzählt hatte. Sollte er Recht behalten, zumal nun auch die USA in den Krieg eingetreten sind?! Während der Weihnachtsferien lese ich von Erich Maria Remarque *Im Westen nichts Neues*. Ich habe das verbotene Buch in der zweiten Reihe von Onkel Maxens Bücherschrank entdeckt und bin tief bewegt. Es ist ein Antikriegsbuch, und doch stößt es mich nicht ab. Im Gegenteil. Die Frage, warum das so war, konnte ich mir erst sechs Jahrzehnte später beantworten ...

Die dritte Kriegsweihnacht feiern wir noch warm und wie im Frieden. Vom Gut in Cekzyn hat Maxe eine fette Gans mitgebracht, und auch sonst fehlt es uns an nichts. Selbst die bittere Kälte macht uns nur zu schaffen, wenn wir sonntags zur Messe in die ungeheizte Marienkirche gehen, oft bei 20 bis 30 Grad minus. Aber wir sind warm und modisch gekleidet. Ich erinnere mich an einen solchen Sonntag, es war schon Januar. Ich gehe zusammen mit Hannelore nach der Messe durch die verschneiten Anlagen vor dem Neustädtischen Tor. Warum Onkel Max und Tante Traudchen nicht mit uns zusammen gingen, habe ich vergessen. Plötzlich taucht ein sehr junger Soldat der Waffen-SS vor uns auf mit dick verbundenen Händen, und ich sehe immer noch diesen irren, aggressiven Blick, mit dem er uns fast feindselig mustert und attackiert: »Ihr lauft hier fein rum und wisst nicht, was in Russland los ist. Hier! Hier!«, ging er mit seinen Händen auf uns los: »Erfroren, schwarz!« Wir wichen betroffen zurück und eilten wie geprügelt davon. Als ich mich umdrehte, stand er noch da und sah hinter uns her. Das Grauen der in Eiseskälte erstarrten Ostfront, das in diesem Verwundeten nach uns griff und nach dem, was, für ihn verloren, von uns noch unversehrt und wie in tiefstem Frieden verkörpert wurde: Heimat, Wohlergehen und Geborgenheit – diese Erfahrung verstörte uns Kinder, aber innerlich nachvollziehen konnten wir sie nicht.

In merkwürdiger Parallelität zu diesem Erlebnis, allerdings von der Gegenseite her, hatten wir ein vorhergehendes mit einem jungen Polen. Das war gleich in den ersten Tagen nach meiner Ankunft in Thorn. Noch voll des fröhlichen Wiedersehens zeigt mir Hannelore die Sehenswürdigkeiten der alten Hansestadt, das Rathaus mit dem Kopernikus-Denkmal, den Arthushof und die Breite Gasse, die Patrizierhäuser mit den gotischen Treppengiebeln am Markt, das Alte Schloss und zuletzt, nach einer Besichtigung der Stadtmauer entlang der Weichsel, die ehrwürdigen Backsteinkirchen St. Johann, St. Jakob und insbesondere die mächtige Marienkirche. Da ich sie auch von innen sehen möchte, gehen wir hinein. Innen ist es angenehm kühl. Da eine Messe gelesen wird, gehen wir leise in eine der hinteren Bänke und setzen uns, flüstern auch wohl miteinander, als sich plötzlich von hinten ein Kopf zwischen uns drängt und eine durchdringende Stimme mir mit leichtem Akzent ins Ohr zischt: »Willst du wohl aufstehen, du müder Greis!« Da wir nicht zur Messe gekommen sind und auch bald wieder gehen wollen, haben wir offenbar ein rituelles Signal zum Aufstehen überhört, denken wir, doch dem ist nicht so. Denn als wir kurz darauf die Kirche verlassen und nichtsahnend an der Stadtmauer entlang zum Rathaus zurückgehen, steht der junge Pole wie aus dem Nichts auf einmal vor uns. Sein massiger Kopf auf kurzem Hals kommt dicht an mich heran, und der Hass, der mir aus seinen Augen entgegenschlägt, fährt mir in alle Glieder. »Du bist ganz weiß geworden«, sagte Hannelore später, und so war es auch. Ich war vollkommen überrascht und überwältigt von der Gewalt dieser Wut, die mich in Haft nahm für mir noch Unerhörtes und die mit einer Suada auf Polnisch über mich herfiel, die kein Ende nahm. Irgendwann raffe ich mich auf und suche mich loszumachen mit einem: »Ich bin Deutscher!«, was bei dem Polen nur die Lautstärke erhöht. Schließlich laufen wir einfach weg, retten uns aus dem Alp dieser menschenleeren Seitenstraße dahin, wo wir unter Deutschen sind und er es sicher nicht wagen würde, uns so anzugehen. Auf Onkel Max, dem wir von der Begegnung mit dem Polen erzählen, macht die Sache keinen großen Eindruck, weil ihm der tägliche Terror gegen die Polen nicht behagt. Aber als sein Kollege Freder, Hauptmann der Reserve, davon hört, ist er mir richtig böse, dass ich den Kerl nicht gleich angezeigt habe, der gehöre ins KZ.

Was im Winter 1941/42 im eisigen Russland wirklich los ist, sickert nur in Gerüchten durch und manifestiert sich als hektisch hinterherhinkende Sammelwut von Pelzen und warmer Winterkleidung für die Soldaten. Stattdessen wirkt die atemberaubende Geschwindigkeit, mit der die japanischen Truppen Singapur erobern und die indonesische Inselwelt, als Stimmungsmacher und mildert die tiefe Bedrückung, dass wir nunmehr wieder in einem Zweifrontenkrieg stehen. In eine große Landkarte von Ostasien und der pazifischen Inselwelt stecke ich täglich neue Fähnchen mit der japanischen Flagge, die ich selbst gebastelt habe. Zu des Führers Geburtstag am 20. April ereignen sich in den Elternhäusern fast aller meiner Klassenkameraden unerhörte kultische Handlungen, wie sie mir im Rheinland nirgends begegneten. Man erscheint zu Tisch in Uniform, singt Lieder und ehrt das in einer Ecke gut sichtbar aufgestellte und mit Blumen geschmückte Bildnis Hitlers, ein Ritual, wie ich es nur von den Mai-Altärchen zu Ehren der Gottesmutter Maria kenne. Und im HJ-Dienst werden wir noch einmal an das Gebot unseres Gauleiters von Danzig-Westpreußen, Forster, erinnert, auf Toiletten niemals mit »Heil Hitler« zu grüßen. Als ich das zuhause erzähle und Tante und Onkel sich angrinsen, dichte ich zum erstenmal auf Omas Spuren wandelnd: »Sei ein Mann und sei kein Wicht, / Furz auf unsern Führer nicht!« Der Vers war aber eher ein Zugeständnis an Onkel und Tante. In mir selbst hinterließ er Unbehagen.

In den Osterferien absolviere ich einen Segelfluglehrgang in Fordon an der Weichsel. Onkel Max muss als Zellenleiter der Partei neben seinem Schuldienst auch in der Thorner Ortsgruppe Dienst tun. Sie ist wie die Gestapo-Zentrale in einem stattlichen Gebäude gegenüber dem Stadtpark auf der Hermann-Göring-Straße untergebracht. Maxe fällt die streng vertrauliche Aufgabe zu, die geheimen Personaldaten der alten Kartei in eine neue zu übertragen. Oft bringt er abends Stöße alter und neuer Karten mit nach Hause und wir sehen, dass er negative Vermerke wie: »Politisch unzuverlässig« einfach unterschlägt und die alten Karteikarten im Kachelofen verbrennt. Hitler und seine Paladine sind für ihn nach wie vor Verbrecher, worüber es mit mir nun des öfteren zum Streit kommt, der, da ich aus meiner Kriegsbegeisterung heraus argumentiere und er aus der Bindung an den Glauben, einmal so heftig wird, dass wir beide uns eine Woche lang anschweigen und er, als wir uns auf der Straße begegnen, einfach in eine andere Richtung schaut. Das setzt mir arg zu, denn ich mag meinen Onkel und habe Respekt vor ihm. Der eigentliche und unterschwellige Grund unseres Streits ist die doppelte Sackgasse, in der wir unbewusst längst gefangen sind, Maxe noch mehr als ich. Noch wissen wir nicht, dass es Roosevelt, Churchill und Stalin nicht nur um Hitler, sondern um die Vernichtung des Reiches geht. Wir aber sind mit unserer ganzen Existenz schicksalhaft an Hitler gebunden, ob er nun ein Verbrecher ist oder nicht. Ich weiß noch, wie ich einmal heftig gegen meinen Onkel werde und ihn schon fast anschreie, weil ich fühle, dass an Hitler unabwendbar alles hängt: »Aber Onkel Max, wir müssen doch siegen!«

Im Frühling geht es dann wieder zu den Reichsjugendwettkämpfen. Als sportlicher Nobody mache ich mich früh morgens zu den Wettkampfanlagen auf und am nächsten Tag stehe ich, im Gegensatz zu den abgeschlagenen Assen, als Spitzensportler groß in der Zeitung, und das ohne jegliches Training und die üblichen Lauf- und Springschuhe mit Spikes. Ich habe nur die einfachen Turnschuhe, die Vater Jupp mir aus Frankreich geschickt hat. Da ich in einem Wettkampf gegen Bromberg auch noch den Staffellauf gewinnen helfe, bin ich fortan auch in meiner Klasse nicht mehr der Polack, sondern der Held. Der Bannführer lässt mich rufen und ehrt mich mit einer Beförderung zum Kameradschaftsführer. Nur einer aus der Klasse, Harry Leichnitz, Sohn eines SA-Gruppenführers, hat mich vom ersten Tag an als seinen Freund angesehen, mich mit nach Hause genommen in die ehemalige Villa eines reichen Polen, ein weiß gewürfeltes Unikum im Hollywoodstil, hat mich seiner hübschen Mutti vorgestellt, als sie gerade am Flügel sitzt. Und nun, im ungewöhnlich heißen Maiwetter, fahren wir mit Harrys Motorboot über die Weichsel oder gehen zusammen mit Hannelore und Gisela Richter schwimmen. Am 1. Juni beginnen die großen Sommerferien. Da mein Vater mittlerweile nicht mehr Soldat ist, sondern wieder in Neuwied, fahre ich zu ihm, noch unentschlossen, ob ich nach Thorn zurückkehren soll oder nicht. Da er Urlaub bekommt, geht es gleich weiter nach Bullay zu Oma und Opa. Ich fühle mich unmittelbar zuhause, und wir beschließen, dass ich bei den Großeltern wohnen, in Traben-Tarbach die Schule besuchen und nicht nach Thorn zurückkehren soll, gegen dessen bedrückende Atmosphäre und Fremdheit selbst die Nähe zu meinen liebsten Verwandten nicht ankam.

Wie es in Thorn weitergeht, erfahre ich aus Briefen. Nach Stalingrad schreibt Tante Traudchen, dass sie täglich zu Gott beten, der Krieg möge nur ja nicht verloren gehen. Aber auch sie lesen und hören wie ich die Berichte des Oberkommandos über immer neue »Frontbegradigungen« und »planmäßige Absetzbewegungen«. Auch sie sehen in den Wochenschauen, wie unsere Truppen nicht länger von links nach rechts durch die Leinwand vorwärts gen Osten stürmen, sondern von rechts nach links zurückgetrieben werden. Durch das Rückfenster einer Lok sehen wir ein tonnenschweres angekoppeltes Gefährt mit einem mächtigen Haken, der hinter sich die Schwellen der nach Osten laufenden Bahnlinie entzweireißt, so dass sich wie auf einem surrealen Bild die Schienen in hohem Bogen seitwärts aufbäumen, was das Unabwendbare nur an-, aber nicht abhalten wird. Im Juli 1944 schreibt mir Onkel Max auf meine Nachricht, dass ich das Eiserne Kreuz erhalten habe, einen väterlichen Brief voller Bewunderung, und sagt doch wenige Tage darauf, als ihn die Nachricht vom Attentat Stauffenbergs auf Hitler erreicht: »Das hätte klappen müssen!« – sagt es und beschwört zugleich Tochter Hannelore, nur ja den Mund zu halten. Das erfahre ich erst nach dem Krieg. Im Herbst 1944 schreibt mir Tante Traudchen, Maxe sei zum Leiter eines Arbeitslagers bestellt worden, um Panzergräben auszuheben. Sie selbst ist zu dieser Zeit längst ins Wehrbezirkskommando dienstverpflichtet worden, wo sie hinter der vorgehaltenen Hand des Herrn Oberst, ihres Chefs, von Tag zu Tag Erschreckenderes über die Frontlage hört. Wenige Tage vor dem 26. Januar 1945, da Thorn von allen Seiten eingeschlossen ist, flüchtet Gertrud zusammen mit Hannelore und zwei Koffern auf einem Schlitten aus der Mellienstraße zum Bahnhof und mit einer der letzten Züge nach Cekzyn, dem Treffpunkt, den sie seit längerem mit Maxe verabredet hat. Da es auch ihm gelingt, sich rechtzeitig seinem sinnlosen Panzergrabeneinsatz zu entziehen, essen sie ein letztes Mal auf dem Gut zu Abend und sind zwei Tage später im zerstörten Berlin bei Maxens Schwester Liesbeth und

Schwager Paul Behnke, Sachbearbeiter im Auswärtigen Amt. Max muss gleich zur Gauleitung ins Schöneberger Rathaus, um die Verteidigung der Reichshauptstadt mitzutragen. Ende April gerät er in russische Gefangenschaft. Ein wochenlanger Hunger- und Todesmarsch führt ihn in ein Lager in Oberschlesien. Gertrud sucht ihn zusammen mit Kaplan Bircks derweil unter den Toten, die in Massen um das Rathaus liegen oder wegen Feigheit vor dem Feind aufgehängt an Galgen baumeln, findet ihn aber nicht und schöpft Hoffnung. Sie und Hannelore haben schon Schlimmeres hinter sich als Max. Ab dem 24. April mussten sie sich wegen der immer näher kommenden Russen zusammen mit all den anderen Hausbewohnern im Keller einquartieren. Am 27. stürmen die Soldaten der ersten Linie herein, sind lieb zu den Kindern und lassen die Frauen in Ruhe. Am 29. kommen andere und zwingen die Frauen mit ihren Gewehren, mit ihnen nach oben in eine der Wohnungen zu gehen und ihnen zu Willen zu sein. Weder Gertrud noch Hannelore bleiben davon ausgenommen. Sie ist siebzehn und ohne jede Aufklärung und Erfahrung. Weinend und zitternd schiebt der Russe sie vor sich her, und wie sie mir erzählte, sieht sie immer noch das Kirgisengesicht über sich, fühlt die Schmerzen und erinnert sich, wie der Soldat hinterher, selbst nur wenig älter als sie, sich die Hose zumacht und verschwindet. Für ihn ändert sich nichts, für sein Opfer alles. Dennoch empfindet sie keinen Hass. Wie mir Tante Traudchen im Sommer 1947 erzählte, sei das Schlimmste für sie gewesen, hilflos zusehen zu müssen, wie der Russe Hannelore vor sich her nach oben trieb. Dem fatalen Versäumnis aber, ihre Tochter aufzuklären, hat sie sich nie gestellt. Wie meine Mutti war auch sie nur heimlich hemmungslos und seltsam befangen, wenn es um die Sexualität ihrer Kinder ging.

Im September kehrt Onkel Max als ein Schatten seiner selbst aus dem Lager nach Berlin zurück. Er ist körperlich so heruntergekommen, dass er für die Russen nicht mehr zu gebrauchen ist. Einer, der mit ihm gemeinsam die ganze Gefangenschaft erlebt hat, erzählt Tante Traudchen, er habe nachts Maxens Hand festhalten müssen wie bei einem Kind. Unter dem Eindruck der allgemeinen Jagd auf Nazis begeht Zellenleiter Kathke in der falschen Annahme, dass die Kartei nicht mehr existiere, den Fehler, seine Parteimitgliedschaft zu verschweigen, verängstigt durch den Umstand, dass man seinen Schwager Paul ins KZ Oranienburg gebracht hat, von wo der nicht zurückkehrte. Die Unterschlagung wird entdeckt und Maxe mit der Aufräumung von Trümmern bestraft. In dieser verzweifelten Lage schlägt Gertruds Stunde der Bewährung. Sie bringt den Lebensmut und die Härte auf, die er nicht hat und die in jenen Tagen notwendig sind, um eine Familie durch Elend, Hunger und Bedrängnis zu bringen. Sie erfüllt auf ihre Weise den Anspruch ihres Taufnamens. Sie nimmt bei einem Schöneberger Arzt, dessen Haus unzerbombt geblieben ist, eine Stelle an und während sie für die Familie aus zwei alten Kleidungsstücken ein neues näht, putzt die gnädige Frau und Tochter eines Diplomaten die Fenster. Gertrud ist nicht nur Mädchen, sondern auch Mutter für alles. Wenn sie morgens das Söhnchen aus dem Bett holt, weil es nur von ihr versorgt werden will, dann tut sie nicht nur das, sondern setzt sich mit ihm hin und liest ihm stundenlang aus *Gullivers Reisen* vor oder was sonst nur sie tun darf. Sie wird die Seele des fremden Haushalts und bringt für Maxe und Hannelore Lebensnotwendiges heim. Irgendwann kann sie den Kaplan Bircks dazu bewegen, ihr eine eigene, noch dazu möblierte Wohnung in Friedenau zu beschaffen, so dass sie wieder ein eigenes Zuhause haben. Hannelore macht Abitur, Maxe wird krank und liegt lange im St. Norbert-Krankenhaus, von den Nonnen wegen seiner Frömmigkeit besonders umsorgt und geachtet. Und Tante Traudchen nutzt die Gelegenheit, aus den in der Küche anfallenden Kartoffelschalen für sich und Hannelore abends Kartoffelpuffer zu backen. Nach dem Abitur macht Hannelore ihr Praktikum in einer Apotheke. Unterdessen geht es Onkel Max immer schlechter. Schließlich ist er geistig so verwirrt, dass er in die Psychiatrie nach Berlin Wittenau überführt werden muss. Mit mehr als zwanzig Patienten liegt er am Ende seines Lebens in einem Raum, nicht nur Bett an Bett, sondern in einer Art Kasten, der mit Sägemehl gefüllt ist, und stirbt, nur noch Haut und Knochen und ohne Gertrud und Tochter wiederzuerkennen, am 16. Juli 1949. Als bei der kirchlichen Serienbeerdigung sein ärmlicher Sarg an die Reihe kommt, werden noch schnell die Blumen und die Lorbeerbäume beiseite geschafft, und es erklingt auch keine Orgel, denn all das wäre selbst dem getreuesten der Söhne seiner Kirche nur zuteil geworden gegen Geld. Das hatten die Kathkes nicht mehr ... Obwohl das Leben mit Maxe für Gertrud von Anfang an nicht gerade ein Glücksfall war, habe ich sie niemals auch nur ein böses Wort über ihn sagen hören. Im Gegenteil. Lebensmut, Heiterkeit und Humor waren stärker. Und so leid es ihr laut Maxe hätte tun müssen, tat es ihr doch niemals wirklich leid: »Wir haben einen Weg gefunden!« Das war ihr ganz eigener *Amor fati*.

XIII. DR. FEUERWASSER

XIII. DR. FEUERWASSER

Im Sommer 1940 sollen wir, die Untertertia b des Neuwieder Gymnasiums, einen neuen Lateinlehrer bekommen. Ach Gott, auch das noch! Nach dem Tod von Dr. Faltin hatten wir mit Dr. Kastleiner, genannt Kuckuck, prächtige Zeiten erlebt, weil bei ihm das Schummeln während der Klassenarbeiten geradezu ein Vergnügen war, so wie auch bei seinem Nachfolger, Studienrat Eckhart, der von uns mit »Herr Oberstudiendirektor« angesprochen werden wollte, weil er das als Freimaurer und Meister vom Stuhl bis 1933 war, ehe man ihn zurückgestuft und zu uns strafversetzt hatte. Bei ihm erreichte das Mogeln seine Vollendung, erleichtert dadurch, dass er stets Zeitung las. Heini Euler, unser Primus, fertigte in der ersten halben Stunde eine astreine Übersetzung an, die, von seinen beiden Nachbarn schnell kopiert, durch alle Bänke geschmuggelt wurde. Damit aber nicht jeder ein Gut oder Sehrgut absahnte, was aufgefallen wäre, wurde, da wir voneinander schon wussten, was jeder konnte, genau festgelegt, wer wie viele Fehler in seine Arbeit einzubauen hatte. Ein Mangelhaft, geschweige denn ein Ungenügend war fürderhin ausgeschlossen, und der abgesetzte Oberstudiendirektor Eckhart wunderte sich jedesmal, wieso wir so gut waren, wo wir doch schon beim Abfragen der Vokabeln oder der unregelmäßigen Verben jämmerlich versagten und uns immer wieder beschimpfen lassen mussten: »Ja, ja, kleinen Mädchen Figürchen in den Bauch spritzen, das könnt ihr Flegel, aber Latein, das könnt ihr nicht!«, ein Satz, der uns längst zum Hals heraushing. Wie dieser Pädagoge überhaupt ein absonderlicher Exot war, als der er fast jeden Sonntag zum Hochamt vor der katholischen Pfarrkirche auftauchte und uns, die wir zur Messe gehen wollten, mit: »Ihr Juuudenjungen, weg da!« anbrüllte, was uns aber nicht davon abhielt, ihn stehenzulassen und in die Kirche zu gehen. Wir hielten ihn für meschugge, was er insofern nicht war, als hinter dieser merkwürdigen Beschimpfung seine Abneigung gegen den britischen

Premierminister Benjamin Disraeli stand, dessen These ihn zur Weißglut gebracht hatte: »Christentum ist Judentum für die Massen, aber es ist Judentum«, und der in seinem Roman *Tancred* der Jüdin Eva die Worte in den Mund gelegt hatte: »Wir nehmen es hin, dass die eine Hälfte der Christenheit eine Jüdin verehrt und die andere Hälfte einen Juden. Wer, würden Sie denken, gehört der überlegenen Rasse an: die Verehrten oder die Verehrer?« – ein Satz, der, wie Studienrat Eckhart den Kollegen zur Erklärung seines Vorgehens verriet, schon Richard Wagner auf die Barrikaden gebracht hatte.

Nun sollten wir also einen neuen Lateinlehrer bekommen, dem sogar der Ruf vorauseilte, ein Schriftsteller zu sein. So etwas hatten wir noch nicht in unserer Sammlung. Als dann an dem Tag, bevor er kam, Dr. Kastleiner, unser Klassenleiter, uns seinen Namen verriet: »Dr. Gerhard Nebel«, raunte es aus einer Ecke, begleitet von einem halblauten Lachen: »Nebelwerfer«, womit der Spitzname für den Neuen schon ausgemacht schien. Es kam ganz anders. Seinen ersten Auftritt hatte er am darauffolgenden Tag zur dritten Stunde gleich nach der großen Pause. Unsere Klasse hatte im Lehrkörper einen Ruf, der je nach Stehvermögen von »schwierig« bis »Rüpel-« oder »Sauhaufen« reichte. In den Pausen ging es drunter und drüber, denn unser Klassenzimmer lag nicht nur weit ab vom Lehrerzimmer, sondern ganz am Ende eines engen und dunklen Seitenflurs, so dass immer einer von uns an der Ecke zum Hauptflur Wache hielt und in die Klasse zurückgerast kam mit dem Warnruf: »Ä kümmt!«, wenn er den Lehrer auftauchen sah, und mit: »Ä hät'se!«, wenn er dazu noch die Klassenarbeit unter dem Arm hatte. Das lief diesmal anders. Wir saßen in gespannter Erwartung immer noch still da, als das zweite Schellen längst verklungen war. Der Neue kam zu spät. Das fing ja gut an! Schließlich kam er, und es war nicht zu überhören, dieses Platschen wie von ausgetretenen Schuhen, das sich schwergewichtig näherte, bis der, zu dem es gehörte, dann selbst raumfüllend hereinstürmte wie ein Rauswerfer, was er in einer ostafrikanischen Bar tatsächlich einmal gewesen war, wie sich später herausstellte. Zum Gruß hob er die mit Lateinbuch bewaffnete Rechte und brüllte: »Heil!« mit nichts dahinter, so dass, weil unser Auslösereflex auf Hitler getrimmt war, der vorgeschriebene Deutsche Gruß zu einem Tohuwabohu missglückte, was Nebel vom Pult aus knurrend mit der Frage quittierte, ob wir etwas gegen den Deutschen Gruß hätten. Natürlich nicht. Er aber schon, soviel hatten wir begriffen. Solange er bei uns blieb, blieb es auch bei dem Heil ohne Hitler, was wir Jungen, um korrektes Zurückgrüßen bemüht, hinnahmen wie wir alles hinnahmen, was von ihm kam.

Denn aus unserer Pimpfenperspektive war er der Riese mit kantigem Schädel, mächtig und stark und mit einer Stimme, deren Dröhnen mich zu dem spontanen Fehlurteil hinriss: »Mensch, wat 'ne Bierstimme!«, woraufhin er, mich nicht gerade freundlich musternd, korrigierte: »Wenn schon Stimme, dann wenigstens Whiskystimme!« Wie hätte ich wissen können, dass ich ihn damit tief beleidigen würde, ihn, den großen Weintrinker und Jünger des Dionysos, für den Bier nur eine verdumpfende, Urin treibende Gluckerbrühe war, die den Geist nicht hebt und dafür den Bauch absenkt. Unmittelbar nach meiner missglückten Bemerkung begann er seinen ersten Unterricht damit, Vokabeln abzufragen. Er versetzte uns augenblicklich in Furcht und Schrecken, denn er ging die ganze Klasse durch, Mann für Mann, und er hatte die Nerven dazu. Jeder, der auch nur eine einzige Vokabel nicht wusste, wurde mit einem furchteinflößenden: »An den Pranger!!« auf das Podest vor der Tafel expediert. Als er endlich durch war, sah sich mehr als die Hälfte ausgesondert vor der Klasse stehen. Und auf diese Ausgemusterten, unter denen auch ich war, ging er dann mit dem Ausdruck unnachahmlicher Verachtung zu und belegte uns mit einem Namen, den wir alle noch nie gehört hatten, »Ihr Troglodyten!«, und den wir nie wieder vergaßen. Das alles war natürlich gespielt, denn er besaß die Gottesgabe natürlicher Autorität, bei der man als Schüler von vornherein wusste, woran man war. Ehe wir Troglodyten auf unsere Plätze zurück durften, hörten wir uns dann auf eine Weise ermahnt, die augenblicklich die Lage klärte: »Entweder ihr lernt bei mir Latein, oder ich spitz' euch an und stampf' euch in den Boden!« Daraufhin zückte er sein Notizbuch, fragte jeden Delinquenten nach seinem Namen und sagte: »Drei Sechsen!«, die er sogleich mit einem Stummel von Bleistift in sein Notizbuch eintrug. Im Gegenzug erhielten die wenigen, die ihre Vokabeln gelernt hatten: »Drei Einsen!« Auf diese rigorose Weise sahen wir uns ab sofort zu Anfang jeder Stunde in die Mangel genommen. Die Troglodyten am Pranger ernteten ihre drei Sechsen und die Lernwilligen ihre drei Einsen. Das zwang uns allen eine Art Begleitbuchführung auf, um mitzuhalten, mit wie vielen Sechsen wir im Keller waren, oder mit wie vielen Einsen im Plus. Zumal er auch alle sonstigen mündlichen Leistungen immer dreifach bewertete. Die Zahlenreihen uferten nur so aus, und es gab so manches arme Wüstchen, dass sich, unrettbar abgesenkt am langen Seil der Sechsen, im Orkus wiederfand, bis eines Tages Welse Günter, unser Oberschlauer, meinte, der Nebel mache doch nur Theater, und überhaupt, hundert Sechsen oder hundert Einsen ergäben auch nur eine Sechs oder eine Eins auf dem Zeugnis. Woraufhin ihm aber Jürgen Pauls, unser wirklich Schlauer, widersprach, geteilt durch drei ergebe die lange Latte immer noch eine Menge schlechter Noten bei der Bewertung der mündlichen Leistung. Er hatte aber auch Zweifel, ob der Nebel seine Zahlenkolonnen ernstnehme, und überhaupt, er kenne seine Pappenheimer auch so. Das war der Punkt, an dem wir unsere Buchführung einstellten und uns zum Lernen entschlossen. Was »Troglodyten« bedeutete, hatten wir natürlich gleich nachgeschlagen: Höhlenbewohner. Das klang nicht schmeichelhaft, obwohl der Ort, an dem er uns damit angesiedelt hatte, noch nicht eindeutig ausgemacht war. Die alte Schulmeisterweisheit, dass die erste Stunde eines Lehrers in einer neuen Klasse über dessen Sein oder Nichtsein entscheidet, erwies sich insofern als gültig, als mit Dr. Nebel der jahrelange Schlendrian schlagartig aufhörte. Schon für die zweite Stunde paukten wir unsere Vokabeln und Formen. Da er mit seinem: »An den Pranger!« das Gefühl unserer Armseligkeit mehrte, ließ er die Ausgemusterten von Stunde zu Stunde weniger werden. Es ging eine Faszination von ihm aus, ein Versprechen, dessen Einlösung allein von unserem Verhalten abhing. Als Hachenbergs Werner mit Nebels Buch über Afrika in die Schule kam, das er bei Kehreins im Fenster entdeckt hatte, wollten die meisten von uns es haben und lesen, und ich natürlich auch. Und da das Buch *Feuer und Wasser* hieß, hatte sein Verfasser von uns gleich den Übernahmen Dr. Feuerwasser weg, wobei wir ahnungslosen Pimpfe nur an den Schnaps dachten, mit dem die Yankees einst die Indianer ruinierten, nicht aber, wie Nebel, an die mythische Macht der Traube und des Weines, in denen sich das Feuer der Sonne und das mineralisch perlende Wasser der Erde, diese göttlichen Gegensätze, festlich versöhnen.

Dr. Feuerwasser war Junggeselle und hauste in einem möblierten Zimmer im sogenannten Beamtenviertel der Stadt gleich hinter dem Gymnasium, wo auch etliche aus der Klasse herkamen. Von denen erfuhren wir, mit welch absonderlicher Angewohnheit er dort für kopfschüttelndes Aufsehen sorgte, insofern er allmorgendlich in aller Herrgottsfrühe fast nackt mit einer Zumutung von tief hängender Turnhose barfuß und mit geballten Fäusten wie ein Boxer durch die stillen Straßen dampfte. Nicht etwa als primitiver Vorläufer des damals noch längst nicht erfundenen Joggers, denn was ihn trieb, war, sich in den taufeuchten Wiesen hinter dem Friedhof mit blanken

Sohlen und Poren vollzusaugen mit der Kraft der Erde für den neuen Tag. Ganz zu Anfang, ich hatte gerade in *Feuer und Wasser* zu lesen begonnen, kam Jürgen Pauls aufgeregt zum Unterricht, in der Hand sein Exemplar, in dem seine Mutter ziemlich weit hinten eine Stelle gefunden hatte, wo etwas über Troglodyten stand, das er uns unbedingt vorlesen müsse. Also las er und wir hörten: »Wollen wir das Chtonische als eine elementare Kategorie fassen, so stoßen wir auf die Höhle – wie das Grab eine Höhle ist, so sind die mythischen Unterwelten ausgedehnte Höhlensysteme. Höhlenbewohner ist der Mensch, sofern sein empfindliches Wesen der mächtig an- und eingreifenden Macht der Elemente nicht gewachsen ist – Höhle ist Zufluchtort vor Sonne, Regen, Wind, Kälte. In der Höhle entspannt sich der Mensch – die Kleider sind Höhlenrudimente, das Bett ist eine weiche, bergende, lösende Höhle. Indem er Höhlen aufsucht, tastet sich der Mensch ins schützende Dunkel, die saftige Wärme des Mutterleibes zurück – Höhle ist sein Woher, der Schoß, sein Wo, die Wohnung, sein Wohin, das Grab.« Solange wir so gut wie nichts verstanden, hörten wir dem Jürgen andächtig zu. An der Stelle mit der saftigen Wärme des Mutterleibes aber machte sich Grinsen breit. Nur bei mir nicht. Ich war augenblicklich gefesselt von dem rhythmisch tönenden Ineinander von bergender Höhle, Schoß und Grab, und hörte neben mir Pfeiffers Fritz den Jürgen fragen: »Wat is dat, Tonische?«, als plötzlich Dr. Feuerwasser in der Klasse stand. Er sah natürlich sofort, dass wir sein Buch hatten, und ich kann mich genau erinnern, wie überrascht, ja fast erschrocken er uns ansah, als er Jürgens Exemplar in die Hand nahm und ausrief: »Das ist doch noch nichts für euch!« Als er dann auch noch erfuhr, fast alle von uns hätten sich sein Buch gekauft, mischte sich in die Überraschung und den Schreck sichtlich Rührung: »Ja so was!«, was wir instinktiv gleich dahingehend ausnutzten, ihn zu bitten, uns von Afrika zu erzählen.

Wir müssen ihn dabei in einer Weise angeguckt haben, dass er sich tatsächlich bitten ließ. Er bestieg das Pult, sammelte sich mit einem Blick aus dem Fenster auf die Lindenbäume im Schulhof und beschenkte uns dann, beschenkte mich mit der schönsten Schulstunde meines Lebens, an die sich einige weitere schöne Stunden anschlossen. Das fing schon damit an, dass ein gänzlich veränderter Ton in seine Stimme kam und auch seine Augen nicht mehr bei uns zu sein schienen, sondern da, wohin er uns mitnahm aus der Enge des menschenwimmelnden Europa in sein fernes Ostafrika, das er vor uns ausspannte unzerstückt und ungeschändet in seiner grenzenlosen Weite. Augenblicklich schweifen unsere Augen über ein braun sich ausbreitendes Grasland, das seine Akazien wie Sonnenschirme über sich aufgespannt hat, und dann hören wir auch schon die Stille dieser Steppe, die nicht vernichtet, sondern gesteigert wird durch das Röchelgebrüll der Löwen, das Gegecker der Schakale, das Geschrei der Affen und das zu einem Brandungstosen gesteigerte Gezirp der Grillenschwärme. Die grauen Vordergründe unserer Welt liegen mit einem Mal hinter uns. Nichts mehr beraubt das innere Auge und Ohr. Wir hören mit ihm in eine Stille hinein, die keine Hast aufkommen lässt, die fern ist von den Tyrannen Europas, den Uhren. Weit weggetragen von dieser asthmatisch hechelnden Welt, wie er sie nennt, atmen wir mit ihm den langen Atem eines Geistes, der aufsteigt und sich herablässt auf den Grund der Dinge. Aller Reichtum, alle Wahrheit kommt aus der Erde und nicht von oben, das, so sagt er, müssen wir uns merken, als er unsere Augen auf den Ostafrikanischen Graben lenkt und tief hinab in das glasig flimmernde Braun seines Grundes, wo sein ehrfürchtiges Erschauern auf uns übergreift vor den göttlichen Gewalten, die ihn brachen. Und wir ziehen weiter mit ihm durch die unendliche Weite der Savanne, diese herbe Sinnlichkeit aus Dornen und Stacheln. Er nennt sie den Hiob unter den Landschaften, aber nur zur Trockenzeit, denn dann lässt er den großen Regen darauf niederprasseln, und wir sehen, wie der metertiefe rote Lateritboden plötzlich zu rasen beginnt vor Fruchtbarkeit und die Tierwelt der Elefanten, Löwen, Büffel, Zebras und Giraffen zum Exzess treibt. Das tiefe Erschauern über die Zeugungsmacht der Erde, das ihn da ergriff, überträgt sich auf uns, und wir sehen es deutlich, wie Busch und Baum in der prunkenden Masse des Fleisches untergehen und Hunderttausende vorbeiziehender Springböcke gezählt werden konnten. Und gleich danach die Begegnung mit dem Löwen, keine fünfzig Meter vor ihm: »Ich drehte mich nicht zur Flucht«, so erzählt er uns, »ich stand und erstarrte. Ein Bann, der Ewigkeiten dauerte, bis sich das Tier beiseite drehte und weg in die Steppe glitt. Es war eine Epiphanie, etwas Ungeheures wurde vorgezeigt und wieder versteckt. Ich aber stand da, gebadet in Angstschweiß. Dass der Löwe seinerseits froh war, dass ich ihm nichts getan hatte, lernte ich erst später.«

Während er uns das und anderes erzählt, ist ihm dies selbst so gegenwärtig, dass er völlig vergisst, wem er es erzählt und wie. Denn was wussten wir Untertertianer von Epiphanie. Aber da nimmt er keine Rücksicht. Wer das Wort behält und es zuhause nachschlägt, und wer nicht, der entscheidet über sich selbst. So wie er uns Auge in Auge mit dem Löwen bekannt macht, entdecken wir mit ihm die zitternde Anmut der Gazellen, die muskulöse Eleganz der Gnus, das aufreizende Rosa der Flamingo-Heere, das tantenhaft säuerliche Gesicht der Giraffen, den gezielten Zungenschuss des Chamäleons nach der Beute, und in dunkel trüben Gewässern sehen wir die Atemblasen der Flusspferde aufsteigen und stehen gebannt vor der schockierenden Scheußlichkeit des Krokodils, wie es urplötzlich aus träger Erstarrung in den jagenden Flug nach Beute übergeht und sie in einer schraubenden Bewegung des ganzen Leibes zerfleischt. Irgendwo am Abend kriechen wir dann mit ihm in die luftige Höhle des Moskitonetzes, sitzen morgens mit ihm auf einer Veranda im Kaffeewald des Kilimandscharo und dürfen ihn sogar zum Plumpsklo weit weg hinter dem Haus begleiten, weil er dort fast den plötzlichen Latrinentod gestorben wäre, als der Thron, kaum dass er ihn berührte, prasselnd in die Tiefe stürzte und er erschrocken hochfuhr. Was war geschehen? In der Nacht hatten sich Termiten über ihn hergemacht, um Holz für ihre unterirdischen Pilzgärten zu gewinnen. Für einen Augenblick stellen wir uns die Szene vor, grinsen uns an, aber er ist schon wieder weiter. Von den schweren Whiskyräuschen, wie er sie in seinem Buch erwähnt, erzählt er uns nichts, wohl aber dann von seinem Job als Rauswerfer in einer Bar in Daressalam, wo er einen britischen Renommisten mit dem verkehrten Aushebergriff zuerst auf den Kopf gestellt, dann über die Schulter geladen und aus dem Haus getragen hatte. Überaus plastisch dann, wie wir mit seinen bewundernden Augen die Massai sehen lernen: Ihre hochgewachsenen, schlanken Leiber, ihre fragilen Gelenke, bloße Sehnen nur, und doch voller Schnellkraft das ungeheuer Kühne und Freie ihrer Bewegung, kurzum, ein kriegerischer Adel, voll Stolz auch die Frauen mit ihren wogenden Brüsten. Überhaupt ist das Bild, das er uns von den Schwarzen malt, ungemein einfühlsam: Liebenswert, großmütig und unbekümmert erblicken wir sie in ihrem noch paradiesischen Sein, der Boden fruchtbar, die Ernten über das ganze Jahr, kein Planen, Speichern, Sorgen, die geborenen Nicht-Arbeiter, die das bisschen Hacken den Frauen überlassen. Und überhaupt: Dieses Negerlachen, das er zu den erfreulichsten Augenblicken zählt, die die Welt zu bieten hat inmitten der vielen hübschen Kinder mit den hingegeben staunenden weißen Augen.

Dieses Afrika, das er uns damals zu sehen gibt, ist noch nicht das von Menschenhand ruinierte Afrika von heute, aber es ist deutlich schon im Übergang von der unangetastet bunten Bodenständigkeit der Eingeborenen zur dominierenden monokulturellen Society der weißen Farmer und Hunter. Er muss dieses kolonisierte Afrika sehr kritisch gesehen haben, denn er empfiehlt uns Joseph Conrads Erzählung *Herz der Finsternis*. Die müssten wir unbedingt lesen! Ich las sie auch, aber erst 1953 während des Studiums in Bonn, aufgebracht bis auf den Grund von dem, was in der gesamten westlichen Geschichtsschreibung an rassistischen Scheußlichkeiten unerinnert geblieben war und was hier beispielhaft enthüllt wurde. Aus dem Glanz der *Belle Époque* dringt, von London kommend, das Boot des Kapitäns Marlow den Kongo aufwärts ins Herz der kolonialen Finsternis vor, den geheimen Grund ihres epochalen Reichtums. In die dunkle Dichte des Dschungels haben die weißen Kolonisatoren ein ausgeklügeltes System der Ausbeutung und Zerstörung der Lebenswelt und Individualität der unterworfenen Schwarzen hineingetrieben. Angesichts der Fassade der Berliner Konferenz von 1878, auf der die europäischen Großmächte die Aufteilung Afrikas unter sich beschließen und Fürst Bismarck, der Gastgeber, dem belgischen König Leopold II. als dem erlauchten Gründer des Kongostaates edle Absichten für sein Tun bescheinigt, holt Conrad mit seiner Erzählung die dahinter verborgene Verschlussgeschichte des weißen Terrors ans Licht und lässt mich wie in einem beschlagenen Spiegel ein Entsetzen ausmachen, das mich nicht wieder loslässt, bis ich in den 60er-Jahren von den berüchtigten Kongo-Morden erfahre, zehn Millionen Menschenleben, die einem empfindungslosen Utilitarismus um des Kautschuks, des Elfenbeins und anderer Reichtümer willen geopfert wurden. Und abermals wie überall zu jener Zeit wird auch dieser Völkermord ausgeführt von ganz normalen Beamten, die zuhause in Brüssel, London, Paris oder Berlin niemals ein Gesetz übertreten hätten, sich aber im magischen Jenseits dieser gezogenen Grenze, der Frontier, guten Gewissens in Vergewaltiger, Henker und Massenmörder

XIII. DR. FEUERWASSER

verwandeln und, wie zum Beispiel im Kongo König Leopolds, sich als die herrschende Minderheit über Millionen Schwarze zu einer Kontroll-Buchführung gezwungen sehen, in der die von ihnen bewaffneten Schwarzen, damit sie nur ja bei der Fahne bleiben, jede ausgehändigte Patrone mit der abgeschlagenen Hand eines ihrer Brüder bezahlen müssen. Diese Pervertierung der Opfer zu Unterdrückern ihresgleichen zog sich als ein vielfältig variiertes Muster durch alle Systeme der Versklavung bis hin zu den Vernichtungslagern unter Hitler, die 1953, als ich Conrads *Herz der Finsternis* las, noch unergründet hinter und zugleich vor mir lagen. Doch war der später erst erkannte »Zivilisationsbruch«, wie ihn Hitlers Kolonialkrieg um Lebensraum im Osten mit Auschwitz herbeiführte, schon in Dr. Feuerwassers unvergesslicher Schulstunde von 1941 gegenwärtig, und zwar in seinen gesamtwestlichen Komponenten nationaler Imperialismus, Kolonialismus, Rassismus, von deren Kraftfeld wir Kinder damals so unwiderstehlich erfasst und in Treue zum Wiederholbaren mitgerissen wurden.

Denn worüber Dr. Feuerwasser trotz Joseph Conrad mächtig schimpft, das ist der Raub der deutschen Kolonien und dass wir sie wiederhaben müssten, und wir Jungen sind ganz seiner Meinung, vor allem, als wir mit ihm – dies ist der absolute Höhepunkt seiner Erzählung – zum Kilimandscharo aufsteigen, von dem er uns anvertraut, niemals habe ihn eine Landschaft so ergriffen wie die weiße Schneekuppe des Kibo, seine höchste Erhebung. Er nennt sie die Feste des Seins, in deren Spitze alle Linien der Landschaft zusammenlaufen. Zuerst bahnen wir uns mit ihm den Weg durch die treibhausartig gärenden Vegetationsmassen des unteren Waldgürtels, und wir spüren, wie der Berg uns durch all seine Klimazonen gewaltig nach oben zieht, vorbei an Wasserfällen im Sonnenlicht, bis wir dann irgendwann nur noch über nacktes, rot-gelb-braunes Vulkangestein klettern, eine Mondlandschaft und Wüste aus Stein, wo uns die

Luft fast ausgeht und das Skelett der Erde freiliegt, die Grenzlinie zwischen Leben und Tod, Fruchtbarkeit und ewigem Eis. Es ist der Ort, wo die blühende Erde und die kosmische Kälte einander mahnend berühren, wo der reine Schrecken erstrahlt und Gott hinter den Wolkenmassen seinen unsichtbaren Sitz hat. Natürlich nahmen wir das alles mehr ahnend und mit unseren Sinnen auf als mit Verstand. Dennoch war da eine vorwegnehmende Erkenntnis, und als später die Begriffe dazukamen wurde es ein Déjà-vu-Erlebnis.

Da fast alle unsere Sportlehrer in den Krieg mussten, übernahm Dr. Feuerwasser auch die zwei Stunden Sportunterricht in unserer Klasse. Und weil das Wetter noch ungewöhnlich warm und sonnig war, schlugen wir vor, zum Schwimmen an den Hafen zu gehen. Als er Schwimmen hörte, war er gleich einverstanden. »Aber wo ist der Hafen?«, wollte er wissen. Er war ein missglücktes Projekt der zwanziger Jahre, von dem ein mit dem Rhein unverbundenes Kraterfeld abgründiger Kieskaulen zurückgeblieben war, von denen einige der Stadt als Müllhalden dienten, während andere sich mit Grundwasser gefüllt hatten, ein Abenteuerspielplatz der besonderen Art, zu dem hin es uns Jungen immer wieder zog. Der Krater, in dem man am besten schwimmen konnte, lag am weitesten weg von der Müllhalde und am nächsten zum Rhein. Sein Grundwasser bildete einen tiefen sumpfigen See, von dessen schwarz-grünem Grund ständig Blasen aufstiegen. Ging man über das feucht bemooste Kiesufer, dann schleimten überall die Schnecken und fette Feuersalamander schlüpften ins Wasser. Es war ein Ort, an dem es roch und für feine Nasen stank. In der Brütewärme des Frühlings laichten dort die Frösche. An den Wasserpflanzen klebten schillernde Klumpen schleimiger kleiner Kugeln mit winzigen schwarzen Larven, zitternd im Licht der Sonne. Wenn wir auf zwei langen, übereinandergelegten Brettern über den See flößten, dann blinkten silbern die Fische herauf. Am vorderen Uferpfad reckte sich ein mächtiger toter Baumstamm wie der Ausleger eines Krans über das Wasser – unser Sprungturm. Als wir mit Dr. Feuerwasser dort ankamen, sah er sich prüfend um, schürzte die Lippen, nickte mit dem Schädel und war sehr angetan: »Dann also los!« Im Nu waren wir ausgezogen und schon vor ihm ins Wasser gesprungen. Er hinterher in seiner Zumutung von Turnhose mit einem Kopfsprung, bei dem er nicht mit der Eleganz eines Pfeils ins Wasser schoss, sondern mit amphibisch angewinkelten Beinen wie ein gewaltiger Frosch. Wir mussten lachen, zumal ihm die Turnhose immer wieder bis an den Rand des Schicklichen abrutschte. Zunächst kraulten wir um die Wette über den See und zurück. Er war ein exzellenter Schwimmer, als erster zurück am Ufer und schon wieder auf dem Baumstumpf, von dem er über unsere Köpfe hinweg ins Wasser tauchte. Ewig lange blieb er weg, und einer von uns zählte gerade achtundzwanzig, als sein Schädel strähnig grün garniert wie der eines Wassergottes aus dem tiefen Moder auftauchte. Wir alle schrieen: »Bravo!«, und die Stimmung heizte sich mächtig auf. Bald gab es kein Halten mehr. Wir stürmten – er vorweg – auf den Baumstumpf und sprangen einer nach dem anderen jauchzend ins Wasser und wieder raus und wieder rein, eine rasende Kette von Leibern, die von Sprung zu Sprung sich immer gründlicher einfärbte mit dem schwarz-grünen Moder, der aus den Tiefen des durchwühlten Wassers aufquirlte. Wir sahen es und sahen es nicht. Wir waren wie im Rausch. Alle Poren gingen uns auf, bis uns irgendwann seine mächtige Stimme zur Besinnung brüllte: »Ihr Sumpfhühner, ihr Modersöhne! Mir nach!« Er kraulte zum anderen Ufer, und wir hinter ihm her. Bis zur Brust im Wasser stehend, das hier noch klar und rein war, empfing er uns »zur Taufe«, wie er das nannte. Und dann sah sich einer nach dem anderen von seiner mächtigen Gestalt unter die Arme gepackt und in hohem Bogen über seinen Kopf hinweg in Richtung Ufer geworfen.

Sechsundzwanzigmal verpasste er uns allen diese Ganzkörpertaufe, und als wir dann gereinigt um den See herum zu unseren Kleidern rannten, uns abtrockneten und anzogen, da war es, als habe nicht er, sondern die schöpfende Hand eines Gottes uns neu geboren. Das schlechter werdende Wetter nötigte uns leider, zum Schwimmunterricht in die Städtische Badeanstalt zu gehen. Aber auch dort setzte sich, wenn auch längst nicht so intensiv, unser jauchzender Springreigen vom Dreimeterbrett fort, er uns voran mit amphibisch angewinkelten Beinen ins Becken tauchend, und wir ihm nach. Dort unten dann abermals das Getümmel und Geraufe der über Kopf geschleuderten Leiber: Schwimmunterricht mit anarchischen Einlagen.

Das Intermezzo des Dr. Feuerwasser als unser Latein- und Schwimmlehrer fiel in die Zeit des Leidens und Sterbens meiner Mutter, die erste große Schmerzerfahrung meines Lebens. Während dieser vaterlosen und dann auch mutterlosen Monate wurde er mir so etwas wie ein zweiter Vater, Mutgeber und Wegzeiger. Vielleicht war es Seelenverwandtschaft, dass mich seine kantige, ja zuweilen rabiate Eigenart anzog. Es verbarg sich dahinter etwas, was wir alle nicht wussten. Er hatte mit sieben seinen Vater und mit fünfzehn seine Mutter verloren, und dieser frühe Verlust der Kindheit war der Riss, den er in sich barg. Seinen gymnasialen Kollegen, soviel wussten wir, war er ein Ärgernis, wohl auch deshalb, weil sie im Unterschied zu uns seine Vorgeschichte kannten. 1932 war er radikaler Sozialist gewesen, hatte mit tiefer Befriedigung an Saalschlachten gegen die Nazis teilgenommen, wo ihm seine im Boxring erworbenen Kräfte zustatten kamen, so dass es 1933 aus war mit dem Schuldienst und eine Zeit der Armut und des Hungers einsetzte, aus der ihn sein nach Ägypten emigrierter Freund Siegfried Landshut rettete, indem er ihn nach Kairo holte und ihm den Weg zum Weltenfahrer öffnete, der sich für immer freimachte von der Knechtschaft des Zeitgeistes. Dieser Funke muss auf uns übergesprungen sein, vor allem, als er uns eines Tages mit dem üblichen Feuer und Enthusiasmus Ernst Jüngers *In Stahlgewittern* empfahl. »Wenn ihr schon Krieger werden wollt, dann doch bitte welche von diesem Schlag!«, rief er uns zu. Also las ich *In Stahlgewittern*, gleich nach dem Tod meiner Mutter, und las es noch einmal, gepackt von der Unmittelbarkeit des Erzählens, die mich mitten hineinriss in die einsetzende Agonie der abendländischen Tradition. Da las ich in dem Kapitel »Die Doppelschlacht bei Cambrai im November 1917« über den Sturm- und Stoßtruppführer Jünger: »Handgranaten flogen wie Schneebälle durch die Luft, alles in milchweißen Qualm hüllend. Von unten reichte man uns immer neue Wurfgeschosse zu. Zwischen den zusammengeballten Engländern zuckten Blitze auf, Fetzen und Stahlhelme hochschleudernd. Wut- und Angstschreie mischten sich. Feuer vor den Augen, sprangen wir auf den Grabenrand. Die Gewehre der ganzen Gegend richteten sich auf uns. Mitten in diesem Taumel wurde ich wie durch einen Hammerschlag zu Boden geworfen. Ernüchtert riß ich meinen Stahlhelm herunter und erblickte zu meinem Schrecken zwei große Löcher in seinem Metall ... Das Geschoß eines entfernten Schützen hatte meinen Stahlhelm durchschlagen und den Schädel gestreift ... Gleichzeitig verbluteten in diesem mörderischen Grabenstückchen sämtliche Unteroffiziere und ein Drittel meiner Kompanie. Es hagelte Kopfschüsse.« Dass mich das nicht abschreckte, sondern anzog, war schon eigenartig, so kurz nachdem der Tod beim Anblick meiner sterbenden Mutter sich mir so unerbittlich gezeigt hatte. Ich suchte nicht das Sterben, und dennoch scheint ein Hang zu Tod und Untergang in mir übermächtig gewesen zu sein.

Irgendwann wenige Wochen nach dem Tod meiner Mutter macht morgens in der Schule die Nachricht die Runde, dass Dr. Feuerwasser in den Krieg muss. Wir alle sind bedrückt, als er uns seine letzte Stunde gibt. Noch einmal kommt er zu uns herein mit »Heil!« und erhobenem Lateinbuch ohne Hitler und sieht auf dem Pult eine Flasche echten schottischen Whiskys stehen, die einer von uns, wahrscheinlich Kriegsbeute seines Vaters, spendiert hat, und daneben eine Danksagung mit unseren Unterschriften. Er nimmt die Flasche prüfend in die Hand, liest dann die Danksagung, sieht uns an, merkt unsere Trauer und Bedrückung, und im selben Augenblick steht ihm die gleiche Rührung in sein breites, kantiges Gesicht geschrieben, wie zu Anfang, als wir ihn damit überrascht hatten, dass wir fast alle sein Buch lasen. Er kommt dann auf den Krieg zu sprechen. Es ist für ihn keine Frage, dass Ares, der Kriegsgott, die Weltgeschichte bestimmt, aber es entscheide über den Rang des Kriegers, wie er ihm dient. Dabei erwähnt er noch einmal Ernst Jünger und sagt dann etwas, dessen Hintersinn ich erst viel später durchschaue: »Er war ein wirklicher Sturmführer.« Wie es Gerhard Nebel dann selbst als Soldat erging, erfuhr ich erst nach dem Krieg, als seine Tagebücher erschienen. In Paris kommt er mit Jünger zusammen, nimmt an der Georgs-Runde von General Speidel teil, nimmt sich heraus, renommierende Generäle der Luftwaffe, die sich mit Titeln des Adlers und des Falken schmückten, Käfer und Heuschrecken zu nennen, wofür sich die Herren, als man ihn denunziert, damit rächen, dass er in eine Strafeinheit versetzt wird, wo der Hauptfeldwebel ihn mit Feindschaft und der Pöbel, der größte Teil der Kompanie, mit Hass verfolgt. Dass Hitler für ihn nicht der Führer, sondern der Drecks-Midas ist, weil ihm alles, was er anfasst, zu Müll wird, hatte er uns nie so direkt gesagt, aber in sein »Heil!« gelegt, mit dem er vom ersten Tag an in unsere Klasse gestürmt kam. Am Ende seiner letzten Stunde macht er noch einmal die Runde, gibt jedem von uns die Hand, und als wir ihn dann mit seiner mächtigen Gestalt durch die Tür davongehen sehen, geht von uns etwas mit und wird fühlbar als große Leere. Bei mir mischen sich in die heimlichen Tränen über den Tod meiner Mutter die verstohlen weggewischten über seinen Weggang. Wir Jungen wagen nicht daran zu denken, wer ihn als Lateinlehrer ablösen wird. Ersetzen kann ihn uns keiner, denn er war eine Kategorie für sich, er war – ein Ereignis.

XIV. »BIS ZUR VERGASUNG«

XIV. »BIS ZUR VERGASUNG«

Der Kriegssommer 1942 in Bullay bei Oma und Opa nach meiner Rückkehr aus Thorn ist mir in besonderer Weise unvergesslich. Die Reichsferienordnung sah vor, dass in Ostdeutschland die großen Ferien am 1. Juni, in Mitteldeutschland am 1. Juli und in Westdeutschland am 1. August begannen. Da ich in einer 1 000-km-Diagonale quer durch »Großdeutschland« von Ost nach West umgezogen war, beschenkte mich das mit drei Monaten Ferien, wobei ich ab dem 15. September zusammen mit meiner neuen Klasse, der Untersekunda des Gymnasiums Traben-Trarbach, nach Senheim im Kochemer Krampen zum Ernteeinsatz musste. Es war ein heißer Sommer, und ich lag sozusagen täglich in der prallen Mittagssonne und vergaß oder ignorierte oder verdrängte, ich weiß es nicht, alle Mahnungen hinsichtlich meiner »besonders empfindlichen Haut«. Ich spürte nichts als eine bleierne Müdigkeit, so als ob sich in dem Jahr in Thorn nach dem Sterben meiner Mutter etwas in mir aufgestaut hätte, was nun mit Macht über mich kam oder in mir aufbrach. Schwimmen in der Mosel war das einzige, wozu ich mich aufraffen konnte. Meist ließ ich mich von der Brücke bis halbwegs Neef einfach treiben und kehrte dann langsam am Ufer entlang zu meinem Platz zurück zwischen den Weiden dicht beim Werthchen am wildwüchsigen Ufer der damals noch nicht kanalisierten Mosel. Ich war froh, wenn ich niemanden sah. Zum Glück musste die Dorfjugend in die Schule, und nach den Schulentlassenen griff der Krieg, immer früher mussten die jungen Männer Soldaten werden. »Räder müssen rollen für den Sieg!«, las ich auf den Tendern der Lokomotiven, die täglich über die Eisenbahnbrücke hin- und herschnaubten, oft zu zweit vor und hinter die immer länger werdenden Züge gekoppelt. Nach Sieg mochte es in diesem Sommer tatsächlich aussehen. Im Osten standen unsere Truppen im Kaukasus und an der Wolga nahe Stalingrad, und Rommel war bis El Alamein in Ägypten vorgedrungen. Aber das alles berührte mich nicht. Nicht einmal zu einem Gang in die Ank konnte mich die Oma bewegen. »Was ist los mit dir?«, sah sie mich an. »Ach Oma, ich weiß es nicht!« Es war nicht ihre Art, mich zu drängen. Stattdessen umsorgte sie mich, kochte gut. Und nur, als wir einmal bei einem Glas Riesling zusammensaßen, sagte sie unvermittelt in mein Brüten hinein: »Hab Geduld mit dir und lass dir Zeit!«

An einem Wochenende, als ich wie immer am Werthchen in der Sonne liege und mich gerade auf den Bauch umdrehe, sehe ich, wie sich etwas weiter weg von mir die Thea Selbach, meine Spielfreundin aus Kindertagen, zum Baden hinsetzt. Obwohl wir uns sonntags nach der Messe auf der Straße schon mehrmals begegnet sind, habe ich es nicht gewagt, sie direkt anzusehen, geschweige denn zu grüßen. Aber ich habe mitbekommen, wie erfreulich hübsch sie geworden ist. Das ist es, was mich einschüchtert, ja lähmt. Nur verstohlen wage ich hinter ihr herzusehen und fühle um so inniger ihre ganze Erscheinung in mich eingehen. So auch jetzt, als ich sehe, wie sie in ihrem knappen, karmesinroten Badeanzug zur Mosel läuft, einen Fuß kurz prüfend ins Wasser hält und zügig davonschwimmt hinüber zum Alfer Ufer. Ich schaue ihr nach, bis sie drüben ans Land steigt, ein Stück flussaufwärts geht und dann zum Bullayer Ufer zurückschwimmt. Nicht weit von mir steigt sie aus dem Wasser, schlanker Leib, makelloses Weiß in Rot, sieht kurz zu mir herüber und ich weiche ihrem Blick sofort aus. Mit halbem Auge sehe ich sie zu ihrem Platz gehen, sehe, wie sie sich abtrocknet und dann mit dem Kleid über dem nassen Badeanzug nach Hause eilt. Mit jedem Schritt, der sie davonträgt, kehrt der merkwürdig bleierne Zustand der Trauer und Bedrückung verstärkt wieder. Die Erinnerung an unsere kindlichen Spiele vor sechs Jahren zusammen mit Inge, Walther und der Gerda kommt hoch, und die Wehmut des Unwiederbringlichen verstärkt in mir das Gefühl, als sei ich nicht nur ihrer Welt so entrückt wie sie der meinen, sondern überhaupt aus dieser Welt vertrieben, in die ich doch zurückmöchte, aber nicht kann. Und doch muss, wie sich erst später herausstellte, dies der Augenblick gewesen sein, in dem mich die tiefste Liebe meines Lebens ergriff.

Am 15. September geht es zum Ernteeinsatz nach Senheim und Mesenich. Ich lerne meine Mitschüler kennen und unseren Klassenlehrer Knobs, unvergesslich in seiner väterlich-fürsorglichen und großmütigen Art. Ich werde dem Schmiedemeister Gottfried Losen zugeteilt, einem vierschrötigen und aufbrausenden Mann. Nach dem Tod seiner ersten Frau hat er eine junge zweite geheiratet, die seine Tochter und die Schwester seiner beiden Söhne sein könnte, die beide in Russland sind. Zwar ist da noch die Sina, eine temperamentvolle ukrainische Fremdarbeiterin mit viel Busen und großen dunklen Glüh-Augen, ich aber bin des Meisters Allround-Azubi. Morgens um sechs Wecken, um sieben in der Schmiede, wo die Bauern mit ihren Kühen, Ochsen oder Pferden schon warten, dass wir sie neu beschlagen. In der Esse, deren Blasebalg ich bediene, glühen schon die Hufeisen, und ich muss den Tieren die Hufe hochhalten, umwölkt vom Brandgeruch der im noch glühenden Zustand angepassten, dann aufgenagelten Eisen. Einmal kommt der Meister bei einem Gaul mit der Spitze eines Nagels ins Leben, und das Tier schlägt aus, sodass ich – zum Glück weich – in einem Haufen feinkörniger Essekohle lande. Meister Losen ist aber nicht nur der Dorfschmied, er hat auch Felder und etliche Weinberge. Also werde ich mit dem großen Leiterwagen, gezogen von zwei Fahrkühen, über den weiten Serpentinenweg zum Hunsrück hochgeschickt, wo der Meister, eine Abkürzung benutzend, schon den frischen fetten Klee gemäht hat, den ich auflade und ins Dorf fahre. Dort angekommen, ist Mittag. Nachmittags geht es in die Moselwiesen und Gärten oder in die Weinberge. Auf dem Rücken tragen wir den nassen und schweren Kuhmist den Steilhang hoch, kippen ihn zwischen die Stöcke, um ihn einige Tage später auseinanderzustreuen und einzugraben. Bei all der schweißtreibenden Arbeit ist die Oma, sind die Brasiljisch-Ahnen mir nahe, und ich ermesse am eigenen Leib, was es heißt, Winzer zu sein.

An den Wochenenden legt Frau Losen gern ihre neuesten Tanzplatten auf und bringt mir die ersten Tanzschritte bei: Walzer und Foxtrott. Das führt dazu, dass ich aus Neuwied, wohin ich über ein Wochenende zu meinem Vater fahre, die Platten von Tauber mitbringe und im Herbst 1942 in dem kleinen Moseldorf Senheim noch einmal: »Dein ist mein ganzes Herz« erklingt und: »Gern hab ich die Frauen geküsst« in Erinnerung an frohe Kindertage. »Du mit deinem Tauber!«, spöttelt Frau Losen, nachdem sie ihn sich zum x-ten Male hat mitanhören müssen. Sie möchte lieber mit mir tanzen. Manchmal ist auch die hübsche Josi, ihre Freundin, beim Tanzen mit dabei. Sie ist BDM-Führerin. Und als sie einmal dazukommt und ich gerade: »O Mädchen, mein Mädchen«, aufgelegt habe, sagt sie: »Ist das nicht der Tauber, der ist doch ein Jude?« »Ja, schon«, sage ich. Und sie darauf: »Darf auch nicht jeder hören!« Aber ich bin ja unter Moselanern. Sie machen sich einen Scherz daraus, der Sina bei jeder Gelegenheit ihr glühendes Bekenntnis: »Stalin gutt, Hitler nix gutt!« zu entlocken, indem sie sie damit aufziehen, dass wir schon an der Wolga stehen und es mit ihrem Stalin bald vorbei sei. Nach Abschluss der Erntehilfe lasse ich meine Tauberplatten in Senheim zurück, weil die Oma keinen Plattenspieler hat. Frau Losen wird sie dann auf den Müll geworfen haben. Zum Abschied schenkt mir Meister Losen eine Kiste mit seinem besten Wein und schreibt ein ganz vortreffliches Zeugnis über meinen Fleiß und die große Hilfe, die er an mir gehabt hat. Das tröstet mich über mein miserables Weihnachtszeugnis hinweg mit einer Fünf in Physik und – ohne Dr. Feuerwasser – jetzt auch in Latein.

Da ich der einzige ältere Gymnasialschüler in Bullay bin, werde ich mit der Führung der Hitlerjugend betraut. Anders als in Neuwied oder Thorn ist die Hingabe an die Sache gering ausgebildet bis auf einige Ausnahmen. Zu ihnen zählt Hubertus, der Sohn des Revierförsters, als der mir untergebene Kameradschaftsführer, der mich einst als Judenknecht beschimpfte, was aber vergessen ist, als wäre es nie geschehen. Den Alltag beherrscht längst die Allgegenwart des Krieges. Hubertus' älterer Bruder ist in Russland gefallen, wie schon eine ganze Reihe im Dorf, darunter auch zwei, die einst »Hängt die Juden, stellt die Bonzen an die Wand« singend an der Metzgerei Harf vorbeimarschiert waren. Immer wieder sieht man Ortsgruppenleiter Melcher bedrückt durchs Dorf gehen, um Angehörigen die Nachricht vom Heldentod des Sohnes oder Ehemanns zu überbringen: »Gefallen für Führer, Volk und Vaterland«, von den Angehörigen in den Todesanzeigen quittiert mit: »In stolzer Trauer.«

Als ich Ende November im frühen Abenddämmer aus Traben-Trarbach von einem Besuch bei Tante Klara zurückkomme und vom Bahnhof her die Hauptstraße hinuntergehe, kommt mir mit eiligen Schritten eine Frau entgegen. Sie geht gebückt und hat, als ob sie friert, die Hände in die Zipfel ihrer Wolljacke eingewickelt. Erst als sie fast bei mir ist, erkenne ich Oma Lina, die ich 1940 zuletzt gesehen habe. Ich bleibe stehen, sie auch, sie sieht mich an, ich gehe lächelnd auf sie zu, will ihr die Hand geben, da wendet sie sich wie erschrocken plötzlich ab und huscht um mich herum, und ich sehe nur noch, wie sie in irgendein Haus verschwindet. Verwundert und verwirrt gehe ich weiter und erzähle es zuhause der Oma. Sie erklärt mir, die alten Harfs seien so menschenscheu geworden, trauten sich höchstens im Dunkeln noch raus, und dann sagt sie: »Kein Wunder, die hat deine Uniform gesehen und ist erschrocken!« Daran hatte ich keinen Augenblick gedacht, war vielmehr spontan erfreut über das Wiedersehen auf sie zugegangen, weil sie ein Stück meiner Kindheit war. Zudem hatte sie, als die Oma sie im Sommer besuchte und davon erzählte, dass ich nun bei ihr wohnte, noch Grüße an mich bestellt. Diese unglückliche Begegnung mit Inges und Walthers Oma Lina muss mir zu Herzen gegangen sein, auch wenn ich damals nicht wusste, dass ich einer zum Tode Verurteilten begegnet war. Obwohl meine Oma es mir gesagt haben muss, erinnere ich mich nicht, wann sie und Opa Gustav sich Anfang 1943 zum Abtransport nach Theresienstadt stellen mussten. Dass sie nicht einfach umgesiedelt wurden, wie die offizielle Sprachregelung hieß, sondern Auschwitz entgegenfuhren, holte mich später ein.

Mir entging nicht, aber es ermutigte mich nicht, dass sich die Bullayer Mädchen, auch die älteren, gleich nach meiner Ankunft nach mir umdrehten – wir waren die ältesten noch nicht eingezogenen jungen Männer. Schnell hatte ich den Ruf weg, eingebildet zu sein, was aber nicht stimmte. Ich war einfach mit mir selber nicht im Reinen. Geradezu glühende Blicke erntete ich von einer gewissen Gertrud und mehr noch von ihrer Essener Freundin, die in Bad Bertrich im Lazarett als Schwester Dienst tat und jede freie Minute nach Bullay kam. Die Gertrud kannte ich aus meinen Kindertagen. Bei ihr hatte ich immer des alten Pätters Groschen in große Portionen Eis eingetauscht. Eines Nachmittags stellen die beiden sich mir auf dem Dorfplatz lachend in den Weg und laden mich zum Kaffee in Gertruds Haus ein. Wir sitzen aber dann bei Wein und Schinkenbrötchen im Wohnzimmer, und die Freundin aus Essen setzt sich gleich dicht zu mir auf das Sofa, während die Gertrud im Sessel gegenüber Platz nimmt. Dass hinter der Einladung ein vorher abgesprochenes Spiel steckt, merke ich erst, als es zu spät ist. Die beiden trinken sich schnell in Stimmung, und schon bald landen wir bei dem, was sie Pfänderspiel nennen. Wörter mit Doppelbedeutung, Heteronyme, sollen reihum erraten werden.

Die Freundin aus Essen erklärt es mir: »Also, mein Wort hängt am Baum und am Po. Na, was ist das?« Als sie merken, dass mir die Doppelbedeutung unbekannt ist, biegen sie sich vor lachen: »Die Pflaume!« werde ich belehrt, und dass beide essbar sind. Bei »Ball« und auch bei »Hahn« kann ich noch mithalten. Als ich wieder passen muss, verlangt die Gertrud nach meinem Pullover. Bei der Essenerin aber geht sie dann gleich aufs Ganze. Sie muss die Unterhose hergeben, und augenblicklich ist die ohnehin aufgeladene Atmosphäre da, wo die beiden sie haben wollen. Das Höschen fliegt mir ins Gesicht, und ehe ich es zurückwerfen kann, ist sie schon über mir, küsst mich ab und dringt mit ihrer Zunge tief in meinen Mund – für mich der erste Kuss dieser Art überhaupt, der mich unheimlich erregt und die Erregung zum Äußersten steigert, als sie meine Hand fasst und zwischen ihre Beine schiebt, während sie mit der anderen hastig meinen Hosenschlitz aufknöpft. Ich fühle eine zupackend hin- und hergehende Hand, und da ist augenblicklich dieser rasende Schmerz, ich schreie auf, reiße mich los und stürze, meinen Pullover greifend, an der erschrocken aufgesprungenen Gertrud vorbei durch die Tür und aus dem Haus. Völlig durcheinander laufe ich nach Hause. In der Küche sitzt Metze Ferd bei meiner Oma. Er hat ihr wieder Wein, Wurst und Fleisch mitgebracht in einem Karton, der auf dem Tisch steht. Ich grüße kurz, verschwinde in mein Schlafzimmer und lege mich aufs Bett. Aber die Erregung und eine tiefe innere Unruhe lassen nicht nach. Beim Abendessen bekomme ich kaum einen Bissen runter. Ich kann es nicht abwarten, dass Opa und Oma schlafen gehen. Endlich dann, als ich allein bin und auf dem Biedermeiersofa sitze, auf dem ich sechs Jahre zuvor meinen ersten Rausch überstanden habe, treibt es mich zum ersten Mal, mich selbst zu entdecken und zu berühren. In meiner Angst hatte ich erwartet, Blut zu finden. Aber dann merke ich, dass ich erneut oder noch immer eine Phimose habe, und ich tue endlich das, was ich längst hätte tun müssen, zumal mir die unbändige Erregung trotz erneuter Schmerzen keine Wahl lässt. Die Selbstbehandlung führt zum Erfolg und das über die Zeit Aufgestaute bricht mit einer solchen Gewalt aus mir hervor, dass ich aufschreie und für Sekunden die Besinnung verliere. Als ich zu mir komme, ist das Glücksgefühl unbeschreiblich. Alle Last der Seele ist wie von einer mächtigen Eruption weggetragen, deren reale Spuren ich bis hin zu der gegenüberliegenden Wand entdecke. Gott sei Dank! Denn seit es mir mit meinem 15. Geburtstag immer mal wieder des Nachts kam und seine Spuren zurückließ, hatte ich mich furchtbar geschämt, zuerst vor Tante Traudchen und dann wieder vor Frau Losen in Senheim, die es beim Bettenmachen gesehen haben müssen. Nur vor der Oma hatte ich diese Scham nicht, wobei auch sie stillschweigend darüber hinwegging.

Am zweiten Weihnachtstag nach der Messe taucht auf dem Heimweg plötzlich die Thea neben mir auf und sagt: »Guten Morgen, Rudi! Du kennst mich wohl gar nicht mehr!« Überrascht und verlegen bleibe ich stehen, stottere ein: »Doch, doch!« und bekomme beim gemeinsamen Weitergehen kein Wort heraus. Zum Glück redet sie an einem Stück und fragt mich, ob ich zu Silvester schon etwas vorhätte. Sie lädt mich ein, die Gerda habe Urlaub vom Reichsarbeitsdienst in Metz und sei auch dabei mit ihrem Freund. Mitsamt zwei Flaschen Riesling von Metze Ferd stelle ich mich zu Silvester bei Selbachs ein, die immer noch im Kolpinghaus gegenüber meiner Oma unter dem Dach wohnen. Die Eltern sind woanders eingeladen. Herzliches Wiedersehen mit der Gerda, die gleich an unsere gemeinsamen Kinderspiele erinnert. Thea hat sich aufregend zurechtgemacht, die Lippen leicht geschminkt und ein schwarzes Samtband in ihre blonden Locken geflochten. Ich aber bin ihr gegenüber nach wie vor befangen, während ich sie gleichzeitig umarmen, ja verschlingen möchte. Im kleinen

Wohnzimmer sitzen wir dann um den runden Tisch, reden belangloses Zeug, trinken Wein, und ich spüre, wie er mich innerlich löst und alles leicht wird. Ich finde meine Sprache wieder, bin lustig, überrasche mich selbst mit meinen Scherzen, bis sich irgendwann meine und Theas Hände unter dem Tisch berühren und festhalten. Da erfasst mich augenblicklich ein alles aufwühlender Strom des Glücks, ich fühle mein Herz, mein Blut pochen, es ist mir, als ob ich nun erst wirklich lebte, und unabweisbar ist auch dieses Aufbegehren da, das über alle Moral, alles Verbotene hinweg will und das doch mit einem tiefen Ernst geschieht. Als es auf Mitternacht zugeht und die Gerda schon ziemlich angeheitert ist, schaltet ihr Freund das Radio ein und, gleich nachdem das Neue Jahr 1943 verkündet ist, auch wieder aus und das Licht dazu. Im selben Augenblick liegen wir uns auch schon in den Armen und küssen uns, berühren uns aber in sündig-keuscher Zartheit nur mit den Lippen, sodass dieser Kuss in unserem Innersten etwas zur Entfaltung bringt, das ihn zum unvergesslichsten Kuss meines Lebens werden lässt. Wie auf Flügeln getragen nehme ich Abschied. Thea geht noch mit mir die Treppe hinunter bis zur Haustür, umarmt mich immer wieder heftig, und wir verabreden uns für den nächsten Tag. Ich weiß noch gut, dass ich lange wach lag, erfüllt von einem der glücklichsten Augenblicke meines Lebens und zugleich eins in dem Gefühl, dass ich nun erst wirklich lebe und es ernst geworden ist mit dem Leben.

Obwohl wir uns in der Öffentlichkeit sehr zurückhalten, bleibt unser Verhältnis nicht verborgen. Im Parterre des Kolpinghauses wohnen zwei unverheiratete Jungfrauen von der Sorte, die sich fast täglich, wie meine Oma sagt, »ein Pfädchen zum Pastor laufen«, und ihm alles erzählen, was die Beichtkinder Unerlaubtes treiben. Einmal schleichen sie uns in den Keller hinterher und überraschen uns bei heftigstem Schmusen. Nur im Schutz der Nacht, der Wälder und der Wohnung lassen wir alle Hemmungen fallen. Geschlafen miteinander aber haben wir nur, wenn uns vor Lust alles egal war und die Thea die ewige Angst vor Schwangerschaft in den Wind schlug. »Nein sowas, die kleben wie die Kletten aneinander«, sagt Frau Selbach eines Tages zu meiner Oma. Die lacht und bringt es auf ihre drastische Art auf den Punkt: »Schlimmer, schlimmer, wie ein Kopp und ein Arsch!« Wir leben in der Tat nicht nur völlig abgekapselt von allen, so dass meine Freunde aus dem Dorf, der Toni, der Hubertus, der Heinz und der Fritz es mir mehr und mehr verübeln, wenn ich nur noch zum HJ-Dienst mit ihnen zusammenkomme oder sonntagsmorgens auf dem Schießstand. Dieses überwältigende Erleben des Ineinanderfließens, dieses wie Eine-Seele-in-zwei-Körpern-Sein berauscht uns unvergesslich und macht uns vergessen, wer wir jeder für uns selbst sind. Unsere ganz eigene und sehr unterschiedliche Prägung bleibt unter der Gewalt dieser Liebe ausgeklammert und hat doch, als wir uns völlig überzeugt die ewige und unverbrüchliche Treue schwören, schon das Odium des Endes, des Todes in sich, wie sich dann, mit einem schmerzhaft tiefen Einschnitt, herausstellen sollte.

Eines Morgens im Januar kommt unser Klassenlehrer Knobs mit verweinten Augen herein. Sein Sohn ist mit seiner JU 52 über Stalingrad abgestürzt. Wenige Tage später werden wir, die Jahrgänge 1925 und 1926, von der Waffen-SS zur Musterung nach Zell geladen. Anders als die Wehrmacht hat die SS nicht das Rekrutierungsmonopol, sondern ist auf Freiwillige angewiesen. Ein ebenso schneidiger wie sich freundlich gebender Obersturmführer empfängt uns, will uns überreden, uns zu melden, und hat es ganz besonders auf mich abgesehen: »Dich könnten wir gut gebrauchen!«, meint er und klopft mir zum Zeichen seines besonderen Wohlwollens mit beiden Händen auf die Schulter. Ich aber lehne ab, erkläre ihm, dass ich mich schon für die Heeresdivision Großdeutschland entschieden hätte. Der wahre Grund ist, dass die Waffen-SS keinen guten Ruf hat: Die machten keine Gefangenen, hört man, kämpften bis zum letzen Mann, und ihre Verluste seien daher enorm. Anfang Februar, als die Reste der in Stalingrad eingeschlossenen 6. Armee kapitulieren, meldet sich unser HJ-Bannführer vom Kreis Zell, Hansmeyer, zum Besuch an. Wir müssen uns in der Dorfschule versammeln. Wir wissen, dass er als SS-Unterscharführer von der Front abberufen wurde, um, wie es heißt, »die Heimatfront zu stärken«, aber wir wissen nicht oder denken nicht darüber nach, dass er von unserer Weigerung in Zell, uns freiwillig zur SS zu melden, gehört haben muss. Hansmeyer eröffnet uns, nach Stalingrad sei das Vaterland in allerhöchster Gefahr und brauche den äußersten Einsatz eines jeden von uns. Deshalb habe sich der Reichsjugendführer Axmann in Absprache mit dem Führer entschlossen, die Division Hitlerjugend aufzustellen, und er erwarte von uns, dass wir uns dazu melden. Es werde eine Eliteeinheit sein mit den allerbesten Waffen, fügt er noch hinzu und lässt eine Liste rumgehen, in die wir uns mit Unterschrift und Adresse eintragen sollen. Dass es eine SS-Division werden soll, sagt er uns nicht. An einem trüben Tag im März, frühmorgens um vier, fahren wir, der Toni, der Hubertus, der Heinz, der Fritz und ich mit der Moseltalbahn, dem Feurigen Elias, und unseren Musterungsbescheiden von Bullay nach Trier. Wir haben Wein dabei und kommen nach fünf Stunden Bimmelbahnfahrt durch Dutzende von Dörfern in bester Stimmung in Trier an. Die Musterung findet in einer Kaserne statt. Als wir Bullayer zusammen mit anderen geladenen Jugendlichen von überall her den Saal betreten, sehe ich, wie ein HJ-Führer, der vor mir geht, plötzlich wie von der Tarantel gestochen auf eines der Fenster des Hochparterres zurennt, es aufreißt und aus etwa drei Meter Höhe hinunterspringt. Der Grund dafür wird mir augenblicklich klar, als ich mich demselben Obersturmführer gegenübersehe, der uns im Januar in Zell gemustert hatte. Auch seine Truppe mit Arzt, Sanitäter und Schreibern erkenne ich wieder. Und vor der war der HJ-Führer davongerannt und aus dem Fenster gesprungen. Hinter uns aber hat man vorsorglich gleich die Tür abgeschlossen. Wir werden eingehend befragt und untersucht, und hinterher ist der Obersturmführer wieder sehr um mich bemüht, trägt mich als »Führerbewerber«, sagt aber »Offiziersbewerber« ein und verspricht mir sogar, dass ich, meinem Wunsch gemäß, zu den Panzern komme. Abgesehen davon, dass er letzteres gar nicht versprechen kann, weil es nicht in seiner Macht liegt, ist auch nicht davon die Rede, dass die Division Hitlerjugend in Wahrheit SS-Einheit werden soll. Ich unterschreibe und habe hinterher das Gefühl, in eine Falle getappt zu sein, zumal herauskommt, dass ich als einziger von meinen Bullayer Freunden als tauglich angenommen worden bin.

Als ich abends nach Hause komme, sitzt der Opa mit blutig aufgerissener Wange neben dem Ofen. In seiner Blindheit ist er auf der Kirchentreppe gestolpert und hingefallen. Daraufhin begleite ich ihn zur Osterzeit und auch danach fast täglich zur Messe. Am vierten Kriegs-Karfreitag 1943 mahnt die Liturgie wie alle Jahre wieder: »Lasset uns beten für die ungläubigen Juden ... Allmächtiger, ewiger Gott. Du schließest sogar die ungläubigen Juden von Deinem Erbarmen nicht aus; erhöre unsere Gebete, die wir ob der Verblendung jenes Volkes vor Dich bringen: mögen sie das Licht Deiner Wahrheit, das Christus ist, erkennen und ihrer Finsternis entrissen werden.« Dass die Juden ein Volk von Ungläubigen, Verblendeten und in Finsternis fern der Wahrheit Dahinlebenden seien, zählte zu den Grundüberzeugungen unserer christlichen Kultur. Dass sie damals parallel zu diesem Gebet ob ihrer angeblich selbst verschuldeten und zu verantwortenden Verblendung schon zu Millionen physisch vernichtet worden waren, wussten wir noch nicht, während der Vatikan es sehr wohl wusste und dazu schwieg.

Auf meinen 17. Geburtstag erhalte ich die Einberufung zum
10. August nach Brünn in Mähren. Thea schenkt mir auf meinen Wunsch hin Hans Grimms *Volk ohne Raum* mit einer lieben
Widmung und ist furchtbar enttäuscht, dass wir uns trennen
müssen. Noch einmal fallen wir übereinander her, können und
wollen nicht voneinander lassen und müssen es doch. Der Opa
ermahnt mich zum Abschied auf Hessisch: »Vergiss mä unsern
Herrgott net!«, und die Oma versorgt mich mit zwei Flaschen
Wein und einem mächtigen Stück durchwachsenen Speck.

Am 10. August finde ich mich zusammen mit fünfhundert
Rekruten auf dem Kuhberg in Brünn wieder. Es ist der Sitz des
Reserve-Regiments der SS-Totenkopfdivision. Wir sollen hier
eingekleidet werden und eine erste Grundausbildung erhalten.
Der Ton ist gleich so unerbittlich wie seine Umsetzung durch
die Ausbilder mit Drill und Schikanen hart und bisweilen brutal. Als ihr Feind, wie ich mir später immer wieder sagte, hätte
ich ihnen nicht in die Finger fallen mögen. Als wir gleich am
ersten Tag beim morgendlichen Appell nicht schnell genug vor
der Baracke antreten, jagt uns der Oberscharführer mit: »Hinlegen! Auf, marsch, marsch! Kehrt, marsch, marsch!« über den
großen Platz. Und als ihm das nicht schnell genug geht, höre
ich zum erstenmal den Droh- und Vollstreckungsruf, der mich
während meiner ganzen Ausbildungszeit und darüber hinaus
begleiten wird: »Ihr Lahm-Ärsche, wenn das nicht schneller
geht, scheuche ich euch durchs Gelände bis zur Vergasung!«
Beim ersten Mal denke ich an verdampfenden Schweiß oder
entweichendes Darmgas, muss lachen und halte die Metapher
für eine persönliche Marotte des Oberscharführers. Aber dem
war nicht so. Sie beherrschte den Kuhberg, war das geflügelte
Wort aller Führer und Unterführer. Und nicht nur auf dem
Kuhberg. Es eroberte damals den ganzen deutschen Sprachraum, und man hört bisweilen noch heute dieses »bis zur Vergasung« in aller Unschuld geäußert, selbst von jungen Frauen, um

das Übermaß einer Anstrengung zu charakterisieren. Als wir Anfang September nach einem Viehwagentransport quer durch das Reich, Belgien und Nordfrankreich auf dem Bahnhof des Truppenübungsplatzes Mailly le Camp in der Champagne ausgeladen werden und das Antreten nicht gleich klappt, jagt uns ein Hühne von Hauptscharführer von der Leibstandarte Adolf Hitler zum Empfang gleich über die Schienen und abermals »bis zur Vergasung!« Die Floskel wird zur Furie, die man in den nächsten Wochen und Monaten hinter uns herhetzt in den verschiedensten Varianten: »Ich reiß euch den Arsch auf bis zur Vergasung!«, »Ich schleif euch die Eier bis zur Vergasung!« Und Unterscharführer Auinger schießt den Vogel ab mit: »Ich zieh euch durch die Scheiße bis zur Vergasung!«

Am folgenden Morgen treten 500 Rekruten mit einem Durchschnittsalter zwischen 17 und 18 Jahren zur Begrüßung durch den Regimentskommandeur auf dem großen Appellplatz hinter den Kasernen an. Es ist Sturmbannführer Max Wünsche von der Leibstandarte. Ich kenne ihn aus den Wochenschauen hinter Hitler stehend oder gehend als sein Adjutant. Er ist in einem himmelblauen französischen Luxus-Cabrio vorgefahren und ihm entstiegen als eine weithin strahlende Erscheinung mit blitzendem Ritterkreuz, wie es etliche der ihn begleitenden Führer um den Hals haben. Sie haben es von Hitler persönlich erhalten, zum Teil nach der Rückeroberung Charkows im vergangenen Frühjahr. Als er die Front abschreitet, geht er ganz nah an mir vorbei in seiner filmreifen Erscheinung. Er ist in allem das Idealbild des Helden, irgendwo angesiedelt zwischen Harry Piel und Hans Albers, und entsprechend schneidig ist auch seine Stimme, als er uns willkommen heißt und letzten Einsatz von uns verlangt, begleitet von der sanft gefassten Drohung: »Wie man sich bettet, so liegt man!« Überraschend fordert er uns auf, die Mützen abzunehmen. »Wie sehen die Männer aus!«, entrüstet er sich, als er unseren extrem kurzen

Haarschnitt entdeckt, den man uns auf dem Kuhberg verpasst hat: »Das ist Verstümmelung! Ich will keine Russen, ich will einen kleidsamen Haarschnitt!« Das kommt bei uns gut an. Trotz der Verstümmelung passt mir einige Tage darauf, als wir Karabiner, Gasmaske und den Stahlhelm empfangen, keiner der vielen in der Kammer gestapelten Helme. Schon beim Appell falle ich störend auf mit meiner Mütze in der behelmten Einheitsfront der Kompanie, und da Spieß Böttcher immer Putz- oder Scheißhausreinigungsdienste zu vergeben hat, ist »der mit der Mütze, dem Quadratschädel, dem Wasserkopf« als erster dran. Als Hauptscharführer Müllers Stube von mir angeblich nicht sauber genug geputzt wurde, gibt er Unterscharführer Auinger die Anweisung, mir mal tüchtig »den Arsch aufzureißen«. Dass auch das »bis zur Vergasung« gehen soll, versteht sich von selbst. Eine volle Stunde lang jagt er mich über den Kreideschotter, bis ich rundherum eingepudert bin. Dann jagt er mich in die Kaserne und will mich in genau zehn Minuten blitzblank sauber wiedersehen, was von vornherein, wie er selber weiß, nicht zu schaffen ist und ihm den Vorwand liefert, mich noch eine weitere halbe Stunde zu schurigeln. So habe ich dank meines Dickkopfs gleich meinen Intimfeind weg, in dem ich den kompletten Wiedergänger von Remarques Unteroffizier Himmelstoß erkenne, diese preußische Missbildung, deren Unvergänglichkeit ich tief enttäuscht in den kommenden Wochen zur Kenntnis zu nehmen habe. Nach vierzehn Tagen endet Gott sei Dank meine stahlhelmlose Zeit. Ein Kurier hat aus Berlin-Licherfelde den passenden Stahlhelm gebracht. Mit dieser Frohbotschaft ruft mich Spieß Böttcher beim Morgenappell vor die Front und stülpt ihn mir über mit einem Klaps oben drauf. Aber schon beim ersten: Hinlegen! knallt mir der Helmrand vorn auf die Nase, dass sie blau anläuft und blutet, und es stellt sich heraus, dass er eine Nummer zu groß ist, nicht zuletzt wegen des mangelnden Volumens in Folge meines nicht kleidsamen Haarschnitts. Wenigstens hat Unterscharführer Wegener Erbarmen mit mir: »Komm her, Junge!« Er holt von seiner Stube eine Zeitung und unterlegt damit das Innenleder, bis mir der Helm fest sitzt. So falle ich beim ersten hohen Besuch nicht länger mit meinem unbehelmten Schädel aus der Reihe.

Es ist der Obergruppenführer und Chef der Leibstandarte Sepp Dietrich, der uns die Grüße des Führers überbringt und uns mitteilt, er habe beschlossen, dass die Division Hitlerjugend nun doch nicht nur eine Panzergrenadier-, sondern eine Panzerdivision werden soll, zusammengefasst mit der Leibstandarte zu einem Panzercorps unter seinem Befehl. Sepp Dietrich, der schon Anfang der 20er-Jahre immer an der Seite Hitlers zu sehen war, ist, anders als Wünsche, eher kleinwüchsig und fast so kurz wie breit, sodass seine Adjutanten ihn um Haupteslänge und mehr überragen, als er aus dem Mercedes steigt und auf uns zukommt. Er gibt sich väterlich und ruft uns in seinem unnachahmlichen Bayerisch zu: »Jungs, Halbkreis!« Das ist, wie man uns vorher informiert hat, die ihm eigene Aufforderung, dass wir uns in einem weiten Halbkreis zu seinen Füßen setzen sollen, was mit Hilfe des verhaltenen Hirtenhundegebells unserer Unterführer auch gelingt. Die Rede, die er uns dann hält, gipfelt in dem unvergesslichen Satz: »Da habt ihr Jungs bis vor kurzem noch mit Streichholzschachteln gespielt, und jetzt gibt euch der Führer lauter Panzer!« Für mich wie wohl auch für etliche andere war es eine Frohbotschaft. Und sie erwies sich als wahr. Denn als wir einige Tage später morgens zum Appell raustreten, stehen am unteren Ende des großen Platzes zweiundzwanzig nagelneue Panzer in einer Reihe da, die überlangen Kanonen mit 45° gen Himmel gerichtet. Ein erhebendes Bild, zumal, als Woche für Woche aus dem fernen Linz an der Donau, aus den Hermann-Göring-Werken, wohin Onkel Köbes in seinen Bussen die Arbeiter befördert, weitere

Panzer im Dutzend angeliefert werden. Endlich geht es richtig los. Endlich hat der öde Infanteriedienst ein Ende und mit ihm die abstoßend primitive und entwürdigende Schinderei durch unseren Zugführer Müller und Unterscharführer Auinger. Bei Auinger habe ich es gleich in den ersten Wochen auf bis zu fünfzig Liegestütz und achtzig Kniebeugen mit Gewehr in Vorhalte gebracht. Er will mich kleinkriegen: »Na, Kreis, schwitzen's schon?«, kommt er breitbeinig und grinsend ganz dicht an mich heran, höhnend in seinem Wienerisch, dass ich ihm am liebsten eins in die Fresse gegeben hätte. Stattdessen nehme ich den Kampf mit ihm anders auf. Mich kriegst Du nicht klein! Eher will ich krepieren als Schwäche zeigen und stehe es stoisch durch. Nebenbei passiert das, was heute Bodybuilding heißt. Der Brustkorb dehnte sich männlich, der Arsch wurde knackig und die Arm- und Beinmuskeln wölbten sich zu kleinen festen Gebirgen auf. Zum Glück sind für die Ausbildung am Panzer Fachleute gefragt. Auinger ist Infanterist. Wir werden Unterscharführer Wegener zugeteilt. Auch er verlangt mit äußerster Härte das Letzte von uns, aber es ist immer in wohltuender Weise in die teils komplizierten Sachzusammenhänge eingebettet. Das schnellstmögliche Aufsitzen durch die engen Luken und ebenso das Ausbooten, das Drehen des Turms mit der Hand statt mit dem Schwenkmotor ist Schwerstarbeit, vor allem, wenn der Panzer schräg steht, das Aufspringen auf den fahrenden Panzer von hinten nicht weniger. Das alles wird Dutzende Male wiederholt, bis wir es im Schlaf beherrschen.

Das Aufspringen auf den fahrenden Panzer ist Wegeners ganz besonderes Steckenpferd, fast schon seine Obsession. In Rußland hat er vier Panzer mit Hohlhaftladungen, die er ihnen eigenhändig an den Turm oder die Schrägfläche klebte, zur Strecke gebracht. Am Ärmel trägt er dafür in Silber die vierfache Auszeichnung für diese mutige Tat. Dabei hat er erfahren, wie verwundbar so ein einschüchterndes Ungetüm in

Wirklichkeit ist. Das will er uns zeigen. Wir springen, er voran, die fahrenden Panzer von hinten an, steigen dann im nächsten Schritt hoch, reißen die Luke auf und simulieren das Hineinwerfen einer Handgranate oder das Anheften einer Hohlhaftladung. Das gleiche macht Wegener uns anschließend von vorn vor. Er lässt den Panzer mit ziemlicher Fahrt an sich herankommen, hangelt sich im letzten Moment an der Kanone hoch auf den Bug und kriecht zur nächsten Luke. Erst will er nicht, dass wir das nachmachen. Als wir ihn aber immer wieder bitten, sagt er schließlich, »Ja, aber nur bei mäßiger Geschwindigkeit«. Besonders gefürchtet sind die Schießübungen mit der Panzerkanone weit draußen auf den mit Heidekraut bewachsenen Kreidehügeln hinter den lichten Kiefernwälder von Mailly le Camp. Hauptscharführer Drewert leitet sie, und wer schlecht schießt oder den Turm mit der Hand nicht schnell genug ins Ziel gedreht kriegt, muss ausbooten und wird einem der Ausbilder zur Sonderbehandlung anvertraut, deren Spezialität es ist, uns »bis zur Vergasung« durch das hohe und dichte Heidekraut zu scheuchen. Um Benzin zu sparen, fahren wir natürlich nicht mit den Panzern ins Gelände, sondern marschieren täglich über eine Stunde zu ihnen hin und auch wieder zurück zur Kaserne. Dazu kommt der stundenlange Drill. Nachts schlafen wir wie die Steine auf unseren Strohmatratzen und morgens sind wir nicht wirklich wach. Trotz der guten Verpflegung nehmen wir ab, werden drahtig und bekommen asketische Stahlhelmwangen: »Wie hängt ihr Säcke wieder schlaff in den Seilen!«, lässt sich Spieß Böttchers obszönes Gebrüll zum Morgenappell vernehmen: »Ihr Rohrvorholer, Schlappschwänze, Onanisten! Habt wieder die halbe Nacht herumgewichst!« Damit hatte er es oft und gern, verbunden mit der Drohung, er werde uns schleifen »bis uns der Schwanz nach hinten steht«.

Wovon wir jungen Rekruten in jenem sonnig herbstbunten Oktober 1943 nichts ahnen, ist die auf hohen Touren laufende

Vernichtung von Juden, Polen, Sinti und Roma und russischen Kriegsgefangenen in den KZ-Lagern des Ostens. Uns kommt auch nicht zu Ohren, was unser Reichsführer-SS Heinrich Himmler gerade erst in seiner Posener Geheimrede vom 4. Oktober den höchsten SS-Führern über die »Ausrottung des jüdischen Volkes« gesagt hat und wie er sie begründet: »Wir hatten das moralische Recht, wir hatten die Pflicht gegenüber unserem Volk, dieses Volk, das uns umbringen wollte, umzubringen.« Eine Pflicht, die aber gegenüber dem Volk unbedingt geheim bleiben sollte als ein »niemals zu schreibendes Ruhmesblatt unserer Geschichte.« Das las ich erst nach dem Krieg und fragte mich, was dieses so paradox aufstörende »Niemals« in Himmlers dreistündigem Redefluss ausgelöst haben mag. Denn bis heute hat die von Siegern geschriebene Geschichte kein Problem damit, sich des Triumphs über die Besiegten zu rühmen und ihn in Denkmälern festzuhalten. Aber zu einer Antwort fand ich erst, als ich schon damit begonnen hatte, mein Leben aufzuschreiben. »Man hat Siege über das Judentum errungen, aber es sind immer nur Siege der Macht gewesen, gefahrlos und ruhmlos«, so lautete das trostlose Resumee Leo Baecks beim Rückblick auf die abendländische Geschichte. Hitlers Sieg wurde der letzte dieser ruhmlosen Siege, hinter unserem Rücken im tiefen Osten Rache übend an denen, die, als jede Aussicht auf einen deutschen Sieg längst absurd geworden war, für ihren absehbaren Sieg so furchtbar büßen sollten. Von alldem noch nicht eingeholt, taten wir jungen Soldaten im Abseits von Mailly le Camp treu und in unerschütterlichem Glauben an den Endsieg weiter unseren Dienst.

Der Chef unserer 6. Ausbildungskompanie ist Obersturmführer Ruckdeschel, stellvertretender Gauleiter von Bayreuth und ein Intimus Winifred Wagners, der Herrin über den Hügel und engen Vertrauten Hitlers. Den drei Führeranwärtern Hagen, Hausteiner und Kreis gilt seine besondere Fürsorge, die darin besteht, dass er uns zu Auszügen aus Alfred Rosenbergs *Mythus des 20. Jahrhunderts* und aus Hitlers *Mein Kampf* Aufsätze schreiben lässt, die er abends nach Dienstschluss mit uns bespricht. Das raubt uns auch noch die zwei, drei freien Stunden am Sonntagnachmittag, wenn die Stubenkameraden Ausgang haben nach Kamm-, Taschentuch-, Pariser- und Fingernägelkontrolle. Ich halte mich jedesmal mit Champagner wach, den wir für nur zwei Mark die Flasche in der Kantine bekommen und fleißig konsumieren. Behalten habe ich von den Themen, die uns aufgegeben waren, nur den Passus aus *Mein Kampf*: »Siegt der Jude ... über die Völker dieser Welt, dann wird seine Krone der Totenkranz der Menschheit sein, dann wird dieser Planet wieder wie einst vor Jahrmillionen menschenleer durch den Äther ziehen«, und behalten habe ich ihn auch nur deshalb, weil Hitlers apokalyptische Bilderwelt die meiner Kindheit wachrief, wie ich sie aus der Martinsbibel und aus Ernst von Salomons *Die Geächteten* kannte. Was ich völlig übermüdet dazu zu Papier brachte, weiß ich nicht mehr, sicherlich Entsetzliches.

Bei unserer täglichen Ausbildung trat Ludwig Ruckdeschel auffallend selten in Erscheinung, und wenn, dann nur kurz. Gleich nach dem Morgenappell verschwand er und überließ alles Weitere den untergebenen Führern und Unterführern. Dafür trat er jeden Sonntagmorgen mit seinen zwei Stunden Weltanschauung umso machtvoller hervor. Die gesamte Kompanie saß im großen Saal in Sechserreihen gestaffelt auf Schemeln vor ihm, stets übermüdet von den kräftezehrenden Anstrengungen der Woche. Sein absolutes Steckenpferd war, was sonst, Richard Wagner. Aber nicht die Musik des Meisters bringt er uns zu Ohren, sondern seine Schriften. Und da er ein Redner ist, tut er es in griffigen Formeln, die sich leicht einprägen, zumal er sie wiederholt und von einzelnen von uns wiederholen lässt. Es ist für ihn unumstößlich, und gerade wir von des Führers Garde müssen es begreifen: »Unser heiliges Deutschland ist in einem alles entscheidenden Ringen begriffen gegen den jüdischen Weltfeind. Er tritt uns entgegen in zweierlei Gestalt: als der Rote aus dem Osten und als der Goldene aus dem Westen.« Während er so zu uns spricht in seiner eleganten, mit hohen Orden gezierten schwarzen Panzeruniform, bedient er sich jedesmal einer statuarischen Pose, und seine Augen kehren nur dann aus irgendwelchen Fernen zu uns zurück, wenn er gezielt einen von uns aufruft, das Gehörte wie ein Schüler zu wiederholen oder halb vorgesprochene pointierte Merksätze zuende zu formulieren. Dabei entwickelt er eine rhetorische Besonderheit: Seine eher helle Stimme wechselt über in ein rollendes und grollendes Dunkel, womit er sich, das Kinn an den Kragen gedrückt, deutlich der Stimmlage Hitlers annähert. Und in ihr zitiert er uns Wagner, spricht er von »dem« Juden als »dem geborenen Feind der reinen Menschheit« und schlimmer noch vom »Dämon des Verfalls der Menschheit.« Immer wieder bezieht er sich auf den heiligen Gral, erklärt ihn uns symbolisch als die »Schale des arischen Blutes«, die wir »vor Vergiftung« zu schützen hätten. Schauder sollen uns erfassen in diesem gewaltigen Abwehrkampf, in dem wir stehen und den wir bestehen müssen. Deutschland ist die Mitte, ist das Schlachtfeld der Welt, auf dem über das »Erbe des Erdballs« entschieden wird. All das hören wir uns Woche für Woche immer wieder an, und wir drei Führeranwärter noch einmal extra und halten es auch Schwarz auf Weiß fest. Und als ich einmal sonntags ganz hinten sitze, fällt mir auf, wie die anfangs noch gerade gestreckten Rücken all meiner Vordermänner gegen Ende der beiden Stunden merklich krumm nach vorn gebeugt sind wie von all der rhetorischen Last, aber wohl mehr noch, weil sie wie ich hundemüde sind von dem alltäglichen »bis zur Vergasung« unserer Unterführer, das uns die Woche über erdwärts lenkt. So warten wir sehnsüchtig auf das erlösende Schlusswort seiner Vorträge, mit dem Ruckdeschel uns alle Sonntage wieder zu sich emporreißt, dem Schlusswort »bis zum Endsieg!«, dem Spieß Böttcher sogleich sein Kommando: »Kompanie Achtung!« hinterherbrüllt, das uns endgültig aufweckt, um den Obersturmführer in strammer Haltung und mit »Heil Hitler« zu verabschieden.

In einer der letzten dieser sonntäglichen Weltanschauungsstunden passiert es mir dann. Ich komme zu spät und finde nur noch in der allerersten Reihe einen Platz. Als Obersturmführer Ruckdeschel hereinkommt und Untersturmführer Gasch ihm die Kompanie angetreten meldet, schenkt er mir noch einen freundlich-wohlwollenden Blick, ehe er abermals zu seiner grollenden Statur erstarrt. Wieder hat er es mit dem Weltfeind, diesmal aber besonders mit dem »goldenen«, der mit einer gewaltigen Armee zum Sprung über den Kanal rüstet und zu dessen Empfang wir bereitstehen. Er lässt sich eingehend über den Amerikanismus, den Liberalismus und die »dekadente« britische Plutokratie aus, und ich sitze wie alle anderen da und döse und suche immer wieder das Gähnen zu unterdrücken. Ach, wäre doch das erlösende »bis zum Endsieg!« schon gesprochen und die zweistündige Rede endlich überstanden! Genau in dem Moment, in dem ich übermüdet in eine Absence falle, holt Ruckdeschel grollend zu seinem Schlusswort aus, das er ab und zu und so auch diesmal einen von uns zuende formulieren lässt. Und dieser eine bin ausgerechnet heute ich. Ich verschlafe die Vorbereitung der Pointe, auf die der Obersturmführer hinauswill und schrecke erst hoch, als von sehr weit weg zusammen mit meinem Namen nur noch sein laut aufforderndes: »... bis ...?«, und noch einmal: »... bis ...?« in mich eindringt und in mir, in strammer Haltung hochfahrend, das auslöst, was mir seit Monaten im Ohr wurmt: »... zur Vergasung, Obersturmführer!« Zwei Sekunden Stutzen und Stille, dann ein Orkan von Gelächter, vor allem von Gasch und den

Unterführern. Denn Ruckdeschel hatte, wie auch anders, auf sein insistierendes »... bis ...?, ... bis ...?« natürlich nur eines hören wollen: »... zum Endsieg!« Nun aber hatte ich ihm die Pointe vermasselt, und ich sah sofort, wie sein Gesicht rot anlief und sich dabei zu einem bösen und verächtlichen Grinsen in meine Richtung verzog. Von Stund an hatte ich bei ihm verschissen. Und als ich, hinterher von ihm zur Rede gestellt, mich entschuldigte und zu erklären versuchte, ich sei einen Moment vor Müdigkeit eingeschlafen, daher der Versprecher, machte ich alles noch schlimmer. Zu den abendlichen Treffen mit Hagen und Hausteiner werde ich nicht mehr bestellt. Stattdessen bin ich den auf einmal besonders perfiden Schikanen von Hauptscharführer Müller und Unterscharführer Auinger ausgesetzt. Ich kann nur von Glück sagen, dass das Regiment schon eine Woche später für den Kriegseinsatz neu formiert wird und ich der 8. Kompanie zugeteilt bin.

Wo das damals so geflügelte »Bis zur Vergasung« seinen Ursprung hatte, habe ich nie herausbekommen, auch nicht, ob es überhaupt einen Zusammenhang gab zwischen dem technischen Begriff der Überführung fester oder flüssiger Körper in den Gaszustand und der Vergasung von Menschen in den Vernichtungslagern. Dass ich Schlafwandler damals dennoch mit meiner Ersetzung des Endsiegs durch Vergasung in eine Zukunft hineindöste, die längst begonnen hatte und die ich mit vorbereitete, wusste ich nicht. Mich wurmte es nur für lange Zeit, dass ich mich mit dem Versprecher zum Gelächter gemacht hatte.

XV. »NUR TIERISCHER ALS JEDES TIER ZU SEIN«

Die Atmosphäre in der 8. Kompanie ist wohltuend anders. Kompanieführer ist Oberleutnant Paul, und der erste Zugführer ein Leutnant Schemmet. In Ermangelung SS-eigener Panzerspezialisten und auch wegen der hohen Verluste von Führern an der Ostfront hat die Wehrmacht beide an uns »ausgeliehen«. Paul ist ein Bauernsohn vom Westerwald, nicht weit weg von meinem Geburtsort Horhausen, und das verbindet gleich. Leutnant Schemmet ist Jurist. Beide bringen einen in der Sache konsequenten, aber sonst sehr freundlichen Ton in die Kompanie, der sich auch auf die Unterführer überträgt. Der einzige SS-Führer ist Untersturmführer Jeran, Kreisleiter in Hamburg, aber anders als Ruckdeschel kein Eiferer, sondern ein eher väterlicher und sympathischer Hanseate. Im Dezember beginnen wir mit Übungen in größeren Panzerverbänden. Als Richtschütze lerne ich, durch das mit der Kanone justierte Zielfernrohr die ersten, im Gelände verstreuten Panzerattrappen ins Visier zu nehmen und zu bekämpfen. Das Visier im Innern des Zielfernrohrs ist ein spitzes Dreieck, der Hauptstachel, dem rechts und links je drei kleine Stachel zugeordnet sind, die die Vorgaben markieren für quer sich bewegende Ziele. Ich lerne, dass dem Hauptstachel der Drehkranz des feindlichen Panzerturms genau aufsitzen muss, um die optimale Vernichtungswirkung zu erzielen. Über die weltpolitische Lage oder die Lage an den Fronten erfahren wir in dieser Zeit so gut wie nichts. Wir sind fast völlig absorbiert von dem, was wir im Einsatz alles zu beachten haben. Unser Fahrer Schieleit aus Ostpreußen hat sich wie all die anderen Fahrer täglich um den Motor zu kümmern, ein sehr sensibles Zwölfzylinder-Maybach-Kunstwerk mit 400 Ps., das auf 100 Kilometer 400 Liter Benzin schluckt und zweihundert Liter Öl im Getriebe hat und dennoch, wie Oberleutnant Paul immer wieder klagt, viel zu schwach und daher äußerst anfällig ist. Die deutschen Panzer sind alle untermotorisiert. Was ihnen fehlt, sind die Dieselmotoren mit der doppelten Zugkraft, wie sie die Russen in ihren T 34 haben oder die Amerikaner in ihren Sherman-Panzern. Aber dazu fehlen uns die Ölquellen. Besonders eifrig ist unser Funker Wiendl. Er hat gelernt, dass im Gefecht die Kommunikation zwischen den Panzern und zu den Leitpanzern der Kommandeure über den Sieg entscheidet. Abends nach Dienstschluss sitzt er über seinen Unterlagen aus dem Funkerlehrgang, während wir andern auf Schemeln um den glühenden Kanonenofen hocken und Brot rösten, die Ladeschützen Schumann aus Sachsen und Münster aus Westfalen, der Fahrer Geuß aus Köln oder der Funker Wedel aus Karlsruhe. Unsere Kommandanten, die Führer und Unterführer, haben natürlich ihre eigenen Zimmer. Einer von ihnen, unser Sanitäts-Unterscharführer Riemann, entwickelt in jenen Wochen ein besonderes Faible für unsere Genitalhygiene, animiert durch unseren Regimentsarzt, Hauptsturmführer Jordan, der uns über die Geschlechtskrankheiten die Leviten liest, den Tripper, die Syphilis, den harten und den weichen Schanker, und uns vor der »gewaltigen Sauerei« warnt, dass allein in Frankreich ständig ein ganzes Armeecorps von einhunderttausend Soldaten mit Geschlechtskrankheiten in den Lazaretten liege, zu dem er uns nicht zählen wolle. »Reif werden und rein bleiben!«, hat er uns ins Gewissen geredet. Bei Unterscharführer Riemann aber setzt sich dieser Reinheitsruf in die sanitäre Praxis der »Nüllenparade« um. Sie ereignet sich überfallartig und immer mitten in der Nacht. Plötzlich reißt uns das schrille Konzert einer Trillerpfeife und das Kommandogebrüll: »Aufstehen!« aus tiefstem Schlaf. Wir fahren hoch, und sehen im hell aufflammenden Licht den UvD mit Helm und Riemann ohne dastehen. Die Hände in die Hüften gestemmt, treiben sie uns, »Los, los!«, aus den Betten auf die Schemel, wo wir mit unseren zippelig kurzen grünen Hemden in Reih und Glied dastehen und auf das Kommando »Vorhaut zurück!« warten, um dem mit Taschenlampe bewaffneten Sani den prüfenden Blick freizugeben auf das, was er als »Nüllenkäse« möglichst nicht entdecken darf, und, wenn er es doch tut, dem Spieß Polzin zur Meldung bringen muss, damit der die Sünder beim Morgenappell nach fünfzig Kniebeugen zur Sauberkeit ermahnt und mit den üblichen Sonderdiensten in Stuben und Latrinen bedenkt.

Zum Jul-Fest steht das ganze Regiment in Schwarz in einem großen Viereck angetreten vor der Kulisse eines Kiefernwaldes hoch auf einem Hügel von Mailly le Camp. Wünsche hält eine die Wintersonnenwende würdigende Rede, dann prasselt ein gewaltiges Feuer zum Nachthimmel, und das ganze Regiment stimmt ein in Gellerts Hymnus: »Die Himmel rühmen des Ewigen Ehre«. Für den Hin- und Rückmarsch haben wir das Lied der Leibstandarte und ihren merkwürdig verhaltenen, ganz eigenen Marschtritt zum erstenmal richtig ausprobiert: »Unsre-Eh-re-, ist-die-Treu-e̊, der-Leib-stan-dar-te-Wort. / Wir-ja-agen-die-Beu-te-mit-flie-gen-den-Fah-nen-Pan-zer-vor-an!« Dass Melodie und Marschtritt der Leibstandarte bis heute in der französischen Fremdenlegion fortleben, wenn auch mit einem anderen Text, sei als Kuriosität nur am Rande vermerkt. Das Weihnachtsfest drei Tage später feiern wir mit den seit Kindertagen dazugehörenden Liedern. Jeder von uns erhält als Geschenk ein »Führerpaket« mit Süßigkeiten, Spirituosen und Delikatesskonserven. Später sitzen wir zusammen beim Glühwein. Die Silvesterfeier 1943/44 artet in ein Massenbesäufnis aus und plötzlich gehen wie auf Kommando alle Pferde mit uns durch. Ich weiß noch, wie wir aus dem großen Versammlungsraum nach oben in unsere Buden stürmen, die ganze Einrichtung demolieren und dann mit unseren Karabinern wie wild aus den Fenstern und in die Decke schießen, dass uns die Kalkbrocken nur so auf die Köpfe hageln. Aber nicht nur in unserer Kompanie ist der Teufel los, sondern auch in allen anderen. Und die Schüsse gehen auch dort nicht nur in die Luft, sondern peitschen flach durch die Lagerstraßen und zwischen den Kasernenblöcken hin und her. Es ist ein Wunder, dass keiner getroffen wird. Hinterher erfahren wir, dass nicht einmal die Führer sich trauten, uns Einhalt zu gebieten. Was uns geritten hat, wissen wir nicht und denken auch weiter nicht darüber nach, zumal es keine disziplinarischen Folgen hat. Wohl musste das Regiment 15 000 Reichsmark für die demolierten Möbel an die Kommandantur zahlen, wozu man uns das Geld anteilig vom Sold abzog.

Anfang Januar wird die Division »Hitlerjugend« weiträumig auf Belgien verteilt. Unser Regiment bekommt den Raum Hasselt zugewiesen und unsere 8. Kompanie bezieht Quartier in einer Internatsschule in Genk. Auf dem Weg von Hasselt dorthin bleibt unser Panzer mit Motorschaden liegen. Es ist eisig kalt. Zum Glück liegt gleich an der Straße eine kleine Kneipe, die von einer Frau und ihren zwei Töchtern betrieben wird. Nachdem Kommandant Fuchs eine Wache bestimmt hat, sitzen wir anderen mit ihm in der Kneipe und unterhalten uns mit den Mädchen, bis die Wirtin um zehn Uhr schließt. Danach geht es mit der Decke in die Scheune eines gegenüberliegenden Bauernhofes. Am zweiten Tag, wir stehen immer noch da und ich habe gerade Wache, kommt ein junger Flame in Zivil auf mich zugehetzt, in der Rechten eine Pistole, und berichtet außer Atem, ihnen sei soeben ein gesuchter Résistance-Mann entwischt, der schon viele Deutsche auf dem Gewissen habe, der müsse noch ganz in der Nähe sein, er sei bewaffnet, ob wir ihnen nicht helfen könnten. »Aber ja!«, zeige ich auf die Kneipe, da sei unser Kommandant. In dem Augenblick braust ein Citroën 7A heran, zwei weitere Männer in Zivil springen heraus, zerren eine junge Frau aus dem Fond und verschwinden mit ihr hinter dem Flamen her in der Kneipe. Was dort geschieht, erfahre ich erst, nachdem alle wieder herausgekommen sind, zuerst die drei Männer mit der Frau, die ihnen nun wie eine verdrehte Puppe in den Armen hängt, das Gesicht blutverschmiert und die Haare zerzaust, und dann Fuchs, Wiendl, Schumann und Schieleit, die dem davonrasenden Citroën merkwürdig aufgekratzt nachschauen. »Was war?«, frage ich neugierig, und Schumann: »Mensch, da hast du was versäumt!« »Ja, was denn?« Doch statt einer Antwort zieht er die Schultern ein, und mit einem »Morgen, mir ist kalt!«, läuft er den anderen hinterher über die Straße in die Scheune. Schieleit erzählt mir alles, als er mich zur Wache ablöst und ich ihm die Maschinenpistole übergebe. Zuerst jagten die drei Männer, sie waren wohl vom SD, die Wirtin zusammen mit ihren Töchtern aus der Kneipe nach oben in ihre Wohnung, und während der eine schnell die Tür abschloss, drückten die beiden anderen die Frau auch schon auf einen Stuhl, schüttelten sie und brüllen sie immer wieder an: »Wo ist er? Wo ist Leo?« Doch die Frau, seine Geliebte oder Braut, sagt kein Wort, wird roh ins Gesicht geschlagen, dann immer wieder in den Magen geboxt, an den Haaren gerissen; und nach weiteren: »Wo ist Leo?« dreht einer ihr die Arme hinter dem Stuhl so zusammen, dass sie einen lang gezogenen Schrei ausstößt. Als sie immer noch schweigt, fragt der Flame sie noch einmal: »Wo ist Leo?« und sagt dann etwas auf Flämisch zu ihr, woraufhin sie entsetzt irgendetwas antwortet und die drei es plötzlich sehr eilig haben, mit ihr aus der Kneipe zu kommen und davonzufahren.

Ich nahm meine Decke aus dem Panzer und verzog mich in die Scheune, wo die anderen schon schliefen. Das blutverschmierte Gesicht der Frau blieb mir vor Augen. Obwohl sie die Geliebte eines Franktireurs und Mörders von Deutschen war, stieß mich das Erlebte ab und mehr noch die Art, wie Schieleit es mir mit seinen kruden Worten erzählt hatte. Dies auch vor dem ganz anderen Hintergrund des sehr freundlichen, bisweilen sogar herzlichen Verhältnisses zur flämischen Bevölkerung. Wir fühlten uns sozusagen wie zuhause, wozu allerdings die Formationen der flämischen Hitlerjugend, SA und SS beitrugen, die immer wieder durch die Straßen zogen.

In unserem Quartier in Genk sind rund um einen großen lichten Saal die Schlafräume angeordnet, von denen wir einen nach der Reparatur unseres Panzers beziehen. In dem Saal kommt die ganze Kompanie zweimal die Woche zum Weltanschauungsunterricht bei Untersturmführer Jeran zusammen. Er kann spannend erzählen. Vor allem imponiert uns, dass er Heinrich Himmler widerspricht, den wir wie unsere Führer nicht gerade respektvoll den »Reichsheini« nennen. Für Jeran ist nicht Heinrich I. der Gründer des Reiches, sondern Karl der Große. Er habe den Grund gelegt und seine Leistung sei das gewaltige Vorbild für das kommende Vereinigte Europa unter der Führung des Reiches. Ich falle Jeran durch meine guten Geschichtskenntnisse auf, was den Ausschlag dafür gibt, dass ich Mitte Februar zum Führeranwärterlehrgang einberufen werde. Er ist im Kloster Bokrijk unweit Hasselt nahe am Albertkanal untergebracht. Die ausgedehnte Klosteranlage mit Park gehörte damals den Vlaamse broeders, deren Ordensschüler für uns Schüler des »Ordens unter dem Totenkopf« ihre Studiensäle und Schlafräume hatten räumen müssen. Zu meiner großen Freude treffe ich Walter Hagen und Franz Hausteiner wieder, die Obersturmführer Ruckdeschel von der 6. Kompanie ebenfalls zum Lehrgang geschickt hat. Wir können es sogar so einrichten, dass wir zusammen mit Siegfried Peters, einem Bergarbeitersohn aus dem Ruhrgebiet, zu viert in einer Stube unterkommen. Leiter des Lehrgangs ist Hauptsturmführer Beck, Ritterkreuzträger wie so viele im Regiment.

Aber er fällt durch seine ruhige und vornehme Art aus der Reihe, eine Respektsperson, unter deren Flair der übliche Kasernenhofton gar nicht erst aufkommt. Untersturmführer Menzel vom ersten Zug organisiert gleich einen Chor, zu dem ich mich melde. Von den üblichen Soldatenliedern lässt er nur wenige gelten. Bei ihm singen wir viele ältere Lieder wie: »Jede Kugel, ja die trifft nicht«, oder »Ich armes welsches Teufli, bin müde vom Marschieren«, aber auch das Lied der Napolaner und Adolf-Hitler-Schüler mit dem Refrain: »Rebellen, Rebellen / Haben den Tod und den Teufel zum Gesellen, / Rebellen haben das Gestern vergessen, / Sie bauen das Morgen vom Glauben besessen, / Vom Glauben ans Ewige Reich, vom Glauben ans Ewige Reich.« Als erstes sollen wir künftigen Führer auch lernen, was zu einem tüchtigen Unterführer gehört. Doch zielt der Unterricht mit viel Theorie auch darüber hinaus. Bei Beck haben wir zweimal zwei Wochenstunden SS-Wesen. Dazu gehört die Organisation des Reichssicherheitshauptamtes, gehört der Aufbau einer SS-Grenadier- und einer SS-Panzerdivision, aber auch der Spezialeinheiten. Wir schreiben fleißig mit und legen uns Mappen an. Denn zu Beginn der kommenden Stunde werden wir abgefragt, müssen manchmal auch kurze Referate halten. Als bei der Behandlung der Sondereinheiten auch eine Gaswagen-Abteilung erwähnt wird, schreiben wir das alle brav auf, und nur ein einziger von uns einhundertzwanzig Mann, der Sohn eines Studienrats aus Zoppot, hebt die Hand und fragt Beck, was das denn sei, ein Gaswagen. Darauf Beck, das sei »geheim«. Ich hätte rückblickend viel darum gegeben zu erfahren, ob Beck damals wusste, was es mit den Gaswagen wirklich auf sich hatte, mit denen man durch Einleitung der Abgase fern die Massenvernichtung begann. An den Zoppoter, eine hochgeschossene, flachsblonde Erscheinung, erinnere ich mich gut. Er war so alt wie ich, wirkte aber älter und war schon eine ausgeprägte Persönlichkeit, die auffiel und etwas Eigenes ausstrahlte. Eines Tages, als er von Beck etwas genauer wissen will, weshalb Himmler den Atheismus ablehne und darauf bestehe, dass SS-Männer an Gott glauben, fragte der ihn zurück, warum er noch katholisch sei. Worauf der Zoppoter zur Antwort gab: »Ich bin es wie der Führer auch.« Das machte ganz offensichtlich Eindruck auf Beck, aber auch auf mich, denn ich gehörte ja auch zu den nicht wenigen Katholiken, die es in der Division gab, und hatte nach wie vor die Ermahnungen meiner Mutter und meines Opas im Ohr, nur ja unseren Herrgott nicht zu vergessen, was ich für mich in der Weise beherzigte, dass ich mein Morgengebet aus frühesten Kindertagen beibehielt: »Vom Schlaf bin ich gesund erwacht, Dir, lieber Gott, sei Dank gebracht. Nimm mich auch heut in Deine Hut und mache mich recht fromm und gut ...«, ohne die irrsinnige Ironie zu ahnen, in was für eine Welt hinein das gesprochen wurde.

Eines Abends sitzen wir nach Dienstschluss und Abendessen auf unserer Stube. Die Aufgaben für den kommenden Tag haben wir gemacht, da holt Hausteiner sein Reclambändchen aus dem Spind, setzt sich hin und liest. Dass es Goethes *Faust*-Dichtung ist, wissen wir. Denn er hat uns gesagt, dass er über Goethe promovieren will. Zwei Semester Studium hat er schon hinter sich. Eine Weile sehen wir drei ihm stumm beim Lesen zu, bis der Walter sagt: »Mensch, lies doch laut!« Und als hätte er nur darauf gewartet, kommt Hausteiner der Aufforderung sogleich nach und beginnt mit dem Prolog im Himmel zwischen Gott und Mephisto. Er liest überaus melodisch in seiner alemannischen Mundart und innerlich ganz eins mit dem, was er liest. Der feierliche Klang der drei Erzengel und Boten Gottes, wie sie das Lob der Schöpfung singen, geht mir rhythmisch angenehm in die Ohren, aber erst als Mephisto aus seiner Unterwelt herauf Gott im Himmel anredet und der Franz sich stimmlich ganz auf diesen Bruch umstellt, bin ich auf einen Schlag gefesselt. Mein Gott, was für ein Ton! Dieses: »Verzeih, ich kann nicht hohe Worte machen, / Und wenn mich auch der ganze Kreis verhöhnt; / Mein Pathos brächte dich gewiß zum Lachen, / Hättst du dir nicht das Lachen abgewöhnt.« Das war, statt in Ehrfurcht zu erstarren, eine so unerhört lässige, ja unverfrorene Weise, mit Gott zu reden, wie ich es mir in meinem ganzen Leben nicht hatte vorstellen können. Schon diese wenigen Verse enthoben mein Innerstes aller bisherigen Scheu, und dieses Empfinden wurde von Vers zu Vers stärker, als ich Mephisto weiterreden hörte: »Von Sonn und Welten weiß ich nichts zu sagen, / Ich sehe nur, wie sich die Menschen plagen. / Der kleine Gott der Welt bleibt stets vom gleichen Schlag, / Und ist so wunderlich als wie am ersten Tag. / Ein wenig besser würd' er leben, / Hättst du ihm nicht den Schein des Himmelslichts gegeben; / Er nennt's Vernunft und braucht's allein, / Nur tierischer als jedes Tier zu sein.«

Diese letzten, von Hausteiner mit Emphase vorgetragenen Verse, in denen Mephisto Gott vorhält, sein Geschöpf, der Mensch, sei eine Fehlkonstruktion, denn ausgerechnet das Himmelslicht der Vernunft habe ihn tierischer als jedes Tier werden lassen, ergriff mein Innerstes wie eine Erleuchtung. Ich war aufgewühlt bis auf den Grund von der Gewalt dieser Worte, und alles, was dumpf in mir brodelte und gärte, brach erlösend, als künftige Leitlinie meines Lebens, aus mir hervor. Warum, hätte ich nicht sagen können. »Lies das noch einmal!«, bat ich den Franz, und er las es noch einmal, und ich war beglückt. Gleich am nächsten Tag lernte ich den ganzen Prolog im Himmel auswendig, und Hausteiner war froh, mit mir zusammen den Dialog zwischen Gott und Mephisto spielen zu können, so wie ich glücklich war, von ihm die Rolle Mephistos zu erhalten. Dass die abendländische Ermordung Gottes, wie ich sie später bei Heine und Nietzsche beschrieben fand, wie ein Blitz in mich eingeschlagen war, war mir noch nicht bewusst, und doch war ich unumkehrbar auf ihre Spur gesetzt. Der kleine Gott der Welt hatte sich angemaßt, den Schöpfergott an seiner Vernunft zu messen, ihn sogar mit ihr zu beweisen, und hatte ihn doch nur zu seiner eigenen Fassungskraft herabgewürdigt, bis die neuen Erlöser der Moderne sich sein Amt anmaßten – ein Prozess der Entzweiung, in dem eine alles verändern wollende

Vernunft vor der Hybris ihrer eigenen, grausamen Projekte niederkniete, abgelöst von dem, worauf der gewaltige Gott am Sinai uns Menschen einst eingeschworen hatte: »Erde, Leib und Leben.« Wer war Gott wirklich? Wenn mein Opa unseren Herrgott beschwor, dann hatte ich immer nur den Mensch gewordenen Erlöser am Kreuz vor Augen gehabt.

Unsere abendlichen *Faust*-Vorstellungen brachten uns auf die Idee, Teile des Dramas aufzuführen. Dazu kam es aber erst, als unser Lehrgang zusammen mit der Division im April in die Normandie verlegt wurde. Wir nahmen Quartier in einem beschlagnahmten Mädchenpensionat hoch über Evreux. Hier machten der Franz und ich nicht weit weg vor einem Waldstück einen Flecken aus, der sich als Freilichtbühne gut eignete. Aus dem Fundus des Stadttheaters liehen wir uns die passenden Kostüme und luden den ganzen Lehrgang, da Osterzeit war, zur Aufführung des Osterspaziergangs ein, wobei Walter Hagen die Rolle von Wagner übernahm. Wir ließen es uns aber nicht nehmen, als Vorspann den Prolog im Himmel zu spielen, mit Franz als Faust und mir als Mephisto, und hinterher dann noch den großen Anfangsmonolog: »Habe nun, ach …!«, wiederum mit Franz als Faust.

Zur gleichen Zeit werden in der Normandie alle Eisenbahnknotenpunkte systematisch zerbombt. Mit jedem Tag rückt die Invasion näher. Hauptsturmführer Beck lässt keinen Zweifel, was da auf uns zukommt: »Wenn sie da sind, wird der Himmel schwarz von ihren Flugzeugen.« Die entscheidende Schlacht werde aber auf dem Boden stattfinden. Und da unsere Panzergranaten durch ihre Panzer ebenso hindurchspazierten wie ihre Panzergranaten durch unsere Panzer, komme es allein darauf an, wer zuerst schießt. Das sei die faire Ausgangslage. Als der Lehrgang am 30. April endet, ist fast die Hälfte in einer vorausgegangenen Zwischenprüfung als nicht tauglich ausgeschieden. Zur Abschlussfeier werden wir alle befördert, und jeder von uns erhält aus der Hand von Beck ein Buchgeschenk. Meines trägt den Titel *Die westliche Hemisphäre*. Wie ich mich gut erinnere, war es eine Streitschrift, die die Schattenseiten der USA in Bild und Text hervorhob: Wallstreet-Kapitalismus, Slums, sexuelle Libertinage, Rassenmischung, Lynchjustiz, Gangsterunwesen und Einfluss der Juden. Das größte Geschenk, von Himmler persönlich, ist der Heimaturlaub. Die Urlaubssperre, die wegen der drohenden Invasion über alle Truppen in Frankreich, Belgien und Holland verhängt ist, wird dadurch umgangen, dass der Lehrgang nach Nürnberg zur Nachrichtenausbildung verlegt wird. Wie aber dorthin kommen? Die Bahnlinie zwischen Evreux und Paris ist wie alle anderen zerstört. Es bleibt nur die Möglichkeit, uns mit uralten beschlagnahmten Holzvergasern, die wir bergauf mit schieben müssen, und streckenweise sogar mit Pferdegespannen, bis Versailles durchzuschlagen, von wo wir den Schnellzug über Metz Richtung Berlin nehmen können, um gleich hinter der deutschen Grenze unsere Urlaubsscheine zu erhalten.

Am 3. Mai frühmorgens bin ich in Neuwied, aber nicht froh, sondern furchtbar bedrückt, weil ich einen Brief von Thea in der Brieftasche habe, der mich noch in Evreux erreichte und in dem sie mir mitteilt, sie liebe einen anderen, den habe sie eigentlich schon immer geliebt, aber das sei ihr erst jetzt bewusst geworden, und es tue ihr alles furchtbar leid. Ich kann und will es nicht glauben. Seit dem Abschied haben wir uns die liebsten Briefe geschrieben, und nun plötzlich das! Ich muss gleich nach Bullay und bin froh, dass mein Vater Urlaub erhält und wir schon am nächsten Tag losfahren. Das Wiedersehen mit Thea nach einem knappen Jahr wird für mich zu einem der traurigsten Augenblicke meines Lebens. Kein Kuss, keine Umarmung, das geliebte Gesicht wie fremd und schlimmer noch, keine Spur verlegen. Dafür tief in mir dieser schneidende Schmerz und die Trauer, die mich seit dem Brief nicht mehr losließ. Ich suche in ihren Augen, suche in dem verzweifelten Gedanken, sie müsse meinen Schmerz, meine Trauer in der gleichen Weise mitfühlen wie ich. Aber da ist nichts mehr. Und noch niederschmetternder: War da überhaupt jemals etwas oder war der so befreiende Rausch, der uns beide erfasste und davontrug, ein purer Wahn, der uns die Heimstatt im Herzen des anderen nur vorgemacht hatte? Ich war mit einem Mal wie abgetrennt von den Lebenden und fühlte mich wieder wie nach dem Tod meiner Mutter. Den ganzen Urlaub über lag mir der Verlust dieser Liebe als Schwermut auf der Seele. »Ich weiß, das tut weh«, sagt die Oma, als wir allein sind, und: »Aber das Leben ist so lang.« Auch mein Vater versucht mich zu trösten, so gut es geht, macht täglich mit mir weite Wanderungen in die Ank, auf die Burg Arras, oder wir fahren nach Bad Bertrich. Als wir gegen Ende des Urlaubs mittags unter einem sonnig blauen Maihimmel über Alf nach Waldfrieden hochsteigen und weiter auf die Marienburg, wo wir dann wie in meinen Kindertagen auf der Ringmauer sitzen und hinunter nach Briedel und auf die Moselschleife schauen, spüren wir es zuerst gar nicht, dieses leise Brummen und Vibrieren der Luft, bis es uns dann unüberhörbar umfängt und wir wie gebannt nach oben blicken, wo wie mit präziser Keilschrift ins Blau des Himmels geschrieben die feindlichen Bombergeschwader tief gestaffelt dahinziehen mit Kurs nach Norden. Im selben Augenblick erfasst uns überdeutlich das satte Dröhnen, das die souveräne Gleichmut unterstreicht, mit der die Geschwader ihr Verhängnis unbehelligt über uns hinweg an irgendeinen vorausbestimmten Ort des Reiches tragen, um ihn in Schutt und Asche zu legen. »Churchills und Roosevelts himmlische Heerscharen!«, spöttelt Vater Jupp gegen das bedrückende Schauspiel an, das wie ein Echo wirkt auf die Trauer, die ich im Herzen trage.

Am Abend sitzen wir zusammen mit Oma und Opa im Garten in der Abendsonne und trinken Riesling. Mein Vater hat ihnen ein Radio gekauft, damit sie, wie er meint, nicht ganz aus der Welt sind. Sie hören auch täglich fleißig die Nachrichten, und ich weiß noch gut, wie die Rede auf die Bombergeschwader kam und der Opa mir plötzlich seine blinden Augen zukehrte und sagte: »Bub! Der Krieg ist verloren!« Ich widersprach ihm heftig, fast empört: »Wie kannst du so etwas sagen! Da müsste schon die Landung im Westen gelingen. Die aber wird nicht gelingen!« Ich kann bis heute nicht sagen, ob das wirklich noch meine feste Überzeugung war oder verzweifeltes Wunschdenken. Ganz sicher aber wusste ich mich mit Haut und Haaren auf einen Weg gebracht, den ich nun einmal zu gehen hatte, und koste es das Leben. Ich sehnte das Ende des Urlaubs herbei, schon weil es sich nicht vermeiden ließ, dass ich ab und zu die Thea zu Gesicht bekam. Zum Abschied gab mir die Oma Wein mit und zwei große Dauerwürste, und der Opa ermahnte mich wie im Jahr zuvor, nur ja nicht unseren Herrgott zu vergessen! Die Rückreise unseres Lehrgangs vom Treffpunkt Nürnberg in die Normandie war abermals eine Odyssee. Nur auf vielen Umwegen und immer wieder auf Nebengeleise abgestellt, weil keine Lokomotiven verfügbar oder Strecken zerbombt waren, kamen wir statt in zwei in vierzehn Tagen hungrig und erschöpft endlich bis in die Gegend von Evreux, wo wir uns einzeln oder in kleinen Gruppen per Anhalter weiter durchschlugen. Einen Tag vor der Landung der Alliierten an der normannischen Küste kam ich mit Walter Hagen und Franz Hausteiner in El Beuf an, wo wir uns trennten. Sie mussten in das kleine Dorf, in dem ihre 6. Kompanie lag, ich in das Nachbardorf zu meiner 8. Kompanie, die sich in vier der typisch normannischen Fachwerkhäuser eingerichtet hatte, zwischen Apfelbäumen auf saftigen Wiesen und voneinander getrennt durch Hecken. Wir hatten während meiner Abwesenheit einen neuen Kompanieführer, Obersturmführer Siegel, bekommen, der aber mit der Hälfte der Kompanie zu einer Übung irgendwo bei Le Havre unterwegs war. Dafür empfing mich der ebenfalls neue Spieß, Oberscharführer Fraude, ein Mann mit mächtigem Zapfenkinn, der mir auf Anhieb sympathisch war und der sich bald auch als überaus verlässlich erwies.

XVI. D-DAY

XVI. D-DAY

Das Dorf, in dem die 8. Kompanie während meiner Lehrgangszeit in Evreux untergebracht war, hieß La Haye du Taille. Hundemüde, wie ich war, kroch ich schon früh am Abend des 5. Juni ins Stroh und schlief gleich ein. Irgendwann in der Nacht rüttelt mich jemand wach und brüllt: »Die Invasion, die Invasion! Sie kommen!« Um mich Jubel und Trubel. Ich bin gleich hellwach und habe nur den einen Gedanken: »Endlich! Endlich geht es los!« Ein dreiviertel Jahr sind wir auf diesen Tag hin getrimmt und geschunden worden. Dass sie doch nicht am Pas de Calais landen, wie Hitler und seine Generäle meinen, sondern nahe bei uns in der Normandie, ist uns nur recht. Hauptsache, sie sind da. Dass uns der so genannte *D-Day*, mit dem Doppelsinn *Day of Decision* und *Day of Doom* oder *Dooms-Day*, Tag des Jüngsten Gerichts, bevorsteht, wie die Alliierten die Landung nennen, wissen wir noch nicht. Wir würden es auch weit von uns weisen, dass wir Verlorene, Verurteilte, dem Untergang Geweihte und zum Scheitern Verdammte sein sollen, obwohl wir, und ich in besonderem Maße, von Kind an blindlings auf nichts anderes hingelebt haben und hingelebt wurden: »Alles was die Zeit erschafft ...« Gegen fünf Uhr morgens am 6. Juni 1944 steht unsere durch die Übung halbierte Kompanie zum Abmarsch fertig angetreten. Untersturmführer Jeran hält eine kleine Rede. Gut behalten habe ich, wie er sagte: »Die Parole heißt: ›Ins Meer mit ihnen!‹« Anschließend lässt er sich über die beiden Tugenden aus, die uns zu leiten hätten: Tapferkeit bis in den Tod und Härte gegen uns selbst, denn nicht alle von uns würden sich wiedersehen. Als wir in die Panzer klettern, beschließen wir, uns erst wieder mit dem Wasser der Calvadosküste zu rasieren. Dann rollen wir in Fliegermarschtiefe, mit einem Abstand von etwa 50 Metern zwischen den Fahrzeugen, über Le Neubourg auf die Route Nationale in Richtung Lisieux-Caen. In Lisieux, das wir am frühen Nachmittag erreichen, attackieren uns die ersten feindlichen Bomber. Zum erstenmal sehe ich durch das Fernglas, wie aus ihren silbernen Bäuchen gelb glitzernde Stäbe hervorquellen, noch lautlos, und wie erst Sekunden später das Heulen anhebt und sie dann in satten, harten Detonationen in die Dächer vor uns einschlagen und sie in rauchende Schwärze verwandeln. Bei den Fahrzeugen vor uns gibt es die ersten Verluste. Kurz vor Crèvecoeur greifen uns erstmals Jagdbomber an. Den Panzer hundert Meter vor uns trifft eine Rakete ins Laufwerk.

Als meine ganze Panzerbesatzung hinläuft, um den Schaden zu begutachten, benutze ich aus einem spontanen Impuls heraus die Gelegenheit, meinen Stahlhelm – und die Gasmaske gleich mit – in die dichte Hecke am Straßenrand zu werfen. Die verhassten Beklemmungszustände, die mich jedesmal beim Dienst unter der Gasmaske quälten, mögen ein Grund gewesen sein. Der Stahlhelm musste wohl weg, weil er mich an meinen »Schwelles« gemahnte. Dennoch wundere ich mich im Nachhinein. Denn den Schrecken des Gas-Krieges hatte ich als Kind bis in die lebhaftesten Phantasien hinein verinnerlicht, als einen unritterlichen Krieg, der sich dem Feind nicht mannhaft stellte, sondern ihm aus sicherer Entfernung die Atemluft vergiftete. Ein solcher Krieg war mir ein Abscheu. Aber ich musste ihm doch gewappnet sein! Oder war mir egal, was kommen würde? Als wir gegen Abend wenige Kilometer hinter Crèvecoeur an eine Straßenabzweigung kommen, geht die hell singende Melodie unseres Maybach-Motors in Husten und Stottern über, und nach wenigen Metern stehen wir stumm und dumm mitten auf der Straße. Der nachfolgende Panzer zieht uns noch weg unter die Bäume, so dass wir wenigstens gegen die Jagdbomber einigermaßen gedeckt sind. Dann aber können wir nur noch zusehen, wie der gewaltige Heerwurm an uns vorbeizieht Richtung Caen. Wut und Enttäuschung kommen in mir hoch, und ich klammere mich an die Hoffnung, dass uns am nächsten

Tag schon eine Zugmaschine in die Werkstatt bringt. Aber der 7. und auch der 8. Juni vergehen. Unzählige Fahrzeuge aller Art ziehen, meist Richtung Front, an uns vorbei, auch der offene Wagen mit Feldmarschall Rommel, den wir ehrfürchtig grüßen, aber keiner kommt, um uns abzuschleppen.

In der Nacht zum 9. Juni verliere ich regelrecht die Nerven. Gegen Tränen ankämpfend, bettele ich meinen Kommandanten an, mich am Morgen Hilfe holen zu lassen. In Wahrheit aber treibt mich nur die Angst, zu spät zu kommen und den Feind nicht mehr mit ins Meer treiben zu können. Ein niederschmetternder Gedanke. Ein enges Verhältnis zu der Besatzung habe ich ohnehin nicht infolge des langen Lehrgangs, auf dem ich war. Gott sei Dank lässt der Kommandant mich gehen. Mit einem Spähwagen von der Panzerlehrdivision komme ich bis in die Nähe des Gefechtsstandes von Brigadeführer Witt, unserem Divisionskommandeur, von wo mich dann ein Untersturmführer vom Grenadierregiment mit seinem Kübelwagen mitnimmt in die Nähe des Flugplatzes Carpiquet. Ehe er weiterfährt, zeigt er mir noch, wo ich die Bereitstellung unserer 8. Kompanie finde. Mit umgehängter Maschinenpistole mache ich mich in Richtung Front auf, die am Lärm der Geschütze und am Staub der Granateinschläge hier und da gut zu erkennen war. Ich ging, nein ich schritt auf sie zu, wie ein Einzelkämpfer mit geschwellter Brust mitten auf der Straße, glücklich, getragen von einzigartiger Energie und Entschlossenheit. Zu verlieren hatte ich nichts, ich wurde nur angezogen von dem, was vor mir war, wie von etwas unabwendbar Notwendigem. In mir ein Allgefühl, das im Selbsterleben das Ja zu diesem Abenteuer Krieg in sich einschloss mit allem, was werden würde. Um den Tod zu suchen? Oder doch das Leben? – Eine Frage, die mich später an Gilgamesch so tief ergriff, und die ihn, den Tod vor Augen, bis ans Ende der Welt trieb, das Leben zu suchen. Irgendwann auf meinem Marsch tauchten vor mir rechts und links der Straße, die schon deutlich von frischen Granateinschlägen gezeichnet war, Schützengräben auf. Ich hatte sie noch kaum bemerkt, als aus dem rechten Graben ein Stahlhelm und eine Stimme hochfuhr, die mich mit: »Du Idiot, in Deckung!!« anbrüllte und: »Wir werden schon genug bepflastert!« Es war ein Feldwebel von der Panzerlehrdivision, die sich links an die Division Hitlerjugend anschloss, und ich war genau auf die Naht zumarschiert, an die sich unsere 8. Kompanie anschloss.

Sie hatte inzwischen schon einige Panzergefechte hinter sich, hatte die Kanadier aus den Vororten von Caen zurückwerfen helfen und stolze sechs Abschüsse auf ihrem Konto. Ich melde mich bei Obersturmführer Siegel, berichte ihm von unserer Panne, und er gratuliert mir zum bestandenen Lehrgang. Zunächst werde ich als Richtschütze dem Panzer von Unterscharführer Vogt zugeteilt. Er steht in einer langen Reihe zusammen mit den anderen Panzern getarnt hinter einer langen Hecke. Als ich an ihr entlanggehe, heulen mit einem Mal mehrere Artilleriesalven über uns weg und eine schlägt nicht sehr weit vor mir ein. Einige Kameraden flüchten in wilder Hast unter ihre Panzer, ich aber, komme, was da wolle, gehe angesichts dieser unheldischen Verrenkung aufrecht weiter. Auch am nächsten Tag lege ich mich noch nicht hin, als immer wieder die Granaten bei uns einschlagen. Meinen Stolz gewöhne ich mir erst ab, dann aber umso schneller, als ich die ersten von uns durchsiebt und teilamputiert daliegen sehe, freilich ohne das Gefühl der Lächerlichkeit loszuwerden, wenn ich mich auf den Bauch werfe.

Am nächsten Tag erhalte ich die ersehnte Feuertaufe, als britische Panzerverbände uns von Brouay her angreifen. Das Gelände nordwestlich von Carpiquet war weithin offen und ideal für eine Panzerschlacht, und ich sehe immer noch ihre Panzer in breiter Front heranrollen. Zunächst sind sie noch zu weit weg, um zu schießen. Dann aber, als wir ihnen über eine leicht ansteigende Bodenwelle hinweg weit genug entgegengefahren sind, halten wir, und ich nehme, wie ich es gelernt habe, nach Vogts Zielansprache: »Elf Uhr!« den Turmkranz des ersten Feindpanzers etwa 800 Meter weg auf den Hauptstachel, drücke ab und sehe im selben Augenblick, wie er sich in Flammen und pechschwarzen Rauch auflöst. »Hurrah, wie leicht das geht!«, jubelt es in mir, und ich habe schon den Panzer links daneben im Visier, der nach einem weiteren Schuss ebenfalls in Flammen aufgeht. Im selben Augenblick höre ich von oben aus dem Turm Vogts erregte Stimme: »Siegel ist getroffen, er brennt!« Das muss dicht neben uns sein, denn schon habe ich selbst nur noch Rauch vor der Zieloptik und kann nichts mehr erkennen. Siegel ist nicht tot, er hat, wie wir hinterher erfahren, noch ausbooten können, aber als einziger. Doch statt zurückzulaufen, ist er auch schon bei uns auf dem Panzer, und ich höre ihn noch wie einen Berserker brüllen, dass Vogt raus soll, weil er bei uns rein will, und dann ist er auch schon drin und Vogt raus, und während der Fahrer seinem Befehl: »Panzer marsch!« folgend losfährt, tritt er mir ziemlich unsanft in den Rücken und schreit in wilder Wut: »Schieß mir ja nicht daneben!« Sekunden später, wir sind endlich aus dem Rauch heraus, sehen er und ich im selben Augenblick, wie ein Cromwell höchstens 400 Meter entfernt aus einer Hecke hervorprescht, ich rufe noch: »Ich hab ihn!«, da bricht es wie verrückt aus Siegel hervor: »Los, Kreis, reinhalten, dass der Dreck bis zum Mond spritzt!« Und ich halte rein, und der Cromwell geht hoch. Es gelingt uns noch, einen weiteren Panzer abzuschießen, ehe sie sich zurückziehen. An diesem Tag sind wir noch die Sieger. Die Bilanz: neun feindliche Panzer, zwei eigene. In dem Panzer, aus dem Siegel als einziger entkam, ist auch Schieleit verbrannt. Abends zurück in unserer Bereitstellung nahe beim Flugplatz Carpiquet lässt Siegel eine Flasche Cognac rumgehen, Spieß

Fraude und der geschniegelte Obersturmführer Höfler sitzen mit dabei. Höfler, viele Jahre Adjutant bei Reichswirtschaftsminister Funk, ist neu zu uns gekommen und schreibt dem Minister, der die väterliche Patenschaft über unsere Kompanie übernommen hat, alle paar Tage Berichte zur Lage. Als ich Siegel, immer noch innerlich erregt, auf sein Zitat aus Salomons *Die Geächteten* anspreche: »Reinhalten, dass der Dreck bis zum Mond spritzt!«, sieht Höfler mich überrascht an und sagt: »Wie, Sie junger Dachs, den kennen Sie?« Und als ich ihm sage, den hätte ich schon mit zwölf Jahren gelesen, wenn auch nicht in allem verstanden, will er es nicht glauben, meint aber dann zu meiner großen Überraschung, mit dem Rathenau hätten seine Mörder, zu denen auch Ernst von Salomon zählte, das größte Wirtschaftsgenie, das wir je hatten, »weggeputzt«.

Am 11. Juni kommt es auf dem gleichen Gelände überraschend zu einer erneuten Panzerschlacht zwischen uns und den Briten. Siegel ist zu einer Lagebesprechung beim Stab und Vogt wieder unser Kommandant. Zeitgleich mit dem ersten Schuss, den ich auf einen Sherman abfeuere, trifft uns einer von ihnen. Ohrenbetäubender Knall und Lichtblitz sind eins, ich sehe nichts, höre nichts, spüre nur etwas Nasswarmes, und da schlagen auch schon Flammen um mich hoch. Automatisch versuche ich noch, den Turm auf zwölf Uhr zu drehen, dass Fahrer und Funker ausboten können, aber selbst das Handrad lässt sich nicht mehr drehen. Wie ich aus dem Panzer herauskam, weiß ich hinterher nicht mehr. Ich bin erst wieder bei mir, als ich unsere Bereitstellung erreiche, wo Spieß Fraude mich zusammen mit unserem Kompanieschreiber Grabe empfängt. Ich kann nicht hören, was sie sagen. Sie nehmen mich mit ins Wohnhaus einer großen Ferme und stellten mich vor einen Spiegel. Ich bin über und über gesprenkelt mit Blut. Aber es ist nicht mein eigenes. Auch meine Lederjacke und Lederhose sind voller Blut. Ich wasche mich erst einmal. Grabe hat in der

Scheune ein Nest mit Eiern gefunden, die er für uns in die Pfanne schlägt, und Fraude hatte im Wohnzimmer hinter einer mit Tapete überklebten Tür ein Regal mit guten, zum Teil sehr alten Weinen entdeckt. Dabei ein 1895er, süß und ölig. Ich halte mich lieber an einen jungen Sancerre, der mich an Moselwein erinnert, bin aber doch zu sehr daneben, um ihn genießen zu können, und sinke nach der üppigen Eiermahlzeit ziemlich benebelt und immer noch taub in einen tiefen Schlaf, aus dem mich wenig später ins Haus einschlagende Granaten wecken. Ich muss raus, das Dach hat Feuer gefangen. Wenigstens kann ich wieder hören! Mit Fraudes Zugmaschine fahre ich erst einmal zurück in die Etappe, einen malerischen Wald- und Wiesengrund hinter Grainville am Ufer des Flüsschens Odon. Ich bade mir Schweiß, Öl und Staub vom Leib und schlafe mich richtig aus. »Du hast gestern Schwein gehabt!«, begrüßt mich Fraude am nächsten Tag, bist als einziger rausgekommen. »Hab ich denn wenigstens den Sherman vorher noch erwischt?«, will ich wissen, und Fraude weiß von Jeran, der an Siegels Stelle unser Gefecht leitete, dass ich ihn noch abgeschossen habe. Wenigstens das!

Am 13. Juni, als ich mich spät nachmittags nach einem Bad im Odon auf der Wiese sonne, kommt Fraude angeeilt und sagt, ich müsse sofort mit. Unterscharführer Schmidt ist mit seiner gesamten Besatzung durch einen Artillerietreffer in Fetzen gerissen worden, und nun steht der Panzer allein da und muss neu besetzt werden. Wir packen die Abendverpflegung ein und fahren mit der Zugmaschine die Straße hoch nach Grainville. Rechts und links ausgebrannte Fahrzeuge, die die feindlichen Jagdbomber erledigt haben. Der Himmel über der Normandie ist zwar nicht gerade schwarz vor Flugzeugen, wie Hauptsturmführer Beck uns prophezeite, aber die Lufthoheit haben die Alliierten zweifellos, und wir fragen uns immer wieder gereizt und nicht ohne Hohn in der Stimme, wo sie denn bleiben, unsere Jäger. Aber während der ganzen Invasion flogen nur ein einziges Mal zwei über uns hinweg und auf Nimmerwiedersehen davon. An diesem Tag erreichen wir von oben unbehelligt das winzige Dörfchen Rauray, wo unsere 8. Kompanie in Stellung gegangen ist. Wir tarnen die Zugmaschine sorgfältig hinter einer Hecke unter Apfelbäumen und laufen den Feldweg entlang auf eine von hohen Erlen durchwachsene Hecke zu, unter deren Sichtschutz unsere Panzer aufgefahren sind. Von den zweiundzwanzig, mit denen wir am 6. Juni auszogen, sind noch vierzehn übrig. Zum Kommandanten des verwaisten Panzers ist Unterscharführer Wegener bestimmt worden. Das ist mir sehr lieb, denn bei ihm fühlte ich mich schon während der Ausbildung wohl. In den kommenden Tagen warten wir vergeblich auf einen Einsatzbefehl. Wir stehen und stehen und realisieren, dass das Artilleriefeuer von drüben dichter und dichter wird, uns immer wieder in die Deckungslöcher unter die Panzer scheucht und uns, wie weiland unsere wildgewordenen Ausbilder, flächendeckend beherrscht.

Nach Tagen endlich der Befehl zum Angriff. Wir rollen, weil das Heckengelände es nicht anders zulässt, über zwei enge Hohlwege dicht hintereinander auf Fontenay-le-Pesnel zu. An einen ordentlichen Angriff ist nicht zu denken. Auf der anderen Seite des Dorfes stehen die Briten und dazwischen erstreckt sich das unübersichtliche Gewirr von Häusern, Hainen, einem Schloss und einer Kirche mit Friedhof auf der heckenbestandenen Anhöhe. Ein ganz und gar panzerfeindliches, jede freie Bewegung lähmendes Gelände und also ein taktischer Unfug. Wir gehen zwischen den Häusern in Stellung mit wenig Schussfeld nach vorn, und es dauert nicht lange, da deckt uns der Artilleriebeschuss von drüben immer dichter ein. Eine Woche stehen wir einfach da, während über uns ein kleines Beobachtungsflugzeug ständig und in langsamen Schleifen dahinzieht und das Feuer der Geschütze so punktgenau auf uns hinleitet, dass wir inmitten der dörflichen Enge ständig mit Stellungswechseln zur Seite oder nach rückwärts und wieder vorwärts beschäftigt sind. Irgendein abschießbares Ziel aber bekommen wir nicht vor die Kanone. Auf Befehl von oben ist auch der gesamte Funkverkehr ausgesetzt worden. Denn die Peilgeräte des Feindes orten uns mit einer so unglaublichen Treffsicherheit, dass sie uns nur die Wahl lassen zwischen dem Selbstmord per Funk oder dem Himmelfahrtskommando, als Melder zu Fuß von Panzer zu Panzer durch das ständige Stahlgewitter zu hetzen. Wir entscheiden uns für das Letztere, und spielen als Essenholer hin zu Spieß Fraudes Zugmaschine täglich mit dem Leben. Hier zeigt Höfler, äußerlich der Typ des Salonlöwen, dass er doch ein Kerl ist. Statt seine Untergebenen mit wichtigen Meldungen loszuschicken, hastet er selbst all die Tage von Panzer zu Panzer. Auch wenn er nach Möglichkeit Feuerpausen nutzt, gerät er immer wieder in den Hagel plötzlich einsetzenden Beschusses, und es ist ein Wunder, dass er jedesmal durchkommt.

Fontenay-le-Pesnel wird für unsere Kompanie zur tödlichen Falle. Tag und Nacht haben wir keine Ruhe, schlafen häppchenweise im Sitzen, kommen nicht aus den Kleidern, und an Waschen ist gar nicht erst zu denken. Unsere jungen Bärte sprießen, und die Notdurft verrichten wir in Granathülsen, die wir durch die Luken entsorgen. Einige Male, wenn es für Minuten ruhig ist, boote ich aus und zapfe im Keller des Hauses, an dessen linker Giebelseite wir stehen, eine Kanne mit Cidre aus einem kleinen 200-Liter-Fass. Aber als dann eine Gruppe Granaten in das Haus einschlägt und uns die Giebelwand auf den Panzer prasselt, ist es auch damit vorbei. Dennoch behalten wir unsere gute Laune. Als wir Essenholer uns wieder einmal an Fraudes Zugmaschine treffen und die Artillerie gerade Pause macht, sind zufällig Brückner und Heck, die beiden Spaßmacher der Kompanie, mit von der Partie. Und als es Rotwein zur Verpflegung gibt, halten wir die Flaschen hoch und Heck stimmt den Ohrwurm an aus dem Film: »Der Kongress tanzt«, und wir singen: »Das gibt's nur einmal, das kommt nie wieder, das ist zu schön, um wahr zu sein. Gleich wie ein Wunder, fällt auf uns nieder, vom Paradies ein goldner Schein. Das gibt's nur einmal. das kommt nie wieder, das ist vielleicht nur Träumerei, das kann das Leben nur einmal geben, denn jeder Frühling hat nur einen Mai.« An einem einzigen Tag verlieren wir acht Panzer und zwei Drittel der Besatzungen.

»Wenn das so weitergeht«, flucht Wegener, kommt hier keiner mehr raus! Die Nacht darauf umfängt uns eine eigenartige Stille. Man hört sie förmlich. Kein gutes Zeichen, denn es deutet auf einen Stellungswechsel des Feindes hin oder darauf, dass er links und rechts schon an uns vorbei vordringt. Ich wickle mich in meine Decke ein, kann aber nicht schlafen. Als ich die Luke öffne, um etwas Luft hereinzulassen, höre ich von der Weide herüber das ganz eigentümliche Ächzen der verwundeten und sterbenden Pferde, wunderschöne Reittiere, die ich mir an den Tagen zuvor immer wieder durch die Zieloptik angesehen hatte, wie sie nicht weit vor uns grasten. Und plötzlich steht mir die Episode aus Remarques *Im Westen nichts Neues* vor Augen, in der er von dem Stöhnen verblutender Pferde erzählt, aufgerissen von berstenden Granaten, einem Stöhnen, Jammern, Röcheln, wie es Menschen so nicht vermögen und wie ihr fremder, wilder Schmerz die Soldaten bis ins Mark erschüttert.

Am Morgen kommt der Befehl, uns nach Rauray zurückzuziehen. Dort erfahren wir, dass Brigadeführer Witt gefallen ist. Mit seinem sendergespickten Gefechtsstand hat er sich den Heldentod herbeigefunkt. Unser neuer Divisionskommandeur ist Brigadeführer Kurt Meyer, genannt Panzer-Meyer. Er ist als hochdekorierter Russlandheld, als Draufgänger, aber auch als scharfer Hund bekannt und hat Wünsche gleich befohlen,

Rauray unter allen Umständen zu halten. Das können wir nicht, weil wir Panzer um Panzer einbüßen. Zwanzig Meter vor uns geht Leutnant Schemmet in Flammen auf; und als Wegener, um sich in dem Durcheinander zu orientieren, seine Luke hochklappt, hat er auch schon, ehe er mit dem Kopf nachkommt, einen Schuss im Ellenbogen. Wir rollen zurück bis hinter eine Hecke, wo er aussteigt und zurückläuft, um sich versorgen zu lassen. Am Abend steigt Unterscharführer Becker als unser neuer Kommandant bei uns ein. Er ist nur knapp zwei Jahre älter als ich und von zurückhaltend vornehmem Wesen, von dem zugleich etwas herzlich Gewinnendes ausgeht. Ich mag ihn auf Anhieb, und wir hätten Freunde werden können, wenn es ihn nicht erwischt hätte. Mit ihm erlebe ich die abenteuerlichste Phase der Invasion.

Am 24. Juni, dem Tag, bevor Generalfeldmarschall Montgomery zu seiner Odon-Offensive antritt, fahren wir gegen Abend südwestlich von Cheux durch dichtes Heckengelände an den Rand eines Waldstücks in Bereitstellung. Über dem Land liegt himmlischer Frieden, dem wie immer nicht zu trauen ist. Aber wir genießen ihn. Fraude hat Verpflegung gebracht. Zu Cognac vom Feinsten essen wir Beuteweißbrot, gespickt mit Ölsardinen, stehen oder sitzen gut gelaunt herum, bis es dunkel wird und zu regnen beginnt. Wir klettern in unseren Panzer, und Becker hält oben im Turm die erste Wache. Wir anderen schlafen gleich ein. Aber es kann höchstens eine halbe Stunde gewesen sein, als mich ein seltsames Gebrüll jäh aufweckt und ich gleich höre, dass es nicht nur das von Becker ist, sondern das wirr keuchende Durcheinander mehrerer Stimmen, die von draußen kommen. Unmittelbar erfasse ich, was los ist: Becker ist in einen Ringkampf verwickelt mit feindlichen Grenadieren, die aus der Deckung des Waldes heraus auf unseren Panzer gesprungen sind, und da durchzuckt mich auch schon der Schreck, dass sie uns mit Handgranaten erledigen wollen. Becker aber gelingt es, die Luke zuzuschlagen, doch noch ehe er sie verriegeln kann, ist sie von draußen wieder aufgerissen, und ich hebe in dem blödsinnigen Gedanken, die hereingeworfene Handgranate auffangen und aus der Seitenluke werfen zu können, gerade beide Hände in die Höhe, als draußen Schüsse fallen. Siegel hat, wie er uns hinterher sagt, »zwei flachbehelmte Gestalten auf unserem Panzer entdeckt und heruntergeschossen«. Ehe wir begreifen, dass er uns fünf das Leben gerettet hat, ruft er mich zu sich und wir laufen rüber zur Straße, wo neben zwei weiteren toten Feinden Sturmbannführer Schöps liegt. Mitten im Gespräch mit Siegel wurde er tödlich in den Kopf getroffen. Nun erfahre ich auch, dass es ein kanadischer Spähtrupp war, der uns überfiel. Schneidige Kerle! Schöps hatte sich Siegel gegenüber noch sehr besorgt geäußert, seine Artillerieabteilung könnte bei dem bevorstehenden Angriff der Briten eingeschlossen werden. Um die Lage zu klären, will Siegel deshalb zu Wünsches Gefechtsstand nach Grainville, und ich soll mit. Wie laden den toten Schöps in seinen Kübelwagen und rasen los. Am Gefechtsstand legen wir den Leichnam auf eine Bank, wobei das Hemd verrutscht und der Bauch sich bleich ins Morgendämmerlicht wölbt. Während Siegel im Gefechtsstand verschwindet, döse ich neben der Leiche sitzend vor mich hin. Irgendwann bringt mir einer vom Stab ein Kochgeschirr mit Cidre und eine Büchse Cornetbeef, das ich mit meinen ungewaschenen Fingern verschlinge, den Bauch von Schöps vor Augen und die anderthalb Meter Erde, die bald auf ihm lasten werden.

Siegel und ich sind kaum zurück bei unseren Panzern, als der Angriff auf den Odon mit einem Feuerschlag aus allen Rohren einsetzt. Briten und Kandier rücken vor. Und da es ihnen, wie Schöps befürchtete, gelingt, die kostbaren Feldhaubitzen einzukesseln, erhält Becker den Befehl, sie und unsere Kanoniere herauszuhauen. Ich weiß noch, wie wir über eine

Straßenkreuzung, die unter schwerstem Beschuss liegt, mit Karacho hinwegrollen und in einen Feldweg einbiegen, den rechts und links dichte Hecken säumen. Die Stirn fest gegen den Gummiwulst des Zielfernrohrs gepresst, sehe ich hinter einer Biegung vor uns einen brennenden britischen Schützenpanzer stehen. An dem müssen wir vorbei. Es scheint auch gut zu gehen, aber dann reißen wir uns an ihm die rechte Kette ab, zum Glück hinten oben, so dass wir mit den Laufrollen noch auf der Kette zu stehen kommen. Es hilft nichts, Heimann, der Ladeschütze, und ich müssen raus und die Kette wieder aufziehen. Eine Schwerstarbeit unter dem Dauerbeschuss britischer Infanterie, die wir nicht sehen können und die uns im Schutz der Hecke zum Glück nur ungezielt aufs Korn nehmen kann. Dennoch das mulmige Gefühl, das uns, als die Kette ganz ist, schnell wie die Affen in den Panzer zurückklettern macht. Becker klopft uns erleichtert auf die Schulter, und weiter geht es. Deutlich ist dann das helle Klicken von MG-Garben gegen die Panzerung zu hören, als wir auf eine von Bäumen durchsetzte hohe Hecke zufahren, wo plötzlich der behelmte Kopf eines unserer Kanoniere aus einem Schützenloch auftaucht und uns nach links durch eine Lücke winkt. Durch die biegen wir ab und fahren mit offener Flanke und hell aufheulendem Maybach-Motor zügig an der langen Hecke entlang, wo ich durch die Optik auf der Wiese auch schon zwei Feldhaubitzen stehen sehe, die die Kanoniere bisher gegen die Briten verteidigen konnten. Nun sollen wir sie herausschleppen und in Sicherheit bringen. Während unser Fahrer rückwärts setzt, dass sie eine davon hinten ankuppeln können, und wir uns zum erstenmal nach vorn orientieren, sieht Becker – und ich sehe es auch –, dass hinter der langen Hecke vor uns kaum mehr als 300 Meter weg eine Phalanx von Panzern aufgefahren ist. Ohne auch nur den Gedanken zu denken, wie selbstmörderisch wir sie uns auf den Hals hetzen, nehme ich den ersten von ihnen durch eine Heckenlücke auf den Hauptstachel, drücke ab, und da brennt er auch schon. Auch der zweite daneben geht Sekunden später in Flammen auf. Wir müssen sie überrascht haben, denn noch immer schießen sie nicht zurück. Ehe sie wach werden, fahren wir dann mit unserer angekoppelten Haubitze los und abermals mit offener Flanke an der langen Hecke entlang. Nun schießen die Panzer wild hinter uns her, treffen aber nicht. So gelingt es uns, die Kanone sechs Uhr aus allen Rohren um uns schießend durch die britischen Linien zu kommen und die Haubitze bis ins Tal des Odon zu schleppen. Siegel aber will, dass wir wenigstens eine zweite herausholen. Also das Ganze noch einmal.

Diesmal wissen wir, was uns blüht. Und diesmal schlafen die britischen Panzer nicht, als wir wieder erst hin, dann zurück, längsseits an ihnen vorbeifahren, sondern nehmen uns unter Beschuss, treffen uns aber nicht. Wir haben unverschämtes Glück, nehmen uns diesmal aber auch nicht die Zeit, uns mit ihnen anzulegen. Es geht ja um die zweite Haubitze. Als wir sie aus dem Kessel gebracht haben, wundern wir uns nur, warum die Briten, als wir ihnen zwei ihrer Panzer herauspickten, einfach stehengeblieben sind, statt vorzupreschen und uns anzugreifen. Es wäre ein Leichtes für sie gewesen. Montgomerys Odon-Offensive hatte insgesamt nicht den erhofften Erfolg. Uns den kleinen Fluss zu entreißen, kostet das British 8th Corps, das uns gegenüberliegt, mehr Kämpfer als die Niederwerfung des Nazireiches danach. Am 27. Juni sitze ich in einem der »Vier Tigerpanzer«, wie es in der Divisionsgeschichte der 10th Highland Infantry heißt. Die Tiger aber sind keine Tiger, sondern die letzten Panzer IV unserer 8. Kompanie, denen es gelingt, den Angriff dieser Division auf Grainville abzuwehren. Sorgfältig getarnt liegen wir hinter einem Heckenwall in Stellung und Siegel befiehlt uns, die in dichten und tief gestaffelten Schützenlinien auf uns zustürmenden Briten so nah wie möglich herankommen zu lassen. Das kostet Nerven, aber wir halten still. Ahnungslos rennen sie in die tödliche Falle unserer acht überraschend loshämmernden Maschinengewehre und in den direkten Beschuss mit Sprenggranaten aus unseren vier Kanonen. Ich sehe, wie die dicht streuenden Garben sie niedermähen und die Druckwellen der Sprenggranaten gleich mehrere durch die Luft wirbeln.

Wir rasen vor Schießlust, brechen in wildes Gelächter aus, und doch ist das alles eher ein wütendes Austoben der seit langem aufgestauten Enttäuschung aus dem dumpfen Wissen heraus, dass dieser Triumph klein und kläglich bleiben wird gegen den der anderen Seite. Erst Tage später erfahren wir, dass die Leibstandarte, die Hitler vom Pas de Calais weg zu unserem Entsatz hatte herbeiholen lassen, zu dieser Stunde nicht gegen die Briten antreten kann, weil sie ohne Treibstoff dasteht. Zehn Tage zuvor hat Panzer-Meyer bereits ganz nach oben gemeldet, dass die Vernichtung der Division Hitlerjugend nach Lage der Dinge vorauszuberechnen sei. Entsprechend werden die Reste unseres Regiments zur Kampfgruppe Wünsche zusammengefasst. Am 30. Juni gelingt es uns, zusammen mit dem 2. SS-Panzercorps, die strategische Höhe 112 zurückzuerobern. Die Briten geben ihr für sich selbst den Namen: »Hill of Cornwall«, für uns den Namen: »Hill of Calvary« und erheben sie zum »Verdun der Invasion«. Am 3. Juli erhalte ich in Maltot von Wünsche das Eiserne Kreuz und muss abermals in einen anderen Panzer umsteigen, von Becker weg, was mir sehr leid tut. Mein neuer Kommandant ist Unterscharführer Hille, ein blonder, robuster Westfale aus Soest, der mich nur mit: »Führer Kreis« tituliert und mir einen Unverwundbarkeitsmythos andichtet. Das hat zur Folge, dass er immer nur mich zu Himmelfahrtskommandos aus dem Panzer schickt. Fahrer Geuß und Funker Wedel kenne ich noch von Mailly le Camp, nur der Ladeschütze Heck, eine Frohnatur, ist neu dazugekommen,

und wir beide mögen uns gleich und singen bei jeder Gelegenheit im Duett: »Das gibt's nur einmal, das kommt nie wieder.«
Am 6. Juli gehen wir am nordwestlichen Stadtrand von Caen in Bereitstellung. Das Gelände ist offen und steigt in Richtung Küste leicht und stetig an. Unseren Panzer postieren wir in einem Hohlweg unweit eines hohen, runden Wasserturms, dessen Rotunde von mehreren Artillerietreffern durchlöchert ist. Die drei anderen Panzer gehen links von uns vor und hinter dem Turm in Stellung. Buschwerk, um uns gegen die Jagdbomber zu tarnen, gibt es nicht. Aber es ist auch ungewöhnlich still. Vom Himmel brennt nur die Julisonne herab, und auch die Attacken der Artillerie unterbleiben. Wir ziehen uns sogar aus und liegen in der Sonne, bis irgendwann einer in den Turm hochsteigt und entdeckt, dass das Wasser in der durchschossenen Rotunde nicht ganz ausgelaufen ist, sondern noch bis Brusthöhe klar und fein sauber dasteht, geradezu wie bestellt für uns. Also tauschen wir zwanzig Nackedeis unser Sonnenbad in ein kühles Wasserbad im Turm ein, schwimmen, tauchen, albern herum, und ich breche aus einem dumpfen Impuls heraus hinterher mein Wort, hole mein Rasierzeug aus der Rommelkiste und rasiere mich statt mit dem Wasser des Meeres mit dem aus dem Wasserturm von Caen. Auch am 7. Juni genießen wir die Ruhe bis weit in den frühen Abend hinein, wir sitzen fröhlich hinter dem Panzer, essen den würzigen Käse pur, den Fraude uns mitgebracht hat, und trinken dazu Rotwein, versorgen auch den Unteroffizier von der 8,8-Flakbatterie mit, die einige hundert Meter hinter uns liegt. Er kam am Tag davor schon zum Schnorren zu uns rüber, weil ihre Verpflegung verglichen mit unserer miserabel ist, und bezahlte mit Witzen, die er reichlich auf Lager hatte. So auch jetzt, als in unser Gelächter das Propellergebrumm eines einzelnen Flugzeugs aufschreckend einbricht. Wir fahren hoch und sehen die Leuchtmarkierung aufflammen, die genau über dem Wasser-

turm niedergeht und verglüht. Gleich hinterher auch schon das dumpf vibrierende Brummen, wie es für herannahende Massen von Bombern typisch ist.

Wir stürzen die Böschung des Hohlwegs hoch, und da sehe ich durch mein Fernglas im Gegenlicht der roten Abendsonne die schweren Lancasterbomber auf uns zukommen, sehe auch wieder, wie die gelb glitzernden Stäbe aus ihnen hervorquellen und weiß, was die Stunde geschlagen hat. Während Hille, Wedel, Geuß und Heck die Böschung hinunterhetzend in den Panzer in Deckung gehen, krieche ich zusammen mit dem Unteroffizier in den kurzen, schräg in den Hohlweg getriebenen Stollen. Kaum haben wir uns in die hinterste Ecke gedrückt, da bricht es auch schon heulend über uns herein: das schnell anschwellende, stumpf stampfende Gehämmer der Bomben, und ich fühle mit allen Sinnen das tiefe Eindringen ihrer Einschläge in den Boden, ehe sie detonieren. Ich werde eins mit dem Beben und Erzittern der sich aufbäumenden Erde. Staub, Dreck und tosender Lärm schlägt mir ins Gesicht und in den offenen Mund. Um uns nur noch Nacht. Fünfzig Minuten lang quillt unablässig aus 467 Bombern die infernalische Fracht aus Stahl und Chemie hervor und regnet auf uns herab. Ich habe keinen Zweifel, dass dies das Ende ist, und mache doch zugleich an mir die merkwürdige Entdeckung, dass ich weder Angst noch Enge in mir spüre und mich geradezu bereitwillig in das Unabwendbare ergebe. Denn als ich den Unteroffizier neben mir, der sich die ganze Zeit über ängstlich zitternd an mich klammert, in einer kurzen Pause bis zur nächsten Welle stammeln höre: »Da kann man sein Testament machen!«, wirkt das so deplaziert verglichen mit dem, was ich fühle, dass ich lachen muss. Was ist das Leben gegen den Tod!

Die Bomberwelle danach ist die letzte. Auch sie überstehen wir wie durch ein Wunder. Ich muss mich von dem regelrechten Klammergriff meines Nachbarn losmachen, um aus dem

Stollen herauszukommen. Der Eingang ist fast ganz mit Erde zugeworfen. Durch die schmale Öffnung sehe ich Feuer; und als ich mich freigebuddelt habe, erkenne ich, dass es von einem unserer Panzer kommt. Eine riesige Flamme schlägt hell aus dem Wrack hoch in die Nacht und wirft ihr waberndes Licht auf die Silhouette des Wasserturms. Es ist Beckers Panzer. Mein Gott! Eine der allerletzten Bomben muss ihn noch voll getroffen haben. Das Gelände ist im Schein des Feuers nicht wiederzuerkennen. Es hat sich in ein einziges Kraterfeld verwandelt, einschließlich des Hohlwegs. Unser Panzer steht inmitten der Einschläge mit Schlagseite da und ist mit Erde überdeckt. Aber Hille und die andern kommen doch heil aus ihm hervor. »Da bist du ja!«, ruft Hille, und wir dachten schon, der Kreis ist hops. Als wir an dem inzwischen verglühenden Wrack vorbei zu den beiden anderen Panzern laufen, stellt sich heraus, dass auch drei von ihnen zusammen mit Beckers ganzer Besatzung von der Bombe atomisiert worden sind. Zu beerdigen ist nichts geblieben. Dazu hätten wir ohnehin keine Zeit. Denn schon erhalten wir den Befehl, die Panzer umgehend fahrbereit zu machen und aus dem Trichtergelände zu bringen, weil der Angriff der Kanadier auf Caen für die frühen Morgenstunden erwartet werde. Den Rest der Nacht schuften wir wie wild, um die drei übrig gebliebenen Panzer von Erde und eingedrungenem Dreck zu befreien, vor allem den Motor und Motorraum, und einige der Trichter soweit einzuebnen, dass wir auf die Straße kommen. Fraude bringt für die drei Gefallenen Ersatz heran und für uns alle Cognac.

Erst Monate später, als ich mir auf der Junkerschule mit Hilfe von Clausewitz' *Vom Kriege* meine Gefühle über das Erlebte bewusst zu machen suche, wird mir klar, was mit diesem systematischen Flächenbombardement Neues in die Welt des Krieges eingetreten ist. Der Krieg als Zweikampf, wie Clausewitz ihn beschrieb und wie er im Kampf Panzer gegen Panzer noch gewahrt blieb, war zu dem unpersönlichen Effekt einer wahllos zuschlagenden Naturkatastrophe hin überschritten, so wie ansatzweise schon im Gas-Krieg oder in den Ausblutungsduellen der Artillerie im Ersten Weltkrieg. Damit war auch der Typus des Kriegers überholt, und die elektronischen Knopfdruckkriege oder die wahllosen Selbstmordanschläge der Terroristen von heute stellen eine weitere Form der Überschreitung hin zu künstlichen Naturkatastrophen dar. Im Morgengrauen jenes 9. Juli, gegen vier Uhr, wir sind müde und dennoch aufgekratzt, wünschen wir uns wie immer »Hals- und Bauchschuss!« und rollen, unser Lied singend: »Wo wir sind, da ist immer vorne, und der Teufel der lacht nur dazu ...« auf der Straße nach Buron Richtung Meer, biegen kurz davor nach rechts ab durch La Folie und weiter bis in die Nähe von Mâcon, wo uns ein Feuerschlag aus 656 Geschützen empfängt, mit dem die Kanadier ihren Angriff auf Caen einleiten. Wir haben den ausdrücklichen Befehl Hitlers erhalten, die Stadt bis zum letzten Schuss zu verteidigen. An einer Feldwegkreuzung gehen wir hinter einer niedrigen Hecke in Stellung. Hundert Meter vor uns haben sich unsere Grenadiere eingegraben, und sie und wir lassen den Granatenhagel über uns ergehen, wobei uns die Panzerung ungleich mehr schützt als sie der Schützengraben. Alle paar Minuten wird das gleichförmige Trommelkonzert der feindlichen Feldgeschütze von einem gigantischen Paukenschlag übertönt, wenn uns vom Meer das Schlachtschiff Rodney seine Schwerstkaliber herüberschickt und beim Einschlag ein Zittern und Beben durch die Erde eilt, das auch den Panzer erfasst und uns jedesmal das Gefühl gibt, er mache einen Hüpfer.

Der tosende Lärm lullt dennoch ein. Ich verschlafe ihn einfach, bis Hille mich weckt. Tiefe Stille ist inzwischen eingekehrt, und sie sagt uns, dass sie kommen. Den ersten Panzer, der etwa 600 Meter vor uns hinter der Anhöhe auftaucht, schießen wir ab. Es sieht auch so aus, als werde die mit den Kampfwagen vorrückende kanadische Infanterie von unseren Grenadieren gehörig unter Feuer genommen. Jedenfalls ziehen sie sich zurück. Was wir damals nicht wissen, und ich erst Jahrzehnte später von den Historikern erfahre, ist: Sie können es nicht fassen, dass der gestrige Bombenteppich auf unsere Bereitstellung – nach Eisenhower der größte, der im Zweiten Weltkrieg auf Truppenansammlungen niederging – und der heutige gewaltige Feuerschlag überhaupt noch welche von uns am Leben gelassen hat. Dann müssen also die Jagdbomber her, um unseren Widerstand zu brechen. Sie bescheren uns die schlimmsten Angriffe des ganzen Feldzugs, decken uns mit Bordwaffen, Bomben und Raketen dermaßen ein, dass wir uns zurückziehen, wieder vorrollen, uns mit dauerndem Stellungswechsel unter Bäumen zu schützen versuchen. Eigentlich haben wir nur Glück, dass wir davonkommen. Am frühen Nachmittag erkennen wir von unserer Anhöhe, wie zur Linken keine zwei Kilometer weg am Kloster Ardenne vorbei der Feind bereits ungehindert vorrückt und uns hier oben hinter sich lässt. Über Funk kriegen wir die Meldung, Obersturmführer von Ribbentrop greife mit seinen Panthern an uns vorbei an und wir sollten ihm folgen. Kurz darauf sehe ich durch meine Luke, wie seine Ungetüme mit weich federndem Laufwerk zügig elegant an uns vorbeiziehen, ein Bild wie im Film, und ich verfolge dann durch die Optik, wie sie ausschwärmend hinter der Anhöhe verschwinden. Doch schon Sekunden später schießen in rasend schneller Folge vier, fünf schwarze Rauchpilze hoch, und es ist offensichtlich, dass sie in eine Überzahl lauernder Kanonen wie in offene Messer gerast sind. Wir folgen ihnen nicht und warten. Da wir nicht unter Beschuss liegen, öffne ich wieder die Luke, blicke zu den Rauchpilzen hoch, aus deren rußiger Schwärze von hinter der Anhöhe plötzlich ebenso schwarz eingefärbte Gestalten auftauchen und uns wie Verfolgte entgegenflüchten. Sie sind zwar aus den brennenden Panthern herausgekommen, aber nur als vom

Feuer versengte, kahlköpfig verkohlte Gestalten, die vor ihrem eigenen Inferno davonlaufen bis auf einen.

Er kommt geradewegs auf unseren Panzer zu und hebt mir seinen rechten Arm entgegen, von dem die Hand abgerissen ist. Aus dem schwarzen Stummel läuft das Blut. Ich springe zu ihm runter und binde ihm mit meinem Pistolenriemen den Arm ab, blicke ihm dabei in sein entstelltes Gesicht, in das irre Weiß der Augäpfel, um die herum die verkohlte Haut aufgerissen herunterhängt und das flammend rohe Rot des Fleisches freiliegt. Er sagt kein Wort, sondern hastet, kaum dass ich ihn abgebunden habe, mit hochgerecktem Arm den anderen hinterher. Wie er aussehen wird, wenn er davonkommt, Nase, Ohren und Lippen wie weggefressen, wissen wir nur zu gut, denken aber nicht daran. Dass der Sohn unseres Reichsaußenministers bei dem Angriff einen Nervenzusammenbruch erlitten haben soll, wie wir später erfuhren, fanden wir glaubwürdig, aber es blieb ein Gerücht. Wenig später befiehlt uns Wünsche über Funk, auf die Höhe vorzurücken und den Grenadieren, die sich nicht mehr melden, den Befehl zum Rückzug zu übermitteln. Mit unserem Panzer voran rollen die drei letzten der 8. Kompanie die Anhöhe hoch in Richtung Ribbentrops inzwischen stark verblasste Rauchwolken und suchen möglichst im Sichtschutz der verglühenden Panther zu bleiben.

Wer von uns fünf den Grenadieren in den Schützengräben den Absetzbefehl überbringen muss, ist für Hille gar keine Frage: »Führer Kreis«, dem der hinterhältige Ruf anhängt, kugelsicher zu sein, muss ran. Ich kann nicht sagen, dass es mir leichtfiel, ich habe sogar zum erstenmal einen unangenehm kribbelnden Druck auf dem Magen, als ich aus der stählernen Höhle ausboote und tief geduckt nach vorn laufe. Vor mir bleibt zunächst alles still. Erst als ich die Wegkreuzung überquere, pfeift zischend eine MG-Garbe über mich weg. Sie muss von einem Panzer kommen. Gott sei Dank erreiche ich mit »Hinlegen«

und schnellem »Auf, marsch, marsch« die Gräben der Grenadiere und lasse mich hineinrollen. Der erste ist leer. Ich haste nach rechts weiter zum nächsten über Munitionskästen, einen Helm mit blutigem Tarnüberzug und einen Karabiner hinweg, rufe laut: »Grenadiere!« und noch einmal: »Grenadiere!«, aber keine Antwort, bis ich dann in dem nächsten Grabenabschnitt die ersten Toten gleich haufenweise vor mir liegen sehe. Hier muss die Artillerie eine Gruppe Volltreffer gelandet haben, denn sie sind förmlich durchsiebt und teilweise amputiert, der eine ohne Kopf, und nicht weit weg davon sehe ich einen anderen ausgestreckt auf dem Rücken liegen, den die Druckwelle völlig entblößt hat. Er hat das Gesicht eines Schlafenden, nur aus dem Mund läuft Blut, und in das hagere Weiß seines Leibes ist über Bauch und Rippenbögen ein feines Muster von Wunden wie eintätowiert. Ich springe über ihn hinweg, laufe weiter laut: »Grenadiere!« rufend, durch die Gräben, doch überall das gleiche Bild. Ich finde immer neue Tote. Die Sturmwut des dichten Beschusses hat sie alle ausgelöscht. Ich laufe zurück, wieder an ihnen vorbei und über sie hinweg.

Nun aber habe ich mit meinem lauten Rufen die Kanadier drüben auf mich aufmerksam gemacht und ihr Jagdfieber auf mich gelenkt. Während sie die Hecke über mir zu Kleinholz schießen, liege ich dicht gedrückt gegen die Grabenwand da und warte mit meiner Pistole in der Hand darauf, dass sie kommen und mir entweder eine verpassen oder mich gefangennehmen. Aber sie kommen nicht. Irgendwie schaffe ich es, in unseren Panzer zurückzukommen. Als ich gerade dabei bin, Hille zu berichten, dass da vorn keiner mehr lebt, geht plötzlich ein dumpfer Schlag und Ruck durch den Panzer. Es hat uns erwischt! Aber wo? Es war wie ein Schuss in die Wanne. In diesem Fall würden wir gleich hochgehen mit den Hunderten Litern Öl und Benzin, auf denen wir sitzen! Mit klopfenden Herzen horchen wir nach unten. Doch es rührt sich nichts. Wieder muss ich ausbooten, sehe aber zu meiner Erleichterung gleich, dass nur ein Stützwagen des Laufwerks glatt abgerissen ist. Ich kann ihn sogar mühelos von der Kette wegziehen. Wir haben Schwein gehabt. Nur ein paar Zentimeter höher, und der Treffer hätte die Wanne aufgerissen. Hille gibt über Funk zurück, dass die Grenadiere tot sind und wir einen Treffer im Laufwerk haben. Völlig überraschend erhalten wir umgehend von Wünsche die Erlaubnis, zur Werkstatt zurückzufahren. Wir können es zuerst gar nicht fassen, dass wir uns diesem Totentanz entziehen dürfen. Denn die fehlenden Stützrollen hindern uns nicht beim Fahren. Da es aber so ist, geht es zuerst mit: »Rückwärts«, dann: »Vorwärts marsch!« und laut singendem Maybach-Motor, Rohr sechs Uhr, zurück durch La Folie und weiter nach Caen hinunter, eine zerstörte Stadt, durch die wir, am Abend des 8. Juli, in einen weiteren Luftangriff geratend, hindurch müssen im klirrenden Hagel umherfliegender Trümmer. Erst hinter der Brücke über die Orne können wir endlich aufatmen. Hier ist alles ruhig. Hier ist Leben. Was ist der Tod gegen das Leben! Mit den letzten Litern Sprit im Tank erreichen wir bei einbrechender Dunkelheit unsere Werkstattkompanie.

Ich weiß nur noch, dass wir alle fünf am nächsten Morgen genau da erwachten, wo wir, aus dem Panzer geklettert, vor Erschöpfung hingesunken waren. Es ist der 9. Juli, der Tag, an dem die Kanadier Caen einnehmen. Vierundzwanzig Stunden haben wir diesen Tag hinauszögern können. Um welchen Preis! Die Division Hitlerjugend ist praktisch zerschlagen. Gegen Hitlers Befehl nimmt Panzer-Meyer ihre Reste hinter die Orne zurück. Doch zur Ruhe kommen wir nicht. Mit unserem schnell reparierten Panzer müssen wir im Rahmen der Kampfgruppe Wünsche nunmehr Feuerwehr spielen. Überall, wo die Alliierten unsere Front zu durchbrechen drohen oder durchbrochen haben, müssen wir eingreifen. Nachts fahren wir zehn, zwanzig Kilometer rechts oder links hinter der Front entlang zu den Brandstätten. Meist sitzen wir draußen auf der Kettenabdeckung oder auf dem Turm, die Kanone zwischen den Beinen, und atmen den süßlichen Leichengeruch ein als die andere Lufthoheit des Todes, die neben der militärischen als die kreatürliche seit langem das Land beherrscht, verursacht von den Tausenden verendeter Tiere, meist Rinder, aber auch Pferde, die unbegraben auf den Weiden mit aufgeblähten Bäuchen verwesen, und verfolgen im Kontrast dazu immer wieder fasziniert das die Frontlinie markierende Feuerwerk der unentwegten Leuchtspuren, ein farbiger Spiralentanz aus tausend Flakgeschützen, der sich uns darbietet wie bunte Kugelfische, schwimmend im Aquarium der Nacht. Und wenn es Tag wird und wir angreifen oder abwehren, dann schiebt sich über das Farbenspiel der Nacht die weiße Perlenkette der Fesselballons, gespannt zur Abwehr unserer – nicht vorhandenen – Tiefflieger und das blaue Licht des Morgens markiert uns wie zum Hohn alle Tage wieder die Küstenlinie des Meeres zwischen Sword- und Juno-Beach, wo wir die Alliierten hatten hineintreiben wollen.

In der Nacht zum 21. Juli weckt mich Hille, der gerade im Turm die Wache hält, und gratuliert mir zum 18. Geburtstag. Eine Flasche Cognac wandert von mir zu ihm, dann zu Heck, dem Ladeschützen, von ihm weiter nach vorn zu Wedel, dem Funker, und zuletzt über das Getriebe hinweg linker Hand zu Geuß, dem Fahrer. Die Erlebnisse der letzten Wochen haben uns innerlich näher gebracht. Wir liegen, geplagt von Stechmücken, in einem sumpfigen Gelände irgendwo hinter der Orne in Bereitstellung. Von dem missglückten Attentat Graf Stauffenbergs auf Hitler in der Wolfsschanze wissen wir noch nichts. Wir wissen auch nicht, was unser Reichsführer Himmler an meinem Geburtstag an den Reichsarbeitsdienstführer Hierl über die 6 000 Mann Verluste unserer Division schreibt. Er schreibt: »Bitter ist allerdings, dass die Verwundeten in der unteren Grenze zu einem Drittel amputiert sind, da die meisten Verwundungen durch Artillerie und Fliegerbomben entstehen. Wir müssen sehen, dass sie nicht total ausbluten, denn sie sind – ich nehme das Wort sehr selten in den Mund – im wahrsten Sinne des Wortes kriegsentscheidend.« Hitler aber hatte zu alldem von ihm wissen wollen, welchen Nachersatz er habe. Der mörderische Widersinn unserer Lage in einem längst entschiedenen Krieg, der so verräterisch aus diesen Worten spricht, wird unterschwellig von uns vor Ort immer aufdringlicher geahnt, gefühlt, auch wenn ich am 26. Juli an meinen Vater zu dem »Mordanschlag auf den Führer« schreibe: »Ein Glück nur, dass ihm nichts geschehen ist.« Was ich aber, während ich dies hinschrieb, wirklich fühlte, machte ich mir Jahrzehnte später erst bewusst, als ich mich erinnerte, dass die Ereignisse tief in mir eine Verwandlung bewirkt hatten, die buchstäblich maskiert nach außen trat, und dies nicht nur bei mir, sondern nicht minder bei meinen Kameraden.

Das zeigt sich erstmals, als unsere 8. Kompanie Anfang August zur Ruhe in ein kleines Dorf irgendwo an der Orne beordert wird. Es ist ein sonniger Sonntag. Wir parken unsere Panzer unter den Apfelbäumen und nehmen als erstes ein Bad in dem Flüsschen, ehe wir uns zur Suche nach etwas Essbarem in die Häuser und Gärten aufmachen. Die Bewohner können erst Stunden zuvor die Flucht ergriffen haben, denn auf einem der Tische steht noch das gebrauchte Geschirr und auf den Weiden grasen friedlich die Kühe und Kälber. Als ich zusammen mit Wedel und Heck durch den Garten hinter einem der Häuser komme, wachsen da Kartoffeln und Zwiebeln, und augenblicklich überfällt mich der Heißhunger auf Reibekuchen. Reibe und Schüssel sind im Haus schnell gefunden. Auch Olivenöl steht da in einer Flasche, und Heck findet in einem der Schränke einen braunen bauchigen Krug mit Calvados. Ehe wir ans Kartoffelreiben gehen, sehen wir uns aber noch im Haus um.

Im Obergeschoss entdecken wir in einem Kleiderschrank überraschend jugendliche und modische Kleider und in einer Kommode Hemden und saubere Wäsche. Aus irgendeinem spontanen Impuls heraus halte ich mir ein besonders bunt gestreiftes Hemd vor Brust und Bauch, gucke in den Spiegel, muss lachen und sage: Das ziehe ich jetzt an! Womit ich die beiden anderen gleich anstecke. Und wenig später sind drei martialische Panzerkrieger in salopp-frivole französische Zivilisten verwandelt. Wedel und ich in Baskenmützen, schräg ins Gesicht gezogen, dazu die bunten Hemden mit flauschigen Schals um den Hals gebunden, und Heck ähnlich zurechtgemacht, aber auf dem Kopf das Prachtexemplar einer Kreissäge á la Slapstick, die er in einer Tüte gefunden hat. Er nimmt die dazugehörende Pose ein, singt: »Das gibt's nur einmal«, und wir kommen ordentlich in Fahrt: »Mensch Heck, richtig keck!«, entfährt es mir, und fröhlich steigen wir runter in die Küche, reiben Kartoffeln und Zwiebel in die Schüssel und beschließen, uns in dieser Aufmachung unseren Kameraden zu präsentieren. Ich mit Calvadoskrug und Pfanne bewaffnet, Wedel die Schüssel vor dem Bauch und Heck mit der Olivenölflasche verlassen wir das Haus und ziehen fröhlich über die Dorfstraße, und ich weiß noch gut, wie plötzlich hinter uns mit dem typisch blechernen Geratter ein Kübelwagen herangebraust kommt und wir fluchend zu Seite springen, der Wagen aber scharf bremsend anhält, dass es staubt, zurücksetzt und dicht bei uns zum Stehen kommt.

Im selben Augenblick sehen wir auch schon, wer die sich hoch aufrichtende Gestalt ist: Panzer-Meyer persönlich, der die Situation sofort erfasst, zumal wir, so wie wir sind, gleich Männchen machen und die Hacken zusammenknallen. Das absurde Mischbild, das wir abgeben, bringt ihn dermaßen aus der Fassung, dass er uns mit schneidender Verachtung als: »Alberne Würstchen!« und: »Wohl total verrückt geworden!!« zusammenscheißt und einem der beiden ihn begleitenden Offiziere aufträgt, unsere

Kompanie und unsere Namen zu notieren. Dann braust er auch schon davon, und der Zusammenprall der absoluten Manneszucht mit ihrer westlich-dekadenten Selbstauflösung hinterließ uns inmitten einer Staubwolke zwar ein wenig verdattert, aber nur vorübergehend. Denn als unsere Kameraden uns ankommen sahen, waren Beifall und Gelächter groß, Heck parlierte Französisch und wir ließen uns die Kartoffelpuffer schmecken, die wir auf einem selbstgebastelten Ofen, einer Kombination aus Minenkiste und Lötlampe, knusprig braun gebraten hatten. Als wir uns hinterher ins Gras legten, packte ich den Calvados-Krug an Bauch und Hals und ließ mich vollaufen. Dass ich zunächst noch fröhlich beschickert: »Calvados, Calvados, du mein Vergnügen«, gesungen und, dem Krug in die Öffnung blickend, dann gedichtet habe: »Schieß mich zum Teufel, du Geschoss, aus allerbestem Calvados!«, haben mir Hille, Heck und die anderen hinterher in neblige Erinnerung bringen müssen. Denn erst sieben Stunden später erwachte ich aus meinem Rausch, aber nicht auf der Wiese, sondern im Panzer, und auch nicht auf meinem Sitz, sondern mit einer tiefen Kerbe in der Wange auf der scharfen Kante des Turmbodens. Als ich volltrunken auf der Wiese lag, hatte es Alarm gegeben, und meiner Besatzung, die mich einfach nicht wach kriegte, war nichts anderes übriggeblieben, als mich »schäbigen Zivilisten« wieder in einen Soldaten zu verwandeln und durch die Turmluke auf seinen Sitz zu hieven, von wo ich während der Fahrt heruntergefallen war. Als ich erwachte, hörte ich als allererstes die Stille, sah dann alle Luken offen, durch die die Sonne hereinschien, und brauchte eine Weile, bis ich mich wieder zurechtfand. Wir waren mit Kettenschaden liegen geblieben. Ich lief in einen Garten und versuchte, mir den Nachdurst mit Tomaten zu löschen.

Die Hintergründe unserer Verkleidung und Panzer-Meyers unmäßiger Empörung habe ich mir, wie gesagt, erst viel später bewusst gemacht. Zunächst war das Erlebte scheinbar nichts als eine heitere Anekdote, in Wahrheit aber kehrte die äußere Verwandlung unser innere nach außen, die sich uns in jenen so aufwühlenden und tief prägenden Wochen buchstäblich in den Leib geschrieben hatte. Die in uns verborgene, erschaffende Zeit, von der wir Hitlerjungen gesungen hatten, sie barg und trug zugleich ihre eigene Parodie in sich, die immer mächtiger hervorbrach. In diesem kleinen Calvados-Dorf an der Orne inszenierten wir unbewusst die Rolle, die uns in diesem großen Weltspiel zugeteilt war, eine schwarze Satire auf uns selbst als die Affen der Alliierten. Und während die Briten, Kanadier und US-Amerikaner uns spöttisch als »Babydivision« abtaten, waren wir paradoxerweise mit unserem Todesmut und dem unerbittlichen Ernst unseres Widerstandes zugleich, wie ein kanadischer Historiker schrieb, die »Nemesis der Alliierten«, die Tochter der Nacht und Göttin der gerechten Vergeltung. Während sie uns den Dooms-Day brachten, war es unser Los, als die Bösen dieses keineswegs gerechten Krieges den Nazi-Wahn unserer Väter mitsamt seinen historischen Ursachen sowohl auszubaden als ein für alle Male in uns zur Auflösung zu bringen. Unser Kostümierungstrieb setzte sich hemmungslos fort. Während eines weiteren Ruhetages fanden wir in der Bürgermeisterei eines größeren Dorfes die Uniformen der Feuerwehr, martialische Monturen mit riesigen goldenen Epauletten und ebenso golden glänzenden Helmen, ganz wie zu Napoleons Zeiten. Kaum entdeckt, hatten wir sie auch schon angelegt und marschierten wir im gemessenen Schritt der Leibstandarte und: »Uns-re Eh-re, ˘ ist die Treu-e« singend durchs Dorf.

Obwohl wir von all dem, was damals in der Welt vorging, nachrichtlich abgeschnitten waren, müssen wir in ein vage informatives Netz verwoben gewesen sein, das uns klüger machte, als wir waren. So auch an jenem 4. oder 5. August. Wir liegen in einer Bereitstellung, um einen von den Briten über die Orne gebildeten Brückenkopf wieder einzudrücken. Es ist ein ungewöhnlich schwüler Tag. Kein Jagdbomber am milchigen Sonnenhimmel, und auch die Artillerie lässt uns in Ruhe. Ich döse im Schatten eines Apfelbaums und blicke aus meiner Luke auf die sanft ansteigende Wiese, als plötzlich hinter einer Mauer ein Wesen mit aufgespanntem lila Sonnenschirm auftaucht, lichtumflutet, mit schneeweißen Tennisshorts, einer ebenso weißen, keck schräggezogenen Baseballmütze und einer großen dunklen Sonnenbrille, die das Gesicht verdeckt und inmitten der Uniformität des Krieges die Epiphanie des Friedens so verblüffend echt heraufbeschwört, dass ich mich einen Augenblick lang tatsächlich täuschen lasse, ehe ich erkenne, dass hinter dem Theater unser Unterscharführer Gebhard steckt, der weiß der Himmel wo, diese Kleidung aufgetrieben hat. Es war der letzte Auftritt seines jungen Lebens. Als wenig später der Angriffsbefehl auf den Brückenkopf gegeben wird, ist sein Panzer der erste, der in Flammen aufgeht, allen fünf Insassen zum Grab werdend.

Dieser Tag bleibt mir noch aus einem anderen Grund unvergesslich. Zwei Panzer der 6. Kompanie waren mit uns in Bereitstellung gegangen, und so kam es zu einem herzlichen Wiedersehen mit Walter Hagen. Ich fragte ihn nach Hausteiner. Der sei irgendwo anders eingesetzt, heißt es, und wir erinnern uns der gemeinsamen *Faust*-Aufführung in Evreux. Was bei dem Angriff dann mit ihm geschieht, treibt mir zum erstenmal Tränen in die Augen. Es gelingt uns und den mit uns angreifenden Grenadieren unter außerordentlich hohen Verlusten tatsächlich, den eigentlich unerheblich kleinen Brückenkopf einzudrücken und die Briten auf das andere Ufer zurückzutreiben. Vor uns erreicht Walter Hagens Panzer als erster die Brücke. Durch die Zieloptik sehe ich noch, aber zu spät, wie hinter einem Haus am anderen Ufer ein Sherman auftaucht, sehe das Mündungsfeuer der Kanone aufblitzen und dass Hagens Panzer getroffen ist, aber nicht brennt. Für Sekunden bin ich abgelenkt. Da reißt Hille mich schon »Mensch, schieß doch!« brüllend aus meinen

Gedanken und zu dem Sherman, der seinen Turm in unsere Richtung dreht. Doch ich bin schneller. Diesmal kommt bei dem Abschuss kein Hurra-Gefühl in mir hoch. Ich muss an Walter Hagen denken, drehe Turm und Optik zu seinem Panzer hin, der immer noch nicht brennt. Aber nun ist die linke Luke offen, und auf dem Boden dicht bei der Kette sehe ich ihn auch schon liegen, ihn an seinem blonden Schopf erkennend. Er hat noch ausbooten können, bewegt sich auch noch. Vor uns einschlagende Raketen von Jagdbombern machen es uns unmöglich, länger zu ihm hinzusehen. Auch die Artillerie beschießt uns wieder massiv. Wir üben uns in Stellungswechseln und können nichts tun als den Kopf hinhalten, bis gegen Abend der Befehl kommt, uns zur Ausgangsstellung zurückzuziehen. In der Serie der vielen Sinnlosigkeiten dieses Feldzugs lassen wir eine weitere hinter uns. Der Preis sind drei Panzer, zwei mit je fünf Toten, Hagens mit drei und einem Vielfachen an toten Grenadieren, die sieben Stunden lang unter fast pausenlosem Beschuss lagen. Von den beiden Überlebenden aus Hagens Panzer, dem Funker und dem Fahrer, erfahre ich dann, der Einschuss in den Turm habe den Kommandanten und den Ladeschützen gleich zerschmettert, Hagen sei noch herausgekommen, habe sich dann aber mit seiner Pistole in den Kopf geschossen, als er sah, dass ihm der Leib aufgerissen war und die Gedärme hervorquollen. Sie erzählen es mir, als wir in unsere Ausgangsstellung zurückgerollt sind und mit der hereinbrechenden Dämmerung endlich Ruhe eingekehrt ist. Ich weiß noch, dass Spieß Fraude uns einen Kessel süßen Grießbrei mit Dörrobst brachte und wegen unsrer fünf Toten so viel, dass ich zwei Kochgeschirre voll abkriege, von denen ich eines gleich verputze.

Kurz darauf kommt es zu einer dramatischen Situation, als zwei Grenadiere einen gefangenen und leise stöhnenden Engländer anschleppen, dem eine Kugel im Fuß steckt. Wir betten ihn mit einiger Mühe hinten auf die Motorabdeckung, und ich hocke mich gerade neben ihn, um mich mit ihm zu unterhalten, als plötzlich aus einer Gruppe Grenadiere einer wie ein Verrückter heranstürmt und mich mit »Weg da!« und »Ich mach den Kerl kaputt!« anschreiend seinen Karabiner auf mich richtet. Völlig perplex will ich noch etwas sagen wie: »Du spinnst doch!«, da hat Hille ihn auch schon gepackt und ihm den Karabiner entrissen. Nun dreht er völlig durch, wirft sich schrill weinend auf die Erde und schlägt mit seinen Fäusten um sich, so dass zwei seiner Kameraden ihn packen und festhalten und auf ihn einreden, bis er endlich Ruhe gibt. Das hat er schon einmal gemacht, erfahren wir. Der Engländer bekommt das nicht so recht mit. Im Gespräch mit ihm erfahre ich, dass er aus Yorkshire stammt und vier Jahre älter ist als ich. Ich gebe ihm das zweite Kochgeschirr mit dem süßen Grießbrei und muss wohl seinen Lieblingsgeschmack getroffen haben, denn er aß ihn mit einer »Oh-many-thanks«-Einlage zwischen jedem zweiten, dritten Löffel so gierig weg, dass kein Zweifel war. Noch in der Nacht wechselten wir die Stellung und lieferten ihn unterwegs bei unserem Abteilungsgefechtsstand ab, wo er uns noch einmal dankte.

Schon in diesen ersten Augusttagen erweist sich die Lage als zunehmend verworren. Von einer Front, an der wir uns bei Tag und Nacht orientieren könnten, kann immer weniger die Rede sein. Mit einer Art Stützpunkttaktik versuchen unsere Kommandeure vergeblich, die allgemeine Auflösung aufzuhalten. Unsere Division ist ohnehin nur noch ein Schatten ihrer selbst. Meist wissen wir überhaupt nicht mehr, wo vorn und hinten ist. So erleben wir eines frühen Morgens die Überraschung, dass die Briten in der Nacht unsere Bereitstellung am Rande eines Waldes rechts und links bereits passiert haben und wir uns nur noch, aus allen Rohren wild und ziellos schießend, aus der Umklammerung retten können. Immer schneller geht es rückwärts. Am 10. August halten wir die Höhe 195 bei Fontaine le Pin. Caen ist schon weit weg. Wir schießen einen Sherman ab, der in der Nacht darauf vor uns rot verglüht und unser letztes Opfer bleiben sollte. Erstmals kommen unsere Fernlenkpanzer zum Einsatz, mit denen wir den Briten – oder sind es Amerikaner? – je 450 Kilogramm Dynamit auf den Hals hetzen. In grandiosen Detonationen wirbeln wir einige hundert Meter vor uns viel Staub und Erde auf. Militärischen Nutzen hat das nicht. Drei Tage später gehen wir frühmorgens nach zielloser Nachtfahrt und völlig übermüdet in Potigny Bons auf der Durchgangsstraße nach Falaise an eine Hauswand gedrückt in Stellung mit der Kanone in die verkehrte Richtung. Das merken wir aber erst, als plötzlich – ich halte gerade Wache im Turm und Hille pennt auf meinem Sitz – ein Panzerspähwagen eilig daherkommt, bremst und Sturmbannführer Wünsches kleidsam frisiertes Haupt daraus emportaucht mit weißem Stirnverband und Blutfleck an der Schläfe, das frisch verliehene Eichenlaub zum Ritterkreuz am Hals, was filmisch schöne Erinnerungen in mir weckt, allerdings mit scharfem Kontrast zu der blitzenden Wut seiner Worte: »Wer hat euch Arschlöscher hier hingestellt?!« Hille ist gleich hellwach, muss zu ihm rüberkommen und sich an Hand der Karte die Lage erklären lassen, über die wir längst nicht mehr Herr sind.

Am 15. August schlägt für unseren Panzer dann die letzte und gar nicht heroische Stunde. Am Fuß irgendeiner bewaldeten Anhöhe gehen wir nach langer Nachtfahrt solo in Stellung. Fraude hatte uns unterwegs noch aufgespürt und mit Verpflegung eingedeckt. Vor uns verläuft eine Straße, dahinter steigt das Gelände ebenfalls an, dicht mit Wald bedeckt. Von irgendeinem Feind ist nichts zu hören oder zu sehen. Hille, Wedel, Heck und Geuß sitzen höchst aufgeräumt auf dem bemoosten Waldweg hinter dem Panzer und futtern, ich stehe hoch oben auf dem Turm und suche mit dem Fernglas vor mir das Gelände nach dem heranrückenden Feind ab. So geht das eine ganze Weile, bis plötzlich von der Anhöhe her das typische Abschussgebell einer Vierergruppe Artillerie herübertönt und im nächsten Augenblick heranheult. Ich kann gerade noch durch die obere Turmluke nach innen abtauchen, als rund um den Panzer auch schon die vier Granaten einschlagen und durch die offenen Seitenluken ein klirrender Funkenflug stiebt. Erst viel später merke ich, dass ich einen Splitter im linken Schienbein stecken habe, nicht sehr tief dank der Lederhose. Aufgeregtes Geschrei von draußen. Noch aus der Luke heraus sehe ich, dass Hille getroffen ist. Er hat als einziger alles abgekriegt. Als wir ihn verbinden, zähle ich fünf nicht sehr große, aber tiefe Löcher in seinem Rücken. Es kommt auch nicht sehr viel Blut. Dennoch geht unser gesamtes Verbandszeug für ihn drauf. Was tun? Als sein Stellvertreter muss ich handeln. Zuerst einmal laden wir ihn vorsichtig auf die Motorabdeckung und fahren dann in einer Serpentine den steilen Waldweg hoch zurück, weil ich auf der Karte hinter der Anhöhe eine Straße gesehen habe. Die wollen wir erreichen und von irgendeinem Sanitätsposten Hilfe holen, möglichst ein Ambulanzfahrzeug. Als wir durch den Wald die Anhöhe schon fast erreicht haben, muss uns wohl das weithin zu hörende helle Singen unseres Maybach-Motors verraten haben, denn da greift uns etwa ein halbes Dutzend Jagdbomber mit Raketen und Bomben an, dass die Fetzen fliegen und nach kurzer Zeit ums uns herum der Wald brennt. Geuß fährt so schnell er kann, aber in seiner Nervosität so unglücklich über einen umgestürzten Baum, dass die Wanne aufsitzt und wir weder vorwärts noch rückwärts fortkommen. Nicht nur drehen die Ketten durch. Da der Panzer sehr schräg hängt, saugt der Motor wenig später auch kein Benzin mehr an. Es muss also auch der Tank fast leer sein. Derweil schießen und bomben die Jagdbomber mal nah, mal weiter weg blindlings in den Wald hinein, und Feuer und beißender Rauch fressen sich unaufhaltsam auf uns zu. Der Panzer ist nicht zu retten.

Wir schlagen zwei dicke lange Äste ab und bauen für Hille eine Trage. Dabei entdecke ich, dass wenige Meter von uns weg im Waldboden das gelbe Leitwerk einer nicht detonierten Bombe steckt. Hat sie etwa einen Zeitzünder? Eine unangenehme Situation. Als erstes bringen wir Hille über eine holprige Kahlschlagfläche zu der von mir auf der Karte entdeckten Straße in Sicherheit. Und Wedel schicke ich los, geradeaus so weit zurückzulaufen, bis er Hilfe findet. Dann bleibt mir als letzter Akt, den Panzer zu sprengen, der unterdessen schon fast ganz in Feuer und Qualm gehüllt ist. Zu allem Unglück kann ich aber den Langzeitzünder für die Sprengvorrichtung nicht finden, habe nur noch meine Eierhandgranaten mit den Dreisekundenzündern, die mir, wenn ich eine davon in den Benzintank werfe, verdammt wenig Zeit lassen, den unberechenbaren Folgen der Detonation ungeschoren zu entgehen. Aber das Kunststück gelingt dank eines dicken Baums in der Nähe, der mir die vorbeifetzenden Stahlstücke vom Leib hält. Als ich weiterlaufe und mich umdrehe, sehe ich hinter mir unseren seitlich aufgerissenen Panzer lichterloh brennen, sehe die Flammen über die steil aufgereckte Kanone züngeln, wobei mein letzter Blick die stattliche Anzahl Ringe streift, mit denen wir sie nach jedem Abschuss eines Panzers stolz umpinselt hatten. Wedel erreicht nach einigen Kilometern Dauerlauf tatsächlich noch ein schon im Aufbruch begriffenes Feldlazarett, kann auch noch den leitenden Stabsarzt mit Bitten und Betteln dazu bringen, seine Ambulanz mit ihm loszuschicken, obwohl der mit Recht überall auftauchende Briten wittert. Ich weiß noch gut, wie wir um den tapfer aushaltenden Hille herum saßen und warteten, und wie es immer später wurde und wie dann doch noch das weit hin sichtbare weiße Fahrzeug mit dem großen Roten Kreuz angefahren kam und Wedel wie verrückt aus dem Fenster winkte. Zwei Heeressanitäter packten Hille schnell ein, wir stiegen hinterher, drängten uns um ihn, und der Wagen brauste zurück. Der Ami sei schon durchgebrochen, sagte uns einer der Sanitäter, der mir mit einer Pinzette den Splitter aus dem linken Schienbein zog und die kleine Wunde verband. Ein halbes Jahr lang blieb sie offen, bis man sie im Lazarett dann doch noch schließen konnte. Wir fuhren bis in die Nacht hinein, gerieten irgendwo auf einer Hauptstraße in eine Kolonne von flüchtenden Trossfahrzeugen aller Art und da brausten auch schon die Jagdbomber mit Scheinwerfern über uns weg, schossen vor und hinter uns unter deutlich hörbaren Detonationen Fahrzeuge in Brand und wir standen mitten drin und kamen nicht weiter. »Macht, dass ihr fortkommt!«, war das letzte, was Hille noch zu uns sagte. Als wir ihm einer nach dem anderen die Hand gaben und ich dabei in sein Gesicht sah, da sagten mir seine Augen, dass er sterben würde. Wo und wie er sein Gab fand, haben wir nie erfahren. Er ging wie so viele als »vermisst« in die Statistik ein.

Mit knapper Not entgehen wir dem Kessel von Falaise, schlagen uns Tag und Nacht bis La Haye du Taille durch, wo wir am 6. Juni so siegessicher aufgebrochen waren. Dort treffen wir Brückner wieder, frisch aus dem Lazarett zurück und fröhlich trotz seines vom Feuer bleibend angefressenen Gesichts. Als wir am nächsten Tag von La Haye mit dem letzten Lkw unserer Kompanie weiterziehen, schießt über Le Neubourg ein gewaltiger Rauchpilz zum Himmel hoch mit Wünsches eiserner Sprit-Ration, dass sie nur ja dem Feind, der dieses Chemieprodukt ohnehin nur belächelte, nicht in die Hände falle. Nun, da wir Fußvolk geworden sind und uns die Benzoldämpfe nicht länger immunisieren, fallen die Filzläuse über uns her und siedeln sich unter den Achseln und um die Genitalien an. Wir leiden Qualen und witzeln über die obszöne Kratzerei, zu der sie uns zwingen, mit Bemerkungen wie: »Na, was ist es denn diesmal, weicher oder harter Schanker?« Als wir um den 24. August herum gegen Abend bei Pont-le-Arch südlich von

Rouen die letzte noch nicht ganz zerbombte Brücke über die Seine erreichen, über die sich von allen Seiten her die zurückflutenden Reste der geschlagenen Westarmee zu retten suchen, haben wir unsere verlauste wollgefütterte Lederkombination zusammen mit unseren ebenfalls verlausten Hemden, Socken und der schmutzstarrenden Unterwäsche bereits weggeworfen und tragen wir nichts als die Tarnkombination auf dem nackten Leib und die 38er Pistole am langen Riemen um den Hals, die Hosentaschen voll mit loser Munition. Ich erinnere mich, wie Heck, Wedel, Geuß und ich und noch einige andere von unserer Kompanie die Nacht in einer Villa am Seineufer verbringen, uns mit den Stiefeln in die prächtigen Betten hauen zu Hecks »Sur le pont, d'Avignon«. Am Morgen löffeln wir hastig ein paar Gläser Marmelade leer, und ich schnappe mir zum Abschied ein elegantes schwarzes Lacklederköfferchen mit einem silbernen Essbesteck, einem Frottierhandtuch, zwei Stück englischer Toilettenseife und einem riesigen Flacon Parfüm der Marke »Dans la Nuit«, ein aufdringliches Luxusprodukt mit unverschämter Langzeitwirkung. Noch heute, wenn ich Moschus rieche, der mir damals noch kein Begriff war, sehe ich den Flacon von Pont-le-Arch vor mir. Das Parfüm goss ich mir gleich in üppigen Portionen auf alle juckenden Stellen in der falschen Hoffnung, die Läuse damit vernichten oder wenigstens vertreiben zu können. Hinterher beschnüffelten mich alle, und Heck näselte mit gespielter Entrüstung: »Mit wie vielen Grisetten beliebten es Monsieur denn heute Nacht zu treiben?«

In dieser Stimmung treten wir die nächste Etappe unseres Rückzugs an. Wir bleiben auch bei bester Laune, als wir uns durch den Trauerzug der fliehenden Fahrzeuge und Soldaten aller Waffengattungen hindurch über die Brücke zwängen, auf der Obergruppenführer Hauser, der Kommandeur der Siebten Armee, dessen widersinniger Gegenangriff kurz vorher noch abgeschmettert worden war, höchst persönlich die Regelung des Verkehrs übernommen hat. Ein Eindruck, der haften bleibt, zumal er, als wir am anderen Ufer der Seine in der Küche eines Bauernhofes darauf warten, dass unser Lkw über die Brücke ist, plötzlich zur Tür hereinkommt, uns mit »Na, ihr Frontschweine!« nicht gerade originell, dafür sehr väterlich freundlich begrüßt, wieder verschwindet und mit zwei Broten und einer Dauerwurst auf dem Arm zurückkehrt, eher er weiterfährt. Als wir auf unseren Lkw klettern, überholt uns ein anderer vom Grenadierregiment, und von ihm herab höre ich plötzlich jemand meinen Namen brüllen, »Ruuudiii!!« und sehe ihn wie verrückt mit beiden Armen winken. Dazwischen sein Gesicht. Es ist unverkennbar der Franz aus Immerath, der Pflegesohn von Tante Marije und Onkel Joseph, mit dem ich die Kühe gehütet hatte. Er also auch bei »unserem Haufen«! Mit unserer unmöglichen Aufmachung, die Tarnkombination auf dem bloßen Leib und die nackten Füße in den kurzen Stiefeln, die Haarmähnen bis ins Genick, im Zynismus der Zeit Genickschussbremsen genannt, bei Heck, Grabe und Brückner mit Seidenschals dekadent untermalt, zu guter Letzt ich mit meinem Lackköfferchen »Dans-la-Nuit«-Duftmarken setzend, inszenieren wir auf diesem Rückzug den letzten Akt unserer bitterbösen Parodie auf uns selbst.

Irgendwann Ende August sind wir morgens bei Nieselregen, eingehüllt in Decken auf der Ladefläche unseres Lkw liegend, unterwegs auf der Route Nationale in Richtung Lüttich. Eine ganze Weile fährt der Kommandeurwagen mit Generalfeldmarschall Model, dem Nachfolger Rommels, keinen Eindruck mehr machend hinter uns her und biegt dann irgendwo ab. Als wir Lüttich in grauer Ferne auftauchen sehen und Geuß, der aus Köln kommt, in Jubel ausbricht, »von hei na Kölle eset janit wiet!«, da geht das Witzeln los: »Ja, wir sehen schon den Dom!« Und Brückner, der uns unterwegs immer wieder mit seinen Antek-und-Frantek-Witzen bei Laune gehalten hat,

stimmt plötzlich das Lied von: »Der kleinen Monika« an, eine
der trivialen Schnulzen, die wir unzählige Male hatten singen
müssen, die er aber nicht länger singt wie gewohnt: »Und du
und ich wir spüren, dass niemals wir verlieren«, sondern: »Und
du und ich wir spüren, dass wir den Krieg verlieren, kein Sieg
wird unser sein ...«. Er steckt uns augenblicklich dermaßen an,
dass wir alle die neue Weise mitsingen und schließlich immer
ausgelassener grölen und Tränen lachend lange kein Ende finden. Am nächsten Tag kurz vor Aachen gabeln uns Siegel und
Höfler auf, Siegel mit deutlichen Verbrennungsspuren im Gesicht und noch dick verbundenen Händen, Höfler, als ob er gerade aus dem Kasino käme. Siegel war irgendwo noch einmal
abgeschossen worden. Drei Tage später fahren wir durch die
bedrückende Trümmerwüste von Köln, überqueren den Rhein
und beziehen Quartier im Gasthof des Dorfes Elkenroth im
Siegkreis, wo wir als erste Einquartierung seit 1939 von den
Mädchen so erwartungsvoll empfangen werden, dass die Hälfte
unserer Läuse trotz Bad, Intimpflege und frischer Wäsche sehr
schnell zu ihnen überläuft.

Der Tod hatte uns wenige ausgesondert, vorläufig. Dafür
hatten wir ihm bei seiner Arbeit nicht nur kräftig helfen, sondern auch zusehen müssen, sozusagen an der vordersten Front
der Geschichte. Und wie die jungen Briten, Kanadier oder
US-Amerikaner auf der Gegenseite glaubten auch wir an die
Geschichte als dem Gerichtsurteil Gottes, an den Dooms-Day,
der nunmehr gegen uns entschieden hatte. Das Heilige und
Ewige Deutschland, an das die Fichte und Hegel und mit ihnen
unsere Lehrer uns hatten glauben machen als das von der göttlichen Vernunft erwählte Volk und Land, zum Höchsten berufen – es war für zu leicht befunden worden. Doch warum
nahmen wir das Urteil, obwohl es uns so bitter wehtat, mit
dieser Ausgelassenheit hin bis zur Selbstparodie? Wir müssen
in der von uns besungenen schaffenden Zeit eine verborgene

Kraft oder Dimension mitgetragen haben, die sich nunmehr in uns rührte und unseren Wahn unterhöhlte, ohne dass wir uns dies bis ins Letzte bewusst machen konnten. Vielleicht kamen mir Jahrzehnte später Kafkas Zürauer Aphorismen deshalb so entgegen, in denen ich las, das Jüngste Gericht sei ein Standgericht, Adam und Eva würden täglich von neuem aus dem Paradies vertrieben und also sei die Geschichte kein vernünftiger, sondern ein katastrophischer Prozess, dem keine Ethik, keine Gerechtigkeit innewohne. Müsste dann dieser Krieg nicht ein einziger Aufstand gewesen sein gegen die eigene Verzweiflung, die dennoch als unsinnige Hoffnung erneut in uns aufblühte, wie auf ein fernes Zeichen am Horizont gerichtet, dass es uns Rettung bringe? In dieser Einsicht setzte sich das fort, was mich ab 1946 bei Nietzsche und dann auch bei Heine als die Ewige Wiederkehr des Gleichen im Innersten gepackt hielt als das unabänderliche Los von uns Menschen, dazu verdammt, selbst beim Wollen des Höchsten nur »tierischer als jedes Tier« zu sein. Wo oder was die Kraft wäre, dieses Gewebe der schaffenden Zeit, das uns in sich einschloss, zu zerreißen, das war die Frage, die ich mir damals noch nicht stellte, für die aber der Boden vielleicht bereitet worden war.

XVII. IN LAGER UND HÖHLE

XVII. IN LAGER UND HÖHLE

Es ist Ende Oktober 1944. Als einer von hundert Junkern bin ich auf dem Appellplatz der Fahnenjunkerschule III der Panzertruppen zu Königsbrück bei Dresden angetreten. Ihr ist als 8. Inspektion ein Panzerjunkerlehrgang der Waffen-SS angegliedert. Deren Chef ist Hauptsturmführer Astheger von der Leibstandarte, eine vornehme Erscheinung, die im Profil mit ihrer kühn geschwungenen Nase an einen spanischen Granden aus El Grecos Gemälden erinnert. Es heißt, er sei mit dem Erzbischof von Salzburg verwandt. Mit achtzehn Jahren der jüngste Junker, den die Waffen-SS je hatte, bin ich augenblicklich eine kleine Sensation. Astheger verordnet seinem »Benjamin« sogleich die doppelte Ration Jugendverpflegung und führt mich jedem hohen Besuch besonders vor. Den Taktik- und Geländeunterricht teilen sich Hauptmann Kriechbaum und Rittmeister Graf von Einsiedel, der weltanschauliche Unterricht ist einem Standartenoberjunker anvertraut. Da er mehr predigt als vorträgt und dabei stets den Kopf in leichte Schieflage bringt, hat er gleich den Übernamen: »Standartenoberjesus« weg und »der mit dem Devotionswinkel«. Einmal, als der Inspekteur aller Offiziersschulen, Generaloberst Spannkrebs, zu Besuch weilt und seinem Unterricht beiwohnt, heißt das Thema, »Die Feinde des Nationalsozialismus«. Im Unterschied zu den meisten von uns, die das längst kennen, hört der Herr Generaloberst andächtig zu, bis das Ergebnis der Vorlesung in einem ordentlichen Tafelbild festgehalten ist und alle Feinde verzeichnet sind: Das Weltjudentum, der Bolschewismus, der Amerikanismus, der Liberalismus (Menschenrechte), der Libertinismus (sexuelle Dekadenz) und die Plutokratie, die, wie der Oberjunker erläutert, in der Maske der Demokratie daherkomme als die Herrschaft der Reichen, wobei er Großbritannien als das Ur-Beispiel besonders hervorhebt. Der hohe Besuch gibt sich am Ende der Stunde zufrieden, dankt beim Verlassen des Raumes dem Oberjunker, und wir Junker haben das Nachsehen, da er uns das Ergebnis der Stunde zu kommentieren und zu erörtern aufgibt. Blicke ich von heute auf diese Kampfansage gegen die umwälzenden Sozialtechniken der Moderne, in der sich damals die deutschen Eliten einschließlich der Kirchenoberen weitgehend einig waren, so stimmt mich nachdenklich, dass unser Feindbild von damals, freilich in einem anderen kulturellen Kontext, heute im Islamismus wiederkehrt, der sich aber nicht länger in der offenen Feldschlacht stellt, sondern sich mit der Waffe des Terrorismus gegen den Westen wendet.

Der einzige Unterricht, der mich ansprach, war der von Hauptsturmführer Astheger einmal wöchentlich abgehaltene, schon weil er historisch ausgerichtet war. Die SS habe zwei Vorbilder, trug er einmal vor, den deutschen Ritterorden und die Jesuiten. Den Ritterorden wegen seiner Kolonisierung des Ostens, und die Jesuiten wegen ihrer hohen geistigen Disziplin, ihrer zentralistischen Organisation, dem klassischen Führerprinzip und ihrer elitären Ausrichtung, die Judenabkömmlinge nicht nur wie wir bis ins dritte Glied, sondern bis ins fünfte ausgeschlossen habe. Als reine Männerorden aber seien beide von vornherein eine biologische Fehlkonstruktion gewesen, aus der die SS gelernt habe. Sie habe sich daher als ein Männer- und Sippenorden zugleich organisiert, der auch Frauen, allerdings der besonderen Klasse, in sich aufnehme, um das rassenbiologische Überleben des Ordens für immer zu sichern. Das erlege uns als angehende SS-Führer bei der Wahl unserer Gattinnen eine besondere Verpflichtung auf: »Nicht jede noch so reizende Schickse«, wie er sich ausdrückte, sondern nur die, die die festgelegten Kriterien erfüllen, kämen in Frage. Er nannte sie »die vom Reichsführer befohlene Ausführung«. Bald erfuhr ich, wie sehr diese eleganten Auftritte Asthegers bereits Show und Camouflage waren. Nach Abschluss der Eignungstests ließ er mich zu sich rufen, nicht in sein Büro, sondern in seine Wohnung in einem besonderen Gebäude des Truppenübungsplatzes.

XVII. IN LAGER UND HÖHLE

Er empfing mich nicht nur sehr freundlich, sondern geradezu privatim, lud mich zu einem Glas Rotwein ein und lobte mich für meine Tests, die ich besonders gut bestanden hätte. Wieder wie schon bei der Erstbegegnung auf dem Appellplatz hatte ich den Eindruck, dass er mich mochte. Seine erste Frage an mich war, ob ich aktiv werden wollte. »Aktiv?« Ich war überrascht, und Astheger merkte mir gleich an, dass derartige Zukunftspläne jenseits meiner Vorstellungen lagen. Auch auf sein: »Ja, was wollen Sie denn einmal werden?«, bekam er nur ein: »Das weiß ich noch nicht« zu hören. Nach einer kurzen Pause des Schweigens und einem: »Naja, die Zukunft ist höchst ungewiss!« sah er mich an und fragte dann frei heraus: »Sie glauben auch nicht mehr, dass wir den Krieg gewinnen?!« Eine an sich gefährliche Frage, die den Kopf kosten konnte. Er kam meiner Antwort zuvor und ich erkannte instinktiv an seinem Tonfall, dass er an den Endsieg ebensowenig glaubte wie ich. Er sagte wörtlich: »Der Krieg ist verloren, und zu gewinnen war er ohnehin nie.« Und dann sagte er noch: »Aber Deutschland wird weiterleben« und: »Nach Heinrich dem Verheizer wird irgendein Heinrich der Heizbare den Thron besteigen. Darauf müssen Sie sich einrichten, Junker!« Er fragte mich dann über meine Eindrücke während der Invasion aus. Darüber ging die erste und eine halbe zweite Flasche Wein weg, und ich erzählte ihm von unserem Rückzug aus Frankreich und dem umgedichteten Lied von der »Kleinen Monika«, was er schmunzelnd quittierte.

Als ich mich gegen Mitternacht verabschiedete, hielt er meine Hand einen Augenblick länger als üblich fest und sagte: »Sie sind noch so verdammt jung. Ich werde dafür sorgen, dass Sie den Lehrgang wiederholen können. Dann sind Sie bis zum Frühling aus der Schusslinie, und viel länger halten wir ohnehin nicht mehr durch.« »Wiederholen« müssen hätte ich aber auch ohne sein Dazutun, denn die zunächst kleine Wunde am linken Schienbein hatte sich inzwischen chronisch entzündet, so dass die täglichen Verbände nichts mehr nützten und ich um den 20. Januar nach Detmold ins Lazarett musste, um mein Bein nicht zu verlieren. Dort wurde ich von norwegischen und dänischen Krankenschwestern, es waren Freiwillige, sehr liebevoll versorgt; und dem Arzt gelang es, die Wunde nach vierzehn Tagen zu schließen. Wenige Tage darauf, um den 10. Februar, fuhr ich zurück nach Königsbrück, um den Lehrgang, der dann der allerletzte wurde, tatsächlich zu wiederholen. Wegen der immer wieder zerbombten Strecken brauchte ich drei Tage, bis ich gegen Abend des 13. Februar auf dem Hauptbahnhof von Dresden eintraf, wo es von Flüchtlingen vor der heranrückenden Roten Armee nur so wimmelte. Zuerst hatte ich vor, gleich mit dem nächsten Zug nach Königsbrück weiterzufahren. Dann aber entschloss ich mich, durch das abendliche Dresden zu bummeln und über die Carolabrücke zum Neustädter Bahnhof zu gehen und von dort den letzten Zug nach Königsbrück zu nehmen, wie zuletzt in der Weihnachtswoche nach dem Besuch der Festvorstellung des Zirkus Sarrasani. Als ich mit meinen beiden Wäschebeuteln, den einen rechts, den anderen links, die Prager Straße entlanggehe, laufen mir Maskierte wie mitten im Frieden über den Weg. Ach ja, es ist ja Fastnachtdienstag! Ich weiß noch, wie ich ganz nahe beim Altmarkt in eine Kneipe einkehrte, die ich von früheren Besuchen kannte, und ein paar Gläser Bier trank und ein etwas betagter Harlekin am Nebentisch mir zuprostete. Kurz nach neun gehe ich an der Frauenkirche vorbei zum Elbufer und weiter über die Brücke. Von der Elbe kommt feuchte Kälte herauf. Als ich am Circus Sarrasani, in dem noch die Vorstellung läuft, gerade vorbeigehe, heulen auf einmal die Sirenen los.

Es wird schon nicht so schlimm sein, denke ich noch und gehe ruhig weiter in Richtung Bahnhof. Dabei sehe ich, wie sich hier und da Menschen in die Luftschutzkeller aufmachen. Ich aber sitze wenig später auf dem menschenleeren Bahnsteig, unter dem Hintern die beiden Wäschebeutel und warte in der klaren, kalten Winternacht auf meinen Zug. Kurz nach zehn aber habe ich dann plötzlich das mir nur zu bekannte satte Brummen näherkommender Flugzeuge im Ohr, und da hellt auch schon ein immer dichter werdender Feuerregen von Zielmarkierungen, sogenannten Christbäumen, den Himmel auf, und ich renne über die Geleise, renne nichts wie weg vom Bahnhof irgendwohin in eine enge Straße, wo einer vom Luftschutz mit Helm mich noch in den Keller lässt, hinter mir das Bellen der Flakgeschütze und das noch ferne Heulen der fallenden Bomben, ehe die Stahltür hinter mir zuschlägt. Ich sitze mitten unter Frauen und Kindern und ein paar Alten, doch niemand nimmt Notiz von mir, alle warten nur dicht zusammengedrückt und angespannt und doch jeder für sich allein auf das, was hoffentlich nicht eintrifft und dann doch kommt und mir als einzigem nicht neu ist: Das wie ein Orkan einsetzende Hämmern der Bomben. Ich höre deutlich, wie anders es klingt, wenn sie in bebaute und hart versiegelte Erde einschlagen und nicht in die weiche Ackererde von Caen. Ich höre dann auch, dass die Bomben nicht ganz so bedrohlich nah an uns herankommen, obwohl das Gemäuer des Kellers mehrmals bebt und zittert und es von der Decke auf uns rieselt. Wir überstehen den ersten und auch den zweiten Angriff nach Mitternacht. Die Frauen und die Kinder verhalten sich erstaunlich still, was dem Luftschutzwart zu danken ist, einem älteren Herrn, von dessen: »Ruhig bleiben! Ruhig bleiben!« eine suggestive Wirkung ausgeht. Nur eine alte Frau betet und ein älteres Ehepaar hält sich unentwegt fest an den Händen.

Ich weiß noch, wie eine der jüngeren Frauen mir in der Zeit vor der zweiten Welle von ihrem Kaffee zu trinken gab und ihre höchstens dreijährige Tochter mit einer zerzausten Puppe auf meinen Schoß kroch und unentwegt daran kaute. Wir hatten in unserem Keller unvorstellbares Glück. Unser

Haus blieb wie die der näheren Nachbarschaft von den Bomben weitgehend verschont, selbst von dem dichten Regen der Brandbomben, als hätte der Teppich genau über uns ein Loch gehabt. Das stellen wir fest, als wir Männer zusammen mit dem Luftschutzwart zwischen den beiden Angriffen und danach den Keller kurz verlassen und uns oben umsehen. Das Haus und der Dachstuhl sind unbeschädigt. Aber rund um uns tobt vor allem von dem zweiten Angriff ein einziges Flammenmeer. Als der Angriff vorbei ist, bin ich unschlüssig, was ich tun soll, verlasse schließlich am frühen Morgen den Keller, und sofort schlägt mir draußen erstickender Rauch entgegen. Auf dem Pflaster sehe ich zum erstenmal leere Hülsen von Stabbrandbomben liegen. Ich laufe in Richtung Bahnhof, sehe aber schon von weitem, dass er getroffen worden ist. Da wird heute kein Zug abfahren. Aber vielleicht von Klotzsche!

Mit meinen beiden geschulterten Wäschebeuteln, den Kopf wie zwischen Scheuklappen, haste ich durch die demolierten Straßenzüge, vorbei an Luftschutzleuten und einem Gendarm, der irgendetwas hinter mir herbrüllt, und weiter vorbei an brennenden Häusern, tiefen Trichtern, glühenden Dachbalken und Trümmern mit Leichen dazwischen, versengt, verstümmelt, nackt oder bekleidet und immer verstaubt und verdreckt, wie ich es schon kenne. Doch diesmal sind es Kinder, Frauen, Alte. Das ist kein Krieg mehr, das ist die gezielte Vernichtung Wehrloser. Vor alldem muss ich damals wie im Schock davongerannt sein, bis ich irgendwann und irgendwo vor totaler Erschöpfung nicht mehr weiterkonnte und am Rand einer Straße auf meine Wäschebeutel niedersank. Als ich ein wenig später wieder zu Atem kam, sah ich, dass die Häuser hier heilgeblieben waren. Plötzlich stand eine ältere Frau vor mir und sprach mich an: »Bitte, kommen Sie ins Haus! Ich mache Ihnen was zu essen.« Ich stand auf und ging mit ihr in ein einstöckiges Backsteinhaus. Sie fragte nicht viel, sie sah ohnehin, wo ich herkam. Erst als ich in der Küche Platz nahm, merkte ich, dass ich trotz der Kälte nassgeschwitzt war. Sie stellte mir heißen Pfefferminztee auf den Tisch, schmierte mir ein Marmeladenbrot, und hinterher durfte ich mich am Spülstein waschen, während sie mit einer Bürste und meiner verstaubten Panzeruniform die Küche verließ, um sie zu säubern so gut es ging. Als sie mich zum Abschied an die Tür begleitet, mir Lebewohl wünscht und ich ihr danke, zeigt sie mit der Hand auf den vom Brand verdüsterten Himmel über der Stadt und sagt nur: »Schrecklich!« Es ist Aschermittwoch. Ich will nur weg von alledem, was hinter mir liegt, weit weg, und renne vielleicht doch schon der erst später erlangten Einsicht hinterher, dass wir all dies von Kind an gespielt, gesungen, gelesen und herbeigesehnt hatten. Von Klotzsche nimmt mich ein Lastwagen der Luftwaffe mit nach Königsbrück, wo ich erfahre, dass die Fahnenjunkerschule III wegen der näherkommenden Front nach Landshut am Lech verlegt worden ist, wohin ich zwei Tage später aufbreche in einem Zug übervoll mit Flüchtlingen aus Oberschlesien.

In dem letzten Offizierslehrgang in Landshut sind Heeres- und SS-Junker nicht länger getrennt, sondern vereint und mit ihnen auch ihre Führer und Lehrer. Nur Astheger ist an die Front versetzt worden. Zu meiner großen Freude sehe ich Hausteiner wieder. Gleich am ersten Abend sitzen wir zusammen in einer Landshuter Kneipe, und ich erzähle ihm vom Ende unseres gemeinsamen Freundes Walter Hagen. Sieben Wochen bis in den Frühling hinein sehen wir aus der Ferne des lieblich bewahrten Niederbayern der Agonie des Reiches zu und setzen den ihr zuwiderlaufenden Bierernst der Ausbildung ironisch in Sprüche um wie »Kameraden, genießt den Krieg, der Frieden wird schrecklich sein!« Am 6. April 1945 werden wir, zu einer Kampfgruppe vereint, in Coburg ausgeladen. Da es für unsere Fahrzeuge keinen Sprit mehr gibt, müssen wir sie schon am zweiten Tag sprengen und zu einem lächerlichen

Zu-Fuß-Krieg übergehen gegen die technisch perfekteste, logistisch luxuriöseste und sowohl am Boden wie in der Luft motorisch beweglichste Armee der Welt. Bewegen können wir uns nur nachts. Dann müssen wir in Gewaltmärschen das aufzuholen suchen, was General Pattons GIs auf ihren komfortablen Tagesmotormärschen rechts und links an uns vorbei dem schrumpfenden Reich an Raum abgerungen haben. Sieben Tage lang halten wir dieses idiotische Spiel durch, schießen und werden beschossen, am effizientesten von den Jagdbombern. Umgekehrt gelingt es einer Gruppe in unserer Nachbarschaft, einen ahnungslos daherfahrenden Einsternegeneral mit Gefolge zusammenzuschießen, was mich bei der Gefangennahme beinahe das Leben kosten wird. Kurz vor Midwitz kommt es noch zu einer denkwürdigen Begegnung mit einem General und seinem letzten Tiger. Den Tiger entdecken wir bei einem Spähtruppunternehmen ungetarnt, wie ausgestellt, auf einer Anhöhe stehend. Als wir uns ihm nähern und ich den Kommandanten, einen Oberfeldwebel, frage, warum er sich so selbstmörderisch postiert habe, erwidert er spöttisch: »Ihr wollt wohl den Krieg noch gewinnen!« und weist uns den Weg zu einer nahen Jagdhütte am Waldrand, aus der uns, als wir näher kommen, ein mit den höchsten Orden ausgezeichneter Generaloberst entgegentritt in Begleitung dreier Stabsoffiziere, aber nicht feldmarschmäßig, sondern in der allerbesten Garnitur wie zur Parade. Wir grüßen, melden, wer wir sind und wo wir liegen, woraufhin der General sich uns namentlich vorstellt und wir erfahren, dass wir dem Kommandeur eines berühmten Panzercorps gegenüberstehen. Beider Namen sind mir entfallen. Haften geblieben hingegen ist mir das Regelwidrige dieses exponierten Tigers auf dem Hügel, das nur diesen doppelten Sinn machte: einmal rituelles Pfand des Generals zu sein, aufgestellt in scheinbarer Treue zu seinem obersten Kriegsherrn Hitler gegen den westlichen Feind, zum andern aber schon eindrucksvoll angeboten zur feierlichen Übergabe einer Fiktion von Armee an die Amerikaner.

In der Nacht zum 13. April verkriechen wir uns in ein Waldstück. Todmüde schlafen wir auf der Stelle ein. Gegen Morgen jähes Gewecktwerden durch eine wilde Schießerei, deutlich auch aus Panzer-MGs. Ich fahre hoch, lasse mein Gewehr und Gepäck einfach liegen und renne davon. Die anderen machen es nicht anders. Links vor mir bricht einer getroffen zusammen. Ich laufe und laufe geduckt über Stock und Stein durch den Wald, dann über eine Wiese und an einem Bauernhof vorbei und stoße unterwegs auf einige von uns, die völlig erschöpft daliegen. Wir überlegen kurz und verstecken uns dann in einem Wäldchen mit einigermaßen dichtem Unterholz am Rande eines Abhangs zu einem breiten Wiesental mit Straße, Bachlauf und einigen Häusern. Über die Straße fahren völlig ungestört die GIs mit ihren Jeeps und sonstigen Fahrzeugen. Wenn wir dem Befehl folgen, uns nach Eger durchzuschlagen, müssen wir ungedeckt die Straße, den Bach und die breite Wiese überqueren, um erst am jenseitigen Waldhang wieder Deckung vor Beschuss zu finden. Als links von uns eine Gruppe versucht, hinter einem Haus hervor im geschlossenen Sprung über Straße, Bach und Wiese zu gelangen, wird sie vor unseren Augen aus allen Rohren zusammengeschossen. Also müssen wir die Nacht abwarten. Aber dazu kommt es nicht mehr. Eine dicht das Gelände durchkämmende Kette von GIs stöbert uns auf und nimmt uns gefangen. Uns von der Waffen-SS schlägt augenblicklich ihre geballte Wut entgegen. Mit Kolbenschlägen und Fußtritten treibt man uns zur Straße hinunter und auf die Ladefläche eines kurzen und breiten Lieferwagens. Gefolgt von mehreren mit GIs besetzten Autos geht es in schneller Fahrt über die Talstraße zu einem Steinbruch. Hier treibt man uns ebenso unsanft vom Auto und stellt uns mit erhobenen Händen in eine Reihe vor die nackte Felswand. Während etwa ein Dutzend GIs die

Gewehre auf uns gerichtet hält, nehmen andere uns Soldbücher, Papiere und alle Photos weg und befehlen uns dann, uns zur Wand hin umzudrehen, und ich merke deutlich, wie sie sich hinter uns zu unserer Erschießung aufstellen. Ich habe keinen Zweifel, dass dies das Ende ist, und weiß bis heute nicht, ob es nur eine Scheinexekution war. Denn das rechtswidrige Wegnehmen der persönlichen Dokumente zur Person deutete auf eine wirkliche Exekution hin. Zumal zwei Gründe gegeben waren. Einmal ihr von uns getöteter General, was wir zu diesem Zeitpunkt noch nicht wussten, da wir in isolierten Gruppen operiert hatten, zum anderen die inzwischen entdeckten ungeheuerlichen Verbrechen in den Konzentrationslagern von Bergen-Belsen und Buchenwald, von denen wir ebenfalls keine Ahnung hatten. Während ich noch mit dem Gesicht zur Felswand dastehe, völlig ergeben in mein Schicksal, höre ich hinter mir plötzlich die Bremsgeräusche eines Autos, unmittelbar darauf eine durchdringende Befehlsstimme und dann ein Stimmengewirr. Im selben Moment werden wir am Arm gepackt und aus dem Steinbruch getrieben, vorbei an einem hohen Offizier, der aufrecht in einem Jeep steht und von dem wohl der Befehl kam, dem unsere Bewacher jetzt nachkommen. Sie bringen uns in einem Lkw über Kronach nach Sonneberg, wo wir in der Nacht ankommen und in eine Fabrikhalle eingesperrt werden. Etliche von unserem Lehrgang liegen schon auf dem kahlen Betonboden, Heeres- und SS-Junker durcheinander. Hier gehen dann die ganze Nacht hindurch die Verhöre los wegen des getöteten Generals, ausgelöst durch einen SS-Junker, den sie so lange verprügelt und gequält hatten, bis er gestand und die, die mit ihm waren, verriet, denen es dann nicht viel besser ging als ihm und die, als wir anderen am Morgen abtransportiert wurden, blutig zusammengeschlagen in einer besonderen Ecke zurückblieben.

Dieses abstoßende Erstererlebnis physischer Gewaltanwendung gegen Gefangene meinesgleichen nehme ich für immer mit, als wir dann zusammengepfercht auf einem Lkw wie Schlachtvieh in rasender Fahrt über Zella-Mehlis zur Autobahn und über Eisenach und Frankfurt nach Bad Kreuznach gebracht werden. Auf der Gegenspur der Reichsautobahn geht an diesem 14. April der unablässige Strom des amerikanischen Nachschubs nach Norden, das, was ich während der Invasion nie zu Gesicht bekam, sondern nur in seinen Auswirkungen erfuhr: die überwältigende Vielfalt an Fahrzeugen zu jedem erdenklichen Zweck sowie der Luxus ihrer Anzahl und Ausstattung. Selbst die Panzer fahren nicht etwa, sondern rollen auf einem nicht enden wollenden Konvoi von Tiefladern zur Front. Und einen so gewaltig überlegenen Gegner hatten wir ins Meer werfen wollen! Abends Ankunft im Lager Kreuznach. Gleich hinter den Kasernen ist ein sanft und breit ansteigender Hang mit purer Ackererde und sprießender Saat mit Stacheldraht umzäunt worden. Tausende von Gefangenen wurden bereits hineingetrieben, liegen oder stehen da, wüst durcheinandergewürfelt unter freiem Himmel, Wehrmacht, Waffen-SS, Zivilisten, Großväter und Hitlerjungen, Partei- und Arbeitsdienstführer, unversorgte Verwundete mit blutgetränkten Verbänden, aber auch Österreicher, die sich unter ihrer alten Flagge nunmehr von den besiegten Deutschen abzusondern suchen. Anfangs erhalten wir etwa ein Viertel der Fertigverpflegung der GIs. Aus den Kartons, in denen sie an uns ausgeliefert wird, machen wir uns Nachtlager oder verfeuern sie, um uns in den Konservendosen Kaffee warm zu machen.

Die Apriltage sind sonnig und warm, die Nächte kalt und frostig. Dann wandelt das halbe Lager auf einer breiten Piste umher, um sich warmzuhalten. Denn die meisten haben nur die Uniform auf dem Leib und nicht einmal einen Mantel, geschweige denn eine Decke oder Zeltplane. Geschlafen wird tagsüber. An den Stacheldrahtzäunen werden tiefe Latrinengruben ausgehoben, und mitten im Lager wird eine Batterie siloförmiger Wasserbehälter aufgestellt, aus deren Hähnen das

Wasser weiß wie Milch herausschießt wegen der Unmengen Chlor, die oben hineingeworfen werden. Aus riesigen Lautsprechern tönt Dauermusik, immer wieder unterbrochen von Durchsagen. Hier und da auf meinen Wanderungen durch das Lager laufe ich Kameraden vom Lehrgang über den Weg. Einer berichtet, ich gehörte zu denen, die noch zum Standartenoberjunker befördert worden seien. Aber das berührt mich nicht mehr. Der glühende Wunsch, Offizier zu werden, ist erloschen. In der Nacht zum ersten Mai geht ein sturmpeitschender Dauerregen nieder. Ich und andere Gefangene stehen mit dem Rücken an die Wasserbehälter gepresst und ich muss es dulden, dass mir die Nässe den Hals hinunterläuft und auch sonst überall bis auf die Haut durchdringt. Neben mir Walter Reichert, ein Fahnenjunker und Stubenkamerad aus Landshut. Gegen Morgen geht der Regen in Schnee über und es beginnt zu frieren. Der eisige Wind geht durch Mark und Bein, und es dauert nicht lange, da merke ich, wie die Tarnkombination an der Oberfläche hart wird und die Nässe in Eis übergeht.

Nur nicht krank werden!, durchfährt es mich, und es überkommt mich unmittelbar wie ein Trieb der Gedanke, uns in die Erde einzugraben. Ich packe Walter am Arm: »Komm!«, sage ich, ehe wir verrecken, bauen wir uns eine Höhle. Bis zum Mittag kratzen wir bei langsam nachlassendem Schneefall mit unseren Ein-Liter-Konservenbüchsen zuerst einen senkrechten Schacht tief in die Gott sei Dank weiche Ackererde und treiben dann von ihm aus seitlich eine Höhle, lang und tief genug, dass wir beide ausgestreckt darin liegen können. Die ausgeworfene Erde schichten wir zu einem solide gewölbten Bogen; und um die Nieren gegen Nässe und Kälte zu schützen, legen wir den Höhlenboden mit Kartons aus. Zum Zudecken haben wir nichts, dafür liegen wir eng aneinandergedrückt mit nichts als unseren Uniformen auf dem Leib, die durch das vielstündige Graben wieder einigermaßen trocken geworden sind. Die erste

Maiwoche regnet es fast ununterbrochen. Nur wenn es Verpflegung gibt, kriechen wir aus dem Dunkel unserer Höhle ans Tageslicht wie all die anderen Gefangenen auch, die sich ebenfalls wie auf Kommando rund um uns herum eingegraben haben. Wie eine vorsorglich angelegte Nekropole noch Lebender ist ein ganzes unterweltliches System entstanden, aus dem seine Bewohner von Tag zu Tag bleicher und lehmverschmierter hervorkriechen. Ich muss an Dr. Feuerwassers Troglodyten denken – und lachen. Wie hatte er doch geschrieben: »Höhle, Fluchtort vor Sonne, Regen, Wind, Kälte«, und: »Höhle, Schoß, schützendes Dunkel, saftige Wärme des Mutterleibes« und – »Grab«. Vorerst lagen wir wie Zwillinge im Mutterleib. Irgendwann kam die Durchsage, begleitet von Schüssen der Wachen in die Luft: »Hitler ist tot«. Ich weiß noch, wie mich die Nachricht aufwühlte. Zu unablösbar war alles, was die Welt in diesen Vernichtungskrieg gestürzt hatte, mit seinem Namen verbunden. Erst später ging das damals diffuse Gefühl in die Frage über, warum unsere Eliten es zugelassen hatten, dass sein Wort Gesetzeskraft erlangte. Es muss etwas Zwingendes gewesen sein, sonst hätte doch der Widerstand der Stauffenberg und Bonhoeffer in unserem Volk einen Rückhalt gefunden. Nun aber war Hitler und mit ihm alles, was war, einfach weg, und wir fanden uns ins Nichts des nackten Lebens zurückgeworfen und jeder Willkür der Sieger ausgeliefert. Am 8. Mai, dem Tag der Kapitulation, geht abends eine wilde Schießerei von den Wachtürmen los, zuerst in die Luft, dann auch mitten hinein ins Lager. Es gibt Tote und Verletzte.

Seit Tagen erhalten wir alle 24 Stunden nur noch eine große Scheibe Weißbrot, schön anzusehen und doch nur ein großporig aufgeblähter Augentrug, dessen Masse sich mühelos in einen Eierbecher pressen lässt, und dazu eine Wassersuppe, in der ein paar Maiskörner oder sonstige Bröckchen schwimmen. Waren wir bereits reichlich unterernährt, so leiden wir nunmehr Hunger. Mitte Mai, als die Sonne über dem Lager brütet, machen sich die ersten Symptome bemerkbar, die sich von Tag zu Tag verstärken: Beim Aufstehen Schwindel und schwarz kreisende Ringe vor den Augen, der Gang zur Latrine unsicher schwankend und eher schlurfend wie bei Greisen. Pinkeln können wir noch in hohem Bogen dank des reichlichen Wassers, mit dessen milchiger Brühe wir uns vergeblich den Hunger zu vertreiben suchen. Dagegen liegt der Darm merklich still. Höchstens zehn Minuten sitze ich nackt auf dem Gewölbe unserer Höhle und setze mich der glühenden Sonne aus, die besorgte Stimme meiner Mutter im Ohr von wegen meiner »ganz besonders empfindlichen Haut«. Ergeben lasse ich das höhnische Geplärre des Lautsprechers mit dem immerselben Song über mich ergehen: »Keep smiling, my boy, keep smiling.« Vor die Hunde gehen aber will ich nicht. Jenseits des Lagers sehe ich in paradiesischer Frühlingsfrische grün die Erde blühen. Anfang Juni ist da, wo mein Bauch war, unter den Rippenbögen ein Loch, und die Knie erscheinen mir beim Hinuntergucken als die dickste Stelle meiner abgemagerten Beine. Unwillkürlich erinnert mich das an die Hungergestalt Gandhis, die während der dreißiger Jahre durch die Wochenschauen und Illustrierten geisterte. Etwa alle vierzehn Tage Stuhlgang, der nur unter brennenden Schmerzen und manueller Hilfe zustande kommt. Apathie legt sich wie eine schwere Krankheit aufs Gemüt.

Täglich erleben wir mit, dass in wachsender Zahl Tote über die Lagerstraße gleich hinter dem Zaun weggebracht werden. Stundenlang liegen wir Troglodytenzwillinge beieinander und starren die Höhlendecke dicht über uns an, sehen die Kratzspuren unserer Blechbüchsen kreuz und quer, die ein Muster von Wurm- und Raupengängen freigelegt haben, bereichert durch weiße Kiesel und sonstige winzige sattbraune oder kohlschwarze Einschlüsse. Die Erde von unten. Längst haben die Lagerzeitungen die Runde gemacht. Ich sehe die Bilder mit den ausgehungerten Toten, zu Bergen aufeinandergeworfen, wie man sie unbegraben in den befreiten KZ-Lagern entdeckte. Sie erinnern mich spontan an die visionären Gemälde vom Jüngsten Gericht aus unserer Martinsbibel, aber plötzlich auch an das Weltvernichtungswahnbild Ernst von Salomons in *Die Geächteten*, das mich einst in seinen Bann zog. Auch dies ein Dooms-Day? Ich wehre mich dagegen zu glauben, dass die KZ-Toten nicht dem Chaos der letzten Kriegswochen zuzuschreiben seien, sondern systematischer Vernichtung. Daher trifft es mich wie ein Schlag, als wir eine Lagerzeitung erhalten mit der Überschrift auf der ersten Seite: »SS bleibt zwanzig Jahre in Gefangenschaft.« Ein zermalmender Gedanke. Dann wäre ich achtunddreißig Jahre alt. Ich verkrieche mich in unsere Höhle und fange so bitterlich an zu weinen, wie ich es seit dem Tode meiner Mutter nicht mehr getan habe. Walter tut alles, um mich zu trösten, drückt mich an sich und streicht mir über die Haare. Als das nur wenig hilft, verlegt er sich aufs Argumentieren: »Mensch, du warst doch nur Soldat und nur im Westen eingesetzt, hast niemals ein KZ von außen oder innen gesehen. Du kannst doch gar nicht gemeint sein!« Sein Trost richtet mich schließlich weit mehr auf als seine Argumente, denn, sage ich, »du weißt doch, mitgegangen, mitgehangen.« Mitte Juni tut der Hunger längst nicht mehr weh. Er ist nur noch als ein tief innen glühendes Feuer zu spüren, mit dem der Leib sich selbst anfällt und aufzehrt. Langsam Hungers sterben müsste ein schönes Sterben sein. Wenigstens für einen selbst, so geht es mir durch den Kopf, als ich einmal über unserer Höhle nackt in der Sonne sitze und rund um mich das Lager in ein ganz eigenes Land verwandelt sehe. Unter dem Abrieb von Tausenden schlurfenden Stiefeltritten ist die von der heißen Sonne festgebackene Ackererde zu einer Wüste gelben Staubs geworden, den der Wind, manchmal in steil aufwirbelnden Hosen, über den Stacheldraht hinweg ins lichte Grün der fernen Bäume trägt.

Der Hunger hat eine Farbe, er ist gelb. Das wird mir genau zwanzig Jahre später bestätigt durch das Buch der farbigen Brasilianerin Maria de Jesus, wonach der Hunger in den Favellas von São Paulo ebenfalls die ganze Welt in gelbe Farbe getaucht habe. In der Sakralkunst des Abendlandes ist Gelb die Farbe des Bösen. In der Nacht träume ich von meiner Mutter, sie lebt und lacht mich an, dann wieder sehe ich in ihre sterbend eingestürzten Augen und wache in unsäglicher Trauer auf. In meinen Hungerdelirien erscheinen mir aber auch üppige Gastmähler, oder ich träume von Omas Döbbekooche und male mir aus, was ich mir zu essen wünsche, wenn ich aus dem Lager entlassen bin. Mein durchträumter Leib löst sich auf. Sein Dasein ist nicht länger dem Himmelslicht der schaffenden Zeit geweiht und seiner göttlichen Vernunft, die uns die Absolution erteilt hatte für alles, was nun in Trümmern, Tod und Wüsten um uns ist. Wer wird der nächste Herr der Erde sein? Die Roten oder die Goldenen?

Irgendwann im Juni, den Tag habe ich vergessen, wird das Lager Kreuznach aufgelöst und die darin Verbliebenen kommen in das Lager Bretzenheim. Ein jämmerlicher Zug lehmgelber, ausgehungerter Lemuren bewegt sich mit klappernden Konservenbüchsen und Pappdeckelstücken behängt durch die Stadt, flankiert von satten und sorgsam gepflegten und uniformierten GIs. Ich mitten in diesem Zug und allein, denn Walter Reichert wurde einige Tage zuvor nach Hause entlassen.

Als wir kurz hinter dem Lager die graue Fassade einer Siedlung passieren, stürmen mit einem Mal mehrere Frauen wie verabredet mit Brot aus den Türen, und allen voran kommt eine besonders robuste Käthe-Kollwitz-Mutter mit einem Kessel dampfender Pellkartoffel direkt auf uns zugerannt. Der GI neben mir schlägt sie mit dem Gewehrkolben zu Boden, der Kessel und die Kartoffeln kollern uns vor die Füße, und als die anderen Gefangenen sich danach bücken, springen weitere GIs hinzu, und es geht ein Gewitter von Kolbenschlägen auf Köpfe und Rücken nieder. Ich stolpere über einen vor mir zu Boden Geschlagenen, dem ich aufhelfe, entsetzt von dem unwürdigen Spiel. Zu sehr erinnert es mich an ein Ereignis, das ich Wochen zuvor am Stacheldrahtzaun erlebt hatte, als ein Gefangener seinen Ehering hergab für ein Brot, das ihm der GI aber nicht wie vereinbart durch den Zaun reichte, sondern in Brocken zerrissen und »Snatch it! Snatch it!« brüllend über seinen Kopf hinweg ins Lager warf, sodass die Menge der Dabeistehenden wie hungriges Vieh darüber herfiel und, sich am Boden wälzend, gegenseitig die beschmutzten Brocken aus den Händen riss. Während wir weiter durch die Stadt ziehen, bleiben rechts und links am Straßenrand die Menschen stehen oder schauen aus den Fenstern, und der Reflex unseres Aufzugs in ihren Augen sagt mehr, als sie in Worte fassen könnten. Als wir über die Nahebrücke ziehen an den Brückenhäusern vorbei, die GIs auf dem Bürgersteig, wir dicht gedrängt auf der engen Straße, taucht plötzlich wie aus dem Nichts eine junge Frau, wenig älter als ich, neben mir auf, wunderschön anzusehen, das helle Haar gelockt, die vollen Lippen leicht geschminkt. Sie tippelt zwischen den GIs auf hohen Stöckelschuhen und auf gleicher Höhe mit mir. Der Bürgersteig macht sie größer, so dass ich zu ihr aufsehen muss wie auf eine Erscheinung, die sie ja war, ebenso greifbar nahe wie entrückt in eine mir unerreichbar andere Welt. Ich muss sie völlig entgeistert angestarrt haben, denn nach einer Weile des nebeneinander Hergehens dreht sie mir einen Augenblick lang ihr Gesicht zu, lächelt, öffnet ihr Täschchen und reicht mir einen dicken Riegel Schokolade. Und so plötzlich, wie sie auf der engen kurzen Brücke neben mir aufgetaucht war, war sie am anderen Ufer der Nahe auch gleich wieder verschwunden. Ich weiß nicht einmal, ob ich ihr in meiner Verwirrung gedankt habe. Es blieb von ihr nur die unfassbare Realität des Riegels in meiner Hand, den ich, während wir weitermarschierten, wie die täglichen Brotscheiben Bisschen für Bisschen auf der Zunge zergehen ließ, dieser so sensiblen Bewohnerin meiner Mundhöhle, deren süchtiges Begehren sich unter dem anhaltenden Hunger zum Äußersten gesteigert hatte.

Er war mir schon lange aufgefallen, der Mitgefangene, der mal vor, mal hinter, mal neben mir dahinzog, zunächst wegen seines gewaltigen Rucksacks, wie er bei der Luftwaffe üblich war. Ihn hatten die GIs nicht bis auf die bloße Uniform gefilzt wie die meisten von uns. Er hatte den Luxus einer Zeltplane, einer Decke, eines Mantels und anderer Nützlichkeiten ins Lager hinüberretten können. Und passend zu dem Rucksack sah er auch gar nicht verhungert aus, sondern war sichtlich wohlgenährt, ja geradezu fest im Fleische und feist um Hals und Wangen. Und er schwitzte. Nicht nur das machte mich aufmerksam. Obwohl er die Spiegel am Kragen abgetrennt hatte, sah ich mit einem Blick an dem Schnitt seiner Uniform, dass er von der Waffen-SS war. Umgekehrt muss auch er mich an diesen Signalen identifiziert haben, denn immer wieder hatte er sich zu mir hin- oder gar umgedreht und mich angelächelt und so, dass ich den Eindruck hatte, er suche meine Nähe. Und ich sehe es noch wie heute, wie er auf einmal in die rechte Seitentasche seiner grünen Uniformjacke griff und mir das dicke Endstück eines Brotes in die Hand drückte, dem ich gleich ansah, dass es nicht aus dem Lager stammte. Denn es war Bauernbrot, gebacken mit ausgemahlenem Roggenkorn. Ich wusste nicht, wie mir geschah mit dem zweiten Geschenkwunder dieses Tages. Ich ließ den Kanten gleich in der Tasche verschwinden und aß ihn verstohlen in kleinen Brocken auf, ließ sie wie den Riegel andächtig auf der Zunge zergehen, und sie reichten, bis wir am Hauptlagertor von Bretzenheim ankamen. Es war ein riesiges Lager mit mehr als 300 000 Gefangenen. Als unser Elendszug über die breite Lagerstraße zum Sammelplatz schlich, kam uns in schneller Fahrt ein Jeep mit vier GIs entgegen. Vorn stand in weißen Buchstaben groß die Sequenz geschrieben: »Spaziergang – Liebling – Schokolade«. Mit dem Riegel, wie aus einer anderen Welt in meine hinübergewechselt, hatte die unbekannte Hübsche von der Nahebrücke diese frivole Sequenz an mir zur guten Tat überschritten.

Als wir auf dem großen Appellplatz angetreten sind, heißt es als erstes: »SS vortreten!« Die Mitgliedschaft zu leugnen, ist längst zwecklos geworden. Uns steht das Lustspiel unserer Bewacher vor Augen, ganze Regimenter deutscher Soldaten mit nacktem Oberkörper und statt der einst zum Hitlergruß erhobenen Rechten nun mit der erhobenen Linken an sich vorbeidefilieren zu lassen, um die mit der eintätowierten Blutgruppe als die SS-Spreu vom Wehrmachts-Weizen zu trennen. Die Blutgruppe, die einmal als ein medizinisch-biologisches Lebensrettungszeichen gedacht war, ist nun – komplementär zur Häftlingsnummer der KZ-Opfer – Kainszeichen geworden. Da ich keine Blutgruppe unter dem Arm hatte, ich muss bei der Untersuchung in Mailly le Camp diese Station geistesabwesend übergangen haben, stand ich vor der Schicksalsfrage: bekennen oder verleugnen? Walter Reichert hatte mir beim Abschied alle Daten seiner Heereseinheit eingebleut und mich eindringlich gebeten, nur ja nicht zu sagen, dass ich bei der Waffen-SS war. Ich trat dann dennoch vor, so wie der mit dem Rucksack, der mir den Kanten Brot geschenkt hatte und der sich auch gleich neben mich stellte und mir die Hand gab. Er hieß Heinrich Klos und kam aus Sobernheim. Als wir ins gesonderte SS-Lager abgeführt wurden, blieben wir wie selbstverständlich zusammen. Er machte mich nicht nur zum uneingeschränkten Teilhaber seiner Zeltplane und seiner Decke, er teilte auch gleich, als wir auf dem Lehmboden des Lagers unseren Platz bereitet hatten, wie unter Brüdern sein ganzes Essen mit mir: Bauernbrot und Speck. Er ermahnte mich nur, wegen meines aushungerten Magens nicht gleich alles aufzuessen. Es stellte sich heraus, dass seine Frau ihn schon im Lager Kreuznach aufgespürt und fast täglich mit Lebensmitteln versorgt hatte, dank der meist freundlichen Wachen, die es zugelassen hatten, dass sie ihm diese durch den Lagerzaun reichte.

Jetzt, da wir nach Bretzenheim verlegt worden waren, hatte Heinrich nur die eine Hoffnung, dass sie ihn auch hier fände. Zwei Tage lang starrte er fast unentwegt zu dem oberen Lagerzaun, hinter dem die Weinberge in vollem Grün standen. Am dritten Tag sah er sie, und mit einem: »Da ist sie, komm!«, sprang er auf und rannte los und ich hinter ihm her. Hinter dem Stacheldraht sah ich ein unscheinbares, schielendes Geschöpf stehen mit einem bildhübschen kleinen Töchterchen an der einen Hand und einem offenen Karton in der anderen, den der wachhabende GI untersucht hatte, der ihr tatsächlich erlaubte, ihn ihrem Mann durch den Stacheldraht hindurch zu überreichen. Dabei wechselten sie ein paar Worte, der GI unterbrach sofort, ein kurzes Winken noch zu dem Kind, dann eilten wir, Heinrich den Karton unter dem Arm, zurück zu unserem Lagerplatz. Hundert hungrige Augen blicken uns an, und Heinrich versteckt gleich alles unter unserer Decke. Wir sitzen und warten lange, bis sich die vielen Augen endlich abgewandt haben. Als er den Karton untersucht, enthält er ein halbes Roggenbrot, vier hartgekochte Eier, ein Glas Marmelade, eine Dauerwurst und ein weiteres verschraubtes Glas mit Wein, Sobernheimer Riesling. Wir warten den Abend ab, bis die anderen vom Empfang der Lagerverpflegung abgelenkt sind. Dann erst essen wir, was Heinrichs Frau uns gebracht hat, verstohlen und mit unguten Gefühlen gegenüber den Hungrigen um uns herum. Heinrich teilt alles mit mir, und ich esse langsam, Bissen für Bissen, lasse auch ein wenig Wein über meine Zunge laufen und erlebe dankbar das unvergesslichste Mahl meines Lebens. Mir laufen die Tränen über die Wangen, ich drücke Heinrich stumm die

Hand und bete an diesem Abend zum erstenmal seit langem neben dem beibehaltenen Morgengebet auch wieder das Dankgebet für das »tägliche Brot«. Jeden zweiten Tag versorgt uns Heinrichs Frau mit einem Paket. Zwar gestatten nicht alle GIs, es ihrem Mann zu übergeben, aber die meisten eben doch. Eines Sonntags essen wir sogar, was uns höchst unwirklich erscheint, frische Erdbeertorte mit Sahne. Ein wenig komme ich wieder zu Kräften, wenngleich ich äußerlich ein Gerippe bleibe.

Heinrich hatte mir gleich am ersten Tag erzählt, er sei Küchenchef im KZ Buchenwald gewesen. Die Häftlinge hätten sich aber bei der Befreiung des Lagers schützend vor ihn gestellt, weil er sie gut behandelt habe. Diese Vergangenheit hatte es mit sich gebracht, dass Heinrich sich in die enge Nachbarschaft mit Gefangenen gelagert hatte, die alle zur Kommandantur von Buchenwald gehört hatten, mittlere Führerchargen, alle wesentlich älter als ich, mit denen er viele Jahre zusammengelebt haben muss. Nun weiß ich nicht, ob sie sich merklich für sich hielten, weil Heinrich sich ganz mir zuwandte. Nur gelegentlich ging er zu ihnen hinüber, gab ihnen auch von seinen Paketen zu essen, und dann sah und hörte ich, wie sie lebhaft miteinander sprachen und lachten. Selten kam der eine oder der andere zu uns, und ich erinnere mich nur, dass sie dann immer wieder von den »schönen Jahren« und »herrlichen Zeiten« in Polen sprachen. Dabei mögen auch Namen wie Treblinka, Majdanek oder Auschwitz gefallen sein, aber sie waren mir damals noch nicht der Begriff, der erst später in mir all das annullierte, was wir bis dahin, und hätte es das Leben gekostet, geheiligt hatten. Mir fiel auf, dass sie in ihren Gesprächen nie »KZ« sagten, wie ich es von Kind an kannte, sondern immer »KL«. Hin und wieder fielen Worte wie »Kapo« oder »Rapportführer«, Worte aus einer mir fremden, anderen Welt, die aber von nun an unausweichlich nach mir fassten und an mir festklebten, ebenso aufdringlich wie abwegig für all mein

Fühlen, besonders, als einer von ihnen Heinrich gegenüber ganz unvermittelt die Bemerkung machte: »Wenn ich daran denke, dass ich im Kino wieder neben einem Juden sitzen soll, dann ...«, weiter sprach er nicht, schüttelte nur den Kopf wie über etwas völlig Undenkbares. Zu diesem kam der später in Nürnberg hingerichtete Arzt von Buchenwald einmal aus einer anderen Ecke des Lagers herüber, sprach kurz mit ihm und ging gleich wieder, woraufhin er zu Heinrich sagte: »Dem sind wir nicht gut genug.«

Als eines Tages wieder einmal eine Zeitung durchs Lager geht, in der Bulldozer Berge nackter KZ-Leichen in Massengräber schieben und der Text von unvorstellbaren Massenmorden an Wehrlosen spricht, will ich endlich wissen, was wirklich geschah. Wenn einer die Wahrheit weiß, dann Heinrich. »Stimmt das?«, rücke ich ihm auf den Leib: »Mir kannst du es doch sagen!« Natürlich will ich, dass das alles nicht stimmt, vor allem, was da von ermordeten Frauen, Kindern und Greisen steht. Doch schon das von meiner Frage in ihm ausgelöste Lächeln, das wie ein plötzlicher Schmerz um seine Augen zuckt, kommt einem Schuldeingeständnis gleich, unterstrichen von einem stummen Nicken mit dem gesenkten Kopf. In diesen Augen lag alles blank. Etwas Entsetzliches war in ihnen fixiert: Also doch! Heinrich hätte mir gar nichts mehr erzählen müssen. Und das von Schuldangst entstellte, ja entblößte Lächeln erschien mir mit einem Mal wie ein Teil des Lächelns, mit dem er mich auf dem Weg nach Bretzenheim immer wieder so seltsam angeblickt und mir den Kanten Brot zugesteckt hatte. Von Heinrich erfuhr ich bis in die Nacht hinein, was mit den Nürnberger Prozessen und später in Büchern und Filmen um die Welt ging. Ich erfuhr noch nicht in seinem ganzen Ausmaß, ich erfuhr aus der Sicht eines Einzelnen, was später so unfassbar wurde. In jener Nacht urteilte ich spontan aus der Sicht des Kriegers, für den es die größte Schande ist, sich an

Wehrlosen zu vergehen, und sah mich – mitgegangen, mitgehangen – unschuldig in diese Schande verstrickt, denn Schuld konnte ich mir und kann ich mir bis heute nur als persönliche Schuld vorstellen. Deshalb hatte ich mich trotz des fehlenden Zeichens unter meinem linken Arm zu denen bekannt, die nun die Geächteten waren.

Am 8. Juli kommt für das SS-Lager die Extradurchsage, alle noch nicht neunzehnjährigen Gefangenen sollten sich am Lagertor einfinden. Ich nehme meine Blechbüchse und den Karton unter den Arm, und Heinrich begleitet mich noch. Als wir am Tor ankommen, steht da bereits ein Dutzend Ausgehungerter in lehmgelben Lumpen. Ich stelle mich dazu, und einer von ihnen will wissen, dass wir unseres geringen Alters wegen entlassen werden sollen. Ich kann es nicht glauben, nehme aber herzlich Abschied von Heinrich, winke auch noch einmal zurück und vergesse nicht, wie er mit hängenden Schultern, wie ein Geprügelter, hinter mir hersah.

Ein Gummi kauender Baum von Sergeant bringt seinen »Kindergarden«, wie er uns spöttisch nennt, ins Entlassungslager hinüber, wo wir unsere Personalien und alle Einsatzorte unserer SS-Einheiten angeben müssen. Dann formieren wir uns in einer Reihe zur Vernehmung vor zwei Offiziere, der eine wie John Wayne, der andere ein dunkelhaariger College-Typus, die beide hinter ihren Tischen unter dem offenen Zelt sitzen, um uns abzufertigen. Der vor mir wartet, kommt zu John Wayne, ich muss zu dem andern, der nicht viel älter sein kann als ich. Ich nehme Haltung an, übergebe ihm meinen ausgefüllten Fragebogen, in den er nur kurz hineinschaut, um mich dann nicht nur in bestem Hochdeutsch anzureden, sondern mit mir zu sprechen wie unter Pennälern: »Warst Du HJ-Führer?«, will er wissen. Ich bejahe. »Beim Streifendienst?« War ich nicht. »Wie oft hast Du Hitler gesehen?« Einmal kurz in einem vorbeifahrenden Zug. »Und wie oft Himmler?« Nie. Dann fragt er mich plötzlich nach meinen Lieblingsfächern. In nenne Deutsch, Geschichte und Sport. Und er darauf: »Und ich Deutsch, Physik und Mathematik.« Und gleich hinterher erzählt er mir, dass er in Dortmund aufgewachsen ist, dort das Gymnasium besucht hat, aber als Jude mit seinen Eltern 1938 in die USA auswandern musste. Als er zum Schluss noch einmal in meinen Fragebogen blickt, stutzt er und liest dann laut: »Standartenoberjunker? Donnerwetter! Und was soll das Fragezeichen dahinter?« Ich erkläre, dass ich von der Beförderung nur durch Hörensagen wisse, und verstehe sein Beharren dahingehend, ich solle des Ranges wegen nun doch nicht entlassen werden, gerate in Panik, rede los, ich hätte mich trotz der fehlenden Blutgruppe unter dem Arm zur SS bekannt und suche auch schon den Arm freizumachen: »Hier, sehen Sie selbst!« Aber da winkt er auch schon lächelnd ab: »Wir suchen ganz andere!« und setzt sein »OK« unter meinen Entlassungsschein.

Es ist der 8. Juli, auf den Tag ein Jahr nach dem verbissenen und vergeblichen letzten Kampf um Caen. Es ist auch genau ein Tag, bevor die Franzosen das Lager übernehmen, die mich sehr wahrscheinlich zum Minenräumen an den Atlantik oder in eines ihrer Bergwerke verfrachtet hätten wie so viele von uns mit der einzigen Alternative, sich zur Fremdenlegion zu melden, um nach der Musik und im Schritt der Leibstandarte weiterzumarschieren. Noch am Abend fährt uns frisch Entlassene ein Lkw nach Bingen in ein Zwischenlager, und am nächsten Morgen in der Frühe geht es auf der Hansa-Cabrio-Route meiner Kindheit in rasender Fahrt das linke Rheinufer entlang über Bacharach durch das zertrümmerte Koblenz nach Weißenturm. Dort darf ich absteigen, und der Fahrer, ein farbiger GI, schenkt mir mit leuchtend weißen Lachzähnen die Kostbarkeit einer Packung Lunch. Nach Neuwied hinüber geht nun mitten durch die gesprengte Deichkrone hindurch die Behelfsbrücke, während die Hermann-Göring-Brücke weiter oben im Wasser liegt. Als ich mitten auf dem Rhein bin, geht mir ein Allgefühl von Dankbarkeit durch alle Glieder. Zuhause die herzliche Umarmung von Vater und Sohn. »Du bist spitz geworden«, sieht er mich prüfend an mit Tränen in den Augen. »Aber du lebst, Gott sei Dank!« Zuerst muss ich die Butterbrote essen, die er mir geschmiert hat. Als ich dann frisch gewaschen und in Zivil zu ihm ins Wohnzimmer komme, sagt er nur: »Ich weiß nicht warum, ich hab nie gedacht, dass du durchkommst, hab dich immer nur unter den Toten gesehen.« Ich weiß noch genau, dass ich mich neben ihn in den Sessel unter dem leeren, hellen Tapetenfleck setzte, auf dem all die Jahre das pompöse Hitler-Relief gehangen hatte, und dass ich von diesem Platz außer zur Schlafens- und Essenszeit eine Woche lang wie gelähmt nicht hochkam, sondern nur vor mich hinbrütete wie nach einer langen schweren Krankheit. Dabei hatte ich das Lager, »*nómos* meines Jahrhunderts«, wie Giorgio Agamben in *Homo sacer* schreibt, in seinem ganzen Entsetzen nur am Rande gestreift. Vater Jupp tut alles, um mich aufzupäppeln mit kräftiger Kost, die er mit Hilfe seiner Freundin Regina, einer Bauerstochter vom Westerwald, immer wieder heranschafft. Am dritten Tag schenkt er mir seine silberne Omega-Armbanduhr, die er anlässlich meiner Geburt 1926 gekauft hatte, und dazu die Summe von 4 000 Reichsmark, die auf dem Schwarzmarkt noch fünf Pfund Butter wert war. Nach einer Woche bin ich wieder auf den Beinen, ziehe einen von Vater Jupps guten Anzügen an und darüber seinen mir ebenfalls geschenkten Trench-Coat aus besseren Tagen und besuche als erstes das Grab meiner Mutter. Noch einmal geht die Reihe ihrer wechselnden Gesichter an mir vorüber bis hin zu ihrem letzten, vom Tod gezeichneten. Am selben Tag schreibe ich einen Dankbrief an Heinrichs Frau nach Sobernheim, bekomme aber nie eine Antwort.

Mitte August 1945 stehe ich eines Morgens unter dem Pegelturm der Deichmauer und blicke über den Rhein. Durch den

Kopf gehen mir die Abwürfe der beiden ersten Atombomben auf Hiroshima und Nagasaki, Meisterwerke menschlicher Zerstörungskunst, erdacht und zusammengebaut von den besten Köpfen rund um die Welt. Die Kommentatoren in Rundfunk und Presse sprechen von einem neuen Zeitalter, dem Atomzeitalter. Ich aber stelle mir vor, dass diese infernalischen Bomben eigentlich für uns gedacht waren. Hätten wir länger durchgehalten und die westlichen Alliierten 1944 noch ins Meer getrieben, dann wäre das Schicksal von Hiroshima womöglich Berlin und das von Nagasaki vielleicht Dresden oder Wien zuteil geworden mit Hunderttausenden von Toten und Millionen von dahinsiechenden Kontaminierten. Ein Heldenstück für die Bomberpiloten, wie man liest, war der Abwurf nicht. Im strahlenden Sonnenschein ihrer absoluten Lufthoheit hatten sie sich ihrer todbringenden Ladung gefahrlos entledigt und zwei Großstädte innerhalb von Sekunden in Krematorien verwandelt. Über 200 000 Menschen sind mehr oder weniger sofort in Asche aufgelöst, und noch einmal so viele sterben in den nächsten 60 Jahren an einer sich sogar vererbenden Krebserkrankung. Julius Robert Oppenheimer, der Vater der Atombombe aber, erschrak vor sich selbst, und es holte ihn ein anderes Gewissen ein, als er das ganze Ausmaß ihrer vernichtenden Wirkung erfuhr: »Nun bin ich der Todbringer, der Weltenzerstörer!« Was mit der neuen Über-Waffe ein für alle Male in die Welt gekommen war, brachte in den kommenden Jahren erst der Kalte Krieg an den Tag zwischen dem kommunistischen Osten und dem liberaldemokratischen Westen. Ebenso ungewollt wie unausweichlich sahen sich die beiden Todfeinde in ihrem Rüstungswettlauf eines Tages in der Beziehungsfalle des atomaren Patt gefangen: Wer zuerst schießt, stirbt als zweiter! Und ich erinnere mich gut, welch homerisches Gelächter dies in mir auslöste. Das Mega-Ende der Menschheit war geboren, geboren im Weltverbund als ihre jederzeit mögliche totale Selbstauslöschung, ganz so, wie ich mit zwölf in Ernst von Salomons *Die Geächteten* alptraumhaft vorwegnehmend von ihr gelesen hatte: »Wie sich die Welt wohl ohne Menschen schickt? ... Glattrasiert müßte die Erde werden, bis nichts mehr steht, was Menschenhand gebaut ... Sprengstoff unter diesen verrotteten, stinkenden Brei, dass der Dreck bis an den Mond spritzt ...« Das waren die menschlichen Abgründe der Epoche, die, in der wechselseitigen Wesensaufzwingung aller beteiligten Mächte, geronnen zur Bombe aller Bomben, in den Laboratorien von Los Alamos sich auftaten unter einem gigantischen Aufwand von Geist und Ressourcen. Diese Resourcen hatten Deutschland keinen Augenblick zur Verfügung gestanden, wiewohl es, damals noch führend in der Wissenschaft, mit der ersten Kernspaltung diesen Prozess ebenfalls hätte in Gang setzen können. Die Marxismus- und Weltrevolutionsangst der Päpste, die sich fortsetzte in Hitlers Wahn-Vision von einer Erde, die menschenleer gemacht durch den Äther zieht – hier war sie real geworden als Erfüllung der apokalyptischen Ängste des Menschen seit biblischen Zeiten vor sich selbst: Was ist der Mensch, der über seinen eigenen Tod verfügt, der über ihn verfügt?

EPILOG

ELYSIA, TRÜMMERFRAU DER DICHTER UND DENKER

Die Vergangenheit holte mich Glückspilz doch noch ein. An einem Oktobertag besucht uns eines späten Nachmittags Giberts Baptist, genannt Baddi, ein Schulfreund meiner Eltern und, da er kein Nazi war, Leiter des Besatzungsamtes. Er teilt mir mit, er habe für die französische Kommandantur eine Liste aller SS-Angehörigen anfertigen müssen, die ginge morgen raus, und es wäre besser, wenn ich verschwände. Noch am selben Abend packe ich einen Koffer und fahre mit dem Zug nach Duisburg zu meinem Onkel Hans, dem Mann meiner Patentante Maria. Er leitet im Auftrag der Düsseldorfer Brückenbaufirma Hein-Lehmann die Baustelle zur Beseitigung der Artillerie- und Bombenschäden an dem Mannesmann-Hütten- und Stahlwerk in Huckingen. Unter ihm arbeite ich, um Aufenthalt und Lebensmittelkarten zu erhalten, in der Nietkolonne als Vorhalter, täglich umtost vom Geratter des Niethammers und dem Funkenflug der glühenden Nieten, was mich lebhaft an MG-Feuer erinnert. Auf waghalsig schwankenden Gerüsten reparieren wir zerschossene Kranbahnen, Gasometer und Stahldachkonstruktionen im bitterkalten Winter 1945/46, im eisigen oder nasskalten Wind hoch über dem Uferrand des Rheins mit nichts im Leib als zwei Schnitten Brot und etwas Kaffee. Immer wieder bewundere ich die Kletterkünste meiner Arbeitskollegen, die mit artistischer Eleganz über schmale Träger tänzeln, gut zwanzig Meter über dem Hafenbecken, und sich an Seilen herablassen, um irgendwo im luftigen Nichts etwas Begehbares anzubringen, damit ein zerschossenes Stahlstück ausgewechselt werden kann. Ich möchte ihnen dabei helfen, aber sie wehren witzelnd ab: »Lass mal gut sein, Junge, hier sind wir die besseren Affen.« Fritz, der Nieter, ist ein alter Hase, in den dreißiger Jahren war er sogar auf Montage in China. Bis 1933 war er wie die meisten anderen Kommunist und nun ist er in die neu gegründete KPD eingetreten. Sie beherrscht zu jener Zeit noch den Betriebsrat des Werkes. Ausgehend von meiner Tarnkombination, die ich als Arbeitsanzug trage, haben sie schnell heraus, dass ich bei der Waffen-SS war. Aber als »verführten Pimpf« akzeptieren sie mich. Der, den ich nur als »der Gräbing« kenne, lädt mich mit den Worten »Mensch, uns fehlen die jungen Leute!« sogar zu ihrer Versammlung ein. Ich lehne höflich ab, und er begnügt sich mit einem: »Mensch, überleg es dir nochmal!«

Ich hause in einem ungeheizten Dachzimmer und hungere wieder. Unsere Schicht geht nur von sechs bis zwei. Bis vier döse ich abgekämpft vor mich hin, und dann fahre ich aus lauter Langeweile und Elend mit der Straßenbahn zum Hauptbahnhof Duisburg und wieder zurück durch nichts als Trümmer und graue Gestalten zur Rechten wie zur Linken, fahre nicht nur einmal, sondern zwei oder gar dreimal: mein tägliches Pensum bis zum Abend. Dann esse ich meine armselige Tagesration und betrüge mich dabei immer wieder selbst mit einer dünnen Schnitte mehr, die ich gegen Ende der Dekade mit noch mehr Hunger büßen muss. Nach dem Abendessen sitze ich meist in meiner Stammkneipe an der Straßenecke gleich bei der Straßenbahnhaltestelle, wärme mich am Ofen, löffle dünne, heiße Würfel-Bouillon und trinke dazu ein Bier, serviert von der jungen Wirtin, deren Mann noch in englischer Gefangenschaft ist, und die, wenn sie mir das Glas bringt, mich immer irgendwo berührt und stets »mir« mit »mich« verwechselt. Fastnacht ist Tanz in der Kneipe. Einige sind maskiert. Am Fastnachts-Dienstag fordert mich eine Dame namens Marga zum Tanz auf. Sie ist auffallend hübsch und sieht immer wieder mit ihren großen dunklen Augen inmitten einer Runde lustiger Huckinger zu mir herüber. Ich aber denke wie unter einem Zwang zurück an die Fastnacht vor einem Jahr in Dresden, zumal ich die inzwischen veröffentlichten Aufnahmen der ausgelöschten Stadt vor Augen habe, deren Untergang ich entkam.

Aschermittwoch sitze ich abends wieder in der Kneipe, ich bin der einzige Gast, und habe in einem Verzweiflungsanfall, komme, was da wolle, meine ganze Wochenration aufgegessen. Mit meiner Bouillon vor mir brüte ich vor mich hin.

Ich habe noch die quietschenden Bremsen der Straßenbahn im Ohr, da steht plötzlich die Marga neben mir, legt mir ein Kuvert auf den Tisch mit einem leise gesprochenen: »Damit Sie sich etwas helfen können!« und ist auch schon wieder hinter dem Windvorhang und durch die Tür verschwunden. Als ich das Kuvert öffne, enthält es ein reiches Sortiment der verschiedensten Lebensmittelmarken für Brot, Butter, Käse, Fleischwaren und Zucker. Ich springe auf, laufe hinter ihr her durch die Tür, aber sie ist in die Dunkelheit verschwunden. Ich weiß noch wie heute, dass ich fassungslos dastand, in mir ein Sturm widersprüchlicher Gefühle. Wieder einmal hatte sich mir in höchster Not und Verzweiflung eine helfende Hand gezeigt, und dies in einer Weise, dass ich an den Schutzengel meiner Kindheit hätte glauben müssen, wenn ich das in unseren aufgeklärten Zeiten noch gekonnt hätte. Woher wusste diese Marga, dass es mir schlecht ging? Es musste ihr doch jemand erzählt haben, dass ich allein lebte. Vielleicht die Wirtin? Von der erfahre ich, dass Marga in Duisburg-Wanheimer Ort als Lehrmädchen in einem großen Lebensmittelladen arbeitet, aber in Huckingen wohnt. Ich passe sie am nächsten Abend an der Straßenbahnhaltestelle ab. Als sie mich beim Aussteigen dastehen und warten sieht, macht das ihre großen dunklen Augen aufleuchten, ja aufglühen. Sie hatte sich nicht nur offensichtlich in mich verliebt, sondern dies mit einer Intensität, dass mich die Heftigkeit ihres Gefühls, weil ich es nicht teilte, verwirrte und eher bedrückte, zumal sie gleich auf mich zuflog, meine Hand fasste und mir am liebsten um den Hals gefallen wäre, wenn ich nicht so steif stehengeblieben wäre, um zunächst meinen Dank loszuwerden und mich zu vergewissern, ob sie die vielen Marken wirklich entbehren könne. Ja, das könne sie! Zum erstenmal sah ich sie bewusst an, sah ihren vollen sinnlichen Mund, die zarte Haut und das dichte braune Haar. Sie war schön. Aber vielleicht war ich zu ausgehungert, um davon angerührt oder erwärmt zu werden.

Ich begleitete sie nach Hause. Sie wohnte mitten in der großen Arbeitersiedlung und erzählte mir, ihr Vater sei Pförtner bei Mannesmann. Sie wollte mich gleich mit nach oben in ihre Wohnung nehmen, mich ihrer Mutter vorstellen. Das lehnte ich ab, versprach ihr jedoch auf ihr Bitten hin, sie am nächsten Abend abzuholen. Am nächsten Tag, nach der Schicht, kaufte ich von Margas Lebensmittelmarken zunächst eine üppige Mahlzeit, aß mich zum erstenmal nach Monaten wieder richtig satt und hatte endlich wieder ein Kraft- und Wohlgefühl im Leibe. Als ich sie dann abends von der Haltestelle abholte und wir an der Siedlung vorbei über den Rheindamm spazierten, kam es zum ersten Kuss. Wie ein glücklich beschenktes Kind lehnte sie ihren Kopf an meine Schulter und ich umfasste ihre Hüfte. Dabei merkte ich, wie sie am ganzen Leib zitterte. Und als sie sich plötzlich, »Drück mich fest, ganz fest!«, in äußerster Erregung fast schreiend an mich presste, war ich von diesem überraschenden Erlebnis so ergriffen, dass wir von Stund an zusammenblieben. Anders als bei meiner ersten und sehr innigen Liebe wurde daraus das sexuell ausschweifendste und verzehrendste Verhältnis meiner Jugend. Es war ein ekstatisch aufgewühltes Miteinander, bei dem die vom langen Hunger geschärfte und gereizte Pandora, Eva, Allesgebende der Sinne, die Zunge, wie unter Zwang immer wieder die Höhle ihres Schoßes aufsuchte, wie auf der Flucht vor der Weite der Welt, in die es mich so unaufhaltsam getrieben hatte. Meine anfängliche Scham ging im Feuer ihrer Hingabe einfach unter. Sie war wie eine Droge. In dem Maße, in dem ich auflebte, nahm ich ab. Auch sie wurde immer blasser und dunkler um die Augen.

Marga war sechzehn, hatte bereits mit dreizehn ein Verhältnis mit einem belgischen Fremdarbeiter gehabt, und als Mädchen aus dem Arbeitermilieu war ihr nach einer Reihe weiterer Liebschaften nichts mehr fremd. Sie sprach auch ganz offen und selbstverständlich darüber, was mich anfangs befremdete. Sie war mir auch nicht treu, sie blieb weiterhin ihrem Chef zu Willen und ließ doch keinen Zweifel daran, dass sie mich liebte und an mir hing und alles für mich getan haben würde wie nie zuvor für einen Mann. Ich machte die merkwürdige Erfahrung eines asymmetrischen Miteinanders, das von nahrungshungriger Leibes- und Liebeslust zusammengehalten wurde, und zwar so, dass Margas junge Mutter einmal in Tränen ausbrach, als sie uns so anhänglich herumturteln sah, aus Neid, wie sie selbst bekannte. Sowas wie uns, sagte sie, habe sie noch nie gesehen. Das war glaubhaft, denn wie Marga mir erzählte, hatte ihr Vater die Mutter, die ihn absolut nicht mochte, mit knapp sechzehn gegen ihren Willen rumgekriegt und geschwängert. Was uns in dieser Weise zusammenhielt, war nicht auf Dauer angelegt. Für Marga mochte ich damals alles bedeuten, ich aber konnte mir nicht vorstellen, mit ihr mein Leben zu verbringen und es in Huckingen als Montageschlosser zu beschließen, als der ich bei Hein-Lehmann geführt wurde.

Als ich eines Tages im Mai an der D-Bahn-Haltestelle auf den Zug nach Düsseldorf warte, steht nicht weit entfernt ein älteres Ehepaar mit seinem Sohn, und ich erfahre aus den lebhaften Gesprächen, dass sie ihn zum Studium nach Bonn verabschieden. Dabei fällt am Ende eines lauten Gelächters aus dem Mund des jungen Mannes die Bemerkung: »Kant, Metaphysik der Sitten!« Ich wusste nichts von Kant, außer, dass er einer der größten unserer Denker war und den Kategorischen Imperativ formuliert hatte, den ich in seiner Kurzform sogar auswendig wusste, weil Onkel Max ihn mir und Kusine Hannelore eingebleut hatte. Jedenfalls stand mir die Episode, wenn ich mittags in meinem Dachzimmer lag, lebhaft vor Augen, sie wirkte wie ein Ruf. Das wollte, musste ich auch: Studieren wie dieser junge Mann, um endlich zu erfahren, in welcher Welt ich wirklich lebte! Aber wie loskommen? Im Mai 1946 waren wir zum Brückenbau nach Düsseldorf abkommandiert und der britischen Militärverwaltung unterstellt worden. Im August rutscht ein Dreitonnenstahlträger von der Winde ab und mir auf den linken Fuß. Die Stahlkappe des Schuhs hält das Schlimmste ab. Aber mit einem komplizierten Bruch bringt man mich ins Marienhospital nach Düsseldorf, wo ich sechs Wochen lang in einem Saal mit 28 Kranken liege und viel Zeit habe, über alles nachzudenken. Der Unfall ist für mich eine Erlösung. Mein Antrag auf Entlassung aus dem Brückenbau wird bewilligt, und im Herbst desselben Jahres kehre ich zu meinem Vater nach Neuwied zurück.

An einem eisig kalten Morgen im Januar 1947 sitze ich zusammen mit einem Dutzend ehemaliger Soldaten und Flakhelfer in einem notdürftig hergerichteten Raum der ruinierten Kaserne von Koblenz-Lützel, um das Abitur nachzuholen. Es ist ein eigener Lehrgang innerhalb einer Privatschule, die den Ruf eines »Flugschüler«-Landeplatzes hat und deren Lehrer zum Teil wegen ihrer Nazivergangenheit nicht an ihre früheren Schulen haben zurückkehren dürfen. Der Lehrgang ist kein Schulbetrieb, wir können kommen oder wegbleiben, um Hamster- oder Schwarzmarktgeschäfte zu erledigen. Wir haben die halb eingestürzten Wände des Raumes statt mit Mörtel mit Lehm wieder hochgemauert, haben die zerfetzten Fensterhöhlen mit Brettern vernagelt und einen Kanonenofen aufgestellt, dessen langes rostiges Abzugsrohr, in drei Metern Höhe rechtwinklig abknickend, den Rauch durch den Fensterverschlag ins Freie trägt. Damit wir nicht völlig im Dunkeln sitzen, hat einer von uns einen Glasschneider aufgetrieben und aus dem in Haufen herumliegenden Fensterglasbruch Rechtecke ausgeschnitten und so in die Fensterverschläge eingefügt, dass wir lesen und schreiben können. Den Ofen füttern wir mit dem angekohlten Gerippe des Dachstuhls. Jeden Mittag steigt abwechselnd ein Kommando von drei Mann mit Beil und Säge nach oben, um das Brennholz für den nächsten Tag zusammenzuklauen. Wenn es lange regnet, sitzen wir in einer Tropfsteinhöhle. An diesem Januarmorgen, wir haben eine Doppelstunde Deutsch, hocken wir nicht in den Bänken, sondern rund um den glühenden Ofen in unsere Wintermäntel gehüllt und lauschen Elysias Vortrag über Spinoza und seinen Einfluss auf Goethe.

Elysia ist eine siebzigjährige ehemalige Oberschulrätin, die 1933 von den Nazis in den Ruhestand abgeschoben wurde und die auf ihre alten Tage für uns »Strandgut des Krieges«, wie sie sagt, etwas Gutes tun möchte. Sie hat eine zarte Gestalt, geht den kleinsten von uns gerade bis zur Schulter, ist stets in adrette Omaausstattung gekleidet mit Muff und Strickmütze und sie ist vor allem mein, nein, unser aller Glücksfall! Denn im Unterschied zu uns kriegsgeschädigten Pennälern ist sie umfassend gebildet und von einer zwingenden Klarheit des Geistes. Den Übernamen Elysia hat sie weg, als sie uns Schillers Lied »Freude, schöner Götterfunken, Tochter aus Elysium ...« auswendig zu lernen aufgibt, was wir auch brav und wissenshungrig besorgen. Dass Beethovens Neunte in diesem Hymnus gipfelt, hat sie uns selbstverständlich auch beigebracht. Heute nun trägt sie uns die Philosophie des Baruch de Spinoza vor, und wie immer im freien Vortrag nach einem kleinen Stichwortzettel. Erst hinterher diktiert sie uns dessen Essenz in unsere Hefte, damit wir das Gehörte zuhause nachbereiten können. Bücher gibt es nicht, die alten hat die französische Besatzungsmacht verboten. Ich werde aber nie vergessen, wie ich vom ersten Augenblick an gebannt, ja wie befreit war von dem, was sie sagte.

So, wie sie es damals vortrug und wie ich es in den vielen Jahren danach immer wieder selbst durchdachte, will ich es wiedergeben: Die Natur ist für Spinoza von der Natur Gottes nicht verschieden. Vielmehr wirkt und schafft Gott durch die Natur. Jedes Lebewesen, auch das winzigste, hat je nach seinem Vermögen teil am schaffenden Vermögen Gottes. Gott und unsere Erde mit allem, was sie trägt, bildet einen lebendigen Zusammenhang, in den auch der Mensch mit Leib und Seele einbezogen ist und in dem er aus inneren Vorgaben heraus tätig wird. Da aber die göttliche Natur einen inneren Zusammenhang bildet, sind auch ihre Gesetze keine moralischen Gesetze, gibt es in ihnen nicht den Gegensatz von Gut und Böse, Geist und Leib, Mensch und Tier, Jenseits und Diesseits. Das aber war es, was mich damals aufhorchen ließ und schließlich in inneren Aufruhr versetzte, als sie auf den Sündenfall zu sprechen kam, den Spinoza von seinem Denken her völlig anders deutete, als ich es in meinen Kindertagen in der Schule hatte lernen müssen: Gott habe Adam und Eva im Paradies nichts verboten, sondern sie vor der Beschränktheit ihres Erkenntnisvermögens gewarnt, das eben nicht dem Vermögen Gottes gleichkomme und daher immer wieder auflösend und zerstörend in die natürlichen Zusammenhänge unserer Lebenswelten eingreife mit mörderischen Rückwirkungen auf uns selbst. Hier ging es also nicht um die so fatal ins Eitle und Sexuelle verengte Erbsünde meiner Kindertage, sondern um Gottes faire Warnung vor der Überschätzung unserer Vernunft! Also auch nicht um den Kreuzestod mit dem richtenden Christus am Jüngsten Tag und der Leib und Seele zerfressenden Angst davor! Hinterher darüber reden konnte ich mit Lehns Willi, dem als ehemaligem Napola-Schüler, wie auch mir, von den Besatzern der Zugang zum öffentlichen Gymnasien verwehrt wurde. Auch ihm leuchtete Spinoza unmittelbar ein, und es wurde eine sehr lebhafte Unterhaltung, als wir mittags zusammen von Lützel über die alte Moselbrücke durch das am Boden liegende und dahinmodernde Koblenz gingen und uns vor der ausgebrannten Fassade des Schlosses trennten, er in Richtung Bahnhof, ich über die Pfaffendorfer Brücke nach Ehrenbereitstein zum Bahnhof, von wo ich immer, über den Rhein hinweg, die Reste des zerstörten Riesenfürstenhofes und den von GIs vom Deutschen Eck heruntergeschossenen Kaiser Wilhelm zu Pferde vor Augen hatte, ehe ich mit dem Zug nach Neuwied zurückfuhr, innerlich hellwach gemacht durch das, was ich gehört hatte und Schwarz auf Weiß mit mir trug.

Gegen drei Uhr war ich in der Wohnung und bereitete mir, da mein Vater wieder die Strecke nach Horhausen fuhr, mein Mittagessen und saß dann über Spinoza brütend im Sessel. Mir fiel Mephisto ein mit seiner Attacke auf das Himmelslicht der Vernunft, das uns »tierischer als jedes Tier« hatte werden lassen. Tiere bauen keine Bomben, sie halten die Erde zusammen, statt sie wie wir zu zerstören. Das alles hatte ich im Zustand der Gärung in mir. Erst als wir dann Goethes *Die Leiden des jungen Werther* lasen, klärte sich mir einiges. Woran litt dieser junge Mann, dass er sich am Ende erschoss? Sicher nicht nur an enttäuschter Liebe zu dieser Lotte! Sondern vor allem an der kalten Verachtung des Adels gegenüber Erde, Volk und Kreatur; an der Unterdrückung des Lebendigsten schon in den Kindern, die eigentlich »unsere Muster« sein müssten, an der Unfähigkeit zur Einfühlung in die Umstände, die Menschen in den Wahnsinn oder in Verbrechen treiben, an der Empfindungslosigkeit, mit der beschränkte Geschöpfe sinnlos Bäume fällen, ein Problem schon der Goethezeit, das Werther in geradezu mörderischer Wut ausrufen lässt: »Ja, wenn ich Fürst wäre, was kümmerten mich die Bäume in meinem Lande!« Werther sieht die Menschen eingekerkert in einen ewigen Gewaltzustand, eingefangen in Wände, die sie sich »mit bunten Gestalten und lichten Aussichten« bemalen. Sein darüber »empörtes Blut« findet einzig Frieden in der Natur. In dem Brief vom 10. Mai, den Elysia ausführlich mit uns durchnimmt, erfüllt »eine wunderbare Heiterkeit« Werthers Leib und Leben. Wälder, Gräser und gerade auch die wimmelnd schaffende Welt der kleinen und kleinsten Tiere geben seinem Erkenntnistrieb Antwort und lassen ihn »die Gegenwart des Allmächtigen« fühlen und »das Wehen des Alliebenden«, das uns »schwebend trägt und erhält«.

Werther entführt mich in den tragenden Grund unserer Existenz. Wie Dr. Feuerwasser sieht er die Erde im Bild der mütterlichen Geliebten, sieht sie als ein dynamisch zusammenwirkendes Ineinander, das selbst die Felsen aus dem Schein ihrer Erstarrung gelöst wahrnimmt als lebendige Energie, und das in den Tiefen der Erde »all die unergründlichen Kräfte« mobilisiert, über denen die wimmelnden Menschengeschlechter sich in ihren »Häuslein ahnungslos annisten«. »Was ist der Mensch, der gepriesene Halbgott! Ermangeln ihm nicht eben da die Kräfte, wo er sie am nötigsten braucht?«, ruft Werther aus, und plötzlich wandelt sich vor ihm »der Schauplatz des unendlichen Lebens« in den Abgrund des ewigen Grabes, und er sieht »nichts als ein ewig verschlingendes, ewig wiederkäuendes Ungeheuer«. Dieser abgründige Blick muss mich damals im Bewusstsein des hautnah erlebten menschenverschlingenden Krieges unmittelbar ergriffen haben, denn er setzte sich wortwörtlich in mir fest. Waren die Millionen Toten nicht alle auf den Schlachtfeldern unserer trennenden und nicht einenden Vernunft gefallen? Auch Werther verwirft das eilfertige Urteilen der ach so sittlichen Menschen, »das ist gut, das ist bös!«, statt die inneren Verhältnisse einer Handlung zu erforschen. Wenn unsere Vernunft dem Wirken und Weben der Natur nicht gewachsen ist, was dann? Lösungen liefert Werther nicht. Aber er öffnet sein Herz ganz. In dem Brief vom 14. Dezember 1772 schreibt er: »Ich erschrecke vor mir selbst!« Das aber hatte ich damals noch zu lernen. Vorerst brodelte alles nur in mir.

1947 war Heine-Jahr. Man feierte seinen einhundertfünfzigsten Geburtstag, aber keineswegs so stürmisch wie zwei Jahre später Goethes. Elysia weist uns wohl darauf hin, erwähnt auch, dass Heine ebenfalls von Spinoza beeinflusst gewesen sei, scheint ihn aber nicht sonderlich zu schätzen und nimmt lieber Lessings *Nathan der Weise* mit uns durch. Über des Klosterbruders Hinweis, »dass unser Herr ja selbst ein Jude war«, gerieten wir in eine erregte Debatte, zumal niemand von uns jemals diese Seite an Jesus Christus von Nazareth wirklich wahrgenommen hatte. Gott ein Jude? Nathans Ringparabel imponiert mir, weil sie vor allem der christlichen und der islamischen Weltreligion den missionarischen Stachel der allein seligmachenden Wahrheit wegbricht, der auch sie zu verschlingenden und wiederkäuenden Ungeheuern werden ließ. »Niemand hat die Wahrheit, wir alle suchen sie!«, diktierte uns Elysia in unsere Hefte über Lessings Wahrheitsbegriff.

Heine las ich trotzdem. Mein Freund Horst Becker, der in Mainz Medizin studierte, lieh mir die *Gesammelten Werke* aus seines Vaters, des »roten Beckers«, Bibliothek. Er war 1933 als Oberschulrat von den Nazis abgesetzt worden und hatte nun Karriere als Ministerialdirigent im Kultusministerium gemacht, das damals noch zusammen mit der Landesregierung seinen Sitz in Koblenz hatte. Zusammen mit Horst und Egmont Gistl hatten wir einen literarischen Klub gegründet, der meist bei Egmont tagte, weil er von seiner extravaganten Mutter her, einer Antiquitätenhändlerin, neben den Klassikern über so ziemlich alle Frivolitäten von Marquis de Sades *Justine und Juliette* bis zu Otto Julius Bierbaums *Prinz Kuckuck* oder der zweibändigen *Geschichte der erotischen Kunst* von Fuchs verfügte. Daneben hatte es uns die ausgefallene Einrichtung der großen Gistl'schen Wohnung angetan, überladen mit alten Ölbildern vor seidenen Tapeten und Möbeln im Empire- und Biedermeierstil. Versunken in tiefe Fauteuils oder auch ordentlich sitzend in zierlichen Sesseln und aus kostbaren böhmischen Kristallgläsern trinkend lasen wir uns oft ganze Nächte lang gegenseitig vor, was uns besonders aufregte, diskutierten es oder stritten uns darüber, und ich lieferte als Treibstoff den Riesling trocken, den ich alle vierzehn Tage mit zwei Koffern bei Tante Klara in Traben-Trarbach im Tausch gegen Zigaretten abholte, die Egmont in jenen Schwarzmarktzeiten wiederum gegen Glaswaren aus der Fabrik seiner Großeltern besorgen konnte.

Wenn Marga von Duisburg kommend mich besuchte, nahm ich sie mit zu unserer Runde, zu der auch Egmonts Renate gehörte und Horsts »Sternchen«, wie er seine Freundin Elke nannte, und dann trieb es uns zu Heines heiter-ironisch hinwegtragenden Liedern. Sie strömten zusammen in dem Hohelied »Des Weibes Leib ist ein Gedicht«, das Horst am liebsten vorlas: »O welche göttliche Idee / Ist dieser Hals, der blanke, / Worauf sich wiegt der kleine Kopf, / Der lockige Hauptgedanke! // Der Brüstchen Rosenknospen sind / Epigrammatisch gefeilet: / Unsäglich entzückend ist die Zäsur, / Die streng den Busen teilet. // Das ist kein abstraktes Begriffspoem! / Das Lied hat Fleisch und Rippen, / Hat Hand und Fuß; es lacht und küßt / Mit schöngereimten Lippen. // Ja, Tag und Nacht studier ich dran, / Will keine Zeit verlieren; / Die Beine werden mir so dünn – / Das kommt vom vielen Studieren.« Heine brachte damals Leib und Leben auf eine ganz neue Art zum Glühen. Wir feierten ihn ausgelassen fröhlich bis hin zum geflügelten Blödeln: »Laß dicke Männer nicht, laß dünne Beine um mich sein!« Bei anderen Gelegenheiten aber nahmen wir unseren Heine wieder ernst, wenn wir bei ihm den ganzen Spinoza in die Nuss gepackt lasen: »Gott ist in allem, was da ist, / Auch in unseren Küssen.«

Warum uns das so schwerelos heiter zu Herzen ging, durchschauten wir nicht bis auf den Grund. Es dauerte Jahre, bis ich bei Heine dahinterkam, was die Essenz seiner Droge war, die uns so berauscht und verführt hatte. Wenn er in Versen davon sprach: »Aus meinen großen Schmerzen / Mach ich die kleinen Lieder«, dann meinte er das, was er an anderer Stelle den

»tausendjährigen Schmerz seines Volkes« nannte, den es unter der Leib- und Seelenfolter einer »blutrünstigen Delinquentenreligion« europaweit hatte erdulden müssen. Dass er aus dieser Gegenperspektive zu uns dichtete und sprach, begriff ich erst viel später, zunächst waren meine eigenen Erfahrungen berührt, wenn er sich über so »abscheuliche Themata« ausließ wie Martyrbilder, Kreuzigungen, sterbende Heilige, Zerstörung des Leibes – und dass es die nächste Aufgabe sei, »gesund zu werden« von der »großen Krankheitsperiode des Christentums«. Denn es habe »die edelsten Genüsse herabgewürdigt, und die Sinne mussten heucheln, und es entstand Lüge und Sünde.« Das hatte ich von Kind an am eigenen Leib erlebt und erlitten. Dass die Zerstörung des göttlichen Leibes wie der Leiber so vieler Märtyrer zur Zerstörung eines Vielfachen an jüdischen Leibern geführt hatte, war Heine ganz gegenwärtig – mir noch nicht. Wohl deshalb solidarisierte er sich mit allen Unterworfenen wie in dem Gedicht »Das Sklavenschiff« mit den unter mörderischen Bedingungen in die Neue Welt verfrachteten und ausgebeuteten Afrikanern. Hellsichtig aber bricht Heine mit dem hegelianistischen Marxismus etlicher seiner jüdischen Freunde. Spöttisch nennt er sie »Doktoren der Revolution« und »fanatische Mönche des Atheismus«. Er sieht in divinatorischer Klarheit mit ihnen die »Unglaubensarmee einer neuen Glaubenslehre« aufmarschieren, in der kein Weltmessias, sondern eine »rohe Masse« zur Herrschaft gebracht werden soll. Was die Marxisten ihm niemals verziehen haben, ist sein Bekenntnis: »Ich bin zurückgekehrt zu Gott, wie der verlorene Sohn, nachdem ich so lange bei den Hegelianern die Schweine gehütet.« Es ist der Gott Spinozas, der nicht durch einen Erlöser vermittelte Gott, sondern der, in dem alle Dinge der Natur enthalten sind und der menschliche Geist, »nur ein Lichtstrahl seines unendlichen Denkens«. Der kommunistische Philosoph Wolfgang Harich warf Heine in jenen Jahren ideologisch motivierter Verdummung vor, er habe die theoretische Höhe des Bewusstseins von Marx weder erahnt noch verstanden.

Einen überraschend erweiterten und vertieften Blick auf die Welt gab Heine mir, als ich *Die Reise nach Genua* las. Aus München kommend besucht er in Genua eine Gemäldegalerie, in der er auf eine Sammlung von Porträts schöner Genueserinnen trifft. Bei ihrem Anblick befällt ihn zunächst der Gedanke, dass »von jenem Frauenfrühling nichts übriggeblieben ist als diese bunten Schatten«. Aber das ist nur der Anfang. Noch mehr beunruhigt es ihn, dass wir nicht einmal als Originale dahinsterben, sondern als Kopien von längst verschollenen Menschen, die geistig und körperlich uns gleich waren, und dass nach uns wieder Menschen geboren werden, die wieder aussehen und fühlen und denken wie wir und die der Tod ebenfalls wieder vernichten wird – ein trostlos ewiges Wiederholungsspiel, wobei die zeugende Erde beständig mehr hervorbringen muss, als der Tod zu zerstören vermag, so dass sie, in solcher Not, zwangsläufig mehr für die Erhaltung der Gattung als für die Originalität der Individuen sorgt. Ich musste unwillkürlich und im Zusammenhang mit Werthers »ewig verschlingendem, ewig wiederkäuendem Ungeheuer« abermals an den Tod der vielen Millionen Männer, Frauen und Kinder denken, den ich miterlebt hatte als Glied in der Kette des ewigen Sich-Wiederholens. Immer wieder redeten vor allem Horst und ich uns die Köpfe heiß, wie diese »ewige Wiederkehr des Gleichen«, wie ich sie wenig später auch in Nietzsches *Zarathustra* las, mit Spinozas Gott zu vereinbaren sei. Denn wenn die zeugende Erde dem zerstörenden Tode immer mehr an Liebe, Leib und Leben in den Rachen wirft und die Folge ein wachsendes Ungleichgewicht ist zwischen Erde und Mensch, dann sind immer neue und immer mehr massenmörderische Kriege die Folge, mit der Atombombe als jüngster Ausgeburt einer dezimierenden Vernunft. Wie aber war das mit dem Gegensatz von Original und Kopie? Heine sah in den Frauen – beispielhaft für uns Menschen überhaupt – Kopien von Kopien von Kopien ihrer Ahnen. Diese ewige Kettenbildung müsste unterbrochen werden, da waren Horst und ich einer Meinung. Aber wie? An dieser Frage blieben wir hängen auf unseren unvergesslichen Spaziergängen durch den Schlosspark oder am Rheinufer. Später erörterten wir beide sie aufs Neue bei unserer gemeinsamen *Zarathustra*-Lektüre an Nietzsches Übermensch.

Horst Becker war in diesen Jahren mein guter Stern. Er war jünger, ungewöhnlich belesen und wissenshungrig, weshalb er in Mainz nicht nur seine medizinischen Vorlesungen besuchte, sondern möglichst alles mitnahm, was die anderen Fakultäten Gutes anboten. Wenn er an den Wochenenden nach Hause kam, führte sein erster Weg meist zu mir. Zu Sternchen, seiner Freundin, trieb es ihn erst abends, um, wie er meinte, nicht an »Spermatosepsis« zu verenden. Immer zwei Stufen zugleich nehmend, kam er zu unserer Dachwohnung hochgestürmt, ein leicht pyknischer Blondkopf mit etwas weichen Gesichtszügen, die auffallend kontrastierten mit dem klaren, zwingenden Blick seiner Augen, an denen immer schon abzulesen war, was er alles an Neuem loswerden musste. Natürlich trieb es ihn auch zu meinem guten Riesling, neben der Kunst die edelste unter den Drogen, darin waren wir uns einig, und dann saßen wir zusammen, diskutierten, stritten uns und tranken, auch auf die Moselwinzer in Danksagung für die Frohn, die sie dem Geschenk der Götter zollten am steilen Hang auf flammendem Fels. Immer wieder brachte Horst eine »trouvaille« mit, wie er sagte, entweder ein besonders aufregendes Buch oder eine besonders anregende Stelle, die er mir vorlas. Eine dieser glücklichen Funde waren *Die Blumen des Bösen* von Charles Baudelaire. Das Diabolisch-Lasterhafte seiner Verse zog uns mächtig an. Aber wir erkannten in ihnen auch den aggressiven Nihilismus und den verführerisch destruktiven Hang zum Untergang, den auch Nietzsche an Baudelaire wahrgenommen und der sich nun mit unserer Generation erfüllt hatte.

Im Herbst des Heine-Jahres gibt es einen Einschnitt in meine Vorbereitung aufs Abitur, als Elysia eines Morgens nicht zum Unterricht erscheint. Wir erfahren, dass sie an einem Gehirnschlag gestorben ist. Wir sind bedrückt und gehen alle zur Beerdigung. Was unser Lehrgang an ihr verloren hat, erfahren wir, als vierzehn Tage später ein Herr Dr. Meuers ihre Nachfolge antritt. Die souveräne Verfügbarkeit des Wissens ist ihm nicht gerade eigen. Er klebt am Text seiner Bücher, bevorzugt literaturgeschichtliches Faktenwissen und liest mit uns zum Einstieg von Wilhelm Raabe *Der Hungerpastor* und anschließend Gustav Freytags Roman *Soll und Haben*. Dennoch sind wir Wissensdurstigen ihm für jede Anregung dankbar, zumal er uns anschließend Gottfried Kellers *Der grüne Heinrich* und Stifters *Nachsommer* zu lesen aufgibt. Es schien uns, selbst in all der Leere des so schrecklich verlorenen Krieges, würde unsere große Literatur immer Bestand haben. Sie kritisch zu lesen aber war mir, war uns allen damals noch lange nicht möglich. Das erwies sich gerade an den beiden ersten Romanen. Bei Raabes *Hungerpastor* sprach mich schon der Titel an. Und dass dieser Hans Unwirsch im Vergleich zu Moses Freudenstein, dem späteren Dr. Theophil Stein, die sehr viel liebenswertere Figur abgab, nahm ich wie wir alle als den Lauf der Welt hin wie dann auch Freytags Helden Anton Wohlfahrt, der die Missgestalt des Veitel Itzig, den nichts als die nackte Gier nach Geld, Macht und Reichtum treibt, sittlich aus dem Feld schlägt. Es war das uns allen eingeflößte Zerrbild vom reichen Juden, das den Roman bis 1945 zum Dauerbestseller hatte werden lassen und mit dem sein Autor, obwohl als Liberaler kein Antisemit, das allgemeine Volksempfinden zu bedienen gewusst hatte.

ITZIG, DER NEUE

Wie sehr die Rückstände der in Trümmer gegangenen Tradition in uns nachwirkten, kam durch einen Zufall heraus, der uns unerwartet einen Juden zum Mitschüler machte. Plötzlich, an einem Herbsttag 1947, zu Beginn der Deutschstunde steht er vor uns, hereingeführt von Dr. Meuers, stellt sich mit dem Namen Rosenthal vor und will wie wir das externe Abitur machen. Zunächst wissen wir alle nicht, dass er ein Jude ist. Sein Name war wie Rosenberg, Rosenzweig oder Rosenau auch unter Nichtjuden verbreitet. Sein gesamtes Körper- und Erscheinungsbild, so sehr es von uns absticht, hat nichts von einem Juden. Einer von uns bringt es im Preußenton der Herrn-Oberst-Witze näselnd auf den Punkt: »Wohl nie Soldatt jeweesen!« Wir grinsen. Ich sehe ihn immer noch dastehen: entsetzlich dünn aufgeschossen, vor allem die Beine, die zu allem Unglück auch noch in einer schwarz-grau längsgestreiften engen Röhrenhose stecken, abgeschnitten in Höhe der bläulich-weiß hervorquellenden Kniescheiben. An dem Schnitt des schwarzen Rockes, den er zu seiner verstümmelten Hose trägt, ist trotz der Altersspuren unschwer zu erkennen, dass auch er einst zu dem festtäglichen Kleid eines alten Herrn gehört hatte. Mager ist auch das Gesicht mit den leicht ausgehöhlten Wangen. Einzig die Augen, die ich als grau-blau-grün deutlich in Erinnerung habe, blicken lebhaft und im Unterschied zu seiner ganzen Aufmachung selbstsicher klar und lebenserfahren. Als er sich neben mich auf den einzig freien Platz setzt, sieht er mich mit diesen Augen an und scherzt: »Gestatten der Herr?« – »Aber bitte!«

Hinterher erzählt er mir, dass er nicht in Koblenz wohnt, sondern täglich mit dem Zug von Bad Ems oder Umgebung kommt. Mit diesem Zug fährt auch ein anderer von uns, den wir, weil er Maat bei den U-Booten war, nur den »Mariner« nennen. Von ihm erfahren wir wenige Tage später, dass Rosenthal Jude ist und sein Vater Arzt bei der Reichsvereinigung der Juden war. Das hatte er ihm selbst erzählt. »Sonst nichts?«, wollen wir wissen. »Nein!« Von Stund an hat er den Namen »Itzig« weg. Wer ihn zuerst aufbrachte, weiß ich nicht mehr. Aber auf einmal war er da, und wir alle benutzten ihn und nahmen ihn hin, wie auch Rosenthal – so schien es – ihn hinnahm. Ich kann mich aber nicht daran erinnern, dass dieser Name bei uns jemals mit einem gehässigen Gefühl verbunden gewesen wäre. Allerdings stellte uns Rosenthal, was er durchhaus gekonnt hätte, auch niemals mit Wut oder bissiger Ironie auf die Probe. Und für uns war es mehr ein Scherz. Dass es ein übler Scherz war, merkten wir nicht. Zu sehr war auch unter uns noch das Gefühl herrschend, mit dem in Trümmern liegenden Reich genug Buße getan zu haben. Rosenthal jedenfalls nahm den Itzig lächelnd hin, er blieb die Sphinx, die ihr Rätsel wahrte. Niemals fragten wir und niemals erfuhren wir von ihm, wie und um den Preis welcher Not, Angst und Demütigungen er der Vernichtung entgangen war. Wir trieben weiter in den Ausläufern der antijüdischen Tradition und blieben, mit Heine gesprochen, die Kopien an der Kette unserer Ahnen.

Itzig, wie wir ihn also nannten, konnte, als er zu uns kam, kein Latein. Dr. Meuers empfahl ihn an einen Nachhilfelehrer und gab ihm ein Jahr Zeit, »unser Niveau«, wie er sagte, zu erreichen. Aber schon nach gut sechs Wochen kam der Neue zur Tür herein und wollte partout die Klassenarbeit mitschreiben. Meuers machte Augen, und wir dachten, dass er auf die Nase fallen würde. Er bat mich, ihm mit unbekannten Vokabeln auszuhelfen, weil er die in so kurzer Zeit noch nicht alle habe lernen können. Ich übersetzte ihm also die gewünschten Wörter, schob sie ihm auf einem Zettel heimlich zu, und als ich meine Arbeit kurz vor Schluss abgab, war er ebenfalls fertig. Schon am nächsten Tag, was sonst nicht seine Art war, kommt Meuers mit der korrigierten Arbeit herein, gibt als erstem Itzig seine zurück und sagt nur: »sehr gut!« Wir sind alle baff. Unter meiner Arbeit steht ein »gut«, und dies auch nur deshalb, weil ich von Itzig eine Satzkonstruktion hatte abgucken können, die ich ohne ihn verpatzt hätte. Er hatte nur sechs Wochen gebraucht, um sich die nötigen grammatischen Formen für Livius und Caesar einzupauken und war von nun an die Sensation. Es dauerte nicht lange, da hängte er die meisten von uns in Mathematik, Englisch und Französisch ab und wurde auch in Physik, Chemie und Biologie die Nummer eins. Diese drei Fächer erteilte uns damals mit großer Hingabe ein Oberst a. D. aus einem Forschungszentrum der Luftwaffe. Er entwickelte uns sogar einmal an der Tafel das Bauprinzip einer Atombombe, nannte es »kinderleicht!« und ergänzte dieses Urteil, als wir verwundert guckten, mit dem Nachsatz: »Wenn man's weiß!« So sei das nun einmal in den Naturwissenschaften.

Auch in Deutsch, wo ich zusammen mit Lehns Willi bis dahin der Beste gewesen war, setzte sich Itzig bald an die Spitze. Dr. Meuers stellte uns damals noch so stilblütentreibende Themen wie »Gold und Eisen«, »Oft ist die Hälfte mehr als das Ganze«, »Fluch und Segen der Technik« oder »Des Menschen Engel ist die Zeit«, ein Zitat aus Schillers *Wallenstein*. Eingedenk meiner Junker- und Stahlbauzeiten preise ich in meinem Gold-und-Eisen-Aufsatz die einzig Werte schaffende Arbeit, die der Erde zuerst das Erz und dem Erz das Eisen und dem Eisen den Stahl entwindet, mit dem wir Autos, Brücken und Fabriken bauen, was mit dem schnöden Gold nicht zu machen sei, weshalb es in den Tresoren von Fort Knox und Wallstreet für immer seine Ruhe finden solle. Der Geldwert müsse auf Arbeit und nicht auf Goldreserven gegründet sein. Meuers gefiel das sehr, und er ließ mich vorlesen, gestattete dies aber Itzig gleich hinterher, der das alles genau umgekehrt sah. Das löste eine lange und sehr heftige Debatte aus, in der Itzig argumentierte: Gold und Geld, vor allem Zinsen bringendes, sei immer schon der Motor für alles gewesen. Der Arbeiter habe stets und mit Recht zuerst nach dem Lohn gefragt, ehe er auch nur ein Kilo Erz geschürft oder einen Hochofen angezündet habe. Und überhaupt: Ohne Kapital gäbe es keine funktionierende Wirtschaft. Das sähen wir deutlich an unserem daniederliegenden Land, dessen Mark nichts mehr wert sei. Das leuchtete so unmittelbar ein, dass ich mich meiner einseitigen Sicht der Dinge schämte. Itzig steckte uns alle in die Tasche.

Ähnlich erging es mir, als das Thema »Oft ist die Hälfte mehr als das Ganze« war. Meuers kam mit den korrigierten Aufsätzen herein, zeigte mit dem Finger auf Itzig und raunte sibyllisch »Ex ungue leonem«, was er uns gleich hinterher mit »An der Kralle erkennt man den Löwen« übersetzte. Diesmal las Meuers uns den Aufsatz selbst vor. Und der fing wörtlich so an: »Logisch ist das, was das Thema behauptet, nicht. Denn wieso sollte ein halber Apfel mehr sein als ein ganzer!« Hier hielt Meuers inne und sah uns vielsagend an: Das also war die Kralle des Löwen! Was Itzig nach diesem Aufhänger noch an weiteren Klugheiten von sich gegeben hatte, habe ich ebenso vergessen wie die Verrenkungen in meinem eigenen Aufsatz. Der Aufhänger aber ist mir unvergesslich geblieben. Itzig war einfach der Beste. Merkwürdigerweise gab es unter uns dennoch nicht die übliche Verachtung des Klassenprimus. Diese Überlegenheit steckte in einer anderen Haut. Sie war nach mehr als einem Jahr immer noch tagtäglich in den erbärmlichen Röhrenhosenaufzug des ersten Auftritts eingepackt, so dass Lehns Willi einmal trocken meinte: »Der verfault ihm noch am Arsch!« Niemals aber kehrte Itzig den Überlegenen heraus, er hielt sich überhaupt sehr zurück und stand stumm dabei, wenn wir unsere Witze rissen, vom Krieg erzählten oder wenn es um Sex ging. Nur ein einziges Mal ging er aus sich heraus, als wir in der Pause zusammenstanden und einem von uns heimlich den Rücken mit dicken Kletten spickten, die überall in den Trümmern des Kasernenhofes wuchsen.

Als eine davon herunterfiel, hob er sie schelmisch grinsend auf und heftete sie ihm wieder an. Ich war überrascht, aber auch froh darüber, dass er zum ersten Mal mitmachte. Ich lachte und verfiel in mein Neuwieder Idiom: »Guck doa, dä Jud!« Erst als Itzig stutzte und mich einen Augenblick seltsam ansah, merkte ich, dass mir etwas herausgerutscht war, was nicht recht zu der Freude darüber passte, dass er endlich aus sich herausgegangen war und sich wie wir verhielt.

Ein einziges Mal ließ er mich tief in sein Inneres sehen, und doch sah ich nur, was ich sah. Unser Mariner, der Vater geworden war, ließ eines Morgens stolz das Photo seines Neugeborenen in der Wiege rumgehen. Jeder sagte etwas dazu und reichte es weiter von Bank zu Bank, bis es bei Itzig und mir ankam und mir nichtsahnend ein Vers aus Hyperions Schicksalslied herausrutschte, das wir noch bei Elysia gelernt hatten: »Schicksallos wie der schlafende Säugling!« Ach, hätte ich doch nur den Mund gehalten, dachte ich hinterher. Denn augenblicklich, als hätte ich etwas unsäglich Dummes von mir gegeben, sah Itzig mich mit einem Blick an, in dem ein vernichtender Hohn aufblitzte, und er wiederholte Silbe für Silbe mit ironisch verzogenem Mund das Wort »schick-sal-los«. Mein Gott, was hatte ich denn gesagt!?, durchfuhr es mich. Doch statt auf diese unerwartete Attacke in meiner sonst üblichen Art mit »Was ist denn in dich gefahren!« oder noch drastischeren Worten zu reagieren, schwieg ich verwirrt und beleidigt und erklärte mir seine eigentümliche Reaktion damit, dass er sich wohl über Hölderlins hohe Sprache lustig gemacht hatte. Damit aber lag ich falsch, wie mir erst später aufging. Ich muss mit meinem Vers an den Nerv seines eigenen Schicksals gerührt haben, das ihn, wie den Juden überhaupt, schon als schlafenden Säugling kollektiv verdammte.

Bei Hölderlins »Hyperion« und mehr noch bei seinen Gedichten ging mir das Herz auf, schon allein wegen des in ihnen wiederkehrenden hymnischen Dankes an die »Mutter Erde«, die allversöhnende, und »der Rebe Saft«. Besonders erinnere ich mich, wie seltsam mich nach dem so entsetzlich verlorenen Krieg das Gedicht »Der Tod fürs Vaterland« berührte, wo ich las: »Und Siegesboten kommen herab: Die Schlacht / Ist unser! Lebe droben, o Vaterland, / Und zähle nicht die Toten! Dir ist, / Liebes! nicht einer zu viel gefallen.« Diese Zeilen rührten an den Ernst und die Trauer des Selbsterlebten, und klangen zugleich, da gemünzt auf einen Krieg unter adäquaten Feinden, nunmehr wie Hohn, zumal, als ich sie in Beziehung setzte zu dem »Gebet für die Unheilbaren«. Dort heißt es: »Eil, o zaudernde Zeit, sie ans Ungereimte zu führen, / Anders belehrst du sie nie, wie verständig sie sind. / Eile, verderbe sie ganz, und führ ans furchtbare Nichts sie, / Anders glauben sie dir nie, wie verdorben sie sind.« An dieses Nichts sah ich mich in der Tat geführt durch die Zeit, und keineswegs so, wie wir Jungen sie als in uns schaffende hundertmal besungen hatten. Aber Hölderlin ließ mich dort nicht zurück, im Gegenteil. Er bestärkte mich, auf immer an dem festzuhalten, was er im »Gesang des Deutschen« als unverlierbar für immer bewahrt sah: »O heilig Herz der Völker, o Vaterland ... reifste Frucht der Zeit!« Wieso reifste Frucht der Zeit? Was war damit gemeint? Diese Frage setzte sich in mir fest, ohne dass ich hätte sagen können, warum.

Es sollte Jahrzehnte dauern, bis ich eine Antwort darauf fand, warum es ausgerechnet das Los des Volkes der Dichter und Denker war, am Ende des abendländischen Jahrtausends zum Epizentrum jener zweiten dreißigjährigen Kriegskatastrophe zu werden, die auf ihrem Gipfel, anders als in der Versailler Beschleunigungsphase, das Heraklitische »Versöhnung ist mitten im Streit« aufleuchten ließ, zuerst zaghaft zwischen Frankreich und Deutschland, dann mehr und mehr sich ausbreitend über das so lange im Völkerhass gefangene Europa. Hölderlin hatte Heraklit gegen Plato und vor allem gegen Hegel ins Feld geführt. Dessen Ausgehen von unversöhnlichen Gegensätzen, über die der dialektische Prozess der Geschichte in immer neuen Stufen ihrer Auslöschung hinwegschreite, entsprach nicht dem verborgenen Grund des Seins, sondern der allseits gelebten Verblendung, in dem zur Ungestalt entwürdigten Feind nicht auch sich selbst wahrzunehmen. Kämpfend in der Normandie hatte ich die Erfahrung des Ungereimten gemacht, aber auch die andere: »Mitten im Krieg ist Frieden« und mitten im Sterben das Leben, einmal in der Begegnung mit dem verwundeten Briten und zum anderen in der parodistischen Selbstauflösung meines martialischen Nazitums, dem Beginn der Umkehr. Hölderlin war der erste, der mich, deutlicher als Spinoza, vom gläubigen Vorwärtsblick auf die Geschichte zur Erde lenkte, der allversöhnenden. Goethe, Nietzsche, Emerson und Leo Baeck sollten ihm darin folgen.

Im April 1949 traten wir mit dreiundzwanzig Externen von überall her, darunter die hübsche Tochter eines Koblenzer Konditors, die, weil schwanger geworden, von irgendeinem frommen Lyzeum verwiesen worden war, im Koblenzer Augusta-Gymnasium zur Abiturprüfung an, vor Lehrern, die uns weder kannten noch sonderlich viel von uns hielten. Zehn von uns bestanden, darunter die werdende Mutter. Itzig schnitt mit Abstand als Bester ab und erregte großes Aufsehen bei der Prüfungskommission des Kultusministeriums und ihrem Leiter, einem Oberschulrat. Lehns Willi und ich schnitten weniger glänzend ab, trösteten uns aber damit, dass ein externes Abitur viel schwerer zu haben war und wir an einer staatlichen Schule drei Jahre statt zwei hätten absitzen müssen. Danach saßen wir fröhlich und erleichtert bei einem Schoppen Riesling zusammen, den Itzig uns ausgab. Als wir uns verabschiedeten, jeder seines Weges gehend, sagte er: »Macht's gut!«, drehte sich im Weggehen aber noch einmal um und rief uns nach: »Der Itzig sei euch vergeben! Ihr werdet von mir hören oder lesen!« Ob er das wahrgemacht hat, weiß ich nicht, es ist aber anzunehmen. Wiedergetroffen habe ich ihn Anfang 1952, als ich in Neuwied in den überfüllten D-Zug nach Bonn-Beuel stieg und plötzlich jemanden meinen Namen rufen hörte. Es war Rosenthal. Er winkte und zwängte sich gleich durch die Fahrgäste zu mir durch. Es war ein sehr freundliches, wenn nicht herzliches Wiedersehen, insofern er mit beiden Händen meine Hand fasste und drückte. Er war im Gesicht etwas voller geworden und trug eine helle Windjacke, die ihm gut stand. »Na, wie geht's? Was treibst du?«, ging das Fragen hin und her. Ich erzählte ihm, dass ich in Bonn Deutsch, Englisch, Geschichte und Kunstgeschichte studierte, und war ein wenig überrascht, als er mir sagte, er studiere Theologie in Münster, wohin er gerade unterwegs sei; und als ich fragte, »Welche?« antwortete er: katholische. Ich war überrascht, aber was ihn als Juden dazu trieb, sich in die Höhle des Löwen zu wagen, war eine Frage, die ich ihm damals noch nicht zu stellen fähig war. Ebensowenig hatte mich Auschwitz damals eingeholt, auch nicht, was die von den Siegern geschriebene Geschichte über mein eigenes Volk bringen würde.

DER MODERNE MIT GOETHE ENTKOMMEN

Es war Ende 1947. Von Elysia wusste ich und hatte es selbst auch bei Heine gelesen, dass Goethe der »Spinoza der Poesie« war. Das hatte sich mir eingeprägt. Als ob erst jetzt die Zeit dafür reif sei, nahm ich mir nach Jahr und Tag den geliebten *Faust* wieder vor, las ihn ganz, auch den zweiten Teil mit dem besonders aufregenden fünften Akt. Zwar war ich abermals gepackt von der kühnen Macht der Verse und ihrer Musik, machte aber dann die unvergessliche Erfahrung, dass man bei der Begegnung mit diesem gewaltigen Gegenüber auf seine Stunde warten muss, die kommt, und die, wenn sie kommt, niemals mehr vergeht. An einem Wochenende, ich war tags zuvor von Tante Klara mit zwei Koffern ihres besten Rieslings zurückgekehrt, saß ich abends spät im warmen Wohnzimmer über meinem *Faust*, vor mir ein Weinglas und die erste der drei kaltgestellten halben Flaschen Lieserer Schlossberg des Freiherrn von Schorlemer, Jahrgang 1937. Der Wein war wohl noch vor dem Krieg an die Mitropa-Kellerei nach Traben-Trarbach geliefert worden in den drei Güteklassen Kupfer, Silber und Gold, und durch sie wollte ich mich lesend hindurchkosten. Bei der *Faust*-Lektüre der letzten Wochen hatten sich mir Lieblingsstellen eingeprägt, die ich nun gesondert und zu einer eigenen Folge zusammengefasst mir noch einmal vorzulesen gedachte. Ich goss mir »Kupfer« ins Glas, trank Schluck für Schluck und begann dann zu lesen, nicht leise, sondern laut und wie zu einem unsichtbaren Gegenüber.

Zuerst las ich, wie Faust, um dem »Erdgeist« nahe zu sein, sich in »Wald und Höhle« zurückgezogen hat und ihn anruft: »Erhabner Geist, du gabst mir, gabst mir alles, / Worum ich bat ... / Du führst die Reihe der Lebendigen / Vor mir vorbei und lehrst mich meine Brüder / Im stillen Busch, in Luft und Wasser kennen. / Und wenn der Sturm im Walde braust und knarrt ... / Dann führst du mich zur sichern Höhle, zeigst / Mich dann mir selbst, und meiner eigenen Brust / Geheime tiefen Wunder öffnen sich ... / O dass dem Menschen nichts Vollkommnes wird / Empfind ich nun. Du gabst zu dieser Wonne, ... / Mir den Gefährten, den ich schon nicht mehr / Entbehren kann, wenn er gleich, kalt und frech, / Mich vor mir selbst erniedrigt und zu Nichts, / Mit einem Worthauch, deine Gaben wandelt.« Dieser unentbehrliche Gefährte Fausts war Mephisto, dessen respektlosen Umgang mit Gott mich drei Jahre zuvor als Soldat im Kloster Bokrijk bis ins Innerste bewegt hatte, den ich aber nun erst als Teil von Fausts Natur erkannte, als seinen inneren Teufel, der ihn wie uns alle tierischer als jedes Tier hatte werden lassen durch die trennende und nicht einende Vernunft, die dem Wiederholungsspiel ihrer Kopien die immer neuen und doch immer gleichen Lichter aufsteckt.

Das alles teilte sich mir aber nicht nur von innen, sondern in einer ergreifenden Weise wie von außen, wie von einem allmächtigen Gegenüber kommend mit. Ich war nicht mehr allein, der Text ging in mich ein wie ich in ihn und trug mich fort, als ich, unterdessen bei Riesling »Silber« angekommen, die Paktszene aufschlug, die mich immer schon ganz eigenartig berührt hatte, an der ich aber erst jetzt erkannte, dass sie den Pakt mit unserem inneren Teufel zeigte, dem einzig wirklichen, den auch ich, blinder als Faust, früh geschlossen hatte. Für Faust, das sah ich durchaus, war er unumgänglich, wiewohl er in seinem Innersten eine Kraft wirken sah, die sich ihm widersetzte, denn er ging ihn nicht bedingungslos ein, sondern sagte: »Werd' ich beruhigt je mich auf ein Faulbett legen, / So sei es gleich um mich getan! / Kannst du mich schmeichelnd je belügen, / Dass ich mir selbst gefallen mag, / Kannst du mich mit Genuß betrügen, / Das sei für mich der letzte Tag! / Die Wette biet ich!« Und als Mephisto, seiner Sache dennoch sicher, darauf eingeht, fährt Faust fort: »Werd' ich zum Augenblicke sagen: / Verweile doch! du bist so schön! / Dann magst du mich in Fesseln schlagen, / Dann will ich gern zugrunde gehen! / Dann mag die Totenglocke schallen, / Dann bist du deines Dienstes frei, / Die Uhr mag stehn, der Zeiger fallen, / Es sei die Zeit für mich vorbei!« Dieser Teufelspakt, der eigentlich eine Wette war, die von vornherein ausschloss, den Geist der Erde jemals für Nichts zu erachten, versetzte mich in dieser Nacht in einen Rausch, in dem tiefste Trauer, überschäumende Lust, Tod und Leben eins waren. Ich las, bis mir die Tränen liefen, las zweimal, dreimal, bis ich, völlig außer mir und in einem Tränenstrom des Glücks ohnegleichen dahinflog, ein Zustand, der lange anhielt, ehe er verebbte und auf jenes Gleichmaß der Erregung zurückging, mit der ich zu lesen begonnen hatte. Ich atmete tief und frei, trank den Rest »Silber«, sah auf die Uhr, es ging auf Mitternacht zu, und öffnete den Riesling »Gold«.

Zehn Jahre zuvor war er als der Beste der dreißiger Jahre gepriesen worden und nun hatte er seine volle Reife erreicht. Er perlte leicht, gehalten gegen das Licht der Lampe, und lag dann wunderbar auf der Zunge, und der Mund blühte auf, als ich zum fünften Akt des zweiten Teils weiterblätterte hin zu der Stelle, wo Faust den Ort der Wahrheit in der Erde sieht und die Verse spricht, die mich immer wieder hinrissen: »Nach drüben ist die Aussicht uns verrannt; / Tor, wer dorthin die Augen blinzelnd richtet, / Sich über Wolken seinesgleichen dichtet! / Er stehe fest und sehe hier sich um; / Dem Tüchtigen ist diese Welt nicht stumm. / Was braucht er in die Ewigkeit zu schweifen!« Ich sah und war ergriffen, wie Faust sich ebenso der Sorge widersetzte wie der Angst, sei es der auf der Flucht vor dem Tod oder in den Tod. Denn: »Nur der verdient die Freiheit wie das Leben, / Der täglich sie erobern muss.« Im Sterben erfasst ihn die Vision einer mit der Erde versöhnten Menschenwelt: »Solch ein Gewimmel möcht' ich sehn, / Auf freiem Grund mit freiem Volke stehn, / Zum Augenblicke dürft' ich sagen: / Verweile doch, du bist so schön! / Es kann die Spur von meinen Erdentagen / Nicht in Äonen untergehn.« – »Im Vorgefühl von diesem hohen Glück / Genieß ich jetzt den höchsten Augenblick.« Diesem Streben Fausts aus den Fesseln der Vernunft und ihrer ewig sich selbst verzehrenden Kopien in eine Erde der Originale und des Gleichgewichts hält Mephisto höhnisch den Lauf der Welt entgegen, wie er ist und wie er ihn will: »Was soll uns denn das ewige Schaffen! / Geschaffenes zu nichts hinwegzuraffen! Da ist's vorbei! Was ist daran zu lesen? / Es ist so gut, als wär' es nicht gewesen, / Und treibt sich doch im Kreis, als wenn es wäre, / Ich liebte mir dafür das Ewig-Leere.«

Dieser Faust, mein Faust, den ich bis heute auswendig in mir trage, war damals für mich eine entscheidende Station meines Lebens, war mir ein Wegzeiger, dem ich folgen wollte, schon weil alles in mich einging als das Echo meiner eigenen Erfahrung. Vor allem mit der Entdeckung des Teufels in mir setzte ich mich auseinander: »Alles was die Zeit erschafft, ist in uns verborgen, bildet unsere Kraft«, so hatten wir gesungen und, der himmlischen Gnade unseres Führers vertrauend, nichts als Ewig-Leeres hinterlassen. Aber, gab es aus diesem Teufelskreis der Zeit, der Geschichte jemals ein Entkommen? Und hatte das Nein auf diese Frage nicht schon vor zweitausend Jahren dazu geführt, dass man die Erde gegen das Jenseits eintauschte? Merkwürdig war, dass die Schwere dieser Gedanken in jenen Jahren ihr Gegengewicht in dauerhafter Euphorie bis hin zu schwereloser Heiterkeit fand. Erklären konnte ich mir das nicht, aber im Rückblick waren es wohl die glücklichsten Jahre meines Lebens, als hätten wir mit dem Krieg die Nacht des Jahrhunderts und Fausts illusorisches »Verweile doch ...« zur Frühe einer völligen Verwandlung der Erde für immer hinter uns gelassen. Lag in unserer Bereitschaft zu sterben nicht vielleicht doch die rettende Macht, die unser Vorlaufen in das Inferno des Kriegs in diese ungeahnte Richtung hatte umkehren können? Ein Gefühl, so abwegig wie unabweisbar, da nicht nur ich es hatte, sondern es als ein Wir- und Allgefühl um die Erde ging.

Ich fand es später bei Karl Jaspers wieder, der es zur selben Zeit so ausgedrückt hatte: »Bis heute geschieht vielleicht im ganz Intimen, was noch keine Welt begründet, ... was aber vielleicht eine Welt begründen wird.« Das Empfinden wurde zwar in den Jahren danach von den Lasten des Alltags überlagert, aber der von ihm getragene Gedanke, dass das singuläre Entsetzen über unseren Krieg die Wirklichkeit einer anderen Welt herbeizwingen müsste, wirkte unterirdisch in mir fort. Horst Becker und ich bissen uns an Fausts Vision fest: »Solch ein Gewimmel möchte ich sehen.« Horst meinte, Faust habe den verkehrten Blick in die Zukunft, wenn er »Gewimmel« sehen wolle. Er hatte gerade von Ortega y Gasset *Der Aufstand der Massen* gelesen, zitierte auch Nietzsches Wort von den »Vielzuvielen« und meinte, dessen »Übermensch« sei die Lösung. Von Nietzsche war damals viel die Rede. Die einen gaben ihm die Schuld an Hitler, die anderen wollten wissen, niemand wäre ihm abscheulicher gewesen. Das ließ mich aufhorchen, zumal ich kurz vorher Oskar Wildes *Das Bildnis des Dorian Gray* gelesen hatte und in der Vorrede dazu: »Wenn die Kritiken auseinandergehen, ist der Künstler mit sich im Einklang.« Ich nahm mir vor, diesen Nietzsche des umstrittenen Einklangs zu lesen.

Da Horst von Nietzsche nur *Zarathustra* besaß und das Buch selbst brauchte, lieh ich ihn mir von Egmont und die Unzeitgemäßen Betrachtungen gleich dazu, nachdem sie in einem Radiovortrag erwähnt worden waren. Schon von den Vorreden Zarathustras war ich augenblicklich gefesselt. Sie hatten einen überraschend anderen und ganz eigenen Klang der Sprache, der mich auf den ersten Seiten schon mit sich forttrug und geradewegs hin zu dem, was mich bewegte, als ich las: »Ich beschwöre euch, meine Brüder, bleibt der Erde treu und glaubt denen nicht, welche euch von überirdischen Hoffnungen reden ... An der Erde zu freveln ist jetzt das Furchtbarste und die Eingeweide des Unerforschlichen höher zu achten als den Sinn der Erde!« Diese Sätze saßen – und setzten sich fest. Und ich las, dass Zarathustra es wie Faust zu Höhlen hintrieb und dass er zehn Jahre in der Einsamkeit des Gebirges in einer Höhle gelebt hatte, um »dem Lebendigen nachzugehen« und dass er »seine Art erkenne«. Auch dieser Zarathustra-Nietzsche war wie Spinoza, Goethe und Heine ein Überläufer zu Erde, Leib und Leben und nahm von dorther Maß am Menschen. In ihm sieht er schon zu seiner Zeit einen »schmutzigen Strom«, der in eine verächtliche Zukunft unterwegs ist, ein Bild, dass mir unter dem Eindruck unserer Trümmerwelt und Stalins und Hitlers verbrannter Erde gar nicht übertrieben vorkam und das er mir warnend vom Heute ins Morgen hochrechnete: »Wehe! Es kommt eine Zeit, wo der Mensch keinen Stern mehr gebären wird. Wehe! Es kommt die Zeit des verächtlichsten Menschen, der sich selbst nicht mehr verachten kann. Seht! Ich zeige euch den letzten Menschen. Was ist Liebe? Was ist Schöpfung? Was ist Sehnsucht? Was ist Stern? – so fragt der letzte Mensch und blinzelt. Die Erde ist dann klein geworden, und auf ihr hüpft der letzte Mensch, der alles klein macht. Sein Geschlecht ist unaustilgbar wie der Erdfloh; der letzte Mensch lebt am längsten ... hat die Gegenden verlassen, wo es hart war zu leben ... Ein wenig Gift ab und zu: das macht angenehme Träume ... Jeder will das gleiche, jeder ist gleich ... Man ist klug und weiß alles, was geschehen ist, ... Man hat sein Lüstchen für den Tag und sein Lüstchen für die Nacht: aber man ehrt die Gesundheit.« Ich vergesse nie, wie zutreffend dieses Bild mir die längst begonnene Wirklichkeit der Welt beschrieb, insbesondere dann das wuchernde Wohlstandstreibhaus der Nachkriegszeit, das heute unaufhaltsam um den Globus wächst. Jedenfalls hat es meine andere Art zu leben mitgeprägt. Und da dieser Zarathustra nicht zuletzt als der »geborene Weintrinker«, als der er sich bezeichnete, auf all das wie gerufen einging, was ich von Kind an erlebt und erfahren hatte, wurde er die einschneidendste Begegnung meines Lebens. Er krempelte alles in mir um, als erstes den Hitlerjungen und SS-Junker, der sich und seine Formation in den Nürnberger Prozessen kollektiv – das alte Unrecht kollektiver Schuldzuweisungen fortschreibend – zu einer »verbrecherischen Organisation« verurteilt sah.

»Wie ein Dom steht unser Staat. / Ein Volk hat hundert Ernten und geht hundertmal zur Saat«, hatten wir gesungen, Zarathustra aber zählte ihn zu den »neuen Götzen«. »Staat, so heißt das kälteste aller kalten Ungeheuer. Kalt lügt es auch; und diese Lüge kriecht aus seinem Munde: »Ich der Staat bin das Volk ... Der ordnende Finger Gottes bin ich ... Ja, ein Sterben für viele ward da erfunden, das sich selber als Leben preist ... Meine Brüder: Geht doch dem schlechten Geruche aus dem Wege! Geht fort von dem Dampfe dieser Menschenopfer!« Diese Warnung Zarathustras war an alle transatlantischen und europäischen Väter ergangen, die den Staat, den Leviathan, dennoch wie Gott selbst verehrten. So war es an ihren Söhnen, ihn als Götzen zu beweisen durch Menschenopfer der entsetzlichsten und niemals zuvor dagewesenen Art.

Zarathustras abgründlichsten Gedanken von der »Ewigen Wiederkehr des Gleichen« verstand ich auf Anhieb ganz im Sinne Heines als das immer wieder nur sich selbst kopierende Fleisch, wie es mir damals in der uns nachwachsenden Generation auf den Straßen jung und hübsch entgegenkam. Die Ewige Wiederkehr hatte auch für Zarathustra ihr »Zermalmendes« darin, dass die zeugende Erde dem Tod immer mehr an Leben zum Verzehren hingeben muss, wie ich es im Krieg erlebt hatte. Und da ich neben dem *Zarathustra* Nietzsches *Vom Nutzen und Nachteil der Historie für das Leben* las, erkannte ich die Ewige Wiederkehr auch als unablösbar von der Idee der Geschichte als Weltgericht, wie sie mir als Schüler und Soldat geläufig geworden war. Der Weltgeist, so hatte ich gelernt, bedient sich zu seiner Selbstwerdung am Ende der Zeit großer Männer wie Caesar oder Napoleon, die als Auserwählte der göttlichen Vernunft tätig werden und daher immer im Recht sind. Dieses über Millionen von Opfern triumphierende »Uns ist alles erlaubt!« inkarnierte sich in den Anführern der Oktoberrevolution inmitten Europas zu einer bedrohlichen Wirklichkeit, die ich als Kind noch erlebte, bevor ich im konterrevolutionären Gegenzug auch das Erwählt-Sein des Heiligen Deutschland und seines Retters, des Führers, erlebte.

Nun aber hörte und begriff ich den Hohn Zarathustras, wenn er dies das »Wandeln Gottes auf der Erde« nannte, welcher Gott aber seinerseits erst durch die Geschichte gemacht werde, ein Gedanke, den Heine ähnlich fasste, als er in diesem Gott den in die Menschenwelt verwobenen, verwachsenen und eingekerkerten Gott sah, den Gott des falschen Pantheismus. Wer erst gelernt habe, so Nietzsche, vor der Macht und dem Urteil der Geschichte den Rücken zu krümmen und den Kopf zu beugen, der nicke zuletzt sein Ja zu jeder Macht. Das aber hatten alle Eliten ab 1933 mit voller Hingabe praktiziert und wir Jungen mit. Und während das Gegenteil in seinem Werk zu lesen war, baute Hitler seinem Nietzsche in Weimar eine Weihestätte, adelte seine Schwester Elisabeth 1934 bei der Totenfeier zur »Priesterin des Ewigen Deutschland«, heute noch nachzulesen in der Chronik von Röcken, und führte sein Volk in ein geschichtliches Wagnis, das Nietzsche nicht als Fortschritt in eine bessere Zukunft, sondern als einen Prozess auf Kosten des Seins und des Lebens bekämpft und verworfen hatte. Gegen jeden Führer- und Personenkult der Massen bestand er darauf: »Das Ziel der Geschichte kann nicht in ihrem Ende liegen, sondern in ihren höchsten Exemplaren.« Dazu zählte er gerade nicht die gekrönten Häupter, sondern die Heraklit, Moses, Spinoza oder Jesus, aber den Jesus, der zum erdrückendsten Beweis gegen das historische Christentum geworden sei. Diese Meilensteinmenschen sind für ihn die zeitlos gültigen Originale, und sie sind es als »die großen Kämpfer gegen die Geschichte«, die nicht dem Leben dient, sondern in der immer wieder die Toten die Lebendigen beerdigen.

Hier lag auch der Grund meiner Begeisterung für Goethes *Faust*. War doch nirgends genialer und ultimativer als in dieser Gestalt die zwangsläufig scheiternde Zwienatur des über Leichen gehenden Machtmenschen der Moderne vorweggenommen worden, dies aber so, dass er sich aus ihrer dialektischen Vernunft befreie zu einer »mit sich selbst versöhnten Erde«. In diesem Willen, den Menschen rückzuübersetzen in das Ganze der Natur, war auch der alles umwälzende Geist des Marxismus-Leninismus überboten, wie er in Majakowskis »Linkem Marsch«, eine Parole Lenins aufgreifend, seinen naturverachtenden Ausdruck gefunden hatte, wo es heißt: »Fühlt ein Adleraug' je Beschwerde? / Starrt's auf Vorschriften alten Rats? / Legt euch fest an die Gurgel der Erde, / Ihr Finger des Proletariats.« Hellsichtig befand Kierkegaard über Faust, der als Liebender, Feldherr, Finanzkapitalist und schließlich als Gewinner von Neuland und als Übersee-Imperialist eine Spur aus Blut und Trümmern hinter sich lässt, er müsse, auf die Zukunft gesehen, entweder in Verzweiflung enden oder mit dem ganzen Gegengewicht der Welt zerschmettert werden, damit sich das Schicksal der Erde wende.

NIETZSCHE, MEIN ENTNAZIFIZIERER

Wochenlang redeten Horst und ich uns die Köpfe heiß über die Bedeutung des Übermenschen. Wir hatten gelesen, dass Zarathustra die Frage aller politischen Fragen aufwarf: »Wer soll der Erde Herr sein?« Wenn es der Mensch sein sollte, der über andere Herr ist, dann wäre er nichts als die Kopie aller bisherigen Mächtigen. So wurde Nietzsche damals oft gelesen, aber, das fühlten wir, so konnte das nicht gemeint sein. Ich weiß noch, wie wir uns auf die Suche machten. Nach langem Lesen und Nochmallesen fand ich die Stelle, wo Zarathustra sagt: »Und dies Geheimnis redete das Leben selber zu mir: ›Siehe‹, sprach es, ›ich bin das, was sich immer selber überwinden muss.‹« Das war's doch! dachte ich, und plötzlich stand mir Spinoza vor Augen und das Zusammenwirken der göttlichen Natur, in das wir Menschen störend und zerstörend eingreifen. Zarathustras Appell gleich zu Beginn, der Mensch sei etwas, das überwunden werden solle, konnte demnach nur bedeuten, dass der Übermensch der künftige Mensch ist, der sich selber überwunden hat, so wie es ihm alle übrigen Lebewesen, die ihn tragen und erhalten, vormachen. Unsere Weltgeschichte ist ein Prozess, der »von der Zukunft Blute lebt«, und der erste Schritt zu ihrer Überwindung, so lasen wir, sei, über die Liebe zu allen Vater- und Urväterländern hinauszuwachsen und unter das Gebot zu treten, »Eurer Kinder Land sollt ihr lieben: diese Liebe sei euer neuer Adel. – An euren Kindern sollt ihr gut machen, dass ihr eurer Väter Kinder seid: alles Vergangene sollt ihr so erlösen!« Zarathustras Lehre von der Ewigen Wiederkehr des Gleichen konnte, das merkten wir nach und nach, daher auch niemals bedeuten, die wachsenden Wüsten unseres bisherigen historischen Daseins der Rache und des Neids heroisch hinzunehmen, wie wir es noch getan hatten, sondern nur, uns zu einer Zukunft hin zu überwinden, in der der Mensch sein Dasein in Einklang gebracht hat mit dem ihn tragenden Urgrund der Ewigen Wiederkehr der Quellen, der Blumen, der Tiere und der Luft zum Atmen

Natürlich war mir das, was ich zusammen mit Horst oder allein las, nicht auf Anhieb klar, und vor der Komplexität so mancher Gedanken und verschlüsselter Bilder kapitulierten wir auch, aber von mir selbst konnte ich doch sagen, dass mir die Reihe Spinoza, Goethe, Heine eine Schneise schlug, die Licht einließ. Natürlich interessierte mich von meinem Kriegserlebnis her ganz besonders, was Zarathustra »Vom Krieg und Kriegsvolke« sagt. Er gab sehr Widersprüchliches und Missverständliches dazu von sich wie: »Der Krieg und der Mut haben mehr große Dinge getan als die Nächstenliebe. Nicht euer Mitleiden, sondern eure Tapferkeit rettete bisher die Verunglückten.« Aber um welchen Krieg und welchen Feind geht es da? Ich merkte schnell, dass nicht der Krieg gemeint war, in den ich gezogen war. Denn da stand: »Euren Feind sollt ihr suchen, einen Krieg sollt ihr führen und für eure Gedanken! Und wenn euer Gedanke unterliegt, so soll eure Redlichkeit darüber noch Triumph rufen!« Zarathustra geht es also um einen Krieg der Gedanken, in dem der unterlegene den Sieg des überlegenen mitfeiert. Und von den Waffen dieses Krieges heißt es: »Eure Liebe zum Leben sei Liebe zu eurer höchsten Hoffnung: und eure höchste Hoffnung sei der höchste Gedanke des Lebens!« Das aber ist der Gedankenkrieg, geführt um den Menschen, der sich selbst überwunden hat. Der Gedanke der Selbstüberwindung brachte uns automatisch auf Kants kategorischen Imperativ, zumal wir von Ralph Waldo Emersons Einfluss auf Nietzsche wussten, der Kants Vorstellung, das Sittengesetz liege in uns, als lebensfern abgelehnt hatte. »Das moralische Gesetz«, schrieb Emerson, »liegt im Zentrum der Natur und strahlt bis in die Peripherie. Es ist der Kern und das Mark einer jeden Substanz, einer jeden Beziehung und eines jeden Prozesses.« Das lag auf der Linie Spinozas, der im Zentrum der Natur das Wirken Gottes sah. Jedenfalls war dann nicht alles, was die Zeit erschafft, in uns allein verborgen.

»Warum hängst du dein Herz an diesen verrückten Nietzsche!«, bekam ich damals immer wieder zu hören von meinen Freundinnen oder von Vater Jupp, der eines Tages ins Wohnzimmer kam und mich da hocken sah und protestierte: »Du sitzt dir noch faule Nieren über deinem Nietzsche, und draußen scheint die Sonne.« Ich hätte es ihm ebensowenig erklären können, wie er mir erklären konnte, warum er immer wieder einen über den Durst trinken musste. Ich aber war schon nach wenigen Sätzen instinktiv von der Gewissheit ergriffen, dass in diesem Werk Nietzsches eine Leidensgeschichte ohnegleichen an den Tag gekommen war. Das alles konnte nur von Kind an erlebt, erlitten und gegen erdrückende Mächte erkämpft und der eigenen zerbrechlich-sensiblen Natur abgerungen worden sein. Wenn er bekannte: »In einer absurd frühen Zeit, mit sieben, wusste ich bereits, dass mich nie ein menschliches Wort erreichen würde«, und wenn ich las, wie ihn mit fünf das so entsetzlich unwürdige Hinsiechen und Sterben des hirnkranken Vater erschüttert hatte, dann war ich diesem Nietzsche nicht nur nahe, dann fand ich mich in ihm auch selbst wieder, und er sprach zu mir und ich zu ihm wie von Kind zu Kind und Mann zu Mann. So folgte ich Zarathustra auch auf seine »Gräberinsel«, die schweigsame, wo die Gräber seiner Jugend waren, genauer, »die seiner Jugend Gesichte«, die man ihm erstickt hatte, die aber nun sein unbegrabbarer Wille, sitzend auf »gelben Grabestrümmern«, hatte auferstehen lassen. Und ich sah ihn verfolgt von seinem »Schatten«, dem Schatten der unerlösten Väter in den Unterwelten der Geschichte. Dieser Schatten war ihm als Kind schon gefolgt als die »schwarze Erinnerung des Gestern« Es kam mir immer wieder vor, als hätte der seit Urväterzeiten in uns so stumpf und blind dahintreibende Prozess in ihm sich selber ins Gesicht sehen müssen, in ihm, dem einsam Einzelnen, dem sie die ganze entsetzliche Last des Sehens auflud. Und mir war, als hätte dieser Nietzsche auch all das im Voraus schon erleben und erleiden müssen, was dann zum Millionenschicksal unsrer Generationen wurde, wenn er zur Kritik an der abendländischen Geschichte schrieb, »da wir nun einmal die Resultate früherer Geschlechter sind, sind wir auch die Resultate ihrer Verirrungen, Leidenschaften und Irrtümer, ja Verbrechen; es ist nicht möglich, sich ganz von dieser Kette zu lösen.« Da ich mich mit Haut und Haaren an diese Kette gebunden sah, wurde und blieb Nietzsche mein Begleiter auch durch die Studentenjahre in Bonn. Immer wieder las und las ich in seinen Schriften, ließ ihn aber auch immer wieder ruhen, oft über Monate und Jahre. Und dennoch lebte er in mir und mit mir.

Das wurde mir in einem ebenso tief erschreckenden wie eigenartig erhebenden Augenblick bewusst, als er mir eines Nachts im Sommer 1955 – ich kann es nicht anders nennen – buchstäblich erschien. Plötzlich steht er da wie aus Gräbern auferstanden, tief schwarz sein Kleid, und mich durchfährt ein heiß-kaltes Erschauern ohnegleichen. Das kam von seinen Augen. Sie blickten groß und ich erschrak über die zuerst tote, dann dunkel aufleuchtende Glut, die in einen warmen, weichen Schimmer und zuletzt in ein aufblitzendes Lachen überging. Er reichte mir die Hand, ich ergriff sie schnell und fest, das Erschauern ging in ein Glücksgefühl über und ich erwiderte sein Lachen. Ich erwachte und war mir nicht sicher, ob ich wirklich nur geträumt hatte. Denn das heftige Erschauern hatte eine Intensität erreicht, wie ich sie niemals wieder in einem Traum erlebte. Das kannte ich nur als Wachzustand und erlebte es als solchen noch einmal 1968 bei meinem ersten Besuch in Sils Maria. Ich ging mit meinen beiden kleinen Söhnen an der Hand und an der Skulptur des Adlers vorbei auf das Nietzschehaus zu, in dem der Dichter und Denker in den 8oer Jahren des neunzehnten Jahrhunderts die tiefsten seiner Werke geschrieben hatte. Und während meine Frau hinter uns zurückblieb, um ein Photo zu machen, und ich die Stufen zur Tür hochstieg und die Klinke ergriff, ging mir der Schauer von damals mit der gleichen Gewalt durch alle Glieder, so dass ich wie angewurzelt dastand, kalt-heiß durchglüht, ein Zustand, der erst aufhörte, als ich die Tür geöffnet hatte und mit meinen Kindern eintrat. Von heiligen Schauern aber sah ich mich damals nicht ergriffen. Denn dieser Nietzsche war nur mein eigener Nietzsche, ein sehr unheiliger und nicht zuletzt auch ein sehr fröhlicher Nietzsche zu gutem Wein, bei dem ich vor Vergnügen senkrecht hochging, wenn er schrieb: »Wieviel verdrießliche Schwere, Lahmheit, Feuchtigkeit, Schlafrock, wieviel Bier ist in der deutschen Intelligenz.« Oder wenn er den lustigen Widerspruch bloßlegte zwischen den »giftigen und verzweifelten Gesichtern der sozialistischen Agitatoren« und dem, was sie den Massen an »harmlosem Lämmerglück«

versprachen. Oder wenn er dem Nationalismus und Rassenhass die Diagnose »Herzenskrätze und Blutvergiftung« stellte und allein schon damit bewies, dass sein Übermensch niemals ein Überdeutscher hatte sein sollen.

Erst Mitte der 80er Jahre war ich soweit, mich mit Nietzsches Verhältnis zu den Juden auseinanderzusetzen. Wohl hatte ich irgendwann gelesen: »Welche Wohltat ist ein Jude unter Deutschen.« Aber worin sie bestehen sollte, wollte ich von ihm dann doch genauer wissen, als ich im Mai 1985 im Zusammenhang mit den Siegesfeiern zum vierzigsten Jahrestag der deutschen Kapitulation »Vom Volke Israel« las über dessen »entsetzliche Übungszeit« unter der europäischen Christenheit: »Jeder Jude hat in der Geschichte seiner Väter und Großväter eine Fundgrube von Beispielen kältester Besonnenheit und Beharrlichkeit in furchtbaren Lagen, von feinster Überlistung und Ausnützung des Unglücks und des Zufalls; ihre Tapferkeit unter dem Deckmantel erbärmlicher Unterwerfung, ihr Heroismus im spernere se sperni übertrifft die Tugenden aller Heiligen.« Völlig überrascht aber war ich, dass Nietzsche ihnen aufgrund ihrer tieferen Erfahrung eine Zukunft voraussagte, in der sie »Wegzeiger der Europäer sein würden.« Wie das? Dass Nietzsche sich selbst nicht als guter Deutscher, sondern guter Europäer sah, wusste ich, nicht aber, wie er es begründete: »Europa hat die jüdische Moralität angenommen und hält diese für eine bessere, höhere ... angemessenere als die arabische, griechische, indische, chinesische.« Worin besteht der Charakter dieser Moralität? Und sind die Europäer wirklich seinetwegen die ersten und herrschenden Menschen des Erdballs? Aus dieser Logik heraus sieht Nietzsche nicht im Neuen, sondern im Alten, im hebräischen Testament einen »Prüfstein für Groß und Klein« und die »Fortentwicklung des Gottesbegriffs vom Gott Israels zum Inbegriffs-Gott alles Guten« keinen Fortschritt, sondern das Gegenteil. Und das begründet er damit, dass das endzeitliche Denken der Juden diesseitig ist und es ihnen nicht um ein Wohlergehen im Jenseits, sondern auf Erden geht. Auch Christus habe als Jude niemals das Leben ins Jenseits, sondern Gott ins Leben ziehen wollen. Daher sieht er im wachsenden Antisemitismus seiner Zeit schon die bereits handgreifliche Verödung des deutschen Geistes und lehnt es ab, mit einem Menschen Umgang zu haben, »der an dem verlogenen Rassenschwindel Anteil hat«. Auf Zarathustras Frage: »Wer soll der Erde Herr sein?«, kann seine Antwort daher gar nicht anders lauten als dass ihm die Juden für die Herrschaft auf Erden »unentbehrlich« sind. Das sagt er wiederholt, und er sagt es im Hinblick auf ihre Treue zur Erde und weil für ihn schon »die Erdregierung ein nahes Problem ist«, das gelöst werden muss.

Als ich das las und durchdachte, konnte ich nicht anders, als in Spinoza die eigentliche Kehrtwende zu sehen im Denkprozess Europas und seiner Geschichte, auf deren Gegenspur ich Goethe und Heine wandeln sah, die Nietzsche als die Größten und die Brüder seines Geistes verehrte, wobei er seinen Heine besonders hervorhob als den, der »die Potenz der europäischen Kultur wirklich überboten« habe, auch in dem, was die von ihm verworfenen »Doktoren der Revolution« in Fortsetzung der blutigen Sozialtechnik von 1789 an dieser Kultur dann umso gründlicher zu zerstören suchten. Nietzsche, dem Georg Lukács, einer dieser Doktoren, später die »Zerstörung der Vernunft« vorwarf, war sich gerade darin mit Heine einig, weil sie beide wie Goethe vor dem Zerstörerischen dieser Vernunft gewarnt hatten. Die Fronten, die im 20. Jahrhundert dann so endzeitlich aufeinanderprallen sollten, zeichneten sich in diesen Gegensätzen früh ab.

Eine solche Wende mit Spinoza sah ich auch bei Leo Baeck vollzogen, dessen Existenz-Denken zeitgleich mit Heideggers und doch in seinem Schatten in Deutschland, bis 1933, veröffentlicht wurde. Dort las ich: »Offenbarung und Schöpfung ist in religiösem Sinne dasselbe.« Auch wenn in *Sein und Zeit* von Offenbarung nicht die Rede war, so war sie in dem Begriff Aletheia (= Wahrheit), den Heidegger mit »(Un)Verborgenheit« übersetzte, als ihr Platzhalter zugegen, wenn er sagte: »Sein und Wahrheit sind gleichursprünglich.« Baeck zog daraus den Schluss, dass es die Schöpfung ist, die unsere Zukunft verbürgt, und nicht der angeblich im Fortschritt der Menschheitsgeschichte sich selber auslegende Gott, der Gott mit uns, mit dem jede der in den beiden Weltkriegen kämpfenden Nationen gegen die jeweils andere Hass predigend ins Feld gezogen war.

Es geht dem jüdischen Denken, wie es auch Nietzsche gesehen hatte, um die Zukunft der Erde. Denn dort war die Urerfahrung immer schon die, dass Gott »in allem wirkt und aus allem spricht.« Hingegen ist für Baeck das, was in jeglicher Menschensprache über ihn gesagt werden kann, »Glaubenspoesie«. Daher soll von uns Menschen die Geschichte unseres Daseins schöpfungsadäquat gestaltet werden. So wie Gott sich in seiner Erde offenbart, soll die Erde eine Offenbarung des Menschen werden. Mit alldem sah ich im jüdischen Existenzialismus das ausgeschlossen, was alle jungen Generationen Europas noch willig auf sich genommen hatten: zum Objekt der Geschichte zu werden, statt Urheber zu sein, in die Haftung genommen für die Zukunft der Erde. Also nicht wie bei Heidegger geworfen zwischen Sein und Nichts und verurteilt zum Vorlaufen auf den Tod, sondern zum haftenden Mitbürgern bestellt und zum Dasein gerufen.

Ich, der Hitlerjunge und SS-Junker, verdanke Nietzsche meine Entnazifizierung bis auf den Grund, so wie ich ihm auch meine Ent-Antisemitisierung verdanke. Fünfzehn Jahre lang vertiefte ich mich in die jüdische Geschichte und das Judentum, las von Leo Baeck bis Emmanuel Levinas, was ich erlangen konnte, las Franz Rosenzweig, Walther Benjamin, Gershom Scholem und insbesondere Jeshajahu Leibowitz und lieh mir jüdische Augen aus, um mit ihnen wie Heine die historischen Stätten der Konzilien und Kreuzzüge aufzusuchen, Ecclesias Siegesmäler über Synagoga, die Judensau-Skulpturen an unseren Kirchen und Kathedralen und die Ritualmordgedenkstätten, die nicht als Wahn-, sondern historische Wahrheitsstätten bis zum Zweiten Vatikanischen Konzil in Betrieb blieben. Zu dieser Verfolgungspolitik der Weltmacht Kirche las ich bei Leo Baeck: »Wenn sie von dem Neuen sprachen, so war damit immer von dem Alten erzählt, das ihnen vordem zugewiesen war. Trotz allem und wider Willen fühlte man, dass man ein Erbe war, ein Erbe von Lebenden. Und mehr noch, diese Lebenden wollten nicht die Alten nur sein, die Gewesenen, sie stellten vor sich die Zukunft hin, sie riefen gegenüber dem Gekommenen das Kommende an; unterlegen standen sie doch als die Widerlegenden da. So war das Judentum wie ein lebendiger Einspruch gegen die allumfassende Geltung der Kirche.«

Wie die Kirche diesem lebendigen Einspruch seit den Kreuzzügen zu Leibe rückte, erfuhr ich aus der Gegensicht Baecks ähnlich wie von Heine: »So beginnt denn der große vergebliche Kampf der Kirche und ihrer Völkerscharen gegen das Judentum. Sie hat mit diokletianischer Willkür, mit allen Künsten der Erdichtung, allen Maßregeln der Folter und des Zwanges das Judentum verfolgt. Erfinderische Kraft, die ausgereicht hätte, Wüsten zu Gottesgärten zu machen, wurde dazu aufgewandt, die Juden zu quälen und zu bedrücken. Mit allen Marterwerkzeugen arbeitete man und bemühte man sich, sie zu verwerfen, um dann, wenn man sie im Elend, das man ihnen bereitet hatte, sah, sich den beruhigenden Trost zusprechen zu können, dass Gott sie verworfen hatte. Zur Kränkung fügte man den Hass. Ein Wall feindlicher Gesetze wurde erlassen.« Dass insbesondere eine jüdische Elite die sozialistische Revolution als einen »Arzt des Antisemitismus« begrüßte und herbeisehnte, war von dieser historischen Erfahrung her nur zu verständlich. Doch das alles gab es nun nicht mehr. Und diesen Furien des Verschwindens hinterherblicken zu können, versetzte mich in einen merkwürdigen Schwebezustand zwischen Ernst und Euphorie. Wenn ich Nietzsche vom Tode Gottes sprechen hörte und er ausdrücklich den christlichen Gott im Auge hatte, und wenn er, dies erläuternd, den »tollen Menschen« sagen lässt: »Wir alle sind seine Mörder!«, dann konnte nur der an die Stelle der Geschichte gesetzte Gott gemeint sein, der imperiale Eroberer mit dem Reichsapfel in der Hand, dem Symbol der Erde, die, so Hitlers zutreffender Zynismus, zum »Wanderpokal der christlichen Völker« geworden war. Es waren Leseerlebnisse ganz eigener Art, die ich bei meinen häufigen Besuchen der Nietzsche-Kolloquien im Waldhaus zu Sils Maria in den 90er Jahren umsetzte in ein fröhliches Diskutieren im Kreis von Freunden und Bekannten, unter ihnen insbesondere der Musik-Antiquar und Nietzsche-Freund Albi Rosenthal mit seiner Frau Maud, der Musikwissenschaftler Ulrich Drüner und Gottfried Wagner, und dies, wie auch anders, beim Wein.

Die lebendige Existenz der Synagoge neben der Kirche war vor allem ein einziger Einspruch gegen ihre heilsgeschichtliche Gewissheit, dass das erlösende Ende aller Tage ihr und nur ihr zugedacht sei. Auch Hitler folgte dieser abendländischen Tradition, nach der die Weltgeschichte eine zielgerichtete Kraft ist, die er wie die Päpste seiner Kindheit tödlich bedroht sah durch den mit seiner Endgewissheit die Massen ergreifenden Marxismus. Bei Nietzsche aber lernte ich, dass die scheinbar zielgerichtete Welt, in der wir leben und schaffen, eine Konstruktion ist, eine Idee, die wir zwischen uns und die wirkliche Welt setzen, die aber ohne Rücksicht auf unser Wollen und Wünschen ihren Lauf nimmt. Letztlich sind wir Bestandteile dieses Laufs. Für Nietzsche ist er der Ausdruck des »Willens zur Macht« in allem Lebendigen. Als dessen mächtigste und zweifelhafteste Ausgeburt nennt er die missionierenden Religionen, auch die atheistischen, die dem Leben eine Deutung auferlegen, »Vermöge deren es von höchsten Werten umleuchtet erscheint, so daß es nunmehr zu einem Gute wird, für das man kämpft und sein Leben läßt.« Die Vitalität einer Religion erweist sich in der Bereitschaft ihrer Gläubigen, für sie in den Tod zu gehen. Das Eigenartige der Hitler-Bewegung aber bestand darin, dass sie, wie ich am eigenen Leib erlebt hatte, die Bereitschaft zum Tode in einem solchen Ausmaß und mit einer solchen Inbrunst zu erregen vermochte, wie dies nur in die äußerste Enge getriebene Völker oder religiöse und nationale Minderheiten je fertigbrachten. Unser schlimmstes Agieren war immer zugleich ein Reagieren. Das war auch der Grund, warum 1945 niemand mehr ein Nazi gewesen sein wollte. Das wäre nur unsere halbe Wahrheit gewesen. Was uns bewegt hatte, saß viel tiefer. In Wirklichkeit waren wir »alle etwas anderes«, wie ich später bei Karl Jaspers las. Aber dieses Verschiedensein unterwarf sich 1933 nicht ohne Grund unter ein einziges Gesetz, und das hieß Hitler. Selbst die edelsten Motive wusste er auf sich zu beziehen, und sie gaben seiner Bewegung die immense innere Kraft. Dass wir dem Führer damit einen Blankoscheck ausstellen würden auf Auschwitz, und nicht auf die erhoffte Wiederherstellung eines angemessenen Platzes unter den Völkern, sah niemand voraus, wahrscheinlich selbst Hitler nicht, auch wenn es als Möglichkeit in ihm war. Für Jaspers war hier keine Weltanschauung am Werk und daher auch kein Irrtum, sondern eine »innere Handlung«, die Erhebung eines Einzelnen zur absoluten, quasi göttlichen Referenz, die, wenn überhaupt, erst begriffen wurde, als es zu spät war. Dass das Nazitum am Ende von uns Deutschen nach den Worten eines scharfsinnigen Beobachters abfiel »wie trockene Asche«, war und ist für mich ein Indiz, dass sich in und mit uns eine lange Krankheit zum Tode ausgetobt hatte und dass mit uns der letzte morsche Pfeiler des traditionellen Abendlandes zusammengebrochen war. »Alle großen Dinge gehen durch sich selbst zugrunde, durch einen Akt der Selbstauflösung«, hatte Nietzsche gesagt. In welch dunklem Zusammenhang aber stand damit der Völkermord an den Juden? War es doch ein »Verbrechen ohne Verbrecher«, wie Pierre Legendre schrieb? Denn die Täter und ihre vielen europäischen Helfer waren von Hause aus ganz normale Menschen, die, von Ausnahmen abgesehen, alle nicht aus kriminellen Beweggründen handelten, sondern wie einst die Kreuzritter oder später die Kommissare der Tscheka vermeintlich unter Absolution.

ZWISCHEN ALLEN STÜHLEN

Erst als die nach 1919 Geborenen wegen ihrer Nazivergangenheit nicht länger von den Universitäten ausgeschlossen wurden, konnte ich studieren. Bis dahin schlug ich mich als Hilfsarbeiter durch, im Gleisbau, im Zement- und Stahlwerk, und sparte mir Geld zusammen für den Start. Die Studentenzeit in Bonn von 1951 bis 1956 war aber insgesamt eine Enttäuschung. Ich hatte schon zu Beginn mehr Dichtung gelesen, als der Kanon für Germanisten forderte. Dazu etliche der großen Russen, Franzosen und Spanier. Die Vorlesungen waren meist abgestanden, trocken und legten sich wie Mehltau auf das, was mich bewegt hatte oder hätte bewegen können. Doch es gab Ausnahmen. Gleich im ersten Semester belegte ich ein Seminar über Georg Büchner, den ich noch nicht kannte. Sein Drama *Dantons Tod* ergriff mich so unwiderstehlich wie zuvor nur *Faust* und *Zarathustra*. Wenn ich Danton angesichts seiner Verbrechen sagen hörte, »Puppen sind wir, von unbekannten Mächten am Draht gezogen; nichts, nichts wir selbst!«, dann musste ich an Heines Kopien denken und daran, wie sehr diese Einsicht das Lebensgefühl meiner Generation traf. Der Terror der Französischen

Revolution verkörperte beispielhaft Werthers oder Heines Welt als ein sich selbst gebärendes und verschlingendes Ungeheuer. Paris, das Herz des so volkreich gewordenen Landes, hatte sich 1793/94 in einen Blutkessel verkehrt. Die Kinder schreien vergeblich nach Brot, und die Banditen der Revolution füttern sie Tag für Tag mit dem Blut ihrer guillotinierten Feinde. »Die Schöpfung«, klagt Danton resigniert, »hat sich so breit gemacht, da ist nichts leer, alles voller Gewimmel.« Das ist, ehe Napoleon das Gewimmel dann gründlich zum Verbluten bringt, die Stunde der Demagogen. Robespierre erhebt sich angesichts der aufgebrachten Massen zum Moses der Franzosen und adelt sie zum neuen Gottesvolk. Dem Himmelslicht der revolutionären Vernunft ist alles erlaubt, der Aderlass des Terrors wird zur höchsten Tugend. Saint Juste, der Apokalyptiker, sieht zwischen den Massenmorden, die sie täglich befehlen, und dem Sterben durch Vulkanausbrüche oder Seuchen keinen Unterschied. Büchners Revolutionsdrama ist in Wirklichkeit ein einziger Aufstand gegen die naturfeindliche Ratio der Revolution, die sich ab 1917 als trostlose Wiederholung im Roten Oktober mit den gleichen Argumenten ungleich grausamer fortsetzt. Ich fand schnell heraus, wem der junge Büchner diesen kritischen Blick verdankte. In seiner Zürcher Antrittsvorlesung als junger Biologieprofessor entpuppte er sich mir als ein Schüler Spinozas und Verehrer Goethes, der die Geschichte als ein »lächerliches Ringen« wahrnahm gegen das »Urgesetz der Natur«. Für Büchner ist unser »ganzes körperliches Dasein« bis in die Selbstorganisation des Fötus hinein auf dieses Gesetz hin angelegt.

Das Haupttor der Universität, durch das ich morgens in die Vorlesung eilte, war schon nach dem Ersten Weltkrieg in eine Weihehalle umgestaltet worden zu Ehren der vielen gefallenen Lehrer und Studenten. Über den Namen der Helden stand: »Ver sacrum« (Heiliger Frühling), in Anspielung auf das altrömische rituelle Opfer der Kinder an die Götter oder ihre

Ausstoßung als Herangewachsene, um sich neue Wohnsitze zu erobern, und rührte unmittelbar an die Lieder, mit denen wir ein Dutzend Jahre zuvor in unseren eigenen Heiligen Frühling hineinmarschiert waren. Da die Sieger die Wiederbewaffnung Deutschlands anstrebten, sah ich auf die uns Nachgeborenen den dritten Krieg zukommen, ein Gedanke, der mich in Zorn und Bedrückung versetzte, mit dem einzigen Trost, dass dieser »Frühling« wenigstens kein heiliger mehr sein könne. Unter dem atomaren Patt, »wer zuerst schießt, stirbt als zweiter«, lösten sich Zorn und Bedrückung später allmählich auf, bis der Fall der Mauer und die Implosion der Sowjetunion die alte Unsicherheit der Welt in anderer Weise erneuerte.

Im Oktober 1956 komme ich als Referendar an das Gymnasium zu Münstereifel. Was ich, bei meinen Erfahrungen, mir mit dem Beruf des Lehrers antun würde, ahnte ich nicht. Der erste Tag begann mit einer Schulmesse in der tausendjährigen romanischen Pfeilerbasilika der mittelalterlichen Stadt mit der weitgehend erhalten gebliebenen Wehrmauer. Noch hinter den letzten Bänken blieb ich stehen, denn schon als Kind hatte ich darunter gelitten, wenn mir das harte Holz die Knie eindrückte. Das flackernde Kerzenlicht auf dem Altar untermalte noch die Düsternis der alten Kirche. Mein Blick ging über die Bankreihen rechts und links mit den gebeugt dasitzenden Schülern und Kollegen. Als die Messe gerade begonnen hatte und die Orgelmusik einsetzte, geschah es dann. Mit einem Mal und ruckartig drückte mich eine unsichtbare Last, auf beide Schultern gelegt, nieder und das mit einer solchen Schwere, dass ich glaubte, von dem gewaltigen Gemäuer über mir mit beiden Beinen in den Boden gedrückt zu werden. Dieses Empfinden war ganz real, es war keine Einbildung. Es war buchstäblich auferlegt. Ich wollte die Schultern heben, aber es ging nicht. Ich stand steif wie eine Säule und wusste nur, dass ich standhalten musste, während die geschulterte Last auf mir blieb. Erst als die kurze Messe zuende war und ich das Münster verließ, verging die Last. Wochenlang wirkte das Unerklärliche nach. Ich konnte es auch niemandem erzählen, selbst nicht meiner Frau Cäcilia, die ich kurz zuvor geheiratet hatte. Ich dachte, dass es ja doch keiner verstehen und ich mich lächerlich machen würde. Mich als Christophorus zu sehen, als einen Überläufer, der dem Teufelsdienst entsagt hatte und Christusträger geworden war, darüber hätte ich gelacht. Auch sah ich mich keineswegs eingeholt von der Mahnung meiner toten Mutter und meines toten Opa, »nur ja unseren Herrgott nicht zu vergessen!« Da mochte schon eher Nietzsches Satz in mir nachgewirkt haben: »Was sind denn diese Kirchen noch, wenn sie nicht die Grüfte und Grabmäler Gottes sind?« Als die Basilika kurze Zeit später wegen akuter Einsturzgefahr gesperrt und länger als ein Jahr neu fundamentiert wurde, erklärte ich mir mein merkwürdiges Lastträgererlebnis mit einem siebten Sinn für diese Baufälligkeit und dachte nicht länger darüber nach.

Ostern 1957 kommt ein zweiter Referendar für Deutsch und Geschichte an das Münstereifeler Gymnasium, Gerolf Fritsch, er ist einige Jahre jünger als ich. Zusammen mit seinen Eltern wurde er aus Böhmen vertrieben. Das Unrecht der Vertreibung betrachtet er, so wie ich, nicht losgelöst vom deutschen Unrecht. Mit einem unvergesslichen Spaziergang während einer Freistunde rund um die Stadtmauer beginnt unsere Freundschaft. Wir sprechen über Ingeborg Bachmann und über Ernst Jünger, insbesondere seine Pariser Tagebücher und sein Sichverweigern Hitlers, in dem er die Infektion der ganzen Epoche über uns kommen sah. Was uns gleich verbindet, sind die Literatur und die Kunst – und bald auch der Wein. Gerolf promovierte gerade über Georg Trakl, und wir führten lange Gespräche über die so gegensätzlichen Erfahrungen des Krieges in Jüngers *Stahlgewittern* und in Trakls Gedicht »Grodek«. Hier inneres Erlebnis, dort Zerbrechen bis zum Selbstmord. Gerolf verdanke ich auch die aufwühlende Begegnung mit dem Gilgamesch-Epos, einer der ältesten Dichtungen der Menschheit, in der das Erlebnis des Todes den königlichen Helden bis ans Ende der Welt treibt, das Leben zu suchen. Aus alldem wird eine Freundschaft, die bis ins hohe Alter anhält und Inge einschließt, seine Frau, die aus Aussig stammt, die auch anhält, als beide in die Schweiz ziehen und Gerolf am Seminar zu Chur Schweizer Lehrer ausbildet. Nebenher schreibt er über Kunst und Literatur und bleibt der unabhängige Geist und Streiter für die Bewahrung der Natur, auto-, fernseh- und internetabstinent zugunsten von Reisen, Kunststudien und Konzertbesuchen. Unvergesslich und unabtrennbar von alldem unsere sommerlichen Weinproben auf der Terrasse seines Hauses in Haldenstein hoch über den Ufern des Alpenrheins zusammen mit den Kindern und deren Freundinnen und Freunden.

Nach dem Assessorexamen, wie es damals noch hieß, kam ich im Herbst 1958 an ein altsprachliches Jungengymnasium im Einzugsgebiet von Bonn. Der Direktor, bei dem ich mich vorstellte, war ein massiger Mann, lehrte Latein, Griechisch und Geschichte und hieß unschuldigerweise wie jener berüchtigte römische Statthalter, der, wegen äußerster Brutalität und Korruption ermordet, in die Geschichte einging. Als ich morgens meine erste Stunde Deutsch in einer Obertertia gab, hörte ich vom Flur her ständig Kehrbesengeräusche durch den Ritz unter der Klassentür. Sie kamen, wie man mich später belehrte, vom Hausmeister, der angewiesen war, bei allen neuen Lehrern zu lauschen, ob sie Disziplin halten könnten. Das Ergebnis der Überwachung war umgehend dem Direktor mitzuteilen. Dieser Hausmeister hieß mit Namen, wie man ihn bei seinem besonderen Amt passender nicht hätte erfinden können: »Bienentreu«. Da sein Bericht über mich positiv ausfiel, hatte ich bei meinem neuen Chef zunächst gewonnen. Er behandelte mich äußerst liebenswürdig, bis sich herausstellte, dass ich nicht im Geringsten auf seiner Linie lag. Zur Hebung des internationalen Ansehens der Deutschen hatte man damals damit begonnen, die »Verräter« des 20. Juli nunmehr als »Widerstand« und »Aufstand des Gewissens« zu würdigen. Ich hatte soeben Gerhard Ritters *Carl Goerdeler und die deutsche Widerstandsbewegung* gelesen und war, das Herz voll davon, im Lehrerzimmer dabei, einem jungen Kollegen von der Korruption unserer Marschälle und Generäle zu erzählen, die sich von Hitler mit Gütern, Reichswäldern und riesigen Geldsummen hatten kaufen lassen, und hatte dazu Stauffenbergs Wort von des Führers »Teppichlegern im Generalsrang« zitiert, als plötzlich zwei Stühle weiter ein älterer Kollege aufsprang und mit krebsrot funkelnder Wut im Gesicht auf mich zukam: »Wie können Sie es wagen, unsere deutschen Generäle dermaßen in den Dreck zu ziehen!«

Ich wich im Reflex zurück vor der cholerischen Attacke, blieb aber sachlich und wies auf die Quellen hin, die dies als wahr belegten, aber der Kollege hörte erst gar nicht hin. Er hatte es im Krieg zum Oberleutnant gebracht, nach dem Krieg in Frankreich wegen Kriegsverbrechen mehrere Jahre in Einzelhaft verbracht und war soeben, was ich nicht wusste, nach einer Übung bei der neuen Bundeswehr zum Hauptmann der Reserve befördert worden. Da fast alle Kollegen mit dem Direktor Kegeln gingen und das dienstliche »Sie« des Morgens abends bei Bier und Witzen einem intimen »Du« weichen durfte, wurde ihm das, was ich von mir gegeben hatte – wie alles andere auch – brühwarm zugetragen. Während einer Freistunde zwei Tage später kam Hausmeister Bienentreu mit bedeutender Miene ins Lehrerzimmer und rief mich zum Herrn Direktor. Dieser bot mir zwar Platz an und mit der leicht zitternden Hand, die ihm eigen war, auch eine seiner Zigaretten, aber ich merkte gleich, wie ungehalten er war. Ausführlich erzählte er zunächst von seiner Zeit als Hauptmann und Chef einer schweren Flakbatterie in Essen und kam dann auf den 20. Juli 1944 zu sprechen und wie er ihn erlebte hatte. Der Walküre-Einsatzplan der Attentäter hatte ihn, wie er sagte, noch erreicht, doch zum Glück auch kurz hinterher dessen Aufhebung. »Stellen Sie sich vor, Herr Kollege«, sah er mich mit dienstlich strengem Blick an und fuhr im Ton einer immer noch nachwirkenden Entrüstung fort: »Als ich auf der Karte sah, worauf ich hätte schießen sollen, war es das Gebäude der Gauleitung! Was sagen Sie dazu?«, fuchtelte er mit der Rechten in meine Richtung und ich sah an der zwischen seinen Fingern mächtig zitternden dritten Zigarette, wie erregt er war. Dennoch ritt mich der Teufel und ich konnte nicht anders, als darauf antworten: »Hätten dann ihre Kanonen nicht zum ersten Mal in die richtige Richtung geschossen?« Er war baff, würdigte mich auch keines Blickes mehr, stieß stattdessen die gerade angerauchte Zigarette so ärgerlich in den Aschenbecher, dass sie Fünkchen stiebend in Fetzen ging, wies mir die Tür, und rief hinter mir her: »An ihrer geistigen Entwicklung müssen sie noch viel arbeiten!« Als ich ein Jahrzehnt später im Schulkollegium in Düsseldorf meine Akten einsah, fand ich auch seine Beurteilung wieder, in der ich las: »Vorbildliche Dienstauffassung« neben: »Noch Nachholbedarf in seiner geistigen Entwicklung.« Worin der bestehen sollte, blieb ungesagt, konnte also beliebig ausgelegt werden.

Es wurde mein Schicksal, auch ohne Absicht in alle Fettnäpfchen zu treten und bald fast alle Kollegen gegen mich zu haben. Sie wählten geschlossen christlich-sozial, der Name Abendland blühte noch einmal mächtig auf in ihren Reden, dazu vertraten sie einen militanten Antikommunismus und rückten mich automatisch in die linke Ecke, als ich, auch in den Konferenzen, für den Dialog mit Russland und der DDR-Regierung plädierte. Als ich einmal auf die zwanzig Millionen Toten, die das »Unternehmen Barbarossa« allein die Russen gekostet hatte, hinwies, hielten einige Kollegen mir die mindestens doppelt so hohe Opferzahl der Oktoberrevolution entgegen, und der Oberleutnant a. D. sagte unter dem allgemeinen Beifall der Dabeisitzenden: »Ich fühle mich als Soldat im Nachhinein nur bestätigt!« Was ich auf Grund meiner Erfahrungen einfach nicht begriff: Sie hatten aus dem verlorenen Krieg keine Lehren gezogen, marschierten innerlich immer noch gen Osten und beharrten auf ihrer bruchlosen Biografie. Mich suchten sie nicht ohne Hohn abzuwehren, indem sie mich zum »Bolschwisten« und »Fidel Castro« erklärten. Dabei war ich beides nicht und auch kein Eiferer. Das lag mir überhaupt nicht. Ich weiß noch gut, wie mir an dem Morgen nach der hasswütigen Attacke gegen den Generalitätsbeleidiger der Oberleutnant auf der Treppe entgegenkam und ich ihn wie immer freundlich lächelnd begrüßte. Er sah mich überrascht an, lief zunächst etwas aus der Fassung geraten an mir vorbei, hielt einige Stufen tiefer plötzlich an und rief: »Was sind sie für ein Mensch!«, stieg dann die Stufen auf meine Höhe zurück, schüttelte den Kopf und erwiderte doch noch meinen Gruß.

Ich lebte, wohl weil ich bis an den Rand mit Literatur gefüllt war, in jenen Jahren unter einem ständigen Druck, unter der Anspannung des Außenseiters, die sich eines Tages anläßlich einer Diskussion mit einer Oberstufenklasse entlud, als ich sagte: »Wer mich noch einmal in den Krieg zwingt, der muss damit rechnen, dass die Kanone gegen ihn losgeht.« Den unmittelbaren Anlass meiner Äußerung habe ich vergessen. Da wir die Söhne von Generälen, Obersten und Abteilungsleitern des Verteidigungsministeriums an unserer Schule hatten, ging mein Satz brühwarm durch die Elternschaft und weiter zum kegelnden Kollegium. Man war aufgebracht, war entrüstet über den, der, so der Direktor wörtlich: »den Hausfrieden untergräbt«. Das führte zu einem Kesseltreiben gegen mich, zu dem, was man heute »Mobbing« nennt, ein krankmachender Zustand, den ich aushielt, weil die Masse der Schüler mich mochte und mir fachlich nichts vorzuwerfen war. Manchmal sagte ich mir:

»Mensch, mach dir doch nicht das Leben schwer!« oder: »Der Klügere gibt nach!«, aber das war sofort vergessen, wenn irgendein Anlass mich aufbrachte. Eines Tages zur Zeit des Zweiten Vatikanischen Konzils kam ein neuer geistlicher Kollege an die Schule mit Katholischer Religion und Philosophie. Für Religion führte er gleich ein neues Lehrbuch ein mit dem Titel *Wandel im Licht*. Als er eines Morgens mit diesem Buch unter dem Arm aus dem Unterricht ins Lehrerzimmer kam, konnte ich mir, mit Brechts *Dreigroschenoper* im Hinterkopf, nicht verkneifen, den Titel »Wandel im Licht«, in eine Frage verkehrt, an ihn zu richten mit: »Und wo bleiben bei soviel Licht die im Dunkeln, die Hexen, die Ketzer, die Juden und die vielen unter das Kreuz gebrachten und zerstörten Völker?« Ich hatte nicht vor, ihn zu beleidigen. Ich las damals die *Frankfurter Hefte*, in denen diese Fragen von namhaften und hoch angesehenen Katholiken diskutiert wurden. Aber ich merkte, dass ich ihn furchtbar beleidigt hatte, sah es an seinem Gesicht, das augenblicklich kreidebleich wurde, und sah, wie er mit einer hilflos abwehrenden Handbewegung gegen mich aus dem Lehrerzimmer lief. Tagelang sah er mich nicht an, bis ich ihn ansprach und ihm versicherte, ich hätte ihn nicht beleidigen wollen. »Ja, ja!«, lenkte er erleichtert und wie entschuldigend ein, er sei ja von den Kollegen vor mir gewarnt worden. Das war ein guter Grund, zu lachen und ihn zu uns nach Hause einzuladen, wo wir zusammen mit meiner Frau einen heiteren Abend bei Reiler Riesling verbrachten, für den er sich später revanchierte.

Der Eichmann-Prozess, 1961 in Jerusalem, setzte mich zu mir und meiner Vergangenheit in ein ganz neues Verhältnis. Mit Peter V., einem jungen Kollegen mit den Fächern Musik und Philosophie, machte ich des öfteren lange Wanderungen durch die Eifel. Wir diskutierten Horkheimer, vor allem aber Adorno, schon weil Nietzsche sein Ahnherr war und auch er die totale Unwahrheit unserer Welt gegeben sah, sprachen aber auch über Kants Demontage der Gottesbeweise und lachten über Heines himmlische Bosheit, Kant in Anspielung auf die jakobinische Schreckensherrschaft zum ersten in der bis zu Fichte und Hegel reichenden Reihe jener deutschen »Gedankenmänner« zu erheben, die nicht Menschen, sondern Gott selbst unter das Fallbeil gebracht haben mit schlimmen Folgen für die Zukunft: »Der Gedanke geht der Tat voraus wie der Blitz dem Donner ... Der deutsche Donner hat endlich sein Ziel erreicht ... Es wird ein Stück aufgeführt werden in Deutschland, wogegen die französische Revolution nur wie eine harmlose Idylle erscheinen möchte.« Was auch mir erst Jahrzehnte später aufging, war, dass Heine hier nicht die Hitlerei im Blick hatte, wie es ein Köhlerglaube weismachen wollte, sondern die marxistische Revolution der »fanatischen Mönche des Atheismus«. Sie hatten die gesellschaftlichen Bedingungen für ihren Umsturz nicht im rückständigen Russland als gegeben angenommen, sondern im fortgeschrittenen Deutschland. Dort sollte die Revolution stattfinden, weshalb sie es von Karl Liebknecht und Rosa Luxemburg bis zu den Agenten der Komintern zwischen 1919 und 1924 zu ihrem bevorzugten Operationsgebiet machten mit Tausenden von Toten und Verletzten in Berlin, München, Leuna und Hamburg. Dass sie damit in Deutschland scheiterten, haben sie immer bedauert.

Auf einer dieser Wanderungen mit Adorno, Hegel und Heine zu den Ruinen von Ahrenberg kamen wir zufällig auf Eichmanns Rechtfertigung zu sprechen, das Wort Hitlers sei, wie auch Heidegger 1933 seinen Studenten verkündet hatte, Gesetz gewesen. Als Peter meinte, das sei doch billige Ausflucht, widersprach ich heftig. Du hast die Zeiten von damals nicht erlebt! Das war eine völlig andere Welt! Was daran anders war, konnte auch ich nur sehr abstrakt sagen. Das sei damals ein Verbund von Wechselwirkungen rund um die Erde gewesen, dessen Geflecht aus Ursachen und Wirkungen kein Historiker zu rekonstruieren vermöge. Und überdies. Selbst für die Widerständler habe außer Frage gestanden, dass alle Obrigkeit, auch die in Hitler verkörperte, von Gott kommt! Im selben Augenblick, als ich das sagte, stellte ich mir plötzlich die Frage, ob ich den Befehl, auf jüdische Kinder, Frauen und Männer zu schießen, verweigert haben würde. Und ich fühlte sofort: Ein klares, festes Ja war nicht möglich. Das gestand ich dem jungen Kollegen, der mich groß und erschrocken ansah, sodass ich mich beeilte hinzuzufügen, wie glücklich ich sei, dass dieser Kelch an mir vorübergegangen war. Der Gedanke war ein Schreck, er ging mir durch und durch. Stumm und nachdenklich gingen wir weiter. Als wir uns nach Stunden trennten, sagte ich noch: »Eines weiß ich, ich wäre meines Lebens nicht mehr froh geworden, wenn ich es getan hätte.«

Ich war damals in einer merkwürdigen Verfassung. Mit Hingabe las ich die Kultfiguren der neuen Linken: Nach Adorno kamen Georg Lukács, Walther Benjamin, Isaak Deutscher, Herbert Marcuse und vor allem Ernst Blochs *Das Prinzip Hoffnung*, ich ließ mich anstecken vom messianischen Fieber des Marxismus, dessen dunkle Rückseite wie ausgelöscht war, obwohl sie mir und meiner Generation von Kindesbeinen an Schicksal gewesen war. Ich war völlig ahnungslos, dass sich Lukács 1918 als Kommissar in Bela Kuns Räterepublik nicht nur den Titel eines »Robespierre von Budapest« verdient hatte, sondern dass er selbst im Moskau des Jahres 1937 noch einen Aufsatz über Büchners *Dantons Tod* verfasste, in dem er sich die Rede des Saint Juste zu eigen machte, weil in ihr »die eherne und unmenschliche Notwendigkeit der Geschichte, die ganze Generationen, die ihr im Wege stehen, revolutionär zerstampft, die wie ein unwiderstehlicher Vulkanausbruch oder wie ein Erdbeben wirkt, mit leidenschaftlichem Pathos verherrlicht wird.«

Damit erteilte er sich und seinesgleichen in der Zentrale des Terrors die Absolution zu der hinter einer Fassade von Schauprozessen verborgenen systematischen Vernichtung von Millionen durch Hinrichtungen, Arbeit, Hunger oder Deportationen in unwirtliche Gebiete mit garantiert hohen Sterberaten. Dass, wie im Falle Lukács, eine intellektuelle jüdische Elite in Ost und West den roten Terror herbeigeschrieben, begrüßt und mitgetragen hatte, dass sie in Moskau in führenden Funktionen gewirkt oder dorthin gepilgert war, machte ich mir weder bewusst noch wäre ich darauf gekommen, in diese Richtung Fragen zu stellen. Ernst Blochs Gleichsetzung von marxistisch-leninistischem Sozialismus und »Sieg der jüdischen Mission« nahm ich ebenso ergeben in mich auf, und der ungeheuerlichste seiner Sätze, »Ubi Lenin, ibi Jerusalem«, wo Lenin ist, da ist Jerusalem, löste in mir nicht den geringsten Aufruhr aus, obwohl dieser »Vater und König der neuen Linken«, als den Walter Jens ihn ehrte, selbst Stalins Terror in den 30er-Jahren seinen Segen gab, von Marx und Lenin als »Stalinismus« abgegrenzt. Jahrzehnte später las ich bei Alexander Solschenyzin, dass dieser Stalinismus nach 1956 »von westlichen linken Theoretikern erfunden« worden war, um mit einem vermeintlich alternativen Entwurf zum Terror »die Ideale des Kommunismus zu retten«, freilich wider besseres Wissen. Denn es war Lenin, der als erster »die Säuberung der russsichen Erde von allem Ungeziefer« gefordert hatte, was schon während seiner eigenen kurzen Regierungszeit mehr als zehn Millionen Opfer gekostet haben soll. Stalin operierte im Zugzwang eines Systems, das Lenin in seinem abstrakten Hass auf den Klassenfeind auf den Weg gebracht hatte, und in dem sogar Millionen Kinder, nur weil ihre Väter in die falsche Kategorie fielen, mit ihnen sterben mussten.

Im Februar 1962, zwei Jahre nach dem Tod seiner Mutter, der Brasiljisch Marie, stirbt mein Vater innerhalb weniger Tage an einem ärztlichen Kunstfehler. Bei der Magenspiegelung ist ihm die Lunge durchstoßen worden. Das schlechte Gewissen des Arztes verhilft ihm wenigstens zu ausreichend Morphium.

Er stirbt gefasst, beinahe fröhlich, macht bei meinem Besuch noch Witze, wie »da lieg ich nun, ich armer Tor!«, und seine alten Bullayer Freunde, allen voran Onkel Köbes, die um ihn herumsitzen, lachen mit. Sein Tod reißt noch einmal alle frühen Wunden auf, und es dauert Monate, bis meine Trauer abklingt. Als die 68er-Bewegung der studentischen Jugend einsetzt, sind Peter und ich dabei. Die 68er sind die erste Generation, in der die radikale Trennung der Sexualität von der Fortpflanzung zum Durchbruch kommt, die erste Generation, die weniger Kinder zeugt und mit der Ewigen Wiederkehr des gebärenden Frauenfrühlings und des Heiligen Frühlings *(ver sacrum)* der im Krieg geopferten Söhne bricht. Eines Tages wurden die Väter von ihren Söhnen gefragt, welche Rolle sie unter Hitler gespielt hatten. Ich fühlte mich befreit und erleichtert. Das war es, worauf ich all die Jahre gewartet hatte, wobei ich nicht die Verunglimpfung der klassischen Tugenden teilte, nur weil die Nazis sie missbraucht hatten. Von der 68er-Bewegung wurde in der zweiten Hälfte der 60er-Jahre auch unsere Schule erfasst, nicht zuletzt durch Peters Philosophie- und meinen Deutschunterricht. Doch die eigentliche Brisanz brachten die konservativen Kollegen selbst in die Klassen. Allen voran der Direktor mit seinem Geschichtsunterricht, der alle Jahre wieder in Bismarcks Reichsgründung seinen krönenden Abschluss fand – mit der Epoche, in der die deutsche Welt noch in Ordnung schien. Hitler kam also gar nicht erst vor. Wohl aber der Kommunismus, und da der Direktor zu kernigen Merksprüchen neigte, hieß es dann: »Der Christ sagt: ›Was mein ist, ist auch dein!‹ und der Kommunist: ›Was dein ist, ist auch mein.‹« Mit Sprüchen dieser Güte hatte er auch die Oberstufenklasse bedient, in der besonders aufgeweckte und von der Studentenbewegung angesteckte Schüler saßen. Eines Tages muss es diesen Jungen zuviel geworden sein. Ganze zehn Minuten vor dem Gong zur zweiten großen Pause, die Stunde war also noch gar nicht zuende, stürzte der Direktor plötzlich völlig aufgelöst ins Lehrerzimmer. Ich sah, wie die ohnehin zitternde Hand noch heftiger zitterte, und da tönte auch schon in sein hilfloses Gestotter: »Nein, diese Zwölf ..., Zwölf ...« über die Sprechanlage die Stimme eines Schülers hinein: »Achtung, Achtung! Wir übermitteln Euch nun die Worte des Großen Vorsitzenden! Unter dieser deutlichen Anspielung auf die Mao-Bibel, die damals in Umlauf war, verlas der Schüler den ersten der gesammelten Direktorensprüche zur Geschichte, und ausgelassenes Beifallklatschen und Gejohle schallte durch die ganze Schule, steckte auch die unteren Jahrgänge mit an, und so ging es weiter von Spruch zu Spruch. Ich sehe immer noch die betretenen Gesichter der dasitzenden Kegelkollegen, sehe den Direktor in sein Zimmer flüchten und seinen Stellvertreter und einige andere besorgt hinter ihm herlaufen. Eine Stunde lang und länger war die Schule in der Hand der aufständischen Schüler.

Da mich die Rädelsführer in der am Tag zuvor erschienenen Schülerzeitung mit dem Titelbild Che Guevaras als den »Roten Rudi« porträtiert hatten, trat unser Stellvertretender Schulleiter an mich mit der Bitte heran, auf den Hof zu gehen und die inzwischen aufgelöst herumstehende Schülerschaft zur Ordnung zurückzurufen. Ich tat es mit der Ermahnung an die Initiatoren: »Ihr habt gewonnen, nun bleibt auch fair. Sonst bin ich nicht euer Mann!« Sie hielten sich daran, und von diesem Tage an war die Stimmung an der Schule wie ausgewechselt. Selbst das heimliche Gerede einiger Kollegen, Peter und ich hätten die Schüler angestiftet und aufgestachelt, fand kein Echo mehr. Ich aber hatte hinterher unter den Schülern, die den »Roten Rudi« aufgebracht hatten, etwas klarzustellen. Die Kanzlerkandidatur von Willy Brandt hatte immer wieder dazu geführt, dass er im Kollegium, aber auch vor den Schülern als Partisan verunglimpft wurde, der gegen die deutschen Soldaten in Norwegen gekämpft habe. Als meine Oberstufenklasse meine Meinung dazu hören wollte, hatte ich geantwortet, als Russe, Pole, Norweger oder Franzose wäre ich damals auch Partisan geworden und mit dem Spruch »Mens sana in corpore partisano« die Lacher auf meine Seite gebracht. Das Zitat fand sich in der Schülerzeitung wieder zusammen mit eben dem mir im Begleittext doch zu weit links angesiedelten »Roten Rudi«. Den wollte ich nicht auf mir sitzen lassen.

Am nächsten Tag hängte ich meinen Unterricht an dem Spruch auf, den ich während einer Bahnfahrt nach Berlin in der DDR auf einem riesigen, weithin sichtbaren Transparent gelesen hatte: »Der Sozialismus wird siegen, weil er wahr ist!« Und da »wahr« auch sozial wertvoller in sich einschloss, half mir Nietzsche, eine Diskussion in Gang zu setzen, die mich vom Ruch des allzu Roten befreien sollte: »Diese sozialen Werte«, schrieb ich an die Tafel, »hat man zum Zwecke ihrer Tonverstärkung, als ob sie Kommandos Gottes seien, als Realität, als wahre und zukünftige Welt über die Menschen gebaut.« Zwar klammerten sich einige, die später der Roten-Armee-Fraktion nahestanden, weiterhin und vehement an die Wahrheit der »Dialektischen Bewegungsgesetze der Welt«, die über so viele Leichen hinwegmarschiert waren. Aber die große Mehrheit hielt es dann doch, zumal in Erinnerung an Lessings *Nathan der Weise* und Goethes *Faust*, die wir gelesen hatten, mit Nietzsche, der den Sprüchen aller Vorsitzenden die Weisheit voraushatte: »Ein wirklich freier Geist glaubt nicht an die Wahrheit.«

DIE WURZEL TRÄGT EUCH!

Im Sommer 1999 fahre ich auf dem Rückweg von Konstanz an Bingen vorbei über die Hunsrück-Autobahn in Richtung Koblenz. Auf einer kulturkritischen Tagung zu dem Thema »Die Unvermeidlichkeit der Bilder« habe ich, vermittelt durch den

EPILOG

Ägyptologen und Religionswissenschaftler Jan Assmann, einen Vortrag gehalten über die »Antijüdische Bildwelt in der christlichen Sakralkunst« und die Reaktionen von Heine und Kafka darauf. Es ist schon spät am Abend und bis nach Hause schaffe ich es nicht mehr. Da sehe ich die Abfahrt nach Bacharach vor mir auftauchen, mir fällt Heines romantische Novelle über den Rabbi von Bacharach ein (er schrieb noch »Bacherach«), und ich beschließe, dort zu übernachten. Am nächsten Morgen mache ich mich auf den Weg zur Werner-Kapelle hoch über dem Rhein. Die gotische Ruine, ein architektonisches Juwel, wurde einst zum frommen Andenken an den grausamen jüdischen Ritualmord an dem Kind Werner errichtet, das bis zum Zweiten Vatikanischen Konzil als Heiliger verehrt wurde, bis Rom das Weiterbetreiben dieser sowie aller übrigen Ritualmordgedenkstätten in Europa untersagte, oft gegen heftigen örtlichen Widerstand. Jetzt, nach Auschwitz, war das, was tausend Jahre lang als »historische Tatsache« gepredigt und beherzigt worden war, nur noch leerer Wahn. Als ich über den steilen, steinigen Weg zur Kapelle hochsteige, gehe ich zunächst achtlos an einer mächtigen Platte aus rotem Sandstein vorbei zu dem hoch und ohne Dach zum Himmel aufragenden gotischen Steingerippe, dem man ansieht, dass es kurz vorher sorgfältig restauriert worden ist.

Erst auf dem Rückweg nehme ich wahr, dass die Sandsteinplatte eine Inschrift trägt. Ich beginne zu lesen und bin schon nach wenigen Zeilen äußerst überrascht, zutiefst angerührt und überwältigt. Es ist ein Gebet, aber es ist nicht nur unfassbar für mich in dem, was es da vor Gott bekennt, es trägt auch die Unterschrift von Papst Johannes XXIII.! Ich will es zunächst gar nicht glauben, was da in den roten Stein geschnitten steht, denn es ist das Bekenntnis Roms zu einer tausendjährigen Irrtumsgeschichte und lautet: »Wir erkennen heute, dass viele Jahrhunderte der Blindheit unsere Augen verhüllt haben, so dass wir die Schönheit deines auserwählten Volkes nicht mehr sahen und die Züge unseres erstgeborenen Bruders nicht mehr wiedererkannten. Wir entdecken nun, dass ein Kainsmal auf unserer Stirn steht. Im Laufe der Jahrhunderte hat unser Bruder Abel in dem Blute gelegen, das wir vergossen, und er hat die Tränen geweint, die wir verursacht haben, weil wir deine Liebe vergaßen. Vergib uns den Fluch, den wir zu Unrecht an den Namen der Juden hefteten. Vergib uns, dass wir dich in seinem Fleische zum zweitenmal ans Kreuz schlugen. Denn wir wussten nicht, was wir taten.«

Ich stand da und las das Gebet, las es ein zweites Mal, betete es mit, erst leise, dann laut, bis mir mittendrin die Stimme versagte und ich nach Luft ringend mit den Tränen kämpfte. Ich war erschüttert bis auf den Grund. Dieses Schuldbekenntnis hatte Würde und Größe, es war ein einmaliges Beispiel menschlicher Selbstüberwindung und erinnerte an Aischylos, Sophokles und die großen Tragödien des Abendlandes. Hinterher wollte ich unbedingt wissen, wer die Errichtung dieses Mahnmals veranlasst hatte. Von der Wirtin des Gasthauses »Altes Haus« erfuhr ich, dass der Bacharacher Rechtsanwalt Peter Keber und Chefsyndikus der Rheinland-Pfälzischen Landesbank die Umwidmung der Wernerkapelle veranlasst hatte, und zwar gegen anfänglichen Widerstand und mit geduldiger Überzeugungsarbeit, durch die er schließlich auch den örtlichen Pfarrer dafür gewinnen konnte. Mit Peter Keber und meinem ältesten Sohn Martin verbrachte ich einige Wochen später einen unvergesslichen Abend im Alten Haus. Dieser liebenswerte Mann erzählte uns beim Wein, wie es zu dem Papstgebet an der Wernerkapelle gekommen war. Es wurde ein langer, fröhlicher Abend, zumal, als Heine zu uns stieß, dessen Gedicht »An Edom« ich einst auswendig gelernt hatte und nun vortrug: »Ein Jahrtausend schon und länger / Dulden wir uns brüderlich, / Du, du duldest, dass ich atme, / Dass du rasest, dulde ich. // Manchmal nur in dunklen Zeiten / Ward dir wunderlich zumute, / Und die liebefrommen Tätzchen / Färbtest du mit meinem Blute.« Mit diesem leidensmächtigen Lachen glaubte Heine sich und sein Volk kraft der bürgerlichen Revolutionen für immer erwacht aus dem Alptraum der Geschichte. Doch erst um den Preis von Millionen neuen Toten entstand eine Lage, die das Papstgebet ermöglichte und auf die Höhe seiner Einsicht hob. Der Vatikan selbst hat es niemals offiziell anerkannt und in seinem Geist vollzog erst Johannes Paul II. weithin sichtbare Gesten. Ein prominenter Laienvertreter wollte sogar wissen, es stamme gar nicht von Johannes XXIII., sondern von einem Iren. Dennoch hat es nunmehr in der Sandsteintafel hoch über dem Rhein seinen unverlierbaren Ort auf Erden, denn »deren Mitte ist überall«.

Im Frühjahr 2004 schickt mir mein Freund Ferdinand Schlingensiepen den Text seiner jüngsten Predigt über den Römerbrief des Apostel Paulus zu. Wir haben uns auf dem Heine-Kongress in Düsseldorf 1997 näher kennengelernt und tauschen seitdem unsere Gedanken aus, insbesondere auch über Dietrich Bonhoeffer, an dessen Biografie er damals arbeitete. In dem Begleitbrief schreibt er: »Bei der Arbeit an der Predigt saßt Du immer neben mir und mischtest Dich ein. Es war ärgerlich, aber vor allem war es nützlich, und also sage ich Dir herzlichen Dank.« Ich musste lachen, mich als den Mephisto seines Gottessamtes zu sehen, war aber sehr gespannt und setzte mich gleich hin und begann zu lesen:

»Liebe Gemeinde, der heutige Predigttext (Röm. 11, 32/33 ff) ist ein Jubelruf, wie er selbst in der Bibel selten ist. Aber wer den vorhergehenden Vers 32 dazunimmt, weiß vielleicht nicht mehr so recht, ob er in den Jubel einstimmen soll. Da heißt es: ›Denn Gott hat alle beschlossen unter den Unglauben, auf dass er sich aller erbarme.‹ – Martin Luther hat allerdings gesagt: ›Merke dir diesen Hauptspruch, der alle Welt und menschliche Gerechtigkeit verdammt und allein Gottes Gerechtigkeit erhebt, damit du dadurch zum Glauben findest.‹ Meine Frau hat, als sie die Predigt las, protestiert und gesagt: Was heißt das denn: ›alle beschlossen unter den Unglauben?‹ Das muss doch übersetzt werden. Also versuchte ich zu übersetzen: Gott hat es zugelassen, dass wir Menschen, die wir frei sein wollen, uns von ihm abgewandt haben. Wir leben so, als ob es ihn nicht gäbe. Aber er hat es nicht darum zugelassen, damit die Welt zugrunde geht, sondern um uns zurückzugewinnen. Trotzdem: ›Gott hat alle beschlossen unter den Unglauben‹, das klingt nach einer schwierigen Geschichte. Und es geht um eine schwierige Geschichte, nämlich um das Verhältnis von Christen und Juden, das Paulus in den Kapiteln 9 bis 11 seines Briefes an die Christen in Rom behandelt hat. Und wenn man dieses Verhältnis heute, nach fast 2000 Jahren, nüchtern betrachtet, muss man sich fragen, ob die Christen diese drei Kapitel jemals wirklich gelesen haben.«

Das lässt mich aufhorchen, zumal, als Ferdinand in seiner langen und nicht leicht verständlichen Predigt auf Karl Barth zu sprechen kommt, der die Kette der falschen Auslegungen durch die Jahrhunderte und in der schlimmsten Weise von 1933 bis 1945 in Deutschland durchbrochen habe in seiner Auslegung des Römerbriefs. Mit dem schrecklichen Völkermorden im Ersten Weltkrieg vor Augen, an dem lauter christliche Völker beteiligt waren, hatten die Kirchen auf beiden Seiten die Waffen gesegnet und dann weitergemacht wie bisher. Barth, so las ich, habe damals – wohl vergeblich – zur Buße aufgerufen und gemahnt, Gottes Wort neu und anders zu lesen, besonders die Kapitel 9 bis 11. Überall da, wo vom Volk Israel die Rede ist, setzte Barth das Wort »Kirche« ein. Ich musste gleich daran denken, dass jüdische Künstler im Mittelalter, allerdings in satirischer Reaktion, das Satansbild Synagogas gegen das der Ecclesia eingetauscht hatten. Als ich Ferdinand zu Barths ähnlich provokantem Rollentausch predigen hörte: »Dann fällt es einem wie Schuppen von den Augen«, wollte ich es selbst wissen und setzte mich an die Lektüre des Römerbriefs.

Und in der Tat, Paulus spricht uns Christen darin immer auf zwei Kanälen zugleich an mit zwei Botschaften, die Christen und Juden so zusammenbinden, dass zwar eine logische Differenz von unserer Menschensprache her gegeben ist, aber keine vor Gott. Da heißt es von den Juden: »Sie sind Gottes Feinde geworden, damit ihr Christen die Gute Nachricht hören konntet. Aber weil Gott ihre Stammväter erwählt hat, bleiben sie seine Freunde.« Logisch ist das nicht. Und dennoch will der Apostel, dass wir dieses Paradox aushalten und annehmen: »Auch als Gottes Feinde, die sie um unseretwillen geworden sind, bleiben die Juden Gottes Freunde.« Geht das? Können Gottes Feinde Gottes Freunde sein? Paulus scheint sehr genau zu wissen, was er uns damit zumutet. Denn er hat ganz offensichtlich eine Heidenangst vor den schrecklichen Vereinfachern. Immer wieder besteht er in seinem Brief darauf, dass Gott sein Volk nicht verstoßen hat. Nein: Das kann nicht sein! Ich selbst bin ja ein Israelit, ein Nachkomme Abrahams aus dem Stamm Benjamin! Und um denen, die sein Sowohl-als-auch in das Entweder-Freund-oder-Feind ummünzen möchten, ein für alle Male einen Riegel vorzuschieben, lässt er die römischen Christen wissen: »Nicht ihr tragt die Wurzel, die Wurzel trägt euch!« (Röm. 11, 18) Das bindet Juden und Christen unablösbar aneinander. Gegensätze ja, aber, wie Nietzsche sagt: »Unter einem Joche«. Nun fiel es auch mir wie Schuppen von den Augen, denn ich erinnerte mich an das, was der vielleicht bedeutendste Gelehrte des Judentums und Zeitgenosse des Thomas von Aquin, Maimonides, in seinem Werk *Führer der Verwirrten* geschrieben hatte: »Aus der Schrift und aus den Worten der Lehrer geht hervor, dass die Versammlung Israels bei jener Erscheinung Gottes am Sinai nur einmal einen Schall gehört hat, und der enthielt den Anspruch, den Moses und ganz Israel empfingen, nämlich: ›Ich bin der Herr, dein Gott‹ und: ›Du sollst keine Götter neben mir haben!‹ Erst unser Lehrer Moses machte ihnen das verständlich, indem er es mit artikulierten und vernehmlichen Lauten aussprach. Das haben ja auch die Lehrer der Tradition erwähnt und sich dabei auf den Ausspruch der Schrift gestützt: ›*Eines* hat Gott gesagt, *zweierlei* habe ich gehört.‹ (Psalm 62, 12)« Im Anfang war demnach nicht das Wort, sondern nur die Stimme des Schalls, der in unsere Menschenwelt mahnend eindrang und der, übersetzt in unser Menschenwort, immer auch das Verhören in sich einschloss, so dass das Gehörte, das immer ein Zweierlei ist, nach Übersetzung, nach Interpretation verlangte. Die frommen Juden waren sich dessen auch immer bewusst und als fleißige Interpreten der Schrift sowie der Zulassung mehrerer Deutungen zu einer Bibelstelle die unablässige Provokation und Verstörung Roms. Schon das Gesetz des Justinian verwies daher die Juden in der abendländisch-christlichen Denktradition und Vernunft auf den Platz von Unzurechnungsfähigen. Denn in der Novelle 146 heißt es: »Die Juden interpretieren verrückt.« Das war konsequent aus der Sicht des alleinigen Wahrheitsanspruchs der päpstlichen Autorität, die die Auslegung der heiligen Texte bestimmte und überwachte. Die Judenfrage war für die Christen von Anbeginn eine Textfrage, und vor dieser hatten die »Söhne des Teufels«, wie der Evangelist Johannes die Juden nannte, und nicht die Christen Gott falsch verstanden, hatten sie sich verhört. Mit der Befrachtung des einen Menschenleibs am Kreuz mit den Archiven alles Wissens der Welt, auch des zukünftigen, setzte, wie der französische Rechtshistoriker und Psychoanalytiker Pierre Legendre sagt, die römische Allianz von Macht und fleischgewordenem Wort (Himmelslicht) Feindschaft zwischen sich und die jüdische »Verrücktheit«, den jüdischen »Wahnsinn« mit der Folge des Kreuzestodes Christi, jener unsühnbaren Tat, die die hl. Hildegard in ihren Visionen wertete als den »großen Mord, wie er niemals zuvor war und je sein wird.«

Dass einzig die Schöpfung die Zukunft verbürgt, so Leo Baeck, will sagen, »die lebendige Wirklichkeit unserer Erde«, war in der abendländischen Vernunft vergessen. Erst Auschwitz führt zum Bruch mit der Auslegungstradition der Kirche und bringt es mit sich, dass man den Römerbrief endlich so lesen kann, wie er immer schon gemeint war. Von dem Nein der Juden zu Christus sagt Paulus unmissverständlich: »Gott hat ihnen einen verblendeten Geist gegeben, so dass sie mit ihren Augen nicht sehen und mit ihren Ohren nicht hören bis zum heutigen Tag.« Demnach waren niemals die Juden selbst böswillige Blinde und Verstockte, wie die Kirche immer lehrte und sie als Synagoga mit der Augenbinde malen ließ und ich es selbst als Kind noch sah und lernte, sondern Gott hatte sie verstockt, ihr Nein zu Christus war zugleich Gottes Ja, damit die »Fülle der Heiden« christlich werden und die jüdische Moralität überhaupt annehmen konnte. Folglich hätte die Kirche in den Juden als den Feinden Gottes um ihretwillen Freunde sehen und ehren, ja sie als Feinde lieben müssen. Ganz in diesem Sinn kam Ferdinand in seiner Predigt zu dem Schluss, dass Gott den Schmerz und die Treue Israels zum Glauben seiner Väter ebenso ansieht wie den »Ungehorsam der Kirche, die das Volk Israel niemals geliebt hat.« Und überhaupt: »Wer hätte des Herrn Sinn erkannt?!« Denn im Anfang war ja der Schöpfungs-Schall, nicht das fleischgewordene Wort.

Ich musste unweigerlich an Nietzsche denken und sein Eintreten für die Unwahrheit als Lebensbedingung. Er sieht in allem Tun Interpretation und wandelnde Wertsetzung. Die christliche Wertsetzung lehnte er wegen ihres dogmatischen Absolutheitsanspruchs als »Falschmünzerei« ab, weil sie damit die Symptome der »Abendländischen Krankheit« nur verstärkte habe. Es gibt nur ein perspektivisches Sehen auf die Welt, das sich unter dem Willen zur Macht so oder so historisch durchsetzt. Immer aber ist es das Merkmal eines freien Geistes, zu der Perspektive des Anderen wechseln und sich mit den Augen des Anderen sehen zu können, wie das Papst Johannes XXIII.

in seinem Gebet tut. Denn Freund und Feind, Gut und Böse gehen beide mitten durch uns alle. Und all dies steht Schwarz auf Weiß geschrieben in dem unglaublich kühnen Vers des Apostels Paulus: »Denn Gott hat alle beschlossen unter den Unglauben, auf dass er sich aller erbarme.« Da Gott allein alle Wahrheit hat, sind wir vor ihm alle Ungläubige und ist jeder Glaubenskrieg ein Unding. Und überall da, wo das so nicht gesehen wird, sind die Mörder Gottes am Werk. Denn anders als der Schöpfungsglaube setzt jeder Offenbarungsglaube einen menschlichen Vermittler voraus, der sich immer auch verhört haben kann. In der abendländischen Vernunft führte das zu einem schrecklichen Verhören, nicht zuletzt auch im transitiven Sinn des Wortes bei den peinlichen Verhören durch die Inquisitoren. Denn zu ihrem Axiom machten sie die Unterscheidung zwischen Christenmenschen und Ungläubigen oder Heiden, denen man, angefangen mit den Juden, jedes Mensch- und Menschlich-Sein absprach. Mit den Kreuzzügen beginnend, führte diese Unterscheidung in den folgenden Jahrhunderten zu dem weißen Völkermord an Indianern, Afrikanern Asiaten und Aborigines, und ihre grausame Versklavung und Degradation zu Tieren ging zunächst als Christianisierung, Europäisierung und Humanisierung der Welt ins kulturelle Gedächtnis ein. Erst mit den beiden Weltkriegen, in denen das so lange exportierte Morden auf die europäischen Völker zurückschlug, kommt es zum Einbruch der abendländischen Vernunft und nach und nach zur Auflösung der Kolonialreiche und Apartheiten. Wie sagte doch Cioran zum Tode Gottes: »Ein Gott, der sein Kapital an Grausamkeit verschwendet hat, wird von niemandem mehr gefürchtet oder respektiert.« Wir sind von all den Jahrhunderten geprägt, in denen an ihn glauben soviel hieß wie ihn fürchten, in denen unsere Ängste ihn sich zugleich teilnahmsvoll und skrupellos vorstellten.

EPILOG

EIN BRIEF AN ERNST NOLTE

Im Juni 1997 besuche ich erneut, diesmal zusammen mit meinem Sohn Martin, die Normandie. Wir mieten uns in Arromanches hoch über dem Meer in einem kleinen Hotel ein, genießen die Gastfreundschaft des Landes und den guten französischen Wein und gehen bei Sonnenuntergang hinunter zum Meer, zu den Überresten von Port Winston, dem künstlichen Hafen, den die Briten am D-Day 1944 mit herüberbrachten, eine Kriegslist, die mich an Malcolm und Birnams Wald erinnert in Shakespeares *Macbeth*. In den nächsten Tagen suchen wir einige der Orte auf, wo damals die heftigsten Kämpfe stattfanden. In Fontenay-le-Pesnel entdecke ich das inzwischen renovierte Haus, dessen Giebelwand uns einst auf den Panzer fiel. Über Rauray und Grainville fahren wir ins Tal des Odon, am kommenden Tag auf die Höhe 112, wir besuchen die D-Day-Museen von Bayeux und La Folie, und dann stehe ich mit meinem Sohn auf der Wegkreuzung bei Buron, wo am 9. Juli der erbitterte Kampf um Caen noch so viele junge Leben kostete. Lange Vor- und Nachmittage verbringen wir auf den großen Soldatenfriedhöfen überall im Land, wo wir unsere Gegner von einst liegen sehen, die jungen Amerikaner, Briten, Kanadier, dazwischen die Gräber mit dem Davidstern, und unsere eigenen Toten. Ich entdecke die Namen von Angehörigen meines Regiments und meiner 8. Kompanie und sehe sie wieder vor mir. Die Erinnerung an sie reicht tief. Wie tief aber reicht die Erinnerung an die, die ich damals getötet habe, die ich nicht von Angesicht zu Angesicht sah? Ich bete für sie, will und muss auch für sie beten, so wie ich es mit allen Opfern meiner Zeit ohne Ausnahme gehalten habe.

Diese toten Briten, Kanadier und Amerikaner haben sich mit uns zusammen aus einer langen Irrtums- und Verbrechensgeschichte befreit, die wir, undurchsichtig für uns selbst, noch heroisch verteidigten, erst hinterher entdeckend, dass wir im tiefsten Grund unseres Herzens das Bild einer anderen Welt in uns trugen. Weshalb dann dieser Krieg? Das habe ich mich immer wieder gefragt und nur eine Antwort finden können. Er war, wie Herbert Marcuse gegen Heidegger befand, »die Liqidierung des abendländischen Daseins«. Also nicht nur die des deutschen Daseins. Obwohl uns Jungen nach Stalingrad die Fratze unserer eigenen Vernichtung angrinste, war nicht die Angst der Antrieb unseres entschlossenen Vorlaufens in den Tod. Alles, was die Zeit erschafft, ließ uns dem Tod anders unter die Augen gehen, als Heidegger es 1927 sehen konnte. Was wir Jungen von Kind an als ein unortbares Schuldigsein für unser Volk erlebten, war etwas, das unbewusst über unser Dasein und unsere eigene Zeit hinausging. Waren wir also doch einem Größeren ausgesetzt, dem wir uns alle an die Hand zu geben hatten? Und war dies im Letzten kein Geschichtsereignis? Nichts kann unverwandelt gerettet werden, nichts, das nicht das Tor seines Todes durchschritten hat. Dieser Satz Adornos, ganz gleich, wie er selbst ihn verstand, wurde mir zum Schlüssel für meine eigene Erfahrung. Am letzten Abend in Arromanches vor unserer Rückkehr nach Deutschland sprach ich darüber mit meinem Sohn. Wir tranken einen jungen Sancerre zum Gedenken an die Toten und tranken auf den Sieg der Alliierten, nicht einfach so, sondern wissend, dass er nicht nur unser, sondern auch ihr »Doomsday« war. Das ist einer der guten Gründe, weshalb ich trotz der Last, die mir das Erlebte auferlegt hatte, in all den Jahren niemals aufgehört habe, ein fröhlicher Zecher zu sein.

Als 1999 meine Studie über den Antisemitismus der Kirche und den schleichenden Selbstzersetzungsprozess der abendländischen Sittlichkeit erscheint, ergibt sich ein längerer Briefwechsel mit Ernst Nolte, der damit, dass er einen Kausalzusammenhang sehen wollte zwischen Stalins Gulag und Hitlers

Auschwitz, 1986/87 den Historikerstreit ausgelöst hatte. Ich schrieb ihm, dass ich aufgrund seiner Ausblendung des christlichen Antijudaismus nicht seiner Meinung sei, aber das Kesseltreiben gegen ihn verabscheute. Hitler war für mich nicht historisch vorbestimmt oder sonst ein zwangsläufiges Ereignis. Es hätte 1933 ganz anders kommen können. Nur als es dann so kam: Warum erlagen wir Deutschen abermals der großen Versuchung, die Nietzsche, wie ich 1947 in seinen *Unzeitgemäßen Betrachtungen* las, angesichts der Reichsgründung in Versailles die »Exstirpation des deutschen Geistes« genannt hatte? Da muss eine lange Geschichte des Verlusts von Maßstäben vorausgegangen sein, und zwar weltgeschichtlich, wie sie vor allem Goethe, Heine und Nietzsche schon registriert hatten, und sehr viel länger und tiefer zurückreichend als die Ursachensuche unserer Historiker. Vor allem wehrte ich mich dagegen, die Schuld woanders als zuerst einmal bei uns selbst zu suchen bis in die eigene Lebensgeschichte hinein. Darum ging es in dem brieflichen Gefecht mit meinem Historiker-Partner. Er konnte es nicht fassen, dass ich von meiner ganz anderen Vorgeschichte her diesen, wie er meinte, »ausgeprägten Philojudaismus« hatte entwickeln können. Ich widersprach entschieden und erklärte meine uneingeschränkte Liebe als Philologe zu allen großen Texten, die mich je ergriffen, und dass ich gern ein Deutscher sei und eins mit dem Schicksal meines Volkes. Als er dann immer noch, jeder Fernerinnerung abhold, von Hitler nicht loskommen wollte, schrieb ich ihm aus einer Eingebung des Augenblicks heraus den folgenden Brief:

Sehr geehrter Herr Professor,
    da Sie auch nach meinem ausführlichen Brief vom 21. August nach wie vor daran festhalten, ich »existentialisierte« und »aktualisierte« das Judentum, will ich es einmal anders herum versuchen und von der existentiellen Urerfahrung sprechen, die den 18jährigen SS-(Ober)junker in die »schroff entgegengesetzte« und, wie Sie meinen, »geradezu

idealtypische Position« umdrehte. Anlass dazu gibt mir das von Ihnen beschworene Bild, in dem der schon deutlich hinfällige Hitler jungen Waffen-SS-Offizieren das Ritterkreuz überreicht, und Ihr Kommentar: »So sah die Blüte der deutschen Jugend aus« und dass es: »Mit Deutschland definitiv zu Ende wäre, wenn all diese jungen Männer heute Nachtklubbesitzer oder erfolgreiche Geldanleger wären.« Ist das nicht auch eine aktualisierte idealtypische Position? Mir als dem Insider hat sich diese Leibes- und Geistesblüte sehr viel anders eingeprägt. Und vielleicht sollten Sie Gott danken, dass er Sie davor bewahrte. Ich bin von Sommer 1943 bis zur Kapitulation 1945 nicht nur durch die Schule eines Dutzend solcher Ritterkreuzträger gegangen, ich habe während der Invasion meinem Kompanieführer Siegel mit zu der Höchstzahl von Panzerabschüssen verholfen, die ihm den Halsorden einbrachte. Zum Dank schickte er mich auf die Junkerschule. Ich habe die Blüte also im Großformat hautnah blühen (und verblühen) sehen, gleichsam mit dem Lupeneffekt des kleinen Gulliver im Lande der Riesen. Da zerfiel das uniforme Ideal sehr bald zu einer Blütenlese von Typen, als da waren entsetzliche Flachköpfe, Zyniker, Fanatiker, verrohte Säufer (die nur der Heldentod vor der Nachtklubexistenz danach bewahrte) und sehr achtens-, ja liebenswerte Kerle, für die wir durchs Feuer gingen. Ich denke z. B. an den Untersturmführer K., einen Boris-Becker-Typ, der, als er uns die Nachricht vom Feuertod einer weiteren Panzerbesatzung brachte, dabei einen Augenblick lang die vorgeschriebenen Nerven verlor und mich anstierte: »Ist das nicht entsetzlich, all diese jungen Menschen, diese Kinder ...« Am nächsten Tag lag er da mit seinem leuchtend roten Schopf, förmlich durchsiebt von einer Artilleriesalve. Damit die Panzer ihn nicht auch noch platt walzten, zogen wir ihn am Kragen seines Kradmantels wie eine Gliederpuppe in den Straßengraben.

Aber nicht dieses tägliche Sterben, so scheußlich es war, brachte den inneren Umschlag. Ich wundere mich heute noch, wie leicht wir fast alle die Möglichkeit des Todes hinnahmen. Was nicht nur mich innerlich aushöhlte und untergrub, war das geradezu erdrückende Erlebnis der waffentechnischen Überlegenheit der Alliierten schon wenige Tage nach Beginn der Invasion. Was immer wir an Tapferkeit und Todesmut einsetzten, es nahm sich so ironisch aus wie die polnische Kavallerieattacke 1939 gegen die deutschen Panzer, nur auf einer höheren Fortschrittsebene der Waffentechnik. Es war der von vornherein verlorene, ohnmächtige Kampf mit einem Gegner, der sich schon aufgrund seiner absoluten Lufthoheit den Luxus der »Nahkampfempfindlichkeit« leisten konnte, und der sich ohne Feigheitsgefühle elegant zurückzog, wenn es ihm zu heiß wurde, um statt dessen die empfindungslose Masse seines überlegenen Materials zum Einsatz zu bringen, ganze Schlachtfliegerschwärme, deren Raketen uns zu Kaninchen degradierten, und eine unheimlich präzise und flächendeckend schießende Artillerie, die unseren Funkverkehr anpeilte und uns zwang, wichtige Meldungen zu Fuß von Panzer zu Panzer zu übermitteln, Himmelfahrtskommandos der lächerlichsten Art mit Rückwärtskehrung des technischen Fortschritts. Wenn wir nach alldem immer noch nicht ganz ausgerottet waren, dann bombte ein Teppich den Weg frei. So am Abend des 7. Juli, als 467 Lancasterbomber mit dem Angriff auf unsere Bereitstellung am Stadtrand von Caen den für den nächsten Tag geplanten Sturm der Kanadier auf die Stadt verlustfrei machen sollten. Wir lagen mitten in diesem Teppich. Fast eine Stunde lang. Eine Ewigkeit. Was glauben Sie, wie sich so ein nicht enden wollendes Inferno für immer in den Leib einschreibt, wenn man, wie ich, in einem armseligen Erdloch Schutz suchte oder, wie meine Kameraden, im Panzer, der inmitten der von Bomben noch und noch zerstanzten Erde hin- und hergeworfen wurde wie ein Spielzeug. Hinterher die Nacht hell erleuchtet von brennenden Panzern, einer davon getroffen und zerfetzt und mit ihm acht von uns, die sich darunter verkrochen hatten. Das Gelände ringsum eine Mondlandschaft. Kaum noch erkennbar die wenigen heil gebliebenen Panzer, weil rechts oder links abgerutscht in die Trichter und zugedeckt mit Erde. Dennoch der Befehl, sie umgehend fahrbereit zu machen und aus dem Kraterfeld zu lotsen. Denn am kommenden Tag wurde der Großangriff auf Caen erwartet, herab von den Höhen hinter La Folie, die wir halten sollten. Dabei gingen die wenigen Panzer, die wir noch hatten, zu Bruch oder in Flammen auf. Noch heute verfolgen mich die schwarz versengten Gestalten, die sich retten konnten, aber an ihren Verbrennungen dann doch zugrunde gingen oder später aus den Lazaretten zurückkehrten mit abgenagten Ohren, Nasen, Lippen.

Lange bevor unser Geist zum Nachdenken kam, war unser Leib klug gebombt worden zu erkennen, dass unsere Väter und geistigen Vorbilder uns in ein Unternehmen hineinidealisiert hatten, dessen Pleite von Anbeginn feststand. So kam es, dass der Wahn vom Zangengriff des jüdischen Weltfeindes, gegen dessen Vernichtungswillen wir uns angeblich verteidigten, einer heilsamen Ernüchterung Platz machte. Wir mussten es ausbaden, dass sie bei ihren Angriffsplänen vergessen hatten, die Zahl unserer Hochöfen und vor allem Öltürme mit der zu vergleichen, die dem eingebildeten Feind real zur Verfügung stand. Auf der Junkerschule wurden wir darüber belehrt, dass der Panzerproduktion, die im August 1944 mit 2000 Stück den Höchststand des Krieges erreichte, eine mindestens ebenso hohe Zahl von Panzern entsprach, die wegen Spritmangels gesprengt werden musste, unter ihnen viele, die niemals einen Schuss abgegeben hatten. Auf dem Rückzug in Nordfrankreich wurde ich selbst Zeuge, wie ein langer Güterzug mit nagelneuen Königstigern gesprengt wurde. Aber schon im Herbst 1943 mussten sich unsere Kanoniere statt ihrer imposanten Zugmaschinen selbst vor die Haubitzen spannen und Lieder singend durch Oud Turnhout in Belgien zur Schießübung ziehen, weil kein Sprit zu haben war. Aus demselben Grund ließen sich die Panzerspähwagen unserer Aufklärungsabteilung beim Übungsschießen von einem Triebwagen der Antwerpener Straßenbahn an langen Seilen durch die Gegend ziehen. Ein lächerlicher Anblick. Hitlers Elite als die Karikatur ihrer Endsieggewissheit. Die Panzer, die wir hatten, waren trotz der hochgezüchteten Maybachmotoren (400 Liter Benzin auf 100 Kilometer) hoffnungslos untermotorisiert und entsprechend anfällig. Was glauben Sie, wie sich das seelisch auswirkte, sich dazu verdammt zu sehen, diesen Mangel mit Blut zu kompensieren! Wie Sie in Ihrem vorletzten Brief schrieben, sehen Sie im Nachkriegszustand Deutschlands »die geistige Vernichtung der Besiegten«. Ich selbst habe vor Ort die Endphase der Selbstaushöhlung und Selbstvernichtung des deutschen Geistes erfahren müssen. Auch das individuell Erlebte und Gelebte kann paradigmatisch sein auf eine Weise, die in den Archiven, aus denen sich die Historiker bedienen, nicht auffindbar ist. Die bei der Invasion gemachten Erfahrungen führten nicht nur in mir zur inneren Desertion. Die wenigen Davongekommenen sprachen das andeutungsweise oder offen aus.

Sie bewundern am jüdischen Volk die »staunenswerte Stärke seines Geschichtsbewußtseins, des ältesten der Welt«. Merkwürdig dabei, dass Sie Ihr Urteil allein aus deutscher Sicht fällen, wo es geboten gewesen wäre, sich wenigstens versuchsweise einmal den jüdischen Blick auf dieses Phänomen auszuleihen. Immer hatten die jüdischen Denker einen besonderen Blick für die Geschichte als Kette von Katastrophen. Der Ausnahmezustand, den der Hitler in uns über die Erde brachte, führte sie nicht, wie wir glaubten, in ein erlöstes Jenseits, sondern lieferte sie einem längst leeren Himmel aus, dessen katastrophenträchtiger Grund uns in die Entscheidung gestellt und zur Umkehr gerufen hat. Von dem Dogma der Substitution, es sei der Status der Erwählung von den Juden auf die Kirche übergegangen, bis hin zu Hegels oder Fichtes Vorstellung von der Erwählung der Deutschen, war die zumindest soziale und geistige Auslöschung des Judentums Teil des historischen Denkens. Auch Kant wünschte ihm wiederholt »die Euthanasie«. Nur ein deutscher Dichter und Denker sah darin vorab die »Veködung des deutschen Geistes«, Nietzsche. Und was die von Ihnen so vorbildlich beschworene »Blüte der deutschen Jugend« betrifft, so habe ich sie aus der inneren Linie lange genug kennengelernt, um sagen zu können, sie alle, mich eingeschlossen, hätten sich dem Befehl nicht widersetzt, jüdische Kinder, Frauen und Alte zu ermorden. Was sie einzig davor bewahrte, sich so unwürdig an Wehrlosen zu vergehen, war der Umstand, dass sie militärisch zu wertvoll waren, um für diese »Etappenarbeit« abgestellt zu werden. Das gilt wahrscheinlich auch für den von Ihnen erwähnten Waffen-SS-Offizier. Da mag er in den Moskauer Sonderarchiven noch so lange suchen und finden, dass auch die Bolschewiken schwere Verbrechen begingen. Das ist dann sicher nicht gelogen. Aber indem er auf diese Weise aufrechnend sich selber ausweicht, belügt er sich selbst und die, die er erreicht. Kein Wunder, dass wir uns gegängelt und von »Moralkeulen« erschlagen fühlen. Was wir versäumt haben, ist die radikale Aufarbeitung unserer ganzen Geschichte, die es mit sich brachte, dass unsere Eliten diesen Hitler 1933 statt ins Irrenhaus in die Reichskanzlei einlieferten. Die Wahrheit über die Katastrophe ist nicht in Moskau verborgen, sondern in uns und in der Genealogie unserer Moral. Auschwitz hört in dem Augenblick auf, unsere Schande zu sein, in dem wir sie uns ohne Wenn und Aber eingestehen. Dann werden wir auch frei, Gemeinheiten befreundeter Völker ohne gequälte Verrenkungen beim Namen zu nennen. Wir trieben das antijüdische Jahrtausend zwar auf die Spitze, aber es war nicht allein unser Werk, und schon gar nicht war es Teil unserer Natur ...

Hinterher war ich mit diesem Brief sehr unzufrieden, weil er nicht annähernd das zum Ausdruck brachte, was mich im Innersten bewegte, auch wenn der, an den er gerichtet war, antwortete: »Sie haben mir einen langen und eindrucksvollen Brief geschrieben, den ich nicht ohne Bewegung gelesen habe.« Er nannte sich daraufhin sogar selbst einen »Papierhistoriker«, und dies wohl auch angesichts der von den Siegern vorenthaltenen, unterschlagenen oder gar gefälschten Quellen, von denen unsere Historiker nach 1945 abhängig waren und bis heute sind, eine Selbsteinschätzung, nicht gerade üblich unter vielen seiner Kollegen, die so fatal an Nietzsches Wort von den »wachhabenden Eunuchen im Welt-Harem der Geschichte« erinnern. Er widersprach mir aber im selben Brief damit, dass der Krieg für uns nicht von Anfang an verloren gewesen sei, und gab Hitler Recht, der nach der Ardennenoffensive sagte, sie habe gezeigt, dass Deutschland jeder einzelnen der feindlichen Mächte überlegen sei. Hitler hatte sich aber nicht nur einzelne Mächte zu Feinden gemacht, sondern alle und damit auch die an Soldaten und Ressourcen reichsten Mächte dieser Erde! Und das ging von vornherein über unsere Kräfte. Unzufrieden mit meinem Brief war ich vor allem deshalb, weil er Gedächtnislücken aufwies und in ihm mein Begriff vom Zweiten Weltkrieg als der Liquidierung des abendländischen Daseins nicht deutlich geworden war, wie ich ihn dann im Briefwechsel mit meinen Freunden, insbesondere mit Gerolf Fritsch, zu entwickeln versuchte. Vor allem befiel mich ein Unbehagen, dass unsere Väter und geistigen Vorbilder – und nur sie – ab 1939 in schnöder Verblendung den Zweiten Weltkrieg vom Zaun gebrochen haben sollten. Da hatte ich mich nicht meines eigenen Verstandes bedient, wie ich überhaupt allzu lange mit der halben Geschichte meiner Jugend gelebt hatte. Das aber ändert sich überraschend am 6. Juni 2004.

60 JAHRE DOOMS-DAY

Als die Sieger von 1945 mit großem Pomp des sechzigsten Jahrestages der Landung in der Normandie gedenken, bricht die verdrängte andere Hälfte in mir auf. Zum ersten Mal hat man den Deutschen Bundeskanzler dazugebeten. Als der nicht den Mut aufbringt, seinen Kranz auf dem großen Gräberfeld unserer 21 000 Soldaten in La Cambe niederzulegen, weil unter ihnen 5 000 meiner Waffen-SS-Kameraden begraben sind, bringt mir das ihr Bild von damals wieder ganz deutlich vor Augen, und es schließt sich die Lücke in meinem Gedächtnis. Ich war ja einer von ihnen. Ich habe dafür bezahlt, dass ich sie überlebt habe, und ich wusste, dass sie alle, fast Kinder noch, gefallen waren, ohne sich jemals eines Verbrechens schuldig gemacht zu haben! Und dennoch verfolgte sie ein abstrakter Hass bis in die Gräber hinein, der noch verständlich wäre, machten die Ergebenheitsgesten unserer Amtsträger, allesamt »Nachgeborene«, ihn nicht immer wieder so unwürdig und unglaubwürdig, wenn sie in

einem Atemzug den Frieden der Lebenden beschworen und
die Toten weiterhin ihre Schlachten schlagen ließen.

Die Reichsgründung von 1871 hatte Nietzsche als guter Europäer kritisert, als der er sich verstand, im Sinne der universalen Geltung unserer Großen in Literatur und Kunst. Er verwarf entschieden den Versuch, den Sieg über Frankreich als den Sieg unserer überlegenen Kultur hinzustellen und ihn sittlich zu bemänteln. Das kehre ihn, so Nietzsche, in eine »völlige Niederlage« um. Denn er verdanke sich ausschließlich den Elementen, die mit Kultur nichts zu tun haben, dafür umso mehr mit wehrwirtschaftlicher und waffentechnischer Potenz. Nietzsche hat von vornherein die Niederungen des imperialen Machtpokers der Großmächte im Blick, in deren korrumpierende Spiele er das Zweite Reich fortan hineingerissen sieht. Die Deutschen als die letzten Affen des Imperialismus. An dessen Spitze stand das die Weltwirtschaft dominierende Imperium der Briten, über dessen utilitaristisches Tun und scheinheiliges Reden sich Nietzsche des Öfteren auslässt. Es hat sich drei Jahrhunderte lang rund um die Erde ein Weltreich zusammenerobert und dabei nacheinander die Spanier, die Niederländer, die Portugiesen und die Franzosen aus dem Rennen geworfen und auf die hinteren Plätze verwiesen. Und nun kommt mit diesem Bismarck-Reich unerwartet ein neuer, noch dazu potenter Konkurrent daher, das fünfte Rad am Großen Wagen der Weltgeschichte, dessen buchstäbliche Vernichtung fortan das Ziel der britischen Politik wird. Für den britischen Premierminister Benjamin Disraeli ist schon in den Januartagen 1871 das Gleichgewicht der Mächte nicht nur gestört, sondern »völlig zerstört« worden. Und noch ehe das Reich in den nächsten Jahrzehnten wirtschaftlich aufsteigt und zum erstenmal auch über Kolonien und eine eigene Flotte verfügt, ist in den Herzen der Briten das Bild vom hässlichen Deutschen, den man loswerden müsse, voll ausgebildet. Noch ehe es zum Ersten Weltkrieg kommt, notiert der amerikanische Generalkonsul Gaffeny zum Feindbild der Briten: »Meine englischen Freunde zögerten nicht, mir mit völliger Offenheit und der üblichen englischen Anmaßung zu erklären, dass es nötig sei, Deutschland zu zerstören, oder Großbritanien würde seine Vormachtstellung auf den Weltmeeren verlieren.« Diesen Wille zur Macht aber überbietet US-Präsident William H. Taft, als er verkündet: »Der Tag ist nicht fern, da die gesamte Hemisphäre uns gehören wird, wo sie doch schon aufgrund der Überlegenheit unserer Rasse moralisch unser ist.« Dieser Anspruch birgt die beiden verhängnisvollsten Motive der Epoche: den Rassismus und eine ins Globale ausgreifende Großraum-Strategie. Als deren Beute bietet sich das Deutsche Reich besonders an: Es ist die Leitkultur der Hemisphäre. In Wissenschaft und Technik ist es Weltspitze. Es hat mit seinen vielen Nobelpreisträgern in Medizin und Naturwissenschaften mehr als Frankreich, Großbritanien und die USA zusammen vorzuweisen, und führende britische Politiker studieren in Berlin unser System der Selbstverwaltung.

Dieser mit Begehren sich paarende Vernichtungswille zeigt sich erstmals unverhüllt, als die Sieger von 1918 wider jedes Völker- und Menschenrecht den Deutschen den Versailler Friedensvertrag aufzwingen, der durch den gigantischen Betrug mit Präsident Wilsons 14 Punkten zustande kommt, in denen den Deutschen ein gerechter Frieden versprochen wird. Dieses Versprechen wird nicht gehalten zugunsten eines Un-Friedensvertrags, den selbst Churchill rückblickend als bösartig und töricht verurteilt. In dreister, inzwischen längst widerlegter Verdrehung der historischen Tatsachen wird über die Deutschen das Urteil der Alleinschuld am Ausbruch des Krieges verhängt und in der Mantelnote des Vertrags mit dem angeblich »größten Verbrechen gegen die Menschheit« begründet – eine moralisierende Kultivierung allein utilitaristischer Elemente, durch die die Deutschen nunmehr die »Exstirpation des Geistes« an sich selbst erfahren. Das alles war uns Jungen dank Elternhaus, Schule und Lektüre durchaus gegenwärtig, auch, was nach Kriegbeginn 1914 in der Londoner Times zu lesen war: Die deutschen Soldaten hätten den kleinen Knaben die Hände abgehackt, damit die Franzosen keine Soldaten mehr haben. Diese Greuelpropaganda steigert sich im Laufe des Krieges zu weiteren erfundenen Scheußlichkeiten und greift 1917 auch auf die USA über, als Woodrow Wilson die Massen auf den Kriegseintritt an der Seite Englands und Frankreichs einstimmt. Denn nun, da Russland den Friedensvertrag von Brest-Litowsk mit den Deutschen hatte schließen müssen, befürchtet der Präsident, mit der möglichen Niederlage seiner Freunde auch die enormen Kriegskredite plus Zinsen an sie zu verlieren. Das zu vermeiden ist ihm jedes Mittel recht, die Deutschen zum Weltfeind aller Guten und Gerechten abzustempeln, wie überhaupt die Tradition, die Welt in Gut und Böse einzuteilen, hier ihren transatlantischen Ursprung hat, als sich die USA dazu aufmachen, die Nummer eins in der Welt zu werden. Und auch das Phänomen der Hasspredigt fehlt nicht, als am 10. Januar 1918 der Kongress seine Debatte mit dem Gebet eröffnet: »Du weißt, o Herr, dass wir in diesem Kampf auf Leben und Tod mit der ehrlosesten, niederträchtigsten, habgierigsten, missgünstigsten, blutdürstigsten, wollüstigsten und lasterhaftesten Nation stehen, die je das Buch der Geschichte beleidigt hat. Du weißt, dass Deutschland so viele Tränen der Menschheit verursacht hat, dass sich ein neues Meer damit anfüllt. Wir beten zu Dir, dass Du Deinen mächtigen Arm entblößt und die Horde hungriger, wölfischer Hunnen zurückwirfst, von deren Fängen frisches und geronnenes Blut herabläuft ... Segne unsere Alliierten und möge der Sieg unser sein ... Du sollst für immer gelobt sein durch Jesus Christus. Amen.« Dies ist das rassistische Deutschenbild der alliierten Eliten des Abendlandes, als das entkräftete und ausgehungerte Reich 1919 Frieden schließen muss und seine Bezwinger mit dem Vertrag von Versailles nicht nur reiche Ernte an Land, Geld und Gütern einfahren, sondern es einem »Karthago-Frieden« unterwerfen, wie John Maynard Keynes sagt, einer Fortsetzung des Krieges mit anderen Mitteln. Das territorial rundum amputierte Reich wird systematisch in einen Kranz von Krisenherden des Unrechts eingeschlossen, mit dem sich die Sieger dauerhaft die Möglichkeit offenhalten, gegen des Deutsche Reich Krieg zu führen oder es mit dieser Drohung zu erpressen. Sieben Millionen Deutsche werden dem Selbstbestimmungsrecht der Völker zuwider ausgegliedert und insbesondere in Polen und in der Tschechoslowakei unter Bruch des Versailler Vertrags einer Zwangsherrschaft unterworfen, die sich bis zu Mord und Terror steigert, ein Dauerzustand an Menschenrechtsverletzungen, der heute in Europa fast undenkbar geworden ist, damals aber über Jahrzehnte auch in Polen die Regel war. Ein Wissen, das heute verschüttet ist, während wir Jungen in diesem Wissen groß und von diesem Wissen geleitet wurden. Uns war Polen, ehe wir an ihm so furchtbar schuldig wurden, noch gegenwärtig als ein Unrechtsstaat, der das Gebiet von Kiew im Osten bis zur Oder-Neiße-Linie im Westen als seinen historisch angestammten Lebensraum beanspruchte, weshalb es mit seiner Armee ab 1918 unter Bruch des Völker- und Menschenrechts nacheinander in Oberschlesien, Litauen, der Ukraine und in Weißrussland einfällt und die jeweilige Zivilbevölkerung mit Gewalt einem Polonisierungsprozess unterwirft. Von den 30 Millionen Einwohnern dieses Vielvölkerstaates sind elf Millionen Nichtpolen. Es wird massenhaft erschossen, gehängt, gefoltert, inhaftiert und beschlagnahmt. In einem gnadenlosen Kulturkampf gegen alles Nichtkatholische müssen die protestantischen Deutschen, die zweieinhalb Millionen Juden und die orthodoxen Christen immer wieder Schlimmes über sich ergehen lassen. Bis 1938 zerstört die polnische Armee in Strafaktionen nicht nur mehr als hundert orthodoxe Kirchen, Kapellen und Bethäuser, es werden auch ukrainische Priester hingerichtet. Der *Manchester Guardian* spricht 1931 von einer Hölle für Weißrussen und Ukrainer. Über 500 000 Juden verlassen zwischen 1933 und 1938 das unwirtliche Land. Aber auch von den zwei Millionen Deutschen wird die Hälfte zum Verlassen ihrer Heimat genötigt. Dennoch bleibt dieses aggressive und antisemitische Polen als Militärmacht und Feind der Deutschen der Freund der Franzosen, Briten und US-Amerikaner. Und niemend rührt sich, als sich ab 1938 sein Hass auf die deutsche Minderheit zunehmend in Pogromen äußert.

Dass sich damals die Empörung aller Parteien in Weimar gegen dieses Versailler Kuratel richtete, selbst der Kommunisten, ist mir in die Erinnerung zurückgekehrt. Nicht einmal Gustav Stresemann, der Kanzler der Versöhnung, hat das Unrecht der von Polen annektierten Ostgebiete je anerkannt. Lange vor Hitler sieht sich das moralisch gedemütigte Deutschland durch die Macht der Sieger in eine gigantische Beziehungsfalle eingesperrt. Militärisch praktisch wehrlos gemacht, lässt es entweder alles Unrecht über sich ergehen, oder es zieht sich als Friedensvertragsbrecher Strafaktionen zu, wie die Rheinland- und Ruhr-Einmärsche französischer und belgischer Truppen mit Verhaftungen, Vergewaltigungen, Massenausweisungen und Erschießungen Unschuldiger. Was es auch tut in dieser Zwickmühle, es schadet allein sich selbst. Sein Überleben hängt von der Erfüllung eines Vertrages ab, der sich in seinem »Geist« permanent selbst widerlegt und ein Dauerklima der Empörung zeugt. So müssen es die Weimarer Politiker ab 1927 hinnehmen, dass die Sieger von 1918 unter dem Bruch ihrer feierlichen Selbstverpflichtung, unserem Beispiel folgend auch ihrerseits abzurüsten, gewaltige neue Rüstungsprogramme realisieren, die wir Deutschen unter den damaligen Daseinsbedingungen nur als gegen uns gerichtet ansehen können. Bereits 1933 unternimmt das hochgerüstete

Polen unter Marschall Pilsudski drei Versuche, Frankreich zu einem Angriffskrieg gegen das Reich zu bewegen. Das ist heute, wenigstens in Europa, unvorstellbar. Damals aber keineswegs. Damals war das der Zustand und die Mitgift unserer Welt. Diese zum Verschweigen gebrachte Geschichte muss ich mir, um der ganzen Wahrheit willen, in die Erinnerung zurückrufen. Die Sieger von Versailles, die in jenen Tagen stets als die Hüter von Demokratie, Freiheit und Menschenrechten auftreten, fühlten sich keinen Augenblick dazu verpflichtet, für die Rechte der drangsalierten Minderheiten in den den Polen und Tschechen zugesprochenen oder von ihnen annektierten Gebieten einzutreten. Sie überlassen es schon vor Hitler allein den Deutschen, das von ihnen angerichtete und chronisch gewordene Unrecht Stück für Stück abzutragen. Wie die Sieger auf die deutschen Abrüstungsbemühungen reagierten, dazu meinte Lloyd George am 29. November 1934 rückblickend vor dem britischen Unterhaus, man habe sich über diese friedfertigen Minister lustig gemacht und dürfe sich nicht wundern, dass die Deutschen zu guter Letzt zu einer Revolte gegen die Betrügerei der großen Mächte getrieben worden seien.

Ohne diese betrügerische Gewaltpolitik hätte es 1933 einen Hitler als Reichskanzler nicht gegeben, auch nicht das verbreitete innere Aufatmen. Drohte dank der Weltwirtschaftskrise gestern noch der Staatsbankrott – ein Ende des Siegerunrechts von 1918 war nicht abzusehen – und, wie schon 1923, ein neuer »Deutscher Oktober«, ein Umsturz durch die mächtige und nach wie vor von Moskau gelenkte DKP mit einer Armee wohl organisierter junger Straßenkämpfer, die ich als Kind noch erlebt habe, so werden die Deutschen über Nacht von einer keineswegs nur inszenierten Erwartungshaltung erfasst, wie sie nur unterdrückten Völkern mit einem großen Jugendanteil eigen ist. Für die DKP aber war damals nicht die NSDAP der eigentliche Feind, sondern die Sozialdemokratie. Sie hätte durch eine Koalition mit den demokratischen Parteien Hitlers Herrschaft verhindern können. Aber Moskau wollte das Chaos. Das erklärt auch, warum selbst die bürgerlichen Parteien dem Ermächtigungsgesetz zustimmten, das Hitler zu dem uns fatal werdenden Gesetzgeber erhob – die letzte Folge des in Versailles uns auferlegten Dilemmas. Dieses war es, was ihn überhaupt erst über sich selbst hinaushob und als »Führer« dazu brachte, statt sich den Regeln der Sieger, die Frieden sagten und Krieg meinten, weiterhin zu unterwerfen, die geradezu religiösen Rettungswünsche des deutschen Volkes zu erfüllen, womit er sich das Odium des Unruhestifters auch unabhängig von seinem antijüdischen Rassismus zuzog. Als Hitler damit beginnt, das in Versailles so tückisch angelegte Minenfeld des Völkerhasses nach und nach zu räumen, lassen die Siegermächte dies mit scheinbarem Wohlwollen zunächst zu. Erst als er den Fehler begeht, die Tschechen aus ihrem ethnisch sich auflösenden Vielvölkerstaat in ein Protektorat des Reiches zu zwingen, liefert er ihnen den Anlass zu dem neuerlichen und niemals aufgegebenen Versuch, sich das Deutsche Reich einzuverleiben. In Januar 1939, ich bin zwölf und verwurzelt in meiner Heimat, erklärt mich Franklin D. Roosevelt mit dem Satz, »Amerikas Grenze liegt am Rhein«, zu seinem Landsmann. Und Churchill fädelt, wie man heute weiß, im Einvernehmen mit Roosevelt hinter den Kulissen die Große Allianz ein zwischen Großbritannien, Frankreich und der Sowjetunion. Als es 1939 eigentlich nur noch um die Lappalie eines rein deutschen Danzig und um einen exterritorialen Verkehrsweg zu dem 1919 abgetrennten Ostpreußen geht, bestärken Briten und Franzosen die Polen in ihrem Doppelspiel, das Reich durch massive Grenzverletzungen militärisch herauszufordern und zugleich jeden Versuch einer friedlichen Lösung zu blockieren. Das führt am 23. August zu dem Geheimabkommen zwischen Hitler und Stalin, das für das Weiterbestehen Großpolens viel gefährlicher ist, als es die

Herausgabe von Danzig gewesen wäre, das ihm ohnehin nicht gehört. Denn in dem Pakt geht es nicht nur um die Wiedereingliederung der 1920 eroberten ukrainischen und weißrussischen Gebiete in die Sowjetunion. Stalin geht es um die Beseitigung des Versailler Pufferstaates Polen, um für den effektiveren Aufmarsch seiner Roten Armee wieder, wie 1914, eine gemeinsame Grenze mit den Deutschen zu haben. Er will also ungleich viel mehr als Hitler! Das Geheimabkommen beider wird Roosevelt schon einen Tag später durch den Verrat eines deutschen Diplomaten zugespielt. Doch der Präsident gibt seinen Inhalt weder an die Franzosen, die Briten noch die polnische Regierung weiter, um ihr Einlenken in letzter Stunde unbedingt zu verhindern. Denn der Krieg ist beschlossene Sache und Hitler auf diese Weise in die doppelte Sackgasse manövriert. Was er auch tut, es ist das Falsche. Angesichts der geradezu hysterischen Kriegs- und Siegesstimmung der Polen, ihres wachsenden Terrors gegen die deutsche Minderheit und der überaus dreisten Grenzüberfälle verliert er sein Gesicht, wenn er nichts unternimmt. Tut er Stalin den Gefallen des Angriffs, riskiert er einen Krieg, dessen Ende er nicht mehr in der Hand haben wird. Hitler will, auch das muss ich mir vergegenwärtigen, diesen Krieg möglichst nicht, schon gar nicht als Weltkrieg. Das legen die Quellen inzwischen offen. So wie er es ohne den Pakt mit Stalin niemals gewagt hätte, in Polen einzumarschieren! Was auch keineswegs, wie es heißt, allein »unser« Überfall war, sondern der im Pakt beschlossene Mit-Überfall der Roten Armee, der 6 000 polnische Soldaten das Leben kostete. Zudem hatte Warschau, ermutigt durch den militärischen Beistandspakt Englands vom März 1939, sofort seine Truppenstärke verdoppelt und Verbände an der Grenze zu Ostpreußen aufmarschieren lassen. Es standen sich also zwei Aggressoren kriegsbereit gegenüber. Aber seinen mächtigen Gegenspielern tut Hitler den Gefallen, den ersten Schritt in diesen Krieg zu tun und zum hasardierenden Mitvollstrecker ihres Vernichtungswillens zu werden. Als Stalin am 17. September mit seiner Armee von Osten in Polen einfällt, denken die Franzosen und Briten keinen Augenblick daran, nun auch ihm den Krieg zu erklären. Im Gegenteil. Polen wird geopfert. Und die Grenze zu Deutschland, die die Bolschewiken mit ihrem Überfall auf Polen schon 1920, allerdings vergeblich, zu schaffen versuchten, gibt es nun – eine der wichtigsten Voraussetzungen für die Langzeitstrategie der Weltrevolution! Polen wird nicht nur das Opfer Hitlers, sondern auch Stalins, was über die ermordeten 22 000 polnischen Offiziere in Katyn hinaus bis 1941 für Hunderttausende weitere Polen den sicheren Tod bedeutet.

Stalin spielt von Anfang an ein Doppelspiel. Hitler gibt er nur Rückendeckung, um ihn in den Krieg mit Frankreich und Großbritanien zu verwickeln. Er weiß, dass auch Roosevelt das Reich vernichten will. Er weiß aber auch, dass er dafür auf die Rote Armee angewiesen ist und seinen Preis fordern kann. 1940, noch scheinverbündet mit Deutschland, kündigt Molotow die kommende Entscheidungschlacht »am Rhein« an und gibt seiner Botschaft in Berlin geheime Anweisung, die Sowjetisierung Deutschlands vorzubereiten. Hitler klammert sich derweil an den Pakt mit Stalin, um die Briten zum Verzicht auf die Kriegserklärung zu bewegen. Genau das will Stalin nicht. Sowenig wie die Briten. Denn nun sitzt Hitler in der Falle. Selbst nach dem gelungenen Blitzsieg über Frankreich hat er keine Chance, mit den Briten das gleiche zu schaffen. Sie können zusehen, können ihm die Ausweitung des Krieges nach Norwegen, auf den Balkan und nach Libyen aufzwingen und darauf warten, wie er durch unannehmbare Annexionsforderungen Stalins schon Ende 1940 von zwei Fronten so sehr in die Enge getrieben wird, dass er, was man heute allgemein unterschlägt, den Briten bis 1941 mehr als ein Dutzend Friedensangebote unterbreitet, in denen er nicht nur den Rückzug aus allen besetzten Gebieten anbietet, sondern auch die staatliche Wiederherstellung Polens und Reparationen für verursachte Schäden. Das ist keineswegs der uns unterstellte Griff nach der Weltherrschaft, sondern der Rückzug auf den Status quo von 1939. Hitler muss sich im Klaren gewesen sein, was uns Deutschen blühte. Aber Churchill, mit den USA im Rücken, will, wie er selbst damals sagt, nur eins: »Europa in Brand stecken.« Und er hofft darauf, Stalin möglichst mit beiderseitigem Ruin gegen Hitler einsetzen zu können, was ihm dann aber doch misslingt, als die Rote Armee 1945 tief im Westen steht, wo Churchill sie niemals, Stalin sie aber schon 1941 haben wollte. Wie die lange geheimgehaltenen Quellen nunmehr offenlegen, trug die Weltwirtschaftskrise nicht nur zur Machtergreifung Hitlers bei, sie ermutigte ganz entschieden auch die Kreml-Mächtigen, die Sowjetunion ab 1930 aufzurüsten und dazu – systematisch – in ein gigantisches Zwangsarbeits- und Ausmordungslager zu verwandeln, um die Rote Armee auf den revolutionären Eroberungskrieg vorzubereiten, dessen einziges Ziel immer schon der »Kampfplatz Deutschland« war. Stalin wusste so gut wie Roosevelt und Churchill: Wem Deutschland gehört, gehört Europa und die Welt! So war auch das Unternehmen Barbarossa am 22. Juni 1941 nicht der heimtückische Überfall, sondern die in ihren realen Ausmaßen von Hitler und seinen Generälen nicht einmal geahnte Abwehr der detailliert geplanten größten Invasion aller Zeiten, die den Bolschewismus mit all seinen Schrecken bis nach Berlin und an den Rhein tragen sollte und getragen hätte. Nicht nur Nikita Cruschtschow hat die Mär vom deutschen Überfall schon vor Jahren der Lächerlichkeit preisgegeben, als er schrieb: »Aber auch heute noch versuchen einige von Stalins Lakaien ihn reinzuwaschen, indem sie Hitler beschuldigen, ihn getäuscht zu haben, den Molotow-Ribbentrop-Pakt gebrochen zu haben u.s.w. Dies ist eine Formel für Narren oder für Leute, die in politischen Dingen völlig inkompetent sind.«

Der Angriffskrieg war von Anfang an ein notwendiges Mittel der Weltrevolution, schon weil sie von Marx ausgehend ein messianischer Geist beflügelte, tradiert aud ausformuliert nicht zuletzt von den besten Köpfen der jüdischen Intelligenz. Diese Heiligsprechung hatte von Anbeginn einen apokalyptischen Vernichtungswillen hervorgebracht, eine Entschlossenheit, die abendländische Zivilisation an ihrer Wurzel zu zerstören. Für Isaak Deutscher ist Trotzki daher nicht einfach der Schöpfer der Roten Armee, sondern der »bewaffnete Prophet«, der im Namen der neuen Religion die größte Christenverfolgung der Geschichte ins Werk setzt. Das Selbstbild aber, das die bolschewistischen Großtöter von sich haben, ist das eines absoluten Unschuldswahns. Im »Roten Schwert«, dem Organ der Tscheka, später GPU und zuletzt NKWD genannt, heißt es am 18. August 1918 geradezu programmatisch: »Wir haben eine neue Moral. Unser Humanismus ist absolut, denn er gründet sich auf den Wunsch nach Abschaffung der Unterdrückung und Tyrannei. Uns ist alles erlaubt, denn wir sind die Ersten in der Welt, die das Schwert nicht erheben, um zu unterdrücken und zu versklaven, sondern im Namen der Freiheit und zur Abschaffung der Sklaverei. Wir führen nicht gegen einzelne Krieg, wir wollen die Bourgeoisie als Klasse vernichten.« Die Folge dieses flammenden Mordaufrufs ist die jahrzehntelange Massenvernichtung bis zum Völkermord an Männern, Frauen und Kindern, und das nur, weil die neue Heilslehre sie mit dem Stigma des Klassenfeindes gezeichnet hatte. Das *Schwarzbuch des Kommunismus* spricht von einem »regelrechten Krieg des Sowjetstaates gegen eine ganze Nation von kleinen Bauern«. Ganze Dörfer verschwinden von der Landkarte. Tausende von Opfern, die oft gefoltert und geschändet werden, ehe man sie liquidiert, füllen immer neue Massengräber in russischem Boden. Unter den zentralen Planern in Moskau und den führenden Kommissaren vor Ort sind, wie der Westen damals wusste und die Quellen inzwischen belegen, Juden in unverhältnismäßig hoher Zahl vertreten. Das führt nicht nur im Westen, sondern auch unter der russsischen Bevölkerung zu dem Kollektivbild vom »Jüdischen NKWD« und »jüdischen Bolschewismus«, was natürlich ein Unrecht war. Denn es fallen der Revolution damals vor allem in der Ukraine auch weit mehr als 100 000 Juden zum Opfer. Dennoch spricht Simon Dobnow, der Verfasser der zehnbändigen *Weltgeschichte des jüdischen Volkes,* ehe er im Juni 1941 von Gestapo-Agenten ermordet wird, in seinen Erinnerungen von 1937 noch unumwunden von der »furchtbaren Schuld«, die die Juden durch Beteiligung am Bolschewismus auf sich geladen hatten. Und auch der Jerusalemer Historiker Jacob L. Talmon erinnert noch 1970 an die »historische Verantwortung und Schuld der Juden«, deren öffentliche Darstellung er aber schon damals als »explosiv« einstuft, weil sie im Widerspruch stehe zu dem inzwischen herrschenden Bild jüdischer Unschuld und jüdischen Leidens.

Der gegenseitige Vernichtungskrieg zwischen Stalin und Hitler, Revolution und Konterrevolution, gebiert dann auf den Kriegsschauplätzen des vorausgegangenen Klassenkampfes als sein dunkles Drittes zwischen 1941 und 1944 die physische Vernichtung von sechs Millionen Juden, die uns in ihrer Abwesenheit gegenwärtiger geblieben sind, als es alle anderen Opfer des großen Weltbügerkrieges wahrscheinlich jemals waren. Kaum ein Erkenntnisaufwand ist in den vergangenen Jahrzehnten größer gewesen als der, Tötungsmotive und Moral der deutschen Täter zu ergründen. Übereinstimmend wird festgestellt, dass sie alle morden, ohne sich als Mörder zu fühlen. Simon Wiesenthal kommt schon 1991 zu dem Schluss: »Sie waren Bestien, natürlich, aber nur während der paar Jahre. Vorher und nachher waren sie anständige und ganz normale Mitglieder unserer Gesellschaft.« Und Yehuda Bauer stellt, darüber noch hinausgehend, in seiner Rede vor dem Deutschen Bundestag am 27. Januar 1998 klar: »Das Fürchterliche an der Shoah war eben nicht, dass die Nazis unmenschlich waren, das Fürchterliche war, dass sie Menschen waren, Menschen wie Sie und ich. Es ist nicht mehr als billige Ausflucht, wenn wir sagen, dass die Nazis anders waren als wir, dass wir in Ruhe schlafen können, weil die Nazis Teufel waren und wir eben nicht. Eine genau so billige Ausflucht ist die Annahme, dass die Deutschen irgendwie genetisch dazu programmiert waren, diese Massenmorde durchzuführen. Diese Haltung ist nichts als umgekehrter Rassismus.« Es ist dieses Phänomen eines »Verbrechens ohne Verbrecher«, das seine Endstufe erreicht, als um die Jahreswende 1941/42 mit der Globalisierung des Krieges durch die USA die Niederlage Deutschlands unausweichlich wird. Nun konzentriert sich Hitlers Wahn vom jüdischen Weltfeind, je mehr der seinem Zugriff entzogen ist, auf den ihm verbliebenen Machtbereich. Aber schon vor dem Einmarsch deutscher Truppen 1941 hatten sich in der Ukraine, in Litauen und Weißrussland zahllose Pogrome ereignet mit Tausenden jüdischer Opfer. Es war die Rache für die Schuld »der« Juden an den Massenmorden der Bolschewiki in den zehn Jahren zuvor und an den aktuellen Massakern des NKWD kurz vor dem Eintreffen der deutschen Truppen. Unsere Soldaten betreten einen Boden, der überall die Massengräber der roten Exzesse birgt, das hat sie anders als uns Heutige unmittelbar geprägt. Und dennoch entschuldigt das nicht, was nunmehr an Entsetzlichem auch auf unserer Seite geschieht. Denn wenig später werden nicht weit weg von den Mordstätten der Revolution abermals Tausende Männer, Frauen und Kinder vor ausgehobene Gruben getrieben und diesmal von Polizeibataillonen und von speziellen Einsatzgruppen des SD erschossen und verscharrt, wie in Babij Jar bei Kiew, wo über 30 000 Juden unter Mithilfe der Einheimischen den Tod finden. Inzwischen ist in dem Wäldchen Bykiwnja nach Kiew eines der vielen Massengräber des roten Terrors der 30er- und 40er-Jahre entdeckt worden mit den Überresten von 130 000 Opfern. Deren Exhumierung konnte erst nach 1991 beginnen. War es doch bis dahin den Angehörigen der Opfer bei Strafe verboten, sich ihrer in Wahrheit zu erinnern. Denn am Eingang zu dem verbotenen Wäldchen verkündete eine Stele: »Hier ruhen Opfer der deutsch-faschistischen Eroberer.« Ein solches »Bykiwnja« aber finde man, so die ukrainische Schriftstellerin Oksana Sabuschko, beim Graben nahe jeder größeren Stadt des Landes. Überall ist dort eine Erinnerungs-Kultur und -Literatur zu neuem Leben erwacht. Denn Europa kann keine Einheit werden, wenn nicht all seine Toten redlich in sie mit aufgenommen sind.

Was die Motive der Täter betrifft, ist den Zeithistorikern nicht entgangen, dass sie nicht das »Uns-ist-alles-Erlaubt« der Tscheka- und NKWD-Kommissare leitete, sondern dass sie Skrupel hatten. In den Verhören sind sie ängstlich bedacht, nicht als schlechte Menschen zu gelten, und sie werden später zu dem, was sie an Furchtbarem tun zu müssen meinten, auf Distanz gehen. »Es war notwendig«, so Höß, Kommandant von Auschwitz, oder Stangl, der die Lager Sobibor und Treblinka leitete. Was aber die Zusammenhänge betrifft, in die die Zeithistoriker das Tun der Täter einordnen, so bleibt bei ihnen nach wie vor das ausgeklammert, was den Endlösern noch ganz gegenwärtig war und an dessen Schauplätze sie der Krieg gebracht hatte. Und gegenwärtig ist er auch in Himmlers Posener Geheimrede im Herbst 1943 vor hohen SS-Führern. Unter Eingeweihten spricht er nicht nur ganz offen über die »Ausrottung des jüdischen Volkes«, er begründet sein Tun auch: »Wir hatten die Pflicht gegenüber unserem Volk, dieses Volk, das uns umbringen wollte, umzubringen.« Aber mit dieser »Pflicht« hat er ein Problem. Sie muss vor dem Volk geheim bleiben! Indirekt bringt er zum Ausdruck, dass dieses Volk in seiner überwältigenden Mehrheit sein Verbrechen auch im Nachhinein niemals gutheißen würde! Wie auch. Er wertet die Tat als ein »niemals zu schreibendes Ruhmesblatt unserer Geschichte«! In diesem Paradox spricht sich etwas aus, was historisch neu ist. Ein solches Problem mit dem Ruhm hatten jemals weder die weißen Eroberer, noch haben es die Historiker der Oktoberrevolution bis heute. Himmlers mehr als dreistündige Rede ist in ihrem Ton deutlich defensiv. Ihr Zynismus hat das Nichts vor Augen und ist mit der Gewissheit befrachtet, dass der Krieg seit langem verloren ist. Länger noch als die Nazigrößen trägt Himmler die Zyankali-Kapsel, seinen Tod, am Leib. Die weitgehend vollzogene Vernichtung der Juden, der er zwei Minuten seiner Rede widmet, hat er, wie den Endsieg, innerlich schon hinter sich gelassen. Aber er wertet die Vernichtung ausdrücklich als die Reaktion auf das Wirken der »Kommissare«, durch die die Russen überhaupt erst »so stark« geworden seien! Das heißt im Klartext: Ohne die Juden und ihren so vitalen und in Jahrtausenden hochtrainierten Intellekt, der sie in allen Gastvölkern zu den Besten und zur Avantgarde der Moderne machte, hätten die Russen niemals so weltmächtig werden können. Das öffnet den Blick auf die innere Verfassung der führenden Endlöser und ihre rund 200 000 errechneten Untergebenen, die die Mord-Befehle ausführten. Deren Verbrechen legten die Sieger 1945 den Deutschen kollektiv zur Last und machten sie zu dem, was kein Volk in seiner naturgegebenen Vielfalt je sein kann: ein handlungsfähiges Subjekt. Weder *die* Russen noch *die* Juden haben die Verbrechen des Bolschewismus begangen.

Was uns Jungen damals umtrieb, war nicht die Gedankenblässe des arischen Rassenwahns oder des Lebensraums im Osten, sondern die tief einschneidende Gewissheit, uns nicht nur als Reich, sondern auch als Volk der eigenen Vernichtung erwehren zu müssen. Mit Versailles und seinen Folgen war uns von Kind an klar, auch durch ganz physische Erfahrungen, dass die Siegermächte, die nun erneut gegen uns angetreten waren, unser Dasein grundsätzlich in Frage stellten. Dieses Gefühl verstärkte sich bis hin zu der uns von Roosevelt, Churchill und Stalin auferlegten »bedingungslosen Kapitulation«, die uns jeder denkbaren Willkür wehrlos auslieferte. Wir hatten allen Grund, Theodore Kaufmans von den Medien immer wieder über den Atlantik getragenes »Germany must perish!« absolut ernst zu nehmen, eine Formel, die uns Deutsche schon 1940 kollektiv schuldig sprach und bis auf einen Rest von 15 Millionen Unschuldigen zur »Ausrottung« freigab, ein Wort, das damals noch nicht ins Wörterbuch des Unmenschen eingetragen war. Auch das habe ich mir in die Erinnerung zurückgerufen: Unter dem Druck der von den beiden Flügelmächten USA und UDSSR von langer Hand gemeinsam verhängten Vernichtung des Reiches musste ein Politiker vom Zuschnitt Hitlers zwangsläufig zu einer Bedrohung für uns Deutsche werden, deren wahres und unvorhersehbares Ausmaß sich aber erst dadurch ergab, dass ihre inverse Propaganda ihn zur »deutschen« Bedrohung erklärte. Das zwang nicht nur Andersdenkende in die widrige Schicksalsgemeinschaft mit Hitler, es erklärt auch die Tragödie des Widerstands gegen ihn. Der hochherzige Geist eines Dietrich Bonhoeffer, »Wir lesen die Bibel nicht gegen uns, sondern nur noch für uns!«, konnte im Volk keine Wurzeln schlagen, weil *diese* Art des Lesens auch den Siegervölkern eigen war. Eugen Gerstenmaier, Bundestagspräsident während Adenauers Kanzlerschaft, erinnerte sich 1975: »Was wir im deutschen Widerstand während des ganzen Krieges nicht begreifen wollten, haben wir nachträglich vollends gelernt: Daß der Krieg eben nicht nur gegen Hitler, sondern gegen Deutschland geführt wurde.« Das erklärt überhaupt erst das so verbissene und scheinbar Absurde unseres Durchhaltens bis zuletzt, auch der Zivilbevölkerung in den bombardierten Städten. Und dies um den heute so unvorstellbaren Preis von Tausenden von Gefallenen und zivilen Opfern Tag für Tag. Das lässt kein Volk mit sich machen, wenn es sich nicht auf Leben und Tod in die Enge getrieben weiß. Vor allem durch die an kein Völkerrecht gebundene Rote Armee, die 1945 im eroberten Ostpreußen das ihr eigene Schreckenszeichen über uns brachte in geschändeten und gekreuzigten Frauen, was mich später umso tiefer anrührte, als es sich von unseren Verbrechen an wehrlosen Frauen und Kindern in den Lagern nicht ablösen ließ. Der von langer Hand beschlossene Griff der Großmächte nach der Weltherrschaft brachte all dies zwangsläufig mit sich, als es 1939 zum Krieg kam. Ihn zu verlieren war vom ersten Tage an unausweichlich über uns verhängt. Die Historiker der Sieger haben längst errechnet, dass ein deutscher Sieg, aufgrund unserer Ressourcen, gemessen an denen der Alliierten, niemals möglich war.

UM DIE EUROPÄISCHE EINHEIT DER TOTEN

Die apokalyptischen Mächte der Moderne, Liberalismus und Marxismus, waren von beiden Seiten her über uns gekommen und hatten als Drittes Faschismus und Nationalsozialismus hervorgetrieben. Unsere Geistesgrößen hatten ein Gespür für die Folgen dieser Selbstermächtigung des Menschen, sein eigener Gott und Erlöser sein zu wollen. Im Allgemeinen haben wir genau dies vergessen, dass der Mensch nicht heilsfähig ist aus sich selbst! Jeder Messias, der kommen wird, ist der falsche, warnt Leibowitz. »Der Mensch ist«, so der Talmud, »das letzte Geschöpf, ist der zuletzt in die Welt Gekommene, die Nachhut der Schöpfung. Die Welt ist nicht das, was der Mensch geplant und gewollt hätte, er hat nicht einmal ihren Anfang erlebt; sie ist nicht aus der schöpferischen Freiheit des Menschen hervorgegangen. Der Mensch ist in die fertige Welt gekommen, der Mensch wird als erster die Strafe erhalten. Er ist es, der auch für das geradestehen muss, was er nicht gemacht hat. Er ist Geisel des Geschöpfs. Jenseits seiner Freiheit wird er vorn und hinten eingeengt. »Hiob war der erste, den Gott genau das erleiden und mit Augen erkennen machte, dass nicht Gott uns Rechenschaft schuldet für den Zustand der Schöpfung, sondern wir ihm. Wir denken in verkehrten Relationen. Und die Aufklärung im Verein mit den entfesselten Produktivkräften bestärkte uns darin.

Das wird noch an der Wertung von Auschwitz als »Holocaust« und Kollektivschuld deutlich – als hätten alle Deutschen im Einvernehmen mit den Mordkommandos an den Gruben gestanden. Dieser Gedanke schreibt einem Volk eine Macht und Potenz zu, die es gar nicht hat. Und es steckt darin ein Tabu, das alles Fragen nach dem Davor mit einem Bann belegt. Es war doch die, wenn auch wahnhafte, Gleichsetzung von »marxistischer Bedrohung« und »jüdisch«, die die Endlöser dazu trieb, das jüdische Volk physisch ausrotten zu wollen. Auch wenn das jenseits ihrer realen Möglichkeiten lag: Es zu wollen und innerhalb des eigenen Machtbereichs mit aller Energie voranzutreiben, das ist historisch einmalig. Und doch steht es in einem unabtrennbaren Zusammenhang mit dem historisch ebenso einmaligen Ereignis, die Geschicke der Menschheit entlang dem Begriff des Klassenfeindes leiten zu wollen, diesen zum »Ungeziefer« (Lenin) zu erniedrigen und seine Ausrottung mit Kind und Kegel tatsächlich ins Werk zu setzten. Yehuda Bauer ist einer der wenigen Historiker, die darauf bestehen, dass die Vernichtung der Juden kein Ereignis im unfassbaren Jenseits der Geschichte war. Das sei eine Mystifizierung, die zur totalen: »Trivialisierung« führe. Er hat Elie Wiesel und Dan Diner im Blick, die beide die Position der Holocaust-Religion bezogen haben. Das jüdische Opfer darf für Diner niemals in die »unterschiedslose Vermenschheitlichung von Leiderfahrung« einbezogen werden, wie er in seiner Dankesrede zur Verleihung des Ernst-Bloch-Preises der Stadt Mannheim 2007 sagte. Er will die jüdischen Opfer zuoberst in die Hierarchie aller Martyrien gestellt sehen mit dem Effekt, dass von all den vielen anderen unserer dunklen Epoche nirgends mehr die Rede sei. Die Leiden der Juden sollen das Werk eines absoluten Bösen gewesen sein. Mit ihm habe Deutschland die »Rückkehr zu sich selbst«, zu seiner positiven nationalen Identität verwirkt, weil die Schuldmasse auf das Kollektiv zurückfalle, von dem das Kollektivverbrechen ausgegangen sei. Es geht Diner und Wiesel um die Etablierung einer Schuld der Deutschen buchstäblich »bis ans Ende der Zeiten«. Diner zieht alle Register, um die Endlösung zu einem »grundloses Ereignis« außerhalb aller historischen Zusammenhänge zu erklären und es, so wörtlich »gleichsam an die Stelle Gottes« zu setzen. Das liegt, als eine andere Form innerwetlicher Transzendenz, auf einer Linie mit dem marxistischen Messianismus und der Heiligung seines Schöpfers zum neuen Moses der Menschheit. Daraus ergab sich der Absolutheitsanspruch der Revolutionäre von 1917 und ihr »Uns-ist-alles-Erlaubt«, was zum Freibrief für beispiellose Verbrechen führte. Dass dem »Zivilisationsbruch«, den Diner allein im Holocaust wahrnehmen möchte, die marxistische Selbstermächtigung zum Bruch mit der ganzen bisherigen Zivilisation des Westens vorausging, soll aus dem Gedächtnis der Welt gelöscht werden. Doch geht das zusammen mit dem »heiligen Weg Israels« (Martin Buber) durch die Zeiten? Dass auf diese Weise die Shoah an die Stelle des Judentums und des Einen Gottes treten würde, darauf hat schon Jeshajahu Leibowitz hingewiesen, und bereits Heinrich Heine hatte es so kommen sehen. Er erkannte den Pferdefuß des linkshegelianischen Messianismus seiner Freunde, dem auch er anfangs huldigte und den er mit der ihm eigenen genialen Ironie bloßstellte: »War ich doch selber jetzt das lebende Gesetz der Moral und der Quell alles Rechts und aller Befugnis, ich war unsündbar, ich war die inkarnierte Reinheit; die anrüchigsten Magdalenen wurden purgiert durch die läuternde und sühnende Macht meiner Liebesflamme.« Heine sah, »wessen wir uns zu gewärtigen haben, sobald die rohe Masse, die die einen das Volk, die anderen den Pöbel nennen«, zur wirklichen Herrschaft käme. Was diese Herrschaft unter der Führung skrupelloser Kader anrichtete, fasste der Völkermordforscher Gunnar Heinsohn in die Metapher von der »Heilung der Tuberkulose durch Entfernung der Lunge«, was im 20. Jahrhundert an die 100 Millionen Menschen das Leben kostete.

Solche Bedenken fechten die Hüter jener strafrechtlich geschützten Gedenk- oder Zivilreligion überhaupt nicht an, die uns Deutschen ein ritualisiertes Erinnern auferlegt, in das die eigenen Opfer gar nicht oder nur als Geächtete eingehen. Der Philosoph Peter Furth sieht darin eine »enge Pforte«, durch die man nur durch Unterwerfung hindurchgelange, was zwangsläufig zur Heuchelei führe, bei der er sich an die Marranen der spanischen Inquisition erinnert fühlt. All das sei auf einen »Als-ob-Gott« ausgerichtet, von dem wir keine Gnade zu erwarten hätten. Im Auschwitz-Tabu seien Opfer und Tätervolk manichäisch geschieden, mit dem Effekt, dass der »Gedanke, welch unmäßige Hypothek auf die kommende Geschichte gelegt wird«, keinen Raum habe. Im Sieg über Hitler lebe Hitler vielleicht weiter. Habe er nicht militärisch gesiegt, so möglicherweise politisch, nämlich dann, wenn er seine Gegner nötigen konnte, das Prinzip des absoluten Feindes und der totalen Schuld zu übernehmen. Und in der Tat, dieses Deutschenbild ist das Gegenbild zu Hitlers apokalyptischem Judenbild in *Mein Kampf,* wo er schrieb: »Siegt der Jude über die Völker der Welt, dann wird seine Krone der Totenkranz der Menschheit sein, dann wird dieser Planet wieder wie einst vor Jahrmillionen menschenleer durch den Äther ziehen.« Auch dies ist nichts als das Feindbild einer absoluten Schuld, aber Hitler schrieb das in Reaktion auf den messianischen Absolutheitsanspruch der Weltrevolution, unter dem Eindruck millionenfacher Morde in Russland und der beträchtlichen Bürgerkriegsopfer in den von

Moskau organisierten Räterepubliken in Ungarn, Berlin, München und Sachsen. Mit seinem besonders hasserfüllten Judenbild überbot Hitler das der Päpste des 19. Jahrhunderts, die im Marxismus die sie vernichten wollende »Synagoge des Satans« am Werk gesehen hatten. Der traditionelle Antisemitismus hatte als Reaktion auf den Marxismus-Leninismus eine ganz neue, eine politische Qualität erlangt, die keineswegs nur in die Weltanschauung der Nazis Eingang fand. Die Sakralisierung der Shoah sucht diese historische Phase dadurch auszulöschen, dass sie das Golgatha der Juden an Christus, dessen Mahnmale immer noch die Welt umspannen, zum Golgatha der Christen an den Juden umkehrt.

Wenn der längst besiegte und tote Hitler seine Gegner immer noch nötigen kann, nach dem Prinzip des absoluten Feindes und der totalen Schuld zu leben, und das mit dem Effekt, dass die Toten der Shoah, wie Francois Lyotard einmal sagte, »abwesend gegenwärtiger sind als jegliches Gegenwärtige«, dann heißt das doch, dass diese Toten nicht ruhen und dass sie keinen Frieden geben sollen. Das aber hat, sehr zum Unwillen der Gedenk-Ideologen, eine Bewegung wachgerufen, auch die vergessenen Toten des europäischen und amerikanischen Kolonialrassismus in die Erinnerung zurückzurufen bis hin zu der begriffsauflösenden Verwendung des Wortes Holocaust auch auf diese Toten. Das Tabu hat, wie so oft, einen Tabu-Bruch evoziert, nun auch in dem Willen zu erfahren, was damals Hitlers Prinzip des absoluten Feindes und der totalen Schuld eigentlich hervorrief, da doch dies offenbar kein ganz so grundloser Vorgang war, wie man heute gern behauptet. In den letzten Jahren sind hinter den Shoah-Toten mehr und mehr die anderen, abwesend gehaltenen Toten in die Anwesenheit zurückgebracht und aus ihrem Verschollenenschicksal erlöst worden. Das hat sein Gutes. So gedenken die ukrainischen Parlamentarier ausdrücklich auch des Völkermords an ihren Vorfahren während es roten Terrors. Was die Kultur des Erinnerns angeht, so ist sie nur dann gerecht und wahr, wenn sie aller Opfer gedenkt. Als der US-Ankläger Robert H. Jackson bei der Eröffnung der Nürnberger Prozesse gegen die Hauptangeklagten erklärte, »die wahre Klägerin« vor den Schranken des Gerichts sei nicht die Siegerjustiz, sondern die Zivilisation, leitete er ungewollt einen unhegbaren Prozess ein, aus dem bald auch die Klägerin als Mit-Angeklagte hervorgehen sollte. Denn als die zivilisierten Weltmächte ab 1939 gegen Deutschland in den Krieg traten, da stand die Bekämpfung all dessen, in das der Prozeß sie nunmehr mit verstrickte, keineswegs im Mittelpunkt ihrer Kriegführung: Raumgewinn, Unterwerfung bis hin zum Massen- und Völkermord, Rassismus und Antisemitismus! Erst der Sieg über die Deutschen und die entsetzliche Hinterlassenschaft der Shoah brachten es mit sich, dass die Sieger in der Finsternis unserer Herzen auch ihrer eigenen inne wurden. Angeklagt war nicht irgendein Volk, sondern das Volk der Dichter und Denker im Herzen Europas. Zu Gericht aber saßen nunmehr auch die Gesandten der Weltrevolution aus Moskau, die ab 1917 angetreten waren, diese Zivilisation zu vernichten. Da richteten: Mörder über Mörder – was nicht ohne Folgen bleiben konnte. Nicht nur die imperiale Eifersucht, mit der die Völker Europas sich in ihrem zweiten Dreißigjährigen Krieg zwischen 1914 und 1945 gegenseitig ruiniert hatten, fiel von ihnen ab, es lösten sich mit Hitlers Reich nacheinander auch ihre riesigen Kolonialreiche auf, es formierte sich die Dritte Welt, es entstand die UNO, die Völkermordkonvention von 1948, und es setzte, wenn auch nicht ohne Widerstand, ein Aufweichungsprozeß ihres Herrenmenschentums ein, das allein in uns Deutschen geahndet und geächtet wurde.

Wir Jungen aber fielen, daran erinnere ich mich gut, 1945 aus allen Wolken. Die von Deutschen im Osten verübten Verbrechen lagen jenseits unserer Fassungskraft. Ergeben in den

Willen der Sieger akzeptierten wir alle Schuld, aber auch die lächerlichsten Lügen. Ja, wir stellten uns zusätzlich zum territorialen auch dem leiblichen und seelischen Vernichtungswillen der Sieger, der wiederum viele Millionen das Leben oder die Gesundheit kostete. Erst als Stalin 1948 ganz Berlin fordert, revidieren die westlichen Alliierten ihre repressive Besatzungspolitik. Trotz aller Härten hatte sie tatsächlich wie eine Befreiung gewirkt, wenn auch nicht ganz wie die, von der die Sieger sprachen, aber es war allemal eine große Katharsis, den Sündenbock in die Wüste gejagt und den imperialen Hass nach diesem langen Konflikt der Völker zerfallen zu sehen. Dieser Konflikt freilich war seinem Wesen nach niemals monokausaler Ursache, wie die bevormundende Erklärung durch die Sieger wissen wollte und wie unsere Medien es bis heute nachbeten. *Alle* beteiligten Völker und ihre Systeme zwangen einander ihr Unwesen auf, was dem Ganzen überhaupt erst den apokalyptischen Zerstörungstrieb gab bis hin zum gemeinsamen Ruin der europäischen Völker. Wir Davongekommenen spürten das zutiefst. Wir machten, allem Elend der merkwürdig euphorischen Nachkriegsjahre zum Trotz, die Reichsgründung von 1871 innerlich rückgängig und erlebten die Heimkehr des Geistes. Angesichts des gigantischen Trümmerfeldes, in das die Klimax seiner Hegemonialkämpfe Europa nunmehr verwandelt hatte, setzte auch jenseits der deutschen Grenzen ein Prozess der Umkehr ein. Denn zwischen Nürnberg, wo noch Stalins Massenmörder sich an unserer Verurteilung beteiligten, und der völker- und menschenrechtlichen Steigerung zum heutigen Weltstrafgerichtshof von Den Haag ist die Versöhnung der Erb- und Todfeinde von einst zum Ereignis geworden. Man könnte auch sagen, mit den Abermillionen Toten wurde sie so teuer erkauft, dass kein Zurück mehr möglich ist.

WIEDERKEHR DER GOTT-MIT-UNS-KRIEGE?

Der Bann der ewigen Wiederkehr des Gleichen ist sichtlich gebrochen, am gründlichsten wahrscheinlich in uns Deutschen, und damit die lange Diktatur einer Vergangenheit, die stets die Zukunft vorherbestimmte, indem die Toten die Lebenden in ihre Gräber zogen. Wir haben uns nach dieser Erfahrung unter Hintansetzung unserer eigenen Leiden und Opfer in einem Maße zu unserer Schuld bekannt, Sühne geleistet und materielle Schäden ersetzt, wie das neu ist in der bisherigen Geschichte. Es war, so Emile Cioran, »der Glaube an das Jüngste Gericht, der die psychologischen Bedingungen des Glaubens an den Sinn der Geschichte schuf und als deren Nebenerzeugnis die ganze Geschichtsphilosophie.« Dieser heilsgeschichtliche Glaubenshochmut mobilisierte stets die Jugend, die dann das jeweils vorhergesagte Ereignis zu realisieren helfen sollte, sei es der Sieg der marxistischen Weltrevolution, das globale Glück des Marktes oder, wie wir Hitlerjungen sangen: »Wir sind heut und morgen, / Alles was die Zeit erschafft, / Ist in uns verborgen, / Bildet unsre Kraft. / Stürmen und Bauen, Kampf und Arbeit unentwegt, / Wird in uns zum Pfeiler, der die Zukunft trägt.« Das war unser »Sein und Zeit« in nuce. Die Zukunft, an die wir glaubten und die wir erstrebten, war die Fortsetzung der Vergangenheit. In ihrem Namen traten wir im Zweiten Weltkrieg einem Tod unter die Augen, der all unser Stürmen und Bauen entwertete, bis nichts als Wüste blieb. 1945 stand unsere Generation vor der unfassbaren Situation, für »Verbrechen gegen die Menschheit« geradestehen zu müssen, für die sich in der Welt ein Rechtsbegriff und ein Gewissen überhaupt erst ausbilden mussten. Warum so spät?

Auf die Frage, was ausgerechnet den Völkern des Westens das Wunder ihrer weltbeherrschenden Macht bescherte, hat der Völkermordforscher Gunnar Heinsohn eine Antwort gefunden, die den Zeithistorikern verborgen geblieben ist, die aber schon in den Werken der Goethe, Heine, Büchner oder Nietzsche, die dem Leben offenbar näher sind, ihren erhellenden Ausdruck fand. Hinter dem Wunder verbarg sich die repressive Sexualmoral des Christentums mit ihrem Verbot der Empfängnisverhütung, die, wie Heinsohn mit Zahlen belegt, Ende des 15. Jahrhunderts zu einem plötzlich anwachsenden Reservoir nicht-erbender Söhne führte, den iberischen *secundones*, die noch im 19. Jahrhundert überall in Europa und auch in weiten Teilen Russlands zu Übervölkerung führten. Diese überschüssigen dritt-, viert-, fünftgeborenen Söhne waren es, die sich ab 1492 in immer neuen Schüben in Übersee auf Kosten der Kolonisierten neue Verausgabungsräume schufen und ein Kontinuum von Eroberungs- und Vernichtungskriegen in Gang setzten, das im Stafettenlauf der einander ablösenden Imperien von den Portugiesen über die Spanier und Niederländer schließlich die Briten erfasste, ehe die verspäteten Deutschen zu ihren bestgehassten Konkurrenten wurden, deren überquellender Nachwuchs mit dem nicht minder zahlreichen der Polen, Tschechen, Juden und Serben auf enger werdenden Räumen eskalierende Verdrängungskämpfe riskierte. Erst die über 50 Millionen Weltkriegstoten und das Versiegen des europäischen Babybooms nach 1945 entzogen dem globalen Ausdehnungstrieb die biologische Brisanz, sodass der Stab der Weltherrschaft nach dem Zerfall der Sowjetmacht den USA zufiel.

Inzwischen ist dieser gigantischen Macht in Gestalt des Islam, nachdem das lange unbemerkt blieb, ein »altneuer Weltfeind« enstanden, wie Heinsohn ihn nennt. Waren es 500 Jahre lang die Völker des Westens, die das Siegesbanner der Fortpflanzung triumphierend vor sich hertrugen, so sind dies nun die Länder des Islam, die sich von 1900 bis heute in nur fünf Generationen von 150 Millionen auf 1,3 Milliarden Menschen vermehrten und unentwegt weiter vermehren. Was den ersten zionistischen

Siedlern in Palästina noch als ein »Land ohne Volk« erscheinen konnte, eine Vorstellung, die schon damals an der Realität ziemlich vorbeiging, ist längst zum gefährlich engen Lebensraum eines aus allen Nähten platzenden Volkes ohne Land geworden, mit einer überschüssigen Jugend, die, weil ohne Zukunft, mit einem zunehmend rebellisch und selbstmörderisch werdenden Mut heranwächst. Mit der islamischen Speerspitze dieser Jugendarmee, so Heinsohn, tritt nach dem Ende der marxistischen Weltrevolution erstmals wieder ein Herausforderer auf, der das Geschäft des aktuellen Hegemon nicht etwa übernehmen, sondern zerstören will. Doch anders als die Jugendarmeen Moskaus oder Berlins hat diese neue Armee keine eindeutige Adresse, schon weil sie dem übermächtigen Vernichtungsarsenal der USA und ihrer Verbündeten an gelenkten Atomwaffen hoffnungslos unterlegen ist. Das schreibt ihr ein Gesetz des Handelns vor, das zum Guerillakrieg des unberechenbar zuschlagenden, selbstmörderischen Terrors führt, das aber ununterbrochen und steigerungsfähig über Jahrzehnte. Umgekehrt ist für die USA die Landkriegsführung mit Bodentruppen, wie sie im Zweiten Weltkrieg mit Abermillionen Opfern noch möglich war, undenkbar geworden. Das Leben der wenigen eigenen, noch dazu verwöhnten Söhne und Töchter ist einfach zu kostbar und ihr Heldentod den Müttern und Vätern nicht mehr ohne weiteres zumutbar wie noch unseren Müttern und Vätern bis 1945. Die jungen Völker aber können so wie wir damals Millionenheere von dritt-, viert- und fünftgeborenen Söhnen und Töchtern in den Kampf schicken, die ebenso überschüssig wie ersetzbar sind. Überdies kommt ihnen ihr riesiges und schwer zugängliches Operationsgebiet zu Hilfe, das zu kontrollieren der Westen seinerseits Millionenheere mobilisieren müsste, für die ihm längst der Nachwuchs fehlt. Heinsohn fühlt sich angesichts des Sendungsbewusstseins der islamischen Jugend an den Geist der Tscheka und ihr: »Uns ist alles erlaubt!« erinnert. Denn so ähn-

EPILOG

lich sehen auch die Islamisten in sich selbst »die Guten« und in ihren zerfetzten Opfern die Bösen. Die Bush-Regierung hat auf diesen religösen Manichäismus mimetisch reagiert und im Bewusstsein der eigenen göttlichen Mission die islamischen Staaten zu Schurkenstaaten erklärt, wobei nicht ausbleiben konnte, dass auch die eigenen Soldaten zu Schurken wurden. Wie sich zeigt, ist der Krieg im Irak nicht zu gewinnen, es sei denn nuklear, eine Strategie, die anzuwenden man noch vor 60 Jahren, im Zeitalter nachwachsender Massenheere, keine Skrupel hatte. Warum dann heute? Christlicher ist der Westen nicht geworden. Wenn sich aber die Gläubigen des Islam ohne den übermächtigen Bevölkerungschub nicht in mörderische Islamisten verwandelt hätten, muss dann dem altneuen Weltfeind nicht anders als durch Krieg begegnet werden? Der Krieg gehörte doch bevorzugt zu jenem trostlos ewigen Wiederholungsspiel, das die kolonialen Exzesse und den Terror der Revolutionen aus sich hervortrieb, ehe seine überschüssigen Energien in den Ausblutungsschlachten der beiden Weltkriege zum Versiegen kamen und die Erinnerung an das zurückkehrte, was uns vor 500 Jahren abhanden gekommen war, die Weisheit der Empfängnisregulierung. Für irgendeine erlösende Idee zu sterben und zu morden – dieser Gedanke ist unseren rar gewordenen jungen Menschen völlig abhanden gekommen, obwohl an die Stelle des heldischen Sterbens aus Mangel an Blut der digitale Techniker des ferngelenkten Tötens getreten ist mit einem vergleichsweise komfortablen Tötungsrisiko von 1:50 bis 1:100. Als wir jungen Soldaten 1944 in der Normandie unseren D-Day erlebten, wurden die geboren, die nun an der Grenze ihres Arbeitslebens angelangt sind und schon zu der Heraufkunft der vielzuvielen Alten zählen, die die Bevölkerungspolitik bereits zum großen Beben aufbauscht. Wahr ist, dass sich in meiner Generation die Erwartung eines frühen Todes in eine hohe Lebenserwartung verwandelt hat.

Ich selbst erlebe das Alter als ein Geschenk und muss immer wieder daran denken, wie ich mit zwanzig Goethes Lebenserzählung *Dichtung und Wahrheit* las und das Motto ihres zweiten Teils: »Was man in der Jugend wünscht, hat man im Alter die Fülle.« Es ging augenblicklich wie eine Verheißung in mich ein, die sich tatsächlich an mir erfüllte. Ich blicke trotz allem nicht zurück auf ein verlorenes oder gar zerstörtes, sondern ein gelungenes Leben, im Bewußtsein auch, dass der Bann der Wiederholungen und der falschen Treue gebrochen ist. Die Unschuld meines Kinderglaubens verlor ich mit siebzehn an Goethes *Faust*, aber selbst in den schlimmsten Augenblicken meines Lebens blieb mir immer das, was man Ur- oder Gottvertrauen nennt. Es ist eine Art Unsterblichkeitsempfinden, das das Sterben- und Vergehenmüssen einschließt. Das Alter muss nicht die teuerste und irgendwann nicht mehr bezahlbare Zeitspanne unseres Lebens sein, denn in ihm liegt so viel Produktivität brach. Ich muss nicht allein an Goethe denken, der als Achtzigjähriger die hinreißendsten und ermutigendsten Verse seiner Faustdichtung schrieb und mir mit ihnen das größte Geschenk meiner Jugend machte. Eines aber ist nach den Erfahrungen des Zweiten Weltkrieges unbedingt geboten: die neuen Herausforderungen an unsere westliche Kultur müssen grundsätzlich in einem Krieg der Gedanken entschieden werden. Die literarischen, künstlerischen und religiösen Schätze des europäischen und deutschen Geistes seit dem Mittelalter sind eine wiederzuentdeckende Quelle der Weisung und der Kraft. Das Europa der Vaterländer ist in seiner schöpferischen Substanz ungebrochen. Sonst erstrebte es seine Einheit nicht. Das Herz dieser Einheit sind wir Deutschen. Als das Volk der Mitte stets das gefährdetste und deshalb gefährliche, ohne dessen geistige Identität und Mobilität kein Europa denkbar ist, das im Konzert der Weltmächte die ihm zukommende Rolle spielt. Seine Endzeit war nicht, wie manche meinen, sein Ende, sondern Anbruch.

Nietzsche widmete seine letzten Überlegungen zu einer Erdregierung dem Paradox einer »Partei des Friedens«, die ohne Sentimentalität sich selber auffasst als eine Kriegspartei, die aber »mit der gleichen Grundsätzlichkeit und Strenge gegen sich selbst in umgekehrter Richtung« vorgeht. Ausdrücklich verweist er dabei auf »das Vorbild Jesu« und dessen urbiblisches Gebot der Nächsten-, Fremden- und Feindesliebe. Der Friedenskrieger führt Krieg nur unter Wahrung der Grundsätze des Friedens, und dies mit der gleichen Grundsätzlichkeit und Strenge gegen sich selbst. Demnach wäre nicht länger der ein Held, der den Feind vernichtet, sondern der, »der den Feind zum Freund macht«, wie es im Talmud heißt. Er wäre der Held der Versöhnung, in ihm wäre der Feind als Mit-Verunstalter seiner selbst endgültig überwunden, er wäre, mit Leo Baeck gesagt, der große Vergebende, nicht länger Objekt der Geschichte, sondern als ihr Tragender ein freier Mensch. Er wäre das Leitbild für den künftigen (Notwehr-)Krieger einer UNO-Erdregierung, die längst nicht mehr nur ein nahes, sondern angesichts der apokalyptischen Megawaffen und der wachsenden Umweltwüsten ein überfälliges Problem aller Völker geworden ist. Das ist es, was mich im Innersten niemals aufhören ließ, ein Krieger zu bleiben. Wenn das einzige, was unsere Zukunft verbürgt, nicht die Geschichte ist, wie wir sie machen, sondern die Schöpfung und mit ihr diese Erde, die doch allen Völkern geschenkt ist und nicht allein den starken, dann liegt das Gesetz der Moral und des politischen Handelns nicht in uns, dann muss es endlich im Zentrum der Natur und ihres kreatürlichen Zusammenhangs aufgesucht werden, weil der es ist, der uns allein trägt und erhält.

ANHANG

KURZBIOGRAPHIE DES AUTORS

RUDOLF KREIS, geb. 1926, von 1943 bis 1945 Kriegsteilnahme. Studium der Germanistik, Anglistik und Kunstgeschichte, Promotion, danach im höheren Lehramt tätig. Wichtigste Veröffentlichungen: *Die doppelte Rede des Kranz Kafka* (1976), *Die verborgene Geschichte des Kindes in der deutschen Literatur* (1980), *Nietzsche, Wagner und die Juden*, mit einem Vorwort von Gottfried H. Wagner (1996), *Antisemitismus und Kirche*. *In den Gedächtnislücken deutscher Geschichte mit Heine, Freud, Kafka und Goldhagen* (1999), *Wer schrieb das Nibelungenlied? Ein Täterprofil* (2002), »Zur Genealogie des Verbrechens ohne Verbrecher« (in: *Menora* 2003). Kreis lebt in der Nähe des Chiemsees.

DIE FRÜHBUCHER

Folgende Subskribenten haben das Erscheinen dieses Buches mit ihrer frühzeitigen Bestellung zum Sonderpreis unterstützt:

Herr Antonio de Andrés-Gayon, Berlin
Herr Michael von Bentivegni, Berlin
Herr Rolf Bertrams, Altenberge
Frau Dr. Christiane Brender, Bad Homburg
Herr Theobald Heim, Frankfurt am Main
Herr Dr. Stefan Knoll, Frankfurt am Main
Herr Dr. Horst Mies, Rheinbach
Herr Alexander Neumeyer
Herr Joachim E. K. Schliemann
Herr Tim Schumacher, Berlin
Herr Heribert Seifert, Recklinghausen
Herr Enrico Smolka, Kleinmachnow
Herr Dio Stephan, Hamburg
Herr Friedrich Steuber, Zürich
Herr Dr. Rainer Wagner, Weiden
Herr Dr. Wulf D. Wagner, Berlin
Herr Alfred Wollmann, Erding
Frau Hanne Zoege von Manteuffel, Kleinmachnow

Wenn Sie in künftig erscheinenden Büchern als Subskribent verzeichnet werden möchten, wenden Sie sich bitte an den Landt Verlag, Wilhelmstraße 118, 10963 Berlin, Telefon +49 (0)30 23 00 42 51, www.landtverlag.de

© 2009 Landt Verlag, Buchgewerbehaus Wilhelmstraße 118, 10963 Berlin
Gestaltung: Pauline Schimmelpenninck Büro für Gestaltung, Berlin
Satz: Bettina Aigner, Berlin
Gesetzt aus Bembo
Druck und Bindung: Freiburger Graphische Betriebe GmbH & Co.KG
Bildnachweis Frontispiz: © Andreas Müller, München

Dieses Werk einschließlich aller Texte und Abbildungen ist urheberrechtlich geschützt. Jede Verwertung außerhalb der engen Grenzen des Urheberrechtsgesetzes ohne Zustimmung des Verlags ist strafbar. Das gilt insbesondere für Vervielfältigungen, Übersetzungen, Mikroverfilmungen und die digitale Einspeicherung und Verarbeitung in elektronischen Systemen.

Printed in Germany
ISBN 978-3-938844-11-3

www.landtverlag.de